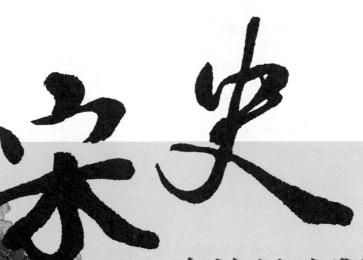

宋史

文治昌盛與武功弱勢

游彪 著

三民書局

國家圖書館出版品預行編目資料

宋史：文治昌盛與武功弱勢 / 游彪著.－－初版一刷.
－－臺北市：三民，2009
　　面；　公分.－－(中國斷代史)
參考書目：面
ISBN 978－957－14－4978－4　　(平裝)
　1.宋史

625.1　　　　　　　　　　　　　　　　　　97021743

© 　宋史
　　—— 文治昌盛與武功弱勢

著 作 人	游　彪
企劃編輯	蕭遠芬
責任編輯	蕭遠芬
美術設計	李唯綸
發 行 人	劉振強
著作財產權人	三民書局股份有限公司
發 行 所	三民書局股份有限公司
	地址　臺北市復興北路386號
	電話　(02)25006600
	郵撥帳號　0009998－5
門 市 部	(復北店)臺北市復興北路386號
	(重南店)臺北市重慶南路一段61號
出版日期	初版一刷　2009年1月
編　　號	S 620630

行政院新聞局登記證局版臺業字第○二○○號

有著作權‧不准侵害

ISBN　978-957-14-4978-4　　(平裝)

http://www.sanmin.com.tw　三民網路書店
※本書如有缺頁、破損或裝訂錯誤，請寄回本公司更換。

自　序

　　這本斷代史的寫作，前前後後持續了三年左右，其間甘苦自知。作為大學生使用的教材，我首先要考慮的有幾個問題。一是不能如學術著作一樣過於專業，以至於學生難以理解，因而要盡可能地以平實的語言進行客觀描述。二是必須嘗試一些新思維，以前出版過幾部宋代斷代史，內容大同小異，其最大的優點在於知識的系統性，基本上是將重點放在兩宋時期的政治、經濟、軍事、文化四個層面。本書試圖突破這種結構的束縛，除了以個別章節敘述宋朝的制度而外，更多地側重於宋人的社會生活狀況，在公權力方面，則是關注以皇帝為首的朝廷的統治「術」等等。這些都是不同於以往的，或許上述思路尚不成熟，但畢竟呈現了某種新模式供人參考。三是切忌面面俱到，而是凸現某些「點」，以免流於對兩宋歷史的浮光掠影。為達成這一目的，主要是通過外圍的分進合擊，力爭將以前為人所忽略的史實寫得更清楚、更透徹一些。其中城市化進程問題，筆者並無把握，於是邀請雲南大學吳曉亮教授代為執筆。之所以作如此處理，實際上是為了使本書具有適當的深度和廣度，避免過於淺顯。四是要盡可能吸取國內外已有的研究成果，反映迄今為止宋代史研究的新進展。

　　誠然，以筆者的學識和能力，幾乎無望完成這樣艱鉅的任務，但朝著這些方向努力則是完全有必要的。至於最終的結果如何，還需要等待讀者的評判。

　　本書寫作過程一直得到臺灣三民書局編輯部的大力協助，在此，對三民書局的編輯諸君表示誠摯的謝意，同時對研究生石俊英、孫健、侯貝貝、劉雅萍為本書付出的艱辛勞動也一併致謝。

2008. 10. 8 於北京師範大學茹退居

宋史

文治昌盛與武功弱勢

前　言

　　長期以來，人們總是以為，兩宋已無漢、唐雄風，是中國古代社會由盛而衰的轉折期，因而將宋朝視為一個腐敗無能的王朝，尤其是在與周邊少數民族的交往過程中，宋朝一直處於被動的不利地位，在與西夏、遼朝的戰爭中，宋軍幾乎多以失敗告終。更為嚴重的是，北宋末期，宋徽宗、欽宗兩代皇帝被女真族所俘，客死異域，偏安一隅的南宋朝廷失去了北中國的大片土地，最後為蒙古鐵騎所滅。正是因為如此，人們對宋朝歷史的認識存在很大的誤解，需要加以澄清。

1. 歐美學者之宋代觀

　　歐洲研究宋代歷史的先驅、法國漢學家埃狄納·巴拉茲 (Étienne Balázs) 認為，中國古代社會在宋代已經完全發育成熟，近代中國以前的諸多新因素已經顯著呈現，因此研究宋史有助於解決中國近代開端的一系列重大問題。依據上述認識，巴拉茲從 1940 年代中期制定了一個規模宏大的宋史研究計畫，其目的是要研究宋代為什麼比西方更早地成為「現代的拂曉時辰」。儘管巴拉茲的計畫在其生前並未完成，但在他的帶動和影響下，宋史研究中心在歐美各國紛紛成立，進而形成了一些國際性的學術組織。此後一些美國學者對宋代的研究進一步深入，如史丹福大學教授施堅雅 (G. William Skinner) 認為，在十一世紀的中國開封，資本主義已經萌芽。不少日本學者也認為宋代是中國近代社會的開端，其中以漢學大師內藤湖南為代表，他認為宋代商品經濟發達，資本主義已經發展起來❶，大體上

---

❶　關於宋代社會的性質問題，日本學者曾進行多角度、多層次的探討，其中以京都大學為代表的京都學派認為，宋代為中國的近代社會；而以東京大學為代表

相當於歐洲的十六、七世紀。儘管上述看法遇到較為嚴重的挑戰，尤其是中國學者的批評（至今中國學者尚未認同，還是按照傳統觀點將宋代視為古代社會的一個階段，認為資本主義萌芽是明朝中葉以後才出現的），但這些論點後來逐漸為很多歐美學者所接受。

2. 結束割據　實現統一

自 755 年爆發安史之亂以後，唐朝中央政權逐漸衰落，各地節度使依靠武力，割據一方，「大者稱帝，小者稱王」❷。在這種分裂狀態下，各地軍閥依靠掌握的軍隊，相互吞併，改朝換代，擅自徵兵徵稅，給廣大民眾帶來了沉重的災難。宋朝建立後，經過宋太祖、宋太宗兩朝的不懈努力，基本上統一了中國。此後，宋朝歷代皇帝採取了很多較為行之有效的措施消除藩鎮割據，維護了國家的統一局面，從而為整個社會的繁榮和發展奠定了堅實的基礎，提供了強有力的政治保障。另一方面，儘管兩宋時期與中原王朝相抗衡的少數民族政權勢力異常強大，雙方之間經常發生戰爭，但宋朝在與各少數民族之間的經濟文化交流還是占主導地位。漢族的先進文明和生產技術等不斷傳播到各少數民族地區，比如當時的兩廣地區等等，邊疆地區因此得到了相當程度的開發，從而極大地促進各民族的共同繁榮，這也是鞏固統一國家的重要前提。

3. 經濟的高度發展

總體而言，兩宋時期是中國古代經濟文化高度發展的時代，其文明程度居於當時世界的最高水平，這是中外學者都認可的事實。法國著名漢學家謝和耐 (Jacques Gernet) 對南宋時期的中國社會作過這樣的評價，「十三世紀的中國在近代化方面進展顯著，比如其獨特的貨幣經濟、紙幣、流通

的東京學派則持不同意見，主張宋代是中國的中世紀時期，即封建社會的開端時期。兩派論點針鋒相對，爭論持續數十年之久。

❷ 《新五代史》卷三九〈劉守光傳〉。

證券，其高度發達的茶葉和鹽業企業，其對於外貿（絲織品和瓷器）的倚重，以及其各地區產品的專門化等等。……在社會生活、藝術、娛樂、制度、工藝技術諸領域，中國無疑是當時最先進的國家。它具有一切理由把世界上的其他地方僅僅看作蠻夷之邦。」❸從中不難發現，宋代在中國歷史發展過程中占有極其重要的位置，在世界文明史中亦有著舉足輕重的歷史地位。

具體而言，宋代社會生產力高度發展，無論是農業，還是手工業、商業等等，都取得了長足而巨大的進步。就農業領域來說，宋代全國總人口在中國歷史上首次突破一億，大體上是漢唐盛世的兩倍左右，人口的大幅度增長一方面表明勞動力的大量增加，另一方面也說明社會經濟的發展足以養活眾多的人。在以農業為最重要的生產部門的時期，人口的增加是生產力進步的重要指標之一。宋代耕地面積大約在七百萬頃左右，大體上也是漢唐時期的兩倍，且土地的單位面積產量也大大提高。在農業較為發達的地區，通常一畝到一畝半的土地即可以養活一個人，而戰國時期大體上需要六畝左右土地才能養活一個人，從而表明宋代農業生產力的提高。

在糧食產量提高的同時，經濟作物的種植也迅速展開，農業多種經營蓬勃發展，這是宋代農產品商品化程度的重要標誌。棉花種植逐漸從海南島、福建、兩廣地區向北傳播，茶葉的栽培則遍及大半個中國。當時種茶的農戶被稱為園戶，他們當中很多人已經將種茶當作職業，基本上不種植糧食，因而成為專業化程度很高的茶農。這既有利於茶葉生產規模的擴大，也利於產茶技術的改進，更有利於茶葉質量的提高。宋代這樣的專業戶包括社會生產的眾多領域，如果樹栽培戶、桑蠶戶、花農等等，所有這些都反映了宋代社會分工的深入，也為豐富廣大人民的物質生活提供了條件。

在手工業領域也同樣取得了巨大進步和發展，無論是生產規模，還是技術水平，都大大超越了前代。宋代大體可以分為官營和私營兩種形式，

---

❸　謝和耐著，劉東譯，《蒙元入侵前夜的中國日常生活》（江蘇人民出版社，1995），頁5。

官營手工業是指政府控制的手工業工場、作坊、場院等，其產品部分作為商品在市場上流通，其中大部分供官府使用，如兵器生產等等。私營手工業形式多樣，一種是農戶的家庭手工業，這是作為農民的副業而存在的，除了生產自己需要的產品而外，也有作為商品進入市場的，農民藉此增加收入。另一種是鄉村地主經營的手工業作坊，生產規模大小不等，主要依靠雇傭勞動進行生產，但經營鄉村手工作坊的地主並沒有完全脫離土地，因而他們既是地主，又是工場主。還有一種便是專業的手工業作坊，這些作坊主要集中在城市，它們的所有產品都是商品，從業者完全依靠出售產品來維持生計。

宋代手工業相當發達，就拿冶鐵業來說，早在 1960 年代，美國學者郝若貝教授 (Robert Hartwell) 根據宋代兵器製作、鐵錢鑄造和製造農具等方面的消耗情況，推算出宋神宗元豐元年（1078 年）的鐵產量大致在七‧五至十五萬噸，這一產量是 1640 年英國工業革命時期產量的二‧五至五倍，整個歐洲各國（包括俄羅斯歐洲部分）到十八世紀鐵產量大致在十四至十八萬噸之間，因此宋代中國的鐵產量基本可以達到這樣的水平❹。再如煤炭開採，宋代的煤產量無疑是居世界第一，而且開採技術非常先進。1954年，河南鶴壁市發掘了北宋晚期煤礦遺址，礦工根據地下煤層的情況，將煤田分成若干小塊，採取「跳格式」方法，先內後外，逐步將煤炭開採出來。而且，井下巷道布局合理，照明、通風、排水、支架等設施完備。在宋代以後數百年，歐洲煤礦井下還不敢點燈，只能在黑暗中摸索挖掘。從這些事實可以看出，宋代手工業所取得的成就是非常突出的。

隨著農業和手工業的發展，商業活動也空前活躍起來。宋代的商業發展首先表現在市場規模的擴大和市場數量的大量增加。唐代城市實行嚴格的坊市制度，將商業區和居住區分開，居住區內禁止經商。宋代逐漸打破了坊市格局，允許商人經商，街道上隨處可以開設店鋪。尤其是北宋都城

❹　"A revolution in the Chinese iron and coal industries during the Northern Sung. 960–1126A.D", *Journal of Asian Studies*, vol. 21. No. 2, 1962。

開封和南宋都城臨安，城市人口都超過百萬，是當時世界上最大、最繁華的大都市。其商業更是異常發達，據一些學者統計，北宋都城開封已經有六千四百多家大中型工商業者，八千至九千家小商小販。在城市周圍和鄉村的交通要道逐漸形成了許多大大小小的集市，這種集市在嶺南稱為「墟市」，北方稱為「草市」。這些集市又被總稱為坊場，它們遍布全國各地，形成星羅棋布的交換網絡。這些在在都表明，宋代商業活動空前活躍。

與此同時，宋代的海外貿易也是空前繁榮，根據周去非《嶺外代答》等資料記載，與宋朝保持通商貿易的國家達到六十多個，宋代海外貿易範圍較前代大為擴展。當時中國的商船不僅堅實耐用，而且船體龐大，更重要的是，出海的商人掌握了全世界最為先進的航海技術，其中最重要的是指南針應用於航海，從而使海外貿易得到了巨大發展。隨著商業貿易規模的擴大，貨幣需求量猛增，官府鑄造的金屬貨幣已經不能完全滿足商品交換的需要，因此，北宋前期四川成都地區出現了世界上最早的紙幣——交子。至宋仁宗天聖元年（1023 年），正式由政府出面設立交子務，隨著紙幣發行量的增加，越來越多的地區使用這種異常方便的貨幣。西方最早的紙幣是 1661 年斯德哥爾摩銀行發行的，但這家銀行很快就倒閉了。至 1694年，英格蘭銀行開始正式使用紙幣，比中國晚了七百年左右。

4.文化的昌盛

隨著經濟的高度發展，宋朝政府實行了相對開明的文化政策，加之刊刻、印刷技術的進步，特別是活字印刷術的發明，使傳統和創新的文化不僅能夠保存下來，而且還能夠廣泛傳播，更重要的是，它使教育得以普及。正是在這種背景下，宋代文化取得了前所未有的巨大成就。已故著名史家陳寅恪曾經對宋代文化作過這樣的評價：「華夏民族之文化，歷數千年之演進，造極於趙宋之世。」❺在陳寅恪看來，中國文化至宋代達到了登峰造極

---

❺　陳寅恪，〈鄧廣銘「宋史職官志考證」序〉，《金明館叢稿》（上海古籍出版社，1980），頁 245。

的地步。

宋代學校教育異常發達，京師設有國子學、太學等等，另外有專業性很強的武學、律學、算學、畫學、書學、醫學。宋仁宗以後，鼓勵各州縣興辦學校，至宋徽宗時期，全國由官府負擔食宿的州縣學生人數達到十五、六萬人，這種情況在當時世界上是絕無僅有的。除了官辦學校外，私人講學授徒亦蔚然成風，其中以書院的興盛最為引人注目。書院與官辦的州縣學不同，通常是由士大夫所建，因而學校環境較為寬鬆，除了正統的儒家學說而外，其他各種學術均可以講授，不同的思想可以相互交流、切磋、辯難，如朱熹、陸九淵的「鵝湖之會」，朱熹、陳亮之間的「王霸義利之辯」等等，從而活躍了師生的思想，推動了學術的繁榮和進步。教育的普及既是宋代文化高度發展的重要標誌，也是宋代文化之所以取得重大成就的重要原因。

具體說來，宋代文化在哲學、史學、文學、藝術等各方面均取得了獨具特色的成就。舉例來說，兩宋歷史上出現了許多思想家、哲學家，形成了不少自成體系而又頗具功力的學術流派，最終形成了以理學為代表的新儒學，成為中國封建社會後期占統治地位的思想。如周敦頤以儒家經典《易傳》和《中庸》為核心，同時吸收道家、道教、佛教等思想，建立起一套較為完整的宇宙本原、萬物演化以及人性善惡等理論體系，成為宋學的開創者，在建立新儒學的道路上邁出了關鍵的第一步。至北宋中期，程顥（1032～1085 年）、程頤（1033～1107 年）運用「天理」這一範疇，將本體論、認識論、人性論等有機聯繫在一起，「理」不以人的意志為轉移，不受時間和空間限制，是永恆存在的、宇宙萬物的本原。它不僅是自然界的最高法則，也是人類社會的最高原則。二程較為系統地確立了宋明理學的基本範疇，可以說是宋學的奠基者。

至南宋時期，朱熹又以二程思想為核心，吸收揉和北宋以來各派儒家學說，包括周敦頤、張載等人，建立起一個龐大而系統的思想體系，他以「天理」和「人欲」為主軸，將人類的自然觀、認識論、人性論、道德修

養等有機地結合起來，從而完成了建立新儒學理論體系的艱鉅任務。因而，朱熹是兩宋理學的集大成者，也是孔子、孟子以後影響最大的儒學者，在中國歷史上具有舉足輕重的地位。然而，理學在宋代並非一統天下，不論是南宋，還是北宋，思想界都非常活躍，同時存在其他種種不同的思潮。與朱熹學術存在差異的陸九淵吸取禪宗理論，提出了「心即理」的命題，二者之間經過激烈爭論，最後不了了之，可知當時學術相當自由，學術環境也是非常寬鬆的。

　　再如史學領域，在編纂體例方面，除了繼承傳統的編年、紀傳體之外，還新創立紀事本末體，對此後史學的發展產生非常深遠的影響。在宋代，不僅政府出資出力編纂當代歷史，同時也允許私人撰寫本朝歷史，這在中國歷史上具有特殊的意義。通常而言，當代史存在不少忌諱，因而宋朝政府開放私人修史的限制，無疑會大大促進史學的繁榮和發展。正因為如此，宋代史學取得了多方面的成就。

　　應該說，宋代在文化方面所取得的成就非常卓著，很多領域都達到了古代文明的最高峰，如宋詞、繪畫等等，這些都大大豐富了中國的文化寶藏，也給後代文化的發展帶來了巨大而深遠的影響，如明清時期的小說便是直接導源於宋代說書人所用的話本等等。

5.科學技術的偉大成就

　　宋代科學技術居於當時世界的最前列,中國古代四大發明中的印刷術、火藥、指南針都是北宋時期發明應用的。隋唐以來，中國便已經出現了雕版印刷，至宋仁宗慶曆年間，畢昇發明了活字印刷術，這是世界上最早的活字印刷技術，也是世界印刷歷史上一項最為重要的發明，現代鉛印的印刷術就是在畢昇陶活字的基礎上改進的，這是中國對世界文化的巨大貢獻。火藥也是中國古代的偉大發明之一，最初是道家煉丹而發明。到宋代，由於手工業生產的發達和戰爭的需要，火藥開始應用於軍事，如北宋時期的火箭、火球、火砲等。至南宋時期，火藥武器技術越發先進，陳規守德安

（湖北安陸）曾經使用火槍衝鋒，至南宋中晚期，又出現了突火槍，這是後來步槍和子彈的雛形。火藥經過阿拉伯商人傳到西亞、南亞各國，至十三世紀末，由阿拉伯人傳入歐洲，歐洲人會製造火藥武器，已經是十四世紀以後的事情，比中國至少慢四百年。

指南針最早出現於戰國時期，但只會使用天然的磁石，因而指南的靈敏度不夠準確。到北宋時期，人們開始用人造的磁鐵片做成指南魚，可以浮在水中自由轉動，魚頭就會靈敏地指向南方。後來，大科學家沈括又對指南針的製作進行了很大的改進，經過多方面的試驗之後，沈括製造出了非常完善的指南針。同時，他還在試驗中發現了磁偏角現象，這是對地磁學研究的一個重大貢獻，這一發現比哥倫布橫渡大西洋所發現的磁偏角要早四百年。這些發明不僅對中國歷史，而且對人類社會都產生了巨大而深遠的影響。

在數學和天文領域，宋代也取得了輝煌成就。在天文學理論方面，北宋哲宗紹聖初年，宰相蘇頌完成《新儀象法要》一書，分別介紹了渾儀、渾象、水運儀象臺的設計，這部書具有較高的科學性，它代表了當時天文學領域的新成就，也反映了宋代機械製造的水平。正因為天文觀測相對準確，宋代的曆法相當精確，北宋中期，平民出身的衛樸修定曆法，以365.243585日為一年，儘管比實際數字大一些，但比此前的曆法卻要準確。至宋寧宗慶元五年（1199年），楊忠輔制定《統天曆》，以365.2425日為一年，這個數字與西方1582年頒布公曆時的數據完全相同，比現代天文學所測數值只差二十六秒。由此可見宋代天文學發展水平之高。

在生物學和醫學領域，宋代也是成就卓著。在經濟文化全面發展的背景下，宋朝政府十分重視與廣大民眾衛生健康息息相關的醫學事業，不僅政府出面編輯刻印了很多醫學典籍，而且要求各州縣加以推廣應用。其中《太平聖惠方》一百卷，收錄中藥處方一萬六千八百三十四個，《聖濟錄》二百卷，是中醫學史上的一部百科全書，收集了診斷、處方、審脈、用藥、針灸等各方面的理論和實踐成果。《政和本草》共介紹各種藥材一千五百五

十八種，其中新增加六百二十八種新藥材，可以說是一部完備的藥物學著作。對前代醫學的總結和醫學書籍的流傳，是宋代醫學進步的重要原因。宋代醫學極其重要的成就之一便是醫學分科更加細密，宋朝初年，仍然按照前代分為內科（古時為方脈科）、針科、瘍科（外科）。至北宋中期，官辦的太醫局新增設眼科、口齒兼咽喉科、針灸科等等，共分為九科，其中引人注目的是婦科、小兒科等醫科獨立發展起來。

　　在醫學的分支——法醫學領域，南宋時期的宋慈收錄並總結了前人的法醫知識，創作出《洗冤集錄》一書，其中涉及驗傷、驗屍、血型鑑定、死傷鑑別、檢骨等多方面的理論和實踐，同時對毒藥和醫治服毒的方法也進行了總結，這也是世界上最早的一部法醫學著作。上述僅僅介紹了宋代醫學領域很小部分的成就而已，於此亦可以看出兩宋時期科學技術發展水平之一斑了。

　　總之，確如已故著名學者鄧廣銘所言，「宋代是我國封建社會發展的最高階段，其物質文明和精神文明所達到的高度，在中國整個封建社會歷史時期之內，可以說是空前絕後的。」❻這一結論是符合歷史實際的。

---

❻　鄧廣銘、漆俠，《兩宋政治經濟問題》（知識出版社，1988 年版），頁 3。

第一章
兩宋政局之演進

建隆元年（960 年），趙匡胤等人藉口北漢與契丹軍隊大舉南下，於是後周政權急忙派遣軍隊前去抵禦。趙匡胤等人在陳橋驛發動兵變，奪取了後周政權，建立起宋朝。由於趙匡胤當皇帝之前擔任歸德軍節度使，歸德軍在唐代被稱為宋州（河南商丘），因此趙匡胤將新王朝定名為宋朝。宋朝統治持續了三百二十年時間，自 960～1127 年為北宋，1127～1279 年為南宋。早在宋朝建國之前，916 年，耶律阿保機建立了契丹政權，遼太宗耶律德光改國號為大遼，歷經二百一十年，至 1125 年為女真所滅。1038 年元昊正式稱帝，建立西夏王朝，至 1227 年為蒙古所滅，立國一百九十年。1115 年，完顏阿骨打建立金朝，至 1234 年滅亡，歷時一百二十年。1206 年，成吉思汗建立蒙古政權。可以說，宋王朝始終伴隨著這些少數民族政權的興衰，最後為蒙古所滅。

第一節　北宋政局的走向

從趙匡胤建立宋朝至趙佶、趙桓二帝為女真人俘虜，北宋歷經九朝，計一百六十七年。大體可以分為三個階段，前期包括太祖、太宗兩朝。這一時期，以趙匡胤、趙光義兄弟為首的宋朝急需解決的問題是穩定新政權。宋初，北方有強大的遼朝和在其卵翼下的北漢王朝，南方有吳越、南唐、荊南、南漢、後蜀等割據一方的藩鎮政權。同時，在統治集團內部，各地依然存在手握重兵的武將。面對這種局面，宋太祖制定了先南後北的策略，先集中兵力消滅南方諸國，然後揮師北上收復燕雲地區。經過長期努力，

至太平興國四年（979 年），太宗親率大軍圍攻太原，北漢主劉繼元被迫投降，基本上結束了安史之亂以來兩百多年的藩鎮割據局面。在消滅各割據政權的同時，宋太祖又二度以「杯酒釋兵權」的手段收回了石守信、王審琦、符彥卿、張令鐸等重臣的兵權。為了削弱節度使的行政權力，朝廷派遣文臣出任知州、知縣，這一制度逐漸推廣後，至宋太宗時期，各地方行政長官基本上換成了文官。在財權方面，宋太祖派人出任諸道轉運使，將一路所屬州縣財賦運輸到都城汴京（河南開封），將此前節度使以各種名目截留的財物一律收歸中央。

　　在統一南方的過程中，宋太祖對遼朝採取了防禦政策。宋太宗滅北漢後，不顧群臣反對，乘勝進軍燕京（北京），企圖一舉收復為石敬瑭割讓給遼朝的燕雲地區。戰爭初始，宋軍取得了一些勝利，但由於倉促出兵，準備不足，很快便在高梁河（北京西直門一帶）為遼朝大將耶律休哥打敗。遼景宗去世，新君甫立，雍熙三年（986 年）宋朝再次派三路大軍進攻遼朝。東路由曹彬率領，出雄州（河北雄縣），準備攻涿州（河北涿州）北上，中路由田重進率領出飛狐關（河北淶源），進攻蔚縣（河北蔚縣），西路軍由潘美、楊業率領出雁門關（山西代縣）。隨著東路軍在岐溝關（河北涿縣西南）為遼軍所敗，西、中路軍被迫撤兵。楊業在撤軍過程中由於未能得到潘美的支援，在陳家谷口（山西寧武東北）被俘，絕食三日而死。此後，宋朝對遼朝由主動進攻轉為消極防禦。

　　宋真宗、仁宗、英宗、神宗、哲宗五朝可視為北宋中期。從雍熙北伐失敗後，遼朝對宋朝步步緊逼，不斷派兵在邊境挑釁，給宋朝百姓的生命財產帶來了嚴重威脅。景德元年（1004 年），遼朝蕭太后和遼聖宗親率大軍南下，直趨黃河北岸的澶州（河南濮陽）。宋真宗在宰相寇準的勸諫下率兵親征，雙方在澶州城下相持一段時間後議和，這就是「澶淵之盟」（參見頁 417–420）。此後宋遼之間大致保持了百餘年的和平。

　　外患告一段落後，北宋統治集團內部的矛盾逐漸尖銳起來，寇準與極受真宗寵愛的王欽若等人明爭暗鬥，結果寇準被罷去宰相之職。在王欽若

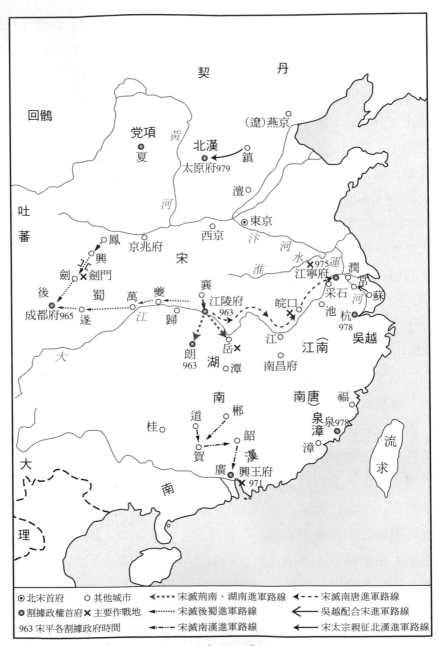

契丹

回鶻

党項
夏

吐蕃

(遼)燕京

北漢
太原府979 鎮

澶

黃 河

京兆府 西京 東京

宋

鳳
興
劍 劍門
後 蜀 萬 夔
成都府965 遂
江 歸

大

朗
963 湖
岳
潭

桂 道 郴
賀 韶
廣 漢
興王府

大 理

襄
江陵府
963

南昌府

南 漢

南

皖口 975 運
江寧府 潤 常
采石 蘇
池 江 杭
978
江 南 吳越
南唐 福
泉 泉97
漳 漳

流求

●北宋首府　○其他城市　◀┅┅宋滅荊南、湖南進軍路線　◀━━宋滅南唐進軍路線
●割據政權首府　✕主要作戰地　◀┄┄宋滅後蜀進軍路線　　　━━吳越配合宋進軍路線
963 宋平各割據府時間　　　◀━┅宋滅南漢進軍路線　　　━━宋太宗親征北漢進軍路線

北宋統一圖

等人的慫恿下，宋真宗東封泰山，西祀汾陰，耗費了大量人力、物力。至真宗統治晚期，由於病情惡化，幾乎無力處理政務。於是，朝中官員分成兩派進行著激烈的政治鬥爭，一派以宰相寇準為首，包括李迪、王曾、楊億以及宦官周懷政等，一派以劉皇后、丁謂為首，主要有曹利用、錢惟演等。最後，寇準被排擠出朝廷，丁謂也很快被貶。王曾出任宰相，而朝政幾乎由劉皇后把持。

　　乾興元年（1022 年），仁宗繼位，劉太后垂簾聽政。宋王朝的內憂外患日漸嚴重，統治集團面臨危機四伏的局面。慶曆三年（1043 年），宋仁宗任命范仲淹為參知政事，韓琦、富弼為樞密副使，要求他們陳述當世急務，以求「興致太平」。范仲淹在《答手詔條陳十事》中認為，當時的中心問題是整頓吏治，應該裁汰老弱、病患、貪腐無能的官員，提拔並重用那些德才兼備之人。范仲淹等人在仁宗的支持下陸續頒布了一些改革弊端的政策，這就是「慶曆新政」❶。然而，由於新政措施從一定程度上觸動了特權集團的既得利益，因而招致了他們的強烈反對。章得象、夏竦、王拱辰等為首的反對派攻擊范仲淹等人為朋黨，這無疑觸犯了宋朝開國以來防範臣僚結黨的祖宗家法。慶曆五年（1045 年）初，范仲淹及支持新政的歐陽修、蔡襄、余靖等被貶出朝，新政宣告失敗。

　　宋仁宗時期，寶元元年（1038 年）元昊稱帝，國號大夏，其經濟、軍事實力得以大大增強。自康定元年（1040 年）以後，宋夏之間戰事不斷。宋朝雖然在西北邊境駐紮數十萬軍隊，但前線統兵將領直接聽命於朝廷，作戰時互不聯絡，互不支援，因而很難集中優勢兵力抵禦西夏的進攻。三川口（陝西延安西北）之戰、好水川（寧夏隆德縣城北）之戰、定川寨（寧夏固原西北）之戰（參見頁 426–427），宋軍大將劉平、石元孫被俘，任福、葛懷敏等戰死，宋方損失極為慘重。西夏雖然在戰場取勝，但由於雙方貿易中斷，西夏人極度缺乏茶等日常生活用品，可以說是得不償失。在這種情況下，宋夏雙方議和。

---

❶　參見本書第三章。

　　嘉祐八年（1063 年）仁宗去世，但無子嗣。繼承皇位的宋英宗趙曙是真宗之弟商王趙元份之孫、濮安懿王趙允讓之子，他是宋朝歷史上第一位以宗室子弟身分成為皇帝的。正因為如此，英宗繼位之初，便出現了一場嚴重的政治危機。由於英宗體弱多病，暫時只能由曹太后垂簾聽政。然而，曹太后與趙曙非親生母子，因而二人之間的關係極其微妙。為了國家大局，輔佐重臣韓琦、司馬光、歐陽修等人在兩宮之間作了大量協調工作。至治平元年（1064 年）四月底，英宗正式親政。不久，有關英宗生父名分問題在朝廷內外引發了一場持續十八個月的大論戰，以司馬光、王珪為代表的一派官員認為，英宗應尊其生父濮安懿王為皇伯，而以韓琦、歐陽修為首的少數派堅持稱皇考。這就是北宋歷史上有名的「濮議」，「濮議之爭」表面上是禮儀之爭，實際則是太后與皇帝之間爭奪主導權的結果，這是統治集團內部矛盾的反映。

　　英宗英年早逝，其長子趙頊繼位，是為神宗。此時，宋朝統治將近百年，宋初以來諸多政策的弊端逐漸凸顯出來。官場腐敗盛行，財政危機日趨嚴重，遼朝、西夏的威脅尚未解除，百姓生活越加艱難。在這種情況下，宋神宗立志革新，熙寧元年（1068 年）四月，王安石入京。在他的輔佐下，宋朝開始了一場兩宋歷史上空前絕後的變法運動，在政治、軍事、經濟、文化教育等諸多領域推出了新措施，以達成富國強兵的目的。然而，新法實施過程中，遭到了司馬光、韓琦、文彥博、富弼為首的官員堅決反對，幾乎每項改革政策推出，都無例外地招致他們的阻撓和反對。在變法與反變法的激盪中，神宗君臣面臨著巨大的阻力和挑戰，儘管出現了各種反復，但新法最終還是在十分艱難的環境下得以逐步推進。

　　隨著變革的深入，困擾北宋王朝的財政危機得到相當程度的緩解，國力也大為增強。在這種情況下，宋神宗一改以前對西夏被動防禦為主的戰略，轉而採取主動進攻的邊防政策。熙寧元年（1068 年）王韶給神宗上了〈平戎策〉三篇，以為「西夏可取，欲取西夏，當先復河、湟，則夏人有腹背受敵之憂。」❷他建議朝廷先收復河湟地區（今青海省樂都、民和、循

化撒拉族自治縣以及甘肅省和政、夏河、東鄉族自治縣），控制吐蕃與羌族部落，切斷他們與西夏之間的聯繫，使西夏處於腹背受敵的不利地位。神宗認為王韶的分析和戰術十分合理，但富弼、司馬光等人紛紛上書，反對朝廷對西夏用兵。王安石力排眾議，全力支持王韶。熙寧四年（1071 年），宋朝設置洮河安撫司，任命王韶為長官，開始經營河西走廊地區。至熙寧六年（1073 年），王韶採用招撫和鎮壓的兩手政策占領了吐蕃部落居住的熙州（甘肅臨洮）、河州（甘肅和政西北）、洮（甘肅臨潭）、岷（甘肅岷縣）等州。

元豐四年（1081 年），西夏發生政變。宋朝集中兵力分五路，分別從東北、西北和正北三個方向直搗西夏的重鎮靈州（寧夏靈武）和興慶府（寧夏銀川），宋軍最初進展順利，連克數州，直抵靈州。然而，西夏堅壁清野，將黃河以南的夏軍主力主動撤至黃河以北，並出奇兵切斷了宋朝北路軍的糧道，使宋軍慘敗於靈州城下。元豐五年（1082 年）五月，神宗得到環慶路經略司的情報，稱西夏正在調集軍馬準備進犯，神宗立即命鄜延路經略使沈括和副使种諤草擬作戰計畫，並詔令給事中徐禧和宦官李舜舉作為朝廷特派官員，前往鄜延路共同主持迎戰。徐禧執意修築永樂城（陝西米脂西北），希望以此為基地進逼西夏統治中心。西夏集中全國精兵包圍了永樂城，切斷水源，宋軍大敗。永樂城之役是神宗時期宋夏戰事的轉折點，此後宋朝明顯地由攻勢轉入守勢。

元豐八年（1085 年），宋神宗去世，十歲的幼子趙煦繼位，是為哲宗。其祖母高氏（英宗皇后）以太皇太后身分處理軍國大事。由於她早就反對神宗和王安石的新法，因而剛一執政，便起用在反變法派中享有盛譽的司馬光為宰相，由他主持朝政，廢除新法。變法派的主要成員蔡確、章惇、呂惠卿、曾布等人陸續被貶外任。司馬光還主張將宋神宗苦心經營而建立的熙河蘭會路及在延州（陝西延安市）、慶州（甘肅慶陽）修築的重要軍事要塞送還給西夏，以求雙方暫時相安無事。

---

❷ 《宋史》卷三二八〈王韶傳〉。

　　然而，元祐八年（1093 年），高太后病死，哲宗親政。哲宗早就對高太后的所作所為大為不滿，他立志繼續實施其父在位時期的新法。於是以章惇為首的變法派再次掌握政權，在哲宗的支持下，章惇等人對受高太后重用的官員進行無情打擊。紹聖元年（1094 年），朝廷下令追貶死去的司馬光、呂公著，將呂大防、劉摯、蘇軾、梁燾等人貶到嶺南。與此同時，變法派還根據神宗時期的規定恢復了新法，為了克服熙寧、元豐年間推行時所產生的弊端，紹聖之時對一些法令也有所修正。

　　在恢復新法的同時，章惇、曾布等人繼續實行對西夏的拓邊政策。紹聖二年（1095 年），宋朝終止與西夏的邊界談判，採取修築堡寨、開拓疆界的措施，占據了河東路西北、陝西路橫山及天都山一帶的戰略要地，屢次打敗西夏軍隊。元符二年（1099 年），宋軍攻占青唐（青海西寧），以青唐為鄯州，邈川（青海樂都）為湟州，但遭到吐蕃部落的強烈抵抗，宋將种朴陣亡，宋朝被迫放棄青唐等地。

　　徽宗、欽宗在位時期可視為北宋歷史的第三階段。元符三年（1100 年）正月，年僅二十五歲的哲宗病逝，但無子嗣。神宗皇后向氏提議立神宗第十一子趙佶，但宰相章惇以趙佶輕佻為由，反對立他為帝。但是，曾布、蔡卞、許將等執政大臣附和向太后，於是趙佶繼承皇位，是為徽宗。徽宗雖然政治上昏庸無能，但他卻廣泛涉獵琴棋書畫、詩詞歌賦，成為中國古代帝王中最富藝術天分且又才華橫溢的皇帝，其在書畫方面的造詣更是歷代所有皇帝無與倫比的。

　　徽宗登基之初，向太后「權同處分軍國大事」，她早就反對新法，於是起用韓琦之子韓忠彥為宰相，變法派章惇、蔡京、蔡卞等人被貶出朝。徽宗親政以後，改年號為崇寧，表示要崇法熙寧。被貶的蔡京乘機勾結宦官、後宮，因而得以順利重返朝廷，很快又取代曾布出任宰相。從此，蔡京、童貫、梁師成、楊戩、朱勔、李彥、高俅等人在徽宗統治的二十多年時間裡掌控朝政。蔡京當政時期，先定文彥博、呂公著、司馬光、蘇軾、蘇轍等一百二十人為元祐奸黨，後又將元符末向太后執政時期的官員分為正、

邪兩等，共計三百零九人，刻石文德殿門，頒布全國，稱為「元祐黨人碑」，其中還包括了與蔡京意見不合的變法派。經濟方面，蔡京以「不患無財，患不能理財」為藉口，竭力搜刮財富。經過多次變革茶鹽鈔法等等，朝廷獲得了豐厚的財政收入。這些措施大大加重了普通百姓的負擔，使整個社會的各種矛盾日益尖銳起來。

當北宋內政混亂之時，蔡京、童貫等人又極力支持宋徽宗收復燕雲十六州。宣和二年（1120年），宋金簽訂「海上之盟」，雙方約定夾擊遼朝。然而，由於各種原因，宋軍並未按計畫攻取遼朝的南京（北京）和西京（山西大同）。宣和七年（1125年）底，女真軍隊分兩路南下侵宋。徽宗得知消息後，急忙將皇位傳給太子趙桓，是為欽宗。欽宗處置了蔡京、王黼、童貫、梁師成、李彥、朱勔等「六賊」，起用主戰派李綱負責京城防禦。然而，當完顏宗望（斡離不）率軍抵達開封城下時，宋欽宗又派遣使者前去議和，朝廷在戰和之間舉棋不定，喪失了許多打退女真軍隊的機會。次年，金軍再次南下，至靖康二年（1127年）四月，金軍俘虜徽、欽二帝和后妃、宗室貴戚北撤，北宋滅亡，史稱「靖康之難」。

第二節　南宋政局的脈絡

女真從開封撤退之前，冊立了原北宋宰相張邦昌為楚帝，但金軍北撤後，張邦昌未能得到宋人的支持，只好遜位。靖康二年五月，康王趙構在南京應天府（河南商丘），改元建炎，是為南宋第一代皇帝宋高宗。

高宗繼位之初，任用抗戰派李綱為宰相，為了抗擊金軍的進攻，李綱推薦宗澤任東京留守，張所任河北西路招撫使，王璹為河東經制使，派遣他們前往河東、河北地區組織領導各地軍民的抗金活動。然而，趙構、黃潛善、汪伯彥等人卻想利用割地和繳納歲幣的方法以求得女真人停止進攻，因而百般阻撓李綱的抗戰計畫。任相僅七十五天，李綱就被罷免了職務，張所等也被解職。

　　然而，高宗的妥協並未阻止女真消滅南宋的企圖。建炎二年（1128年）秋，金軍又發動攻勢，前鋒直指趙構所在的揚州，次年三月高宗倉皇南逃，後又從杭州出逃，漂泊海上。建炎四年（1130年），金朝冊立劉豫為「大齊皇帝」，在女真的支持下與南宋對峙，並集結重兵攻打川陝。宋將張浚率領五路軍馬與完顏宗弼（兀朮）、完顏婁室等所部在富平（陝西富平東北）展開激戰，宋軍潰敗，陝西五路大部喪失。但紹興元年（1131年）宋軍在吳玠率領下扼守和尚原（陝西寶雞附近），完顏宗弼率女真軍猛攻，宋軍奮力抵抗，重創金軍，宋朝首次取得了大規模對金戰事的勝利。紹興四年（1134年），岳飛出兵北進，攻克郢州（湖北鍾祥）、隨州（湖北隨縣）、襄陽府（湖北襄樊），並派遣部將王貴、張憲進兵鄧州（湖北鄧州市），擊敗金、齊聯軍後攻占唐州（河南唐河）和信陽軍（河南信陽），這是南宋建立以來第一次收復淪陷金人之手的大片失地。

　　經過抗金將士多年艱苦奮戰，南宋政局逐漸穩定下來。紹興八年（1138年），高宗任命秦檜為相，決定與金朝議和，雖然遭到了李綱、韓世忠、岳飛等抗戰派人士的堅決反對，但雙方還是於次年簽訂了和約。紹興十年（1140年），完顏宗弼撕毀和約，分兵四路南侵。南宋新任東京副留守劉錡進駐順昌（安徽阜陽），宋軍以少擊眾，打敗完顏宗弼的金軍主力。岳飛也親率主力北上，收復蔡州（河南汝南）、潁昌府（河南許昌）等河南大片失地。完顏宗弼率軍反撲，遭到岳飛軍的迎頭痛擊，郾城（河南郾城）之戰，大敗金朝精銳騎兵。其後，金兵攻打淮西，又被楊沂中、王德等擊敗。川陝地區，吳璘率軍收復了秦州（甘肅天水）等地。形勢對南宋極為有利。然而，紹興十一年（1141年），南宋與金朝簽訂了「紹興和議」，宋方向金稱臣，割地賠款，每年仍納歲貢銀二十五萬兩，絹二十五萬匹，以淮水至大散關為界，斷送了恢復中原的大好時機。其後以高宗和秦檜為首的朝廷解除了岳飛、韓世忠等人的兵權，並以「莫須有」的罪名殺害了力主抗金的岳飛。

　　和議達成後，秦檜獨攬朝政，他絞盡腦汁，迫害那些堅持抗戰、反對

議和的官員。凡與自己意見不合的官員，都被貶出朝廷。同時，秦檜父子利用各種手段培植自己的勢力，其黨羽遍布朝廷內外，逐漸出現了君弱臣強的態勢。直到紹興二十五年（1155 年），秦檜病危，他企圖由其子秦熺繼承相位，但被高宗拒絕。秦檜死後，其罪惡行徑紛紛被揭露出來，高宗藉機貶黜了一批秦檜的黨羽，為一些受到秦檜迫害的官員平反。紹興三十二年（1162 年），高宗下詔退位，因其無子，遂將皇位傳給宋太祖七世孫趙眘，並自稱太上皇，居住德壽宮，頤養天年。

三十六歲的趙眘繼位後，不甘於偏安局面，力圖恢復中原。隆興元年（1163 年），宋孝宗任命在朝野享有盛譽的抗戰派張浚為樞密使，負責抗金前線的軍事指揮。北伐之初，宋軍在李顯忠、邵宏淵等將領率領下，接連收復宿州（安徽靈壁）、虹縣（安徽泗縣）等淮河以北的大片土地。金朝派大將紇石烈志寧率軍反擊，李顯忠與金軍激戰失利，宋軍各部相繼潰敗，大敗於符離，孝宗倡導的北伐以失敗告終。隆興二年（1164 年）十二月南宋被迫與金人簽訂「隆興和議」，金、宋改為叔侄之國。

孝宗是南宋歷史上最有作為的皇帝，他在位時期，積極整頓吏治，裁減冗官，加大對貪官污吏的懲治力度。鑑於南宋財政拮据的現實，孝宗盡量減少開支，逐年增加儲備，進而大大改善了南宋朝廷入不敷出的狀況。同時簡汰老弱殘兵，加強士兵訓練，孝宗還多次親自閱兵，強兵取得了一定成效。乾道七年（1171 年），孝宗任命虞允文為相，準備聯絡北方抗金武裝，從四川和東南同時出兵，在河南會師。由於虞允文病故，北伐計畫遂告停止。

為了吸取秦檜專權的教訓，孝宗千方百計限制宰相的權力，他在位二十八年，先後出任宰相的有十七人、參知政事多達三十四人，頻繁更換宰執的目的在於加強皇權。與此相應，孝宗重用親信龍大淵、張說、曾覿等近臣，讓他們參與軍政事務，導致這些人招權納賄。幸而陳俊卿、周必大等朝廷內外官員對這些人的行為予以抨擊，從一定程度上制約了他們權力的膨脹。

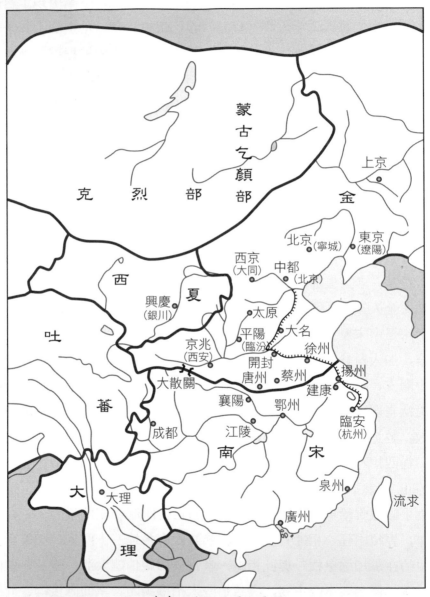

南宋、金、西夏分界圖

　　孝宗晚年倦於政事，尤其是高宗於淳熙十四年（1187 年）去世以後，孝宗悲傷過度，無心聽政。於是兩年後傳位給四十多歲的兒子趙惇，是為光宗。光宗患有精神疾病，並處處受制於皇后李氏，他與太上皇的關係日趨緊張。紹熙五年（1194 年），孝宗病逝，連葬禮都無法正常舉辦，引起了朝野上下的恐慌。在這種情況下，宗室趙汝愚與外戚韓侂冑等共同策劃，並得到高宗吳皇后的支持，立光宗次子趙擴為帝，逼迫光宗退位為太上皇。

　　寧宗繼位後，趙汝愚與韓侂冑之間的矛盾日漸顯露。趙汝愚倡導理學，引薦了朱熹等人擔任要職，企圖阻止韓侂冑參與朝政。但韓侂冑利用臺諫官，猛烈攻擊趙汝愚，認為宗室擔任宰相違背了祖宗法度。慶元元年（1195 年），趙汝愚被罷去相位，朱熹、陳傅良等也被貶黜。慶元二年（1196 年），朝廷正式宣布程朱理學為「偽學」，禁毀理學家的「語錄」，不許「偽學」之徒參加科舉考試等等。次年，趙汝愚、朱熹及其同情者被定為「逆黨」，並將五十九人列入黨籍，這就是「慶元黨禁」。

　　開禧二年（1206 年），控制朝政的韓侂冑在準備不足的情況下發動北伐戰爭，南宋三路大軍，除畢再遇之外，都遭遇敗績，而川陝戰場的吳曦叛變投降金朝。軍事失利後，韓侂冑被迫與金朝議和。而金人提出的條件之一就是要斬殺韓侂冑，於是韓侂冑決定再次整兵出戰。朝中主和派史彌遠聯合楊皇后及其兄楊次山，指使禁軍統帥夏震誅殺韓侂冑。嘉定元年（1208 年），主和派完全遵從金朝的要求，與金朝簽訂了「嘉定和議」。

　　史彌遠擔任宰相後，任用自己的親信為臺諫官，控制言路，打擊異己。史彌遠還掌握官吏任免權，收買效忠的官員，在朝廷上下安插黨羽，寧宗實際上變成了傀儡皇帝。為了掩人耳目，史彌遠起用了一批名士，如真德秀、魏了翁等，表面上群賢匯集，實際則是史彌遠把持朝政。嘉定和議之後不久，金朝很快便遭到新興蒙古族的軍事進攻，被迫遷都開封。嘉定七年（1214 年），南宋接受真德秀的建議，停止向金朝輸納歲幣。金宣宗決定派兵南下，此後，宋金之間持續了十多年的戰爭。

　　嘉定十七年（1224 年），寧宗病死。史彌遠為了保住自己的地位，廢

掉寧宗所立的皇子趙竑，擁立宗子趙昀為帝，是為理宗，朝廷依然為史彌遠掌控。紹定六年（1233 年），史彌遠病死，理宗親政。他下令貶黜了史彌遠在朝廷內外的黨羽，任用了一批為史彌遠排斥的官員，希望有所作為。理宗還利用金朝滅亡之機，企圖占領黃河以南的地區。端平元年（1234 年）圍蔡州，金滅亡，宋將趙葵、全子才率軍進駐原北宋三京，即東京開封府、西京河南府（河南洛陽）、南京應天府。但三城已被蒙古兵擄掠一空，宋軍乏食。蒙古兵反攻洛陽，宋軍潰敗。

　　端平二年（1235 年），蒙古皇子闊端、曲出分兵進攻四川和襄漢。次年，蒙古軍長驅直入四川，南宋絕大部分州縣失陷，喪失了蜀道天險，被迫將四川的首府從成都遷往重慶府。淳祐二年（1242 年），余玠出任四川安撫制置使兼重慶知府，他組織當地軍民，大規模地因山築城，將各州治移入堅固的山城。同時興置屯田，積儲軍糧，訓練士兵，多次擊敗蒙古軍的進攻。

　　蒙古蒙哥即汗位後（1251 年），開始集中兵力攻打南宋。寶祐六年（1258年），蒙哥親率蒙軍主力入川，命忽必烈率軍進攻鄂州（湖北武昌），兀良合臺自雲南攻打潭州（湖南長沙）。然而，蒙哥兵臨合州（重慶合川），宋將王堅死守釣魚城，重創蒙軍，蒙哥亦死於前線。忽必烈、兀良合臺兩路蒙古軍同樣遭遇南宋軍民的頑強抵抗，被迫北撤。

　　面對蒙古的強大壓力，南宋朝政卻越益腐敗。理宗晚年，沉溺於聲色，他寵信閻貴妃和宦官董宋臣，使南宋政治越加昏暗。開慶元年（1259 年），宰相丁大全因隱匿軍情不報，被彈劾罷官。理宗任命賈妃之弟賈似道為右相。景定五年（1264 年），理宗去世，度宗趙禥繼位。

　　度宗更為荒淫無道，他整日沉迷於聲色犬馬，少有時間和精力主持朝政。權相賈似道有「策立之功」，被理宗尊奉為「師臣」，幾乎所有政務都由賈似道全權處理。襄陽被蒙古軍圍困三年，度宗居然全然不知。賈似道在朝廷內外結黨營私，貶斥異己，文天祥等正直的士大夫都受到排擠或迫害。為了籌措軍費，賈似道於景定四年（1263 年）頒布「公田法」，規定

凡是占田二百畝以上的官戶和民戶，一律由政府抽買三分之一，而所支付的卻是會子、官告，隨著紙幣貶值，百姓蒙受了巨大損失。

咸淳四年（1268 年）蒙古軍開始包圍襄樊，南宋朝廷屢次派兵救援，均被蒙古軍擊潰。至咸淳九年（1273 年），襄陽被攻破，宋將呂文煥投降元朝。次年，度宗去世。賈似道和謝皇后擁立趙㬎繼位，是為恭帝。

此時，蒙古鐵騎大舉進攻，在丞相伯顏的率領下，蒙古軍沿漢水和長江東下，南宋守將紛紛獻城投降。德祐元年（1275 年），賈似道集結南宋各地兵力十餘萬，前往抵禦蒙古軍進攻。行至蕪湖，兩軍於丁家洲、魯港（安徽蕪湖南）開戰，在元軍攻擊之下，宋軍全線潰敗，賈似道乘船逃到揚州，後被革職，在流放途中為押解官殺死。元軍乘勢攻陷建康府，南宋朝廷下詔「勤王」，文天祥、張世傑等起兵救援臨安（浙江杭州）。張世傑受命指揮宋軍先後收復了被元軍占領的平江府（江蘇蘇州）、常州（江蘇常州）以及浙西的部分州郡，並在鎮江府（江蘇鎮江）焦山集結大量水軍，企圖將元軍主力圍殲在建康至鎮江一帶。由於缺乏其他宋軍的支援，加之元軍以火箭攻擊宋軍船隻，從而打敗了南宋水軍，直逼南宋都城。

德祐二年（1276 年），理宗謝后、恭帝不顧文天祥、張世傑等人反對，向元朝投降。張世傑、陸秀夫率軍向東南轉移，保護度宗之子趙昰、趙昺在福建、廣南東路地區繼續抗擊元軍，圖謀恢復。後趙昰在福州繼位，改元景炎。由於元軍進逼，趙昰在張世傑、陸秀夫護衛下逃往海中，後病死。張世傑、陸秀夫又擁立趙昺為帝，退至崖山（今廣東新會南八十里的海上）。祥興二年（1279 年），元朝水軍向崖山發起猛攻，宋軍戰敗，陸秀夫負趙昺投海而死，南宋滅亡。

本 章 重 點

1. 北宋政局的演進。
2. 南宋政局的演進。

複習與思考

1.簡單劃分兩宋時期政局發展的階段性。

2.概述宋代政局演進的特點。

第二章
祖宗家法與傳統國策

宋朝建國之初，以趙匡胤為首的統治集團面臨的最大問題，就是擺脫五代短命王朝的命運，實現國家的長治久安。自太祖登基，就開始思考建立一套實用而行之有效的法度，使子孫能世代謹守，以守住得之不易的江山。

宋太祖趙匡胤即位之後，在政治、軍事和財政經濟等方面的立法都貫穿著一個總的原則：以防弊之政，為立國之法。太宗趙光義繼承其兄之皇位，也師法太祖之權謀與治術，並從各個方面加以發展。「事為之防，曲為之制」❶，成為太宗在位期間各項政策的精神實質。兩位開國皇帝推行的政令，漸成體系，並固定下來，成為約束趙氏子孫的「紀律」，被奉為具有莫大威懾力的「祖宗之法」，為以後的皇帝所推崇和遵守。這些法度影響至為深遠，直至南宋，大體得以遵循。宋廷長期充斥著諸如「自漢唐以來，家法之美，無如我宋」❷、「我宋立國大體，兵力雖不及於漢唐，而家法實無愧於三代」❸一類的說法，反映出兩宋統治集團恪守「祖宗家法」的一貫立場，也是宋初以來政策措施具有莫大約束力和影響力的重要表現。

第一節　齊家之道

關於「祖宗家法」的具體內涵，宋人在不同時期、場合有著不同的理

---

❶ 李燾，《續資治通鑑長編》卷一七，開寶九年十月乙卯。
❷ 張栻，《南軒集》卷八〈經筵講義〉。
❸ 林駉，《古今源流至論》後集卷九〈齊家〉。

解。范仲淹認為，祖宗「家法」既包括維繫皇族「家事」、制約姻戚成員的法度，又包括處理「時政」的原則。哲宗朝的宰相呂大防認為，「祖宗家法」具體包括「事親之法、事長之法、治內之法、待外戚之法、尚儉之法、勤身之法、尚禮之法、寬仁之法」八項。作為趙宋「家法」，「祖宗之法」最重要的內涵之一是針對皇帝親屬的行為規範，包括宗室、后妃、外戚以及皇帝身邊親近的宦官等集團。

一、待宗室之法

趙宋宗室作為一個特殊的群體，與最高統治者——皇帝之間存在著或遠或近的血緣關係，其「高貴」的血統和身分遠非普通人所能匹敵。正因為如此，處理宗室與皇權的關係與協調宗室成員之間的利益，成為宋朝統

斧聲燭影

據史書記載，開寶九年（976年）十月，「命內侍王繼恩就建隆觀設黃籙醮，令（張）守真（道士）降神。神言『天上宮闕已成，玉鎖開，晉王（太宗趙光義）有仁心』。言訖，不復降。上（宋太祖）聞其言，即夜召晉王屬以後事，左右皆不得聞，但遙見燭影下晉王時或離席，若有所遜避之狀。既而上引柱斧戳地，大聲謂晉王曰：『好為之』。」隨後宋太祖趙匡胤便去世了。得知消息後，「宋皇后使王繼恩出召貴州防禦使德芳，繼恩以太祖傳國晉王之志素定，乃不詣德芳，徑趨開封府召晉王。……后（宋皇后）聞繼恩至，問曰：『德芳來耶？』繼恩曰：『晉王至矣。』后見王，愕然，遽呼『官家』，曰：『吾母子之命，皆託於官家。』王泣曰：『共保富貴，勿憂也』。」（《續資治通鑑長編》卷一七）從此以後，「斧聲燭影」遂成為千古之謎。

治者必須要面對的難題之一。

開國之初，太祖趙匡胤對其兄弟、子侄加以重用，官位雖不高，但實際權力卻非常大。然而，太宗通過「斧聲燭影」即位之後，大概是心虛，他不僅大力剷除兄弟的勢力，就連自己的親生兒子也心存猜忌。對於其他宗室，太宗更是嚴加防範，甚至是刻意打擊。然而，宗室成員畢竟不同於其他人，作為皇帝的親戚，太宗礙於「親親」的古訓，又不得不作出某種姿態，凸現宗室成員的重要地位，於是採取「高爵厚祿」政策來籠絡宗室子弟。此後，宋朝歷代皇帝對待宗室的基本原則都是給予厚祿，而不給予實權，使其遠離政治、經濟、軍事等各種權勢，更不用說進入權力中心了。

作為皇帝的親戚，宗室擁有他人無法比擬的政治特權。首先，按照血緣嫡庶關係，宗室子弟可以獲得相應的官職。宋初規定，宗室子孫年滿七歲，即賜名授官。一般皇子、兄弟封為親王，親王的兒子封為嗣王。宗室近親承襲爵位，有特旨的可以封為郡王，其餘的宗室近親被封為郡公。隨著時間的推移，宗室子弟呈幾何倍數增長，這種授官方式顯然不太實際。神宗即位後，對宗室子弟授官措施作出了重大調整，進而確立了宗室子弟享有政治特權的基本原則，並一直沿用至南宋。大體說來，宋代宗室子弟入仕為官有三種途徑，一是蔭補授官，這是宗室成員入官最多的途徑。雖然神宗以後規定五服以外的遠親不再直接授官，但符合條件的宗室依然享有這一待遇。二是科舉考試，這是神宗以後較為常見的入仕途徑。三是皇帝特恩授官，這是臨時性的舉措。總體說來，宗室成員雖然受到越來越多的限制，但其在宋代官僚階層中的比例卻越來越高。神宗元豐年間（1078～1085年），宗室為官者不到全部官員數的4%，至寧宗嘉定年間（1208～1224年），這一比例上升到十分之一左右。

除了政治特權外，宗室成員享有種種經濟特權。以官俸來說，宗室成員與一般官員相比，同官不同俸，其俸祿比同級官員優厚，以觀察使為例，皇親擔任此職的月俸是三百貫，而其他人只有二百貫。至於正式俸祿以外的各種額外補貼，宗室有官者也大大多於普通官員。不出任外官的宗室成

員，可以根據其在宗室內部等級中的身分地位獲得數額不等的月料。遇到
郊祀、登基等慶典時，宗室也能獲得不少的賞賜。另外，宗室在生日、婚
嫁、喪葬等時亦可以獲得相應的補貼和額外賞賜。

宗室還享受著接受特殊教育的特權。國家專門為地位高的宗室成員配
置類似「家庭教師」的官員，普通宗室子弟則進入專門的宗室學校——宗
學學習。除此之外，宗室還享有其他種種特權，如減免刑罰和賦役的特權
等等。

儘管宗室享有尊貴的地位及種種特權，但前提是絕對不能威脅皇權。
由於宋朝統治者對宗室懷有很強的戒心，因而制定了一系列禁約對其子弟
進行監督和控制。

宗室從政受到很大限制，雖然宋初有過重用宗室的短暫時期，神宗朝
以後允許宗室出任外官，但總的來說，宋代關於宗室從政禁約之多，在中
國古代是極為罕見的。宋仁宗景祐三年（1036 年），所有宗室子弟被納入
環衛官系統❹，將其與外官區隔開來，享有重祿而無實權。宋神宗以後，
五服之內的宗室依然授無職事的環衛官。其他宗室子弟出任外官，除特殊
情況而外，通常不能擔任要職，很多宗室子弟擔任沒有多少職掌的添差

環衛官

宋代在中央設有十六衛官銜，為武散官，無職事，多為武臣贈典。
環衛有環列保衛之意。十六衛包括左右金吾衛、左右衛、左右驍衛、
左右武衛、左右屯衛、左右領軍衛、左右監門衛、左右千牛衛。設有
上將軍、大將軍、將軍，左右金吾衛、左右衛和左右千牛衛還設有中
郎將和郎將。據《宋史》，環衛官用以除授宗室，或措置閒散武臣，兼
有儲備將才之用。

---

❹ 游彪，《宋代蔭補制度研究》（中國社會科學出版社，2001 年版），第八章。

官❺，因而宗室成員難以和普通官員一樣臨民治事。更重要的是，任外官的宗室子弟與普通官員一樣，按照朝廷的相關考核任用原則升遷官職，其仕途幾乎沒有優勢和特權可言。因此，北宋中期以後，儘管宗室疏屬❻擔任實職的情況逐漸多了起來，但絕大部分是出任外官，他們按照正常途徑很難升為高官，進而掌握朝廷大權。

與此同時，為了防止宗室干政，宋朝還限制宗室擔任侍從❼以上的高級官員，因為這些都屬於皇帝身邊親近之人，既是朝廷決策的重要參與者，也是宰相、執政的候選成員，因而很容易進入權力核心。南宋時期，趙汝愚是太宗長子趙元佐的七世孫，與當朝皇帝的血緣關係已經相當遠。紹熙四年（1193 年），當他出任同知樞密院事時，依然遭到朝廷內外官員的強烈反對，他們列舉的最重要的理由就是，祖宗家法規定宗室不能任宰執。後來在光宗的堅持下，趙汝愚才得以擔任此職。儘管他兢兢業業，成功地推動了紹熙內禪，為朝廷立下大功，但因為趙汝愚的宗室身分，很多人堅決反對他拜相。結果，趙汝愚任宰相僅半年即被貶，第二年就死於貶所。宋朝祖宗家法影響之大，於此可見一斑。

為了防止宗室成員與朝廷內外官員結黨營私，宋朝專門規定了宗室成員的「外交之禁」，對他們的社交活動予以嚴格限制。不僅趙氏子孫之間不得隨意互相往來，宗室成員更不能與朝中大臣結交。北宋初年就規定，居住在京城的宗室成員，除了上朝和參加各種祭祀活動之外，不得隨便與其他官員見面、交往。宋廷一直執行此項禁令，至紹興三年（1133 年）高宗再次下詔強調：「今後宗室南班官不許出謁及接見賓客，著為令。」❽盧多

---

❺ 宋制，正員之外，再額外加派官員主管或處理某事。或僅有其名而不管政事，稱添差不厘務。

❻ 疏屬意指旁系親屬。

❼ 宋朝稱殿閣學士、直學士、待制與翰林學士、給事中、六部尚書、侍郎為侍從，中書舍人、起居郎、起居舍人以下為小侍從、外官帶諸閣學士、待制者為在外侍從。

❽ 《宋會要輯稿》帝系六之三。

遜在太平興國七年（982 年）被罷相的原因之一就是私自與秦王趙廷美交往。宋太宗的五世孫、嗣王趙仲御之子齊安郡王趙士儱因為與岳飛交往過密，岳飛入獄後又為其鳴冤。有人攻擊他「交結將帥」，觸犯了祖宗禁忌，被免除官職，貶到外地。

就連宗室的日常活動，也受到種種約束。按照朝廷規定，宗室不得擅自外出。熙寧元年（1068 年），宋神宗的堂兄弟趙宗晊、趙宗全因擅自離開外宅而受到懲處。崇寧三年（1104 年），蔡王趙似私自出宮，與宗室成員一起聚餐，同樣遭到了士大夫的指責。徽宗考慮到弟弟趙似年紀還小，才決定不予追究，只是處罰了趙似身邊的隨從。在婚姻方面，宗室也受到諸多限制，禁止與某些社會地位較高的家族通婚。哲宗朝就下詔禁止宗室與「內臣之家」聯姻，這是因為兩者聯姻，可能形成威脅皇權的勢力。

宋代對宗室進行嚴格的管理，大大限制了宗室的政治活動，避免了由於宗室勢力過強而引起的政治動盪。宋代號稱「無內亂」，這與其「待宗室之法」密切相關。在優越的待遇和嚴格的禁約下，宋代的宗室成員多不思進取，貪圖享受，對社會沒有發揮多少有益的作用。

二、待后妃之法

太祖在位之時，後宮人數不滿三百人。直到太宗後期，仍然是「內庭給使不過三百人，皆有掌執。」此後，後宮人數不斷增加，徽宗時期達到頂點，徽宗一次就放減宮女六千餘人，不難想見其數量之多。

宋代后妃出身比較複雜。真宗劉皇后原本是銀匠之妻；《涑水紀聞》記載，仁宗張貴妃死後被追封為皇后，但出身卑微，曾被後母賣給荊國大長公主（後改封齊國，太宗女）為歌舞伎。有學者統計，唐代出身於高級官宦家庭的皇后占總數的 77.8%，而宋代僅占 45.4%；唐代出身於非官宦家庭者僅占總數的 11.1%，而宋代高達 22.7%❾。從這組數據不難看出，宋代皇后之中不乏家世低微者。皇后尚且如此，其他嬪妃的背景可想而知。歷史

---

❾ 張邦煒，《宋代皇親與政治》（四川人民出版社，1993 年版），頁 138。

上專權的后妃，大都出身顯赫，背後有其強大的家族勢力撐腰。宋代沒有後宮專權之禍，其中原因之一就在於后妃出身複雜，實力有限。

鑑於唐代女主亂政的教訓，宋代著力倡導以皇后為首的後宮要嚴格自律，言談舉止必須符合傳統的倫理道德規範。宋朝統治者不止一次強調，「漢唐以來，后族之事固不足為聖時道，然不可不戒者。」❿他們認為，后妃的職責僅僅是「助厘陰教，贊成內治；閫外之事，非所預聞」⓫。對於外朝之事，通常是禁止后妃插手干預。宋仁宗無子，大臣希望後宮能提出些建議，仁宗卻說：「這些事怎麼能讓婦人知道呢？讓中書決定就行了。」這種「女主內」的訓條從很大程度上約束了後宮嬪妃的行為。

為了防範后妃干政，宋代統治者制定了嚴格的宮禁制度。《宋刑統》對此做了諸多規定，如謀毀宮闕被視為最嚴重的犯罪；擅入宮門者，流放兩年；擅入宮中正殿者，將被處以絞刑。即使依法入宮之人，也不得同宮人閒聊，否則也將被處以絞刑。這些宮禁條令，不僅適用於普通人，后妃、大臣以及外戚都要遵守。在這種情況下，大臣與后妃很難見面。宋光宗紹熙年間，樞密使趙汝愚有很重要的事情要向吳太皇太后稟告，但按照當時的規定，他不能進宮。無奈之下，趙汝愚只得求助太皇太后的外甥韓侂冑。然而，韓侂冑也無法進宮見太皇太后，他只能請求宮中的宦官，才將這一重要事情轉達給太皇太后，不難想見當時宮禁之嚴。

除了宮禁制度外，宋代皇帝很忌諱后妃與朝中大臣交往過密，以免她們與外朝官員相互勾結，把持朝政。據《邵氏聞見錄》記載，一次，仁宗在張貴妃的住所發現珍貴的定州紅瓷器，就問張貴妃從何得來。張貴妃說是朝中大臣所獻。雖然當時張貴妃是仁宗最寵愛的妃子，但是仁宗大怒，當即把紅瓷器摔得粉碎，並嚴厲斥責了張貴妃。

在這種情況下，宋代的后妃頗能自覺遵守各種制度，較少插手朝政。如太祖王皇后從不過問外朝之事，每日不是「侍御膳」，就是「誦佛書」。

❿ 《宋會要輯稿》后妃一之二二。

⓫ 張方平，《樂全集》卷七〈芻蕘論二·后妃〉。

真宗郭皇后也不問朝政，有一次真宗叫她去參觀「奉宸庫」，以便賞賜後宮，但郭皇后推辭道：「奉宸庫是國家的寶庫，不是婦人應該去的地方。陛下可以酌情賞賜六宮，故不敢奉詔。」大多數后妃都能從大局出發，處理宮廷內外之事。神宗病重期間，哲宗被立為太子。英宗高皇后不允許自己的兒子徐王趙顥、魏王趙頵擅自入宮，以防發生奪權的變故。宋高宗吳皇后垂簾聽政之時，不准侄子吳琚隨便出入宮廷。對於自己的親屬，后妃也多能公正對待，不為他們謀取私利。開國之初，杜太后就作出了表率。她健在的時候，其弟杜審肇、杜審進貴為國舅，卻一直閒居在家，未曾授予官爵。真宗楊淑妃撫養仁宗長大，仁宗即位後，想要封楊淑妃的侄子楊永德官職，楊淑妃一再推辭，最後在她的堅持下，仁宗只授予楊永德一個小官。

宋代垂簾聽政的太后頗多。在中國古代一共有三十多位太后垂簾聽政，其中宋代多達九人。即使太后垂簾，也沒有出現女主亂政的情況。通常而言，太后執政，會依靠朝中的外戚，女主與外戚聯手，很容易造成女主或是外戚勢力膨脹。但在宋代，后妃受到嚴格的約束，因而外戚勢力大為削弱，使得太后在垂簾之時，只能依靠朝中大臣，而非外戚。宋仁宗曹皇后依靠韓琦處理政事；英宗高皇后在哲宗初年垂簾聽政之時，依靠的是英宗、神宗時代的元老重臣司馬光、呂公著、文彥博等人。這些太后聽政之時，雖然與皇帝有矛盾，但是絕沒有廢立之事，更無取而代之的意圖。哲宗即位之時，只是個十歲的孩子，高皇后很尊重他，不願在朝堂上與哲宗平起平坐。南宋末年，宋度宗楊淑妃盡心扶持幼主。當她聽說末代小皇帝趙昺的死訊後，異常悲傷，最後跳海而死。

在祖宗家法的制約下，宋朝確立起了比較完善的後宮制度，使得兩宋時期的后妃之賢有目共睹。高宗曾吹噓說：「本朝的母后十分賢淑，遠非漢、唐可以比擬。」雖然有溢美之嫌，但確實從很大程度上反映了當時的實際情況。正因

宋仁宗曹皇后像

為如此，宋代的后妃大多安分於深宮後院，而無唐代武韋之亂。

三、待外戚之法

所謂外戚，通常指的是皇帝母族、妻族以及皇帝姑母、姐妹和女兒的夫族。宋朝對待外戚，與處置宗室的指導思想基本相同，「崇爵厚祿，不畀事權」，即給外戚高官厚祿及優厚的待遇，但不予實際職權，以防止前代外戚亂政的重演。

就「崇爵厚祿」來說，外戚可以根據親等授予相應的官職。宋太宗李皇后的侄子李昭亮四歲時就授東頭供奉官。真宗劉皇后之兄劉美的孫子劉永年也是在四歲時即授內殿崇班。每逢聖節或皇后、妃嬪去世，其近親可以獲得「恩澤」，得以升轉官階，或是優先注授差遣、加封等。據《宋史》卷一六六〈職官志〉記載，宋代外戚封王、建節者為數不少，僅宣和末年，外戚授節度使者就達十人之多。南宋前八十年中，外戚封王者有七人，建節者多達二十五人❷。

外戚俸祿優厚，官至節度使，其月俸錢高達四百貫，比宰相還多一百貫。朝廷還會給外戚一些特殊的優待，如李昭亮的官階是淮康軍節度觀察留後，仁宗命給其節度使俸祿，以褒獎他的功勞。駙馬都尉李遵勗任均州團練使，卻領觀察使之俸。南宋時，外戚擔任添差官，不擔任實職，請給和人從卻依正官標準。此外，獲得刺史以上武階的外戚，每年還可以領取數額不少的公用錢。

不過需要指出的是，這些只食俸祿、並無實職的官階，宋政府也並不輕易授予外戚，尤其是在北宋前期。杜太后之弟杜審進是皇帝的舅舅，直到年老時才得到節度使之職。慶曆年間，宋仁宗授予舅舅李用和使相的頭銜，遭到朝中大臣的強烈反對，雖然仁宗最後沒有改變決定，但下詔強調下不為例。李用和之子李珣求做閤門通事舍人，仁宗斷然拒絕說：「朝廷的

❷ 李心傳，《建炎以來朝野雜記》乙集卷一一〈故事·后家封王者〉、〈中興以來后家建節者〉。

爵賞，是賞賜給天下人的，倘若親戚想要什麼官職，朕就賞賜什麼給他，那朕怎麼對待那些開國功臣呢?」宋高宗曾說:「祖宗對待親戚有專門的規定，朕不敢逾越，怎麼可能因為是后妃的親戚，就可以徇私呢?」宋代不少皇帝也被大臣稱讚為「不私戚里」、「不崇外家」的楷模。

「不畀事權」作為待外戚之法的核心內容，一直得以貫徹。宋政府對外戚任職做出種種限制。其一，后族戚里不得任文資。朝廷授予外戚的官職一般都是武官銜，如節度使、觀察使之類，這些官職都屬於武臣資序。宋英宗時，虞部員外郎向經的女兒被選為潁王妃，朝廷馬上將向經由文資轉為武資，改任貴州防禦使。包括外戚在內的皇親國戚破例任文資，必須要具備相應條件。在宋朝重文輕武的大背景下，無論在中央，還是在地方，武官都很難進入決策層。在這種情況下，擔任武官的外戚在政治舞臺上幾乎沒有發揮才幹的餘地，因而也就難以掌握實權。

其二，外戚不許任侍從官。侍從官是經常接近皇帝的高級文臣集團，如果由外戚擔任，特別是皇后的近親擔任，就很容易干預朝政。仁宗初年，劉太后垂簾聽政，曾設法提拔她義兄的女婿馬季良為龍圖閣待制，雖然只是在外侍從，但是仁宗親政後，即將馬季良改為武階官。這一制度在北宋末年遭到破壞，南宋時期，在士大夫的強烈要求下得以重新確立。

其三，外戚不得為監司、郡守。外戚通常只授武階官，出授差遣可以擔任地方武職，如鈐轄、監押、巡檢、監當等，但是不能擔任州縣的親民官。咸平六年（1003 年），秦國長公主（太祖女）為其子王世隆請求刺史的官職，真宗拒絕說:「牧守，是親民之官，必須由朝廷公議才行」，最後也沒有答應她的要求。宋理宗時，朝廷再次強調:「今後外戚不得為監司、郡守。」

其四，外戚不得在中書門下和樞密院任職。這兩個機構掌管文武大權，屬於國家最高權力機構。為了防止外戚專權，宋代統治者把外戚排除在這兩個部門之外。當然，宋代也有少數外戚打破這一慣例，但無不遭到士大夫的強烈反對。如真宗末年及仁宗初年，劉皇后當政，外戚錢惟演出任樞

密使，宰相馮拯堅決反對，指出惟演是太后姻親，不可參與軍機大事。當年十一月，錢惟演就被解除了樞密使之職。

除了任職方面的種種限制，朝廷對外戚的活動也做出了種種規定。一為「不許通宮禁」，即禁止外戚出入內宮。英宗治平年間（1064～1067年），仁宗曹皇后和她的弟弟曹佾都已步入老年了，英宗多次提出讓兩人見面，曹皇后唯恐破壞了「外家男子，舊毋得入謁」的成規，沒有同意。一天，英宗親自把曹佾領到曹皇后的住所，讓兩姐弟有相見的機會。可是，曹皇后竟對弟弟說：「這裡不是你該停留的地方！」旋即將曹佾遣出後宮。實際上，這就限制了外戚與后妃之間的聯繫。

二為「不許接賓客」。仁宗初年，下詔規定外戚等不許與朝中官員私下往來，如有公事，須赴中書、樞密院「啟白」，不得暗中交通關節，同時命令御史臺加以監督。後來這一法令擴大到不准與普通士人來往。徽宗崇寧年間，下詔重申官員不得與宗室、戚里之家往來。直到南宋時期，此禁令依然如故。建炎三年（1129年），高宗下詔告誡外戚，不能隨便參議朝政，與權貴交往，應該循規蹈矩，以保全家族，並重申不得於私宅接待宰執等官員。

總之，宋代限制外戚的所謂「祖宗之法」，大多數時間得到了較好遵循。在諸多條令法規的約束下，宋代雖然多次出現母后垂簾聽政，但卻沒有外戚篡奪之禍。這種待外戚之法，得到了宋代統治者的讚揚。光宗曾讚歎道：「祖宗家法最善，漢、唐所不及，待外戚尤嚴。」❸寧宗朝的大臣彭龜年也說：「祖宗待外戚之法，遠監前轍，最為周密，不令務政，不令管軍，不許通宮禁，不許接賓客。不唯防禁之，使不害吾治，亦所以保全之，使全吾之恩也。」❹這是對宋代處置外戚原則的全面總結，也是得以一以貫之的重要策略。

---

❸ 王應麟，《玉海》卷一三〇〈官制‧宗戚‧紹興內治聖鑑〉。
❹ 彭龜年，《止堂集》卷五〈論韓侂胄干預政事疏〉。

四、待宦官之法

宋朝最高統治者對朝廷內外官員，尤其是權高位重的大臣存在難以消除的猜忌感，於是他們利用身邊的宦官來監視、牽制朝中大臣。皇帝信任宦官，不僅因為他們是多年跟隨在身邊的心腹，還因為堅信一個道理：文臣、武將可能通過政變獲得皇位，但為社會所不齒的宦官是不太可能會謀得皇位的。在這種思想指導下，宋代宦官廣泛參與政治活動。

宋朝有兩個宦官機構，一是入內內侍省，簡稱後省；二是內侍省，簡稱前省。這兩個機構的職能不單只是伺候皇帝生活起居而已，其下屬部門還承擔著其他職能。往來國信所主要負責宋遼通使、交聘等外交事務。軍頭引見司主要負責諸軍的揀閱、引見、分配等事宜。除了這些職責外，朝廷常常會臨時委派宦官兼領其他職務。譬如負責治理河流、興建宮殿、管理馬政、參與某些詔獄案件的審理、督運物資等等，涉及到宋代社會諸多層面的具體工作，其中包括不少比較重要的差遣。

宦官廣泛參與軍政。《宋史》記載了北宋四十三名宦官，其中十八人有帶兵打仗的經歷。太宗時，宦官王繼恩、衛紹欽曾率軍鎮壓王小波、李順起事。李憲、王中正在神宗時帶兵同西夏作戰。徽宗時，童貫、譚稹率兵攻打過方臘，出征過燕山。不僅如此，童貫還曾任知樞密院事，負責全國軍政。除了領軍打仗之外，宦官更多的是身負監視軍隊的職責。在入傳的四十三位北宋宦官中，明文記載奉命監軍的有六人，曾任鈐轄者十四人、都監十六人、巡檢九人、走馬承受八人，他們都是級別不同的地方統兵官，負有監軍的職責。走馬承受雖是低級官員，但是職權很重，名義上是承受，其實是監軍，皇帝甚至會因為走馬承受的密報而撤換邊關將領。

除了監視軍隊、武將之外，宦官還有監視大臣、百姓之權力。皇城司不僅負責京城治安，還是皇帝的「耳目之司」，打探京城各處臣民的動靜。入傳的四十三位宦官中，有十一人曾擔任過掌領、勾當、管幹、幹當皇城司等職務。石得一在神宗年間長期擔任勾當皇城司，因而權勢震懾朝野。

當然，即使不任職於皇城司，宦官也有權直接向皇帝報告京城內外的情況。如仁宗、英宗時期的宦官高居簡經常向皇帝密奏朝廷中的各種議論，因此得了個「高直奏」的綽號。

宦官也參與政事，因而不可避免地捲入各種政治紛爭之中，影響時局的變化。宋太祖蹊蹺死去之後，宋皇后命宦官王繼恩召皇子趙德芳進宮。然而，王繼恩卻跑到開封府，找來了晉王趙光義。在王繼恩的幫助下，晉王得以登基稱帝。宋真宗時，寇準和丁謂這兩位執政大臣相互爭鬥，宦官周懷政支持寇準，雷允恭則站在丁謂一邊。在雙方鬥爭激烈之時，周懷政甚至密謀發動政變，計畫處死丁謂，讓寇準再次拜相，雖然未能成功，卻從側面反映出宋朝宦官干政之一斑。

雖然宋代的宦官擁有廣泛的權力，但終宋一朝，卻沒有出現所謂的「閹禍」。皇帝信任並依賴宦官，但卻從未放鬆警惕。唐朝中後期宦官控制朝政，甚至掌握皇帝的廢立大權，前代的教訓歷歷在目。宋朝統治者當然不願重蹈覆轍，王繼恩在鎮壓了王小波、李順起事，有人建議提拔他為宣徽使，但被太宗斷然拒絕：「朕讀前代書史，不打算讓宦官干預政事。宣徽使這個職務很重要，還是授予其他的官職吧。」因此，宋代統治者在賦予宦官權力的同時，也對其做了種種限制，加以防範：

其一，限制宦官的數量，設立宦官階官。宋太祖在位期間，所用宦官不過五十餘人。真宗以後宦官漸多。仁宗皇祐五年（1053 年）再次限員，以一百八十人為額。南宋時期，宦官數量也比較少。孝宗即位後，規定宦者以二百五十人為額。另外，宋朝統治者專門為宦官設置了特殊的官階，以區別於文、武官。特殊的階官系統，從制度上將宦官排除在執政範圍之外。元豐年間進行官制改革，有大臣提出改革內侍的官名。神宗反對說：「祖宗為此名，有深意，怎麼可以輕易改變呢！」同時，宋代統治者規定宦官升至一定官階之後，要麼留在宮廷繼續使用，但不升轉官資，若升官，就必須離開宮廷，改注外朝武官差遣。通常不用年長資深的宦官在內廷供職，這也是宋政府限制宦官弄權的重要手段之一。南宋時期，依然沒有改

變宦官出任外職的制度。宋高宗曾說:「內諸司轉官出職,祖宗皆有格法,朕遵守之甚嚴,但付有司,依法施行」。

　　其二,限制宦官干預政事。如前所述,宋朝宦官可以干預朝政,評論時事,但是這些活動都是在皇帝許可的範圍內進行的。宦官若不守本分,超越職權,往往會受到嚴厲懲辦。宋太宗病危期間,曾對其即位有功而備受寵遇的宦官王繼恩,串通大臣,企圖擁立已被廢為庶人的太宗長子趙元佐為皇帝,事情敗露後,王繼恩等人遂被流放。高宗建炎二年(1128 年)七月,宦官王嗣昌則因為喜歡議論朝政而被趕出內廷。另外,為了限制宦官參政,通常不允許他們讀書習字。仁宗時,宰相賈昌朝在兼任侍講期間,以編書為名教授內侍,遭到朝中大臣的抨擊,仁宗也反對賈昌朝的做法。自從仁宗之後,很少有宦官習文的記載。

　　其三,宋代統治者還嚴禁宦官與朝中大臣互相交往。元祐三年(1088 年)哲宗下詔:宗室不得與內臣之家結為姻親,理由是內臣出入宮掖,如果和宗室聯姻,會對皇室產生不利影響。嘉祐三年(1058 年)六月,賈昌朝即將出任宰相,但是臺諫官彈劾說:賈昌朝修建府邸,特別為宦官準備了專門的房間。結果賈昌朝不僅沒能拜相,還被仁宗罷免了樞密使職務。南宋初年,朝廷再次強調:兩省使臣,不許與統制官、將官等私自見面、往來。如有違犯,就要被免職,發配偏遠州郡。孝宗乾道三年(1167 年),有人揭發鎮江軍帥戚方與內侍李瑤、李宗回交結,結果,戚方被罷軍職,李瑤決配循州,李宗回等並受降職。

　　總之,宋代宦官有著比較廣泛的權力,對兩宋政局產生了難以估量的影響,但統治者不忘「祖宗之法」,對宦官勢力加以限制。加之宋代士大夫的政治力量十分強大,他們恪守法度,抵制宦官勢力,故宋代的宦官沒有出現像唐末廢立皇帝、生殺大臣的情況。

第二節　治國之策

　　祖宗家法是一個非常寬泛的概念,不僅包括治理家族事務的指導方針,還涉及到國家政治生活的方方面面,宋代「守內虛外」格局的出現、文武制衡關係的形成、各級權力的劃分等等,都會涉及到祖宗家法,它在很大程度上制約著「國法」的取向與施行。離開了祖宗家法,對兩宋社會就很難有深刻而睿智的理解。

一、政治制度的分權原則

　　宋朝建立之後,首先收奪了高級將領的兵權,同時設置殿前司、侍衛馬軍司、侍衛步軍司,即三衙,分別統領禁軍。中央設立樞密院作為國家最高的軍事機構,負責軍官的選拔、軍隊的調動等重大事務,樞密院長官直接聽命於皇帝,遇有戰事,皇帝臨時任命將領帶兵出征,這樣便把三衙的統兵權和樞密院的調兵權完全分離,使他們互相牽制,其最終目的無非是為了強化君權。

　　在重點防範武將的同時,宋太祖逐漸削弱一人之下、萬人之上的宰相的權力。就其制度而言,作為最高決策機構的中書,與樞密院號稱「二府」,地位平等,互不統屬,中書、樞密院長官直接對皇帝負責。另設三司,主管全國財政,其長官號為「計相」。宰相之下設參知政事,名義上是副宰相,但實際上權力很大,從而分割了宰相的行政權。與此同時,宋代設有御史臺和諫院兩個機構,專門執行監督職能。臺、諫官多由學術才行高者擔任,他們控制輿論和言路,糾察百官不法的行為,宋代不少宰相就是由臺諫官彈劾而罷官的,從而進一步牽制了宰相和其他官員,與前代宰相事無不統的情況相比,宋代宰相權力大為壓縮,這實際上意味著皇權的加強。

　　地方行政體制亦同樣體現了分權原則。宋太宗繼位以後,將全國分為十三道,不久改為路,各路分設四個機構(部分路設置不全),分別為轉運

司、提點刑獄司和提舉常平司、安撫使司。轉運司主要掌握一路財賦，同時督察地方官員。提點刑獄司掌管一路司法工作，稱為「憲司」。提舉常平司主管常平倉、義倉及賑濟等事。安撫使司主管軍政。路級官員多數時期沒有固定的辦公地點，多數時候巡行所轄州縣。此外，依據各路具體情況，還設置提點坑冶、提舉茶鹽、提舉學事等司，統稱為「雜監司」，分管某些重要行政事務。因此，宋代路級機制有著多元化的特點，由此分散了各類監司的職權。

大體而言，宋代的地方行政機構有州、縣兩級。州的長官稱為知州，同時設通判。通判既不是知州的屬官，也非知州的副手，通判有權直接向皇帝和中央相關部門彙報地方政務，權力很大。後來朝廷進一步規定，知州、通判聯名簽署的文件才能下發執行，從而大大限制了知州的權力。縣一級長官為縣令或「知縣」，根據縣內戶口的多寡另設縣主簿、縣尉。主簿負責錢糧戶口，縣尉維持地方社會秩序。就宋代而言，上述地方官均為朝廷命官，一般任期為三年，三年之後回朝廷，經過考核後重新委任新的職務，從而基本上消除了地方官盤踞地方、抗衡中央的可能。

二、募兵制

宋朝開國以後，繼承了晚唐、五代的軍事體制，國家武裝力量的主體是招募而來的。在宋太祖看來，募兵對於國家的穩定有著特殊而不可替代的意義，甚至是唯一重要的手段和策略。「可以利百代者，唯『養兵』也，方凶年饑歲，有叛民而無叛兵，不幸樂歲而變生，則有叛兵而無叛民。」[15] 基於這一指導思想，宋太祖趙匡胤確立了養兵政策，把兵和民完全區隔開來加以管理。宋代多數士大夫對太祖這一政策的高明之處予以充分的肯定，他們在總結歷史的經驗教訓時，大多會認為「前世為亂者，皆無賴不逞之人」[16]，宋朝歷代皇帝正是擔心這些「無賴」造反，所以將破產失業之人

---

[15] 晁說之，《景迂生集》卷一〈元符三年應詔封事〉。

[16] 李燾，《續資治通鑑長編》卷三二七，元豐五年六月壬申。

招募入伍，由政府出資將他們養起來，一方面多多少少可以為趙宋政權效力，另一方面至少從某種程度保證他們不至於鋌而走險，拿起武器反抗官府。

宋代募兵主要是針對禁軍和廂軍而言的。所謂禁軍，是宋朝中央掌握的正規軍，其職責是拱衛京城，戍守各地州縣及邊疆地區，是宋王朝賴以生存的主要武裝支柱，也是宋代最為精銳的作戰部隊。廂兵原本是宋代的地方軍隊，宋初為削弱地方勢力，將地方軍隊中身材高大、武藝高強之人選拔為禁軍，其餘的留在本地為廂兵。廂兵通常不加訓練，也沒有作戰任務，實際上成為專門從事勞役的部隊。廂兵有招募而來的，也有禁軍犯法或武藝不合格而降級為廂兵的，還有部分來自罪犯（如《水滸傳》中林沖押解滄州「牢城營」）。這兩個兵種在宋代大體上都是招募的，人數眾多，但各個時期存在很大差距，宋太祖開寶年間（968～976 年），二者總數為三十七‧八萬人，太宗至道年間（995～997 年）為六十六‧六萬，真宗天禧年間（1017～1021 年）為九十一‧二萬，仁宗慶曆年間（1041～1048 年）已達一百二十五‧九萬。數量如此眾多的募兵必然會給宋代帶來各種各樣的社會問題。

首先，招募之人一旦入伍，便成為終身制的職業兵。義大利著名政治家馬基維利 (Niccoló Machiavelli) 早就論述過募兵的巨大危害，「任何一個君王假如把保衛國家安全的希望寄託在雇傭軍或客軍身上，那麼他的國家必然出亂子，毫無安全可言了。因為這些雇傭軍內部鉤心鬥角，心懷二心，紀律鬆散，不忠不義。」❼這種軍隊不大可能具有很強的戰鬥力。另一方面，士兵即使疾病衰老也很難淘汰，於是，就不可避免地要將老弱缺乏戰鬥力之人和一些年富力強的少壯者混雜在一起參加戰鬥，如此勢必大大影響士氣，削弱宋軍的作戰能力。加之宋代軍政的腐敗，對軍隊管理鬆弛，並不嚴格進行訓練，當然也會大大影響士兵的素質。從不少宋代的文獻資料可以發現，在宋軍與西夏軍隊的對抗中，西夏士兵只要聽說出戰的是宋朝禁

---

❼ 馬基維利，徐繼業譯，《君王論》（光明日報出版社，1999 年版），頁 66。

軍，就會拍手慶賀。在他們心目中，宋朝禁軍的戰鬥力遠遠不及邊境地區百姓組成的弓箭手，是不堪一擊的。因而很難取得勝利，進而導致了宋軍在對遼朝、西夏、金朝、蒙古的歷次戰爭中屢戰屢敗的嚴重局面，這是募兵制給宋代造成難以估計的負面效應。

其次，宋朝政府維持一支龐大的常備軍，無疑需要付出巨大經濟代價。儘管宋朝是當時世界上最為富庶的國度，「這個帝國在當時是全世界最富有和最先進的國家，在蒙古入侵的前夜，中華文明在許多方面都處於它的輝煌頂峰。」⑱其財力、物力和各項賦稅收入都遠遠超過了盛唐時期，然而宋朝的財政卻長時期入不敷出，甚至出現了曠日持久的財政危機，導致這種局面的主要原因就是巨額的養兵費用。北宋中期，著名政治家、書法家蔡襄擔任全國最高財政長官時，對國家的收支情況作過核算，當時一年的養兵費用占全國財政收入的 60%～70% 左右，這還是和平時期的數字，若是將戰時的開支加進去，其比例無疑還要高得多。如此巨額的養兵費用，必然會使宋王朝中央政府的財政陷入困境。

其三，宋代實行募兵制的主要目的之一是想把一些反抗趙宋統治的潛在勢力轉化為維護其政權的力量。而事實上，那些所謂無賴不逞之人多數是從土地上被排擠出來的農民或是城鎮失業之人，大部分都是強壯勞動力，如果他們不具備相應的身體條件，便很難成為職業兵。在當時的生產力水平下，壯勞力源源不斷地流入軍隊，形成一個龐大的社會寄生群體，他們從壯年到老年一直脫離農業生產，卻大量消耗其他勞動者所生產的物質財富。在以農業立國的宋代，失去數量眾多的勞動力必然導致農田荒蕪、水利失修等現象越加嚴重，這對宋代農業生產的危害無疑是難以估量的。

當然，募兵制亦非一無是處，它對當時社會還是有相當程度的積極意義。漢唐以來，國家實行徵兵制，調兵於民，唐代大詩人杜甫所作〈石壕吏〉中所反映出來的唐代徵兵對老百姓帶來的巨大痛苦，就是最有說服力

---

⑱ 謝和耐著，劉東譯，《蒙元入侵前夜的中國日常生活》（江蘇人民出版社，1998年版），頁 4。

的事實。宋代實行募兵制，在很大程度上免除了農民的兵役負擔，廂兵也分擔了國家大型土木工程建設，如修築城池、河道維護等。這些徭役以前都是徵發農民完成的，如秦朝孟姜女哭長城的故事，便形象地說明了徭役給當時人民造成的無窮災難。另一方面，兵役、徭役負擔的減少也使普通百姓能有更多的時間和精力從事生產勞動，為全社會創造更多的社會財富，宋代社會經濟的繁榮與募兵制有著密切聯繫，這是毫無疑問的。此外，從徵兵制到募兵制的變化，也使軍隊專業化、職業化，從而有利於提高士兵軍事技能。與前代相比，這些都是歷史的巨大進步，也為宋代社會的穩定、人民生活的安寧作出了不少貢獻，這些都是值得肯定的。

三、重文輕武

宋太祖通過「黃袍加身」登上了皇帝寶座，因而他深知武將權力過重會導致皇權的衰落和國家的混亂。宋朝開國以後，為了防止唐中葉以來武將專權局面的再現，為了剷除武將勢力，勢必要重用文官。宋太祖曾經對人說過，「宰相須用讀書人。」而且，他認為即便是天下所有文官都貪污，也比重用武官的危害要小，這大概與趙匡胤的親身經歷有關，唐末五代以來兵連禍結的局面給他留下了過於沉痛的教訓。在這一既定方針指導下，宋代絕大多數要害部門的長官都由文臣擔任。北宋中期，蔡襄曾經指出，「今世用人，大率以文詞進。大臣，文士也，近侍之臣，文士也，錢穀之司，文士也，邊防大臣，文士也，天下轉運使，文士也，知州郡，文士也。」[19]這一議論從很大程度上反映了宋代的實際情況，即武官很難掌握實權，就連全國最高軍事機構——樞密院的長官也基本上由文官擔任。正是由於文官受到空前絕後的重視，因而朝野內外逐漸形成了讀書求功名的大氣候，「天子重英豪，文章教爾曹，萬般皆下品，唯有讀書高。」[20]從而使文臣治國的理念和體制確立起來，並一直貫穿於兩宋三百餘年歷史當中，宋朝歷

[19]　《蔡襄集》卷二二〈國論要目‧任材〉。

[20]　汪洙〈神童詩〉。

代皇帝幾乎無不遵守這種慣例,因而重文輕武的國策得以較為徹底地執行。

在宋代,文官的特殊地位和優遇有多種表現方式。首先是權重,總體說來,宋朝國家大政方針的制定基本上是由進士出身的官員負責的,其他出身的官員很難進入權力中樞,自然也就談不上掌控實權。包括三省長官,幾乎朝廷的所有重要部門長官都必須是進士出身,如負責監察的御史臺官員、諫官,號稱天子的耳目之官,社會地位尊崇,而且也是執政官的候選人,原則上禁止沒有進士出身的官員擔任。在特殊情況下,即便皇帝想任命某一個頗具才幹的非進士出身官員出任臺諫職務,也不得不設法臨時賜予該官員以進士頭銜,否則將會招致朝中官員的非議和反對。諸如此類的規定尚有很多,幾乎都得到了較為嚴格的執行,也就是說,宋代很多重要職務通常擁有進士出身的文官才有資格擔任。

其次是地位崇高。與前後各朝代相比,宋朝對士大夫的禮遇可以說是無與倫比的。自立國之初,宋太祖便制定了不殺士大夫與言官的所謂「祖宗家法」,因此,兩宋時期,除了北宋初期有少數貪官污吏被處以死刑外,

《觀榜圖》(清梁亨)

其餘時期，文官即便犯罪，甚至是重罪，幾乎沒有例外，都不殺頭。對文官較重的處罰只是削職流配，這既是文官特權的表現，也是重文輕武的必然結果。另外，宋代文官的升遷比武官快，一般而言，文官如不犯錯誤，三年升官一次，而武官必須五年才行。宋代盛行榜下捉婿之風，每逢科舉考試放榜之時，達官貴人、富商大賈等有權有錢之家便派人去爭搶新科進士為東床快婿，有些甚至從遙遠的地方派人派車提前趕到都城，等待放榜之日，這種現象也從側面反映了文官，尤其是進士出身官員社會地位的崇高。相反，武官就不會有如此待遇了，就連戰功赫赫、為南宋政權出生入死的名將岳飛也不免慘死風波亭，其他武官就可想而知了。

再次，宋代文官待遇高、特權多。清代著名史學家趙翼在其著作《廿二史箚記》中有一條稱「宋制祿之厚」，「其待士大夫可謂厚矣！唯其給賜優裕，故入仕者不復以身家為慮，各自勉其治行。觀於真、仁、英諸朝，名臣輩出，吏治循良。及有事之秋，猶多慷慨報國，紹興之支撐半壁，德祐之畢命疆場，歷代以來，捐軀徇國者，唯宋末獨多。」❷❶就是說宋朝政府給官員的薪水過高，當然這只是概而言之的。然其所謂「待士大夫厚」倒是確有其事，也就是說，對文官格外照顧。通常情況下，官員按照官品的高低俸祿，主要包括月俸、衣物、祿粟三種，月俸最多者達到四百貫，縣主簿、縣尉也能拿到六、七貫。衣物主要是春、冬發放絹、帛等紡織品，最多者每年春、冬絹各達一百匹，少者春、冬亦各達二匹，還有綾、羅等其他紡織品。祿粟主要是給糧食，最高每月可達二百石，縣官每月亦可達三石。另外還給薪、炭、鹽、紙等物品。相比之下，上禁軍的月俸僅有一貫，中、下禁軍則三百至五百文，其差距之大，可以想見。

除了上述正式俸祿外，還有各種名目的添支錢，就是所謂津貼，不僅給錢，還給羊肉、米、麵等物，還有公用錢，名義上是資助官員公務活動的經費，宴請往來官員等等，而實際上則是由官員自行支配。各地方官還有相應數量的職田，官員在地方任職期間，政府撥出一定數量的田地，佃

---

❷❶　趙翼，《廿二史箚記》卷二五〈宋制祿之厚〉。

戶所交地租由官員支配，不交給國家，其目的是增加地方官的收入，使他們少盤剝百姓。官員差旅途中可以免費吃住。不僅包括官員個人，高級官員的隨從、僕人等也有相應的俸祿，多者達上百人。由此可見，官員的衣食住行基本上都由政府負責，其待遇之高，不難想見。

相對於文臣的地位，宋朝的武將處於一種尷尬的地位。在宋朝統治者「重文輕武」、「以文制武」政策的不斷打壓下，武將的權力不斷縮小，即便是邊防前線的統兵將帥，手中的權力也很輕，朝廷以提高偏神將佐的地位來牽制主帥，因而那些都部署、鈐轄、都監等官位雖低，主帥卻無權指揮他們，以至於在議論兵事的時候，大家各出意見，主將無法作出決定。

武將們在長期被輕視與防範的政治環境下，被擠壓成循規蹈矩、無能怯懦、精神萎靡的群體。宋朝文人中普遍存在以從軍為恥的觀念，優秀的人才不願意踏入軍營，文臣更不願改換武職。如宋仁宗慶曆中，范仲淹與文臣韓琦、龐籍及王沿共同主持陝西對夏戰事，宋中央一時下令將四位統帥改換觀察使的武職。范仲淹等人接到任命後，先後上書堅決辭之，不肯就任，這件事才作罷。可見即使是「先天下之憂而憂」的范仲淹，也不願淪為武官。宋神宗、哲宗朝，以兵略見長的何去非，著有《何博士備論》、《司馬法講義》及《三略講義》等兵書，但其最大的願望不是效法孫臏、李靖等前代軍事家，而是孜孜以求將武職身分改為文臣。

北宋名將狄青的遭遇很能說明問題。皇祐四年（1052年），狄青因為赫赫戰功，被仁宗任命為樞密副使，此消息一出，文臣們立即紛紛表示反對。次年五月，狄青因平嶺南之功，仁宗想任命他為樞密使，遭到了以宰相龐籍為首的大臣們更激烈的反對。最後仁宗的決定雖然得以貫徹，但是反對聲浪卻一直未曾平息，以致謠言四起，說狄青「家數有光怪，且姓合讖書」[22]。還說狄青「家犬生角」。狄青深得京城百姓愛戴，「青每出入，輒聚觀之，至壅路不得行」；京城出現水災，「（狄）青避水，徙家於相國寺，行坐殿上，都下喧然」[23]等等。嘉祐元年（1056年）八月，狄青終於被這

---

❷　葉夢得，《石林燕語》卷七。

些「莫須有」的罪名排擠出樞密院。次年三月，狄青便在憂慮中去世，年僅四十九歲。

四、守內虛外

宋初面對強大的契丹政權，宋太祖被迫採取守勢，但他並沒有放棄收復被後晉石敬瑭割讓給契丹的燕雲十六州之地，一方面積極整頓邊防，訓練軍隊，準備以武力解決，另一方面，在經濟上作了充分準備，從每年國家財政中提留部分錢物，另設封樁庫，希望用所儲備的財物與契丹人作交易，從他們手中將十六州之地贖買回來，如果契丹人不同意，那麼就用這些錢招募勇士，武力攻占。

宋太宗繼位後，在滅掉契丹保護下的北漢以後，太平興國四年（979年），他不顧群臣反對，毅然決定向燕京進軍，很快便將燕京城圍了起來。但遼朝派大將耶律休哥增援，在高梁河與宋軍大戰，宋軍抵擋不住，潰不成軍，宋太宗逃到涿州，乘驢車回到開封。雍熙三年（986年），遼景宗耶律賢去世，遼聖宗耶律隆緒繼位，其母蕭太后執掌朝政。宋朝廷上下不少人認為是絕好的機會，於是宋太宗派三路大軍伐遼，結果也以失敗告終。

經過這兩次巨大挫折以後，宋太宗銳氣盡失，尤其是高梁河戰敗後，太宗逃跑路上一度與朝廷失去聯繫，朝中一部分官員準備另立趙匡胤之子德昭為帝，這給他以慘痛的教訓，加上四川地區王小波、李順的起事等等因素，迫使宋太宗調整內外策略。淳化二年（991年），他向朝中大臣談了自己的想法，「國家若無外憂，必有內患。外憂不過邊事，皆可預防，唯奸邪無狀，若唯內患，深可懼也。帝王用心，常須謹此。」[24]可見宋太宗晚年，「守內虛外」的指導思想已經形成。在他看來，外憂僅僅是「邊事」而已，不會構成對趙宋王朝的根本威脅，而只有「內患」才是心腹大患，實際上是要重點防範統治集團內部的「野心人物」和被壓迫者的反抗。本來，太

---

[23] 李燾，《續資治通鑑長編》卷一八三，嘉祐元年八月癸亥。

[24] 李燾，《續資治通鑑長編》卷三二，淳化二年八月丁亥。

宗的這一策略存在莫大的疑問，但他的子孫們卻將其視為「祖宗家法」，始終恪守不渝，將它作為維持政權的靈丹妙藥加以繼承，終於使北宋王朝為金朝所滅。

在上述思想指導下，趙宋最高統治者的對外方略徹底改變了。首先是調整了作戰部隊的部署，將大部分禁軍分布在都城開封及其周圍地區，其中開封府就駐紮了禁軍將近三分之一的兵力，而且基本上是挑選戰鬥力強的部隊。而廣大的南方地區卻很少禁軍，北方邊境的兵力因此也明顯不足。

其次是形成了消極防禦政策，宋太宗幾度與契丹人交手失敗後，面對不斷向南進攻的遼朝軍隊，宋朝廷不是考慮集中優勢兵力主動出擊，殲滅其作戰部隊，而是命令士兵在宋遼邊境的平原地區開挖塘泊，利用河渠湖泊築堤蓄水，形成西起保州（河北保定市）、東至海邊長達九百里的防線，以防止契丹騎兵的衝擊。再如與西夏的戰爭過程，本來西夏國土面積小，人口少，財力不足，從實力上很難與強大的宋朝相抗衡。而宋朝在宋夏邊境地區有軍隊三十萬左右，但卻分兵四路，由四個文官主持軍務。相反，西夏軍隊卻集中十萬左右騎兵，選擇宋軍防禦的弱點或戰略要點從不同的區域重點突擊，等宋軍從相關地區調集軍隊後，西夏軍隊又很快撤了回去，從而使宋軍在對西夏的戰爭中常常處於被動挨打的地位。南宋後期抵抗蒙古軍隊，宋軍基本上也是採取分兵守城的戰略，使蒙古軍隊得以集中優勢兵力各個擊破，從而招致了趙宋王朝的滅亡。

總體而言，宋朝無論是對遼朝、西夏，還是對金朝、蒙古，基本上都是採取分兵防禦的政策，加之宋軍以步兵為主，使宋軍行動遲緩，戰略戰術呆板，戰法極不靈活，機動作戰能力極差，前線統軍文官因而很難組織起大規模的進攻戰役，以消滅敵方的作戰部隊。儘管宋朝很多士大夫意識到了分兵防禦的嚴重危害，但作為最高統治者的宋朝皇帝卻不願集中兵力、統一指揮，很顯然與宋朝的傳統國策有著密切關係，其用意無非是為了防止文官武將權高位重，以便皇帝分而治之，使他們不至於危及皇帝的地位。

再次，守內虛外的重點是力爭消滅政權內部威脅皇權的勢力，在這種

背景下，宋朝皇帝對在外統兵的將帥採取了極端的防範措施，尤其是對武將，幾乎一直存在不信任和猜忌，這也是宋朝歷代皇帝始終恪守不渝的家規。為了防止武將勢力的膨脹，宋朝皇帝不僅不敢授武將以重兵，委武將以全權，而且千方百計地通過各種制度和辦法制約並削弱將帥的指揮權限，其中最重要的就是「將從中御」方略。所謂「將從中御」，就是皇帝和朝中大臣鉗制和干預前線將帥的軍事指揮，甚至剝奪前方將領的臨機處置權。北宋太宗、真宗時期，皇帝居於深宮之中，將帥出征之際，幾乎都要預先授以「陣圖」，要求前方將領在何處用兵、如何排兵布陣等等，同時派遣宦官隨軍監督將領執行朝廷「陣圖」的情況，隨時向皇帝彙報，不容有變通的餘地。

這種不切實際、守株待兔的「錦囊妙計」在北宋前期盛行一時，太平興國四年（979 年），宋太宗派數名將領領兵八萬在滿城（河北滿城）迎戰遼軍，宋太宗預先給他們的陣圖要求分為八陣，統兵將領崔翰等人依圖布陣，另一將領趙延進卻發現宋軍星羅棋布，容易被各個擊破，主張改變陣形，但崔翰等人依然不敢「擅改詔旨」，後來趙延進、李繼隆等統兵將領表示願意共同承擔責任，於是才決定分為二陣，因為趙延進是宋太宗的連襟，才有恃無恐，敢於承擔責任，結果取得了勝利。「將從中御」政策實際上是皇帝和朝中大臣完全不了解前線情況的瞎指揮，尤其在戰場上，敵我雙方形勢瞬息萬變，而宋軍將領和士兵卻只能「以不變應萬變」，其結果可想而知。另一方面，很多庸將也歡迎皇帝的陣圖和策略，只要他們嚴格按照皇帝的方略行事，即便失敗，他們也能逃避責任，不受追究，從而助長了將領們不思進取之風，大大限制了他們軍事才能的發揮。

自宋仁宗以後，儘管皇帝不再預先給「陣圖」，但「將從中御」的政策並未改變，只是表現形式不同而已。南宋初年，宋高宗便是通過宰相和執政大臣草擬、自己親筆書寫的御詔來指揮前線戰事的。紹興十年（1140 年）岳飛率領將士北伐中原，節節勝利，收復了洛陽、許昌等許多軍事重鎮。在這種大好局面下，宋高宗趙構以十二道用金字牌傳遞的手詔要求岳飛班

師還朝，喪失了恢復中原的絕佳機會。最後以「莫須有」的罪名殺害了岳飛，所有支持岳飛、主張抗擊金兵入侵的官員幾乎都以破壞「和議」的罪名被貶逐。岳飛之死，既是宋初以來防範武將政策的延續，也是「將從中御」的絕妙注釋。正因為如此，宋代前線將領幾乎變成了由皇帝牽線控制的木偶，由皇帝操縱自如，這樣的軍隊無疑是難以克敵制勝的，由此就不難理解宋代「積弱」局面的形成了。

本章重點

1. 宋代祖宗家法的規範與影響。
2. 宋代傳統國策的制定及其演化。

複習與思考

1. 分析兩宋「齊家之道」的根源。
2. 試探宋朝傳統國策對其歷史的走向產生的影響。

第三章
北宋的社會變革運動

　　宋初統治者為改變五代以來分裂割據的局面，在政治、經濟、軍事等方面採取一系列加強中央集權的措施，為北宋初期政局的穩定、經濟的恢復和發展起到了積極的推進作用。但至北宋中期，它的弊端和消極作用逐漸凸現出來，各種社會矛盾日漸尖銳。

　　首先，北宋社會危機具體表現為三冗的出現，即冗官、冗兵、冗費。從建國之初，尤其是宋太宗以後，不斷擴大仕途，增設機構，以爭取廣大士大夫階層的支持，同時，由於恩蔭制度、買官鬻爵等，使得官僚機構日益龐大臃腫，官員數量越來越多，卻人浮於事，辦事效率低下。

　　宋朝是中國歷史上唯一一個實行募兵制的朝代，趙匡胤為了達成災荒之年有叛民而無叛兵、豐收之年有叛兵而無叛民的目的，同時也為抵禦遼、夏的進攻和侵擾，被迫擴軍備戰。仁宗慶曆年間的軍隊數量是太祖時期的三倍之多，但是由於北宋的養兵政策及在軍事制度方面「兵不知將，將不知兵」等弊端，導致北宋軍隊的戰鬥力低下，軍事上的積弱使北宋在對外關係方面處於劣勢。更重要的是，禁軍等士兵的所有費用幾乎都由國家負擔，無疑會加劇政府的財政危機。

　　優厚的官吏待遇、統治階級的奢侈浪費及養兵費用的激增使得北宋政府入不敷出，收支嚴重失衡，這就是冗費。英宗治平二年（1065 年），宋朝財政已經出現虧空，高達一千五百餘萬緡，各地方財政更是捉襟見肘。

　　其次，階級矛盾尖銳，統治危機四伏。由於北宋政府的土地政策加速了土地集中的過程，出現了「富者有彌望之田，貧者無立錐之地」的局面。此外，北宋政府為籌措邊備軍費，也加重了對農民的盤剝，這勢必遭到農

民的反抗，王倫、張海、郭邈山、王則等起事此起彼伏，宋政府難以應付。面對國家的內憂外患，統治集團內部一些有識之士開始尋求扭轉危機的途徑，以圖緩解北宋王朝的各種危機。

第一節　曇花一現的慶曆新政

一、寧鳴而死，不默而生

大中祥符七年（1014 年），迷信道教的宋真宗率領百官到亳州（安徽亳州）去朝拜太清宮。浩浩蕩蕩的車馬路過南京（河南商丘），人們爭先恐後地圍觀，但有一個學生卻閉門不出，仍然埋頭讀書。有個要好的同學特地跑來叫他：「快去看，這是個千載難逢的機會，千萬不要錯過！」但這個學生只隨口說了句：「將來再見也不晚」，便頭也不抬地繼續學習。果然，第二年他中了進士，見到了皇帝。這位學生就是北宋著名政治家范仲淹。

范仲淹（989～1052 年），字希文，蘇州吳縣（江蘇蘇州）人，二歲喪父，隨其母改嫁，少貧而好學，胸懷遠大政治抱負，大中祥符八年（1015 年）中進士。天聖初任泰州興化令，主持修築捍海堰，世稱「范公堤」。天聖二年到五年（1024～1027 年）連上奏疏，歷陳朝廷之弊，但執政者並未接受。天聖六年（1028 年），任祕閣校理，因請劉太后還政於宋仁宗而遭貶，出判河中府（山西永濟西北），移陳州（河南淮陽）。仁宗親政，擢右司諫，因觸怒宰相呂夷簡，出知睦州（浙江建德東）、蘇州。旋召國子監，遷權知開封府。范仲淹不畏權貴，「寧鳴而死，不默而生」，雖屢經挫折，依然上書不輟，針砭時弊。康定元年（1040 年），范仲淹被詔為龍圖閣直學士、陝西都轉運使，與韓琦同任陝西經略安撫副使，共同謀劃防禦西夏事宜，卓有成效，夏人稱之「小范老子」，西北蕃部族人親熱地喚他「龍圖老子」。當時邊境上流傳著一首歌謠說：「軍中有一韓（琦），西『賊』聞之心膽寒，軍中有一范（仲淹），西『賊』聞之驚破膽。」慶曆三年（1043 年），入朝

為樞密副使，旋拜參知政事，與富弼、歐陽修等推行慶曆新政，向仁宗提出改革朝政的十項主張，這就是後人所稱的「慶曆新政」，但為以夏竦為首的反對派所中傷，被指為朋黨。罷政，出知邠州兼陝西四路安撫使。此後他又輾轉知鄧州、杭州、青州等地，最後病死於徐州。卒贈兵部尚書，諡文正。范仲淹在學術上以易學著名，其文學亦為後世景仰。他的詩、詞、散文質樸、平易，反映當時的社會現實，頗見功力，為北宋的詩文革新運動奠定了基礎。他在《岳陽樓記》中有「先天下之憂而憂，後天下之樂而樂」之語，確實為本人生平精神之寫照。

二、新政內容

宋仁宗天聖三年（1025 年），范仲淹在《奏上時務書》❶中首次提出他的改革思想，至慶曆三年（1043 年）九月，他給仁宗《答手詔條陳十事》（《上十事疏》），成為推行新政的綱領。

一曰明黜陟。嚴格官吏升遷考核，反對過去以資歷為主的磨勘❷制度，強調以在職期間的政績為升遷的標準，淘汰老弱患病愚昧者，改變北宋官吏升遷「不問勞逸，賢不肖並進」的狀況。

二曰抑僥倖。恩蔭制度當時是造成冗官的最重要原因，宋朝高級官員每年都有資格蔭補其子弟為京官，所得職位過高，中下級官員亦可按規定蔭補一定數量的親屬為官。一個學士以上的官員，經過二十年，一家兄弟子孫出任京官的就達二十人，這些人不久又可晉升到級別很高的職位，其親屬也隨之不斷地進入官場。這樣，不僅增加了國家的財政開支，而且這些官員子弟通常素質低下、結黨營私。為了抑制這些弊端，范仲淹希望能通過控制恩蔭的途徑來限制官僚子弟的特權。規定除長子、長孫外，其餘子孫須年滿十五歲、弟侄年滿二十歲才能蔭補，且恩蔭出身者必須經過一定的考試，才得擔任實際職務。

---

❶ 范仲淹，《范文正公集》卷七。

❷ 通過考核，文官三年一遷，武官五年一遷，稱為磨勘。

三曰精貢舉。范仲淹認為，此前的考試制度存在弊端，不能為國選拔合格人才，要求改革科舉考試的內容和程式。在他的建議下，北宋政府開始在各州縣普遍建立學校，州縣教學和科舉考試必須貫徹「教以經濟之業，取以經濟之才」的原則。改變專以詩賦、墨義取士的舊制，注重策論和操行，這對於宋代學風的轉變起到了至關重要的作用。

四曰擇官長。北宋中期，官吏任用存在「不問賢愚，不較能否，累以資考」的問題，實際上是只重視資歷，不論政績。於是范仲淹要求認真推薦和審查地方官，以防止冗濫。他建議朝廷派出得力的官員前往各路明查暗訪，考核地方官員的政績，獎勵精明強幹者，處罰貪官污吏。

五曰均公田。宋代州縣官員在職期間，除正俸之外，還有職田收入，這是宋朝地方官的定額收入之一，但往往分配不均。范仲淹認為，職田收入不均，就很難要求官員盡職盡責。他建議朝廷均衡各地官員職田收入；沒有職田之處，按等級劃撥田地，以補俸祿之不足，使官員有足夠的收入養活家人。然後便可以督責他們廉潔為政，實際上有高薪養廉的性質。

六曰厚農桑。針對北宋政府「不務農桑」，而「貧弱之民，困於賦斂」的社會現實，要求勸課農桑，興修水利，恢復和發展農業生產，將其作為「養民之政，富國之本」，並制定鼓勵農業生產的條例，頒發給諸路轉運使和各知州、知縣。

七曰修武備。為抵禦西夏和遼的進攻，京師部隊被大量派往西北邊疆，造成京師兵力空虛。因此，范仲淹主張在京畿附近招募強壯，以補充正兵。軍事訓練與務農相結合，以達到節省軍費和增強京師防衛的目的。

八曰減徭役。針對北宋政府州縣多、戶口少、百姓徭役過重的現狀，范仲淹提出裁併州縣、減輕徭役的措施。慶曆四年（1044 年），河南府（河南洛陽）首先撤掉五縣，並準備將這一做法推廣到全國。

九曰覃恩信。北宋時期，朝廷通常三年舉行一次祭祀大典，同時頒布大赦令，而中下層官吏實施不當，寬賦斂、減徭役、存恤孤寡的恩惠並未普及社會中下層。范仲淹建議朝廷要取信於民，督責地方官施行大赦令規

定的具體措施，主管部門若拖延或違反赦文，要依法從重處置。另外，還要向各路派遣使臣，檢查赦文各種惠政是否落實，以減少阻隔皇恩的現象。

十曰重命令。針對北宋中期朝命「上失其威，下受其弊」的現狀，范仲淹要求朝廷訂立條法要慎重，令行禁止，對於執行法令不嚴的官吏，要進行懲罰和處分。他還建議仁宗下詔，規定今後皇帝大赦的寬賦斂、減徭役等事項，各級官府不能落實者，一律以違制論處；而政府頒行條例法規，敢故意違反者，也以違制處罰。

三、新法的廢除

范仲淹的《答手詔條陳十事》成為新政的基本內涵，除修武備、以強壯為兵一條未施行外，其他諸項均以詔書的形式頒行全國。歐陽修在慶曆三年（1043 年）也連上三狀，極言去冗選良、整頓吏治之必要。針對北宋財用不足的現實，他提出「通漕運、盡地利、権商賈（即取消專賣）」等建議，在軍事上也希望政府能不拘泥於出身，而以才能選將官，同時韓琦、余靖、富弼等人也紛紛提出改革方案，推動了新法的展開。范仲淹、富弼成為變法的核心，從慶曆三年十月到四年五月，北宋全國上下出現了一場政治改革運動。

新政開始不久，范仲淹派王素、施昌言、李絢等人作為各路按察使到各地考察，肅清吏治，負責新法的執行工作。他本人則坐鎮中央，每當得到按察使的報告，就翻開各路官員的名冊，勾出不稱職者的名字。樞密副使富弼見他毫不留情地罷免了一個又一個官員，不免有些擔心，從旁勸止說：「您一筆勾掉很容易，但是這一筆之下可要使他一家人痛哭呀！」范仲淹用筆點著貪官的名字憤慨地說：「一家人哭總比一路人哭要好吧！」改革弊端使得一些貪官污吏受到了相應處罰，新法初見成效。

慶曆新政是北宋歷史上第一次大規模改革運動，它整頓吏治，改革科舉，興辦學校，兼及軍事、經濟等。在文化教育領域力圖扭轉宋代以詞賦、墨義為先的學風，主張「經義」與「治事」並重，對北宋中期的學風和士

風都產生了很大影響。范仲淹提倡的厚農桑、減徭役、覃恩信等措施顯然具有為政愛民的特點，帶有明顯的進步性，這些都是值得肯定的。

　　然而，慶曆新政以整頓吏治為中心，雖切中時弊，但卻在某種程度上損害了一些官僚的既得利益。正因如此，主持「新政」的范仲淹等人遭到朝廷內外各種無端的誹謗。宰相章得象首先向范仲淹等人發難，接著，以夏竦為首的政治集團開始誣陷范仲淹、歐陽修等人結黨為奸，謀逆造反，一時「朋黨」論大起。宋自開國以來，最高統治者便著力防範臣僚結黨，恪守祖宗法度的宋仁宗對此也極為敏感。慶曆五年（1045 年）正月，范仲淹、富弼等新政領導相繼被貶出朝廷，韓琦、歐陽修、杜衍等一大批變法支持者也先後離京任職。各地分派的按察使也紛紛受到了打擊和迫害，已經頒行的磨勘（考績）、蔭補等新法也被宣布作廢，「新政」推行僅僅一年左右便夭折了。

　　從更深的層面來看，新政的意圖是通過吏治改革帶動其他社會問題的解決，屬於行政改革的範疇，它忽視了政體改革，經濟改革也只限於厚農桑和減徭役兩條，沒有爭取到廣大普通百姓的支持，因而政治改革便難以進行下去。此外，新政施行缺乏嚴密的調查和準備，倉卒行事，這也是其失敗的重要原因之一。

　　慶曆新政雖然失敗了，但它為後來的王安石變法提供了經驗和教訓。慶曆新政失敗後，北宋的社會矛盾並未緩和，財政危機更加嚴重，在這種情況下，士大夫要求改革的呼聲此起彼伏，一場更大規模、更為深刻的改革運動已在醞釀之中。

第二節　熙豐變法

一、獨負天下大名三十餘年，才高而學富

　　王安石（1021～1086 年），字介甫，號半山，江西臨川（江西撫州）

人。自幼勤奮好學，博聞強記，從小跟父親宦遊大江南北，目睹了北宋中期各種嚴重的社會問題，「慨然有矯世變俗之志」。慶曆二年（1042 年）中進士，授簽書淮南判官。七年，改知明州（浙江寧波）鄞縣，興修水利，起堤堰——高坡堤，鄞縣成為後來青苗法推行的實驗點。後出任舒州通判，嘉祐二年（1057 年）改任常州知州。後入為三司度支判官。寫成《上仁宗皇帝言事書》（《萬言書》），上奏給仁宗皇帝，列舉了北宋政府在吏治、財政、科舉等方面的弊端，呼籲變革求新。雖未被採納，但卻引起了當時士大夫的強烈共鳴。司馬光曾對其評價「獨負天下大名三十年，才高而學富。」❸神宗繼位後，任用王安石，力圖革新。熙寧二年（1069 年）拜參知政事，設制置三司條例司開始變法。遭到以司馬光為首的一批官僚反對，七年（1074 年）罷相，出知江寧府，八年復相，九年再罷相，退居江寧半山園。次年封舒國公。元豐二年（1079 年）復拜尚書左僕射、觀文殿大學士，改封荊國公。王安石為人剛正，意志堅強，性情執拗，他以「天變不足畏，人言不足恤，祖宗之法不足守」的三不足❹精神推行新法，衝破重重阻力，百折不撓，人稱「拗相公」。

二、富國：經濟改革措施

神宗是宋朝歷史上較有作為的皇帝，面對嚴重的內憂外患，他大膽任用王安石為參知政事，啟動熙豐變法，對宋朝的經濟、軍事及教育科舉制度等方面進行了改革，以達到富國強兵、革除弊政的目的。針對北宋中期

❸　《司馬溫公文集》卷一〇〈與介甫書〉。

❹　近來曾有人認為這不是王安石的思想，王榮科認為，作為地主階級的政治改革家，王安石是不可能提出根本否定北宋傳統政治學說的「三不足」學說的。（王榮科，〈王安石提出三不足精神之說質疑〉，《復旦學報》2000 年第 1 期）蔡美彪等認為，三不變是保守派妄圖要以「三不足」說中傷王安石的言論。（《中國通史》(5)，人民出版社，1994 年版）而鄧廣銘認為，此三句話出自王安石之口無疑，且這是王安石變法精神的體現。（鄧廣銘，《北宋政治改革家王安石》，河北教育出版社，2000 年）

以來積貧積弱的局面，王安石認為，必須從增加國家的財富入手，「因天下之力，以生天下之財，取天下之財，以供天下之費」，這是王安石理財的指導思想。從熙豐變法的內容來看，理財是重點，為此頒布了七項新法。

㈠商業政策的調整

1.均輸法：建國之初，北宋政府為解決京畿的消費問題，設置發運司，主要負責將各地的物資運至京師，但因為發運司不了解京師庫存及各項物資的實際需求狀況，造成供求關係脫節，往往耗巨額運費運來的物資在京師成為過剩產品，不得不在汴京低價出售，使國家蒙受了巨大經濟損失。相反，汴京真正需要的物品卻常常缺乏，於是富商大賈趁機囤積居奇，控制市場，牟取了本來屬於國家的高額利潤。而諸路在徵納稅物時，往往採取「支移」和「折變」等方法（參見第六章第二節），加重了普通百姓的賦稅負擔。為改變這種現狀，熙寧二年（1069 年）七月，制置三司條例司❺發布均輸法。

具體而言，朝廷所需貨物一概由發運司主管，在調查京師的儲備、需要的物品以及各地物產情況的基礎上，可以動用國庫或東南六路財賦，按照「徙貴就賤，用近易遠」的原則，在廉價處就地收購，以節省成本和運費，同時又能儲存備用，調劑豐歉。均輸法公布當天，政府便命令江淮發運使薛向在京城具體實施，使京師的物資供給得到很大改善。

均輸法本質上是官府直接參與商業和市場活動，對貨物與商品流通進行宏觀調控。在節省政府物資運費的同時，對富商大賈的囤積居奇也有一定的限制作用；同時增加了政府的財政收入，在一定程度上減輕了對農民的稅斂和剝削。

2.市易法：熙寧三年（1070 年）秦鳳路經略司管勾機宜文字王韶在當地設市易司。熙寧五年（1072 年），平民魏繼宗上書，建議在開封設立市易司，以達到政府控制汴京市場、防止富商大賈興風作浪的目的。同年三月，北宋政府在汴京設置市易務，後改名都市易司，西北邊境和許多重要

---

❺ 制置三司條例司設立於熙寧二年二月，是王安石為推動變法而設立的機構。

的貿易城市如通遠軍（甘肅隴西）、永興軍（陝西西安）、鳳翔府（陝西鳳翔）、秦州（甘肅天水）、瀛州（河北河間）、安肅軍（河北徐水）、真定府（河北正定）、越州（浙江紹興）、廣州（廣東廣州）、揚州（江蘇揚州）等地相繼設置市易務。

市易務設有監官二員和提舉官、勾當公事各一員，負責評估各地物價，平價收購滯銷貨物，到市場缺貨時再賣出；國家可借貸或出售貨物給商販，但商販要以地產等為抵押，同時要對所借官錢付 20% 的利息。同時，外來商人有無法脫手的貨物，也可折錢或折物投賣到市易務。市易法的推行在一定程度上打擊了富商大賈，通過國家控制流通流域，使商人原來獲得的利潤轉變為政府的財政收入。

3.免行法：北宋官府、宮廷所需物品、人工等，大都是向開封各工商行業徵收和攤派的，由於宋政府的盤剝和追索，工商業戶破產現象時有發生。針對此種情況，開封肉行的徐中正提出實行「免行錢」，即本應被攤派的行戶向官府繳納一定數額的錢，作為官府採購肉的價格補貼，今後由官府隨行就市自行購買，肉行不再直接供應官府。熙寧六年（1073 年）八月市易務制定「免行條貫」，規定各行按「利入厚薄納免行錢」，即各行根據獲利多少，分為上、中、下三等每月交納免行錢，免除各行對官府的供應。免行法的施行，減輕了官府對工商業者的勒索，對工商業的發展有一定的促進作用。

㈡**農業領域的新法**

1.方田均稅法：北宋中期，田制存在諸多問題，如「詭名挾佃」❻、「隱產漏稅」、「產去稅存」等，不僅造成田稅嚴重不均，更重要的是，導致政府財政收入銳減。為改變這種現狀，北宋政府借鑑仁宗時郭諮的千步丈田法，於熙寧五年（1072 年）八月間公布方田均稅法。

方田法，即是對田畝進行清查丈量，規定「東西南北各千步當四十一

---

❻ 為躲避繁重的稅斂和差役的農民，託庇於官紳和豪強之家，偽立契券，冒充其家佃戶，把收穫物的一部分交於官紳和豪強作租課。

頃六十六畝一百六十步，為一方」。每年九月，縣令、縣佐丈量土地，並根據土質肥瘠情況，將土地分為五等。均稅法，即在清丈土地的基礎上對田稅進行重新均定，按照原先的租稅額，根據新確定的土地等級承擔相應的賦稅，貧瘠之地、山林陂塘、溝路、墳墓所占土地，都不徵稅。

方田均稅法自京東路開始，其後推廣於開封府、河北、陝西、河東等路。方田均稅法的推行，清查了一大批隱田漏稅的問題，從一定程度上打擊了偷稅漏稅的豪強地主。貧弱農民地薄而稅重的現象得以相應改善，從而激發了農民的生產積極性，有利於農業生產的發展。

2.青苗法：熙寧二年（1069 年）九月頒行，也稱常平法，其出發點是要解決貧困農戶在青黃不接時生活生產急需的資金問題。此前，農戶往往向富戶借貸來維持，收穫後連本帶利一起歸還，而一旦出現天災人禍，無力償還，就會有失去土地、無以為生的危險。青苗法即為緩和土地兼併和農民的貧困化而設立的。

該法的主要內容是：⑴常平官預先核算以前十年中豐收年分的糧食價格，作為本年預借的折合標準；⑵各路以常平、廣惠倉的錢糧作本錢，一年分「夏料」和「秋料」兩次借貸，「夏料」在正月三十日以前，「秋料」在五月三十日以前，由民戶自願請貸，隨夏秋二稅歸還貸款；⑶每五戶或十戶結成一保，由第三等以上的人戶作甲頭，客戶必須與主戶合保。按戶等高低來進行借貸，一等戶最多可貸十五貫、二等戶十貫、三等戶六貫、四等戶三貫、五等戶一貫五百文。半年歸還，收息 20%，一年歸還，收息 40%。如遇有災傷，允許延期歸還本息。

這些政策的出發點是通過政府貸款，幫助農民渡過青黃不接時的難關。這是中國歷史上首次由政府舉辦的信貸事業❼，同時也是中國古代農村金融信貸的嘗試和突破。有學者認為，年息為 40% 的青苗法，絕不是如王安石所說的「薄其息」❽，受益最多的還是北宋政府，通過實行青苗法，「今

❼ 《經濟學大辭典——農業經濟卷》（上海辭書出版社，1983），頁 43。

❽ 漆俠，《王安石變法》（河北人民出版社，2001），頁 127。

歲收息三百萬貫」，朝廷獲得了豐厚的回報。但這種利息比起高利貸成倍的利息來，相對還是比較低的。因此，借貸青苗錢之人還是比較多。然而，青苗法在執行的過程中，有些地方官吏為了取息邀功，強制百姓借貸，甚至擅自提高利息，竟達到 60%，成為農民沉重的經濟負擔。從財政收入的角度來看，青苗法將原本屬於高利貸者的利潤轉移到政府手中，由此損害了部分大地主和高利貸者的利益，使變法遇到了很大的阻力。

3.免役法：又稱募役法、雇役法。王安石變法之前，北宋上三等戶要按戶等輪流到政府履行名目繁多而輕重不一的職役。衙前主管運送官物或看管府庫糧倉等；里正、戶長、鄉書手負責催納賦稅；承符、人力、手力供州縣衙門隨時驅使；耆長、壯丁主管緝捕盜賊。但當時的官紳豪強可以通過免役特權逃避差役，坊郭（城鎮居民）、僧尼、女戶和單丁戶等也都有免役權。因此，各種差役負擔極重，很多人家往往傾家蕩產。在這種情況下，北宋政府實施了免役法。

按照「以一州一縣之力供一州一縣之費，以一路之力供一路之費」的原則❾，熙寧四年（1071 年）正月，王安石以開封府為試驗地開始推行免役法。同年十月，依據開封府實施的情況，正式頒布相關條令，推行全國。應該說，實行免役法，受益最多的還是政府。以熙寧九年為例，各地上繳司農寺的免役錢多達 10,414,553 貫碩匹兩，而總支出為 6,487,688 貫碩匹兩，剩餘了 3,926,865 貫碩匹兩❿，這些成為國庫的重要收入，從一定程度上緩解了日趨嚴重的財政危機。

當然，免役法也產生了一些問題，過去差役只是鄉村上三等戶承擔，四等戶以下並不服役。募役法實行後，各色農戶都要出錢，據記載，鄉間下戶一般每年納役錢幾百文到一、二千文不等，還要徵收二分「免役寬剩錢」，而實際徵收卻超過二分，這些無疑加重了貧苦農民的負擔。免役法執行過程中，在一定程度上也觸犯一些特權階層的利益，因而遭到了他們的

❾　關於免役法的具體內容，參見第七章第二節的相關敘述。

❿　漆俠，《王安石變法》，頁 138。

強烈反對。

4.農田水利法：又稱農田利害條約，於熙寧二年（1069 年）十一月開始實行，其主要目的是為了發展農業生產。該法規定，各地獎勵「開墾荒田，興修水利、建立堤防」等，無論什麼人，只要諳熟農業耕作技術和修建水利工程，都可向官府陳述意見。如確屬可行，即由州縣負責實施。政府根據興利之大小給予提議者一定的獎勵，或量材錄用。而工程興建所需費用，由「受利人戶」按戶等出工出料，財力不足者，可向政府借貸青苗錢，利息較低，歸還日期可延長。還可勸諭富戶出錢貸予貧民，官府督理，依例出息。同時對能出錢興建水利的個人，政府按功效大小予以酬獎。

疏浚淤積的河道是農田水利法的一項重要內容。如漳河、汴河、蔡水等工程都取得了成功，從而減少了這些河流的水災，有利於沿岸人民安居樂業。淤田也是在此期間採取的一項重要措施，人們採用決河放水的方法，將河道內的淤泥排入農田，使土壤變得肥沃。為此北宋政府於熙寧四年（1071 年）在開封設置了總淤田司，調集廂軍放水淤田。當時汴河、漳水等周圍田地的淤田工作，都取得了良好的效果。最後是黃河的治理，北宋時期黃河屢屢決口，給沿岸人民帶來深重的災難，熙寧六年（1073 年）北宋政府設置專門的「疏浚黃河司」，但因為保守派的阻撓而最終作罷。

熙寧變法時期，由於北宋政府實行獎勵開墾的政策，使得墾田的數量比以前大大增加。唐、鄧、許、汝州數千畝的荒田就是在這一時期開墾出來的。農田水利法施行之後，在「1070 年到 1076 年的六、七年間，除墾荒和疏浚河道外，單是水利田就有 10,793 處，灌溉民田共 36,117,888 畝，官田 191,530 畝」❶。這一法令極大地推動了農田水利的發展，對農業生產產生了重要的促進作用。

---

❶　漆俠，《王安石變法》，頁 146。

三、軍事方面的措施

㈠合併軍營，裁汰老弱

宋代軍事系統在其百年來的演變過程中逐漸形成三大積弊：兵員眾多而缺乏戰鬥力，老弱兵士無法安置，軍隊編制嚴重缺額。由於宋初以來一直推行「更戍法」，造成了「兵不知將，將不知兵」的局面，宋軍在對外戰爭中一直處於被動地位。為改變這種現狀，王安石從熙寧二年（1069 年）開始執行整頓軍隊的措施。

首先是在軍隊中引進考核競爭機制，不能勝任禁兵者降為廂兵，廂兵不稱職者退伍為民。其次是縮減、整頓軍隊編制，熙寧二年（1069 年）將陝西馬步軍三百二十七營併為二百七十營，規定禁兵每營要足額建制，馬兵每指揮三百人、步兵為四百人，廂兵每指揮不得過五百人。至 1075 年，全國禁兵為 568,688 人，廂兵減至八百四十指揮。全國軍隊總額為 796,315人，與英宗治平年間（1064～1066 年）相比較，減少了三十六萬多人，與仁宗慶曆年間（1041～1048 年）相比則減少了四十五萬多人。這些措施在提高軍隊素質的同時，也節省了相當可觀的軍費開支。

㈡將兵法

針對更戍法帶來的種種弊端，熙寧七年（1074 年）推行將兵法，此法源於涇原路經略使蔡挺。以「將」為軍隊編制的基本單位，每將設置正、副將各一人，由北宋政府選派有作戰經驗和能力的將官，專門負責對某一地區士兵進行訓練，從而「使兵識其將、將練其士卒」。熙寧七年，首先在開封府界、河北、京東、京西等路施行，先後共設置了三十七將，而設將最多的是陝西五路，鄜延設九將，涇原為十一將，環慶為八將，秦鳳為五將，熙河為九將，共達四十二將之多，主要是為了增強西北邊防。將兵法的實施在很大程度上改變了宋初以來「兵不知將，將不知兵」的局面，在強化士兵訓練的同時，大大提高了軍隊的作戰能力。

(三)保甲法

北宋中期，農民和士兵的抗爭「一年多如一年，一火（伙）強如一火（伙）」，為了維護社會治安秩序，鞏固宋王朝的統治。王安石推行保甲法，試圖加強對農民的控制，以消弭人民的反抗。另一方面，他也希望利用保甲法培養鄉村的武裝力量，逐漸取代耗費巨大的募兵，增強北宋的邊防防禦能力。

熙寧三年（1070年），宋政府頒布了司農寺制定的《畿縣保甲條制》：1.十家為一保，五十家為一大保，十大保為一都保，每保置保長一人，每大保置大保長一人，每都保置保正一人、副保正一人。按照家庭財富、個人才能、道德情操等標準來選擇保長、保正；2.每戶有兩丁以上，且年滿十五歲，便編入保甲。兩丁之外的年富力強者亦附於保甲之內。保丁自備武器，農閒時練習武藝；3.每一大保每夜輪差五名保丁巡邏，遇有盜賊就擊鼓報警。大保長及其以下的同都人戶都得前來救應，各保之間也須相互策應；4.凡同保內有盜竊、殺人、放火、傳習妖教等不軌行為，知情不報者要按「伍保連坐法」處罰。

保甲法先在開封試行，接著推行到京東、京西、河北、河東、陝西等五路，隨後遍及全國。保甲法施行之後。開封府附近「盜賊比之昔時十減七八」，這對維護社會治安發揮了積極的作用。在實際推行過程中，較為有效地防範和鎮壓農民的反抗，鞏固了專制主義在農村的統治。此外，保甲「與募兵相參」，可以「消募兵驕志，省養兵財費」，從而使其逐步過渡到兵農合一的制度❶❷。保甲推行之初，由司農寺負責管理。熙寧八年（1075年）九月，轉而隸屬樞密院，民兵的性質就更顯著。元豐三年（1080年）設「團教法」，集中訓練開封府界保丁，後推行於河北、河東、陝西三個軍事區域，以對付遼和西夏的進攻。在宋夏和宋遼戰場上，保甲兵力已成為禁軍的重要輔助力量。但因神宗有所顧慮，保甲並沒有達到逐漸地改變募兵制的作用❶❸。

---

❶❷　漆俠，《王安石變法》，頁119。

❶❸　鄧廣銘，《北宋政治改革家王安石》（河北教育出版社，2000），頁236。

㈣保馬法

保馬法即保甲養馬法。戰馬是抵禦遼和西夏等遊牧民族必不可少的有力武器，但北宋政府卻相當缺乏。按照相關規定，群牧司等機構專門負責飼養戰馬，但因官吏管理不善，雖然政府花費巨大，但戰馬稀缺的問題仍然十分嚴重。針對此問題，王安石等制定「養馬法」，由諸路保甲代官府養馬，以備習戰之用。熙寧五年（1072 年），王安石等變法派首先在開封府界推行保馬法，後來推行於京東、京西、河北、河東、陝西五路。

依據該法條，五路保甲義勇願養馬者，每戶養馬一匹，家財豐厚者可養兩匹，所養之馬，由官府提供，或官府出錢由義勇、保甲自行購買。開封府界不得超過三千匹，五路不得超過五千匹。開封府界的養馬戶可免除原來向政府交納的糧草，並可得到一定數量的補貼。五路養馬戶則免除每年的折變和沿納等雜稅。而保甲除乘馬逐捕盜賊外，活動範圍不得超過三百里。三等以上戶十戶為一保，四五等戶十戶為一社。保戶馬匹死亡，獨自賠償，社戶馬死，按半價賠償。政府每年派人檢查馬的肥瘠情況。

保馬法推行以後，戰馬的供給量大大增加，元豐七年（1084 年），河東等路和開封界的民戶供給禁軍的戰馬就有七千匹之多。民間養馬的推行，為北宋中央政府節約了大量費用，同時還降低了馬匹的死亡率。保甲在一定範圍可使用馬匹，從一定程度上增強了保甲的軍事力量。然而，馬匹死後要賠償，也使得一些民戶因賠償而傾家蕩產。

㈤軍器監

宋初以來，北宋軍器數量以千萬計，但大多數都腐朽不耐用，嚴重影響了軍隊的戰鬥力。宋初兵器製造歸三司冑案管理，三司事務繁忙，無暇顧及，冑案的主管人員不斷調換，也不精於軍器製造，因而造成軍器質量低劣。在王雱的建議下，熙寧六年（1073 年）在汴京建置軍器監，總管天下各地軍器的製造工作。其具體方案是：除三司冑案，設判軍器監和同判軍器監各一員，其下置有監丞、主簿和勾當公事等屬員；在出產各種軍器製作原料的州設置都作院，生產各式武器；軍器監制定兵器製作的標準，

派人到各處都作院指導工作，以製作軍器的優劣作為各路都作院官員升降的依據。招募天下良工，對軍器製作獻計獻策。當時很多人提供新的器械法式，使北宋軍器製作技術有所提高，武器質量也得到了逐步改善，從一定程度上提升了宋軍的戰鬥力。

四、文化教育體制改革

王安石在《上仁宗皇帝言事書》指出，宋代科舉專以詞賦取進士，以墨義取諸科，不注重經世致用；恩蔭等得官，磨勘升官，使一部分低能之人憑家族關係，充斥官場。王安石認為，變法的先決條件是培養合格人才，靠他們才能「變更天下之弊法」。因此，培養「通經致用之人才」是王安石教育改革的核心。圍繞這一議題，王安石提出了一系列重視教育、培養人才的新理念：「教之」、「養之」，「取之」、「任之」，進而實施改革舉措。

㈠學校制度的改革

王安石認為，「古之取士，皆本於學校。」即優秀的人才、賢明的官吏大多是從學校培育出來的。基於這種理念，王安石非常重視學校培養人才的作用。他執政後不久，便掀起了繼慶曆興學之後的第二次興學運動——熙寧興學，使北宋官學、地方學校和專科學校的發展都進入一個新的發展階段。

太學是北宋級別最高、規模最大的學府，但其存在著諸多弊端，實際上成為品官子弟的「寄應之所」 ❶❹ ，所培養的人才往往名不副實。在慶曆興學的基礎上，王安石對太學進行了整頓。

1.嚴格太學生考核制度：神宗熙寧四年（1071 年）十月，王安石創「太學三舍法」，即將生員分為三等，初入學為外舍，經過考核升內舍，內舍再升上舍，初不限員，後定額七百人，內舍二百人、上舍百人。元豐二年（1079 年），定為外舍二千人，內舍三百人、上舍百人。上舍上等生可以直接任官，次一等的可以直接參加科舉的殿試，然後為官，上舍下等生、部分優秀內

---

❶❹　《宋會要輯稿》崇儒一之二九。

舍生和特別優異的外舍生可取得參加禮部科舉考試的資格。

2.改革太學學官考核制度：在教員方面，除主管官員外，太學置直講十名，每二人主講一經，根據所教學生的道德行為和經術學問的進步或後退人數的多寡，來評定他們的教學成績，「教導有方」者給予提升，而「職事不修」者則予以貶黜。

3.規定太學生的教育和考試內容：為改變儒家經典注釋多門的現狀，熙寧八年（1075 年），王安石將自己主持撰寫的《三經新義》頒於學校，作為學生的必讀教材，以達到統一教育思想、造就變法人才的目的。

4.設立專門學校：為適應社會現實的需要，太學之外，還設武學、律學、醫學等專科學校。熙寧五年（1072 年）六月於武成王廟設武學，次年三月於太學增置律學，熙寧九年（1076 年）又置醫學。

5.整頓州縣官學：地方官學是指由府、州、軍、監及縣設立的學校。熙寧四年（1071 年），詔置京東、京西、河東、河北、陝西五路學，遴選「經術行誼」之士為學官，還規定每州給田十頃為學糧，保證辦學經費。

總之，王安石的學校教育改革適應了變法的需要，使培養學生的方法得以改變，學校注重學生的實際應用能力，注意從實踐中提高認識。同時，擴大各類學校規模，建立新型專門學校和科目，推動了科技文化的發展。這一時期，學校改革既為變法運動培養了一批人才，也使王安石的革新思想得到比較廣泛的傳播。

㈡變革科舉制度

王安石為改革科舉制，專門寫了《乞改科條制劄子》，並以此作為變革考試制度的依據，熙寧四年二月，朝廷宣布實施新措施。

1.廢罷明經諸科，以前習明經諸科者改考進士科。同時，改變原來進士科考試項目，積極倡導以經義取士，試圖改變「閉門學作詩賦，及其入官，世事皆所不習」的狀況。

2.以《詩》、《書》、《易》、《周禮》、《禮記》為本經；《論語》、《孟子》為兼經。考試分四場進行，第一場選考本經中的一經，第二場考兼經大義，

第三場考論一首，第四場考時務策三道，考查士子對天下大事的分析處理能力。

3.設立明法科。規定原先應試明經諸科，而又不能改試進士科的，可改考明法科，考試的內容為律、令、刑統大義和斷案，更加注重適應社會的實際需求。

改革科舉制度是王安石變法的重要組成部分，這些措施力圖調整考試內容和取士科目，改變士人「所習非所用，所用非所學」的流弊，使科舉得以選拔具有經綸濟世之志和真才實學的人才，同時也為變法培養了大量人才。

五、王安石罷相

新政在推行過程中，尤其是青苗、免役、保甲、免行等法令的施行，觸犯了享有特權的官僚、地主、商人的利益，遭到他們的強烈反對，在朝中形成了以司馬光、韓琦、范鎮、富弼等人為核心的反對變法勢力。熙寧三年（1070 年），韓琦向神宗皇帝上疏，力言青苗法之弊，認為官府行青苗法與高利貸無異，還鼓動當地官員謊報說民眾不願請貸。司馬光等人也趁機竭力抨擊新法。面對反對聲浪，神宗一度動搖了變法的態度。對此，王安石進行了針鋒相對的論戰，對反對派的言論一一進行辨駁，他認為新法出現問題，是因為當地官吏執行遲慢懈怠造成的，不能歸結於新法本身。經過激烈的辯論，最終神宗堅定了變法的決心，改革派取得了勝利。

然而，反對派的攻擊並未就此結束，熙寧五年（1072 年）春，司天監靈臺郎亢瑛奏言：「天久陽，星失度」，這是由於「政失民心，強臣專國」之故❺，要求神宗罷免王安石。樞密使文彥博也藉華山地震之事向神宗上疏，認為施行市易法招致民怨沸騰，華山崩塌，是上天對神宗的警告。反對派企圖藉一些異常自然現象動搖神宗，打擊王安石為首的改革派，廢除新法。幾乎每一項新法頒布之後，都遭到反對派勢力的攻擊。推行免役法

---

❺ 李燾，《續資治通鑑長編》卷二二九，熙寧五年正月辛丑。

時，兩宮皇太后親自到神宗面前哭訴說，她們的親戚被強迫交納很多免役錢，恐怕京城會因此發生動亂，神宗的態度也隨之動搖。王安石既要和反對派作針鋒相對的論爭，又要同搖擺不定的神宗據理力爭。同時，變法派內部的一些成員也發生了動搖，變法陣營的重要人物曾布竟然聯合反對派攻擊免行法和市易法，極力排擠王安石，給王安石沉重一擊。曾從學於王安石的鄭俠，在反對派的支持下，上疏抨擊新法，並上神宗「流民圖」，指流民飽受旱災之苦，乃新法所害，神宗為之心痛。在巨大的內外壓力下，王安石向神宗懇請辭職，並推舉韓絳為相，呂惠卿為參知政事，熙寧七年（1074 年）四月中旬出知江寧府（江蘇南京）。

王安石辭相以後，呂惠卿主持大局，繼續變法。但由於呂惠卿與宰相韓絳矛盾重重，神宗於熙寧八年（1075 年）二月，重新起用王安石為相。在這種情況下，呂惠卿不但不協助王安石，反而對王安石進行打擊和阻撓。熙寧八年十月，呂惠卿被罷去參知政事職務，外貶陳州（河南淮陽）。呂惠卿原是變法的忠實支持者，而此時卻走到了變法的對立面，說明變法派內部已經出現了嚴重的分化。加之王安石患病，又痛失愛子，精神上受到很大的刺激，於是上疏辭相。此時，神宗與王安石君臣之間也出現了嚴重的隔閡和矛盾，神宗也已對王安石變法之舉產生厭惡之感。熙寧九年十月，王安石再次罷相，出判江寧，不久辭去職務，退居江寧，元祐元年（1086 年）逝世。

從新法實施到廢罷，其間將近十五年。在這十五年中，每項新法推行後，雖然都不免產生了或大或小的弊端，有的是因為變法派改變了初衷，有的是因執行新法出現偏差，但從整體看來收到了預期的效果。新法使豪強兼併和高利貸者的活動受到了一些限制，使地主階級的下層和自耕農民從事生產的條件得到一定改善，而貧苦農民從新法中得到的好處則很有限。同時，「富國強兵」也收到了相當的實際效果，尤以「富國」成效最大❶。

---

❶ 史學界對於富國還是富民的觀點存在多種看法，一些學者認為變法真正出發點是富國，而不是富民。

變法後國庫豐盈，能支持朝廷二十年的財政開支。邊防方面也取得不俗的成效，1072 年，在變法高潮中，經略安撫使王韶取得了打敗西夏、收復熙河等五州二千里土地的勝利，使唐中葉以後失陷二百年的疆土重歸中原王朝。由此可見，變法在一定程度上扭轉了「積貧積弱」的局勢。

六、元豐改制

王安石罷相以後，在神宗的指導下，新法得以在調整的基礎上繼續執行。其中，對王安石變法的調整，主要表現在深化富國之法和強兵之術兩方面，同時，元豐時期，官制改革也取得了突破性成就。

(一)「富國之法」的調整

1. 青苗法：青苗錢在放貸之時，一半留存，一半繼續貸給民戶，從一定程度上緩解了官府強行貸放的弊端，使政府在災荒年分進行賑濟所需錢物得到了一定保障。自元豐元年（1078 年）起，在開封府界設立義會以補充青苗錢賑災之不足，民戶在交納兩稅時按比例多交義倉糧，貯存以備荒年。這從一定程度上加重了人民的負擔，但是對增加政府財源而言又是一筆收入。

2. 免役法：針對諸路中出現冗占役人、破壞免役法的弊端，整頓處理了淮南、兩浙等路冗占役人的問題。同時，進一步擴大交納役錢的範圍，原規定坊郭戶不滿二百千者出助役錢，到元豐二年（1079 年）規定產業滿五十千者，就要出助役錢。這在一定程度上增加了政府的財政收入。

3. 市易法：元豐二年要求到市易務貸款的商人必須以帛、田產等作為抵押才給予貸款，改變了一些無賴子弟借貸官錢而不能如期償還的弊端。元豐三年（1080 年）九月下詔，免除貧苦「行人」的免役錢，其中包括 8,654 位小商小販的「輸官催理科較」之役，使中小商人的生活與經營活動有了一定的保障。另外，元豐年間，政府在四川、福建、開封等地擴大了榷茶的範圍，鹽、酒、礬、香藥等物品的專賣也逐漸加強。同時，嚴格控制金、銀、坑冶和鑄錢等項目，進一步擴大了國家專利的範圍和政府的「財源」。

㈡「強兵之術」的深化

1.保甲法：元豐二年十一月，首先在開封府界試行「集教法」，設提舉保甲司管理集教事宜,把所屬各縣的二千八百名大保長集中在十一所校場，每十人派禁軍教頭一名教練武藝。次年，大保長們武藝學成以後，又試行「團練法」，將每一都保的保丁分為五團，分別由這些大保長擔任教頭，進行訓練。元豐四年（1081 年）又改河北東路、河北西路、河東路、永興軍、秦鳳等五路的義勇為保甲，推廣「集教法」與「團練法」。王安石「寓兵於農」、「兵民合一」的保甲法至此大規模推行。同時還擴大了禁軍等正規軍的編制，禁軍也由熙寧時的五十六萬多人，增至元豐時的六十一萬多人。這些都是強兵的實際步驟。

2.保馬法：元豐三年（1080 年），神宗下令頒布新的「物力戶養馬法」，在開封府、京東東西、河北、陝西、河東地區推行，按家產物力多少牧養馬匹，坊郭戶家產達到三千貫，鄉村戶達到五千貫的，都要養一匹馬，家產增加一倍，增養一匹馬，每一戶最多養三匹馬。元豐七年（1084 年），京東、京西兩路實行「都保養馬法」，規定每一都保必須養馬五十匹。雖然一定程度上增加了民間養馬的數量，但也加重了人民的負擔。這與當時北宋政府擴軍備戰，進行頻繁的對外戰爭是密切相關的。

3.將兵法：元豐二年（1079 年），增置士兵義勇、保捷兩指揮於京西，各四百名。設在唐州方城（河南方城）的為右第十一將；設在汝州襄城（河南襄城）的為左第十二將，都屬於輔助軍。元豐四年（1081 年），大規模地把將兵法推廣到東南各路，共置了十三將。並置訓練之官，嚴格訓練。至此，全國共設置了九十二將，從兵力配置來看，陝西、河北一帶約占三分之二，主要為對付西夏和遼朝。

㈢元豐官制改革

針對宋代官制存在的機構重疊、官吏冗濫、名不副實等問題，元豐三年（1080 年），朝廷頒布《寄祿新格》，開始執行文臣京朝官的寄祿官新官階。元豐五年（1082 年），新頒布三省以下中央機構組織法規和《官品令》，

史稱「元豐官制改革」。

元豐官制改革主要包含兩方面內容。一是寄祿新格。宋初，官名與職掌分離，如中書令、尚書令、侍中、六部侍郎及員外郎等官名，僅作為銓敘與升遷依據，稱為寄祿官，另有差遣主管內外事務。元豐時制定《寄祿新格》，文臣自開府儀同三司至承務郎二十五階，武選官階定為五十六，幕職州縣官定為七階，根據「階」官來發放俸祿，使文官的官階與實際職務相一致。這對減少冗銜與虛名和明確官員俸祿是一種有利的措施，此後，官員升遷與俸祿都按《寄祿新格》和新《官品令》辦理。

二是三省六部，循名責實。元豐改制之前，三省六部徒有虛名，主要職能都已轉移或分割到其他機構，其長官也只是寄祿官。元豐改制恢復中書省主決策、門下省主封駁、尚書省主執行的三省舊制。宰相辦公機構由原來的中書門下改稱都堂，取消了同中書門下平章事和參知政事，以尚書左僕射兼門下侍郎為首相，以尚書右僕射兼中書侍郎為次相，中書省與門下省各設一侍郎主管本省事務，與主管尚書省事務的尚書左、右丞同為副宰相。尚書省下領吏、戶、禮、兵、刑、工六部為具體職責部門，各設尚書與侍郎為正副長官。原來從六部轉移分割出來的職能分別還歸各部，從而大大提高了三省六部等機構的辦事效率。

新官制職責分明，系統清晰，機構簡化，費用減省，作為一次官制改革，元豐改制雖有生搬硬套《唐六典》之嫌，但總體上還是成功的。

七、元祐更化

元豐八年（1085 年）宋神宗去世，其第六子趙煦繼位，也就是後來的哲宗。因新皇帝年幼，高太后垂簾聽政。高太后對熙豐變法一直持否定態度，她陸續起用司馬光、呂公著、范純仁等反對派大臣，貶黜支持變法的官員，開始逐步廢除新法。神宗去世當年七月，首先廢除保甲法。十一月，罷方田均稅法。十二月，市易法和保馬法也相繼廢罷。同時，停止使用王安石《三經新義》為科舉考試的根據，重新編纂《神宗實錄》，還將神宗時

所奪取的米脂等地歸還西夏。最終，神宗和王安石推行的新法大部分被廢罷，因廢除新法的活動多發生在哲宗元祐年間（1086～1093 年），史稱「元祐更化」。廢除新法，排擠變法派，加劇了新舊兩黨的矛盾。司馬光去世之後，反變法派也失去了凝聚力，形成了不同的利益集團，不少朝廷大臣按籍貫劃分為洛黨、蜀黨和朔黨❼。

　　元祐更化廢盡新法，實質上是一場情緒化的清算運動，雖然糾正了熙豐變法中的部分弊病，卻給北宋後期政治留下了嚴重的後遺症。新舊黨之間黨同伐異，舊黨內部洛、蜀、朔黨的糾葛恩怨，對宋朝後來的政治局勢產生了嚴重的負面影響。

本章重點

1. 慶曆變法。
2. 熙豐變法。

複習與思考

1. 評述募役法在中國古代賦役制度演進史上的意義。
2. 試析「慶歷新政」失敗的原因。

---

❼　洛黨以程頤為首，其下有朱光庭、賈易等，不少人都是程門弟子。蜀黨首領是蘇軾，其下有蘇轍、呂陶等。朔黨領袖人物有劉摯、王巖叟、劉安世等。

第四章
宋代的政治制度

第一節　中央行政體制

　　大體說來，宋代中央政治體制以元豐官制改革為界限，可劃分為前後兩個階段。除皇權因人而異之外，北宋中期以前，官制名不副實，形成了官、職、差遣相分離的體制，「官以寓祿秩、敘位著，職以待文學之選，而別為差遣以治內外之事。」❶隋唐以來的三省六部等機構少有職權，其權力由臨時委任的差遣或新設的機構所取代。宋神宗以後，最高軍事機構樞密院依舊保留，但卻依據《唐六典》恢復唐制，結束了官與差遣相分離的局面。

一、皇　權

　　作為君主專制王朝，宋代皇帝是最高統治者，是整個國家權力運作的核心。他總攬大政，「凡軍國庶務，一聽裁決。」具體說來，皇帝擁有人事權、兵權、財權、立法權、司法權以及其他權力。

㈠人事權

　　皇帝擁有冊立和廢黜皇后、皇太子的權力。景德四年（1007 年），真宗準備冊立出身銀匠之家的劉德妃為皇后，大臣寇準等以劉德妃「家世寒微」而竭力反對，但因為真宗堅持，最終還是立劉德妃為皇后。宰相、樞密使、三司使、翰林學士、臺諫官、六部尚書等朝廷高級官員的任免都是

---

❶　《宋史》卷一六一〈職官志〉。

由皇帝親自決定，再由有「天子私人」之稱的翰林學士草詔頒布。在一些特殊情況下，皇帝會直接干預中低級官員的任免和升黜。至和元年（1054年），選人張俅和胡宗堯按例改為京官，仁宗「批旨：以二人嘗犯法，並循資。」判吏部流內銓歐陽修認為，胡宗堯應當改官。有人向仁宗進言，胡宗堯是翰林學士胡宿之子，因而歐陽修曲意庇護，「奪人主權」。歐陽修因為此事被罷去銓曹之職，出知同州（陝西大荔）。事實上，由中書門下及吏部負責任命的官員在受命上任之前，一般也要「引對」，由皇帝當面考察其能否，進而行使最後決定權。雖然「引對」常常流於形式，但有時也會發現問題。

㈡兵　權

宋朝皇帝擁有調兵遣將的絕對權力。三衙統率全國禁軍，但沒有調動兵馬的權力。樞密院是全國最高軍事機關，有調動軍隊的權力，但必須「去御前畫旨」才能調動軍隊，實際上它是由皇帝操控的機構。宋朝皇帝異常重視兵權，建國之初，宋太祖就收奪了手握重兵的武將的軍權。南渡之後，局勢稍安定，高宗就開始著手削奪統兵大將的兵權。紹興年間，高宗任命韓世忠和張俊為樞密使，岳飛為樞密副使，名為升官，實則收了三人的兵權。通過這次集中兵權，皇帝得以重新控制了全國的軍隊，再次成為真正的最高軍事統帥。

㈢財　權

宋初將地方財權收歸中央之後，皇帝加強了對全國財政的直接控制。皇帝親自參與全國財計甚至地方財計政策的制定，並親自掌控很大一部分國家財賦。宋太宗淳化元年（990年），頒布詔書，命令三司每年開具現管金銀、錢帛、軍儲等情況呈報皇帝。從真宗景德年間（1004～1007年）開始，三司主持編定「會計錄」，包括戶賦、課入、歲用、祿食等內容，還有戶口、吏員、宗室、軍兵的統計數字。此後，各朝都編定了這種「會計錄」。皇帝通過這些會計錄，可以比較全面地了解全國的財政狀況，分析各項現行財政政策的效果，以便「總括邦計，量入為出。」此外，國家部分財賦納

入「天子之別庫」的內藏庫，如各地上供的物品、坑冶所產的金銀和錢幣、権貨務和市舶司、店宅務等機構的收入等，其數量不斷增加，到高宗時全國財賦的一半都歸入了內藏庫。

㈣立法和司法權

宋朝皇帝擁有最高立法權和司法權。宋太祖之時，法制建設剛剛起步，僅修訂了《建隆重詳定刑統》一部法典。此後，各朝皇帝陸續立法，完善法律體系，建構起一整套封建法規和規範。在立法的過程中，皇帝始終處於中心地位。皇帝任命制定法典的官吏，決定編修內容和指導原則。各項新頒布的法典或法規必須得到皇帝的批准，再頒布詔書實施。皇帝還要親自審理一些重大的疑難案件，以及複審京城拘押的囚犯等。太宗時，京城百姓王元吉被冤下開封府獄，判徒罪。王元吉妻張氏擊登聞鼓喊冤，太宗召見張氏詢問，「盡得其枉狀，立遣中使捕元推官吏，付御史鞫治。」❷終於真相大白，王元吉得以平反，而原來的審訊官員皆受到懲處。皇帝對案件的判決，是這一案件的終審，通常是不容許改變的。

㈤其他的權力

宋朝皇帝還有召集和主持朝會、朝議，決定改元和改用年號，禪位，頒布大赦令，舉行郊祀和明堂大禮，改革各項制度等權力。

二、元豐官制前的中樞決策系統

宋代中央官僚機構的設置，以神宗元豐五年（1082年）的官制改革為分界線，可以劃分為前後兩個時期，此前一百二十多年間，是以使職差遣為主的時期；此後一百九十多年間，是以三省六部為主的時期。

㈠中書門下

宋初，承襲唐中後期以及五代舊制，在宮城內設「中書門下」，為宰相集體處理政事的場所，題榜曰「中書」，印文行敕稱「中書門下」，其長官稱「同中書門下平章事」，行使宰相權力，「佐天子總百官、平庶政，事無

---

❷　《宋史》卷三〇七〈張雍傳〉。

北宋前期中樞機構

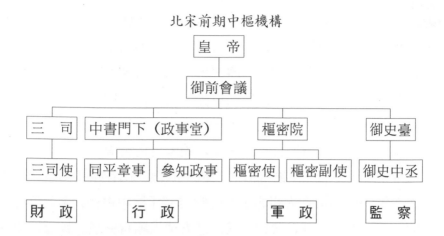

不統。」❸雖然設樞密院以分宰相之兵權、三司使分宰相之財權，但不可否認，宰相在中央官僚體系中仍處於不可替代的地位，「中書（宰相）總文武大政，號令所從出」❹。

北宋前期，自尚書左、右丞，六部侍郎以上至三師（太師、太傅、太保）皆有資格出任同中書門下平章事，其官品則視所帶本官階而定，人數不定，三員、兩員或一員不等，元祐初偶有四員、五員之置。宰相還各兼館、學士之職，若置兩相，以同中書門下平章事帶昭文館大學士、監修國史為首相，次相帶集賢殿大學士。若置三相，則首相兼昭文館大學士，次相兼監修國史，第三相兼集賢殿大學士。

參知政事為副宰相之職。乾德二年（964年），趙普一人為相，太祖決定另設參知政事二員為其副手，始置此職。參知政事與宰相同升都堂商討政事，如宰相缺，則輪流執宰相筆，代行其職權。北宋前期參知政事亦無常員，通常而言，宰相和參知政事多不過五員，兩相則三參，三相則兩參。

唐朝後期，常以宰相兼節度使。五代時，節度使多帶宰相銜而不參與朝廷政事。宋初承襲此制，凡親王、樞密使、留守、節度使兼侍中、中書令、尚書令或同平章事者，皆稱之為「使相」，不參預政事，凡除授將、相

❸ 《宋史》卷一六一〈職官志〉。

❹ 李燾，《續資治通鑑長編》卷五七，景德元年九月丁酉。

等制敕，在敕尾不署名，注明一「使」字而已。設置此官，主要目的在於優待勛賢故老及宰相之罷任者，並非真正擁有實權的宰相。宋初，晉王趙光義曾以親王加中書令為使相，大將曹彬也以樞密使加同平章事為使相。

中書門下的直屬機構有五房：孔目房、吏房、戶房、兵禮房和刑房。五房各設堂後官三員。太宗淳化四年（993 年），精簡中書門下機構，每房減為一員，另設「提點五房公事」一員，總領五房公事，糾察諸房人吏。其待遇同樞密院副承旨。堂後官俗稱「堂吏」，最初由在京各司選用吏人充任。開寶六年（973 年），太祖為了改變堂後官「擅中書權，多為奸贓」的弊病，開始選用士人充任。太宗朝或以選人或以朝官充任。神宗熙寧三年（1070 年），新設檢正中書五房公事一員，總理、督察諸房吏人，其官位在提點五房公事之上。每房各設檢正公事兩員，掌本房記錄功過簿，以考核房內堂後官以下群吏之業績，其官位在各房提點之上。都檢正官和逐房檢正官的待遇同三司判官。元豐元年（1078 年）精簡為四員：戶房兩員，兼管兵禮房；孔目房和吏房一員；刑房一員。

鑑於宋初以來官制名不副實的不便與輿論壓力，宋神宗於元豐三年（1080 年）設立詳定官制所，依照《唐六典》改革宋初以來的官制。元豐五年（1082 年）頒布《官制格目》，開始實行新的官僚體制。凡省、臺、寺、監之領空名者一律罷去，恢復《唐六典》三省六部、九寺五監的中央官僚機構。元豐官制改革之後，又繼續進行過多次官制調整，但官僚機構的主體並未出現實質變化，一直沿襲至南宋末。

元豐正名，罷中書門下，其權力歸三省（中書省、門下省、尚書省），其長官──尚書令、中書令和侍中名義上為宰相，實際上只是虛職，並未真正除人，而是由尚書左僕射、門下侍郎行侍中之職；尚書右僕射、中書侍郎行中書令之職。門下、中書侍郎及尚書左、右丞代參知政事為副相之職。「始令中書省揆議，門下省審覆，尚書省施行。」三省成為中央最高政務機構，這是宋朝中央官僚機構的一次重大變革。

㈡**樞密院**

　　唐朝後期，始設樞密使，由宦官充任，主要負責接受臣僚表奏，傳達皇帝旨意，尚無固定機構。五代時期，始置樞密院，並逐漸成為常設機構，由士人充任樞密使，輔助皇帝，參與謀劃大計。宋初沿襲此制，設置樞密院，掌兵符、武官選拔除授、兵防邊備及軍隊屯戍之政令。作為全國軍事的最高權力機構，樞密院與中書門下對掌文武二柄，號稱「二府」。

　　樞密院長官為樞密使或知樞密院事，副長官為樞密副使、同知樞密院事，資歷淺者稱為簽書樞密院事、同簽書樞密院事。樞密使或知樞密院事的地位略低於宰相，與參知政事、樞密副使、同知樞密院事、簽書樞密院事、同簽書樞密院事統稱為「執政官」。

　　樞密院正副長官負責邊防、軍隊的日常事務，與中書門下（北宋前期）或三省（北宋後期至南宋）分班向皇帝稟奏；涉及到非常重要之事件，與宰相和執政官聯合稟奏；遇重大祭祀活動，輪流擔任獻官；主管國防機密、兵符、軍籍、選差路分都監以上及將官、諸班直、內外禁軍等事。

　　宋初，樞密院設置承旨、兵馬、銀臺、通進四司。銀臺、通進二司後改隸門下省給事中。徽宗時，有編修文字所，後稱編修司。崇寧元年（1102年），以尚書省講議司武備房歸樞密院，稱講議司，後罷。孝宗乾道六年（1170年），在合併各司的同時，又創設院雜司。承旨司正副長官為樞密院都承旨、副都承旨，多用文臣充任，掌承接、傳達皇帝的命令，統領本院下屬各房事務。如侍立便殿，閱試禁衛兵校或藩國使臣入見，則隨事稟奏，承接所得聖旨以授有關機構。監察主事以下官吏的功過和升遷之事。另外，樞密院還陸續設置了宣旨院、省馬院以及檢詳和皮剝、御前弓馬子弟等所，宣敕和宣旨、機要、架閣等庫。南渡後，樞密院還與三省共設了一些機構，如激賞庫和激賞寄造酒庫、架閣庫、紙庫、機速房、賞功司、賞功房、客司房等。

　　宋初樞密院下設兵、吏、戶、禮四房，皆隸屬承旨司，分別處理各種事務。各房設副承旨一至二員，分管各房事務。後樞密院下屬機構逐漸增

加，至孝宗隆興元年（1163年），達二十五房。乾道六年（1170年），合併為兵、吏、禮、刑、工五房。各房設副承旨和檢詳官、主事、守缺主事、令史、書令史、貼房等，員數不定。

(三)三　司

詳見第七章第一節。

三、北宋中期以後的中央行政機構

(一)三省六部

北宋前期，在宮城外設三省六部。三省長官若不是宰相，通常不能入政事堂，實際上喪失了參政、議政和決策的權力。神宗官制改革後，三省才真正成為中央的核心機構，中書省承旨擬定，門下省審議、覆奏，尚書省頒降、施行。南宋時，三省、樞密院逐步合署辦公，於都堂聚議軍政事務。

1.門下省：北宋前期，名存實亡。其職責是掌皇帝印，郊祀及大朝會設神位版；太廟齋郎任滿轉官或遷補，文武官員母或妻進封及覆麻奏請等事。元豐官制改革之後，門下省成為中央審令機構，輔佐皇帝決策。凡中書省、樞密院所得皇帝的旨令以及尚書省六部所上有條法可依之事，都須經由門下省審讀通過，如發現不當，門下省有權請示皇帝予以駁回，小事可直接改正。

北宋前期，門下省長官為侍中，但很少委任，實際上有名無職。副長官為門下侍郎。皇帝另外委派一名給事中任「判門下省事」，真正掌管本省職事。其下屬機構不多，有白院、畫院、甲庫。元豐改制後，官額十一人：侍中、侍郎、左散騎常侍各一人，給事中四人，左諫議大夫、起居郎、左司諫、左正言各一人。原屬中書門下的七房分屬三省，門下省下設九房，為吏、戶、禮、兵、刑、工、開拆、章奏、制敕庫等房。元豐八年（1085年）增設催驅房，元祐間又增設班簿房、點檢房。另外門下省還有封駁、通進等司、都進奏院等下屬機構。

2.中書省：元豐改制前，其職責是掌郊祀大禮祝辭、皇帝死後的諡號，奏請本省所屬玉冊院等諸司吏人及祠祭官齋郎、室長等任滿遷轉或出職，考核幕職州縣官，文官換賜官服，佛寺、道觀取名賜額之類瑣事。元豐改制之後，為中央造令、傳旨的政務機構，並可以直接除授差遣官、階官、貼職、侍從官等。

北宋前期，以中書令為其長官，但很少授人，實際上也是有名無職，副長官為中書侍郎。皇帝通常會另派一名中書舍人任「判中書省事」，真正掌管本省事務。其下屬機構有白院、甲庫、玉冊院。元豐改制後，設官十一：中書令、中書侍郎、右散騎常侍各一人，中書舍人四人，右諫議大夫、起居舍人、右司諫、右正言各一人。分房八：吏、戶、兵禮、刑、工、主事、班簿、制敕庫房。元豐六年（1083 年）增設點檢房。哲宗朝又增催驅房，兵禮房分為兩房。南宋建炎三年（1129 年），中書省和門下省合併為中書門下省。

3.尚書省：宋前期所領事務甚微，於都堂集議已故皇帝、文武臣的諡號；有祠祭，舉行受誓戒儀式；在京文武官，按格為其親屬贈官或授封號；選人具備改官資格後，由吏部銓定十人為一甲，以候皇帝引見、改官，注甲（編入一甲）由尚書省發付選人；文武官員申冤投狀；二十四司吏人遷補；收檢校官省禮錢，以及公署雜事。元豐改制後，尚書省依照《唐六典》始振其職，掌執行經由門下省所付制、詔、敕、令，統管六部及其所屬的二十八司。朝廷如果有疑難問題，召集百官共同商議；六部難以決定的事務，予以總決；如需請示裁決，則按民事、軍事分送中書省或者門下省；凡更改法令，由尚書省議定之後上奏；文武百官獎懲事，每一季度彙總付進奏院通過邸報通報全國；大禮前，掌百官受戒誓。

北宋前期，其長官為尚書令，亦不除人。朝廷另派諸司三品以上官員或學士一員任「權判尚書都省事」。元豐新官制，官額九：尚書令，尚書省左、右僕射，尚書省左、右丞，尚書省左、右司郎中，尚書省左、右司員外郎。以尚書左僕射兼門下侍郎，尚書右僕射兼中書侍郎，為正宰相。又

以尚書左、右丞為副宰相。南宋時官額有所變更。分房十：吏、戶、禮、兵、刑、工、開拆、都知雜、催驅、制敕庫房。後陸續增加奏鈔、班簿、案鈔、御史、封樁、印房等六房。南宋時其設置有所調整。

尚書省的常設機構有尚書省左、右司、六部、二十四司以及各司、監等。尚書省左、右司又名都司、尚書左右曹等，掌受、付六部之事，糾舉文書違失、稽滯，分治省事。左司掌治吏房、戶房、禮房、奏鈔房、班簿房。右司統轄兵房、刑房、工房、案鈔房文書，並與左司通治開拆房、制敕房、御史房、催驅房、封樁房、都知雜房、印房。此外，右司還掌糾察御史臺及刑部刑獄。左、右司各設郎中一人、員外郎一人。

六部即吏、戶、禮、兵、刑、工部。北宋前期，許多機構職責重疊，六部職權大為削弱，有的部甚至無具體執掌。元豐改制，撤銷了這些重疊的機構，六部才開始正常行使其職權。

1.吏部：北宋前期，文武官員的銓選分掌於中書、樞密院、審官院（後分為東、西院）及三班院。吏部所掌僅為京、朝官服緋、服紫的確定，祠祭時分差攝官及拔萃舉人，兼領南曹、格式司、甲庫。元豐改制後，吏部掌六品以下文武官的銓選，即掌尚書左、右選，侍郎左、右選四選，並領司封司、司勳司、考功司及官告院。凡是品、階、爵、勳、俸祿之制，選官、分職、功賞、考績之事，都由吏部負責。北宋前期，判吏部事二人，兼領南曹、格式司、流外銓、甲庫。元豐新制，吏部尚書一人，侍郎二人，郎中、員外郎十人，總七司之事。

2.戶部：北宋前期，戶部之職歸於三司，本部僅掌受全國各州郡進土貢以及元旦大朝會時陳列於庭而已。元豐新制，罷三司之職歸戶部左、右曹。戶部掌全國戶口、土地、錢穀、賦役之政令。北宋前期，判尚書省戶部事一人，令史二人。元豐新制，戶部下轄五司：左曹、右曹、度支司、金部司、倉部司。設戶部尚書一人，侍郎二人，郎中、員外郎十人。南宋時，戶部侍郎或只置一人，或尚書與侍郎共置一人。

3.禮部：北宋前期，禮儀之事主要由太常禮院負責，禮部所掌之事甚

微，僅管補奏太廟、郊社齋郎、室長，百官謝、賀章表之類的瑣事。元豐改制，撤銷太常禮院後，禮部掌禮樂、祭祀、朝會、宴享、科舉、印記、圖書及祥瑞等政令。北宋前期，設判禮部事二人，令史三人。元豐新制，禮部尚書、禮部侍郎各一人，禮部司、祠部司、主客司、膳部司郎中與員外郎各一人。南渡初，禮部的職權進一步擴大，鴻臚和光祿兩寺併歸該部，而太常寺和國子監也隸屬其下。

4.兵部：北宋前期，兵部職事為樞密院、三班院所分，本部僅掌儀衛、武人科舉等事。元豐改制後，兵部的職權沒有擴大多少，兵政總於樞密院，武官銓選除授歸吏部，兵部只負責民兵、廂軍名籍、藩官加恩以及領導所屬的司局，如左右金吾街仗司、驛驥院等。南渡初，太僕寺隸屬其下。北宋初，設判兵部事一人。熙寧八年（1075年）增同判兵部事一人，主簿二人，勾當公事官十人。元豐新制，設兵部尚書一人，侍郎一人，所屬兵部司、職方司、駕部司、庫部司各設郎中一人，員外郎一人。元祐初，省駕部郎中，由職方郎中兼庫部郎中。南宋時，兵部下屬四司的設置多次變化，至孝宗隆興年間，四司合一，只置一郎官兼領。

5.刑部：北宋前期，刑部職權多為審刑院剝奪，本部只負責複查全國已決的大辟案件、官員敘復以及冤案昭雪等事。元豐新制，罷審刑院與糾察在京刑獄司歸刑部，刑部始專其職。掌管律法修訂、天下獄訟、赦宥、敘復等事。北宋前期，判刑部事二人，以御史知雜以上或朝官充任。詳覆官四人或六人，法直官一人。元豐新制，刑部官額十三員：刑部尚書一人，侍郎二人，刑部司郎中、員外郎各二人，都官司、比部司、司門司的郎中、員外郎各一人。南宋建炎年間，刑部長貳官各一人，郎官二人。

6.工部：宋承唐制，尚書省設有工部，因所掌之事歸三司修造案，只設置判部事一人，無職掌。元豐改革官制，掌修築城池、屋宇、街道以及修治河渠等事務。設尚書、郎中各一人，工部四司工部司、屯田司、虞部司、水部司郎中與員外郎各一人。分工作、營造、材料、兵匠、檢法、知雜六案。哲宗元祐後，所屬屯田、虞部、水部郎中、員外郎或減省，或互

兼，甚至四司合一，僅置郎官一員。南宋時，工部尚書與侍郎或只置一員，四司由一名郎官通領。工部並轄文思院與軍器所，少府監、將作監與軍器監也一度併歸工部。

尚書省二十四司即六部所屬的子司。仁宗景祐元年（1034 年）將六部及其所屬的子司分為左、右名曹和左、右曹，負責受、付六部之事，而糾舉文書的遺失、稽滯，分治省事。同時也是官員敘遷的路徑，如正常升遷之時，有出身循屯田→都官→職方上遷，無出身者沿虞部→比部→駕部晉升。具體情況如下表：

分　行	左名曹	左　　曹			右名曹	右　　曹		
前　行	吏　部	司封	司勛	考功	兵　部	職方	駕部	庫部
中　行	戶　部	度支	金部	倉部	刑　部	都官	比部	司門
後　行	禮　部	祠部	主客	膳部	工　部	屯田	虞部	水部

㈡九　寺

1.太常寺：北宋前期大部分職事被禮院、禮儀院所占，本寺職掌社稷及武成王廟、諸壇、齋宮、習樂之事。元豐改制後，太常寺始正其職，統掌禮樂之事，凡大朝會、祭祀所用雅樂及器服，郊祀、宗廟、社稷、陵寢、犧牲、籍田、祠祀、醫藥等皆掌之。徽宗崇寧四年（1105 年）建大晟府，專掌樂。自此太常寺專掌禮，禮、樂始分為二。南宋孝宗隆興元年（1163 年）光祿寺併歸太常寺監領。

太常寺為九寺之首，其職輕而位重，與宗正寺高於其他七寺。太常寺卿、少卿各一人，太常寺博士四人，主簿、協律郎、奉禮郎、太祝各一人，以及籍田令、宮闈令、太廟令、郊社令等臨時差遣。

2.宗正寺：掌宗室名籍，修纂譜牒、圖籍，宗室賜名更名，奉宗廟、諸陵寢、園廟薦享等事。仁宗景祐三年（1036 年）建大宗正司之前並管皇族事務。徽宗崇寧後提舉諸王宮大小學。南宋建炎三年（1129 年）併入太常寺，紹興五年（1135 年）復置寺。

北宋前期，置判宗正寺事二員，主簿一員。此外，室長、齋郎無定數，太廟宮闈令、后廟宮闈令、奉慈廟宮闈令各一人。修玉牒官無定員。元豐新制，宗正卿、少卿、丞、主簿各一人。太廟令由太常寺歸隸宗正寺。南宋編制無常。高宗建炎年間，本寺官省置，以太常少卿兼宗正卿。附屬機構有玉牒所。

3. 光祿寺：北宋前期，光祿寺只負責祠祭供奉酒醴、米實、脯醢、醯菹、薪炭及點饌、進胙等事。元豐正名之後，其職掌有所擴大，除祠祭之外，還掌管朝會、宴享酒醴膳羞，以及與之有關的禁令、格式。南宋建炎三年（1129 年）併歸禮部，紹興二十三年（1153 年）復置，隆興元年（1163 年）詔光祿寺併歸太常寺兼領。

宋前期置判寺事一人。元豐改制，置光祿卿、少卿、丞、主簿各一人。

4. 衛尉寺：北宋前期無所掌，其職事分隸儀鸞司、內庫、軍器庫。元豐改制之後，負責供備軍用武器裝備、儀衛器仗什物及供帳幕等事及政令。南宋建炎三年（1129 年）罷歸兵部，後不復置。

北宋前期，置判衛尉寺事一人、府史二人。元豐新制後為衛尉寺卿、少卿、丞、主簿各一人。

5. 太僕寺：北宋前期只負責皇帝、后妃和王公的車輅，以及大、中、小祀供應牛、羊。元豐改制，罷群牧司，其職事歸太僕寺。哲宗元祐後，統掌內外廄牧、車輿之政令。徽宗崇寧二年（1103 年），太僕寺所掌京師外馬政、車輿之事撥歸樞密院和尚書駕部負責。南宋建炎三年（1129 年）罷太僕寺，併歸兵部駕部。

北宋前期，置判太僕寺事一人，吏人有府吏。元豐新制，設太僕寺卿、少卿、丞、主簿各一人。

6. 大理寺：北宋前期，中外諸司刑案，如有冤訴或上奏，由大理寺負責推鞫覆審。元豐改制後，本寺掌斷刑兼治獄，職務分左右。大理寺左斷刑負責全國六品以下命官、諸軍將校及死罪囚以下疑案須覆審者；右治獄負責在京百司須推治之刑案、特旨立案審查的案件及官物須追查者。

宋前期判大理寺事一至二員，兼大理少卿事。詳斷官八人，以京官充。法直官二人，以選人充，如選人改京官，則稱檢法官。元豐新官制，大理寺按職務分左斷刑、右治獄。

7.鴻臚寺：北宋前期掌管祭祀、朝會時前資官、致仕官、藩客進奉官、僧道、耆壽陪位，享拜後周六廟、三陵，差官監護本朝公主、妃主以下喪葬，給其所用儀仗，文武官薨卒賵贈等事。元豐行新制，掌四方藩國賓客、國之喪葬賵贈及後周陵廟祭享與柴氏後裔襲封崇義公，道釋籍帳等。南宋建炎三年（1129 年）併歸禮部，紹興二十五年（1155 年）復置，不久又罷，此後不再置。

北宋前期置判鴻臚寺事一人，元豐改制後置鴻臚寺卿、少卿、丞、主簿各一人。

8.司農寺：宋前期沿襲唐制設置司農寺，其職事多歸三司，本寺僅掌供籍田九科，大、中、小祀祭所用豬、牲、蔬果、明房油，以及常平倉平糴利農等事。熙寧三年至元豐五年（1070～1082 年）期間，事權大幅度增加，既是財務機構，又是推行新法的政務機構。元豐五年（1082 年）改制之後，司農寺掌管倉場儲藏出納、園苑種植，諸路上供京都官吏的祿粟、京師駐紮禁軍口糧漕運京師後的支遣，造酒麴，供給薪炭，導擇米麥，皇帝親耕籍田奉耒耜等等。

宋前期置判司農寺事一人，治平三年（1066 年）置主簿一人。元豐新制後，司農卿、少卿、丞、主簿各一人。

9.太府寺：太府寺之名始於北齊。北宋沿襲此名。南宋高宗建炎三年（1129 年）四月罷，併於戶部金部，高宗紹興元年（1131 年）復置寺。北宋前期，太府寺的職事如庫藏貿易、四方貢賦、百官俸給都由三司負責。本寺職掌供祠祭用香、幣、帨巾、神位席及製造標準斗、秤、升、尺等計量用具。元豐官制改革，太府寺掌庫藏、出納、商稅、度量、平準、店宅之事。

北宋前期，設判太府寺事一人主管寺事，選差兩制或帶職升朝官充任。

另設同判太府寺事一人，由京朝官充任。元豐新制，太府寺卿、少卿各一人，太府寺丞、主簿各二人。南宋紹興末、隆興初，太府寺卿、少卿各一人，丞三人，主簿一人。

(三)五　監

1.國子監：北宋初，國子監與國子學合二為一，負責刻版、出售經書等公事。元豐改制，國子監職掌國子、太學、律學、武學、算學五學之政令與訓導事，以及刻版書籍等事。南宋沿置。元豐改制後，官額有國子監祭酒一人，是國子監的長官，掌諸學之政令及教法等事；司業一人，為本監副長官；丞、主簿各一人；太學博士十二人，分經教授諸生，考校學生程文，以德行、道藝訓導生徒；國子正、國子錄各五人，負責執行學規，處理違章的學生。武學博士二人，律學博士、律學正各一人。

2.少府監：北宋前期，本監負責製造門戟、神衣、旌節、郊廟諸壇祭玉、法物，鑄造官府牌印、朱記，百官拜表、案褥之事，以及祭祀所需祭器、爵、蠟燭、瓚等物。元豐新制，掌百工技巧之政令、乘輿服御之物，及負責製造祭祀、朝會禮樂所需器、冊寶、符節、度量衡等物。南宋建炎三年（1129年）併歸工部。紹興三年（1133年）復置將作監，少府監不置，其事總於將作監。元豐改制後其官屬有監、少監、丞、主簿各一人。

3.將作監：北宋前期，本監掌祀祭供省牲牌、鎮衣、香、盥手用具、焚版幣等雜事。元豐改制，罷三司，土木工匠板築造作之政令、城壁宮室橋樑街道舟車營造之事皆由將作監負責。南宋建炎三年（1129年）罷，紹興三年（1133年）復置。南宋中後期，營造之事由臨安府和京畿轉運司分管，職事較少，卻成為儲備人才之地。元豐新制，置監、少監各一人，丞、主簿各二人。

4.軍器監：北宋初年軍器監空有其名而不備員，武器製造由南、北二作坊，弓弩院及諸州作院負責。熙寧六年（1073年）始振監職，總內外軍器之政。元豐新制後不變，只是官員的稱呼有所變化而已，即改判監、同判監為軍器監監、少監等。本監置丞二人、主簿一人。

5.都水監：北宋嘉祐三年（1058 年）罷三司河渠司，初置都水監。主要負責內外河渠、渡口、堤堰、橋樑、川澤浚治疏導之事。初置時設判監事、同判監事各一人，知都水監丞公事二人，知都水監主簿公事一人。輪監丞一人在外置局治河，名為「外都水監丞司」。元豐正名，置都水監使者一人，丞二人，主簿一人，南外都水監丞、北外都水監丞各一人。元豐八年（1085 年），元提舉汴河堤岸司歸隸本監。元祐間增置外都水使者、勾當公事各一人。南宋水官大大減少。紹興十年（1140 年），詔都水監事務歸於工部，不復置官。

第二節　地方行政體制

宋朝地方行政體制實行州（府、軍、監）縣二級制，而在州府軍監之上又有中央的派出機構——路對地方轄區進行有效的監督。在縣之下的城鎮又設鎮，鄉村起初實行鄉、里制，後來改為保甲制、鄉都保甲制。

宋代地方機構設置

路	安撫使	帥	司
	轉運使	漕	司
	提點刑獄	憲	司
	提舉常平	倉	司
府、州、軍、監	知州、知府		
	通判		
縣	知縣、縣令		

一、路級官僚機構

㈠路的設置

宋太祖時，沿襲唐制，全國設置若干道，後來宋太宗時將「道」改為「路」。太宗至道三年（997 年），將全國分為十五路：京東路、京西路、

河北路、河東路、陝西路、淮南路、江南路、荊湖南路、荊湖北路、兩浙路、福建路、西川路、峽路、廣南東路、廣南西路。此後屢有變化，真宗時，分西川為益州、利州二路，峽路為梓州、夔州二路，又分江南為東、西二路，成為十八路。神宗時，分京西為南、北二路，淮南為東、西二路，陝西為永興軍、秦鳳二路，又分河北為東、西兩路，京東為東、西兩路，成為二十三路。徽宗崇寧四年（1105 年），增設京畿路，成為二十四路。徽宗宣和四年（1122 年），增設燕山府路、雲中府路，共為二十六路。兩宋的版圖至此達到最盛。

南宋時，河北、河東、京東、永興軍、秦鳳等路為金朝所有，高宗建炎元年（1127 年），分為十六路：兩浙東路、兩浙西路、江南東路、江南西路、淮南東路、淮南西路、京西南路、荊湖南路、荊湖北路、福建路、成都府路、潼川府路、利州路、夔州路、廣南東路、廣南西路。高宗紹興十四年（1144 年），分利州為東、西二路，為十七路。

宋朝還有一些因軍事需要而設置的路。仁宗慶曆元年（1041 年）後，逐漸把陝西沿邊分為秦鳳、涇原、環慶、鄜延、熙河、永興軍六路。仁宗慶曆八年（1048 年），將河北劃分為大名府、高陽關、真定府、定州四路。南宋初，以江、池、饒、信州四州為江州路，建康府與太平、宣、徽州、廣德軍為建康府路，後又設鄂州路，成為江南東、西路內的三個小路。以上這些路都設經略安撫使司或安撫使司，與上述北宋的二十四路、南宋的十七路不同，它們不是一種常設的監察機構，而是一種軍事區。

㈡路級官僚機構

宋朝路級機構呈現逐步增加的趨勢，中央在各路陸續設置了轉運司、發運司、制置司、招討司、提點刑獄司、提舉常平司、提舉茶馬司、提舉市舶司、提舉學事司、安撫使司、總領所等機構。

1.安撫使司：宋承唐制，當邊境用兵或是諸路有災害時會特遣使安撫，事已則罷。真宗咸平三年（1000 年），以王欽若為西川安撫使，處理鎮壓王均起事的善後事宜，成為宋朝設置安撫使的開端，而安撫使司也逐漸成

為常設機構。然而，北宋時期，僅河北、河東、陝西及廣東、廣西等路常設安撫使司。南宋時，安撫使司才成為各路均設的機構。

安撫使司，又稱「帥司」，其長官為安撫使，一般由本路最重要的州、府長官兼任。北宋時，官階在太中大夫（神宗元豐改制前為左、右諫議大夫）以上，或曾任兩制、侍從官及曾任知州、通判者可任安撫使，官階低者則稱「管勾（南宋改為主管）某路安撫司公事」。南宋時，從二品以上官員充任安撫使者，則帶「大使」之名。除了廣西、成都府等少數地區外，一路安撫使大都帶「馬步軍都總管」之職。主要職責為撫綏良民，察治盜賊、奸宄。南宋初，帥府路安撫使總一路兵政。紹興以後，雖存每路設安撫使之制，但軍政之事歸都統制司，民政、刑政歸轉運和提刑等司，安撫使只是虛名而已。安撫司副長官為安撫副使，以武臣諸司使充任，不常置。

2.轉運司：「轉運使」這一官名最早出現在唐朝中期。太祖開國之初，即命戶部侍郎高防、兵部侍郎邊光範為軍前轉運使。乾德元年（963年），始以沈義倫為京西道轉運使，韓彥卿為淮南轉運使。這些轉運使是由於戰時需要而臨時設置的。太宗太平興國二年（977年）罷節鎮領支郡之後，開始於各路置轉運使，以削奪藩鎮的財權，並按察所轄諸州官吏，成為路一級的常設職位。

轉運司又稱「漕司」，主要職責是負責本路租稅、軍儲，以供邦國和郡縣之用；巡查所轄區域，檢查儲積，核對帳簿；刺舉官吏臧否，薦舉賢良；興利除害，勸課農業，並許直達。其長官為轉運使，又稱「漕臣」，以朝官以上並實歷知州以上官員充任。資歷淺者稱「權轉運使」或「權發遣轉運使」。副長官為副轉運使或轉運判官，以朝官以上並實歷通判以上官員充任。北宋時期，河北、陝西、河東諸路設轉運使兩員，副使或判官一員，其餘諸路設轉運使、判官各一員。轉運使和副使皆兼勸農使。南宋後期，各路通常不設轉運使，大多數路設轉運副使和轉運判官各一員，少數路只設副使或判官一員。

3.提點刑獄司：宋初，各路刑獄之事由本路轉運司負責。太宗淳化二

年（991 年）五月，詔諸路轉運使各命常參官一人，專門糾察所轄州軍刑獄公事，這是宋代路置提點刑獄官的開始。但此時提刑司並不是一個獨立的機構，而只是轉運司的子司，提刑官也只是轉運使的屬官。淳化四年（993 年），提刑司的職事又復歸轉運司負責。真宗景德四年（1007 年），諸路又重新設置了提點刑獄公事官，取得了與轉運使同等的待遇，成為一路的最高司法官員。後來屢次廢置，直至仁宗明道二年（1033 年），再度設置提點刑獄官，並參用武臣。從此，各路設置提刑司成為定制。

提點刑獄司又稱「憲司」，主要負責一路的刑獄公事，查驗本路的疑難案件，複審已判決的各類案卷，平反冤假錯案。同時還兼勸課農桑、舉刺官員等職責。其長官為「提點某路刑獄公事」，簡稱「提點刑獄」或「提刑」，以文臣朝官並曾任知州及實歷兩任通判以上官員充任，每路一至二員。副長官為「同提點刑獄」，以武臣帶閤門祗候以上充任。

4.提舉常平司：北宋前期，各路設常平倉，由轉運司負責。神宗熙寧二年（1069 年），京東、陝西等路設常平廣惠倉，並設置「提舉常平廣惠倉兼管勾農田水利差役事」對其進行管理。元祐元年（1086 年）罷各路提舉常平官，將其職事併入提刑司。紹聖元年（1094 年），哲宗親政後又復置提舉常平等官。南宋高宗建炎二年（1128 年）六月，諸路提舉常平司再一次併歸提刑司。紹興五年（1135 年），又將諸路提舉常平司併歸茶鹽司；無茶鹽處，由提刑司兼領。紹興九年（1139 年），併歸經制司；經制司罷後，復歸茶鹽司、提刑司。紹興十五年（1145 年），復設置提舉常平茶鹽司。自此至南宋末年，提舉常平司沒有出現大的變化。

提舉常平司又稱「倉司」，主要負責常平、義倉錢穀，莊產、戶絕田土，以及貸青苗錢與免役、市易、坊場、河渡、水利之事，並有按察官吏的職責。由於提舉常平司機構前後多有變化，其長官的設置沿革也頗複雜。熙寧二年稱「提舉常平廣惠倉兼管勾農田水利差役事」，後有「提舉常平等事」、「提舉常平」等名稱。南宋紹興十五年後，統稱「提舉常平茶鹽公事」。一般由升朝官以上官員充任，其資序、序位低於提點刑獄公事。一般每路設

提舉常平司長官一員，事務繁重的路如河東、兩浙等路，則設兩員。

二、州級官僚機構

㈠州府軍監建制

宋朝州一級地方行政區劃包括州、府、軍、監四類。北宋初，共設府、州、軍、監一百三十九個。仁宗時增加到三百二十二個。神宗熙寧八年（1075年），縮減至二百八十七個。徽宗時增至三百五十一個。南宋時為一百九十個。

1. 州：宋承唐制，地方一般設置州。按照戶口的多少，州可以分為雄、望、緊、上、中、中下、下七等。凡四萬戶以上者為上州，二萬戶以上者為中州，不滿二萬戶者為下州。按照地位高低，又可分為節度、觀察、防禦、團練、刺史州五格。其中，節度州在州名之外另有軍額，如蘇州軍額為平江軍、潤州軍額為鎮江軍、鄂州軍額為武昌軍等。另外，還有稱為「化外」的羈縻州。一般的州管轄所轄縣數多寡不等。

2. 府：唐朝的府設置較為嚴格，通常只有較為重要的地區，如都城、皇帝駐蹕之地才設置府。宋承唐制，在政治、經濟、軍事方面比較重要的地區設府，但置府的條件大大放寬，其數量遠遠多於唐朝，以致府在地方行政上的地位和功能與普通的州、軍幾乎沒有差別。北宋徽宗宣和四年（1122 年），共置三十四府，其中京府四個，即東京開封府、西京河南府、南京應天府、北京大名府；另有三十個次府即普通府，如真定府、京兆府、鳳翔府、興元府、潁昌府、太原府等。南宋時，共設四十二府。

3. 軍：宋承唐、五代之制，在軍事要地設置軍。至神宗熙寧八年（1075年），共有二十七處，如在宋遼邊界地區設有順安軍（河北高陽東）、信安軍（河北霸州），設於宋西夏邊境的順德軍（甘肅靜寧）、鎮戎軍（寧夏固原）等。軍的地位略低於州，所謂「地要不成州而當津會者，則為軍」❺。軍分為兩個等級，即軍和軍使；軍與府、州、監同級，軍使則與縣同級。

---

❺　高承，《事物紀原》卷七〈鎮〉。

如開德府所轄德清軍（河南清豐），即為縣級的軍使。軍下轄幾個縣或僅一個縣。徽宗宣和四年（1122 年），全國共設州一級的軍五十二處。

4.監：宋承唐、五代之制，在礦冶、鑄錢、製鹽、牧馬等地設監。宋朝的監分三等，第一等是同下州的監，第二等是隸屬於府、州的監，第三等是隸屬於縣的監。神宗元豐年間，全國共有五十六監。其中同下州的監有四個，如荊湖南路的桂陽監、成都府路的陵井監、梓州路的富順監、夔州路的大寧監等。隸屬於府、州的監共三十三個，如徐州的利國監、西京的阜財監、兗州的萊蕪監等。隸屬於縣的監僅處於鄉、鎮的地位，一般是規模較小的礦冶、製鹽場所，如商州上洛縣阜民監、洛南縣鐵錢監等，共十九處。

㈡州府軍監的官僚體系

1.州

諸州設有知州、通判作為正副長官。

(1)知州：州的長官為「知某州軍州事」，簡稱「知州」。總領一州民政，負責州內政令的貫徹執行及風俗教化、賑災救濟等；並兼領一州兵政，主持所轄區域的治安防務；「勸農桑」，「理財賦」，「實戶口」，統領一州財賦事務；「平獄訟」，雪冤獄，主持州級司法政務；對一州屬官有監察保舉職責。一般各州設一名知州，上州知州正六品，中、下州從六品。知州地位略低於知府，而在知軍、知監之上。知州以文臣第二任通判資序得薦舉者充任。以官階二品以上及帶中書、樞密院、宣徽院使充任者，稱「判某州軍州事」；以資歷較淺充任者，稱「權知某州軍州事」或「權發遣某州軍州事」。南宋孝宗淳熙二年（1175 年）規定，武臣通侍大夫（正五品）至右武大夫（正六品）差充者，稱知州；以武功大夫（正七品）至小使臣（從九品）差充者，則稱「權發遣」。

(2)通判：知州之外，還另設「通判某州軍州事」，簡稱「通判」。宋太祖乾德元年（963 年）始設。初置之時，通判既非知州的副貳，又非屬官，寓有「監郡」之意，即事得專達，知州舉動為其所制。乾德四年（966 年）

通判之權受到限制，不得單獨簽署文書行下，凡本州公事，須與知州同簽署。元豐新制後，明令通判為副貳，凡本州兵民、錢穀、戶口、賦役、獄訟聽斷之事與知州通簽書施行，並監察本州包括知州在內的所有州縣官員。南宋時期，通判地位有所下降，主要分掌常平、經總制錢等財賦之屬，並以避嫌不敢與知州爭事。上州通判正七品，中、下州通判從七品。每州一員，不及萬戶之州不置，以武臣為知州者例外，大郡（帥府州）二員。

（3）幕職官：宋代的幕職官源於唐朝藩鎮節度使府、觀察使府自辟幕僚。幕職官負責協助州府長貳處理郡（府、州、軍、監）政，總理諸案公事、文書，斟酌是否受理、施行或轉發、奏上，以告稟本郡長官最後裁定。簽書判官廳公事，簡稱簽判、簽書判官，從八品，在幕職官中職位最高，主要負責協理郡政，若本州通判暫缺，即以簽判代行其職權。一般由京朝官及進士第一人充任，若由選人充任則稱節度判官、觀察判官。

（4）諸曹官：諸州（軍、監）錄事、司理、司法、司戶參軍，諸府司錄、戶曹、法曹、士曹、倉曹參軍等。諸曹官是州府僚佐之屬，分掌戶籍、賦稅、倉庫出納、議法斷刑等事。各州郡員數多寡，視州之大小及事務繁簡而定。北宋徽宗政和二年（1112年）九月，尚書省定州曹官編制，人數五至十員不等。其中錄事參軍事職位最高，從八品，一般由選人充任，有的京邑大府以京朝官充任，是州郡的屬官，掌州院、軍院（州、軍監獄）眾務，並有糾察諸曹官的責任。司戶參軍事（上州從八品，中、下州從九品），主要負責戶籍、倉庫受納之事，一般州、軍各一人。司理參軍事（上州從八品，中、下州從九品），主要負責訟獄勘鞠公事，主持司理院或左、右司理院。州置一人，事務繁雜的州郡設置兩人，分左、右。司法參軍事（上州從八品，中、下州從九品），主要負責刑法、斷案。

（5）教授：北宋時，各府州逐漸興辦官學，每州設置教授一名，總領州學，以經書、儒術、行義訓導諸學生徒，掌學生功課、考試之事，糾正違犯學規者。神宗時諸州始設教授廳，州學教授成為知州、通判的屬官。初置之時，教授資序較低，由本路轉運使及本州府長吏選幕職州縣官（選人）

充，若不足，即從鄉里舉人（未中進士者）有道德與學問者充。神宗熙寧年間，諸路教授改由中書門下選京朝官、選人或舉人充。

2.府、軍、監

宋朝諸府、軍、監的官僚機構與諸州大致相同。府的長官為「知某府軍府事」，簡稱「知府」，一般以文臣京朝官、武臣刺史以上充任，地位稍尊於知州。主要掌本府的戶口、賦稅、錢穀、獄訟等事；奉行朝廷的法令條制；歲時勸課，揚善懲惡等事，總之，一府兵民之政皆由其負責。

軍的長官稱為「軍使」或是「知某軍事」，簡稱「知軍」。以文臣京朝官、武官保義郎以上曾任知縣或通判者充任。其副手是「通判某軍事」，以京朝官充任。諸軍各置通判一員，若軍小則不置。

監的行政長官是「知某監事」，由文臣京朝官或武臣閤門祗侯以上充任。掌本監政令，類同知州。

三、縣級官僚機構

㈠縣的設置

宋代府、州、軍、監之下設縣，是宋代最基層的一級行政區劃。北宋版圖全盛之時，全國有一千二百三十四個縣。縣分赤、次赤、畿、次畿、望、緊、上、中、下、下下十等，每三年依據戶口等指標升降等一次。太祖建隆元年（960年）規定，京府所治之地稱赤縣，其鄰縣稱畿縣，戶口在四千戶以上稱望縣，三千戶以上稱緊縣，兩千戶以上稱上縣，一千戶以上稱中縣，不滿一千戶的稱下縣，五百戶以下稱下下縣。諸縣所設的長官有縣令或知縣事、縣丞、主簿、縣尉等。

㈡縣級官僚機構

1.縣令、知縣事：宋朝政府非常重視基層官員的任用，駐有兵馬的縣，朝廷會選派文臣京朝官或是武臣三班使臣一員擔任縣的長官，稱為「知某縣事」，簡稱「知縣」；小縣會選派選人擔任長官，稱為「縣令」。其職責是總治一縣民政，負責戶口、賦役、錢穀、賑濟、給納與平決獄訟之類的事

情。有水、旱災情按分數減免或蠲除二稅，安撫流亡，防止流民失業。鄉里有孝悌行義卓著者，申報於州，以厚風俗；朝廷有禁令或皇帝有德音（寬恤之令）則張榜公布。如縣轄區有戍兵屯駐，寄祿官通直郎以上的知縣兼兵馬都監，宣教郎以下者兼兵馬監押。總之，知縣總攬一縣的行政、司法、財政和軍事等事務，一般每縣設一人，四百戶以下的小縣不置，而以主簿兼知縣事。通常以三年為一任，一般以文官充任。

2. 縣丞：縣丞大體上相當於縣的副長官。北宋初年未設置縣丞一職。仁宗天聖四年（1026年），開封、祥符兩赤縣始置縣丞。神宗熙寧四年（1071年）令戶二萬戶以上的縣增設縣丞一員。至徽宗崇寧年間，一萬戶以上的縣和不及萬戶而有山澤、坑冶之利的縣也開始設縣丞，主管農田水利、山澤坑冶之事。南宋高宗建炎元年（1127年）規定，縣非萬戶以上不置縣丞。寧宗嘉定元年（1208年）規定小縣不置丞，以主簿兼任。

3. 主簿：主簿主要負責本縣官物出納、注銷簿書。宋太祖開寶三年（970年），令一千戶以上的縣設縣令、主簿和縣尉；四百戶以上的縣不專設主簿，由縣令兼主簿的職事；四百戶以下的縣設置主簿和縣尉，由主簿兼知縣的職事。

4. 縣尉：宋太祖建隆三年（962年），詔每縣設縣尉，在主簿之下。一般每縣設置一人，縣務繁重者則設置兩人。其職權主要是訓練弓手、兵士巡警，緝捕盜賊，維持一縣治安等。

第三節　監察制度

唐代中央監察制度由御史、諫官、封駁官三大體系組成。御史掌監察百官，糾繩不法；諫官掌諷諭規諫皇帝；門下省掌審議、駁奏，監督決策。宋代中央監察制度是中國古代監察制度的轉型期，雖然其形式上與前朝相同，仍由御史、諫官、封駁官三大系統組成，但其內部已經出現了重要變化。

一、中央監察系統

㈠御史臺及其人員設置

御史臺是宋朝最高監察機構之一。宋初，沿襲唐、五代體制，設置御史臺，長官名義上是御史大夫，但很少除人，御史中丞成為實際意義上的臺長，侍御史知雜事為副職。御史臺下設臺院、殿院和察院，分別由侍御史、殿中侍御史和監察御史負責處理各院日常事務。

宋太祖、太宗兩朝，三院御史多出外任，其職掌由其他官員負責，御史沒有定員和明確的職責。大中祥符五年（1012 年），真宗皇帝下令規定御史臺編制為六人。自此，御史臺在制度上有了定員。此後，御史數量不斷增加，到了仁宗景祐年間（1034～1038 年），三院御史人數達到二十員。此後，雖屢有變化，但未曾達到二十員。神宗元豐改制後，御史臺設御史中丞與侍御史各一人、殿中侍御史二人、監察御史六人。元豐八年（1085年），高太后、司馬光等人掌握朝政，下詔減監察御史二人。哲宗親政之後，又復置監察御史三人。此後一直到北宋滅亡，御史臺的人員編制沒有太大的變化。

南宋時期，御史中丞仍是御史臺長官，但常缺而不除人。侍御史仍為御史臺的副臺長，置一員。殿院設殿中侍御史二人，也常不滿員。察院的監察御史人數多有變化，高宗朝置六員，孝宗朝置三人。理宗朝御史臺不但常缺臺長，而且殿院和察院也僅有二人充職。此後一直到南宋滅亡，殿院和察院的御史人數一般為二至三員。

㈡諫官機構及其人員配置

兩宋時期，諫官制度發生了重要的變化，諫官不僅從中書省和門下省中獨立出來，而且其稱謂、職能和選任制度也有重大調整。

北宋前期，官制複雜多變，名不副實，名義上為諫官的諫議大夫、司諫、正言只是「寓祿秩，敘位著」的寄祿官，只有在諫院供職者才是真正的諫官。元豐改制之後，官名與實際職責一致，諫議大夫、司諫、正言都

成為諫官，此制一直沿襲到南宋滅亡。

北宋初年，諫官機構承唐代之制，隸中書、門下兩省。端拱元年（988年），太宗將左右補闕改為左右司諫，左右拾遺改為左右正言。天禧元年（1017 年），真宗下詔兩省設諫官六員，不兼他職。此後，諫官的勢力逐漸強大起來。明道元年（1032 年），仁宗下詔設置諫院，使諫官從中書省與門下省獨立出來，與御史臺合稱臺諫。

北宋前期，諫院設知諫院、同知諫院各一人，左、右司諫各一人，左、右正言各一人。但實際上，諫院很少滿員，一般為二員至四員。元豐改制廢除諫院，門下省和中書省各增設後省，以左散騎常侍、左諫議大夫、左司諫、左正言隸門下後省；以右散騎常侍、右諫議大夫、右司諫、右正言隸中書後省。但左、右散騎常侍很少除人，諫官共有六員。元豐八年（1085年），神宗病故，高太后詔令仿《唐六典》置諫官。南宋初年，諫官機構承北宋後期之制，隸門下後省與中書後省。建炎三年（1129 年），宋高宗詔令諫院不再隸屬於後省，而獨立置局於後省之側。紹興元年（1131 年），高宗又下詔把諫院設於都堂近側。自此之後直至南宋滅亡，諫院始終作為一個獨立的機構而存在。南宋諫院雖然仍以六員為額，但缺員的現象很嚴重。

㈢臺諫的職能

宋朝以前，御史和諫官的職能分工十分明確，御史主要負責糾察百官，諫官主要負責勸諫皇帝。至宋代，臺諫之間的嚴格區分逐漸淡化，兩者的職能趨於合流。

兩宋時期，臺諫官人數雖然少於隋唐時期，但其職能遠遠超過了隋唐。第一，作為皇帝的耳目之官，臺諫官負責糾察文武百官，檢舉不法行為，肅正朝廷法紀。仁宗至和二年（1055 年），御史中丞孫抃彈劾宰相陳執中「務徇私邪，曲為占庇」。慶曆三年（1043 年），諫官蔡襄彈劾呂夷簡「謀身忘公，養成天下今日之患」，呂夷簡被迫辭去商議軍國大事之職。

第二，諫諍最高統治者是中國古代諫官的傳統職能。宋代諫官諫諍皇帝之風很盛，慶曆年間，諫官王素就規諫仁宗皇帝，認為仁宗不應當接受

王德用進獻的美女，最終仁宗命宦官賜美女錢各三百千，送出了後宮。在宋代，御史主管監察而不負責言職的制度發生了變化，其職能由監察擴大到言事。御史規諫皇帝之事在宋代的政治生活中很常見，明道年間，宋仁宗廢掉郭皇后，御史中丞孔道輔率領御史蔣堂、郭勸等人跪在垂拱殿外，勸諫皇帝不應該廢國母。皇祐三年（1051年），外戚張堯佐除宣徽、節度、景靈宮、群牧四使，御史中丞王舉正、殿中侍御史里行唐介等人認為，張堯佐是靠裙帶關係才得此官，其人並沒有擔任這四使的才能，由於御史們的竭力反對，最終張堯佐只除了節度、群牧二使。

第三，臺諫官有權參議朝政，議論朝政得失，參與國家大政方針的制定。遇到重大事情，皇帝會招集侍從、臺諫、兩省等官一同商議。臺諫官還可以舉薦官員，如軍事將領以及監司、郡守等地方官。另外，臺諫官有權監督司法部門，檢查司法機構的文卷，查看各處監獄的「獄空」（監獄中無犯人）情況。臺諫官也可參與具體的司法訴訟工作，宋代重大的疑難案件多由御史臺負責審理，並參與刑名的議定。

二、封駁系統

早在漢代，封駁制度就已經出現，其封駁權主要掌握在宰相手中。魏晉南北朝時期，言諫官逐漸掌握封駁權。隨著三省制度的完備，唐代封駁制度有了明顯發展，門下省正式成為封駁中書省詔敕差失的機構。兩宋時期，封駁制度又有了新的變化。

㈠封駁機構和官員的設置

北宋初年沒有專門的封駁機構，門下省也不掌封駁之職。給事中只是寄祿官，並不負責封駁之事。朝廷的詔令以及大臣的奏章由樞密院的銀臺司、發敕司和通進司掌管。淳化四年（993年），宋太宗下詔將銀臺司、通進司從樞密院中分離出來。不久，銀臺司又兼領發敕司。通進、銀臺封駁司正式成為封駁機構，封駁官稱為知通進銀臺封駁司、兼通進銀臺封駁司、勾當通進銀臺封駁公事。

真宗朝，封駁機構的名稱改為門下封駁司，封駁官也相應地改為知門下封駁司，或是兼門下封駁事。仁宗初期，朝廷詔令多由中書門下出，封駁機構形同虛設。後經大臣請求，仁宗恢復通進銀臺封駁司的封駁之職，封駁官名改為知通進銀臺司兼門下封駁事，此制一直延續到神宗元豐年間。

神宗元豐改制之後，封駁機構發生了重要變化。元豐五年（1082年），宋朝政府依據《唐六典》恢復了給事中的封駁之職，通進銀臺封駁司依然存在，不過不久被裁撤。封駁職能由新設的門下後省和中書後省負責。雖然中書省和門下省都有封駁之名，但並無封駁之實。以前只是寄祿官的給事中、中書舍人成為職事官，取代了北宋前期兼門下封駁司、知門下封駁事的封駁職能和知制誥封還詞頭❻的職能。

南宋時期，由於三省制度的變化，封駁制度也隨之發生變化，門下省不再負責封駁之職，而由門下後省負責封駁之事。給事中是門下後省的長官，以四員為定額，不僅負責封駁之事，還與中書舍人分治六房事務。

㈡封駁官的職能

宋代的封駁官職權範圍很廣，不僅可以參議朝政，監督朝廷各方面的政策，還有規諫皇帝、彈劾百官、薦舉官員等職能。

1.監督朝廷決策：淳化年間，宋太宗曾下令，凡是政令有不妥之處，同知給事中可以進行封駁。元豐改制之後規定，政事失當或是用人有誤時，中書舍人可以封還詞頭，給事中可以奏請駁正。對於朝廷財政、司法、軍政、人事等方面的政策，封駁官都有權力提出異議。神宗元豐六年（1083年），小官鄭青之妻因瑣事謾罵婆婆，鄭青盛怒之下將妻子打死，中書判鄭青杖脊刺面發配五百里，門下省認為審判不妥，認為此案「情輕法重，不當舍功而專論其罪」，最後神宗下詔，判鄭青降官，並處以杖刑。

2.參議朝政：這是宋代封駁官的重要職能之一。封駁官經常上疏參與政事，討論政策得失。宋徽宗宣和年間，高麗向宋朝政府進獻貢品，使者所過之處，需要調用民力舟船，耗資鉅大。中書舍人孫傅對這種做法大為

---

❻　宋制，中書舍人草擬詔命，如事有失當或除授不妥，許封還詞頭。

不滿，認為如此勞民傷財，對中國沒有任何好處。這一意見雖然未得到採
納，但卻清楚地表明了封駁官對朝廷措施的批評態度。

　　3.勸諫皇帝，彈劾百官：宋朝封駁官的重要職責之一是規勸皇帝。南
宋初年，王繼先治癒了高宗的病，為此高宗特意下詔升他為武功大夫，給
事中富直柔規勸高宗說：「只有立有戰功、曾駐守邊疆或是有卓越軍事才能
的武將才能授予，而王繼先既無戰功、無邊任、又無武材，而授武功大夫，
為法所不可。」高宗再次下詔：「王繼先之功非他人能比，可特令授予此
官。」❼富直柔堅持己見，最終高宗只能屈服。另外，宋代的封駁官還有薦
舉官員、審查百官奏章等職能。因此，宋代封駁官的職權範圍較前代有了
明顯增加，特別是封駁官擁有彈劾百官的權力，從而擴大了封駁官的監察
對象。

　　封駁官與臺諫官的職能有重疊之處，如奏劾百官、諫諍皇帝、議論朝
政等等。但封駁官和臺諫官之間是存在區別的，在諫諍過程中，封駁官和
臺諫官行使其職權的時間是不同的，簡單地說，封駁官在詔令未下達之前
對其提出意見，而臺諫官則是在詔令頒布之後。另外，行使監察之職時，
封駁官以封還詞頭的形式為主，臺諫官主要是上疏直諫。雖然制度上規定
封駁官的職能和作用比臺諫官重要，但在現實政治生活中，臺諫官活躍於
政治舞臺上，其勢力大於封駁官，其所起的作用也遠遠超過了封駁官。

三、地方監察系統

　　太祖立國之後，吸取前代地方監察官權力過大的教訓，設置多重機構，
實行相互制約的地方監察制度，即轉運司、提點刑獄司、提舉常平司、安
撫使司等四個機構都擁有監察權，同時，設置通判以加強對府州軍監的監
察。宋代路級長官不僅要接受臺諫和職能相關的上級機構的監察，而且還
要受到監司之間的互察。府、州、軍、監的長官，不僅要接受監司的監察，
而且還受到通判的刺舉以及同級官員之間的互察。縣級的長官，不僅受到

❼　《宋史》卷三七五〈富直柔傳〉。

監司、通判、知州的監察，還要接受縣級長官之間的互察。宋代這種縱橫交叉的地方監察制度影響深遠，為元、明、清各代所沿用。

(一)路級監察系統

1.宋代的監司，既是地方行政系統，又是路級的監察機構，其職能主要包括以下幾個方面：

(1)巡查地方，刺舉貪贓枉法的官吏：宋代監司的主要職能之一就是「臨按一路，寄耳目之任，專刺舉之權」❽。至和年間（1054～1056 年），淮西地區發生蝗災，山陽縣尉李宗殘害要求治蝗的百姓，令其吞食蝗蟲。提點刑獄孫錫奏劾了李宗，宋仁宗罷去其官職。

(2)薦舉官員，負責部内官員的考課工作：兩宋時期，皇帝經常下詔，要求監司薦舉本部政績突出、恪盡職守的官員。嘉祐四年（1059 年），仁宗下詔「諸路安撫、轉運、提點刑獄，各於所部舉見任文資行實敦樸而有政事之才，可備升擢者三人」❾。除了薦舉本部官員，監司還負責考核轄區内大小官員。

(3)參與審理地方刑獄案件，監督本路財政：乾興元年（1022 年），宋真宗下令糾察在京刑獄和諸路監司及州縣長吏必須親自審閱刑獄案件，避免冤假錯案。監司還有權監督檢查本地的案件，寧宗朝的《慶元條法事類》中規定：「諸州縣禁囚，監司每季親慮。不能遍詣及有妨礙者，聽差官」。監司還參與本路的財政。宋寧宗朝明確規定，各地的經總錢物由提點刑獄每月點勘，如有不實之處，負責上報尚書戶部。

(4)參與地方公共事業，反映民間疾苦：監司不僅有監督之責，還參與地方防災救災、修建水利等等。每當遇到水旱等自然災害，監司和州縣官員都會想對策解決。熙寧七年（1074 年）八月，不少地區很長時間沒有下雨，宋神宗下詔，令諸路監司尋訪名山靈驗的祠廟，委託監司長官主持祈雨儀式。

---

❽　《宋會要輯稿》職官四五之二一。

❾　李燾，《續資治通鑑長編》卷一八九，嘉祐四年六月癸酉。

2.走馬承受的監察職能

宋代走馬承受是皇帝耳目之官，是路級監察制度的重要組成部分，北宋前期隸屬於安撫使司。至神宗朝，走馬承受脫離了安撫使司，成為路級獨立的監察官。走馬承受的職能前後差別比較大。北宋前期，走馬承受實際上是皇帝安排在安撫使司的耳目，只負責監察安撫使的舉動。徽宗時期，走馬承受改名廉訪使者，職權大增，成為名正言順的路級監察官。

宋代走馬承受主要有以下的監察職能：首先，按察諸路安撫使和州郡官吏，如其有不臣或是違法行為，祕密上報中央。其次，走馬承受有權監察軍隊，干預軍政。崇寧四年（1105 年），宋徽宗下詔邊境探報事宜，「依條令實封送走馬承受看詳」。其三，諸路走馬承受有點檢本路封樁錢物，監督地方財政的權力。

㈡府州軍監級監察系統

宋代府州軍監不僅是地方的行政機構，其監察職能也較前朝有了重大發展，主要表現在通判的設置。鑑於唐、五代地方勢力過大的教訓，宋朝統治者設置了通判一官，對地方官員進行監督，以防其有不軌行為。

宋代通判的職能類似於路級監司，既負責地方的行政事務，又要監察本地官吏。其監察的對象主要是府州軍監的官員以及下屬的縣官。通判每與諸州郡長官有衝突，常常以「我監州也，朝廷使我來監汝」❿為名與其上司理論，因而州郡長官的行為很大程度上受到通判的牽制。同時，州府的財政、軍政、刑獄之事，通判也有權加以監督。

第四節　軍事制度

一、北宋軍制

北宋建國之後，鑑於唐末、五代的教訓，宋太祖非常重視軍隊建設，

---

❿　李燾，《續資治通鑑長編》卷七，乾德四年十一月乙未。

先採用趙普「稍奪其權，制其錢穀，收其精兵」的建議，通過「杯酒釋兵權」，收回石守信、王審琦等軍事將領的軍權，並逐漸收奪地方藩鎮的兵權。通過太祖、太宗的不懈努力，建立起高度集權的軍政體系，解決了唐末、五代以來的「兵禍」。然而，這種軍事指揮系統為後來的統治者所繼承，對兩宋社會產生了重大的消極作用，直接導致宋代軍事的軟弱不振。

北宋的統兵體制，簡單說來，就是樞密院—三衙機制，即由樞密院掌兵籍、虎符（調兵權），三衙掌管諸軍，帥臣主兵柄。兵部名義上掌管軍政之事，但其職權多被樞密院侵奪，實際上只負責儀仗、武舉、廂軍、鄉兵、蕃兵等事宜。

樞密院是宋代主管軍政的最高機關，掌管軍國機務、兵防、邊備、軍馬等政令，出納機密命令，與中書分掌軍政大權，合稱「二府」。作為控制和調動軍隊的核心機構，其內部組織結構明顯存在著「以文馭武」的用心，樞密院長官及副職通常任用文官，武官很難有機會擔任這些職務。狄青是北宋有名的武將，因為對夏戰爭中的出色表現，皇祐四年（1052 年）被提升為樞密副使，卻遭到朝中大臣的強烈反對，他們羅列了出身兵伍、四夷輕蔑朝廷、大臣恥與為伍及破壞祖宗家法等「五不可」的理由。在巨大的壓力之下，狄青最終被罷職離京，出任地方官。從狄青的遭遇可以看出，宋朝武將很難有機會出任樞密院長貳，掌控軍權。

三衙的全稱是殿前都指揮使司、侍衛親軍馬軍都指揮使司和侍衛親軍步軍都指揮使司。五代初期就已經出現了侍衛親軍，後晉時擴充為中央軍，至後周時，中央軍分為殿前司軍和侍衛司軍兩支。宋太祖開國之後，表面上仍是殿前、侍衛兩司，前者由都指揮使主管，後者由馬軍和步軍都指揮使分別主管，實際上是將其一分為二。宋真宗時期，侍衛司分為馬軍和步軍兩司，位於殿前司之下，合稱「三衙」。三衙各設都指揮使、副都指揮使和都虞候。三衙武官的品級較低，殿前都指揮使為從二品，副都指揮使為正四品，侍衛馬、步軍兩司的都指揮使和副都指揮使僅為正五品。殿前都虞候、侍衛馬軍司都虞候、侍衛步軍司都虞候僅為從五品。三衙的職能是

分管全國禁兵以及負責保衛皇帝的殿前諸班直和步騎諸指揮。可見，北宋初由兩司分為三衙，既削弱了中央軍統兵官的權力，又將三衙的統兵權從中央擴大到全國，使地方之兵和三衙之兵都成為天子之兵。

宋初，樞密院—三衙統兵體制的建立，軍權被一分為三：樞密院掌管兵符，有調動軍隊的權力，但不能直接掌管軍隊；三衙掌管軍隊，但是沒有調兵之權；領兵打仗的武將，則由皇帝臨時委派。這種分權體制保證了皇帝對軍隊的絕對領導，從而解決了唐末、五代以來的兵亂問題，但同時也帶來了弊端，使得各軍政機構各自為政，缺乏協調性，這是宋朝積弱的原因之一。

二、南宋軍制

南宋初期，宋軍經歷了一個重新整合的過程。南宋的軍制與北宋相比，產生了比較大的變化。樞密院—三衙體系崩潰；屯駐大兵取代禁兵成為國家正規軍，禁兵降為與廂兵差不多的地方役兵。

宋高宗繼位之後，拋開樞密院和三衙，另外設置御營司，由宰相和執政分別擔任御營使和副使，掌管御營軍。御營軍最初分為五軍，但是御營司不能對各軍實行有效領導。建炎三年（1129 年）劉光世、韓世忠、張俊的部隊脫離御營司，使其直屬部隊減少，御營司權限大大削弱。於是建炎四年（1130 年）南宋朝廷取消了這一機構，將御前軍改為神武軍，御營軍改為神武副軍，統歸樞密院領導，恢復了北宋樞密院管軍體制。

紹興元年（1131 年）以後，南宋主力軍隊主要由劉光世統率的御前巡衛軍、韓世忠統領的神武左軍、張俊統領的神武右軍、吳玠統領的川陝部隊、岳飛統率的神武後軍組成。紹興年間，南宋正規軍的數量已達二、三十萬人，接近宋太宗時期的禁兵數。

紹興五年（1135 年），宋廷將神武軍番號改為行營護軍。韓世忠、岳飛、劉光世、吳玠、張俊分別統率前、後、左、右、中護軍。後來因為劉光世在一次戰役中怯敵而被免職，實際上只剩下四路大軍。紹興十一年

（1141 年），宋高宗和秦檜收回韓世忠、岳飛、張俊的兵權，將以前四支屯駐大軍陸續改編成十支屯駐大軍，稱為「御前諸軍」。

南宋初，三衙已經不再是統轄全國軍隊的機構，三衙長官成為三支兵馬的統兵官而已。紹興五年（1135 年），楊沂中的神武中軍改為殿前司軍，殿前司才擁有一支較強大的部隊。侍衛馬、步兩司軍的擴充則經歷了更長時間，直到岳飛等三大將被奪兵權之後，三衙兵力才大大增加。儘管如此，恢復後的三衙也不過是同御前諸軍平級的機構，相互之間不存在統屬關係。

南宋中後期，兵制發生了較為重大的變化。南宋初期，由於戰事頻繁，統治不穩，無暇實施「以文制武」的國策，武將地位顯著提高。雖然宋廷也設置諸如都督府之類的機構對各大軍進行控制，但在當時的情況下，並未產生有效的節制作用。為了防止武將擁兵自重，南宋政府逐漸採取一系列政策，重新確立並加強「以文制武」的體制，各屯駐大兵將領的軍權逐漸歸於由文官充任的宣撫使、制置使等。紹興十一年（1141 年），宋高宗和秦檜罷去韓世忠、張俊和岳飛三大將的軍權，加強了總領的監督職能，規定總領除管理各支大軍的錢糧供應外，還有權參預軍事，節制諸軍，但是事實上各都統制仍然有相當大的權力。開禧二年（1206 年），四川的吳曦叛變降金，朝野震驚。朝廷加快了收奪武將軍權的步伐，大力強化制置使、安撫制置使、宣撫使之類官員的統兵權，這些官員不論品位高低，逐漸成為直接主持軍務的統兵官。

另外，早在宋高宗時期，南宋政府在屯駐大兵之外，就開始設置新軍，包括泉州左翼軍、贛州右翼軍、循州摧鋒軍等等。這些軍隊表面上隸屬於殿前司，實際上獨立成軍，受文臣節制。後來不斷增加，如孝宗時期設置了潭州飛虎軍、揚州強勇軍等等。宋寧宗開禧北伐時，屯駐大兵一敗塗地，表明屯駐大兵不堪重任，於是各地繼續增設新軍，侵奪了屯駐大兵的權限和兵額。這些新組建的軍隊，成為南宋正規軍的主力，各屯駐大兵的地位相對下降，成為正規軍的一小部分。

三、兵　種

　　北宋時期，除了國家的正規軍——禁兵之外，還有廂兵、鄉兵、蕃兵、土兵、弓手等武裝。南宋時期，有屯駐大兵、水軍等等。

　　1. 禁兵：作為天子的衛兵，主要負責守衛京師，以備征戍，是宋王朝最重要的武裝力量。禁兵是中央的正規軍，地位比其他兵種要重要許多。太祖開國伊始，確定「內外相制」的政策，即保持開封內外，京畿與地方的某種兵力平衡。

　　禁兵名目繁多，其中充當皇帝宿衛的禁兵，以班直為單位，分別隸屬三衙。班直的種類很多，主要分為殿前司馬軍諸班直和殿前司步軍御龍諸直。兩個班直下面設有內殿直、鈞容直、御龍弓箭直等等，每班直人數各異。殿前司馬軍諸班直的統兵官有都虞候、指揮使、都知、副都知和押班，步軍御龍諸直的統兵官有四直都虞候，每直有都虞候、指揮使、副指揮使、都頭、副都頭、十將、將虞候。除了保衛皇帝的安全，北宋初期，班直還經常參加作戰，在宋遼關係穩定之後，北宋的班直大體上處於養尊處優的狀態，很少直接參加戰鬥。

　　其他禁兵的番號也很多，其中捧日、天武、龍衛、神衛是禁軍的上軍，通稱為上四軍，其他各種番號的禁兵都是中軍和下軍，其級別各有等差。禁兵各等軍軍士的身高和軍俸標準各有等差。宋太祖開寶年間（968～976年），國家軍隊共有三十七萬八千人，其中禁兵有十九萬三千人。隨後軍隊數量逐年增加，至仁宗慶曆年間（1041～1048年），軍隊的數量為一百二十五萬九千人，禁兵為八十二萬六千人。按照宋朝政府的規定，這些禁兵以五百人為一指揮，五指揮為一軍，十軍為一廂。

　　此外，除了殿前司捧日、天武外，其他禁兵實行「更戍法」，輪流出戍，定期回駐京師。因為軍隊移動調換頻繁，以致兵不知將，將不知兵，雖然防止了發生兵變，但卻嚴重地影響了宋朝軍隊的戰鬥力。至神宗時，廢除了更戍法，實行將兵法和結隊法，就是將不同番號的禁兵指揮混和組成「將」

的編制，將下設部，部下設隊，以加強軍隊的訓練，從而使禁兵編制發生變化。其後，各地大部分禁兵設將，稱為系將禁兵；還有一小部分禁兵不設將，稱為不系將禁兵；京城的中央禁兵不設將的編制，稱為在京禁兵。南宋軍隊多沿用將、部、隊的編制。

中央另設官員統率被派遣到各地的禁兵，主要有安撫使、經略使、經略安撫使、都部署、副都部署、部署、副部署、都鈐轄、鈐轄、副鈐轄、都監、副都監、監押等名目。這些將帥都是臨時委派，並無定制，品級有高有低，但是沒有嚴格的領導與被領導關係。

2. 廂兵：北宋初，將各地藩鎮兵中的壯勇抽調到中央之後，剩下的老弱者以及一些壯城、牢城等雜役軍組成了廂兵。最初，廂兵其實只是地方軍兼雜役軍，不加訓練，不參加戰鬥，只供勞役。隨著各地就糧禁兵的設置，廂兵和禁兵作為地方軍和中央軍的差別逐漸縮小。

廂兵主要是招募而來的，罪犯也是廂兵的主要來源之一，另外，禁兵武藝不合格，或是違犯軍法，也會被降格充為廂兵，稱為「落廂」。廂兵的職責範圍很廣，修城築路、製造兵器、疏通河道、運輸糧食等等，在特殊情況下，廂兵也參加戰鬥。宋代廂兵的數量很多，太祖開寶年間（968～976年）為十八萬五千人，至神宗初年已經增加到五十多萬人。

3. 鄉兵：宋承五代之制，各地設置鄉兵。與禁兵和廂兵不同，鄉兵是依據戶籍抽丁組成的，一般是幾名壯丁中選拔一人充當。平時不脫離生產，農閒時定期訓練，以保衛鄉土。有一小部分的鄉兵是招募的，如廣南西路的土丁，河東、陝西的弓箭手就是募兵。各種鄉兵的素質參差不齊，差別很大，北宋時，弓箭手等少數鄉兵有相當強的戰鬥力，但大多數鄉兵缺乏訓練，軍事素質不高。

4. 蕃兵：蕃兵是宋仁宗時期因為對西夏戰爭需要而設置的。在與西夏接壤的陝西、河東等地區分布著大大小小的羌人部落，其中靠近宋朝邊境的，願意接受宋朝統治的羌人，稱之為「熟戶」。蕃兵主要是由熟戶組成的，宋廷給這些羌族部落的首領加封官職，由他們率領本部壯丁組成軍隊。蕃

兵的戰鬥力比較強，在對西夏的戰爭中發揮了相當重要的作用。

5.水軍：北宋時期，由於戰略重點在北方，水軍並不受重視。南宋偏安東南，面對金朝和蒙古的威脅，需要在江河交錯的地區布置防線，因而南宋水軍的規模和數量遠遠超過北宋。宋高宗繼位之初，根據宰相李綱的建議，宋廷就發布詔令在沿海各地設置水軍，但由於投降派黃潛善、汪伯彥的阻撓，因而水軍建設一直未能真正落實。

岳飛鎮壓楊么起事軍之後，收編其部下善於水戰的兵士，繳獲了一千多艘戰船。劉光世的部隊中有李進彥率領的水軍五千餘人。張俊的部隊雖然沒有專門設置水軍，但也有戰船三百八十多艘。韓世忠的軍隊也有水軍，建炎四年（1130 年），他曾率麾下的水軍在黃天蕩攔截兀朮的軍隊。除了幾位大將的水軍外，紹興四年（1134 年），宋廷下令臨安、平江等十四個府、州和軍設置水軍，以五百人為額。另外，宋廷還設置沿海制置使司，負責海防。南宋的水軍頗具實力，紹興末年，完顏亮大舉攻宋時，宋將李寶率領水軍沿海北上，在今青島附近的海域，用火攻一舉殲滅了金朝的船隊，這是中國古代一次著名的海戰。南宋中後期，沿江、沿淮和沿海各個

樓舡　宋代戰船的一種

重要的地區，大致都設有規模不等的水軍。南宋朝廷能夠長期偏安一方，與水軍的頑強防禦密切相關。

四、以募兵制為主的兵役制度

自中唐、五代以來，募兵制逐漸取代了徵兵制度，成為中國軍事制度的一大重要變革。宋代沿襲前制，不論是北宋的禁兵、廂兵，還是南宋的屯駐大兵，大多實行募兵制，只有少數軍隊實行徵兵制，如鄉兵。確切地說，宋朝實行的是以募兵制為主，募兵與徵兵相結合的兵役制度。

宋朝募兵的對象主要是流民和饑民。為了防止災民作亂，宋朝政府每逢災荒年分就會招募士兵，將流民、災民收編入政府的軍隊，使潛在的威脅轉化為維護統治的力量。宋真宗時期，潭州發生饑荒，於是官府便將這些饑民招入軍隊，共計多達萬餘人。南宋孝宗時期，江西、湖南兩路因旱災而糧食歉收，宋廷下令各招募千人。災年招兵，暫時安定了社會，但也帶來了巨大的隱患。

宋廷招募士兵時，主要衡量身高和體力，除此之外，還要測試應募者的跑跳動作和視力。按照宋廷制定的標準，符合條件者被分到上、中、下禁兵和廂兵。上禁兵士兵身高要求最高，軍俸也最高，中禁兵和下禁兵軍士的身高和軍俸各有等差。

宋朝募兵制的一大特點就是刺字，又稱為「黥面」。士兵刺字始於唐末，目的是防止士兵逃亡。宋朝繼承唐末、五代的傳統，招募新兵，先進行體格檢查，根據體格將新兵分配到相應的軍隊，然後給士兵刺字。一般是在臉部、手臂、手背等處，所刺的內容通常為所屬軍隊的名稱，如「雲翼第八指揮」、「某州振華」等等。刺字，實際上是一種恥辱的標誌。宋朝只有某些罪犯、官府的工匠和奴婢才刺字。元滅南宋後，取消了這種制度。

宋朝的軍俸制度十分複雜，軍隊的正式俸祿包括料錢、月糧、春冬衣等名目，還有各種名目的補助，如北宋初的口券、南宋時期的生券和熟券等等❶。《宋史》記載，上四軍（捧日、天武、龍衛和神衛）左、右廂都指

揮使遙領團練使，月俸錢百千，粟五十斛，諸班直都虞候、諸軍都指揮使遙領刺史減半。諸班直將校，自三十千至二千，分為十二等。諸軍將校的俸錢自三十千至三百，共二十三等。廂兵將校的俸錢自十五千至三百五十文，共十七等。諸班直自五千至七百，共五等，禁兵軍士自一千至三百，共五等。廂兵自五百至三百，共三等。同時，將士春冬賜衣，有絹、棉，或紬、布、緡錢。

南宋紹興十三年（1143年）以後，宋廷陸續完善了軍俸體系。按照規定，各屯駐大兵的都統制月俸為二百貫，副都統制一百八十貫，統制、副統制一百五十貫，統領一百貫，正將、同正將五十貫，副將四十貫，準備將三十貫。南宋正規軍通常為效用和軍兵兩級制，按照當時的規定，效用每月食錢九貫，米九斗。由於效用有不同的名目和級別，所以俸祿情況十分複雜。軍兵分成勝捷、吐渾和雄威三個等級，其俸祿也各有差別。宋寧宗時期，吐渾、雄威軍士的錢糧是每日一百文和三升半。除了正式的軍俸，宋朝的將士還有各種補助，如招刺利物❷、郊祀賞賜、特支錢等等。

相對於徵兵制，宋朝實行的募兵制度，大大減輕了農民兵役、徭役之苦，為農業生產提供了足夠的勞動力和時間，應該說是歷史的進步。但同時也無法避免地帶來了諸多弊端。每逢災年就招募災民，這些人素質良莠不齊，很難保證軍隊的戰鬥力。更重要的是，維持一支龐大的軍隊，使宋朝財政在很長時期內入不敷出，這是宋朝出現曠日持久的財政危機的主要原因之一。宋朝雖然豢養了百萬大軍，但是沒有起到相應的保家衛國的作用，在與遼、金、西夏軍的交鋒中，幾乎是敗績不斷，這是形成宋代積弱局面的重要因素之一。

---

❶ 口券為宋軍隊出戍或就役時發放的一種補助憑證，執此可領取錢幣、糧食等。紹興和議後，有生券、熟券之分。各御前諸軍屯駐內地，發放熟券，戍邊則發放生券。生券價值高於熟券。

❷ 新兵刺字後，政府給予衣履、緡錢，謂之招刺利物。

本章重點

宋朝的政治體制、監察制度與軍事制度。

複習與思考

1. 試析兩宋行政權與監察權之間的關係。

2. 與府兵制、衛所體制及八旗制度相比，宋代兵制有何特點？

第五章
法制體系

長期以來，人們通常認為，中國古代法律制度到唐朝已達到鼎盛時期，體制規模，垂為後範，宋代法律基本上是抄襲唐律而來。這種觀念在一定程度上影響了後世對宋代法制的深入探討，使得該領域的相關研究遠遠落後於其他斷代。直到二十世紀後期，經過眾多學者的努力，宋代法律的基本內容及其相關問題才逐漸清晰起來，宋律的歷史地位也得到了人們的認識和重視。事實上，宋代法律制度在繼承前代的基礎上多有創新，很多方面都表現出了與其時代相應的特色，對後世的法制產生了深遠影響。

第一節　宋代法律的歷史地位及特點

1. 立法浩繁，創新規制

宋初，朝廷以後周《顯德刑統》為基礎，制定了第一部成文法典——《建隆重詳定刑統》，後簡稱《宋刑統》，這是宋朝建國後第一次大規模的立法活動。但隨著社會的變化，《宋刑統》很快就不再適應現實的需要，太祖時就不斷頒布敕令以補其不足之處，其後，各代皇帝也相繼頒布了大量敕、令、格、式。從適用範圍看，這些法令既有通行全國的綜合性編敕，也有省臺寺監的部門編敕，還有一路、一州、一縣的地方編敕。據粗略統計，從宋太祖到宋理宗時期就頒布了二百四十二部法典。❶法典規模也不斷擴大，宋真宗時的《咸平編敕》僅六卷，至神宗時期，《熙寧三司敕式》就達到了四百卷。宋人畢仲游評論說：「建隆敕者不過數百條，而天聖編敕，

---

❶　郭東旭，《宋代法制研究》（河北大學出版社，2000 年版），頁 17。

則倍於建隆；慶曆編敕，又倍於天聖；嘉祐編敕，復倍於慶曆；至於熙寧、元豐之敕，乃益增多於嘉祐幾千條，而續降敕令，與夫一司、一路、一務、一州、一縣者，復幾萬條，而引用此例以相附著者，至不可勝紀。」❷

宋代立法浩繁，較之唐律已有很大不同，宋律體例多有創新。其主要表現之一是宋神宗時期編纂《元豐敕令格式》。神宗銳意變法，深感舊的法律制度和規範「不足以周事情」，於是極力提高敕的地位，調整舊的法典體系，將唐代以來的律令格式變為敕令格式，打破了單純依律分門的舊制，開創了敕令格式統類合編的立法體例，這對綜合性法典編纂形式的改進和創新有著相當積極的意義。二是南宋孝宗時期編纂《淳熙條法事類》。神宗時開創的敕令格式統類合編體例存在著法典條目繁雜等缺點，同一事類因敕令格式不同而分散於各篇，使用起來非常不便。孝宗時期，為方便使用，將以前統編的敕令格式「隨事分門」，「別為一書」❸，編成《淳熙條法事類》，首次確立了「條法事類」體例，體現了宋代立法前所未有的巨大進步。

2.強化中央集權，皇帝干預司法活動

為了防止地方勢力威脅皇權，宋朝統治者積極展開行政立法工作，制定了一套嚴密的行政法規，如《宋刑統‧職制律》、元豐《新修吏部敕令格式》、《元祐司封考功格式》、《慶元條法事類》等，對官員的選拔、注擬、磨勘、改官等都作了嚴格規定，使從中央到地方的各項工作都有法可依，從而加強了對各級官吏的控制。

宋代專制主義得以加強，反映到司法制度上，就是皇帝加強了對立法和司法活動的直接干預。在立法方面，皇帝以宣敕形式表達自己的意旨，具有最高的法律效力，可以隨時補充、修改律令條文。在司法方面，太祖經常親自審問囚徒，干預審判活動。太宗時更於禁中置審刑院，將司法權收歸中央，由皇帝直接控制最高司法權。神宗時雖然廢除了審刑院，但仍然經常任命非司法系統的官員參與案件的評議和審理。徽宗公然宣稱，皇

❷　畢仲游，《西臺集》卷七〈上門下侍郎司馬溫公書〉。

❸　《宋會要輯稿》刑法一之五二。

帝御筆斷罪、特旨處分是不可侵犯的特權，「每降御筆手詔，變亂舊章」，置法律條文於不顧，任意輕重予奪，嚴禁辦案官員對御筆斷罪表示疑議，否則「以違御筆論」❹。

3.重法懲治「賊盜」

「賊盜」罪指危害封建專制政權、侵犯他人生命財產安全的犯罪行為，包括謀反、叛逆、謀殺、謀亂、強盜等行為。宋朝立國三百餘年，雖然沒有發生大規模內部動亂，但小範圍的農民反抗一直不斷，統治者始終視「賊盜」為心腹大患，因而宋代有關「賊盜」的立法異常詳備，朝廷甚至頒布特別法對「賊盜」進行重典懲治。

北宋建立之初，太祖為籠絡人心，放寬了一些輕微刑事案件的刑罰，以示仁德，但「賊盜」罪不但不在寬限之列，反而呈現日益加重的趨勢。唐律規定，「強盜」傷人、殺人才處以死刑，即使是持械搶劫，只要沒有獲得贓物，就可免除一死；而《宋刑統》卻規定，凡是持械搶劫者，不論搶劫是否成功，一律處死。這種不論情節、後果一概處死的判罰，明顯要重於唐律。

然而，嚴酷的刑罰非但未能制止「賊盜」活動，反而激起了更大的反抗浪潮，仁宗時期，隨著社會矛盾的加劇，出現了盜賊蜂起的嚴重局面。統治者深感舊的法律條文已不足以維護統治，於是頒布特別法，加重處罰「賊盜」罪。仁宗嘉祐七年（1062年），政府頒布《窩藏重法》，將京畿地區劃為重法地分，凡在這些地區窩藏賊盜者，皆加重處罰。在常法之外，針對某一地區、特殊犯罪制定相應法規，這是中國法制史上的一大創舉，它具有資本主義社會特別法的性質，對宋代以後刑法的發展產生了重大而深遠的影響。此後，英宗、神宗朝又相繼頒發《盜賊重法》，在「重法之地」對「重法之人」施以重刑。至哲宗朝，不僅重法區域擴展到全國大部分地區，而且《盜賊重法》取代了《宋刑統》中的「賊盜律」，量刑之嚴酷遠遠超過前代。

---

❹ 《宋史》卷一五二〈刑法志〉。

　　縱觀兩宋時期的立法，重典懲治賊盜是宋王朝的一貫政策，也是宋代刑法中的一大特色。在社會危機日益深重的背景下，統治者只能實施《盜賊重法》等特別法，借助於嚴刑苛法來達到維護統治的目的。

4.懲治官吏贓罪日漸寬鬆

　　在中國古代社會，贓指不義之財，官吏利用職權貪污受賄、侵吞官私財物稱為犯贓。宋代官員貪贓枉法、收受賄賂、侵吞官物等經濟犯罪十分猖獗，涉及面之廣，情節之嚴重，都遠過於前代，成為宋代一個非常突出的社會現象。然而，懲治官吏犯贓的法律卻呈現出由重而輕、由嚴而寬的趨勢，這是宋代刑法的另一特點。

　　建國之初，太祖為了肅清吏治，制定了嚴格的懲治贓吏之法。開寶年間，更將官吏犯贓與十惡、殺人並列，定為常赦不原的重罪。太宗太平興國三年（978 年）規定，官吏犯贓罪者，即便大赦也不得復官，永為定制。據《宋史》、《續資治通鑑長編》記載，太祖、太宗兩朝，官員因贓罪而棄市者達到五十餘人，其中不乏高官要員，可見當時懲治贓官的處罰是非常嚴厲的。

　　但從真宗朝起，懲治貪官之法開始由重轉輕。雖然宋真宗仍然堅持重典懲治貪官，屢次申嚴贓官遇赦不原的詔令，但在實際執行過程中，多以決配❺來代替死罪。大中祥符九年（1016 年），著作佐郎高清、比部員外郎范航等人皆因犯贓罪當死，真宗特別赦免了他們的死罪，改為刺配遠惡州軍牢城❻。仁宗以編管代替決配，作為官吏犯贓貸死的法定量刑。神宗認為刺配不宜用於官員之身，於是取消了官員杖黥之法。徽宗則僅對犯贓官員給予行政處罰，免去官職，不再追究其刑事責任。南宋時期，雖然屢降嚴懲貪吏的詔書，但由於吏治腐敗，權臣用事，貪官污吏互相勾結，法

---

❺ 中國古代刑名，謂決杖配役。即把原有的刑罰折成一定杖數執行。徒罪決杖後釋放，而用決脊杖和在附近配役來代替流刑。

❻ 收押因禁流、徒罪犯的服役場所。宋代諸路州軍都設有牢城，尤其是偏遠惡地，都不同規模地建立了牢城。

律成為一紙具文。官吏即使貪贓罪行敗露或被人告發，也只是暫時離任，不久便可官復原職。在這種情況下，官員貪污之風越演越烈。

5.刑罰體系的變化

刑罰體系包含刑罰的名稱和適用原則。就刑罰適用原則而言，宋代多因襲唐律，少有創新，主要有八議、十惡不赦原則等等。宋代刑罰體系的創新主要體現在刑罰名稱上，在繼承唐律笞、杖、徒、流、死五刑的同時，又作了一些變通和修改，增加了折杖法、刺配法、編管法、安置法等新的刑名。

⑴死刑：宋代法定死刑除繼承唐律的絞、斬兩種外，又新增加了杖殺和凌遲兩種。杖殺是將犯人用杖活活打死；凌遲則是用利刃殘害犯人的肢體，施加各種酷刑，讓犯人受盡痛苦而死。這體現了宋代刑罰的殘酷，是法律的退步；⑵折杖法：建隆四年（963年），太祖制定了「折杖法」，即用脊杖和臀杖來折抵笞、杖、徒、流四種刑罰，這是宋代刑罰制度的一個重大變化；⑶刺配法：宋初用脊杖、刺面、流配、苦役來寬貸死罪，稱為刺配。刺配在太祖時期就開始使用，真宗時期被寫入編敕，成為一種法定刑名。刺配是一種非常殘酷的刑罰，犯人雖然可免一死，但既要杖脊，又要刺面，還要遭到流配，終身服苦役，實際是犯一罪而受到四種刑罰。後來刺配不只用於死罪貸命，事實上成為一種普遍使用的獨立刑罰；⑷編管法、安置法：編管法、安置法都是將犯人貶謫到特定區域居住，編入特殊戶籍，限制其人身自由。此外，宋王朝還在法定用刑之外使用了許多非法之刑，如夷族、活釘、斷手足、腰斬等，以期取得更好的恐嚇、威懾效果。

如上所述，宋代的刑罰適用原則更加細密，對保證刑法的實施具有重要指導作用，體現出宋代法律應用的進步。宋代刑名的增加，特別是諸多非法用刑的存在，反映了當時社會矛盾的激化及統治者的殘酷，大量使用肉刑，也給後代造成極為惡劣的影響。

6.重視證據是宋代司法實踐的一大特色

中國古代斷案多憑法官的察言觀色與主觀臆測，不可避免地會造成冤

假錯案。到了宋代，科學技術的飛速發展使實證斷案在一定程度上成為可能。宋人在繼承前代斷案經驗的基礎上，發展出一套相對完善的證據制度，使整個社會興起一股重視證據的風氣。宋制規定，沒有一定證據不能結案，刑事案件中，必須要有凶器、屍首等相關物證才能定案；民事案件則要有相關的契約文書作為證據。除了重視物證的收集、鑑別和運用之外，宋朝還建立了嚴密的檢驗制度，其現場勘驗和法醫鑑定技術都處於當時世界的最高水平。

第二節　法律形式

由於宋代社會關係異常複雜，法律形式也相應地多種多樣。宋代的法律形式在繼續沿用唐代的律、令、格、式之外，又增加了敕和例，這是宋代法律形式的獨特之處。

一、律

律是指國家用以正罪定刑的常法，是宋王朝基本的法律，具有穩定性和統一性。宋代的律有兩種，一是國家法典，二是少量的單行律，太祖建隆年間頒布的《宋刑統》就是宋律的代表。

《宋刑統》是宋朝第一部系統的國家法典，也是中國歷史上第一部刻版印行的封建法典。宋朝建國以後，主要因襲唐、五代法典，太祖建隆三年（962 年），鄉貢明法張自牧、判大理寺竇儀等人相繼上書，建議重新編修法典。於是太祖命竇儀等人重修刑統，至建隆四年（963 年）書成，定名為《建隆重詳定刑統》，也即是後來所說的《宋刑統》，共十二篇、三十卷、五百零二條。

《宋刑統》是在《唐律疏議》、《大周刑統》的基礎上刪修而成，雖然在體例和內容方面與唐律有相似之處，而實際上，《宋刑統》仍然有其自身的特點。在體例上，《宋刑統》繼續沿用唐律十二篇之目，但在篇目下又分

為二百一十三門，根據適用對象的性質把相同或相近的法律條文彙編為一個單元，標明其門類，這是唐律所不具備的。《宋刑統》又在律文之後，以「臣等參詳」的形式新增「起請」條目三十二條，對原律文或敕令格式的內容進行解釋，這些也具有法律效力。竇儀等人還將唐律中「餘條准此」的規定輯出，彙編在一起，別為一門，以避免適用法律過程中有所遺漏，首創綜合性法規之門。這些都是《宋刑統》在體例上的創新之處。在內容上，《宋刑統》增創「折杖法」，以臀、脊杖來折抵笞、杖、徒、流四種刑罰，取得了輕刑的效果；對盜賊的處理遠重於唐律，而對官吏贓罪的處罰卻明顯減輕；調整民事關係的法律與唐律相比顯著增多。

《宋刑統》頒布後，曾在太祖乾德四年（966年）、神宗熙寧四年（1071年）、哲宗紹聖元年（1094年）、高宗紹興元年（1131年）進行過四次修訂，但由於《宋刑統》乃「祖宗成法」，後代君主不敢輕易更改，因此內容上並無大的變動。正因為內容僵化不變，使它在很多方面不能適應社會的變化，常法地位逐漸被編敕所取代。

二、編　敕

敕是皇帝發布命令的一種形式，是皇帝根據特定的人或事而臨時發布的詔旨，通常稱為宣敕，也稱散敕。散敕本身缺乏穩定性，不具備普遍行用的法律效力，要想使它上升為一般的法律形式，還要對其進行編修，分門別類加以整理，這一過程稱為編敕。編敕是宋代最具特色的法律形式。

編敕始於唐代。宋代大致經歷了律敕並行和以敕代律兩個階段。太祖建隆四年（963年），竇儀等編修《宋刑統》，同時編敕四卷，定名為《建隆編敕》，與刑統並頒天下。這時的編敕主要是對律所不載或載之不詳、或有失偏頗之處進行解釋、調整，大體上是輔助律文。此後，編敕成為宋代最頻繁、最重要的立法活動。仁宗時頒布《天聖編敕》，宣布敕為國家常法，與律並行，這表明敕已成為正式的法律規範。神宗銳意進取，深感僵化的律文不能適應變法的需要，於是頒布大量敕令，明確規定敕是最具普遍效

力的法律形式。此後，敕取代律，成為優先適用的規範條文，律雖然「恆存乎敕之外」，但實際上已被束之高閣，這種局面一直持續到宋末。

三、編　例

「例」是指將以前事情的處理方法作為後來同類事件的參照標準，實際上是一種援引以往事例作為量刑定罪依據的做法。同散敕一樣，例不具備普遍行用的法律效力，要想使它上升為一般法律，也要對它進行編修，使之成為通行的成例，這一過程稱為編例。

例的來源有斷例、特旨、指揮等。斷例是以典型案例作為後來同類案件的審理依據；特旨是指以皇帝對特定的人或事的特別處理方式作為後來同類事件的處理依據；指揮則是中央官署就某事發布的指示或決定，這種指令一經發出，即可成為以後同類事件的處理依據，具有法律約束力。

宋代有「法所不載，然後用例」的規定，可知例應該是法律的補充，但事實卻並非如此。北宋中期以前，由於《宋刑統》和相關敕令的頒布，例並不經常使用。神宗變法後，「法不勝事」❼的問題非常突出，在頒布大量敕令的同時，依例斷事的現象也逐漸增多，例的地位日漸提高。到徽宗時期，出現了大量「引例破法」的事實。到了南宋，規定「指揮自是成例」，標誌著例的地位進一步提高，寧宗時期的《慶元條法事類》規定，「諸敕令無例者從律，律無例及例不同者從敕令。」這表明例不但與敕、律有同等效力，某些情況下甚至優先於敕、律適用。

「引例破法」導致了極為嚴重的後果，一些貪官污吏經常利用法律的漏洞，收受賄賂，舞文弄法，欺上瞞下，「或罪輕而引用重例，或罪重而引用輕例，或有例而不引，無例而強引」❽，「顧金錢惟意所去取」❾。為杜絕奸吏營私舞弊，朝廷曾多次下令禁止引例破法，如徽宗就多次下詔，規

---

❼　《宋會要輯稿》刑法一之二三。

❽　李心傳，《建炎以來繫年要錄》卷七八，紹興四年七月癸酉。

❾　趙善璙，《自警編》卷八。

定引例破法者要處以徒刑，但由於其間的鉅大利益，還是有不少官吏不顧禁令，這種現象始終得不到有效整治，導致兩宋法治體系的紊亂。

總體而言，宋代的法律形式大體上可以劃分為性質不同的兩類，一是律，二是敕、例。作為國家基本大法的律，只是在北宋前期的司法實踐中發揮了一定的作用，後來則逐漸被敕、例所取代，僅僅「存之以備用」。之所以會出現這種局面，固然有隨著社會關係的劇烈變化，內容僵化的律已不能適應社會需要的原因；更重要的是，相對於固定的律而言，靈活變通的敕、例更能適時地體現統治者的意圖，突出統治者凌駕於法律之上的地位；從更深的層次來看，宋代律、敕、例關係的變化，反映出宋代社會中政治權力與法律的矛盾，以敕代律、引例破法實際上都是行政權干預法律的重要表現。

第三節　司法機構

一、中央司法機關

1.大理寺：宋初，大理寺為審刑機構，並不直接參與審判，只負責將地方上奏的獄案送交審刑院複審，然後上報朝廷。由於大理寺不審理案件，京師所有囚徒都關押在開封府司錄司及左右軍巡三院，導致羈押留滯，不能及時處理。鑑於這種情況，神宗於元豐元年（1078 年）十二月下令復置大理獄，凡京師百司之獄由大理寺審理，流罪以下案件可由大理寺專斷，從此恢復了大理寺的審判職能。大理寺的編制也相應地健全起來，置大理卿一人，少卿二人。分左斷刑、右治獄兩個系統，由二少卿分領，左斷刑掌管奏劾命官、將校和大辟以下疑案的審理，右治獄負責京師百司案件、特旨委勘重大案件和侵盜官物等案件。

2.刑部：宋初，刑部主要負責複審全國已經判決的死刑案，監督重大案件的審理，以及官員犯罪除免、敘復等等。太宗淳化二年（991 年），於

禁中置審刑院，此後，大理寺斷決後的案件在送交刑部之後，都要再經過審刑院詳議。淳化四年（993 年）規定，大理寺斷決後的案件不再經過刑部，直接送審刑院，這就剝奪了刑部複審案件的職能，因而刑部只負責官員犯罪等相關事務。元豐官制改革後，將審刑院和真宗大中祥符二年（1009年）設置的糾察在京刑獄司併入刑部，由知審刑院判刑部，刑部才開始總管天下刑獄。此後，刑部設尚書一人，主管全國刑獄之政令；侍郎二人，輔佐尚書處理日常事務；下設郎中、員外郎等官。刑部也分為左右兩司，又稱兩曹、兩廳，「左以詳覆，右以敘雪」❿，即左廳負責覆查大案，右廳掌敘復、申理冤案等。

3.御史臺：御史臺本是宋代最高監察機關，兼具有司法監督和審判職能。「州郡不能決而付之大理，大理不能決而付之刑部，刑部不能決而後付之御史臺，則非甚疑獄，必不至付臺再定」⓫。太宗淳化二年（991 年）下詔，御史臺刑獄公事由御史中丞以下的臺官親自審理。神宗元豐元年（1078 年），御史臺增設檢法官，遇有詔獄，由言官、察官輪流審理。御史臺的司法職能包括：一是臣僚觸犯法律的重大案件；二是詔獄；三是州縣、監司、寺監、省曹等上報的疑難案件；四是奉命審理地方發生的重大案件。太宗太平興國九年（984 年），開封府審理劉寡婦誣告丈夫前室子王元吉下毒謀害自己一案，審案官員收受賄賂，將王元吉屈打成招，王元吉之妻上訴到登聞鼓院，太宗即命御史臺複審此案，最終真相大白。事實上，御史臺在宋代已經成為法定的上訴機關，神宗元豐五年（1082 年）和孝宗隆興二年（1164 年）都曾下詔，規定百姓的上訴程序為縣、州、轉運司、提刑司、刑部、御史臺、尚書省、登聞鼓院，御史臺成為審判程序的一級。

此外，中央還設有登聞鼓院、檢院、理檢院、軍頭引見司等司法機構，都是法定的上訴機關，凡不服州縣、寺監判決結果之人，都可以按照法定的上訴程序向上述機構申訴。

---

❿　《宋史》卷一六三〈職官志〉。

⓫　《宋會要輯稿》職官一七之一二。

二、臨時司法機構

針對一些大案疑案，皇帝往往會選派重臣組成臨時性審判機構進行審理，審判結束，即告解散，其中主要有「雜議」、「制勘院」、「推勘院」三種形式。

雜議是宋代審理詔獄的最高審判形式，在遇到難以斷決的疑案或刑名有爭議時，朝廷召集宰執、臺諫、兩制官集體討論，以議定刑名或判決結果，進而補充和解釋法律條文。

制勘院也是宋代審理詔獄的另一種形式。地方如遇重大疑難案件，由皇帝親自派人前往案件發生的鄰近地區置院推勘，事已則罷。推勘官員行事前後必須向皇帝奏稟，獨立辦案，禁止與地方官交接。通過這種手段，皇帝直接掌控地方重大案件的審理權，實際上是皇權凌駕於司法權之上的一種表現。

推勘院是針對一些大辟案件或官員犯罪翻供案件而設置的複審機構，通常由監司、州軍派官在案件發生的鄰近地區審理。推勘院與制勘院的區別在於，制勘院審理的是詔獄，法官由中央派遣；而推勘院審理的不是詔獄，法官也由地方指派。

三、專門司法機構

兩宋時期，針對特定領域的犯罪，宋朝政府一般會設置專門機構負責審理，多由行政機構兼掌。如軍人犯法，行軍時由臨陣將帥處理，和平時期則由三衙、經略安撫司、總管司、都監、監押等分別審理；經濟案件則由三司、戶部審理。

樞密院是兩宋時期最高軍事行政機構，掌管全國軍事，同時對軍事案件的審理進行監督。北宋時，京師地區軍事案件的審理由三衙負責，但三衙只能判決杖以下罪，死罪則要申報樞密院複核；地方的軍事案件則由經略安撫司、總管司、鈐轄司、都監等機構審理。南宋時軍事案件則由三衙

和江上諸軍都統制司審理。總之，樞密院以下的各級軍事管理機構，均有權審理所屬軍人違法事件，只是審理的權限不同而已。

元豐改制以前，三司是全國最高財政管理機構，下屬戶部設有專門審理相關經濟案件的推勘、檢法官，受理「在京官司應幹錢穀公事」❷，有時也應詔審理民間財產糾紛。三司的判決只限於杖以下罪，徒以上罪要送大理寺。元豐改制後，戶部成為最高財政管理機構，有權斷決本系統內經濟犯罪的杖以下罪，也受理監司州縣不能斷決的民事上訴案件。

四、地方司法機構

開封府、臨安府雖屬於地方機構，但由於是中央政府所在地，因而與普通地方州縣頗為不同，是比較特殊的司法機構。

北宋京城開封府以尹、牧為長官，但並不常置，而以權知開封府攝其事。開封府負責審理京畿地區的訴訟案件。宋初規定，開封府審理的所有刑事案件都要報大理寺審查，送刑部複核。宋真宗景德三年（1006年）以後，才有了杖以下罪的獨立判決權，徒以上罪仍然需要上奏。但是，凡是開封府奉旨審斷的案件，刑部、御史臺皆無權過問。

高宗建炎三年（1129年），改杭州為臨安府，設知府一員、通判二員。臨安府內有「三獄」之說，一為府院，由錄事參軍主管；一為左司理獄，由左司理參軍主管；一為右司理獄，由右司理參軍主管。三獄分別審理臨安城及下屬縣內的刑事案件，府院兼理民事案件。臨安城內外還分南、北、左、右四廂，聽理民間訴訟。

宋代司法機構分為路、州、縣三級。宋初，路級行政單位並沒有專門的司法機構，一般是由轉運使兼管轄區的司法。太宗淳化二年（991年），設諸路轉運司提點刑獄，巡察盜賊，監督司法，此後時置時罷。真宗景德四年（1007年），鑑於地方司法案件眾多，專置提點刑獄司，不受轉運司管轄。主管所屬州縣刑獄公事，巡查複核所屬州縣各類案件的判決審理，

---

❷ 《宋會要輯稿》刑法三之六八。

平反冤獄。神宗官制改革後，提點刑獄成為固定職位，擁有對犯罪事實確
鑿、不須上奏的死刑判決權和受理上訴案件的權力。

　　宋代州一級的行政區域內，知州和通判是最高行政長官，同時也是最
高司法長官，掌管州級司法事務。知州、通判以下，有判官、推官、錄事
參軍、司理參軍、司戶參軍、司法參軍等負責司法。州一級的審判機構有
二，一是州院，由錄事參軍主管，審理民事案件；二是司理院，由司理參
軍掌管，審理刑事案件。如兩院所審案件有不合理之處，還可以互移重審。
司法參軍則專門負責檢定法律，即針對二院審定的犯罪事實，檢選適合的
法律條文作為定罪量刑的依據，然後由判官、推官根據犯罪事實和適用法
律寫出判決意見，最後由知州和通判斷決。北宋初期，州擁有徒、流罪及
犯罪事實明顯、不須上奏的死刑案的終審權，元豐官制改革後，將死刑案
的終審權歸於提刑司，州只能負責轄區內的徒、流以下罪的審判。

　　縣是宋代基層的行政單位，也是基層的司法單位。縣令（或知縣）是
一縣最高行政長官，也擁有縣內的最高審判權，主簿作為縣令（或知縣）
的助手協同審案，縣尉主要負責捉捕盜賊，維護地方治安，但不具審判權。
縣內還有一些吏人也參預司法審判，如北宋的推司、典書，南宋的刑案推
吏等。宋代的縣只有杖罪以下的刑事案件和戶婚、田宅、債務等民事案件
的判決權，對徒罪以上的重大刑事案件，縣僅能進行預審，即搜集證據、
釐清案情後，將人犯、證據、卷宗等送州複審斷決。

第四節　訴訟審判制度

一、刑事訴訟審判制度
㈠起　訴

　　宋代的刑事起訴方式有自訴、告發、官司糾舉、自首等方式。自訴是
指被害人及親屬直接向官府控告，這是最普遍的一種起訴方式。告發是指

被害人及其親屬以外了解犯罪事實的知情者向官府提出控告，可分為自願告發、「募告」（獎勵告發）和強迫告發三種形式。官司糾舉即通過監察機構或官司相互之間的監督，來舉劾犯罪行為，類似於現代的公訴，在刑事訴訟中發揮著非常重要的作用。自首是指犯罪人在罪行尚未暴露之前，主動向司法機關交代自己的罪行，接受審判的行為。《宋刑統》規定，在犯罪行為沒有暴露之前而自首者可以得到赦免，但一些惡性犯罪事件，如叛逆、強盜、殺人等，即使自首也要追究刑事責任。

㈡證據制度

證據是查清犯罪事實、認定罪行的重要依據。在中國古代，涉案人員的口供，即言詞證據，在定罪量刑的過程中占據著重要地位。司法機關為了獲得口供，往往對涉案人員進行嚴刑逼供，造成許多冤假錯案。有鑑於此，宋朝政府除了制定一些措施來保護證人的人身權利外，還把物證的地位提高到一個空前的高度。

證人是案件的知情人，在宋代以前，司法機關為了獲得證人的口供，往往肆意逮捕、拘禁、拷問證人，牽涉無辜，騷擾百姓生活。宋朝政府為了杜絕這種情況的發生，從法律層面加強了對證人的保護。首先，各司法機關如需要證人到庭作證，不得擅自派人拘拿，必須要將證人的詳細情況及案件通報證人住地的主管機關，得到許可才能帶人。其次，司法機關錄完證人口供之後要及時釋放證人。徽宗宣和元年（1119 年）規定，羈押證人最多不得超過五日，否則相關人員要受到處罰。加強對證人的保護，體現了宋代證據制度的完善和司法文明的進步。但在實際審案過程中，「州縣多將干證無罪人與正犯一例禁系，動經旬月」❸，隨意迫害證人的現象仍然屢見不鮮。

物證是指可以證明犯罪人犯罪事實的相關物品，包括書證和實物證據兩種。在宋代，書證包括契約、遺囑、債券、各種簿曆等，主要用於民事案件。實物證據則有犯罪工具、罪犯在進行犯罪的過程中留下的痕跡等。

---

❸ 《宋會要輯稿》刑法六之六三。

《宋刑統》規定，在物證確鑿的情況下，即使沒有罪犯的口供，也可以根據物證定罪，表明物證的效力已經超過了口供。宋代一些法學著作中也對物證理論進行了系統的總結，如南宋法學家鄭克的《折獄龜鑑》，書中極力強調物證在審案過程中的重要性，提出了物證優於人證的觀點。在司法實踐中，即使犯人已經供認犯罪事實，也要查找相關證據，以免造成冤獄或牽連無辜。如仁宗時，張亦為洪州觀察推官，屬縣發生了一起盜賊縱火案，一直未能破獲。三年後，官府抓到一名盜賊，承認前案是自己所為。但官府並未就此定罪，而是繼續追查他的縱火工具，由於發現案犯提供的縱火工具與實際不符，最終查明前案並非他所為。這是宋代重視物證的一個典型案例。

宋代對證據，特別是物證的重視，突破了中國古代傳統的證據觀念，一定程度上避免了冤獄的形成和牽涉無辜，反映了宋代司法制度的進步與完善。

(三)檢驗制度

檢驗是司法人員對犯罪現場、物品、人身等進行實地檢查的行為，是獲取證據的重要手段。宋代規定，凡殺傷、非正常死亡、死前無近親在旁等情況，都必須差官檢驗，以確定有無犯罪發生。人力、女使、獄囚等社會弱勢群體死亡，除非有證據表明是因病而死，否則都要經官檢驗。

宋代檢驗程序一般分報檢、初檢、複檢三個步驟。報檢指發生凶殺、非正常死亡等情況時，所在鄉居、保甲有向官府報告申請檢驗的義務。初檢指官府接到報檢後，派人赴案發現場進行勘查，如確是非正常死亡，要報告上級，申請複檢。複檢指對初檢的結果進行複查，驗證初檢有無差錯。宋制規定，複檢必須差與初檢無關或相鄰州縣的人員來進行，以防止作偽。

在檢驗過程中，要對勘驗對象作詳細筆錄，這種記錄在宋代有驗狀、檢驗格目、正背人形圖等形式，是分析案情的重要證據。宋代驗狀的格式和內容非常縝密，如檢驗屍體要按照「四縫屍首」的統一格式，即從俯、仰、左、右四個方位對屍首進行全方位勘驗，並對屍體各部分的特徵作出

客觀的描述，此外還要描繪屍體放置的場所、姿勢、周圍環境等要素。

南宋孝宗淳熙年間，為了能更周密地記載檢驗過程，浙西提刑鄭興裔創制了一種新的檢驗筆錄形式，即檢驗格目，其內容比驗狀更加詳盡，報檢、初檢、複檢、申報的每個細節都要由檢驗官如實填寫。檢驗格目一式三份，一份由所屬州縣保管、一份由被害人家屬保管，一份上交。由於檢

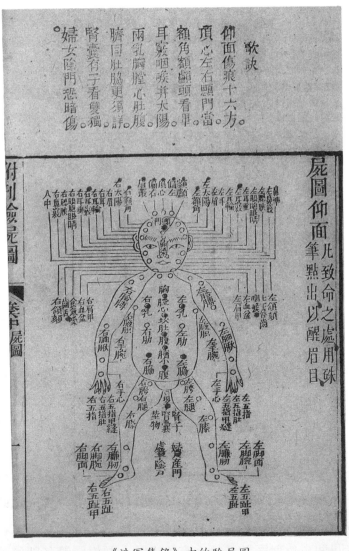

《洗冤集錄》中的驗屍圖

驗格目詳細記錄了檢驗程序的每個細節，因而有利於上級對檢驗工作進行審查，約束檢驗官的舞弊行為。

南宋時，為了進一步防止檢驗官作弊，曾刊印正背人形圖，令檢驗官勘驗時在圖上標明屍首上的傷處，並高聲唱喝，令眾人共同觀看，眾無異詞，然後簽字畫押。比起驗狀和檢驗格目，正背人形圖更加直觀，透明度也更高，從某種程度上達到了「吏奸難行，愚民易曉」的目的。

隨著檢驗制度的發展和完善，宋代出現大批總結和介紹檢驗經驗及檢驗理論的著作，如《折獄龜鑑》、《棠陰比事》、《洗冤集錄》等。其中以宋慈的《洗冤集錄》成就最大，它在現場勘驗和法醫鑑定等方面取得了突出成果，是世界歷史上最早的法醫學著作，對檢驗學的發展作出了重大貢獻。相關內容請見第十二章第八節「四、醫藥」。

㈣審判制度

宋王朝為了防止徇私舞弊，制定了眾多措施來保證審判的正常進行，主要有迴避、長官親自審案、獨立審訊、「鞫讞分司」等原則。迴避指如果審官之間或審官與犯人之間有利害關係，如親屬、故舊、仇嫌、籍貫、職事相關、同年同科及第等，則在審訊時必須迴避。須由長官親自審理的案件，不得由佐官或胥吏、牙校代審。獨立審訊即為保證各級司法機關能夠據實審案、獨立判案，不受外界的干擾和影響，規定各級司法機關有權獨立審訊，其上級機關不得干涉。「鞫讞分司」即在審判過程中將審理權與判決權分離，鞫司專掌審理案件，讞司專掌檢法斷刑，互不通問，互相牽制，這是最能反映宋代司法審判特色的一項原則。

宋朝政府確立的這些審案原則，基本上保證了司法機關能夠在少受外界干擾的情況下正常審理案件，有利於司法獨立；防止了審訊過程中的徇私舞弊、官官相護及打擊報復，有利於維護司法公正；有利於官員之間相互監督、相互牽制；有利於正確應用法律，盡可能避免出現錯誤判決，體現了宋代法制的進步。

相比前代，宋代審案增加了許多人性化的制度，這是宋朝刑訊的突出

特點。《宋刑統》規定，在司法機構對案件不能確定、嫌疑人又不肯招供的情況下，可以加以拷訊；如犯罪事實經過驗證無疑，則可以「據狀斷之」，不必拷掠。同時，宋政府還限制了刑訊使用的範圍，凡年齡在七十以上、十五以下者、有殘疾、廢疾、篤疾者、女犯懷孕者、享有特權的犯官等，都不得用刑拷問。為了防止官吏非法刑訊，政府對刑具也作了統一規定。杖是宋代官定的刑訊工具，宋制規定，官杖長三尺五寸，大頭寬不能超過二寸，小頭寬及厚度不能超過九分，重量不能超過十五兩，刑訊杖不能留節，也不能加釘子或筋膠之類的物件。刑訊部位為背、腿、臀，每次三十而止，行刑過程中不得更換行刑人。如在刑訊過程中犯人死亡，則根據相關官吏故意和過失、被拷人有罪和無罪承擔相應的責任。這些措施反映了宋朝司法實踐過程重視人權和人性的一面，體現了社會的進步。

案件經過調查取證，審問清楚後，還要將口供和各種證據進行整理，以便作為判決的依據，這一過程稱為「結案」，也叫「結款」。由於結案對最後的判決有至關重要的作用，因此宋王朝規定，凡殺人、傷人等重大案件，結案前必須差官檢驗，未經檢驗不許結案；如果案犯是外籍人，還必須在結案前到案犯原籍進行走訪，調查案犯三代有無「官蔭」特權，是否為在逃犯等，以作為判決時減輕或加重刑罰的依據，這一過程被稱為「本貫會問」。

結案以後，案件進入判決階段。宋代判決包括錄問、檢法定罪、定判、結絕等程序。錄問指對徒罪以上大案，在量刑定罪之前，要選差沒有參加過審訊、符合迴避原則的官員再次提審案犯，核實供詞。如案犯承認供詞屬實，則進入下一程序，如案犯翻供，則要移司別勘。案件經過錄問無疑之後，就要進行檢法定罪，這是指在最終判決前，由專門負責檢法議刑的法司根據犯罪情節，對照適用的法律條文，作為量刑定罪的依據。法司檢法後，案件進入正式判決階段。由推官或簽書判官廳公事等幕職官先草擬出初步判決意見，稱為「擬判」或「書擬」。通判、法司官員集體對擬判進行審核，簽書畫押，然後上交長官，最後由長官蓋印行下，作出定判，判

決才算完成。長官定判後，還必須向犯人宣讀判詞，詢問犯人是否服罪，這是賦予罪犯最後一次申訴機會。犯人如不服，則要另派官吏審理；如服罪，則開始執行判決，宋人稱之為「結絕」。

宋代審判制度詳細縝密，在審判的各環節嚴格把關，細緻分工，相互牽制，有效地防止了出現長官隨心所欲、個人專斷情況，使得審判能夠盡可能公正地進行，減少了冤獄的發生。

㈤複審制度

複審是由於案犯對判決結果不服提出申訴而對案件進行的重新審理。宋朝政府賦予了案犯許多申訴的機會，既可以向原審判機構提起申訴，即在錄問、結絕或行刑前翻供，也可以在行刑後向上級司法機關申訴，要求重審。宋代各類案件的申訴時效有不同的規定，北宋時期，一般案件的最高申訴時效為三年，南宋則延長到五年。申訴程序方面，宋政府規定上訴程序依次為：州—監司—尚書本曹—御史臺—尚書都省—登聞鼓院—登聞檢院—理檢院—邀駕。無論是逐級上訴，還是越訴、直訴，都要有下級審判機構的判狀，否則上級機關不得受理。

複審有兩種形式，一是「移司別推」，二是「差官別推」。「移司別推」指針對錄問或行刑前翻供的案件，由原審判機關長官改派同級他司重審。宋代從中央到地方各級司法機構基本都設有兩個或兩個以上的審判機構，如大理寺分左、右推，刑部分左、右廳，開封府設「府院」和左、右軍巡院，各州有「州院」、「司理院」等。這種並列機構的設置，使案犯在不服判決時可以改由他司審理。「差官別推」指上訴案件不再由原審判機構內其他同級司法部門審理，而是直接由上級司法機關派人重審。

為了防止案犯無休止的申訴複審，宋代確定了複審的次數限制。一般情況下，北宋以三次為複審的最高限額，南宋增加到五次。如果五次重審後案犯仍然不服，則由提刑司親自審理，並上報皇帝，由皇帝作出終審。

二、民事訴訟制度

㈠起訴與受理

民事糾紛和訴訟不可避免地會對生產和社會風俗造成不良影響，為了減輕這種負面影響，宋朝政府從起訴人、起訴時間、訴訟時效、訴狀、受理等方面對民事訴訟進行了限制。

由於老人、篤疾者及孕婦無法承擔相應的法律責任，所以宋朝規定他們不能提起訴狀，而要由親屬代投，相應的責任也由代理人承擔，如果沒有親屬則不在此限。此外，民事訴訟的起訴人必須與本案有直接的利害關係，「不干己事」者提出起訴要受到責罰。這是出於維繫民風的考慮，防止形成告訐之風，以期息訟寧人。

《宋刑統》規定，所有田宅、婚姻、債務之類的民事訴訟，必須在每年十月一日以後才能起訴，次年正月三十日停止受理，三月三十日以前審理完畢，其目的是為了不誤農時。而與農戶無關的案件，則不受起訴時間的限制。這種根據農時來規定案件起訴、受理、判決時限的法律，稱為「務限法」。南宋時期，由於南方氣候與北方不同，耕作時間也不一樣，對起訴時間的限制也作了調整。高宗紹興二年（1132年）規定，准許起訴的時間仍然是十月一日，但終止日期改為二月一日，較北宋減少了二個月。這些只是朝廷的政策，在實際執行過程中，一些地方官往往根據本地的農耕情況來確定民事訴訟的受理日期。朱熹知潭州時，因為當地只有早稻，收穫以後農民便少有農事，因此下令受理民事案件不必等到十月。

另外，宋代對民事糾紛的訴訟時效進行了限制，以防止民事訴訟無限期拖延。建隆三年（962年）規定，典當、倚當莊宅物業的訴訟時效為三十年，超過三十年後，沒有文契或雖有文契難辨真偽者不再受理。時隔不久，建隆四年（963年）頒布的《宋刑統》將上類案件的訴訟時效由三十年縮減到二十年。南宋時期，民事糾紛的訴訟時效規定更為細緻，時效也更短。由於分家產而導致的產權糾紛為三年；由於遺囑繼承導致的產權糾

紛為十年；典賣田宅後發生利息債負問題或親鄰先買糾紛為三年；私自典賣眾人田宅，過十年不再追究責任，只償還其值，如果十年後典賣人已死或已超過二十年，則不再受理；長輩盜賣卑幼產業的案件不受訴訟時效的限制，隨時可以申訴。

宋初對訴狀書的格式並沒有嚴格的要求，《宋刑統》規定，訴訟人可以自己書寫，在狀後寫明是自書；也可以雇請別人代寫，在狀後注明寫狀人姓名、住家住址；如果本人不識字，又不能雇請他人，甚至可以用白紙充當訴狀起訴。但是隨著訴訟活動日益增多，民間出現了一些專門以替人寫狀紙為生的人，稱為「珥筆之人」，這些人往往在寫狀過程中虛構情節、教唆誣告，嚴重干擾了正常的訴訟秩序。鑑於這種情況，宋朝政府加強了對訴狀書寫的控制。北宋中後期，出現了專門替人寫訴狀的「寫狀鈔書鋪戶」公證機構，由官府控制，選差民間德行高尚的人專門代人書寫訴狀。宋朝政府規定，凡是普通百姓（官人、進士、僧道、公人除外）的民事起訴，必須要有書鋪所寫的訴狀，否則不予受理。

宋代官府受理民事案件存在嚴格的規定，司法機關開拆司吏人負責接收百姓訴狀，對於符合起訴要求的訴狀，相關司法機關必須受理，否則要受到處罰。哲宗元祐四年（1089 年），蘇州知州劉淑、兩浙路提點刑獄莫君晨因不受理章惇強買昆山民田一案，最終被貶官。對於不符合規範的訴狀，開拆司吏員有權拒絕收受。凡出現下列情況，官府可以不受理訴訟：不經書鋪不受；狀無保人不受；狀過二百字不受；一狀訴兩事不受；事不干己不受；狀注年月、姓名不實不受；投白紙狀不受；攔轎狀詞不受；事不屬本司不受；非戶絕孤孀而以婦人出面不受；自刑自害狀不受；匿名狀不受等等。這些規定完善了司法程序，但也使得百姓的訴訟權受到極大限制。

㈡證據制度

宋代民事訴訟採用的證據可謂多種多樣，如書證、物證、人證、鑑定結論等，但其中最能反映宋代特點的則是書證，包括各類契約、遺囑、定

婚帖、宗譜、圖冊帳籍、書信等。隨著社會經濟的發展，契約制度進一步普及和完善，民間的財產關係基本都要通過契約來確定，「大凡官廳財物勾加之訟，考察虛實，則憑文書」❶。書證能夠最真實地反映當事雙方的民事法律關係，在訴訟過程中也最具法律效力。

由於書證的重要作用，一些人為了謀求不法利益，往往偽造文書，以獲得有利的證據。在審案過程中，辨別書證的真偽成為官員審案的關鍵環節。官府在使用書證之前都要先進行檢驗，以查明真偽。真宗天禧六年（1017年），在眉州大族孫延世偽造契約奪取族人田產一案，九隴縣令章頻經過仔細檢驗，發現契約上字墨覆蓋在朱印之上，於是斷定契約是孫延世先盜取印章，然後再添加內容作偽，從而使案件真相大白。如官府不能查明書證真偽，則委託書鋪鑑定，書鋪要對鑑定結果承擔法律責任。如再不能辨明真偽，則要借助了解案件的相關人進行旁證，或者實地進行考察。

以書證作為民事案件的重要證據，是兩宋時期商品經濟關係發展的產物。宋代在民事案件的審理過程中，能夠廣泛搜集證據，特別是注重最能反映真實情況的書證，並通過尋求旁證、實地考查等手段來驗證書證真偽，對於正確判決民事案件無疑有著積極作用，也反映了宋代司法制度的進步。

㈢**審判制度**

為了防止民事案件拖延不決，影響當事人正常的生產和生活，宋朝政府設定了民事案件的審理期限。宋孝宗乾道二年（1166年）規定，州縣半年之內沒有結案的民事案，可以由監司受理。寧宗慶元年間進一步要求地方官府，簡單的民事案當日必須結案；如需要追攝證人，縣衙的審理以五日為限，州郡十日，監司半月，各司法機構無故超越審理期限，訴訟雙方則有權越訴。

民事案件不同於刑事案件，在審理過程中，主要適用的是人情與國法並用的原則，採取調處與判決相結合的結案方式。具體而言，當法律規定與儒家倫理綱常相符的時候，則按照法律規定進行處理；一旦出現法律與

---

❶　《名公書判清明集》卷九。

儒家倫理綱常相矛盾的狀況，就突破法律條文的限制，根據綱常禮教作出判決，以達到所謂厚人倫、美教化的目的。

對各級官員來說，儒家倫理是等同於甚至遠遠高於法律的，確如范應鈴所言，「倘拂乎情，違乎理，不可以為法於後世矣。」❶❺因此，官員在審理案件的過程中往往於法律之外循用人情，以儒家倫理道德作為判決案件的依據。如毛永成訴訟贖回田宅一案，本已超出十年的時效，依法應判毛永成虛妄之罪，但主審官吳革認為，毛永成所訴雖不合法，但尚有值得考慮之處，首先是毛汝良典賣之屋與毛永成之屋連桁共柱，如果被買者拆毀，毛永成之屋則不能自立，其次是毛汝良典賣之地中有毛永成祖墳一所，因此毛永成的要求是合乎人情的。最後吳革判決，將屋二間及有祖墳桑地一畝照原價兌還給毛永成，這是典型的法外用情的案例。

對符合儒家倫理規範的行為可以法外褒獎，對背離儒家倫理綱常的行為則不問是非，嚴厲處罰。如阿張因為丈夫朱四的舅舅非禮自己，向官府申訴要求離婚，地方官胡穎認為，阿張為朱四妻已經八年，即使朱四身患重病，也應該終身不改。阿張向官府申訴要離婚，已經背離了夫婦之義，而又誣陷舅舅非禮，嚴重違背了儒家倫理綱常，最後雖然判決離婚，但卻對阿張處以杖六十的處罰。在這一案例中，胡穎沒有適用法律中「被夫同居親強奸，雖未成，而妻願離者亦聽」的法律條文，而是根據儒家綱常中「夫有出妻之理，妻無棄夫之條」的道德規範，對阿張進行了處罰，這顯示了儒家倫理道德在處理民事案件中的特殊效力。

儒家傳統倫理提倡息事寧人的處世哲學，認為詞訟之興有損於綱常名教，傷風敗俗。因此，飽受儒學思想影響的宋代官員在審理民事案件時，往往並不只是為了把某一個具體案件調查清楚而已，他們的最終目的在於通過案件的審理，能夠對社會產生一定的教化作用。在審案過程中，很多情況下，他們並不直接進行判決，而是利用倫理綱常對訴訟雙方進行調解，一是官府直接調處，二是官府諭令鄉鄰調處。

❶❺　《名公書判清明集》卷一二。

1.官府調處：對於案情清楚的民事案，直接判決不一定能收到很好效果，因此官員往往親自向雙方當事人陳述道理，曉以利害，以和親睦族。如劉克莊審理的謝迪悔婚案中，謝迪先將女兒許配給了劉穎，後又悔婚，劉穎將謝迪告上公堂。如依法判決的話，謝迪必須將女兒嫁給劉穎，但劉克莊並沒有簡單地按照法律規定判決此案，而是對雙方進行勸導。他一面令謝迪參看法律條文，仔細考慮；一面開導劉穎母子，兩家已經對簿公堂，縱使成婚，日後也無顏相見。同時又令鄉鄰親戚從中說和，經過六次勸導，兩家終於達成協議，調解成功。官府對民事案件的調處，往往能收到比直接依法判決更好的效果，確實達到了教化社會的目的。

2.鄉鄰調解：有些官府不便進行調解的案件，則依靠訴訟雙方的鄉鄰親戚從中協調，由於他們比較了解與訴訟相關的情況，與當事人關係較為密切，因而更容易讓雙方達成和解。如蔣邦先訴李茂森「賃人屋而自起造」一案，審理官員胡穎認為兩家既是親戚，不應為了區區小事傷了兩家和氣，因此並未依法判決，而是請鄉里從中勸和，促成了兩家和解。

同審理案件一樣，調解過程也是有期限的，一般為五日，如到期不能達成和解，官府就會根據案情檢選適合的法律條文進行判決。判決結束後，給當事雙方發放「斷由」，寫清案件的原由、訴訟請求、雙方爭議所在、認定的事實和適用的法律等內容，作為結案憑證和當事人上訴的依據。如果結案後不給斷由，司法機關要受到處罰。

第五節　法律在宋代社會中的地位

宋代是一個重視法制的朝代，統治者總結前代以來的歷史經驗，深刻地認識到法律對於治理國家的重要性，「法制立，然後萬事有經，而治道可必」❶。因而宋朝建國以後進行了大規模的立法活動，這些法律條文涉及到社會生活中的方方面面，「今內外上下，一事之小，一罪之微，皆先有法

---

❶ 李燾，《續資治通鑑長編》卷一四三，慶曆三年九月丙戌。

以待之。」❶❼以至「細者愈細，密者愈密，搖手舉足，輒有法禁」❶❽。在頒布大量法典的同時，宋王朝十分重視官吏的法制教育，在中央設律學，培育專業的法律人才、提高官吏執法水平。同時，朝廷將官員的任用升遷與其法律水平的高低結合起來，神宗熙寧年間規定，凡進士及諸科出身之人都要先考試律令大義或斷案，通過之後才能授予官職；選人改官之前也要進行法律考試，合格者才能得到升遷。這些措施充分表明，法制在兩宋政治生活中具有特別重要的意義。

宋政府雖然重視法制在社會生活中的作用和官員法律素質的提高，但對法律在民間的傳播和百姓習法卻予以嚴格限制。高宗紹興七年（1137 年）下詔，「訪聞虔、吉等州專有家學教習詞訟，積久成風，脅持州縣，傷害善良，仰監司守令遍出文榜，常切禁止，犯者重置以法。」❶❾宋朝之所以禁止法律在民間傳播，一是擔心百姓習法後會爭訟不已，不利於社會穩定；二是認為法律作為一種維護統治的工具，「上執之可以御下，下持之可以犯上也」❷⓪，從「愚民」的角度出發，使民不知法，由官方壟斷法律，以便憑統治者的意志運用法律。

儘管宋王朝一再申嚴禁令，但依然遏制不住法律在民間廣泛傳播的趨勢，這和當時的社會環境有直接的聯繫。宋代社會經濟高度發展，人們之間的經濟關係在各種社會關係中占據主導地位，各種經濟糾紛顯著增多，使得百姓迫切要求了解法律，以維護自己權益。此外，宋代法律繁瑣詳密，稍有不慎，就會觸犯律條；宋王朝又對民事訴訟作出了種種複雜的規定，稍不中規，就不予受理。因此，百姓必須對相關法律有所了解。

為了滿足平民學習法律的需求，宋代民間興起了私辦訟學，並發展到了一個較高水平。江西是私辦訟學較興盛的地區，當時江西民間有一本名

---

❶❼　葉適，《水心集》卷四〈實謀〉。

❶❽　黃震，《黃氏日抄》卷六八〈法度總論〉。

❶❾　《宋會要輯稿》刑法二之一五〇。

❷⓪　《江西通志》卷六七〈建置略·廨宇〉。

叫《鄧思賢》的書，專講訟法，許多學校都把這本書當作教材講授。鄉村一些學校專以教習法律、訟學為業，「編戶之內學訟成風，鄉校之中校律為業」❷。「江西州縣有號為教書夫子者，聚集兒童，授以非聖之書，……皆詞訴語」❷。可見民間學習訟學的不僅是成人，甚至有兒童從小就開始接受訟學教育，這些人學成以後，「更相告語以及其父子兄弟」❷，從而使法律知識得到廣泛傳播。

　　法律在民間的廣泛傳播，提高了人們的文明程度，在自身利益受到侵害時，人們不再用野蠻的武力行為來解決，而是傾向於用法律手段來維護自己的權益。兩宋時期，民間訴訟空前增多，顯現「尚訟」風氣。江西人好訟在當時已是全國聞名。寧宗時，江西崇真觀女道士王道存與熊氏等十數家爭訟地界，聲稱數家所居之地、所葬之墳皆是觀中土地。因不滿縣主簿的判決，王道存又上訴至轉運司。轉運司判定其中一家應拆毀房屋歸還道觀，其餘數家付給王道存租錢，王道存竟還「恃其瀾翻之口舌，奔走於貴要之門」，揚言要挖掘余登、譚太兩家已葬數十年之祖墳。地方官黃幹書寫判詞時也不得不感慨，「江西之俗，固號健訟，然亦未聞有老黠婦人如此之健訟者」❷。宋代其他地區的「健訟」之風也不遜於江西，如江南東路的歙州（安徽徽州），「民習律令，性喜訟，家家自為簿書，凡聞人之陰私，……皆記之，有訟則取以證。其視入狴牢、就桎梏猶冠帶偃簟，恬如也。」❷又如婺州東陽（浙江東陽），「習俗頹囂，好鬥興訟，固其常也。」❷可見宋代民間「尚訟」已不是一州一縣的個別地區，而幾乎是遍及全國的普遍現象。南宋開禧年間（1205～1207年），「州縣之間，頑民健訟，不顧三尺。

---

❷　《江西通志》卷六七〈建置略・廨宇〉。

❷　《宋會要輯稿》刑法二之一五〇。

❷　《江西通志》卷七〇〈建置略・學校〉。

❷　黃幹，《勉齋集》卷三三〈崇真觀女道士論掘墳〉。

❷　歐陽修，《歐陽文忠公集》卷六一〈尚書職方郎中分司南京歐陽公墓誌銘〉。

❷　《名公書判清明集》卷三。

稍不得志，以折角為恥，妄經翻訴，必欲僥幸一勝。則經州、經諸司、經臺部，技窮則又敢輕易妄經朝省，無時肯止。甚至陳乞告中，徵賞未遂其意，亦敢輒然上瀆天聽，語言妄亂，觸犯不一。」[27]

商品經濟的發展，使得人們的思想觀念隨之改變，「義利雙行」甚至「重利輕義」的財富觀取代了傳統的「重義輕利」的觀念，面對日益複雜和頻繁的經濟糾紛，人們更注重維護、爭取自己的利益，從這個角度來看，宋代民間的「尚訟」之風是商品經濟發展和社會關係、社會心理變動所帶來的必然結果。然而，統治者並沒有看到民間「尚訟」的真正原因，而把這種現象歸結於頑劣之民的無事生非，或者是一些奸猾之徒的教唆挑撥。「大凡市井小民、鄉村百姓，本無好訟之心，皆是奸猾之徒教唆所至。」民間訴訟之所以增多，「皆是把持人操執訟柄，使訟者欲去不得去，欲休不得休」[28]。宋朝統治者受傳統儒家思想的影響，把民間這種「尚訟」之風看作社會的不穩定因素，對此多持批判態度。

事實恰好相反，「尚訟」之風的出現，反映出來的正是社會的進步和文明程度的提高，百姓遇到自身利益受到損害的情況，更多地求助於法律，這種意識的出現，在封建時代是非常可貴的。百姓健訟並不會引起社會不安，引起社會不安的是官府有法不依、知法枉法的行為，「其由在上者自紊其法，……政不廉，法不平」，百姓自然會「紛紜於下」，「口不可塞也」[29]。百姓知法懂法，就可以對官府的執法行為進行監督，官府也不敢再把民事訴訟視為「民間細故」[30]，而要精心審理，倍加關注，從而有利於促進整個社會司法公正的實現，有利於社會的進步。

綜上所述，法律在宋代社會生活中占據著重要的地位，宋人陳亮總結本朝與前朝法律之不同時說，「漢，任人者也；唐，人法並行也；本朝，任

---

[27] 《宋會要輯稿》刑法二之一三七。

[28] 《名公書判清明集》卷一二。

[29] 《江西通志》卷六七〈建置略·廨宇〉。

[30] 《名公書判清明集》卷一二。

法者也」[31]。把宋朝完全視為一個法治社會。這種說法當然是不合適的，宋朝畢竟仍然處於帝王時代，皇帝的意志凌駕於一切法律之上，「人治」的因素要遠遠大於「法治」的因素，但無論如何，兩宋時期，法律在社會生活中所起作用是不可忽視的。

本章重點

1. 宋代法律的形式與特色。
2. 宋代司法制度的演變。

複習與思考

1. 試析宋朝政府加強法制的原因。
2. 論法與宋代社會。

---

[31] 陳亮，《陳亮集》卷一一〈人法〉。

第六章
社會經濟

第一節　經濟制度與政策

一、土地制度

㈠土地政策的變化

後人概括宋朝的土地政策有兩大特點：一是「田制不立」，二是「不抑兼併」。所謂「田制不立」，並不意味著宋代沒有土地政策，未制定與土地相關的制度和法規，而是指宋政府對土地問題的干預遠不如以前朝代那麼嚴重，也沒有普遍推行土地國有制。雖然宋代也存在國有土地，但所占比重非常小。由於土地私有觀念已經深入人心，強行將私人土地收歸國有的辦法已完全行不通。北宋末年、南宋末年，政府強行掠奪民田為「公田」，也不是直接地強制徵取，而是以索要民戶田契和出錢購買限外之田的名義進行的。

所謂「不抑兼併」，是指宋政府對民間土地所有權的合法轉移任由市場因素決定，而以行政權力處罰那些違犯法令的土地買賣和兼併活動。朝廷將大地主占有大量田地視為「為國守財」❶，這是宋朝統治者對土地兼併的基本態度。然而，土地轉移的自由與頻繁，尤其是有錢有勢者過多占有田地，勢必在政治和經濟等方面產生一系列問題，如官員可利用特權逃避賦稅，國家財政因而受到損失，而大批農民失去土地，必然會增加社會不

---

❶　王明清，《揮麈錄‧餘話》卷一。

穩定因素。所以，兩宋時期，政府屢次下令限田，規定官僚地主在多少頃畝內可以免差役、科配，實際上是既不限制也不阻止他們占田買地，但限外田地必須與普通民田一樣交納賦稅。即便是如此寬鬆的限田政策，一些特權階層也要設法突破。他們往往將超出規定的田產寄置在他人名下，限田法令實際上成為一紙具文。

宋代土地買賣現象空前增多，當時的社會現實是「貧富無定勢，田宅無定主，有錢則買，無錢則賣」❷，著名詞人辛棄疾也說「千年田換八百主」❸。依據政府的相關規定，買賣土地雙方必須簽訂契約，契約草本由州縣統一印製，民戶買契後規範填寫，交納紙墨本錢。訂立契約後，兩月之內須到官府交稅，這筆錢稱作「牙契錢」，按照田地買賣價錢總數徵收，北宋時稅率多為 4%～6%，南宋時則超過 10%。官府徵稅後，蓋上官印，辦理土地及其賦稅過戶手續，這種合法契約被稱為「紅契」，但不按格式填寫的紅契，沒有法律效力。沒有交稅、蓋紅印的叫「白契」，白契基本上不具法律效力，官府甚至可以沒收這種非法買賣的土地，一旦發生糾紛，原則上不予採信作判案證據。

宋代的土地轉移主要是通過購買而得以實現，出賣土地者多為經濟力量弱小的自耕農和半自耕農，他們在災荒年分或婚喪嫁娶等開支困難之際，往往被迫出賣田宅渡過難關。另外，由於宋代社會財富轉移頻繁，民眾地位變化比較劇烈，地主階級的部分成員也會出賣土地，這反過來又加劇了社會階層間的垂直流動。除了買賣方式外，有的地主還通過偽造賣田契約、誘騙欺詐等卑鄙手段，巧取豪奪他人田產，還有一些官僚及其親屬倚仗其權勢，強行奪取。隨著商品經濟的發展，越來越多的商人、高利貸者也將部分資本投向土地，從而使地主、商人、高利貸者這幾種身分集於一身，不易截然分開，這構成了宋代土地買賣的一大特色。

---

❷ 袁采，《袁氏世範》卷三〈富家置產當存仁心〉。

❸ 辛棄疾，《稼軒詞》卷二〈最高樓〉。

㈡土地所有制結構

中國古代社會的土地所有體系大體上可以視為由小農、國家和地主階級這三種土地所有制組合而成的一種三級結構。中唐以前，歷代王朝無不利用國家權力，對土地所有制結構進行頻繁的干預，試圖將所有權不同的各類官私田土，最大限度地納入政府統一分配的範疇。而調整土地所有制的主要手段之一，就是設法限定私家地主的占田規模，抑制大土地所有制的膨脹。中唐以降，這種情況發生了根本性變化，最突出的標誌就是兩稅法的推行，國家依據占有田地的數量徵收賦稅，行政權力由此逐漸失去了左右三種不同所有制比重升降的槓桿作用，土地所有制的總體結構因而開始出現了變動。

國有土地在宋代已經衰落，儘管宋朝仍有名目繁多的國有土地，但其所占比重呈大幅下降趨勢。神宗熙寧年間（1068～1077 年），政府各部門擁有的官田面積只占墾田總數的 9.5%。南宋從紹興元年（1131 年）到淳熙元年（1174 年）的四十餘年中，官田總數也只占墾田總數的 6.6% 左右。由於官田普遍經營不善，效益不高，因而宋代出現了官田私田化的現象，政府將大量官田或本應轉化為官田的荒閒、無主田土，通過種種方式變為民田，交由私家地主和個體農戶直接經營，以賦役徵調代替官租課取。

宋朝政府逐漸淡化了對土地所有制結構的干預，使地主土地所有制空前膨脹起來。由於獲得了合法擴張土地的權利，而且各類土地所有權之間的轉換渠道基本上有法可依，地主階級所占有的土地面積急劇擴展，尤其是官僚地主階層，依仗其政治勢力，兼并占田活動具有明顯的優勢。至北宋中葉，地主私有土地已經大大超過官田和小農私田而獨占鰲頭。南宋時期，地主土地所有制的比重又有所增大。紹興二年（1132 年），右司諫方孟卿指出：「今郡縣之間，官戶田居其半。」❹再加上數量更為龐大的吏戶和部分鄉役戶，官僚地主階層占地約為全部耕地的 70% 左右。到南宋中後期，官僚占田現象更加嚴重，「權貴之奪民田，有至數千萬畝或綿亙數百里

---

❹　李心傳，《建炎以來繫年要錄》卷五一，紹興二年正月丁巳。

者」❺，不僅數量巨大，而且所占多是膏腴肥沃土地，進一步顯示出官僚地主土地所有制的優勢地位。

在宋代，小農土地所有制擺脫了國家的嚴格控制，農民的依附地位逐漸削弱，相對獨立進程大大加速。中唐以前，小農的土地所有權受到極大的限制，即使是子孫相承的田產，也要由各級官府以「桑田」、「永業田」的名義進行「授受」，土地的處置權、收益權、買賣權、繼承權等都要受到國家權力的種種干預，農民大體上只是擁有土地使用權。而到了宋代，國家已不再進行田土授受，比以往朝代更為維護各類民田的所有權。如在開墾屯田時，不准侵占民田。在興修水利工程時，政府會給予田土被占用的小農不同形式的補償，或償付地價，或以官田撥還小農。儘管如此，由於小農在政治、經濟等方面處於弱勢地位，其擁有的土地數量並不多，且在耕地總數中所占比例呈下降趨勢。宋代農民占總人口的 80% 以上，而占田總數只有墾田總數的 30%～40%，南宋時更降到 30% 以下。

㈢租佃制的普及

宋代廣南西路、荊湖南路西部、四川偏遠山區的少數民族聚居地區經濟相對落後，有的正在向先進體制過渡。海南島黎族聚居的山區，尚處於原始社會階段。上述地區之外的絕大多數宋朝統治區，都是租佃制占主導地位，但各區域存在嚴重的不平衡性。以夔州路為中心，包括梓州路、利州路的許多山區和成都府路的個別地方，還處於農奴制階段。另外，荊湖北路和兩淮地區由於金軍南侵而引起的嚴重戰亂，社會生產遭到巨大破壞，生產關係也從北宋時的租佃制向農奴制倒退。在大多數地區，不僅占支配地位的地主土地所有制普遍實行租佃制，而且許多國有土地如學田、官莊、職田等的經營也多以租佃制為主。

兩宋時期，出租土地者與租種土地者之間往往採取契約形式，前者多為地主和官府，後者多為無地或少地的農民。租地者主要以實物地租繳納給土地所有者，包括分成和定額兩種方式，其中實行分成租較為普遍，比

---

❺ 王邁，《臞軒集》卷一〈乙未館職策〉。

例多為對分，也有四六分或三七分。定額租數目固定，主要適用於土地產量比較穩定的地區，佃戶在交納完定額後，剩餘產品可自由支配。與分成租相比，這種方式更有利於激發佃農的生產積極性。除實物地租外，貨幣地租在宋代得到了一定程度的發展。官府經營的國有土地，很多都採用貨幣地租，常熟縣、無錫縣、蘇州、嵊縣等地的學田租佃都程度不同地徵收貨幣，有的甚至是全部收取數額固定的錢，而根本不交納實物。地主私有土地也同樣存在這種地租形態，王安石在上元縣的田產，所收地租中除實物外，就有錢五十四貫多。南宋時，地主經常將實物地租折算成現錢徵收，反映出實物地租向貨幣地租轉化的趨勢。

二、礦冶管理制度

㈠生產方式：從勞役制到召募制

在宋代，除了煤炭任人採掘、國家不加干預外，其他金屬等的開採均由政府設專門機構負責。在礦產豐富、面積較大的礦區，宋廷設「監」，其中多數是縣級以下，部分監是與府、州、軍平級的行政機構，不相統屬。較小的礦山則設冶或坑、場，直屬於各路提點坑冶公事。監和冶、場內的居民，都從事採掘冶煉業，稱為「冶戶」，不屬於州縣而由監冶統轄管理。

北宋初期，幾乎所有礦冶都是官營性質，政府以徵調勞役的方式加以經營。礦區內礦產的採掘和冶煉，由監冶主管官員根據民戶資產高下，強制徵發民夫承擔，每人每日供應數升口糧，此外別無所償。同時，指派鄉村上等人戶充當主吏、衙前等，負責定額上交礦課。由於當時科學技術尚欠發達，開採能力受到很大限制，無法進行深層採掘，加上勞役制下官吏的刁難勒索，因而冶戶往往虧欠礦課，不少富裕的冶戶無力賠付而傾家蕩產。如兗州（山東兗州）萊蕪監道士冶，每年規定上交鐵課二萬餘斤，大大超過了實際產量，儘管冶戶盡力採煉，仍然不能達到定額。而冶戶一旦承擔採煉，即使「家產銷折，無鐵興作」，官府也不會減少定額，依舊催逼交課。一些經濟力量薄弱的冶戶，因家貧無法完納礦課，每年只有貨賣田

產，買鐵入官，最後要求「依例開落姓名」，不再充任冶戶。而富有冶戶也因風險太大，得不償失，不願「興創」❻。在這種情況下，冶戶破產逃亡者日多，許多礦冶不得不關閉。可見，勞役制已成為制約礦冶業發展的嚴重障礙，勢必要被更為先進的生產方式取代。

北宋中葉以降，隨著鄉村戶差役法被募役法逐漸取代，官營礦冶的召募制也日漸興盛起來。江西信州鉛山場銅礦的礦工就多係召募而來，一般採用按產量付給報酬的辦法。兗州萊蕪監也改變了以前徵調勞役的做法，召募有經濟實力的民戶負責開採，並授予相應的官職，「於是冶無破戶，而歲有羨鐵百餘萬」❼。與勞役制相比，召募制是出於應募者自願而非強迫，因而能夠調動他們的主動性和積極性，神宗熙豐時期礦冶業的高度發展，與召募制的推廣是密切相關的。

在官營礦冶從勞役制向召募制轉化的同時，宋廷開始把部分坑冶發包給私人經營，承包者只要每年認納一定數量礦產品（即課利），即可取得礦

買撲制

是指政府向商人、民戶出賣某種物品經營權或某種利入收稅權的制度。大致可分兩種類型，一是承包稅額，如買撲墟市、買撲稅場、買撲江河津渡、買撲祠廟、買撲陂塘等，均屬於包稅型買撲，官府總計該項收入的年額，讓承買者預先納錢於官府，即可聽任他們自行收稅。一般以三年為期，稱為「一界」，到期可續訂承包合同。二是承包經營型，如買撲鹽井、買撲坑冶、買撲醋坊、買撲酒務等，除承包稅收外，還兼及包產或包銷，經營者成為官營禁榷制度中的一個參與環節。

---

❻ 張田輯錄，《包拯集》卷七〈乞開落登州冶戶姓名〉。

❼ 王珪，《華陽集》卷三七〈梁莊肅公適墓志銘〉。

冶經營權，叫做「買撲制」，又稱「承買制」。仁宗至和二年（1055 年），詔命陝西同州（陝西大荔）鐵冶召人承買。嘉祐五年（1060 年），興國軍大姓程叔良買撲磁湖鐵冶。最初，實行買撲制的主要是開採已久的舊礦及不堪置監的小礦、貧礦，由所隸屬的監司規定每年交納的課利錢數，召人買撲。成效顯著後，一些新發現的坑冶也採取買撲方式，因而民營礦冶逐步增多。

哲宗元祐五年（1090 年），宋廷對礦冶承包租賃作出更為詳細的規定：原地主如果願意承包，其家財所值相當於或超過每年的額定課利，即可與官府簽訂承包合同；否則就由當地官員公開立價發包，招人「承買」。直至南宋，此法令依然有效。為了使國家在採冶中獲得更多的礦產品，元符三年（1100 年）又規定，礦冶承包戶如開鑿資金不足，事先可向官府借支，待開採成功後，除按數償還所借官錢外，其餘礦產品出賣後的收入也不能全部歸己，官府要分享一部分。如果日後礦苗枯竭，承買者也可申請關閉，如徽宗政和四年（1114 年），東南諸路就有「或因人戶自陳，便行停閉」❽的情況。買撲制使民戶取得了礦冶經營權，相對於完全官營的礦冶來說，這種「官督民營」的企業有了更多的自主權，是礦冶業內部生產關係的巨大進步。

㈡產品分配：從課額制到二八抽分制

隨著勞役制逐漸被召募制所取代，課額制也必然要發生相應的變革。王安石變法期間，產生了適應召募制的新的礦產品分配制度，這就是「二八抽分制」。該制度規定，冶戶將礦產品的 20% 作為礦稅上繳國家，其餘80% 的產品由冶戶自主處理。這樣，冶戶根據實際產量向國家交納礦稅，就避免了因產量變化而導致冶戶折抵家產賠納定額礦課的弊端，冶戶的再生產得到了初步保證。交稅後的剩餘產品可以自由出售，極大地調動了冶戶的生產積極性，也向社會提供了更多的商品，有利於商品經濟的發展。實行二八抽分制以後，礦冶業內部的生產關係完成了一次重大變革，進而

❽ 《宋會要輯稿》職官四三之一三三。

使熙豐時期的礦冶生產達到了兩宋的頂峰。

徽宗政和以來，二八抽分制又有了一些變化，「抽收拘買立數之外，民得烹煉」❾。這是綜合了北宋初到熙寧年間的課額制和二八抽分制，即確定的課額低於北宋初年，使冶戶生產可以完成定額，課額中的二分為稅、八分拘買，而冶戶在此課額外還可烹煉，所得歸己，這種制度一直延續到南宋。

三、禁榷體制

㈠榷　茶

中唐以後，茶成為人們的日常飲料，消費量激增，史稱「茶之為利甚博，商賈轉致於西北，利嘗至數倍」❿。因其在人們生活中的重要性和高額利潤，遂被納入國家專賣範圍。兩宋時期的榷茶法因空間和時間的不同而有所變化。

從區域來看，廣南東西路因茶葉產量不高，一直允許自由貿易，唯不許出境。四川地區則在神宗熙寧七年（1074 年）才開始榷茶，此前也允許商人自由販賣。而在茶葉的重要產地淮南路，從宋初開始，一直就實行禁榷政策。淮南地區設有十三個「山場」，官府每年向種茶的園戶預先支付「茶本錢」，來年加息 20%，由園戶用茶葉償還。此外，園戶還要以茶葉交納賦稅，稱為「折稅茶」。在上繳這兩項後所剩餘的茶葉，園戶也要賣給山場。這樣，園戶生產的全部茶葉都為國家所有，商人若要販賣茶葉，必須先到設於京師的榷貨務繳納茶價，領取「茶引」，憑茶引再到某一山場取茶，園戶與商人不能直接交易，違者將受到處罰。

從時間來看，自太祖乾德二年（964 年）開始榷茶以來，宋朝的茶法屢經變更，但大抵可歸納為兩種，一是交引榷茶，一是貼射通商，它們在不同的時期輪流交替，構成了宋代榷茶制度。

---

❾　《淳熙三山志》卷一四。

❿　《宋史》卷一八三〈食貨志〉。

　　所謂交引榷茶，就是商人向京師榷貨務入納金、帛等，取得交引，持引到產茶地取茶。這種辦法切斷了商人同園戶的聯繫，由國家相關機構直接與商人進行交易，保證了國家對茶利的壟斷。官府以低價收購園戶的茶葉，再以高價出售給商人，一買一賣之間，國家就獲得了高額利潤，而園戶和商人的利益受到極大損害，引起他們強烈的不滿。太宗淳化三年（992年），在薛映和劉式的提議下，宋廷將交引法變更為貼射法，在淮南茶場，讓商人直接到產茶地區同園戶進行交易，國家不再干預，實際上即為通商法。但這一辦法尚未全面施行就被廢罷，淳化四年（993 年）又恢復了交引法。這一方面是因為行貼射法後，商人為了獲得高額茶利，在出售的茶中新陳相雜，損害了消費者的權益，國家也不甘心將茶利都讓給商人。另一方面，此時北部邊防用兵，急需糧草供應，政府要用茶來招誘商人，使其運輸糧草至邊境，稱為「沿邊入中」。於是，淳化四年（993 年）的交引法就與邊境軍需供給緊密聯繫了起來。商人輸送糧草或錢貨於北部沿邊州軍者，官府發給交引，持引者可至京師榷貨務取得一定的報酬，官府用現錢、香藥犀角和茶三種物品折付給商人，故稱之為「三說法」。為了鼓勵商人運糧草到沿邊，除了糧草價格、運費之外，還有一定數量的額外利潤，稱為「加抬」或「虛估」，也是入中價格的重要組成部分，「如粟價當得七百五十錢者，交引給以千錢，又倍之為二千」❶。

　　由於當時邊境軍需浩繁，邊地官員迫於壓力，大幅提高入中價格以招徠商人。於是給商人的「加抬」越來越多，濫發交引，大大超過了東南茶葉的實際產量。商人所持交引無法兌現到茶葉，引起交引貶值，持引的商人無利可圖，自然不願再去入中，交引法面臨著難以為繼的困境。針對這種情況，真宗景德二年（1005 年），宋廷調整了交引法，取消邊地官員對入中糧草進行估價的權力，改由中央政府對茶葉和入中糧草間的折換比率作出統一規定。但為了吸引商人入中，虛估仍然普遍存在，因而並未從根本上解決濫發交引的問題，引值貶低的趨勢依然無法得到有效遏止。據景

❶　李燾，《續資治通鑑長編》卷六〇，景德二年五月辛亥。

德年間擔任三司使的丁謂估算，沿邊地區「邊糴才五十萬，而東南三百六十萬茶利盡歸商賈」❷，也就是說，國家為商人入中付出了六倍的利潤，這嚴重影響了國家的財政收入。

仁宗天聖元年（1023 年），宋廷廢除了淳化四年以來的交引榷茶法，恢復了淳化三年的貼射法。商人可以到東南產茶地區與園戶自相交易，官府只收淨利（官府收購價與售出價之間的差額），商人買茶後要輦至官場，領取茶券以為憑證，防止私售，這一手續即是「貼射」。園戶也可貼射茶貨，到通商地分貨賣。這種辦法使國家淨收茶利，而園戶與商人直接交易，也能爭取比國家徵購更合理的價格，有利於改善園戶的生產生活條件，推動他們走上商品生產的道路。同時，針對商人利用入中來壟斷茶利的弊端，宋廷還實行了「見錢法」，規定商人在沿邊入中糧草者，按糧草價格再加3%～7% 的浮動額，一律憑券到京師領取報酬，全部償以現錢；願得茶貨者，要在京師榷貨務交納現錢後，持茶引到東南州軍領茶。這樣就把入中與茶葉貿易分別開來，矯正了過去虛估之弊，較為有效地保障了國家的茶利收入。

貼射法的實行，使宋代茶法由完全禁榷過渡到部分禁榷，出現了通商的趨向。至嘉祐四年（1059 年），通商法最終取代禁榷法，根據規定，「園戶之種茶者，官收租錢；商賈之販茶者，官收征算」❸，即取消了茶本錢和山場制度，茶商可以直接向園戶買茶，並可隨處販易，政府只收商稅；園戶也可自行出賣茶葉，政府只收茶稅。這是完全意義上的通商政策，多數地方實行至北宋晚期哲宗、徽宗之際。在這四、五十年中，園戶生產的茶葉不再由官府強制低價徵購，而是進入了市場，因而可以增加收入，這有利於茶葉經濟的長期發展。只有福建臘茶因係皇家專用的貢品，仍然實行禁榷。

宋徽宗統治時期，為了增加政府茶利，在蔡京集團的主持下，先後於

---

❷ 李燾，《續資治通鑑長編》卷一○○，天聖元年春正月丙寅。

❸ 馬端臨，《文獻通考》卷一八〈征榷考〉五。

崇寧元年（1102 年）、崇寧四年（1105 年）和政和二年（1112 年）對茶法進行了三次大規模調整，其中尤以最後一次的「政和茶法」影響最為深遠。其基本規定是，園戶可與茶商直接交易，但必須自赴所屬州縣登記備案，否則不得買賣；茶商應先於京師都茶務購買茶引，持引到指定州縣向園戶買茶；茶引有長短兩種，持長引者支茶後可運往他路販易，限期為一年，持短引者只許在本路出賣，限期為一季，到期必須將茶葉售完；官府對園戶與商人的交易過程進行管理與監督，園戶所產茶葉根據產地、質量分出等級，各有限價，不得以次充好，也不得任意抬高茶價，商人買茶，必須由園戶在茶引上注明茶葉的名色、重量、價錢，茶葉不得用私人的籠篰裝盛，必須用官府特製的籠篰，並要到所在州縣市易稅務點檢封記，封好後不得私自開拆。

實際上，「政和茶法」是綜合了宋初以來的徵榷法和通商法，進一步加強了國家對茶葉經濟的監控。它以「引」（或「鈔」）為標誌，因而又稱引法或鈔法。它繼承了通商法，既不干預茶的生產過程，又不切斷商人同茶葉生產者之間的貿易聯繫，這是對禁榷法的否定。但同時它又繼承和進一步發揮了禁榷法，一方面加緊了對園戶的控制，從固定的專業化戶籍管理，到每家園戶茶產量和質量的登錄，將所有園戶都納入到國家專權的範圍，從而有利於官府攫取和占有園戶的剩餘勞動；另一方面又制定了一整套嚴密的制度，加強對商人的管理和約束，不僅將茶引細分為長短兩種，甚至連盛茶的籠篰都有相應規定，以便更為有效地控制商人，保證官府在茶利的分配上獲得最大分額。宋廷南渡後，政和茶法得到繼承，並有所發展，對後代的榷茶制度產生了深遠影響。

㈡**榷　鹽**

在宋代，食鹽也屬於禁榷商品之列。根據生產方法的不同，食鹽大致又分為池鹽、井鹽和海鹽。池鹽靠結晶而成，呈顆粒狀，故又稱為顆鹽，以解州解縣、安邑兩池（今山西）所產解鹽最為有名。井鹽產於四川地區，以煮井鹵而成，它的生產歷史悠久，宋代的鹽井有官井、私井之分。海鹽

產於淮南、兩浙、兩廣等沿海州縣，其中以淮南產量最多，也最有名。海鹽是煮波熬海而成，呈粉末狀，因而謂之末鹽。

由於生產、銷售等諸多環節存在差異，宋朝對上述各地區食鹽的管理方式也不盡相同。解鹽由國家直接組織生產，從事這一行業的民戶稱為畦戶，每戶出二人，一年給錢四十貫，每人每日給米二升，生產的鹽全部上繳官府，這是典型的勞役制。在四川地區的官鹽井中，也存在這種勞役制，官府強制差發百姓充當鹽工，同時還根據民戶資產，徵調民戶運輸井鹽，稱為「鹽井役」。而私鹽井則由井戶經營，他們都是一些經濟力量雄厚的富豪，他們雇傭鹽工進行生產，於是鹽工和鹽井主之間就形成了一種雇主與雇工關係。兩浙路的海鹽生產主要由生產者——「亭戶」來組織和承擔，他們與國家結成賦稅制而非勞役制的關係。亭戶除繳納鹽稅外，其餘產品則由國家全部收購。此外還役使軍士，如臺州杜瀆鹽場，徽宗崇寧（1102～1106 年）以前有鹽軍八十人從事海鹽生產，這也是勞役制的一種表現形式。

不僅鹽的生產環節因地而異，其供應、運銷方式也存在差別。宋政府大體上將全國食鹽消費區劃分為兩類，一是由官府直接運輸銷售食鹽的地區，謂之禁榷區，其食鹽市場幾乎完全由官府壟斷經營；另一類地區則允許商人自由販賣，謂之通商區。商人通過各種途徑，或到京師榷貨務交納現錢，或到邊地入中糧草，然後獲准取得解鹽或淮鹽，到指定的通商地區進行販賣。宋朝官府為了同商人爭奪鹽利，多次變更鹽法，其核心在於鈔鹽法。

與茶法一樣，宋代鹽法變更的直接原因也是戰爭，與招徠商人到邊地入中糧草密切相關。仁宗天聖五年（1027 年），食鹽被確定為支付商人入中糧草的物資之一，它也就同茶一樣，存在虛估加抬之弊。至慶曆年間（1041～1048 年），官府支付給商人的「加抬則例價則率三倍，茶鹽攀緣此法賤，貨利流散，弊悉歸官」❹。按照當時三說法的規定，鹽占的比重在 1/3 以上，以一百貫為例，「三十貫支見錢，三十五貫支向南州軍末鹽，

---

❹　張方平，《樂全集》卷二三〈論國計出納事〉。

三十五貫支香藥茶交引」❺，其中鹽利大部分被豪商巨賈所攫取，國家為此付出了高昂代價，這就促使宋政府不得不對鹽法進行變革。

慶曆八年（1048 年），由制置解鹽使范祥提議，廢除官搬官賣法，開放商旅貿易，允許食鹽通商。具體而言，商人於沿邊州軍入納現錢（此錢由沿邊州軍籌買軍儲糧草），政府償以鹽鈔。商人持鈔赴解州支鹽，然後運到指定區域銷售。出鈔多寡以解州年產池鹽三十七‧五萬席（此為小席，重一百一十六斤）為準，京師由都鹽院（設於宋初，為中央鹽務官署）負責調節鹽價與鈔價，鈔價低則買入，高則賣出，因而又稱「鈔鹽制」，或被稱為「范祥鹽法」。其特點是官制、官收、商運、商銷，已不完全是政府專賣性質。「范祥鹽法」以通商代替官權，藉此克服官搬官賣過程中侵害百姓的種種弊端；以現錢法代替入中糧草，從而遏止人為的虛估加抬等，限制商人獲取鹽利；同時，盡可能保持鹽鈔發行量和解鹽產量的平衡，避免因鈔多鹽少而引起鹽鈔貶值，以便維持鈔價和鹽價的相對穩定。這些措施收到了良好的效果，對消費者和販鹽的商人都有好處，也使國家獲得了相當可觀的鹽利收入。

然而，至宋神宗時期，由於頻繁地對西夏作戰，邊防費用激增，政府為籌措軍費，大量發行鹽鈔，折兌糧草，導致鹽鈔過多而貶值，范祥的鹽鈔法遭到了嚴重破壞。儘管官府通過收購舊鈔來控制鈔價，但終因濫發鹽鈔的問題未能解決而無法挽救鈔值下降。

徽宗統治期間，蔡京集團在變更茶法的同時，對鹽法也進行了重大變革。崇寧四年（1105 年），鹽鈔法實行「貼納法」和「對帶法」。所謂貼納法，即用舊鈔領取食鹽時，必須貼納三分現錢，如不貼納現錢，則原鈔值將按八折計算，也就是要白白損失 20%。對帶法是在貼納法的基礎上形成的，它規定用舊鈔貼納現錢領鹽，凡貼納 40% 的現錢超過舊鈔額 30% 以上、50% 的現錢超過舊鈔額 40% 以上者，可以帶舊鈔請鹽，輸納 40% 的現錢，可以帶舊鈔額的 50%，輸納 50% 可以帶舊鈔額的 60%，以新鈔帶舊鈔，

---

❺　張方平，《樂全集》卷二三〈論京師軍儲事〉。

因而稱為「對帶法」。通過貼納、對帶法，蔡京集團不斷地發行鹽鈔，只要新鈔出來，以前的鹽鈔就算舊鈔，他們就可以利用貼納、對帶名目來掠奪百姓、牟取鹽利。崇寧五年（1106 年），蔡京集團又擴大了貼納、對帶法，使舊鈔進一步貶值，貼納現錢多而所帶舊鈔少，官府由此獲得暴利。

政和二年（1112 年），在加強對茶葉進行控制的同時，蔡京集團又加強了對鹽的管理制度。鹽商同茶商一樣，其貿易運銷過程都受到官府的嚴密控制，從鈔引的繳納期限到裝鹽的囊袋，都有具體的規定，從而確保國家的鹽利收入。南宋政權建立後，鹽法多次變更，但大致沒有超出蔡京鹽鈔法的範圍。

㈢榷　酒

宋代榷酒制度以買撲制為主體。

北宋初年，榷酒的相關制度不甚完備，「陳、滑、蔡、穎、郢、鄧、金、房州、信陽軍皆不禁酒」❻。至太宗太平興國二年（977 年），朝廷採納京西轉運使程能的建議，在各路榷酒。首先於三京（東京開封府、西京河南府和南京應天府）分設都酒務，其下縣、鎮設酒務，墟市設坊場，形成一個嚴密的三級榷酒體系。酒務和榷場既是釀酒作坊，又是賣酒店鋪，兼作稅務機關，一機構而三任，這是完全意義上的禁榷制度。

然而，官營作坊由於種種原因，特別是嚴重的官僚作風，往往經營不善，釀酒質量低劣，加之「以官錢市樵薪及官吏、工人、役夫俸料」❼，成本較高，因而獲利不多。在這種情況下，宋廷開始改變經營方式，淳化二年（991 年）停罷四百七十二處榷酒機構，並在這些地方招募有資財的民戶經營酒坊，優減原額課利的 20%。但當時應募之人很少，因而這一時期仍是雙軌制，民戶買撲和官府自釀並存。此後，民戶承包經營的優越性逐漸顯現出來，買撲制在釀酒業中所占比重呈上升趨勢。至神宗熙寧五年（1072 年），買撲制全面推向各路，州、縣、鎮市的酒坊全由民戶承包經

---

❻ 李燾，《續資治通鑑長編》卷三五，淳化五年四月。

❼ 李燾，《續資治通鑑長編》卷三五，淳化五年四月。

營，同時對承包價格實行「實封投狀法」，即招標制，官府出榜招人出價，每人所出價錢均封好投諸官府，官府將酒坊經營權給予出價最高之人。此法始於大中祥符元年（1008 年），此時引入酒坊承包，政府獲得了更多收入。熙寧十年（1077 年），各路買撲坊場總額達到一百七十六萬貫，十年後增至四百二十萬貫，增幅達兩倍多。

南宋時期，各級財政更加依賴坊場收入，於是進一步放寬了對承包人身分的限制，除現欠官錢物、現職吏人、貼司、巡檢司軍員外，其餘人員都可參加實封投狀，這是紹興二十七年（1157 年）的詔令。乾道二年（1166 年），朝廷再次下令所有坊場均可實行買撲之制，同時允許軍隊參與酒坊買撲。

第二節　部門經濟

一、農　業

㈠農具與耕作技術的進步

宋代冶鐵技術的進步和鐵產量的提高，使鐵製農具的數量和質量都比前代有了顯著的進步。唐代中後期在東南地區出現的曲轅犁在宋代得到廣泛推廣，使用地區遍及大江南北。這種犁起土省力、掉轉靈活，還可調節犁鏵入土的深度，是中國耕犁史上的一大突破，它的普及對農業生產有著巨大的推動作用。另外，宋代出現了「鏺刀」這種新式農具，主要用於開荒時割除灌木、蘆葦、茅草的盤錯根系，在兩浙、江淮地區廣泛使用，對低窪沼澤之地的改造開墾起到了顯著的功效。在缺乏耕牛或不宜使用牛耕的地區，農民則使用踏犁、鐵搭、钁頭等人力耕地農具。

除了耕地農具之外，播種、插秧、灌溉等農具在宋代也有不少改進和創新。前代創制的播種工具耬車，在宋代增添了伴種下糞的裝置，將下種和施肥合為一道工序，既提高了生產效率，又節省了肥料。在水田耕作中，

龍骨水車

宋代農民創造了一種新型插秧農具——秧馬。蘇軾曾經記載了湖北武昌農民使用秧馬勞作的情形，這種農具可以減輕勞動強度、提高生產效率，後來秧馬逐漸推廣到廣南、兩浙、江西等地區。宋代主要的灌溉農具是水車，根據所用動力的不同有利用水作動力的筒車，上面縛有汲水的竹筒，水流沖擊車身使其旋轉，竹筒便周而復始地將水輸入田間。在無法借用水力的地方，較為普遍地使用龍骨水車，它一般以人踏為動力，也有用牲畜為動力的。由於各種水車的廣泛使用，農民抵禦自然災害的能力有了很大提高。

在生產工具不斷改進並推廣的同時，宋代耕作技術也有顯著的進步，集約化經營方式越來越受到重視，尤其是在南方的水田耕作地區，農民不僅大力墾荒、擴大耕地面積，而且把更多的注意力放在精耕細作、提高單位面積產量上。在翻耕土地方面，從前一年秋冬到來年開春，必須進行多次耕耙，使土壤細碎、鬆軟、平整，盡可能達到土熟如麵的程度，這樣既能保持土壤肥力，增強抗旱保墒能力，又能提高種籽發芽率。耕作過程中，

施肥對農作物產量具有至關重要的作用，因此宋人對這一技術十分重視。
宋代肥料來源有所擴大，除了人畜的糞便外，農民還利用河塘溝渠中肥沃
的淤泥以及草木灰等作肥料，並採取多種方法利用和積造綠肥。在肥料的
應用上，宋人已經注意到應根據不同土壤、氣候、季節、作物的具體情況，
施用不同數量和不同種類的肥料，實行合理施肥。

宋代在農作物優良品種的引進、推廣、交流以及選育，都取得了很大
進展，其中以占城稻最為著名。北宋前期，福建引種了越南的占城稻，由
於這一水稻品種既耐旱，又適於在肥力較差的田裡生長。至真宗大中祥符
五年（1012 年），宋政府針對兩浙、江淮等地水稻多不耐旱、時常減產的
問題，從福建調運占城稻種，分發到這些地區推廣種植，取得了明顯的經
濟效益。此後，占城稻又經過各地農民的不斷改良和人工選擇，培育出了
適應不同氣候、水利、土壤條件的許多品種。南北農作物的交流也出現了
十分活躍的局面，宋政府為了克服各地農作物品種單一的弊端，在南方提
倡種麥以及五穀雜糧，在北方推廣種植水稻。隨著農作物的大規模交流和
優良品種的培育推廣，使耕作制度出現了重要變化，同一塊土地上可以接
續栽種不同作物，如在江南、淮南的一些地區，由於北方旱地農作物麥、
豆的推廣，逐漸形成了稻麥或稻豆連作制，兩浙、福建沿海及廣南等地區
由於早稻品種的增加，開始實行稻稻連作制，也就是種植雙季稻。這樣，
從戰國以來延續了千餘年的一年一熟的單作制，到宋代已經向一年兩熟的
複種制過渡，這實際上提高了單位面積產量，多種農作物的種植也增強了
農民防災抗災的能力。

㈡農田水利的發展

在宋代，人們對水利的重要性有了新的認知，「水，稼之命也」 ❶❽，這
種觀點代表了宋人的普遍看法。宋朝各級政府也十分重視水利建設，經常
頒布有關農田水利的政策，倡導、鼓勵各地興修水利，並將水利設施興建
情況作為考核地方官員的重要指標。民間對興修水利相當積極，往往自發

---

❶❽　陳耆卿，《籃窗集》卷四〈奏請急水利疏〉。

聯合起來出資出力，在當地進行水利建設。兩宋三百年間，各地根據自身的自然條件，因地制宜，修復和興建了堤、塘、堰、陂、池、渠等各類水利工程，在防澇抗旱、改造田地等方面發揮了難以估量的作用。

宋代水利設施以灌溉工程數量最多，尤其是在乾旱缺水的北方地區，這些工程的作用就更加突出。太宗時，宋政府在河北雄州（河北雄縣）、莫州（河北任丘）、霸州（河北霸州）一帶修築堤堰六百里，並挖渠、置斗門，引水灌溉。仁宗時，王沿為河北轉運使，在相州（河南安陽）、衛州（河南汲縣）、邢州（河北邢臺）、趙州（河北趙縣）修天平、景祐等渠，引水溉田數萬頃。在西北地區，徽宗時在湟州（今青海樂都）、西寧州（今青海西寧）修廣利等渠，引黃河上游水，使萬頃耕地由低產變為高產。宋政府還十分注意修復治理已廢棄的前代水利設施。仁宗時，朝廷接受知唐州事趙尚寬的建議，修復了當地原有的三大陂和一條大渠，使萬餘頃田地得到灌溉。南宋時，興元府（陝西漢中）修復六堰，疏浚大小河渠六十五里，灌溉南鄭、褒城田地二十三萬三千多畝。這些新建和修復的引水、蓄水工程不僅解決了缺水地區田地的灌溉問題，而且使大面積旱田變為水田，為水稻在北方的推廣種植創造了條件。

與北方相比，南方地區水資源豐富，農田水利建設成就也超過北方，其中取得成效最大的當屬以太湖流域為中心的兩浙路。這一地區地勢低窪，容易積水，時常遭遇澇災。因此，當地的水利建設以排澇疏導為主。兩宋時期，兩浙路歷任轉運使以及所轄州、縣的地方官都積極組織人力物力，開浚港浦、河道、溝渠等疏導工程，泄積潦於江海，將大片低窪積水的低產田改造成了高產穩產的良田。在東南沿海地區，還有一種重要的水利工程，就是捍海堤堰。為了防止海潮對農田的侵襲，宋代修築了不少規模較大的工程，如江北捍海堰，由通（江蘇南通）、泰（江蘇泰州）、楚（江蘇淮安）、海（江蘇連雲港）四州民夫修成，全長五百多里。浙江捍海石塘始修於五代，北宋時重修，石塘高、寬各四丈，全長三百多里，由二千名士兵專門負責海塘的修繕維護。這些堤堰不僅使近海農田免遭海潮浸沒之苦，

還改造了沿海鹼鹵地，開闢出大片海塗田、沙田，增加了耕地面積。

宋代水利建設進步的另一重要表現就是水利工程的複雜化、系統化，宋人已經開始注意發揮水利工程的綜合功能，其典型例子就是在江東路和浙西路大量出現排灌結合的水利系統——圩田。在江浙的一些地方，江河湖泊的水面高於耕地，耕地又高於海面或另一些江河湖泊的水面，於是，當地農民就利用這種地形條件，修築環形堤壩，將耕地圍在堤內，還設有溝渠、閘門，旱時開閘引水面高的江湖之水灌溉，澇時將水擋在堤外，並將堤內積水排入水面低的江河湖海。圩田集灌溉、排澇、造田於一身，能有效地抵禦水旱自然災害，因而它的經濟效益十分可觀。官府積極鼓勵百姓興造圩田，同時也直接組織人力、物力。官圩往往規模較大，如蕪湖萬春圩，堤長百餘里，圩內耕地一千二百七十頃，年產稻米七、八十萬石。

㈢經濟作物種植的專業化與商品化

在發展糧食生產的同時，宋代的桑、麻、棉、茶、甘蔗、果樹、蔬菜、花卉、藥材等經濟作物種植逐漸形成專業化、商品化生產，這是宋代農業經濟發展的重要特點之一。

宋代絲織業非常發達，這自然離不開為其提供原料的蠶桑業。宋政府非常重視桑樹的種植和養護，屢次頒布相關法令，凡新植桑樹，一律不計入本戶財產，也就是不對桑樹攤徵稅役，對私自砍伐桑樹者處以刑罰，情節嚴重者可處死刑。宋代蠶桑業最發達的地區，北方有河北路和京東路，南方則集中在成都平原和太湖流域。在這些地區，桑葉已經成為一種商品，有些種桑農戶不再從事糧食種植，而專以採賣桑葉為生，而以所得收入在市場上購買糧食等日用消費品，從而進入了專業的商品化生產軌道。

麻是中國古代傳統的紡織原料，宋代麻的種植遍布全國，特別是廣南西路和川峽路，種植面積最大，產量也最多。此外，棉花的種植範圍擴大，先由海南島渡海而北，在兩廣和福建諸路推廣，閩廣地區成為主要的產棉區。到南宋時，棉花的種植又向長江流域推進，兩浙、江南地區陸續引種，棉花及棉紡織品逐漸成為當地的重要物產而被列入政府的稅收項目。

唐宋時期，茶成為人們的主要飲料之一。王安石說：「夫茶之為民用，等於米鹽，不可一日以無。」[19] 可知宋人已將茶作為一種生活必需品。在巨大社會需求的刺激下，宋代的種茶面積進一步擴大，淮河以南諸路都廣泛種植，茶葉產量也隨之大幅度提高，每年約在四、五千萬斤上下，福建、兩浙、四川、江東西、荊湖南北諸路是當時最重要的產茶區。宋代茶園分官茶園和私茶園兩種，以民間經營的私茶園為主。經營茶園的園戶已從糧食種植業中分離出來，如神宗時呂陶所描述的那樣：「（茶園）不出五穀，只是種茶，稅賦一例折科，役錢一例均出，自來採茶貨賣，以充衣食。」[20] 他們完全靠種茶為生，基本具備了商品生產者的特徵。

宋代製糖業得到了較大的發展，這與甘蔗種植業的發展密不可分。甘蔗的種植區域主要分布在長江以南的江、浙、閩、廣、湖南、四川等地，其中福唐（福建福清）、四明（浙江寧波）、番禺（廣東廣州）、廣漢（四川梓潼）和遂寧（四川遂寧）都是宋代著名的甘蔗產區。據王灼《糖霜譜》記載，遂寧有 40% 的農田種植甘蔗，30% 的百姓專以製糖為業，可見當地甘蔗種植業商品化、專業化已達到了相當高度。種植甘蔗比種植糧食費力費財，但是獲得的收益遠勝於糧食種植，因而在人多地狹的福建等地，百姓往往將糧田改為蔗田，因而種植面積逐步擴大，還培育出了不少優良品種。

水果生產在宋代也向專業化、商品化方向發展，逐漸成為農業領域的一個獨立生產部門，這種趨勢在柑橘和荔枝的生產中表現得尤為明顯。宋代的柑橘產地集中在兩浙、四川、江西、福建以及兩廣，其中如兩浙路的溫州、蘇州和臺州已成為柑橘生產的中心，這些地區柑橘產量大，質量好，在農業經濟中占有很大比重，許多農戶不再種植糧食，完全以栽培柑橘為業，所需糧食則依靠外地商品糧供給。荔枝生產也出現了類似的情況，在主要產區福建和四川，出現了擁有萬株以上荔枝的農戶，有些甚至是世代

---

[19] 王安石，《臨川先生文集》卷七〇〈議茶法〉。

[20] 呂陶，《淨德集》卷一〈奏置場買茶旋行出賣遠方不便事狀〉。

種植。每到荔枝開花時節，各地商人便來立券包買，預付訂金，到收穫季節按約取貨，然後銷往各地。荔枝不僅在宋朝統治區內銷售，而且行銷於遼、西夏、金統治區，還遠銷日本、新羅、大食等國。正是荔枝所具有的這種商品性質，反過來又極大地刺激了荔枝生產的發展，「故商人販益廣，而鄉人種益多，一歲之出，不知幾千萬億」 **❹**。

隨著宋代城鎮居民及其他非農業人口的增加，蔬菜需求量也大大增加。長期以來，農民種植蔬菜主要是為了滿足自家消費，並不是為了交換。到了宋代，由於城市對蔬菜的需求激增，因而蔬菜種植商品化程度明顯提高，在城鎮附近出現了許多菜園，生產的蔬菜專門銷售給城鎮居民。北宋穎昌府（河南許昌）城東北門內因多菜圃，俗稱香菜門。南宋臨安（浙江杭州）城東門，也集中了大片菜園。一些人口眾多的大城市，郊區所產蔬菜滿足不了供應，還要從外地運來大量蔬菜補給，南宋建康府（江蘇南京）所需蔬菜大部分就來自位於長江中的丁家洲（安徽銅陵北），楊萬里曾在詩中寫道：「烏居魚笑三百里，菜把活他千萬人。」 **❷**由於種植蔬菜收益較高，所以各地都有一批蔬菜種植專業戶，像北宋汴京的菜農紀生靠種菜養活了全家三十多口人。還有鎮江府丹徒縣大港鎮的孫家，幾代種菜，因其所產蔬菜鮮美，遠近聞名，菜販慕名前來爭相購買。

除了水果、蔬菜種植業之外，宋代的花卉種植也有了很大發展，很多人種花不單只是自家觀賞，同時也是為了出售營利。由於花卉消費者主要集中於城市，所以在城市及其周邊地區出現了眾多花圃和養花專業戶。當時著名的花卉產區有洛陽、陳州（河南淮陽）、彭州（四川彭縣）、揚州、蘇州、廣州等地，這些地區的花卉種植面積很大。洛陽城中的天王院種植牡丹數十萬株。揚州種花之家，園舍相望，多者至萬株。每年花開時節，產花地區都有花市，園戶們帶著自家種養的花卉雲集於此，進行買賣。名花每株價格不菲，彭州出產的牡丹新品種「雙頭紅」，一株價格高達三十貫，

❹ 蔡襄，《荔枝譜》。

❷ 楊萬里，《誠齋集》卷三三〈從丁家洲避風行小港出荻港大江〉。

稍次的品種「祥雲」也達七至八貫。花卉的商品化刺激著園戶不斷提高栽培技術，培育珍稀品種。據歐陽修《洛陽牡丹記》載，洛陽牡丹有九十多個品種，孔武仲《揚州芍藥譜》記揚州芍藥僅名貴品種就有三十三種，史正志《菊譜》記蘇州的菊花有二十七個品種。養花業還帶動了一些新的職業產生，如熟練掌握嫁接技術的接花工，由於這是人工培育花卉新品種的重要技術，所以接花工受到了園戶和富家的歡迎。此外，在開封、杭州等城市，還出現了專門靠賣花為生的賣花人。

宋代以前，人工種植藥材的面積和數量幾乎是微不足道的。到了宋代，一些地區開始大面積種植藥材，所種藥材也成為一種重要的商品進入市場。據北宋後期人楊天惠的《附子記》記載，在四川綿州彰明縣（四川江油南）的赤水等四個鄉，有 20% 的耕地被農民用來種植附子，種植面積共一百多頃，年產附子十六萬斤以上，多銷往陝西、福建、兩浙等地，這表明當地的附子種植完全是一種商品生產。

㈣人口和墾田面積的增加

在以個體勞動和農業生產為基礎的中國古代社會，人口和墾田的增加可以看作是經濟發展最直接、最顯著的標誌。在經歷了晚唐、五代的動盪之後，宋代社會相對穩定，經濟得到了迅速的恢復和發展，人口數達到了有史以來的最高峰，生產力水平的提高使墾田面積大大增加，這也顯示出宋代社會經濟的繁榮昌盛。

宋太祖開寶九年（976 年），全國戶籍只有三百零九萬戶，此後戶數持續遞增，到仁宗天聖年間（1023～1032 年），戶數已經超過了一千萬。徽宗大觀四年（1110 年），全國總戶數達到二千零八十八餘萬，幾乎是漢、唐盛世時的兩倍，是中國歷史上前所未有的最高額，而北宋的疆土遠遠不及漢、唐。按每戶平均五口計算，人口已超過一億。宋室南渡以後，領土面積進一步縮小，加之戰爭影響，人口相對減少。然而，隨著北方人口大量南遷，社會漸趨穩定，到了南宋中期，戶數和人口又有所回升。雖然南宋人口數不能與北宋相比，但在淮河以南有限的領土範圍內，人口密度卻

大為增加。兩宋時期的這種人口狀況不僅說明當時社會穩定，勞動力增加，而且還反映出土地承載人口能力的提高，標誌著農業生產力的巨大進步和發展。

宋初，由於受到五代以來戰亂的破壞，各地土地荒蕪現象十分嚴重，因此，政府採取了多種措施鼓勵百姓開墾荒地。從太祖開寶末到真宗天禧五年（1021 年）的四十五年間，宋朝耕地就已從二百九十五‧二萬餘頃增至五百二十四‧七萬餘頃。由於宋代土地隱漏問題相當嚴重，因而官方登記在冊的墾田數與實際墾田數量之間存在很大出入。有學者估算，宋代墾田最多時，約有七至十億畝。其中以兩浙、江南、福建、成都等路開墾田地最多，這些地區大多人多地狹，人們便想方設法墾闢耕地，幾乎達到了「無寸土不耕」的地步。宋代農業技術的進步和水利事業的發展，也為多種方式利用土地提供了有利條件。上文提到的圩田，就是宋代農民與水爭田的結果。

此外，在多山地區，人們開山為田，墾闢了大量梯田；沿海地區的百姓則與海爭田，在海濱修築堤壩，將退潮後沉積下來的泥沙之地圍起來，開墾成耕地，稱為「塗田」；在兩浙、江南江湖密布的地區，農民們還創造了一種利用水面種植農作物的葑田，由於當地的江湖水面上常漂浮著厚達數尺的水生植物，於是人們便用這些植物縛綁住木製的框架，在木架上鋪墊泥土來進行種植，「其木架田丘，隨水高下浮泛，自不淹浸」❷❸。

二、手工業

㈠礦冶業

宋代的礦冶業無論是在技術上還是在規模上，都比前代有了顯著進步，在礦冶業內部還出現了一個新的部門——煤炭採掘業。早在漢代，人們就已經認識到煤炭具有燃燒的功能，但是對煤炭進行規模開採卻是從北宋中期才開始的。煤炭主要分布在北方，據南宋初朱翌的記載，「石炭自本朝河

---

❷❸　王禎，《農書》卷上〈地勢之宜篇〉。

北、山東、陝西方出」❷，這些地區的煤炭採掘業迅速崛起。在河東路（今山西），由於當地「地寒民貧」，百姓只好靠挖煤來維持生計。在河北路磁州（河北磁縣）、相州（河南安陽）一帶，煤炭產量也較大，不僅供本地使用，還運銷京畿開封等地。1960年代，考古人員在河南鶴壁市發掘出了一座北宋時期的煤礦，礦井深達四十六公尺，井下巷道總長五百多公尺，可以容納數百名礦工同時作業，其開採規模和技術都達到了當時世界的最高水平。

北宋中後期，在北方的一些地區，煤炭的使用已經十分普遍。都城開封「數百萬家盡仰石炭，無一家燃薪者」❷。徽宗時，開封城內外有二十多處官營賣炭場，可見該地區煤炭的使用量之大。除了用於日常生活之外，煤炭還廣泛應用於冶鐵、鑄造、陶瓷等其他手工業部門。河東路鑄造鐵錢，就是以煤炭作為燃料，河北路磁州也用煤來冶鐵，徐州在元豐元年（1078年）蘇軾任知州時發現了煤礦，於是當地冶鐵作坊紛紛用煤炭代替薪柴作燃料，大大提高了爐溫，冶鐵質量也由此得到有效保障，用這樣的鐵鑄造兵器，其鋒利程度勝過一般兵器，從而又促進了兵器製造業的發展。

宋代是繼戰國秦漢後又一個冶鐵業發展的高峰。首先，宋代鐵產量大幅增加，這是冶鐵業發展的重要表現。北宋初年的鐵產地有五十一處，到英宗治平年間，鐵產地增加到七十七處，採掘範圍不斷擴大。鐵產地主要集中在北方，當時著名的冶鐵中心有徐州利國監（江蘇銅山東北）、兗州萊蕪監（山東萊蕪）、河北邢州（河北邢臺）、磁州（河北磁縣）諸州鐵冶等地。這些鐵冶規模龐大、產量極高，如徐州利國監，神宗時共有三十六冶，每冶有工人一百多人，共計有近四千名。與其規模接近的河北邢州棋村冶務，元豐年間年產量達到二百一十七萬斤。宋代鐵產量大大超過了唐代，太宗時政府收入的鐵課就有五百七十四‧八萬斤，到英宗治平中增至八百二十四‧一萬斤，達到了宋代鐵課的最高峰，這相當於唐憲宗元和初年（806

---

❷ 朱翌，《猗覺寮雜記》卷上。

❷ 莊綽，《雞肋編》卷中。

年）鐵課的四倍，唐宣宗大中年間（847～859 年）的十七倍。南宋由於北方產鐵地區大部分被金朝占領，鐵產量大幅度下降，但仍然與唐中後期相當。隨著冶鐵業的發展，各種鐵器製造業也得到了相應的發展，除了官府經營的鐵錢鑄造和兵器生產外，各地還出現了大量個體冶鐵戶經營的鐵器作坊，製造鐵農具以及其他鐵製日用品，鐵製產品已廣泛應用於普通百姓的日常生活。

在冶鐵業發展的同時，宋代的金、銀、銅、鉛、錫等其他金屬的採掘和冶煉也超過了前代。銅、鉛、錫與鐵一樣，是宋代鑄幣的原料，宋代的錢幣鑄造量巨大，因而這三種金屬的產量也不斷增長。宋代著名的銅產地有韶州岑水場（廣東翁源境內）、信州鉛山場（江西鉛山境內）、潭州永興場（湖南瀏陽境內）等，其中岑水場和鉛山場採礦、冶煉的工人最多時都達到十萬人以上，年產量最高曾達數百萬斤。宋代冶銅業的發展與當時冶銅技術的進步是分不開的，宋人已發明了膽水浸銅法，並在各個銅產地普遍採用，大大降低了冶銅成本，提高了經濟效益。

銅及鉛、錫產量的激增，為政府大鑄銅錢和民間日用銅器的普及創造了條件。太宗至道年間，銅錢歲鑄額為八十萬貫，已經比唐代多出幾倍，到神宗元豐時期，歲鑄額上升到五百零六萬貫，是宋初的六倍多，是唐代的幾十倍，鑄幣量增長速度驚人。與此同時，民間銅器製造業也十分興盛。儘管宋政府實行銅禁，嚴禁私人鑄造銅器及販運銅器出境，但私造銅器的現象卻屢禁不止，各地私營冶銅作坊和民間銅匠比比皆是，百姓日常生活所用的物品如火爐、簾鉤、匙箸、瓶、罐等等，都有用銅製作的。北宋的太原府、南宋的泉州（福建泉州）、撫州（江西撫州）、隆興府（江西南昌）、潭州（湖南長沙）等地還以出產精美銅器而聞名於世，不少銅製品更遠銷海外各國。

宋代的金產地有二十餘處，以登州（山東蓬萊）、萊州（山東萊陽）為最重要的金礦區，年產量都曾超過四千兩，二州合計，占全宋金產量的半數以上。產銀州軍到神宗時有六十六個，重要產地有湖南桂陽監（湖南桂

陽）、秦州（甘肅天水）太平監、鳳州（陝西鳳縣）七房冶等。

㈡**紡織業**

　　宋代紡織業的主體仍然是絲織業，這一行業在全國各地都取得了較大的發展。北方的河北、京東路絲織業一向發達，北宋時期還保持著繁榮的局面，是政府徵收絲織品的重要地區，這兩路的絲織品產量大，質量好，京東路的「東絹」被時人譽為天下第一，河北出產的「縑綺之美，不下齊魯」❷❻。四川地區絲織業歷史也十分悠久，從漢唐以來就是著名的絲綢產地，這裡生產的蜀錦遠近馳名，在成都府、梓州（四川三臺）都設有官府經營的紡織機構，尤以成都錦院的規模最大，最興盛時有軍匠五百人，織機一百五十四張，房屋一百二十七間，每年用原料絲十二萬五千兩、染料二十一萬一千斤。除了傳統的絲織品產地外，長江下游、特別是太湖流域作為新興的絲織中心而迅速崛起。兩浙路在北宋時絲綢的產量就已居全國最前列，到了南宋，北方地區的絲織業受到戰爭破壞而日益衰落，東南諸路的絲織業後來居上，不論在產量還是質量上都遠遠超過了北方。

　　與唐代相比，宋代絲織品普遍具有細密、輕薄的特點。如四川綿州（四川綿陽）所產「巴西紗子」，一匹僅重二兩。單州成武縣（今屬山東）的薄縑，每匹長寬與別處所產無異，而重量僅四兩多，望去如煙霧一般。揚州的縠和亳州（安徽亳縣）的紗因其輕薄而受到士大夫的讚美，北宋張詠曾作詩描述道：「維揚軟縠如雲英，亳郡輕紗若蟬翼」❷❼。此外，宋代刺繡和刻絲工藝達到了令人驚歎的高超水平，明代書畫收藏家張應文在其《清祕藏》中說：「宋人之繡，針線細密，用絨止一二絲，用針如髮細者為之。設色精妙，光彩奪目。」刻絲是宋人創造的新工藝，其中以定州刻絲最為著名，花草禽獸紋絡如雕刻而成，極具立體感，現今存世的兩宋時期刻絲珍品為後世歎為觀止。

　　宋代絲織業之所以取得巨大成就，與專靠絲織為生的「機戶」大批湧

---

❷❻　蘇籀，《雙溪集》卷九〈務家札子〉。

❷❼　張詠，《乖崖集》卷二〈筵上贈小英〉。

現有密切聯繫。在南方絲織業發達的一些地區，曾經依附於小農經濟、僅為滿足自家需要的家庭絲織業逐漸從一家一戶的模式中脫離出來，一部分農戶不再從事農業生產，而轉變為專門的絲織手工業者——機戶。雖然史書缺乏對宋代機戶總數的明確記載，但根據仁宗景祐三年（1036年）官員張逸的報告，僅四川梓州一地就有機織戶數千家，若按比例推測，北宋全國的機戶當在十萬戶上下。個體機戶在經營過程中發生兩極分化，經濟條件較好的機戶生產規模逐漸擴大，單靠家庭成員已不能滿足生產需要，開始使用雇工勞動，而破產機戶只能受雇於人。洪邁在其《夷堅志》裡就記載了不少這樣的雇工，像都昌婦人吳氏「為鄉鄰紡緝，……日獲數十百錢，悉以付姑為薪米費」，還有「白石村民，為人織紗於十里外，負機軸夜歸」。這種雇傭關係是宋代紡織手工業中出現的一種新的經濟因素。

　　和絲織業同為傳統手工業的麻紡織業在宋代平穩發展。在適宜種麻的四川和廣西地區，麻織業最為興盛，當地的地方官員也採取措施推動麻織業的發展。陳堯叟任廣西轉運使時，官府提高麻布收購價格。薛奎知成都府時，春天付給百姓現錢，到了秋天收取麻布，這種徵收方式稱為「和買」。這些優惠政策使四川、廣西兩地的麻織業蒸蒸日上，每年官府科買的麻布達七十七萬匹。除麻布外，各地還生產其他種類的麻織品，其中最著名的是花綀，它紋絡精美，色澤鮮豔，貴重的花綀價格為普通絹帛的五倍以上。

　　絲、麻以外，新的紡織原料棉花在宋代種植範圍的擴大，帶動了棉紡織業的進步。宋代以前，聚居海南島的黎族就已從事棉紡織生產。隨著棉花進入兩廣、福建，進而擴展到江浙地區，兩宋開展棉紡織業的區域也越來越多，各地生產的棉紡織品種類多，工藝也達到了較高的水平。如南宋趙汝适記載廣南的棉布有數種，最結實厚重的名兜羅錦，稍輕薄的叫木綿布，最輕薄的叫吉貝布。福建一些平原地區棉花的種植很普遍，棉紡織業也比較發達，劉弇曾作詩吟詠道：「家家餘歲計，吉貝與蒸紗。」1975年，浙江蘭溪南宋墓中出土了一條棉花織成的毯子，經緯條幹一致，兩面拉毛均勻，細密厚暖，表明南宋中葉兩浙地區的棉紡工藝已具有相當高的水平。

(三)製瓷業

製瓷業在宋代達到了一個新的高峰。瓷窯廣泛分布於全國各地,不論是在經濟發達地區,還是在相對落後的地區,都有規模不等的窯場,因而瓷窯數量比前代大為增加。製瓷工藝也不斷進步和革新,宋代以前,瓷器的燒裝採用匣缽法,是在一個匣缽內正放著一件瓷器燒製。北宋中期,定窯首先對這一燒裝技術進行了變革,改用先進的覆燒法,即將瓷器反置於由墊圈組合而成的匣缽內進行燒製,一次可以燒若干件,大大提高了生產效率。此外,宋代工匠對爐溫的合理調控以及坯泥和釉彩的巧妙配料,都大大提高了瓷器的質量。

在北方地區,瓷窯以官府經營者居多,其中定窯、鈞窯、官窯、汝窯最為有名。定窯在今河北曲陽境內,其所產瓷器釉色潤澤,有白、紅、黑三種,尤以白瓷為上品,產品以日用器皿如碗、杯、碟、瓶、爐、枕為主,胎質細薄,造型豐富。南宋時,吉州永和鎮(今屬江西吉安)瓷窯仿造定瓷,人稱南定,但其質量已不如定瓷。鈞窯因其坐落在河南禹縣鈞臺村而得名,建於北宋初年,鈞瓷以釉色見長,其所用瓷泥中含有銅、鐵等元素,燒製過程中發生窯變,產生紅、紫、黃、綠等色,絢麗多彩,又因窯中溫度的變化,釉液流入瓷胎的裂紋之中,形成自然花紋,稱為「蚯蚓走泥紋」,別具一格,贏得時人及後人的廣泛讚譽。官窯特指宋朝官方設在都城的瓷窯,徽宗政和年間(1111~1118年)初設於開封,南渡後遷到杭州,所產瓷器以青瓷為主,製坯選土精細,釉有開片(細紋)如蟹爪,瓷器往往上沿色紫、底部色黑,號稱「紫口鐵足」。汝窯的窯址直到1987年才被考古人員發現,在今河南寶豐縣,北宋時屬汝州,所產也以青瓷著稱,釉瑩厚如堆脂,並吸收了定窯的印花技術,把各種陶範製成的花紋圖案印在瓷胎上燒製,從此青瓷也開始出現了印花。

南方瓷窯大多是民窯,著名者有江西景德鎮窯、浙江龍泉窯和哥弟窯等。景德鎮初名昌南,燒製瓷器始於東漢,到宋代製瓷業大盛。北宋真宗景德年間(1004~1007年),此地為宮廷燒製瓷器,瓷器上都標寫「景德」

二字，由是景德鎮名聞於天下。所產瓷器以青白瓷為主，由於善於學習和
吸收其他瓷窯的先進技術，並在此基礎上加以改進和創新，因而景德鎮瓷
器產品博採眾長，展現出多種工藝技術和風格。龍泉窯位於浙東龍泉縣，
源於唐代的越窯，北宋末年到南宋時期達到鼎盛，成為南方的青瓷製造中
心，其燒造的青瓷釉色獨特，一種呈粉青色，如同青玉，一種呈梅子青色，
宛似碧玉，為他窯所不能仿造。哥弟窯據說是由浙江的兄弟二人所建，也
屬於以龍泉窯為中心的青瓷系統，所產瓷器「質頗薄，色青」❷❽。龍泉窯
因其地近沿海，故產品出口較多。

㈣造紙和印刷業

宋代文化教育事業的繁榮，推動了造紙業的巨大發展。宋朝境內紙張
產地很多，幾乎遍及各路。各地造紙大都就地取材，「蜀中多以麻為紙，……
江浙間多以嫩竹為紙，北土以桑皮為紙，剡溪以藤為紙，海人以苔為紙」❷❾，
加上各地造紙工藝存在差異，因而生產出的紙張也就各有特色，許多地方
都形成了頗具影響的名牌產品。四川的蜀箋薄而清瑩，彩色且有精美的砑
花，在透光處觀看，能顯示出多種紋理、圖案或文字，而平置時圖案便隱
而不現，體現出高超的紙張加工工藝，被視為紙中珍品。成都平原西南部
的眉山，以生產專門印刷交子的楮紙著稱，這種紙特別耐磨，因而除印刷
交子外，凡是需要長久保存的公私簿書、契券、圖籍、文牒都會大量使用。
竹紙主要產於兩浙地區，尤以越州所產為上乘，南宋陳槱稱「今越之竹紙，
甲於他處」❸⓿，著名書畫家米芾也對越州竹紙的晶潔光滑大加稱讚。此外，
徽州的玉版紙色理膩白，溫州的蠲紙潔白堅滑，撫州的藤紙堅滑不留墨，
鄂州的蒲圻紙厚薄彈性適中，峽州的夷陵紙經久不變質，在當時都負有盛
名。

宋代紙張用途廣泛，不僅用來寫字、作畫、印刷書籍等，其他種類的

---

❷❽ 藍浦，《景德鎮陶錄》卷六〈哥窯〉、〈章龍泉窯〉。

❷❾ 蘇易簡，《文房四譜》卷四〈紙譜〉。

❸⓿ 陳槱，《負暄野錄》卷下〈論紙品〉。

紙製品也大大增加，如紙帳、紙被、紙衾等日常生活用品在士大夫間非常流行，有時他們還以這些紙製品作為禮物互贈，這在宋朝的一些詩歌作品中曾經述及。除此之外，宋人還有製作和穿著紙衣的情況，紙張甚至還被用來製作鎧甲，這也從一個側面反映出宋代紙張質量的提高。

在造紙業興盛的同時，宋代的印刷業也迅速走向繁榮。作為中國古代四大發明之一的印刷術，此時進入了一個重要的發展階段。文化教育事業的高度發展，使書籍的需求量激增，官、私刻書作坊如雨後春筍，遍及全國各地，刻書數量之多，內容之廣，規模之大，印刷之精，都遠遠超過了前代。兩宋的政治文化中心開封、杭州，造紙業發達的四川成都、福建建陽，是當時印刷業的中心。都城國子監既是全國最高的教育機構，也主持

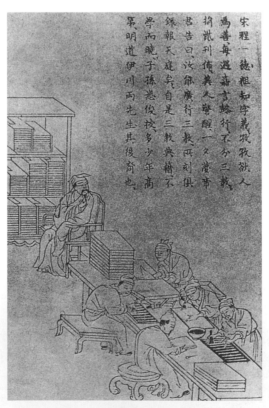

雕版印刷作坊的工作情形

雕版印書，所刻書籍最為精美，稱為監本。成都、建陽的刻書分別被稱為蜀本、建本，印刷質量雖不如監本，但數量卻十分可觀。其中成都曾在太祖開寶四年（971年）被宋廷選中，承擔雕印《大藏經》的任務，歷時十二年，雕版十三萬塊。稍後，成都及與其相鄰的眉山又刻成《太平御覽》、《冊府元龜》兩部大型書籍，可見官刻規模之盛。建陽刻書以內容廣、數量多著稱，當地書肆林立，所刻之書有經史子集、農醫曆算，幾乎無所不包，所以宋人祝穆說：「（建陽）麻沙、崇化兩坊產書，號為圖書之府。」**❸❶** 雖然建本書質量不佳，但流傳甚廣，「福建本幾遍天下」，對書籍的普及和知識的傳播起到了極為重要的作用。

然而，雕版印刷術存在致命的弱點，就是整版文字無法單獨或重複使用。宋仁宗慶曆年間（1041～1048年）布衣出身的畢昇經過反覆實踐，終於發明了以單字為主的活字印刷術，當時雖未受到重視，但畢昇死後，其活字卻為科學家沈括發現，並將這一影響世界文明的創造發明記錄下來，對其工藝流程作了十分詳細的描述，從而使這一偉大發明得以公諸於世並傳播開來。這不僅是宋代科學技術高度發達的證明，也為人類文明作出了難以估量的貢獻。

三、商　業

㈠城市的發展與繁榮

從先秦以來，中國古代的城市格局大體沿襲著條分塊割的坊市結構。以漢唐都城長安為例，核心位置是皇宮和各種官署，外圍是兵營和民居。商業活動被侷限在固定的商業區——「市」內進行，住宅區稱「坊」，坊、市各自為封閉的單元，四周修築圍牆，設有坊門、市門，定時開啟和關閉。市門有兵士把守，市內有官吏和兵士巡視，管理監察市內交易活動。城市居民的活動僅限於白天，夜間實行宵禁，日落後敲街鼓，坊門關閉，平民不許在大街上逗留，違者要受杖刑懲罰。

---

❸❶　祝穆，《方輿勝覽》卷一一。

　　隨著商品經濟的發展，嚴格的坊市制度已經越來越不適應商業活動的進一步開展和城市居民的生活需要。從晚唐開始，商業活動逐漸突破了時間和空間的限制，出現了夜市和臨街開設的店鋪，但這些行為是受到官府禁止的。到了宋代，坊市格局最終被徹底打破。太祖乾德三年（965 年），官方取消了三更以後禁止夜市的規定，仁宗景祐年間，居民臨街開設邸店得到官方的認可，神宗時，開封城內已經很久聽不到宵禁的街鼓聲了。種種記載表明，宋代城市的商業活動可以合法地隨時隨地進行，這大大改變了城市的生活風貌。當時的一些大都市，如北宋的開封、南宋的杭州，居民面街而居，街道兩旁店鋪林立，有的店鋪為了擴大店面，竟然侵占了街道，以致原本寬廣的街道不斷變窄，官府不得不徵收「侵街房廊錢」。商業活動晝夜不絕，夜市和早市在都市裡已十分普遍。夜市從入夜開始，多設在酒樓、飯店、茶館、商店比較密集的街區，至三更鼓罷結束，有的鬧市則通宵不絕，這極大地豐富了市民的夜生活。早市緊接夜市，有賣早點的，也有賣洗臉水的，主要為進城賣貨的農民和上早朝的胥吏服務，因其凌晨營業，天明即散，故被時人形象地稱為「鬼市」。這種早市不僅在都城裡普遍存在，外地州縣也是如此，陸游《避暑漫鈔》裡曾記述嶺南沿海地區的「鬼市」：「半夜而合，雞鳴而散」，可見宋代城市商業的普遍繁榮。

　　宋代商業活動不僅突破了坊市和晝夜的限制，而且還打破了城郭的限制，在城市近郊發展起了定期的貿易場所——草市。這種商業區無論是在內地還是在邊境，都普遍存在，有些草市的規模相當可觀。北宋開封城外近郊就有十二個草市，朝夕貿易，繁華喧鬧。應天府城南郊區因為位於汴河河畔，「舟車所聚，四方商賈孔道也」❸，為商業活動提供了便利的交通條件，草市便自然而然地興起，被稱為「河市」。即使在西北邊境的秦州（甘肅天水），城郊也有兩個草市，居民和駐軍有萬餘戶人家，商業活動的興盛可想而知。有的近郊草市在發展過程中，逐漸成為新的區域性商業中心，繁華程度可與大都市媲美。如南宋時鄂州（今湖北武昌）城外的南草市，

---

❸　王鞏，《聞見近錄》。

位於長江岸邊，是過往商船的重要停泊處，又是南北交通的重要樞紐，因而十分興盛，「沿江數萬家，廛閈甚盛，列肆如櫛，酒壚樓欄尤壯麗，外郡未見其比。蓋川、廣、荊、襄、淮、浙貿遷之會，貨物之至者無不售，且不問多少，一日可盡」❸，市場規模之大，不難想見。由於不少草市與城市的聯繫日益密切，因而逐漸成為城市的重要組成部分，雖地處城外，但官府卻按照與城市相同的辦法進行管理。

鎮市的迅速發展是宋代商業繁榮的另一個重要表現。鎮作為一級行政單位，在前代往往是帶有軍事性質的，多設在邊境或戰略要地。而在宋代，鎮的設置不再單純為了軍事目的，更主要的是適應商業貿易的需要。宋代設鎮的標準是「民聚不成縣而有稅課者，則為鎮」❹，所謂「有稅」實際上指的是有商稅收入，因此鎮的分布與貿易活動的興盛程度緊密相關，在交通要道、經濟發達或手工業集中的地區，通常客商雲集，鎮的數量也就較其他地方更多。如北宋的三京（河南開封、洛陽、商丘）附近，蘇州、杭州附近，成都、梓州附近，都是鎮分布最密集的地區。鎮在商業發展和商稅徵收等方面占有重要地位，不少鎮的人口數量、商稅收入都超過了普通的縣城，有的甚至超過了它們所屬州軍的治所城市。如湖州（浙江湖州）的烏墩鎮（時隸烏程縣）、新市鎮（時隸德清縣），楚州（江蘇淮安）的洪澤鎮（時隸淮陰縣）就都超過了它們所隸屬縣的縣城。蘄口鎮、固鎮、池口鎮、海倉鎮、寧海鎮的商稅歲額分別超過了它們所隸屬的蘄州、鳳州、池州、萊州、濱州的州城商稅歲額。

在鄉村，集市貿易也有了進一步的發展，窮鄉僻壤之地都有集市。宋代對鄉村集市稱呼不一，北方多稱集、場，嶺南多稱墟，江南和四川的一些地區則稱為痎市。集市貿易定期舉行，或三五日一次，或隔日一次。這裡是農民和鄉村手工業者進行交換最直接的場所，農民用糧食、柴草、布帛等產品，換取茶、鹽、農具、生活用品等，脫離了農業勞動的手工業者

---

❸　范成大，《吳船錄》卷下。
❹　高承，《事物紀原》卷七。

則在集市上購買所需衣食等物品。一些集市散市後，就成了人煙稀少之地，而另外一些貿易繁盛的集市逐漸出現了小酒店、茶館等商鋪，滿足往來貿易的人們的需要，成為集市上的定居人口，隨著商鋪的增加，人口和商稅收入也相應增加，於是，集市就逐漸上升為鎮。在經濟發達地區這種情況較多，常熟的六個鎮中，有兩個就是由鄉村集市發展而來的。

(二)對外貿易

在國內市場和商業貿易發展繁榮的同時，宋朝同周邊少數民族政權和海外諸國的貿易往來也日益頻繁，對外貿易收入在國家財政中的地位不斷提高。

兩宋時期，先後有遼、西夏、女真等少數民族政權與宋並立，儘管它們與宋朝時戰時和，但經濟交流活動從未中斷。在和平時期，宋朝和各少數民族政權在各自邊境上設立榷場，商人們可以在此進行交易，但榷場貿易活動受到官方的嚴格監管，還常常因戰事而被迫中斷，不能完全滿足各民族間的經濟交往需要。相反，所謂的民間「非法」貿易是官方行政命令所無法控制的，不僅屢禁不止，而且還有不斷擴大的趨勢，從經濟上將各民族更緊密地聯繫起來。在與周邊少數民族的貿易中，宋朝輸出的商品主要有香藥、漆器、瓷器、繒帛、茶，用來換取少數民族的羊、馬、駝、鹽等。

宋代海外貿易範圍比唐代又有所擴大，據周去非《嶺外代答》、趙汝适《諸蕃志》以及《宋史·外國傳》等的記載，宋朝同海外五十多個國家有貿易往來，其中不但包括自漢唐以來一直與中國通商的國家和地區，還包括了前代沒有建立直接經濟聯繫的國家和地區。如北非的勿斯里、陁盤地、遏根陀（三地均在埃及境內）等，宋代以前同中國只有間接的貿易關係，從宋代才開始與中國進行直接的、較大規模的貿易。自西太平洋到印度洋、波斯灣，東亞日本、朝鮮、東南亞諸國、南亞諸國、大食和非洲東海岸諸國都是宋朝的貿易夥伴。

宋代海外貿易中，出口商品主要是瓷器、陶器、漆器、藥材、茶葉、

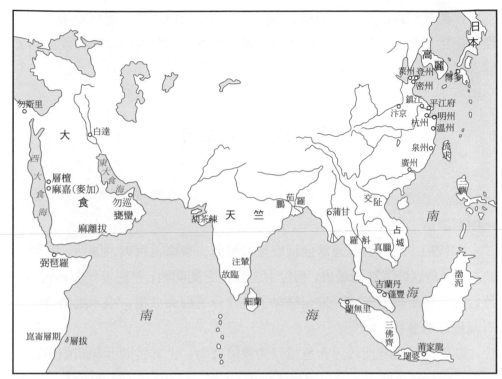

宋代海外貿易圖

各類絲織品等，印本書籍也大量行銷海外。輸入品主要有日本的沙金、木材、寶刀、扇子以及其他手工藝品，高麗的人參、藥材，南亞和阿拉伯的藥材、香料、象牙、珠寶等。海外貿易的發展對國內商業發展起到了一定的促進作用，在海外商船經常停泊的海港，進出口貿易刺激了當地市場的活躍，廣州、泉州、明州（浙江寧波）、溫州等港口城市的繁華以及沿海板橋鎮（山東膠縣）、青龍鎮（上海青浦北）、澉浦鎮（浙江海鹽）等一批城鎮的興起，都與海外貿易有著直接的聯繫。一些商品的大量出口，也刺激了這些商品的生產。如瓷器在海外大受歡迎，所以在浙江、福建等沿海地區，製瓷業的發展後來居上，超過了內地。

　　在宋代的對外貿易中，銅錢外流是始終存在的嚴重問題。周邊各少數民族政權以及海外一些國家，都是銅錢外流的主要目的地。雖然宋廷一再

下令，嚴禁銅錢走私，但銅錢仍以驚人的速度流向境外，這對宋朝的社會經濟產生了極為不利的影響，但另方面，也推動銅錢流向地商品經濟的發展。

第三節　區域經濟

一、區域經濟

（一）中原經濟

　　宋代的中原經濟區通常包括京畿、河北、京東、河東、陝西、京西六路。這一地區經濟基礎較好，但從中唐安史之亂開始，歷經五代割據混戰，社會經濟飽受戰爭破壞。宋朝結束了五代分裂局面之後，中原經濟得到了不同程度的發展。

　　陝西在漢唐時期曾經有過雄厚的經濟實力，尤其是隴西和關中地區。然而，由於連年戰爭，人口已喪失大半，如京兆府雍州（陝西西安），宋初的戶口只有唐代天寶年間的四分之一。儘管北宋統一了中原，但陝西面臨的戰爭威脅並沒有隨之結束，党項勢力步步進逼，使該地區又成為宋夏戰爭的前沿，「自陝以西，民力傷殘，人不聊生」❸❺。就是在這種困境中，陝西經濟依然頑強地恢復發展起來。首先是水利建設，官府不僅修復了鄭白渠，還興建了三白渠和豐利渠，到北宋末年，關中地區的灌溉面積達到三、四萬頃。陝西的毛紡織業極為發達，氁氈、紫茸氈、毛毼、白氈等都是作為土貢上供的毛織品。此外，陝西每年造漕船六百艘，僅次於兩浙，名列第二。由於戰事需要，陝西駐紮著數十萬軍隊，他們的消費需求帶動了釀酒業等產業的發展，使陝西酒稅收入在北宋各路中名列第一。

　　河東路的經濟發展也受到一些不利因素的制約，除汾州（山西汾陽）、晉州（山西臨汾）、絳州（山西新絳）位於汾河谷地外，大部分地區山多水

❸❺　《宋史》卷三五四〈路昌衡傳〉。

少、土地貧瘠，自然條件欠佳；北宋滅北漢後又將河東百姓大批遷往內地，造成當地勞動力嚴重不足；再加上地處宋遼對峙的前沿，時時籠罩在戰爭的陰影之中，軍費消耗是河東經濟的沉重負擔。但是，河東經濟也有自己獨具特色之處，一是採煤業的發達為其他諸路所不及，這裡煤炭開採比較普遍，一些民戶已經以挖煤為生；另一優勢經濟是畜牧業，河東盛產羊、駝，「家家資以為利」**❸❻**，熙寧六年（1073 年），官方一次在河東就購買駱駝三百峰，用來運送軍用物資。

河北路地處華北平原，地勢平坦，土壤深厚，自然資源豐富，經濟很早就得到開發，基礎雄厚。但是與陝西、河東路一樣，長期處在以契丹為首的少數民族政權威脅之下，經濟發展因此受到一定的阻礙。北宋初期，為了阻擋契丹騎兵的南下，河北沿邊大修塘泊，在宋遼邊境上修築了一條「水長城」，至少占據了數萬頃耕地。雖然宋廷利用這些塘泊大興屯田，種植水稻，解決了數十萬河北駐軍的部分口糧，但實際上，官營屯田耗費巨大，收入卻不多，往往得不償失，不利於農業生產的發展。除了戰爭，黃河水患也是制約河北經濟一大不利因素。北宋時期，黃河決口危害到河北，僅《宋史・河渠志》記載的就有二、三十次，給河北地區帶來的災難可想而知。慶曆八年（1048 年），河北、京東西大水，經富弼賑濟的災民就有五十餘萬。戰爭和水患使河北長期存在著大量棄耕荒地，歐陽修曾對河北的土地狀況有過這樣的描述：「河北之地，四方不及千里，而緣邊廣信、安肅、順安、雄、霸之間，盡為塘水，民不得耕者十八九。澶、衛、德、博、濱、通利、大名之界東與南，歲歲河災，民不得耕者十八九。」**❸❼**這些荒地逐漸轉變為牧場，大量養馬以供戰爭需要，河北因而成了北宋最大的養馬基地，畜牧業在河北經濟中所占的比重大幅上升。慶曆年間，官方在河北大量徵購馬匹，即便如此，徵購後河北還餘二萬零七百匹馬，可見民間養馬之普遍。官營養馬機構——牧馬監也多設於河北，北宋中葉，河北的牧

❸❻ 李燾，《續資治通鑑長編》卷二七九，熙寧九年十二月丙申。

❸❼ 歐陽修，《文忠集》卷一一八〈論河北財產上時相書〉。

馬監多達十所，以至洺、衛、相、澶、瀛、定等州和大名府一帶（今河北中南部），「相望皆是榭基草地」❸。

在單一的農業經濟向農業、畜牧業並重轉化的同時，河北的手工業在原有的基礎上繼續發展，取得的成就引人注目。河北的絲織業歷史悠久，該地又是當時蠶桑業最發達的地區之一，為絲織業提供了豐富的原料，所以河北的絲織業在北宋享有盛譽，有「河北衣被天下」之稱。河北絲織品不僅產量大，而且工藝精湛，質量上乘，定州刻絲、單州薄縑聞名遐邇。河北路的煤炭資源也十分豐富，相、磁、邢、懷等州及真定府都是重要的煤炭產地。在採煤業的帶動下，以煤炭為燃料的冶鐵、製瓷業也興盛起來。邢、磁二州的鐵冶規模龐大，所產鐵器不僅滿足宋境的大部分需要，而且北輸遼朝境內。中原四大名窯中的定窯和磁窯也都在河北路。

京東路的經濟基礎也比較好，到了宋代又有了新的發展，尤其是中部地區青（山東益都）、沂（山東臨沂）、濰（山東濰坊）、密（山東諸城）、齊（山東濟南）、徐（江蘇徐州）等州，土地肥沃，水源充足，溫度適宜，農業、手工業都很繁榮。京東路還是除河東、河北之外又一重要的煤鐵生產基地，宋廷在徐州（今屬江蘇）設利國監，在兗州（今屬山東）設萊蕪監。此外，京東路的商品經濟發達程度在北方位於前列，僅次於開封府，地處膠州灣的密州板橋鎮（山東膠縣）是北方唯一的外貿港口，來自海外的商人在此登陸，將香藥等貨物販至河北、河東等路，再收買河北、京東所產的精美絲織品，因而這一地區的商貿活動十分繁盛。

北宋首都開封府所在的京畿路，自然條件並不算好，「土薄水淺」，農業並不發達，但作為全國的政治中心，這一地區享有便利的水陸交通優勢，數目龐大的皇室、官僚和軍隊聚居於此，形成了巨大的消費市場，因而手工業和商業極為繁榮。在首都東京，有著規模最大的各類官營手工業工場，如紡織作坊綾錦院，真宗時擁有織機四百餘張，織工和染匠達兩、三千人。軍器監下屬的南北作坊有兵校工匠七千九百三十一人，分工細密。開封地

---

❸　李燾，《續資治通鑑長編》卷三七四，元祐元年四月辛卯。

區交錯縱橫的水道網絡，又為水磨加工業的興盛提供了條件，僅東水門外就有水磨百盤，長葛、鄭州等地有磨房各二百六十所，這些磨房磨麵、磨茶，以滿足首都地區的日常消費。此外，釀酒業也十分發達，東京的大酒戶有七十二家，每年造酒用米三十萬石，熙寧年間每年售酒一百八十萬斤。商品經濟的發展更為城市帶來了全新的風貌。

　　總體來看，中原經濟區自然條件適宜，經濟基礎較好，因而在北宋統一中原、社會秩序相對穩定後，經濟有了一定程度的發展。但陝西、河東、河北三路長期處於戰爭的威脅之下，河北又受到黃河水患頻繁的嚴重危害，使得北方大部分地區的經濟發展面臨勞動力流失、土地大面積荒蕪等等不利因素，發展的速度明顯放慢。

㈡**東南經濟**

　　東南經濟以太湖流域的兩浙路為典型代表，包括淮南東、西和江南東、西四路以及福建沿海地區。從晚唐到南宋，隨著北方移民不斷遷入，這一地區人口激增，「地狹人眾」成為東南經濟發展必須解決的首要問題。一方面，擴大耕地面積，與水爭地，與山爭地，開闢出大量圩田、封田、海田、梯田，進行精耕細作，提高土地複種指數，最大限度地發揮土地效率。另一方面，大力種植經濟作物，提高農業的商品化程度，尋求最大效益。如茶葉的種植在東南地區十分普遍，據紹興三十二年（1162 年）的各路州軍產茶數額，江西產茶五百三十八萬餘斤，位居第一，占總產量的 30%，緊隨其後的三路分別是浙西、江東、浙東，都屬東南地區，這四路合計產茶一千四百六十八萬餘斤，占總額的 80% 以上。水果種植在東南地區也十分發達，福建的荔枝種植就是典型代表。蔡襄說福州荔枝「水浮陸轉以入京師，外至北漠、西夏，其東南舟行新羅、日本、琉球、大食之屬，莫不愛好，重利以酬之」❸❾，荔枝種植已經走上了商品化的道路，獲得了可觀的經濟效益。此外，東南地區種植的經濟作物還有花卉、木材等等，農業發展呈現多種經營的趨勢，當地的自然資源得到了充分的利用。

---

❸❾　蔡襄，《荔枝譜》。

東南地區手工業的發展也令人矚目。江西信州鉛山務，是宋代三大銅務之一，每年煉銅三十八萬斤，最盛時「常募集十餘萬人，晝夜採鑿」❹，而且煉銅技術進步。著名的龍泉窯和景德鎮窯也位於東南地區，前者以浙江南部龍泉縣為中心，窯址遍布龍泉、雲和、麗水、遂昌、永嘉等縣，形成長達五六百里的瓷業地帶，規模極為可觀；後者製瓷歷史悠久，影響及於江西、廣東、福建、安徽等廣大地區，形成獨具特色的青白瓷系。在紡織業方面，江南地區後來居上，已經超過了有著悠久紡織傳統的北方，絲織品產量和質量都有了極大提高。此外，東南地區的造紙業、印刷業、造船業等的成就也在全國首屈一指。

東南地區由於地處沿海，擁有眾多的優良海港，因而從漢晉以來，與海外的聯繫逐漸增多，這形成了東南與內地商業迥異的發展趨勢，即東南商業呈現外向型特點。中唐以後，東南地區的海外貿易以前所未有的速度成長起來，到宋元兩朝進入鼎盛時期。兩浙、江西、福建的許多農產品和手工業品，如荔枝、絲織品、瓷器等，都是向海外出口的大宗商品，高額的利潤反過來又進一步刺激了這些商品的生產。生產者不斷改進技術，並擴大生產規模，從這種意義上說，海外貿易實際上成為拉動東南經濟重要的外在動力。

在地狹人眾這一內在壓力和海外貿易這一外在動力的共同作用下，東南經濟走上了一條商品化的多種經營發展道路。這使東南和中原之間的經濟差距在發展速度、經濟類型等方面也開始表現出來。中原經濟區的農業仍為傳統的耕戰模式，未能突破單一糧食種植的束縛，商品經濟雖然也在發展，但卻是內向型的，海外貿易遠不如東南發達。而東南經濟的發展，首先是經濟作物的廣泛種植，大大提高了農業的商品化程度，在此基礎上，手工業和商業取得飛速發展，其中商品經濟的外向型特徵，使東南經濟在質上有了新的變化。

---

❹ 《宋會要輯稿》食貨三四之二七。

弍西川經濟

西川地區包括成都府、梓州、利州和夔州四路。由於受到自然條件的影響，這一地區經濟呈現出嚴重的發展不平衡的特徵，川西成都平原的農業、手工業、商業都很發達，與兩浙路同屬國內最發達的經濟區域；川東地區卻因處於崇山峻嶺之中，土地貧瘠，資源貧乏，人口稀少，再加上耕作技術落後，經濟停滯不前，是當時最不發達的地區之一。

成都府位於四川盆地中，「平原沃壤，桑麻遍野」，自然條件優越，大部分州縣都處在有都江堰灌溉的方圓一百多公里的平原上，十分有利於農業的發展，西川四路中將近一半的戶口都集中在成都府路。成都府路的手工業也非常發達，是全國紡織、造紙、印刷等行業的中心地區之一。由於地處內陸，無法開展海外貿易，這是成都府路商業發展的一大侷限，但成都在國內貿易中具有重要地位，作為西川四路的交通樞紐和區域性經濟中心，成都平原及其四周地區所產的糧食、紡織品、陶瓷、紙張、書籍等都集散於此。同時，成都還是宋朝與吐蕃、大理進行茶馬貿易的重要商埠，中國最早的紙幣「交子」也誕生在此，這裡無疑又是西南地區的金融中心。史稱其繁華景象：「萬井雲錯，百貨川委，高車大馬，決驟乎通逵，層樓複閣，蕩摩乎半空」❹，是名副其實的西南大都會。

梓州路的大部分州縣也處在四川盆地之中，因此自然和經濟條件要略優於利、夔兩路，在西川四路中僅次於成都府路。梓州（四川三臺）、果州（四川南充）、遂州（四川遂寧）一帶還是繼成都之後興起的又一個絲織中心，梓州路上供的絹、綢、綾等絲織品數量已超過成都府路，而位居西川四路第一。此外，梓州路擁有豐富的鹽業資源，井鹽的產量高於其餘三路。加上有嘉陵江、涪江、長江橫貫境內，既為農業生產提供了豐富的水源，也形成了縱橫交錯的水路交通網。這些有利因素使梓州路具備相當的經濟實力，在宋代各路中經濟處於中上等水平。

相比川西，位於川東的利州路和夔州路經濟要落後得多。這兩路大部

---

❹　周復俊，《全蜀藝文志》卷三四。

分是山區，自然條件惡劣，交通不便。除了利州路所轄的興元府（陝西漢中）和洋州（陝西洋縣）位於漢中盆地，「平陸延袤，凡數百里，壤土演沃」❷，自然條件稍好，農業有所發展外，其他地區都是土瘠民貧，耕作方式也極為落後，刀耕火種，粗放經營，與川西的經濟狀況形成了強烈的反差。

㈣中南經濟

中南地區主要指京西南、北路和荊湖南、北路，但京西北路的西京洛陽府地區歷來是中原經濟區的核心組成部分之一，因此不包括在中南區域內。兩宋時期，中南地區的經濟發展速度緩慢，究其原因，一是人口密度不高，勞動力不足；二是水利建設不力，導致京西南路和荊湖北路的一些地區深受水患之害；三是戰爭的影響，這一地區在宋金戰爭中是雙方爭奪的焦點，人口進一步減少，經濟變得更加落後。

中南四路中自然條件較好的是京西北路，蔡（河南汝南）、汝（河南臨汝）、穎（河南許昌）等州地處黃淮平原，地勢平坦，水源充足，是理想的農耕區域。而京西南路的情況總體上不如京西北路。該路南部只有漢水流域的均州（湖北十堰東北）、襄州（湖北襄樊）以及郢州（湖北鍾祥），土壤肥沃，農業生產較為發達，其餘大部分地區土地瘠薄，不利於農業生產。北部陳州（河南淮陽）一帶地勢卑下，每年夏秋之際，雨水就匯集於此，直到北宋末年修建了相關水利設施，情況才有所改觀。而唐、鄧、蔡等州（今河南泌陽、鄧縣、臨汝、汝南一帶）雖然生產條件不錯，但直到北宋中葉仍然人口稀少，大量土地得不到開墾。

荊湖北路的東部和西部，自然條件截然不同，東部位於江漢平原，西部地處山區，但農業生產都十分落後，一個共同的原因就是耕作技術的原始。該路首府鄂州（湖北武昌）一帶尚停留在「火耕水耨」的階段，少數民族聚居的荊湖北路西部地區，耕作魯莽滅裂的情況就更為普遍。此外，東部地區湖澤密布，地勢低窪，許多州縣又位於長江沿岸，每逢江水氾濫，便深受其害。而長江兩岸堤防的興修是在北宋末年以後，水利建設的滯後

❷　文同，《丹淵集》卷三四〈奏為乞修興元府城及添兵狀〉。

大大妨礙了荊湖北路東部經濟的恢復和發展。

　　荊湖南路的情況略強於荊湖北路。潭（湖南長沙）、衡（湖南衡陽）二州地勢平坦，具備較好的農業生產條件。其餘地區則多屬山區，土地貧瘠。值得注意的是，在中南地區其他三路人口不斷遷出，勞動力缺乏，制約經濟發展的時候，荊湖南路卻有大量人口流入，雖然其人口密度依然不能與發達地區相比，但較之其他三路，畢竟在勞動力資源上略為占有優勢。據《宋史‧地理志》記載，與該路相鄰的江西袁（江西宜春）、吉（江西吉安）二州居民，往往遷入湖南中部，占荒自耕，因而致富，這無疑促進了當地農業的發展。進入南宋後，位於宋金交界地帶的湖北百姓為躲避兵火，也大量流入湖南，湖南人口密度因而大大上升，使當地經濟發展的速度也快於北宋時期。

㈤廣南經濟

　　廣南東、西二路在兩宋時期屬於經濟最落後的地區之一，那裡大部分地區土曠人稀，自古以來就是謫遣罪徒的瘴癘之地。其中廣東的經濟狀況要比廣西稍好，雖然該路北部是山區，但南部擁有珠江三角洲沖積平原，人口和耕地面積都要高於廣西。此外，廣東北部的韶州（廣東韶關）是宋代的冶銅基地之一，南部廣州是重要的外貿港口，這兩地帶動了周邊地區的經濟發展。廣西則絕大部分是山區，到處都是未經開發的蠻荒之地，史稱「廣西州縣，例皆荒瘠之所」❹。不過，由於地處沿海，廣西的漁業比較發達。欽州（廣西欽州）居民就多靠入海捕魚為生。

　　應該說，廣南經濟在宋代還是取得了一定的發展，但終因開發時間晚，起點過低，故未能擺脫落後狀態。

二、經濟重心的南移

　　從先秦到隋唐，中原地區一直是中國經濟、政治重心所在。無論是農業和手工業發展水平，還是人口和耕地比重，北方都領先於南方。然而中

---

❹　《宋會要輯稿》食貨一〇之一四。

唐安史之亂以後，這種情況發生了變化。北方經濟區在戰禍蹂躪、墾殖過度、氣候變化、黃河氾濫和水旱災害頻率上升等等因素的影響下，發展速度明顯放慢；而南方，尤其是東南地區，人口激增，農業生產率提高，手工業發達，鎮市網絡初步形成，商品經濟繁盛，經濟實力開始趕上並日漸超過北方，成為新的經濟重心。

先看人口。據《元豐九域志》統計，神宗元豐年間北方九路共 4,762,026 戶，南方十五路共 11,208,046 戶，即在當時的總戶數中，南方人戶所占比例達到了 70%，勞動力資源顯然集中於南方。其中戶數最多的四路依次是兩浙路一百七十七萬餘戶，江南西路一百二十八萬餘戶，江南東路一百一十二萬餘戶，福建路一百零四萬餘戶，都位於宋代經濟最發達的東南地區。南宋時期，南方戶數繼續增長，其中江南東路、江南西路和福建路嘉定十六年（1223 年）的戶數較元豐時分別增長了 26%、61% 和 58%，增幅仍然不小。

再看耕地面積和農業生產率。據《文獻通考》卷四〈田賦考〉記載，元豐年間，北方開封府、京東、京西、河北、陝西、河東六路耕地合計一百四十三萬餘頃，南方各路（缺梓州路）耕地合計三百一十五萬餘頃，也就是說，北宋境內三分之二的耕地都在南方。以農業生產率而言，南方水稻畝產大多高於北方麥豆一倍以上，加之南方普遍實行的是一年兩熟的耕作制度，北方則是兩年三熟制，因而單位面積產量高於北方。在此基礎上，南方農業經濟超越了北方，因而當時有「蘇常熟，天下足」❹之說。

就手工業生產而言，由於南方許多地區都種植茶樹、桑麻、棉花、甘蔗等經濟作物，以此為原料的製茶、紡織、搾糖等行業在南方地區自然更加發達。北宋時年產布帛五十萬匹以上的地區，江南有兩浙、江南東、江南西三路，北方有河北東、京東東、河北西三路，而南北相較，南方三路總產量比北方三路多一百多萬匹。南方紡織業不僅在數量上超過了北方，在質量方面也後來居上，紡織業重心已轉移到了江南地區。其他行業如印

---

❹　陸游，《渭南文集》卷二〇〈常州奔牛閘記〉。

刷業，宋朝四大印刷中心有三個（杭州、成都、建陽）都在南方，造紙業中質量上乘的紙產品也多產於南方，造船業南方更是具有絕對優勢。同時由於海外貿易的拉動作用，東南地區的製瓷、日用器皿製造業等因擁有廣闊的海外市場而更加具有活力，這也是北方手工業發展所缺乏的。

　　在農業與手工業發達的基礎上，南方商品經濟的發展程度也明顯高於北方。太湖流域鎮市網絡體系的初步形成，紙幣「交子」首先在四川誕生，以及東南海外貿易的興盛，都表明了這一點。

　　隨著經濟重心的南移，宋朝的財賦徵收基地也開始移向南方。東南六路每年六百萬石漕糧不僅是東京開封，也是河北、河東和陝西駐軍的生存之必需品。漕糧之外，各路上供錢物也以南方諸路居多。《文獻通考》卷二三〈國用考〉中記載宣和元年（1119 年）上供錢物共計一千五百零三萬（貫匹兩），其中北方諸路只占六分之一，南方占六分之五，僅兩浙一路就占總額的 29%，若加上江東、江西、淮南東、淮南西、福建這五路，共達一千一百四十六萬多，占總額的 76%。由此可以看出，至北宋末年，中央財政收入無論是漕糧還是錢物，都已依靠南方，東南財賦構成了宋朝財政收入的基礎。

本章重點

1. 宋朝的經濟政策與制度。
2. 宋朝的經濟發展與重心的南移。

複習與思考

1. 簡析宋朝區域經濟的特點。
2. 試述宋代農業、手工業、商業三者之間的關係。

第七章
國計民生與貨幣金融

第一節　財政管理體制

一、中央財政管理機構

(一)三　司

宋初，為了消除藩鎮割據的經濟基礎，在財政上積極加強中央集權。措施之一就是在中央設立三司，以總攬全國財政。三司由鹽鐵、戶部、度支三部組成，其中鹽鐵、戶部主要負責財賦徵收，前者偏重於徵商和禁榷收入，後者偏重於田賦和酒稅收入，度支則主要負責財政支出。根據財政事務的具體執掌，三司設有二十餘案，如商稅案、賞給案、錢帛案、糧料案、發運案、兩稅案、上供案、衣糧案等等，分隸三部。各案名稱及數目時有變動，但主要部門變化不大。三司理財體制的突出特點在於它的高度統一性，三司不僅能統一管理賦稅徵收，而且能在一定限度內支配財政支出，同時還擁有財政監察權，能夠有效地貫徹統一調度財計的意圖。它的職權顯然超出了單純財政的範圍，而是變成了國家總理經濟事務的最高機構，其長官三司使也因而「位亞執政，目為『計相』」❶，成為北宋前期與宰相、樞密使並列的三巨頭之一。

作為中央財政機構，三司對地方財政收支具有相當強的約束力。儘管各路轉運司、府州軍監並非三司的下級機構，更不存在嚴格的隸屬關係，

---

❶　《宋史》卷一六二〈職官志〉。

但按照制度，地方凡有關財計的事務，都須聽命於三司。三司對地方財政的統轄權主要體現在財政決策權和考課制度等層面。各地要向三司申報財賦收支帳目，三司原則上對地方所有賦入都有支配權，地方如支出錢物，也須得到三司的審核批准。三司還通過考課制度來控制地方財政。太祖開寶七年（974 年），規定州縣長官對其所掌管的鹽麴、徵商、地稅等，須親自過問，每月將帳目呈報三司，任期滿後考校其優劣，如有欺瞞將受到嚴懲。仁宗時制定了三司考核轉運司官員的五條標準，包括戶口、墾田、鹽茶酒稅、上供與和糴和買、申報文書帳籍等內容，據此對相關官員進行獎懲。

以三司為中心的理財體制保證了國家財政管理的高度統一，有利於鞏固中央集權，緩解戰爭和募兵制造成的巨大財政壓力。然而，三司體制的弊病也正在於財權之過度集中。三司於財計之事無所不統，不僅掌管朝廷財計，而且管理地方財計，還負責財務監察；既主管錢物出納，也負責土木建築、兵器製造、水利工程以及一些民政事務。這樣就使得三司各部門事務繁雜，責任重大，即便有足夠的官吏，也難以有效行使各種職能，三司文牒帳籍積壓日益嚴重，辦公效率大大降低。真宗咸平四年（1001 年），有人指出：「三司官吏積習依違，天下文牒有經五七歲不為裁決者」❷。至仁宗嘉祐（1056～1063 年）時期，三司自天禧年間（1017～1021 年）以來積壓的帳簿已達六百零四冊，明道（1032～1033 年）以來未處理的大小事務二百一十二萬件。為了清理積壓帳目，神宗時特別成立了三司帳司，調集數百人，結果因成效甚微而停止。分散三司過於集中的財權，建立新的財政管理體制已經勢在必行。

㈡戶　部

神宗元豐三年（1080 年）官制改革以後，戶部取代了三司，成為中央財政管理機構。戶部下統左曹、右曹、度支、金部、倉部五司。左曹掌管日常賦役，右曹掌管當時新法的實行，度支掌管計度支出，金部掌管金帛

---

❷　李燾，《續資治通鑑長編》卷四八，咸平四年五月庚寅。

入庫，倉部掌管糧食貯藏。與三司相比，戶部的職權範圍縮小。首先，原來三司所掌的部分事務分割給了戶部以外的一些機構，如修造事務劃歸工部下屬部門以及都水監、軍器監、將作監、少府監等，財政監察事務劃歸刑部和大理寺下屬部門。其次，戶部對財政收支的管理權削弱，各項非經常性開支，如賑恤、戰爭費用等，主要由內藏庫和朝廷封樁財賦支付；而隸屬於內藏庫或朝廷封樁庫的各種收入，戶部也無權管轄；尚書省其他五部和各寺、監有權支用錢物，不必經過戶部審核。再次，戶部長官權力被分割。原本由左右曹分管一部分賦入，而為了確保新法的順利推行，右曹事務由一名戶部侍郎專領，直屬宰執，戶部長官不得過問。這些制度變更使戶部的地位無論如何不能與三司同日而語，與宰相並立，它只是尚書省六部之一，上受制於宰相，旁掣肘於五部，內分權於右曹。

戶部理財體制從某種程度上矯正了三司體制中財權過分集中的弊端，但也出現了新問題。作為中央財政管理的首腦機構，戶部控制財政能力的過分弱化，勢必會影響國家財政的統籌安排。哲宗初年，司馬光針對新體制的弊病，提出新的建議，使朝廷擴大了戶部理財職權，主要措施包括：(1)戶部尚書兼領左右曹，設都拘轄司總領財賦，凡錢穀帳籍之事，由戶部長官選定官吏具體負責。戶部尚書必要時可不經由宰相而直接上奏皇帝；(2)將在京庫務財務帳籍和諸路州郡財務帳籍收歸戶部審核；(3)尚書諸部和各寺、監支用錢物須關報戶部，由戶部裁定可否支用及相應數額；(4)添改軍俸須申報戶部；(5)置戶部推勘檢法官，治理在京有關財務的案件，部分收回了大理寺的財政監察權。這些措施在一定程度上改變了戶部取代三司後財無專主的局面。然而，紹聖（1094～1097 年）以後，上述措施均被廢罷，直至北宋滅亡，戶部的實際地位並未得到有效提高。

鑑於戶部地位和權力難以有效統管國家財政，南宋政府採取了以執政大臣直接負責財計的辦法。高宗建炎初，曾以同知樞密院事張愨兼提領措置戶部財用，但不久這一職事就被撤銷。孝宗和度宗時還曾先後設立國用司和國用所，分別委派宰相和宗室為制置國用使，藉此統籌安排財計。宋

廷試圖以重臣主財來集中財權，結果卻使理財機構多元化，最終造成了財政管理體制的混亂。

㈢**庫藏系統**

1.內藏庫：這是直接受皇帝控制的貯財之所，史書稱為「天子之別藏」❸。元豐官制改革後，內藏庫名義上隸屬於戶部下屬的金部右曹案和太府寺，但實際上金部、太府寺無權過問內藏庫的收支，也不得稽查審核其帳目，因而根本無法進行有效管理和監督。徽宗時以內侍總領內藏，皇帝更可隨意支用內藏錢物。宋高宗紹興十三年（1143 年），朝廷明確規定內藏庫不隸戶部、太府寺，如有干涉內藏庫事務者，要受到懲辦。至此，內藏庫與金部、太府寺名義上的隸屬關係也被切斷了。

內藏庫的收入來源大致有三：一是金銀坑冶。神宗熙寧二年（1069 年）十月，詔令江南等路金銀場冶所收金銀課利，按照慣例盡數入內藏庫。隨後朝廷又確定了左藏庫每年撥給內藏庫金三百兩、銀五十萬兩的定額；二是錢監每年鑄造的新錢。神宗時，饒（江西波陽）、池（安徽貴池）、江（江西九江市）、建（福建建甌）四州錢監每年鑄新錢一百零五萬貫，其中十一萬餘貫加上額外所鑄新錢，都納入內藏庫；三是榷貨務、店宅務、市舶司等收入以及諸路坊場錢。真宗景德二年（1005 年），詔令榷貨務上交中央的金銀現錢，一併納入內藏。大中祥符年間（1008～1016 年），店宅務每年納課利 140,197 貫送內藏庫。內藏庫中的珠寶香藥則主要來自於市舶司，景德四年（1007 年）就曾詔令杭（浙江杭州）、明（浙江寧波）、廣州市舶司運輸犀牙、珠玉、香藥等到京城，納入內藏。元豐之後，諸路坊場錢入內藏庫也成為定制，每年共計達百萬貫。

宋代內藏庫除了滿足皇室消費需要外，用於國家事務的支出比重逐漸增加。一是支付軍費。仁宗寶元元年（1038 年），朝廷曾出內藏庫錦綺綾羅一百萬，撥給陝西路購買軍需物資。二是救災賑濟。仁宗嘉祐元年（1056 年），河北災荒，朝廷出內藏銀絹三十萬賑濟災民。以內藏庫財物代替災區

---

❸ 《宋史》卷一七九〈食貨志〉。

賦稅也是賑恤的一種方式。明道二年（1033 年），朝廷撥內藏庫絹二十萬給三司，以代替受災的京東路上供賦稅。三是賞賜，尤以慶典賞賜數額為巨。天聖（1023～1031 年）以後，三年一次的南郊祀典要花費內藏錢百萬貫。四是補助朝廷財政經費。北宋三司入不敷出時，常常向內藏庫借貸。仁宗明道二年至景祐三年（1036 年），三司共向內藏庫借貸錢帛九百七十多萬。這種借貸三司有時無力償還，拖延日久，最後就會不了了之。

2.外廷府庫：宋代外廷所掌財賦，北宋時主要貯於左藏、元豐、元祐等庫，南宋時主要貯於左藏南庫、左藏封椿庫等庫。這些外廷府庫與內藏庫的不同之處在於，它們主要由尚書省管轄，其財物支用須經過宰執大臣們集體討論通過，原則上皇帝不能隨意支配，而且一般只作國家非常之用，很少用於皇室消費。

左藏庫設於宋初。在三司體制下，地方輸送京師而不入內藏的財賦皆納於左藏庫，主要供給京師官吏薪俸和軍隊糧餉。太宗時，曾將左藏庫分為左、右，不久即廢右藏庫，分左藏為四庫：錢、金銀、絲綿、匹帛。真宗大中祥符年間（1008～1016 年），又併為左藏南、北庫。元豐改制後，左藏庫隸屬於太府寺。徽宗政和六年（1116 年）修建新庫，改稱左藏東、西庫。南宋因之，東庫儲幣帛綢絹，西庫儲金銀泉券絲纊。

元豐庫創建於神宗元豐三年（1080 年）。當時的新法各項收入，如青苗、常平、坊場、免役寬剩錢等，輸入該庫。哲宗元祐三年（1088 年）正月，改封椿錢物庫為元祐庫，隸尚書省左右司。三月，改元豐、元祐庫為元豐南、北庫。五月，又將元豐北庫改作他用，而以南庫專主朝廷封椿錢物。元豐庫的財物來源也不再限於青苗等幾項，還包括了除河北、陝西、河東三路外各地的禁軍闕額錢、貼輸東北鹽錢、鬻賣在官田屋錢等。徽宗崇寧元年（1102 年），命各路各司將各縣現管金帛全部送納元豐庫。崇寧三年(1104 年)，又命戶部將增鑄新錢中的一百萬貫輸元豐庫。大觀（1107～1110 年）初，置大觀庫，分東、西兩庫，管理制度與元豐庫相同。

左藏南庫由南宋初的激賞庫演變而來。激賞庫原為外廷財賦，秦檜為

相時將其中財物不斷撥入內藏庫，秦檜死後，激賞庫即改稱御前激賞庫，變為內廷府庫。孝宗即位，將此庫改為左藏南庫，隸屬朝廷，不再由皇帝控制。淳熙十年（1183 年），名義上將左藏南庫撥歸戶部，但實際控制權仍掌握在宰執之手。孝宗時還創設了左藏封樁庫，分上下兩庫，歸尚書省都司提領。其財物主要來源於戶部剩餘經費，積貯頗多。淳熙六年（1179 年）有現錢五百三十萬餘貫，淳熙十年增至三千餘萬貫，淳熙十三年（1186 年），上庫儲金八十萬兩、銀一百八十六萬餘兩，以及糴本錢、度牒錢，下庫常儲現錢五六百萬貫。這些財物除用作軍費以外，有不少轉輸內藏，或直接用於皇室消費，使得外廷財賦與內藏財賦的界限漸趨模糊。

二、地方財政管理體制

㈠路級財政

　　路是宋代的一級特殊行政單位，與財政相關的有轉運司、提點刑獄司、提舉司以及總領所等。轉運司並非專門的財政機構，但理財卻是其最主要的職能之一。作為中央財政管理機構在地方的代表，轉運司要監管所屬州郡場務、財務。按規定，轉運使每年或每兩年巡歷所轄地區一次，平時還要經常派員到州郡場務進行臨時檢查。州郡財務帳籍要按時申報轉運司，由轉運司分類彙總上呈中央，由此轉運司亦可了解州郡財務狀況，行使其監察權。此外，轉運司要催督下屬州郡徵收賦稅，足額保證上供朝廷錢物。州郡常例之外的財政開支，也須申報轉運司，經過審核上報朝廷。轉運司有時還要增輸上供財賦或額外調撥州郡財賦，以供朝廷非常之用。同時，轉運司對管內州郡也負有計度出入、調劑餘缺的重要職責。轉運使要掌握本路收支狀況，當本路賦入減少，或開支增加，轉運使就須向朝廷請求蠲免或緩繳賦稅，或申請調撥外地錢物支援。當管內各州郡收支盈虧不等時，轉運司須統籌調配，取盈補虧。

　　宋初，各路轉運使權力很大，以皇帝為首的朝廷擔心出現新的威脅中央的地方勢力。真宗時於各路設提點刑獄司，目的就在於分割轉運司之權，

但當時提刑司主要掌管本路刑法訴訟之事，並不涉足財計。元豐初年以後，朝廷逐漸賦予並擴大了提刑司主管錢財的權力，不僅負責拘催各州郡輸納內藏庫的錢物，複審各州郡通判廳申報的無額上供錢帳目，申報戶部，而且本路諸作院修造軍器事務也由提刑司兼管，提刑官任滿替罷時，要將任內修造過的軍器件數申報工部。

提舉司包括常平司和茶鹽司。神宗初年，創設提舉常平司，是新法在各路的主要執行機構，掌管凡與青苗、免役、市易、農田水利等新法有關的財計事務。哲宗紹聖二年（1095年），又將免夫錢的徵收劃歸提舉常平司。常平司的設立進一步削弱了轉運司的職權，它與轉運司之間在理財方面存在區別。首先，轉運司的賦入隸屬於戶部左曹，常平司的賦入隸屬戶部右曹；其次，轉運司要承擔本路財政開支，常平司除免役寬剩錢外，各種收入都上繳朝廷，一般不負擔本路經費支出。提舉茶鹽司設於徽宗政和間（1111～1117年），主要掌管茶鹽禁榷課利。南宋紹興和議後，東南諸路的常平、茶鹽二司合併，稱提舉常平茶鹽司，而四川不設提舉茶鹽，常平司事則由提刑司兼理。由於南宋不實行青苗、市易法，役法也有不小變化，因而提舉常平茶鹽司與北宋的提舉常平、提舉茶鹽兩司職掌已有所不同。

除了轉運司、提刑司、提舉司外，南宋時還設置了專門提供軍需的財政機構總領所。東南地區有淮東、淮西、湖廣三總領所，其所管財物主要來自隸屬於朝廷或戶部的州郡上供財賦和禁榷收入等，每年由中央按定額調撥，總領所「但能拘收出納而已」❹。相比之下，四川總領所則有較大獨立性，它不但有計度本地區財政收支的職能，且對本地區有關財計的重大政策有決定權或向中央政府提出規劃的權力，還掌握鐵錢、紙幣的鑄造和發行權。

㈡州級財政

州在宋代財政管理上是一級頗為重要的層次。地方上繳朝廷的上供財賦一般按定額直接分派給州，再由州分派給縣具體負責徵收。所徵財賦也

❹　李心傳，《建炎以來朝野雜記》甲集卷一七〈淮東西湖廣總領所〉。

由州轉輸朝廷，縣級以下行政機構不經州直輸朝廷的財賦較少。地方經費主要也以州為中心，負責人有知州、通判、戶曹參軍，他們不僅要負擔本州及下屬各縣的經費，而且要負擔本路的各項費用。

州的財賦來源主要有田賦、財產和身丁雜稅、禁榷及其他官營贏利性收入。按照朝廷規定，州每年將所收財賦，大部分上供朝廷，一部分作為地方支用。後者包括：⑴本州官吏、軍兵俸餉，該項支出占了地方財政的大部分。以南宋中期的臨江軍為例，苗米歲入約十二萬五千餘石，上供十一萬餘石，本軍官兵合支三萬四千餘石，本州官兵支用占歲入的將近四分之一；⑵本州雜項開支，如購買貢品支費、贍學費、宗室養贍費、軍器修造費、漕船修造費等；⑶本州公使錢，該項定額在賦入總額中所占比例很小。南宋寶慶年間（1225～1227 年），慶元府歲入總額近百萬貫石匹兩，而公使錢額不過六千餘貫；⑷本路各監司官吏、軍兵俸餉和公使錢的一部分。各州要按定額向轉運、提舉等司輸送財賦，有些較為富庶或本州財政負擔較輕的州，還要輸給本路其他州郡一定數量的財賦。除了上述幾項外，州的賦入還要輸給沿邊或總領所一部分，以供軍需。北宋時，西北沿邊及四川州郡多有輸送財賦供軍的任務，南宋時，州郡向總領所輸納供軍財賦已經成為普遍的制度。

北宋前期，由於上供制度執行得並不嚴格，所以州級財政有著相當大的獨立性。從神宗時開始，州級財權受到了本路監司的種種限制：州的賦入中只有公使錢等少數可以自主支配，其餘賦入原則上所有權都屬於中央，稱為「系省財賦」，由各路轉運司監管其收支，州既無支配權，也無移用權；上供、供軍、上繳本路財賦以及輸往別州財賦都有定額，本州官吏、宗室等人數和應支俸祿也由上司決定，本州無權變更。這樣，留給各州斡旋財計的餘地就非常有限。北宋中葉以後，地方財計已漸趨困窘。到南宋時，由於領土縮小，戰爭破壞，嚴重影響了田賦、榷酒、商稅等收入，而戰爭狀態下，朝廷徵調大大增加，加上大批離軍將佐、宗室、金國投歸人員被分散到各州居住，其俸餉都需要州來負擔，因此大部分州的財政都捉襟見

肘，難於應付。南宋前期，廣西州郡就因財計不足，通過減少本州軍兵來節省開支，這尚是在制度許可的範圍之內。隨著州郡財政狀況日益惡化，法外斂財成為各州維持財計的主要手段。

(三)縣級財政

縣是宋代行政與財政的最基層。所有主要財賦，尤其是向農民徵收的田賦及雜稅，都是由州分派數額，縣級政府具體負責催徵。縣財政的主管官員是縣令、縣丞和主簿，其中縣令全面負責，縣丞起監督作用，主簿負責收支帳簿。

與州一樣，縣的財賦支出主要也包括上供朝廷、供給軍需、供本路本州本縣經費等幾項內容，收支數額大都固定，因此縣亦須在此之外想方設法平衡財計，主要途徑有商稅、榷酒、苗米加耗和地方性雜稅。商稅、榷酒收入，縣只能支配其中的一部分，但由於其上繳數額和比例相對穩定，因而縣可以通過增加總收入額來補充本縣財計。在糧米方面，縣政府多倚賴加耗，有時甚至在朝廷、路、州徵糧已有加耗的情況下再徵加耗。此外，各種合法或非法雜稅，如牛驗、醋息、茶、麥、牙契、免丁、房賃、賣官紙、科罰錢等等，也是各縣財計的重要來源。南宋時各級財政拮据，位於最基層的縣級財政自然面臨更大的壓力。范成大描述當時的情況是：「戶部督州郡，不問額之虛實，州郡督縣道，不問力之有無。縣道無所分責，凡可鑿空掠剩，賊民而害農，無所不用。」❺由於縣級財政窘迫，難以維持，以至於南宋後期的士大夫們都將出任縣級長官視作赴湯蹈火一般，難度之大，可以想見。

三、財賦的運輸

(一)水運和陸運

各路收納的財賦不僅要輸送京師，滿足京師的皇室、中央官僚機構以及軍隊所需，還要調往沿邊，以供養龐大的駐軍。因此，財賦轉輸對整個

---

❺ 黃震，《黃氏日抄》卷六七〈范石湖文〉。

財政體系的運轉有著舉足輕重的作用。

宋太祖定都開封，一個重要原因就是開封東臨汴河，利於東南財賦的漕運。太宗時大臣張洎曾說：「汴水橫亙中國，首承大河，漕引江、湖，利盡南海，半天下之財賦，並山澤之百貨，悉由此路而進。」❻汴河每年運送東南漕糧六百萬石入京，這一數目不僅超過唐代，而且達到了中國古代的最高水平。除汴河外，各地漕運入京路線還有陝西諸州財賦由黃河入汴至京，京西地區財賦由惠民河至京，京東地區財賦由廣濟河至京。其中黃河漕運慶曆中（1041～1048 年）每年才三十萬石，且勞費甚廣，嘉祐四年（1059 年）停罷；惠民河歲運六十萬石，物資僅供太康、咸平、尉氏等縣軍糧；廣濟河歲運六十二萬石，所運多為雜色粟豆，大多只能充馬料，慶曆中減二十萬石，元豐五年（1082 年）停罷。相比之下，汴河實為北宋朝廷的生命線。河運之外，宋代的海運也有一定的規模。天禧中（1017～1021 年），曾令江淮發運司漕米三萬石由海路運至登州（山東蓬萊）、密州（山東諸城）等地。南宋初也曾由海路轉輸財賦。

南宋都城杭州，位於當時經濟最發達的地區，因此京師所費可以就近獲取，而不必再仰給於外路，漕運入都城的物資就會相對減少，運輸路程也大為縮短。各路財賦多數就近調撥給沿江各處屯駐大軍。南宋的漕運線路主要是長江及連接長江與臨安府的運河，此運河始自鎮江府，經平江府（江蘇蘇州）到達臨安。

宋代陸路運輸較重要的是四川和廣南諸州物資的外運。四川陸運有三條路線，或自劍門運送至京，或轉輸至陝西、河東沿邊供軍，或由荊襄轉供京西諸軍。廣南陸運則自桂州經由荊湖南北江陵、荊門至京，主要運送香藥等，其運輸在相當長時期內由沿途專設的香藥遞鋪承擔。此外，向西北沿邊運輸軍用物資也多由陸運，運輸手段原多為人背、驢馱，真宗時楊允恭建議仿諸葛亮木牛之法，製小車，每車四人，沿途設鋪遞運，再後又曾用大車和駱駝隊。

❻　《宋史》卷九三〈河渠志〉。

宋沿唐制，將所運物資分為若干綱，由下級官吏及軍兵若干人押送。每綱數量依物品種類而異，南宋時鹽每綱為五千袋，現錢為二萬貫等。運輸工具也有定額，北宋汴河漕船以三十艘為一綱。宋代運送官物之人主要有兩類，一是軍兵，包括遞鋪兵、雜役廂軍，二是雇夫，即官府雇募來承擔運輸的百姓。與前代相比，百姓以勞役形式充當運夫的情況在宋代較少，宋廷曾多次明令禁止差役百姓運輸官物。但在戰爭時期，還是往往採取差雇結合或差役百姓的辦法轉輸物資。

㈡漕運管理體制

由於京師物資供應主要仰仗東南諸路財賦，所以宋代最重要的漕運管理機構設在淮南，即淮南江浙荊湖（路）都大發運使司，簡稱發運司。發運司在真（江蘇儀徵）、揚（江蘇揚州）、楚（江蘇淮安）、泗（江蘇盱眙）四州設轉般倉，分別收納東南諸路上供財物，再由此轉運至京師。江南各路船隻在真州等地轉般倉卸下上供糧帛後，可順道將儲存在真州等地的政府專賣鹽運回銷售，這樣往返都能滿載貨物，因而大大提高了運輸效率。

與此同時，宋廷在各轉般倉中儲備相當一年漕糧數量的糧食，還撥給發運司一定數額的本錢。這樣，在東南部分地區受災時，發運司便可預先在豐熟州縣糴買糧食，或直接以轉般倉糧輸送京師，從而保證都城的物資供應。正因為如此，南宋王應麟稱發運司「權六路豐凶，而行平糴之法」[7]，就是將財賦轉輸和平糴措施有機結合起來。然而，到徽宗時，曾廢除轉般法，行直達法，後數經反復。東南諸路數千艘漕船直抵京師，必然造成管理困難。發運司存糧、糴本也被移用，東南一旦出現變故，京師供應難以保障，直接威脅到中央財政。因此，南渡後，宋廷又恢復了轉般法。

南宋紹興二年（1132年）正月，發運司被廢罷。此後，朝廷雖於紹興八年（1138年）和乾道六年（1170年）兩次復置發運司，但由於此時都城杭州的經費開支可就近取於兩浙和福建，實際上已不需設立專門機構負責漕運事務，因而發運司旋即又廢罷。南宋在長江、江南運河（鎮江—蘇州

---

❼　《玉海》卷一八二〈食貨・漕運〉。

一杭州）沿岸分設轉般倉，又在平江府設百萬倉，在各總領所和屯駐大軍的供給線上設大軍轉般倉，大體上變通地沿用了北宋的轉般法。

第二節　財政收入

一、賦役收入

㈠田　賦

　　田賦收入在宋代財政收入中仍占主導地位，主要包括兩稅及其附加稅。兩稅沿襲唐代而來，分夏、秋兩季徵收。稅額根據占地多寡，同時參考土質肥瘠，分為數等。各地稅額輕重自唐以來就參差不齊，宋初也並未統一土地稅率，因而稅額的地區差異在兩宋一直存在。宋代兩稅收納的物品種類繁多，宋人將其分為穀、帛、金鐵、物產四大類。其中穀、帛作為小農經濟的基本農產品和手工業品，是傳統的稅收實物，也是宋代兩稅的主體。被劃入金鐵類的現錢，從唐代中後期以來在稅收中的比例開始增大，至宋代已成為兩稅中的重要內容，尤其在南方地區，夏稅較為普遍地以錢折納稅物。除此之外，還有數量不大卻品種繁雜的土特產品。總體而言，宋代夏稅的物品以絲、絲織品及現錢為主，糧食較少，而秋稅則以糧穀為主。

　　兩稅徵收既然以田地的數量和質量為主要衡量指標，那麼記載人戶田產多寡的稅籍就成了徵稅的基本依據。宋政府規定，每三年檢查一次民戶占有的田畝實數，改定稅籍，升降戶等，以保證賦役均平。但在實際操作過程中，富家豪族賄賂地方官員、胥吏，上下其手，隱瞞田產，使稅籍所登載的田畝數嚴重失真，將偷漏稅額轉嫁於貧苦百姓，造成田賦不均，國家田賦收入也因此大量流失。從景德年間（1004～1007 年）到皇祐（1049～1053 年）中期，宋境內登記在冊的墾田總數增加了四十‧七萬頃，稅糧收入反而減少了七十一‧八萬餘石。

　　為了確保國家的田賦收入，也為了緩和田賦不均帶來的社會矛盾，宋

政府曾多次清理田賦。規模較大的有北宋推行的方田均稅法和南宋推行的經界法，此外還有一些範圍較小或時間較短的整頓，如北宋真宗以前的清查田畝、南宋後期的自實法等。這些均稅措施對安定社會、維持宋朝統治起到過一定的作用，但也產生了種種弊端。均稅過程中，貪官污吏趁機暗增稅額、敲詐勒索，廣大農民往往得不到實惠，反而增加了負擔；由於觸犯了地主等富裕階層的利益，他們便勾結各種地方勢力極力反對，同時千方百計隱漏田產。因此，在當時的社會條件下，田賦負擔不合理的問題完全不可能得到徹底解決。

在兩稅徵收過程中，包括了名目繁多的手續費和附加費，它們實為各地法外聚斂所致，並無律令依據，卻逐漸轉變為合情合理的額外稅收，成為田賦增收的重要手段。其中在各地比較普遍存在的包括：(1)沿納。唐末五代時，兩稅之外的苛捐雜稅層出不窮。它們隨兩稅起納，大體上亦按畝徵收，種類有農器錢、麴錢、牛死後所交之稅、鹽鹽錢、供軍需之稅等等。宋初曾廢除了一些，但仍然承襲了其中的絕大部分。仁宗明道年間（1032～1033 年），三司將這些雜稅按類合併，統稱沿納，隨夏稅交納；(2)支移、腳錢。宋代民戶通常就近在本州縣納稅，再由官府對稅入按官府需求進行調撥轉輸。但有時某些地區的賦入不足以應付需要，如沿邊地區長期駐紮大軍，財政開支龐大，政府為了減省官方運費，命令內地民戶直接將稅糧運輸到邊境地區繳納，人畜盤餐等費用全須自備，這種納稅方法稱為支移。支移的距離依民戶的戶等高低而定。不願支移的民戶，須按照稅糧數量每斗加納「腳錢」。本來，支移是由民戶根據自己的經濟能力自願選擇，而地方官吏往往不管民戶是否有能力承擔，強迫輸糧，支移的耗費有時數倍於應交的賦稅額。腳錢也逐漸變成與支移無關的附加稅，民戶既已支移稅糧，還得交納腳錢；(3)折變。兩稅稅物品種本有規定，但各地可根據實際情況，令民戶將一物折換成他物繳納，稱為折變。折變依法當以市價為準，而實際上各地大多高估，重複折納，增加了民戶負擔，折變因而也演變為一種附加稅；(4)加耗。為彌補稅物在運輸和保管過程中的損耗，徵收兩稅時在

正額之外按比例加徵一定數量，叫加耗。宋代多頭徵收，使加耗比例大大增加，超出法定的數倍乃至數十倍，有些地方加耗數額甚至超過了兩稅正額；(5)義倉稅、頭子錢。建隆四年（963 年），宋政府規定，每正稅一石，別輸一斗，建立義倉，以備災荒。但後來義倉之糧被挪作他用，逐漸失去了賑濟的本意，成為一項附加稅。此外，各倉場在受納錢穀時，又令百姓輸頭子錢，用於補充倉耗或作為手續費，以供徵稅官吏支用，後也變為附加稅之一；(6)斛面。官府用量器斛或斗收納稅糧時，將糧食平面堆高於斛、斗的口沿，以增加數量。有的地區還擅行製造大於標準的量器。這些本是地方政府徵收兩稅時的作弊現象，但在某些地區已經演變成固定的附加稅，且定額很高；(7)預借。政府提前徵收賦稅，這種情況唐末五代時就已出現，但並不普遍，且預借的時間較短。而在南宋，由於軍費開支浩大，賦入有限，政府不得不借助於預借維持財計。南宋時的預借已經成為一種普遍實行的制度，且預借時間不再只有一年半載，常常至四、五年，甚至更長。

㈡口　賦

　　即人頭稅，宋代稱之為丁口之賦或身丁錢米，是由五代十國沿襲而來。它以人丁為徵收依據，不論主戶、客戶，男子年二十歲至六十歲為丁，須交納錢物，徵收區域多在南方。宋初曾對丁口之賦進行過局部減免和調整。真宗大中祥符四年（1011 年），宋廷下詔停徵兩浙、福建、荊湖、廣南等南方六路身丁錢，總額 450,406 貫。但此次蠲免並不徹底，南方各路徵收身丁錢米的記載，仍屢屢見諸文獻。如兩浙路原有的丁鹽錢米，本是由政府將食鹽按人口支給，民戶再計丁納錢或米的一種制度，後來政府不再俵散食鹽，但卻並未免除所徵錢米，幾經演變，又直接稱「身丁錢」，繼續存在。由於身丁錢米的徵收沒有統一標準，各地徵收的數額、物品種類各不相同，對地方財政而言，這無疑是補充財計的重要途徑。南宋時，丁錢盛行折納，地方官吏趁機暗增稅額，民間不勝其苦。在兩廣、福建的窮僻之地，因為田稅不足，州縣賦入只有依賴身丁錢米來補充，以致未成丁的兒童和年過六十的老人也要出錢，稱「掛丁錢」，甚至有已經死亡而丁錢不予

豁除者。身丁錢米的繁重，使閩廣百姓以有子為累，往往溺殺新生嬰兒，這是造成當地「不舉子」之風的原因之一。

兩稅法所確立的「唯以資產為宗，不以身丁為本」❽的原則代表了中國古代賦稅體制的發展趨勢，雖然宋代仍然承襲了相對落後的人頭稅制度，但是這種制度實行範圍正在逐漸縮小，宋政府在其統治期間也一直在逐步除放丁口之賦。如湖南路到紹興二十八年（1158 年），兩浙路到開禧元年（1205 年），福建路到端平元年（1234 年），廣西路到嘉熙元年（1237 年），都已將殘存的身丁錢米除放完畢。廣南東路雖到南宋末還未見除放身丁錢米的明確記載，但從北宋熙寧三年（1070 年）起，該地區實行按戶等徵收丁米，在人頭稅制中滲入了財產稅制的先進因素。

㈢免夫錢與免役錢

前代的徭役，宋代稱為夫役，指定期或臨時徵發丁夫承擔中央或地方力役。從北宋初年起，宋政府陸續差派廂軍取代民夫承擔各種勞役，如修建城池、運送糧草、興建水利工程等，使百姓的勞役負擔明顯減輕。不過，在特定地區和時期內，政府仍會大範圍地差調夫役。如在黃河中下游地區，為了防範黃河決口、淤塞所引起的水患，宋政府每年春季都要徵調大批民夫，疏浚河道，修築堤防，稱為「春夫」。一旦出現洪水，政府緊急徵調民夫搶險，則稱「急夫」。此外，運送軍用物資、營建宮殿、架橋鋪路等，有時也會徵發丁夫。

宋代夫役與前代相比，主要變化就是出現了雇傭制的因素。一方面，民夫服役期間由官府供給口糧，每日二升；另一方面，各類夫役逐步開始實行納錢代役制度。神宗熙寧十年（1077 年）規定，凡納夫錢的民夫可免服實役，由官府雇人承擔，夫役轉變為雇役。但由於官府雇人出價不公，常常以權勢抑勒，實際形成「差雇」兼有的狀態。到北宋末年，免夫錢成為一種與夫役沒有什麼聯繫的新雜稅名目，在全國範圍內徵收，數額浩大。直至南宋，還有部分地區偶爾仍有免夫錢之斂。

---

❽ 陸贄，《陸宣公翰苑集》卷二二〈均節賦稅恤百姓〉。

　　除了夫役外，宋代役制中最為重要的是差役，也稱為職役，就是徵發民戶來承擔地方政府的一些基本職責，以及到州縣衙門當差雜使。差役主要分為鄉役和州縣役。前者是指在鄉村基層組織「鄉」、「管」或「耆」中擔任頭目或辦事人員，包括督催賦役的里正、戶長、鄉書手和逐捕盜賊的耆長、弓手、壯丁等。後者是指在州縣官府中擔任公吏，包括主管官物的衙前，供州縣衙門奔走驅使的承符、散從、人力、手力，管理倉庫的斗子、庫子、秤子、揀揹，在津渡、關卡收納商稅的攔頭等等。差役的差派以民戶資產為依據，按戶等高低輪番差充，主要承擔者為鄉村上三等戶，鄉村下戶的差役較少，官戶、坊郭戶、未成丁戶、單丁戶、女戶、寺觀戶免役。由於上戶的差役較多較重，因而上戶普遍以服役為苦，尤其是衙前役，服役者多因賠償損失官物和官吏刁難敲詐而傾家蕩產，以致「富者反不如貧，貧者不敢求富」 ❾，甚至有人為了逃避服役而自殺。

　　差役之弊引起了種種社會問題，從仁宗朝起，朝野上下改革役法的呼聲日益高漲。到神宗熙寧五年（1072 年），王安石開始在全國推行免役法，改差役為雇役。具體辦法是，衙前、戶長等役不再差派，而是招募第三等以上稅戶充當，應募之人以相應財產作抵押品，服役期間，官府給予雇值。而諸州縣須預計職役一年的雇傭費用，由當地原來承擔差役的諸色民戶依據戶等高低分別交納，稱為「免役錢」。過去不當差役的官戶、坊郭、女戶、僧尼等也要按戶等或田產數量減半出錢，作為雇人充役之用，稱為「助役錢」。在足用的雇值以外，為防備災荒或拖欠，徵收役錢時多收兩成，稱為「免役寬剩錢」。

　　免役法以財產為標準，讓所有民戶分擔差役費用，體現了賦役均平的原則，也擴大了役錢徵收範圍，有利於增加國家收入；以雇代差，減輕了役戶的負擔，很大程度上放鬆了官府對役戶的人身束縛，應該說是適應當時社會經濟發展趨勢的一種變革。然而，在實施過程中，免役法也出現了一些問題。首先是戶等的評定，在實際操作中很難做到合理公平，有的州

---

❾　馬端臨，《文獻通考》卷一二〈職役考〉。

縣以田產多寡定戶等高下，有的州縣則依據兩稅數額確定，各地標準不一，加上有的地方官急功近利，草率定等或任意提升戶等，進而導致役錢不均。其次，部分地區的民戶並不具備納錢代役的條件，尤其是經濟相對欠發達的區域，上三等戶出力比出錢更適合他們的承受能力，強制納錢代役實際增加了他們的負擔。再次，包括免役法在內的新法實施目的，是為了解決當時宋朝面臨的十分緊迫的財政危機，這一動機使免役法不可避免地變成為國家斂財的一項制度，很多地區免役寬剩錢的徵收大大超過了原定的二分額度。熙寧七年（1074 年），宋政府又恢復了鄉役的差法，並與保甲法相結合，形成了「保役法」，以保甲人員充任鄉役，結果造成民戶既出錢又應役的現象，免役法斂財的作用更加突出。熙寧九年（1076 年），全國免役錢收入一千零四十一餘萬貫石匹兩，支出六百四十八餘萬貫石匹兩，剩餘額 40%。神宗在位期間，全國役錢剩餘高達數千萬貫。

元祐年間（1086～1093 年），免役法一度廢罷，復行差役。元祐以後，免役法又重新施行，但具體措施多次變更，免役錢徵收額不斷增加，官府用於雇人代役的分額卻逐漸減少。南宋時差、雇並行，免役錢仍然徵收，而又大量差發鄉戶應役，免役錢實際上已演化為了一項新的賦稅。

二、工商稅與專賣

㈠商　稅

宋代商品經濟的繁榮，使商稅數額大幅度增加，在國家財政收入中所占比重也日益提高。太宗至道年間（995～997 年），歲入商稅約四百萬貫，至神宗熙寧十年（1077 年），已達七百二十五萬餘貫，增幅為 55%。宋代商稅主要有過稅和住稅兩種，前者相當於商品流通稅，由販運貨物的行商交納，稅率 2%；後者相當於商品銷售稅，由在固定地點出售貨物的坐賈交納，稅率 3%。須納稅的商品種類十分繁雜，且各地不盡相同。太祖時期，政府頒布商稅條例，其中不僅包括課稅的物品種類，還對徵收的數量、方法等作出了詳細規定，嚴令不得擅自更改增損。

　　宋朝在州縣關鎮普遍設置稅務，派人具體負責徵收商稅。北宋開封府、河南府、應天府、大名府四京以及南宋行都臨安所設的稅務稱都商稅院，各州、府稱都稅務，各軍、縣、鎮稱稅務或稅場。除徵收商稅外，各地稅務還要負責稽查私販茶鹽等國家禁榷的商品。在一些僻遠的村墟市集，因交易規模小，商稅數額少，政府並不設官置務，而是招募人戶承包商稅，稱作「買撲」。太祖開寶三年（970年）頒布的買撲辦法規定，政府估定稅錢總額，承買人以家產抵押，或請富戶擔保，先向官府繳納一年商稅，取得在稅場自行收稅的權力，所收稅額如超過定額，超出部分歸承買人所有，不足則要以家產抵充，每界（承買期限）為三年。真宗時買撲制發生了一些變化，開始實行實封買撲，即投標制，由出錢多者承買。

　　在商稅徵收中，契稅比較特殊，它主要針對田宅等不動產及耕作田地的牲畜等大宗商品的交易，買賣雙方須填寫官府印製的契書，加蓋官印，方為合法。政府在辦理手續時徵收契稅，又稱田契錢或印契錢，稅率以典賣錢額為依據，比普通商稅要高，仁宗嘉祐三年（1058年）規定為4%，南宋初年增至10%以上。民間因稅費過重，往往隱匿契約，不去官府蓋印，以逃避契稅。南宋時財計緊張，甚至出現了按民戶財力強行派徵契稅的現象，稱為「預借契錢」。

（二）**榷場稅和市舶稅**

　　兩宋時期，宋朝與周邊民族政權遼、西夏、金的民間貿易非常活躍。政府在特定的地點設立貿易場所，稱為榷場，對邊境貿易進行嚴格管理，並對商人徵收榷場稅。榷場稅的稅率較低，據記載，南宋與金國貿易的榷場稅率僅為0.5%，因而榷場稅的收入無法與宋朝境內商稅相比，但這部分收入對國家財政也能起到一定的補充作用，北宋與遼朝之間貿易的榷場稅入每年達四十餘萬貫，基本上彌補了當時宋廷向遼輸納歲幣的開支。

　　宋代的海外貿易比前代要發達得多，政府設有專門管理機構，稱為市舶司。宋初僅在廣州一地設置，其後宋政府又相繼在杭州、明州、泉州、密州、秀州等沿海城市設立市舶司，在溫州、江陰、華亭、青龍鎮、板橋

鎮等地設立市舶務。來華商船到港後，市舶機構要對輸入商品進行查驗，並徵收市舶稅，相當於近代的關稅。宋代的市舶稅有兩種形式，一為抽解，指市舶機構抽取進口商品的一部分，稅率往往因時因地和物品的不同而有所差異，一般在 10%～40%。二為博買，即由政府按官價收買。博買比例依據商品的種類而定，真珠、龍腦等稱為細色的貴重商品，博買比例較高，而玳瑁、蘇木等稱為粗色的一般商品，博買比例較低。博買的商品運至京師，除一部分直接供皇室消費外，絕大部分在京師榷易務增價出賣，政府從中賺取商業利潤。

宋代進口商品的種類和數量激增，有貿易往來的國家從東南亞遠及西亞、東非等地，因而市舶稅收入不斷增加，北宋時常在五十至六十萬貫之間，南宋紹興年間（1131～1162 年）一度達到二百萬貫，已經成為國家的重要財源。

㈢礦　稅

宋代金、銀、銅、鐵、鉛、錫、水銀、朱砂等各類礦藏，政府以定額或分成的形式，向礦冶業者徵收產品，類似於市舶稅中的抽解部分。抽解所剩產品再由政府按官價收買，稱為和買或拘買。和買官價通常低於市價，政府就通過差價來贏利。神宗時，礦業政策有所變革，國家在對礦產品徵取 20% 的礦業稅後，一般允許冶戶將產品自由貿易，稱為「二八抽分制」，進而刺激了礦冶業的發展。北宋的礦業收入十分可觀。太宗至道末（997年），天下歲課銀 145,000 兩、銅 4,120,000 餘斤、鐵 5,748,000 餘斤、鉛793,000 餘斤、錫 269,000 餘斤。仁宗皇祐年間（1049～1053 年），銀增至219,829 兩、銅 5,100,834 斤、鐵 7,241,000 斤、鉛 98,151 斤、錫 330,695 斤。神宗元豐元年（1078 年），銅課所入突破千萬，鉛、錫課入亦有大幅增長。然而，南渡後，由於國土面積大大縮小，加上老礦開採過久，產量下降，有的逐漸凋敝廢絕，南宋的礦業收入也就相應銳減了。

㈣專賣收入

宋政府對一些重要的消費品，如茶、鹽、酒等實行壟斷經營，形成了

禁榷專賣制度，儘管這些制度不斷變化（具體變遷參見第六章第一節），但專賣收入在國家財政收入中始終占有十分重要的地位，成為宋朝財政最大的收入來源。

兩宋榷茶制度的變遷，大致經歷了這樣一個過程：在北宋初是禁榷法，其後經過禁榷法與通商法的多次輪流交替，終於在嘉祐時期實施了通商法，到宋徽宗時期，經過蔡京的三次變更，終於頒布了以鈔引為特點、以加強制度管理為核心的政和茶法，並在南宋得到進一步繼承和發展。伴隨著宋代茶法的曲折變化，宋朝封建國家的茶利收入也呈現出這樣的變化趨勢，即從國初禁榷到嘉祐通商之間茶利自高而低，自政和改茶法以後茶利又自低而高的過程。茶利自高而低，顯然是實行禁榷法的結果，在禁榷法下，豪商巨賈獲得大部分茶利；而蔡京改行茶引法亦即新的通商法後，茶利則從富商巨賈手中更多地轉入國家財政，因而政府茶利又不斷增加。兩宋茶法變革的實質，就是國家、商人與種植茶樹的園戶，三者之間利益關係的不斷改變和調整，而這種變革最終的結果是國家獲得了更多的茶利。

食鹽專賣制度的變遷也體現出相似的趨勢。在許可商人販賣食鹽的通商區，為了壓低商人的利潤，將鹽利最大限度地歸入國庫，宋政府一再變更鹽法。至徽宗政和二年（1112 年），政府在擴大通商範圍的基礎上，將各地所有食鹽批發權集中於中央主管部門——榷貨務，這意味著將原來屬於各地的那些鹽利全部收歸了朝廷，並大幅度提高食鹽批發價，進一步奪取了商人的鹽利。如此一來，國家的鹽利收入遽增，當年收入即達二千餘萬貫。而在官府壟斷食鹽運銷的禁榷區，為了取得更多的鹽利，官府經常採取抑配的方法，把食鹽強行配賣給百姓。在東南的兩浙路，強制性地「每丁給鹽一斗，輸錢百六十六文，謂之丁鹽錢」❿。除了按戶丁配賣的鹽，還有按田畝配賣的「蠶鹽」。京東路淄、濰、青、齊等桑蠶業發達的地區，原來為禁榷地分，官府於蠶事前，按每戶田畝多少預借官鹽，令百姓輸納絹帛償還，後來這些地區改為通商區，官府不再預借官鹽，而百姓仍須依

---

❿ 李心傳，《建炎以來朝野雜記》甲集卷一五〈身丁錢〉。

舊輸納絹帛，實際上已經成了一種變相徵斂。

宋朝榷酒制度與榷茶、榷鹽制度有所不同，是以買撲制為主體，因而酒課的變化趨勢也有自身的特點。從北宋初到宋仁宗慶曆年間，酒課額由低到高，逐年增加，此後開始下降，到宋神宗熙寧十年降到最低點，到宋徽宗時期又再度激增，自此至南宋，酒課一直保持上升勢頭。這一變化趨勢，同兩宋賦稅增長是基本一致的。此外，從酒課的地區分布來看，有幾個值得注意的特點：其一，在一些大城市中酒課額最高，北宋汴京賣麴錢高達五十萬貫以上，杭州在北宋時期酒課也達二十餘萬貫，酒課集中於城市，反映了宋代城市經濟的發展及其消費性特徵；其二，酒課在經濟發達地區明顯呈現強勁增長勢頭，這表明酒的消費依賴於經濟基礎；其三，酒課在邊防地區也大幅增長，北宋的秦鳳路、陝西路作為西北邊防重地，屯駐著幾十萬大軍，酒的消費量很大，酒稅收入也因而激增，成為全國酒課額最高的地區之一。

三、其他收入

(一)和買絹與折帛錢

和買本是政府向民戶購買絹帛的一項制度。各地官府每年春天將絹價預先借貸給民戶，民戶於秋稅之時向官府交納相應數量的絹帛，因而和買也稱預買或和預買。這一措施具有救濟春荒和低息貸款的性質，民戶自願請錢，政府從優給價，因而實行初期受到了百姓的廣泛歡迎。但後來官府給錢不斷減少，民戶要輸納的絹帛反而增加，也不再遵照自願的原則，而是按家資攤派抑配。神宗熙寧中（1068～1077 年），京東路民戶於春季預領一千文和買錢，入秋後卻須交納價值一千五百文的絹帛，官府從中取息高達 50%。到了徽宗時，官府和買分文不給，卻仍然強迫民戶按定額納絹，許多地區還將和買絹的徵斂範圍從鄉戶擴大到根本不產絹的坊郭戶，和買基本上變成了一種攤派。

折帛錢實際上源於和買之法。南宋建炎三年（1129 年），兩浙路轉運

副使王琮建議將本路的和買絹折納為現錢徵收，東南折帛錢即始於此。爾後江浙、閩廣、荊湖等地區均推行折帛錢，諸路民戶把和買絹按比例或全部折納現錢，折價的變化趨勢與和買價恰恰相反，政府和買絹帛的價錢越來越低，最後不出分文而白取絹帛；折帛錢則折價越來越高，政府由此增加現錢收入。紹興元年（1131 年），每匹帛折錢二千，至紹興四年（1134 年）提高一倍，以後十數年間增至數倍，雖然政府屢有減價的詔令，但地方官員往往陽奉陰違，暗中增價。孝宗乾道二年（1166 年），折價曾達每匹二十一貫。折帛錢之外，徵收實物的和買制度實際上還不同程度地在南宋各地繼續實施，官府既向百姓徵斂折帛錢，又憑空科取和買絹，實際上是雙重剝削。

㈡經總制錢

北宋末至南宋，中央為了籌措軍費而向地方徵調若干項財賦和雜稅，稱為經制錢或總制錢。其中經制錢於北宋徽宗宣和三年（1121 年）創立，當時宋政府剛剛平定方臘起事，用度不足，命陳遘以發運使經度東南七路財賦，陳遘乃奏請增價賣酒賣糟、官私出納增收頭子錢等，分十數項，州軍別立帳目收管，供朝廷調用，統稱經制錢。先行於東南七路，後推行於河北、京東、京西路，靖康時（1126 年）廢除。南宋建炎三年（1129 年）恢復實行，包括權添酒錢、量添賣糟錢、增添田宅牙稅錢、官員等請俸頭子錢、樓店務增添三分房錢等五項。紹興元年（1131 年）又增加了諸路無額上供錢、鈔旁定帖錢兩種，合前共為七項。從這些名目可以看出，經制錢的徵收並不是另起爐灶，而是將原有稅種的稅額略增其數，單列收繳，且不是直接課之於民，而主要以商賈為徵收對象。

總制錢為北宋末總制使翁彥國仿經制錢所創。南宋紹興五年（1135年），參知政事孟庾主管財政，設總制司，復行總制錢。首先增收頭子錢為三十文，其中十五文充經制錢，七文充總制錢，六文分屬諸司，二文由地方公使支用。此外，總制錢還包括拘收耆戶長雇錢等二十餘項。經制、總制錢後合而為一，稱經總制錢。乾道元年（1165 年），經總制錢為每千錢

收五十六文。北宋時經總制錢歲入約為二百萬貫，南宋紹興十九年（1149年）歲入曾高達一千四百四十餘萬貫。

㈢ **經營性收入**

除了徵收賦稅外，宋政府還通過與民戶形成借貸租賃等經濟關係取得經營收入，重要的有國有土地出租收入、城鎮官有房地產出租收入、青苗錢借貸等項。

宋代國有土地的數量較前代大幅度縮減，且經營方式也有了新的變化，或者採用租佃制，或者逐漸轉化為私有。宋朝國有土地類型很多，有營田、屯田、職田、學田、官莊、監牧地等等。其中營田和屯田最初均靠兵士或當地百姓無償勞役來耕墾，經濟效益不高，後來官府將這些土地召人承佃，收取地租，經營方式轉變為租佃制。南宋時期，江西、兩浙的屯田及四川的營田不斷民田化，其歲入基本上也從田租演化為田賦。職田、學田、官莊、監牧地，以及其他類型的國有土地的經營方式大都是租佃制。宋代地方官員按品階高低可占有數量不等的職田，職田原則上只允許客戶承佃，收入作為地方官官俸的補充。學田出租制度類似於職田，租入專門供各級官學開支。監牧地是宋代飼養軍馬的土地，全盛時面積達十萬頃左右，熙寧年間廢監牧，將牧地出租。宋代各種類型的國有土地，其地租形態主要是實物地租，租率以對分制最為普遍，也有一些實行四六分或三七分。從北宋末至南宋，國有土地又逐步採用定額地租，如官莊、營田、沙田蘆場以及其他形式的官田，大多徵收定額地租。定額租主要有兩種形式：一種是根據田地的好壞，預先確定當年或每年的地租數量，不論豐歉，必須按規定交納。福州官莊就把田地分為上、中、下三等，「中田畝錢四文、米八升，下田畝三文七分、米七升四勺」❶❶。另一種是依據某一地區或一定數量的土地面積，規定總的地租數，每年按數徵收。南宋初，永豐圩九百六十頃官田定租為三萬斛，之後國家每年即按此定額總數徵收。

宋政府在城郭中還擁有不少房地產，包括官邸店和官地，由專門機構

---

❶❶ 《宋會要輯稿》食貨一之二三。

——樓店務管理，樓店務將其出租，定期收租金。這種官有房地產的租入只占宋代財政收入很少的一部分，卻從一個側面反映出當時城市經濟的發展。

青苗錢是政府的一種高利貸收入，只實行於北宋中後期。王安石變法期間，於熙寧二年（1069年）九月推行青苗法，以諸路常平、廣惠倉錢穀為本錢，聽民戶自願請貸，按戶等限制最高貸款數額，每年春荒時放款，秋收之後償還，年息四至六分。相比於民間高利貸一倍的利息，青苗錢利息較低，同時對於豪強大戶，雖然他們不需借貸，也要強制抑配，所以青苗法既在一定程度上抑制了豪強，又增加了國家的財政收入。當時年收入青苗息錢估計在三百至四百萬貫之間。元祐年間（1086～1093年）曾廢青苗法，紹聖時（1094～1097年）恢復實行，直至北宋末。但在此期間，青苗錢的放散弊病百出，有的地方不論民戶願意與否，強行俵散，有的地方放款過程中官吏百般敲詐勒索，還有的地方甚至不散本錢而只收息錢，使青苗錢完全演化成一種新的賦稅。到南宋紹興九年（1139年）重新建立常平倉，才廢止此法。

第三節　財政支出

一、軍費支出

軍費是宋代財政支出中最大的項目，通常占財政開支的半數以上，戰爭時期則高達十分之七、八，甚至更多。軍費開支浩大的根本原因在於宋朝實行募兵制。與唐代府兵制寓兵於農、兵費不由政府負擔不同，募兵制是兵農分離，士兵所有費用都依靠國家財政。同時，由於宋朝始終處於與周邊少數民族政權對峙的狀態之中，戰事頻繁，必須維持相當規模的常備軍。加上政府常於災荒之年大批招募饑民為兵，以防止其鋌而走險，所以宋代軍隊數量龐大。從仁宗康定、慶曆年間起，禁軍和廂軍總數在一百萬

人上下，南宋雖然偏安一隅，但乾道年間直屬朝廷的御前大軍也在四十萬人以上。供養如此規模的一支軍隊，所費不難想見。

宋代軍費開支主要是養兵費和裝備費。養兵費包括士兵正式的軍俸以及名目繁多的補貼和賞賜。宋代軍兵的月俸中有俸錢、給糧、春冬服、傔人衣糧、食鹽和醬菜錢等項，數量不僅依軍階分為數等，而且還因軍隊番號、隸屬及駐地的不同而有所差別。北宋時禁軍將官月俸最高為錢一百貫，普通兵士月俸大體在一貫以下，最低者為三百文。南渡後，將官待遇優厚，御前軍都統制月俸錢達二百貫，是兵士月俸的數十倍。正式的軍俸之外，士兵還有各種固定或臨時性的補助，其中比較重要的有每三年一次的郊賞，每年寒食、端午、冬至等重大節日的特支，因臨時屯戍、調發而給予的津貼等等。這些額外支出的數額相當大，尤其是郊賞，士卒一次郊賞所得約等於其平時一兩個月的俸錢，將官所得就更為豐厚。為了展示皇恩、激勵將士，對在大小戰役中立有戰功者，以及軍事訓練中表現優秀者，朝廷還給予物質獎勵。元豐四年（1081 年），神宗親自簽發賞功格，對斬殺俘獲敵人各級首領制定了詳細的獎賞辦法，戰鬥負傷者也能獲得相應賞賜。軍事訓練中的賞賜則往往屬於臨時性的，並沒有固定的數額，如慶曆中（1041～1048 年），仁宗校閱騎兵射箭，根據訓練成績賞錢。除了上述三項，宋代招募新兵還要支給衣履、緡錢，稱為「招刺例物」，陣亡將士子弟入伍，可加倍支給。但由於招刺例物是一次性支出，因而在軍費中所占比重不大。

宋代軍事裝備費用浩大，其中戰馬的養殖與購買是一項重要的支出。與契丹、党項、女真、蒙古等北方民族對抗，騎兵具有舉足輕重的作用。然而，宋朝境內極少出產馬匹，騎兵配備常不足數，相反，遼夏金蒙（元）等少數民族聚居區畜牧業發達，戰馬充足。為扭轉這種劣勢，宋廷每年花費巨資從境外購買馬匹，包括用茶絹等物資交換。當時馬匹價格較高，加上路途遙遠，轉運之費常與馬價相等或超過馬價，因此宋朝每年買馬的費用就達上百萬貫。買來馬匹後通常在政府設立的馬監牧養，同樣要耗費大

量的人力物力。據王安石估算，官監每繁殖一匹馬耗資五百貫，大大超過了買馬費用，而官馬的繁殖卻並不成功，所需戰馬依然多依賴外購。

宋代武器裝備的優勢主要在於火器。南宋後期，「荊淮之鐵火砲動十數萬只」，荊州「一月製造一二千只」❷，雖然沒有火砲造價的記載，但是具有這樣生產能力的工場花費應該不小。南宋的水軍也在抵禦金人的戰鬥中屢有勝績，其裝備的戰船有鐵頭船、海鶻船、車船等多種。自淳祐九年（1249年）至景定年中（1260～1264 年），僅建康府就造新船八百五十只，修舊船二千六百九十三只，依此而論，南宋花費在戰船修造上的開支總數亦應不少。至於宋兵的一般裝備如兵刃、盾甲、弓箭等，也較為精良，造價頗高。

二、官俸與行政支出

宋代官吏之冗濫史無前例，給國家財政帶來了沉重負擔。「冗官」問題的形成一方面是因為宋代官吏的來源比前代更廣，不僅科舉入仕人數較唐代成倍增加，而且中高級官員子弟親屬蔭補授官呈氾濫之勢，加上國家有時賣官鬻爵以補貼財用，因而官吏人數日增；另一方面，宋代官制的不合理之處，也使「冗官」的出現成為可能。官吏的職務與級別分開，導致官吏的實際人數與客觀需要脫節，官員多而職位少，為此，宋廷往往增設許多有名無實的職務，以安排有官之人。由於宋代對犯有過失的官員處罰較輕，犯罪情節嚴重者也仍會保留低品階官，因而除了自然死亡，官員很少離開官僚隊伍。官場有進無出，更加劇了「冗官」問題。

宋代官員俸祿優厚，不僅本人有俸錢、綾絹、祿粟，隨從僕役亦有衣糧。地方官於廩祿之外，還可獲得國家劃撥的職田的租稅。對於差遣和貼職者，俸祿之外，國家還通過添支進行補助。徽宗時，現任官員可身兼數職，凡兼一職即多得一份供給、食錢等津貼，於是有「一身而兼十餘俸者」❸，

---

❷ 李曾伯，《可齋續稿》後集卷五〈條具廣南備禦事宜奏〉。

❸ 馬端臨，《文獻通考》卷二四〈國用考〉。

後雖廢兼職之制，但額外津貼並未完全廢除。北宋中期，僅官員俸錢一項，歲支就達二百七十七萬餘貫。入品官員之外，還有為數更多的不入品的吏人。他們本來並無固定俸祿，專靠受賄等各種非正常途徑謀生。神宗時對此進行了改革，熙寧六年（1073 年），京師增加吏祿開支 413,400 餘貫，監司、諸州 689,800 餘貫。宋廷試圖通過提高俸祿來杜絕吏人受賄，但此舉收效甚微，胥吏們往往互相勾結，營私舞弊，吏治黑暗的狀況並無根本好轉。

宋代的行政支出稱為公用錢，後又稱公使錢，主要用於官員送往迎來的宴設、供饋之費，犒賞軍隊、修繕公廨、置辦器具等。公用錢分朝廷支給的正賜錢與當地自籌的非正賜錢，其中朝廷支給的數額根據官署級別、所在地區及特殊需要而存在差異。雖然名為公用，但當官吏經濟困難時，往往支用部分公用錢作為補助。皇親、國戚、勳臣出外任官時，公用錢則可按照慣例作為私用。北宋時，公用錢正賜額最多年分當在百萬貫以上。

三、皇室支出

在中國古代，皇室位於整個社會結構的最頂層，其日常生活奢侈豪華，費用之浩繁可想而知。北宋時，為皇室服務的御廚就有一千五百二十一人，可見皇室日常飲食的鋪張。建州（福建建甌）特設的官營焙茶機構，每年所產茶葉專供皇室，其中最精緻的龍鳳茶價比黃金。除了日常用度，皇室的其他享樂活動也要耗費巨資。高宗時設置御前甲庫，其中錢財專門用於購置書畫玩物，每年花費在十萬貫以上。高宗退位後，每年除定額支用三、四十萬貫之外，孝宗還時有進奉，以供其揮霍。

後宮支費是皇室支費中的重要部分，皇后、嬪妃享有豐厚的俸祿。南宋寧宗時，太皇太后月俸二萬貫，皇太后一萬五千貫。即便是品級較低的才人，月俸也相當於中等民戶百家的租賦。宋朝後宮嬪妃人數眾多，加上提供日常服務的普通宮女，俸祿開支總數無疑是相當龐大的。此外，後宮凡有皇子、公主降生，亦須支費財物。南宋時規定，皇子、皇女臨產前二

月，於內藏庫支領賞賜，其中包括羅二百匹、絹四千六百七十餘匹、金二十兩餘、銀四千四百四十兩等等，例外賞賜尚未包括在內。

皇室費用的另一項目是婚喪支出，尤以喪葬費用更為驚人。仁宗下葬時，動用人工四萬六千七百人，支費錢一百五十萬貫、綢絹二百五十萬匹、銀五十萬兩，如此浩大的支出給財政帶來的負擔可想而知。中國歷代帝王都重視修建陵墓，宋朝皇帝也不例外，宋朝諸陵內部結構複雜，儼然一座座地下宮殿。皇帝下葬以後，每年還要支用大量錢財維修陵園。元祐六年（1091 年），京西提刑司就曾出資二十萬貫修繕陵寢。不但皇帝本人的陵墓耗資巨大，皇后的陵墓也支費不少。北宋紹聖元年（1094 年），元豐庫支錢十萬貫、絹七萬匹，應付宣仁皇后陵墓修繕之費。至於宋朝皇室成員的婚嫁費用，具體數字史多失載，然據宋神宗所言，「嫁一公主至費七十萬緡」❶，其耗費之巨也可見一斑。

四、歲幣支出

宋朝自立國以來，一直與周邊少數民族政權並立，戰事頻仍。在與鄰國的戰爭中，無論勝負，宋朝往往以輸納歲幣的手段來換取和平，歲幣支出在國家財政支出中占了不小的分額。澶淵之盟後，宋朝向遼國每年貢歲幣銀十萬兩，絹二十萬匹，後又增至銀二十萬兩，絹三十萬匹。西夏起兵反宋後，宋廷因屢戰屢敗，也不得不以財物來「安撫」夏人，慶曆中與西夏訂立和約，以「歲賜」為名每年向西夏輸送銀七萬兩，絹十五萬匹，茶三萬斤。南宋朝廷為了維持偏安局面，更是不惜割地賠款。紹興十一年（1141年）宋金達成紹興和議，規定宋朝每年向金國進貢銀二十五萬兩，絹二十五萬匹。到嘉定元年（1208 年）再次訂立和議時，歲幣增至每年三十萬兩，另貢犒軍費銀三百萬兩。對於宋朝困窘的財計來說，歲幣支出無疑是雪上加霜。

---

❶　馬端臨，《文獻通考》卷二四〈國用考〉。

五、公共事業支出

宋朝政府重視教育，官辦學校發展迅速。朝廷撥給學田作為辦學之資，官學所費錢糧大部分來自學田的田租收入。據崇寧三年（1104 年）的統計，全國官學有學舍九萬二千餘間，用錢三百四十萬貫、米五十五萬餘石，教育經費相當可觀。除了教育支出，朝廷還往往投入大量人力物力興修水利。北宋時黃河經常氾濫成災，政府每年都要進行大規模的修治。元豐五年（1082 年），僅修治廣武、魚池兩處河堤，就動用兵卒一萬一千餘人、民夫五萬四千餘人、物料 2,032,000 條束。治理其他河流也耗費頗多，元豐六年（1083 年）治理淮河水系的洪澤河，計人工 2,597,000 人，支費麥米十一萬斛、錢十萬貫。此外，兩宋時期的農田水利建設取得了突出成就，興修農田水利設施所需人力財物，主要由受益農田所有者均攤，政府有時也承擔部分費用。南宋紹熙四年（1193 年），太平州（安徽當塗）於本州收入中劃撥米三千石、錢一千貫，專充興修圩田之用。

要之，宋代財政體制多有變化，從中央到地方都形成了一套較為成型的財經系統，負責管理整個國家的收支狀況。

第四節　貨幣制度

宋代商品經濟的繁榮，促使貨幣制度較前代有了飛速發展。貨幣流通仍然以錢為主，包括銅錢和鐵錢，二者的使用具有極強的地域性。絹帛逐漸退回到日用品的地位，白銀在流通中的重要性大大增加。北宋時四川地區產生了世界上最早的紙幣——交子，南宋進而推行於東南諸路。

一、錢　幣

㈠宋錢的種類和流通的區域性

宋代貨幣體系是中國錢幣史上最複雜的。按鑄幣材料分，銅錢和鐵錢

是正規的錢幣，此外還有主要作為禮品和紀念品的金銀錢。按面額分，一般有小平、折二、折三、折五和當十錢等，南宋還鑄造過當百錢，這幾種錢有些是足值的，也有不少是貶值的虛價貨幣。按錢名分，宋代實行年號錢，自太宗太平興國年間（976～983 年）鑄「太平通寶」錢開始，差不多每改一次年號就鑄一種錢，而宋代更改年號又特別頻繁，兼之錢名或稱通寶，或稱元寶，南宋嘉定年號的銅鐵錢甚至有珍寶、正寶等二十二種不同的稱謂，因而錢名也極為繁複。按錢文書法分，則真、草、隸、篆皆備，一般來說，每種年號錢至少有兩種書體，有時甚至有三種，稱為「對錢」。不過，這種多書體及對錢形式，到南宋孝宗淳熙七年（1180 年）發生了變化，錢文書體統一為宋體字，並在錢幣的背面鑄明年分，有的鐵錢還鑄明錢監名稱。如「紹熙元寶」背文「元」的銅錢，就是紹熙元年（1190 年）所鑄。「嘉泰通寶」背文「漢二」的鐵錢，就是嘉泰二年（1202 年）湖北漢陽監所鑄。

宋朝是一個高度中央集權的帝國，但貨幣流通卻呈現出一種區域分割的態勢，銅錢與鐵錢的使用有著嚴格的地域限制，這也是宋代貨幣制度複雜性的又一重要表現。早在五代十國時期，江南、四川等地政權就已鑄行鐵錢，目的在於控制本地區的金、銀、銅錢等財貨，免致外流。宋朝陸續平定各割據政權後，在境內大部分地區使用銅錢，只有四川地區銅價昂貴，政府無力增鑄，繼續使用鐵錢，因此北宋前期的鐵錢流通僅限於四川。其後，由於對西夏用兵，軍費開支浩大，為了滿足財政需要，宋政府先後在北方的晉州（山西臨汾）等地鑄造小平鐵錢及當十大鐵錢，甚至還在南方江（江西九江）、池（安徽貴池）、饒（江西波陽）等州鑄造鐵錢，輸往陝西以充軍費，因而鐵錢流通區域遂擴大到陝西、河東地區。至此，北宋的貨幣流通格局基本固定，銅錢流通區包括開封府、京東西兩路、河北路、淮南路、江南東西兩路、兩浙路、荊湖南北兩路、福建路、廣南東西兩路等十三路，成都府路、梓州路、利州路、夔州路等四路專用鐵錢，陝西、河東則銅鐵錢兼用。

宋室南渡以後，長期與金南北對峙，南宋在淮、楚地區屯駐重兵，軍費居高不下。同時，宋金之間的經濟交流非常活躍，大量宋錢通過榷場貿易及非法走私流向金國，或是流入日本等國，而南宋由於國土縮小，銅產量大幅下降，錢幣鑄造量日益減少。基於財政需要以及防止銅錢流出境，除四川，南宋在兩淮、京西及湖北荊門地區也禁用銅錢，改用鐵錢和紙幣。這樣，鐵錢流通區域又有所擴大，而銅錢流通則只限於東南了。

㈡鑄錢業

宋太祖即位當年（960年）就開始鑄造「宋通元寶」，但由於客觀條件的限制，宋初鑄錢數量不大。其後宋政府不斷在各地增設錢監，銅錢鑄造量也呈上升趨勢。到神宗時期，北宋的銅錢監已有十七處，熙寧末年（1077年）的銅錢鑄造額為三百七十三萬貫，元豐三年（1080年）增至五百零六萬貫，這是兩宋時期歲鑄銅錢的最高額。哲宗即位後，裁撤了許多錢監，銅錢歲鑄額有所下降，元祐六年（1091年）歲鑄銅錢二百七十五萬貫。直到徽宗朝，這種情況也沒有大的變化，年鑄錢量大致維持在這一水平。

北宋小平銅錢用料為每千錢用銅三斤十兩，鉛一斤八兩，錫八兩，成錢重五斤。整個北宋時期，這個比例得到了較為嚴格的執行，因而北宋小平錢成色足，質量優良。但至仁宗時期，西北地區鑄幣出現了嚴重問題。當時北宋為了抵禦西夏的進攻，在西北地區集結了大量軍隊，最多時達三十餘萬。為解決軍需供給，宋政府在西北的河東和陝西鑄造流通了大銅錢和鐵錢。大銅錢以一當十，而其實際重量只有小平錢的三倍，名實之間存在很大差距。鐵錢又分大、小兩種，大鐵錢以一當十枚小銅錢，官府鑄造可獲二十多倍的利潤；小鐵錢以一當一枚小銅錢，鐵賤銅貴，官府也有三倍之利。大銅錢、大小鐵錢的名義價格與其實際價值嚴重不符，造成了西北地區貨幣的混亂局面。

由於鑄錢有厚利可圖，所以民間盜鑄十分嚴重，雖死刑不能禁絕。結果質量低劣的錢幣流行，大量優良的小平錢卻被排擠，退出了流通領域，導致通貨膨脹，軍民生活因此極為困難。於是，宋政府對西北的貨幣制度

進行了一些調整。嘉祐四年（1059年）將大銅錢由以一當十降為以一當二，這樣，它的實際價值與名義價格就基本相符，折二錢也由此定型，並於熙寧以後通行全國；大鐵錢也降為以一當二，小鐵錢則改為以三當一。經過調整，西北地區的貨幣制度趨於合理，貨幣體系維持了較長時期的穩定，這既有助於解決軍需問題，也促進了西北商品經濟的發展。

然而，徽宗時期推行的政策再一次打亂了西北地區的貨幣體系，造成全國性的貨幣混亂。崇寧二年（1103年），蔡京等人下令鑄造當十大銅錢（一枚大銅錢當十文錢），最初只在陝西鑄造，而在其他銅錢流通地區使用，但不久陝西、河東也開始使用。直到政和元年（1111年），當十錢才改為當三。與此同時，蔡京集團又鑄造了夾錫錢，即在鑄造鐵錢時加入一定比例的鉛、錫。最初只在西北流通，以一當小平錢二，後來又在全國流通，由於比價遠遠高於它的實際價值，所以很快就開始貶值，「其行未久，輕於銅錢三之一」❶。夾錫錢在關中地區流通的時間最長，造成的危害也最嚴重，「物價日增，患甚於當十」❷。北宋末年的貨幣政策給經濟帶來了嚴重的混亂，加深了百姓的苦難，社會矛盾也因而更加激化。

南宋時期，經過宋金戰爭的破壞，鑄錢業一蹶不振。供給原料的冶銅業未能恢復，且錢監管理混亂，因此南宋的鑄錢業遠遠不能與北宋相比。除了產量之外，南宋銅錢的質量也不如北宋。不僅官鑄銅錢質量低劣，而且自南宋初年以來，民間還大量改鑄北宋銅錢，夾以沙土，稱為「沙毛錢」。劣質錢幣的流行，使北宋以來質量較好的銅錢逐漸退出了流通領域。南宋鑄幣量本就很少，難以滿足流通需要，在劣幣驅逐良幣規律的作用下，銅錢的供需矛盾進一步凸現出來。

㈢宋錢的外流

由於宋代採銅能力的提高，銅錢的鑄造量有了較大的增加，至神宗元豐時達到頂峰，每年為五百多萬貫，是盛唐時期的二十倍。銅錢外流的數

---

❶ 周行己，《浮沚集》卷一〈上皇帝書〉。

❷ 《宋史》卷一八〇〈食貨志〉。

目也遠超過了唐代，流出的方向首先是北方的遼、金、西夏等少數民族統治地區。這些政權本身開始鑄錢的時間晚，且鑄造數量少，因而商品流通過程中主要使用宋錢。針對這種情況，宋初設立了所謂的「銅禁」。仁宗慶曆元年（1041年）規定，攜帶一貫以上銅錢出境，為首者就要處死。王安石變法期間，曾於熙寧七年（1074年）一度解除了銅禁，北方沿邊州軍對銅錢出境只論貫收稅。「元祐更化」後，恢復銅禁。南宋政府於禁令之外，還通過在兩淮邊境使用鐵錢和紙幣，從而在使用銅錢的江南地區和金國之間造成一個人為的隔離帶，以阻止銅錢北流。儘管宋政府採取了種種措施，但終宋之世，銅錢私入北方的情況一直存在。

其次，隨著對外貿易的發展，銅錢還不斷流向海外。宋人從海外進口香藥、寶貨等物品，除用絲、絹、瓷器等償付外，還要輸出金、銀、銅錢。特別是在南宋，通過陸路的對外貿易幾乎閉塞，因而海外貿易日益發達，且海舶的載重量遠過於陸上的駝馬，所以流出的銅錢為數尤多。當時主要是流向日本、越南和東南亞地區，甚至還有遠至東非沿海國家的。雖然南宋政府一再嚴申銅錢入海之禁，還是無法完全遏止銅錢的外流。

二、白銀貨幣性的增強

銅鐵錢面額低而笨重，不便攜帶，加上銅鐵錢分區流通，不利於商業的發展和各地物資交流。而隋唐時作為實物貨幣的絹帛本身不具備良好的材質，容易污損朽敗，在宋代逐步退出了流通領域。在這種情況下，貴金屬白銀的貨幣化傾向日益增強，使用數量較前代大為增加，使用範圍也顯著擴大。

國家財政支出使用白銀的數量一直在增長。具體而言，白銀的用途主要有兩大項，一是賞賜，一是軍費。對文武官員的例行賞賜，如郊祀大禮、聖節（皇帝的生日）等，都要頒賜大量金、銀、錢及絲、帛等。至於對官員軍功、政績及其他各種理由的臨時賞賜，一次用白銀也往往數百、千兩。軍費用銀更是數額浩大。北宋西北邊境對遼、西夏用兵，大批駐軍所需糧

草僅靠本地賦稅無法滿足，必須依賴中央政府的財政支持，但如果從京師搬運銅錢到沿邊，不僅費用大，運輸也極困難，而用銀則便於運輸，因此宋政府常常撥給邊地白銀來糴買糧草。南宋軍費中的白銀主要用於支給兵券，也就是軍士俸餉，兵券用銀、錢、會子按比例發放，根據乾道八年（1172年）樞密院所定諸軍支給之例，白銀所占比重約為 30%～40%。

財政收入方面，大凡商稅、鹽茶等專賣收入交納現錢者，政府允許部分輸納白銀，所占比例大約為 40%～50%。真宗景德年間（1004～1007 年），東西川商稅、鹽酒稅的一半都可以銀交納。仁宗景祐年間（1034～1037 年），商人買茶，每百貫茶價中，六十貫用現錢，其餘四十貫允許折納金銀等。不僅如此，在四川、浙江、安徽等地，由於不通漕運水路，交通不便，運輸糧食、布帛到京師很困難，正稅田賦也可以用銀折納。南宋孝宗隆興二年（1164 年）五月就曾詔令「溫、臺、處、徽不通水路，其二稅物帛，許依折法，以銀折輸」❸。

民間經濟活動如饋贈、賄賂、借貸等用銀的現象也較為普遍。此外，購買宅院、田地以及珠玉珍奇之物等大額交易，也常常用白銀來支付。不過，在宋代，物價還都是用錢來衡定，人們使用銀時要先兌換成錢，然後才能使用。人們日常生活中，用白銀表示物價或者直接用白銀購買日用商品的情況還很少見，這說明白銀尚未充分獲得價值尺度和流通手段這兩種基本功能，因而它還不是真正的貨幣。

宋代白銀形制最普通的是鋌形。大銀鋌重五十兩，兩端多呈弧狀，束腰形，上面多有各樣文字，記載著地名、用途、重量、經辦官吏和工匠姓名等。小鋌則重量不等，有二十五兩、十二兩許、七兩許、三兩許等。宋代的「鋌」也叫「錠」，大概因為兩字讀音相近，後來民間口語中常稱「錠」，而很少用「鋌」了。

---

❸　《宋史》卷一七四〈食貨志〉。

北宋交子

三、紙幣的產生和發展

㈠北宋的交子

　　早在十世紀末，四川地區就產生了世界上最早的紙幣——交子，它的出現和鐵錢的使用有著直接關係。北宋四川的成都府路經濟、貿易都相當發達，但是商品交換的媒介卻是笨重而面額小的鐵錢。按照政府的規定，重六十五斤的十貫小鐵錢，其購買力才相當於重五斤的一貫小銅錢，如果要買一匹絲羅，銅錢只要兩貫，鐵錢卻要二十貫，重達一百三十斤。購買力的低下使鐵錢在貿易過程中顯得十分不便，無法適應商業的發展，交子就在這一背景下應運而生。

　　北宋交子的形成和發展大致可分為三個時期。第一，自由發行時期。太宗時，政府在四川停鑄銅錢，改用鐵錢。為了克服流通的不便，一些富裕的商人自己發行了一種類似收據的楮券，兩面都有發行商家的印記，有密碼花押，朱墨間錯。券上並沒有「交子」的字樣，式樣也不統一。票面金額是臨時填寫的，領用者交來多少現錢，便給他開出同樣數目的交子。整體說來，其本質與兌換票據沒有什麼差別，只是在民間經濟交往中可以用它來代替鐵錢流通。

　　第二，商人聯合發行時期，這一時期的交子得到了政府的許可。至遲在大中祥符年間（1008～1016 年），可能還要早，因為當時發行交子的十六家富商已經衰落，出現了交子不能兌現的情況。發行交子的富商稱為交子鋪或交子戶，他們取得交子發行權要付出一定代價，比如每年為官府負擔盤量倉庫、修理塘堰等出夫出料的費用。此時的交子用統一的紙張印造，票面上印有屋木人物的圖案，仍保留了密碼、花押、圖章等，票面金額也

仍是臨時應領用人的請求填寫，不限多少，只要交付現錢，便發給交子，隨時可以兌現。不過，兌現時要收 3% 的手續費。除成都外，四川各地還設有交子鋪分店，因而交子的流通更加廣泛。每年絲蠶米麥將要收穫之際，商人和普通百姓都急需流通和支付手段的貨幣，這時交子的發行量也最多。然而，發行交子的富商往往將收進的現錢挪作他用，一旦經營不善，資產虧損，交子就不能保證及時兌現，從而破壞了交子的信用，以致擠兌、爭訟數起，最後只好由官府出面干預。由於私人經營的種種弊端，仁宗天聖元年（1023 年）起，交子便收歸官營了。

第三，官辦時期。天聖元年十一月，宋政府設置益州交子務，第二年二月開始發行官交子，發行與流通都有相應的規範。⑴票面金額：與私人交子一樣，官交子也是臨時填寫金額，但數目有規定的等級。起初自一貫到十貫；仁宗寶元二年（1039 年）改為五貫和十貫兩種；神宗熙寧元年（1068 年）又改為五百文和一貫兩種。⑵流通期限：官交子分界發行，所謂「界」就是一期，界滿後持舊交子換新交子。關於官交子的界分，史書記載不一，或說三年一界，或說兩年一界。因為古人按農曆計算，所以實際上每界交子的流通時間是三年不到，而兩年有餘。⑶發行額和準備金：每界交子發行限額為 1,256,340 緡，這是最高額，並不是每界實際的發行數字。官交子的發行準備金是用四川通行的鐵錢，大凡每造一界須三十六萬緡，相當於發行限額的 28% 強。

交子的流通原來僅限於四川地區。仁宗慶曆年間（1041～1048 年），因西北邊防吃緊，曾先後兩次發行交子六十萬貫，借支給秦州（甘肅天水）充作軍費，交子的使用範圍首次擴至四川以外的地區。神宗熙寧年間（1068～1077 年），為了解決西北用兵帶來的財政困難，宋政府又在河東和陝西發行交子，但因為缺乏足夠的準備金，最後都停罷了。

㈡徽宗時的錢引

交子改為官辦以後，在仁宗、英宗、神宗三朝大體上是穩定的，一貫交子能保持足價或九百數十文的價格。從哲宗紹聖年間（1094～1097 年）

開始，隨著四川交子供應給陝西的數額日益增加，交子的發行量也不斷擴大，增發數額少則數十萬貫，多則至數百萬貫，導致交子價格大跌。徽宗崇寧、大觀間（1102～1110 年），交子制度出現了重大變化。崇寧三年（1104年），京西路也開始使用交子，四年改為錢引，通行範圍更廣，除閩、浙、湖廣、東京開封府外，其餘各路差不多都可以使用。河湟用兵費用至此基本全靠紙幣解決，因而發行額陡增。通貨膨脹造成了紙幣的嚴重貶值，後來政府發行紙幣不再有準備金，一貫錢引只值幾十甚至十幾個錢。

㈢南宋的紙幣

南宋時紙幣已經成為一種普遍使用的通貨，不僅流通範圍遍及東南、兩淮、荊湖及四川各地，且種類繁多，最初使用關子，後一度改為交子，但最通行的是會子。

宋朝南渡之初，已經有關子流通。高宗紹興元年（1131 年），因婺州（浙江金華）屯兵，交通不便，難於運輸現錢，於是政府讓商人出錢，在婺州換領關子，商人持關子可以到杭州榷貨務領錢或茶、鹽、香貨鈔引。

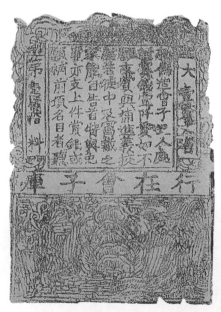

南宋會子

因此，關子最初帶有匯票的性質。由於政府常發行關子用於糴買米粟，民間也效仿官府使用關子，因而關子在流通領域中實際已與紙幣無異。

紹興年間（1131～1162 年），南宋也曾發行過交子，在杭州設置交子務，試圖在東南各路流通，但因缺乏準備金，不久就停止了。

會子原來也起源於民間，稱為「便錢會子」，仍帶有匯票的性質。從紹興三十年（1160 年）開始，會子收歸官營。其流通範圍最初限於兩浙，後來遍及東南各路，並擴展到兩淮、湖北、京西等地，納

稅和交易多可使用，成為流通中最主要的貨幣。會子的面額最初為一貫，後來又增發了二百、三百和五百文三種面額。從紹興三十年到乾道二年（1166 年），會子的實際流通額為九百八十萬貫，數量還不算大。但在當時的戰爭狀態下，加之南宋銅錢減少，會子帶來通貨膨脹已在所難免。南宋發行額超過北宋數倍，會子的價格也一路下跌，而且往往離都城杭州距離越遠，會子的價格越低，在江西、福建的一些偏遠地區，會子貶值更加嚴重。

除了會子，南宋還有許多地方性的紙幣，如盛行於四川的川引、通行於陝西的關外銀會子等。

理宗年間，蒙古進逼，端平元年（1234 年）蒙古滅金後，南宋面臨亡國危機，通貨膨脹也日益惡化。及至賈似道獨攬朝政，於景定五年（1264 年）發行所謂「金銀現錢關子」，或稱「銅錢關子」、「銀關」，一貫抵舊會子三貫，廢會子不用。然而新關子發行以後，物價飛漲，二百貫關子還不夠買一雙草鞋，南宋經濟此時已經到了崩潰的邊緣。

第五節　信用業與金融業

在貨幣制度快速發展的同時，宋代的信用與金融事業亦有相應的成長，各種官營和私營的匯兌業務、信用貸款十分興盛，表現出商業資本規模的擴大和經營方式的多元化。

一、便錢匯兌

隨著商品經濟的發展，地區間的資金轉移調撥日益頻繁，而金屬貨幣又不便攜帶，於是唐朝中期出現了類似於現代現錢匯兌性質的「飛錢」，宋代繼承並發展了這種匯兌業務。太祖開寶三年（970 年），宋政府在東京開封府和西京河南府（河南洛陽）分別設立便錢務，專門辦理匯兌業務。從事長途販運的商人先將現錢交給便錢務，換取書填現金數額的「引據」，然

後憑引據到指定州縣即可取出現錢使用。這種便錢匯兌方式受到商人的廣泛歡迎，因而得以穩定發展。除了官營便錢，民間還存在私營便錢，但官府為了壟斷匯兌業務，對私營便錢採取了壓制政策，真宗景德二年（1005年），詔令商人只能到官營匯兌機構——榷貨務便錢，禁止私下便換，這對民間便錢的發展無疑產生了極為不利的影響。

仁宗以後，邊防吃緊，沿邊諸州軍費開支浩瀚，因而現金匯兌方向發生轉變，之前商人入錢於京師，再到其他各州領取現錢，此後變為入錢於沿邊，而於京師領取現錢。

在代替便錢務繼續負責現金匯兌業務的同時，榷貨務還承擔著兌付各種信用證券和向地方政府撥款的任務。太宗雍熙二年（985年）以後，為了滿足邊防軍費需要，開始實行入中法，商人將糧草等軍需物資運到邊地後，由當地官府開具交引，商人持引到京師，由榷貨務兌付現錢。榷貨務還多次撥款給地方購買軍需糧草。此外，榷貨務還負責貨幣兌換和回籠業務。

二、有價證券買賣

除了匯兌業務，宋代以賒買賒賣為主的商業信用行為也越來越多，與之相關的各種有價證券也因此產生並發展起來。證券作為信用憑證，能夠得到償付，因而可以進行買賣、抵押，甚至進入流通領域。在宋代的各種證券中，流通最廣、影響最大的是交引。

交引的產生與宋代的禁榷制度密切相關（可參看第六章第一節「禁榷體制」）。政府向商人賒購軍需糧草後，給商人開具交引，商人可憑交引領取禁榷商品茶、鹽或現錢，交引實際上發揮了商業信用中介物的作用。為了鼓勵商人入中糧草，宋政府採取優惠政策，即以高於市場的價格進行支付，這不僅促進了入中貿易的發展，也使交引買賣活動更加活躍。

最初，從事交引買賣的是都城開封的一些金銀鋪、彩帛鋪、停榻（即貿易貨棧）、質庫（即當鋪）等資本雄厚的商鋪。由於向邊地入中糧草有利

可圖，除了一些富商大賈外，還有大量中、小商人及本地居民，他們經濟
力量較弱，領到交引後，無力到千里之外的東南一帶領取茶、鹽等物進行
販賣，加上對這些禁榷品的市場行情又不太了解，只好將手中的交引賣掉，
換取現錢。隨著交引的大量發行並逐漸集中於金銀鋪等大商鋪手中，經營
交引買賣的交引鋪逐漸形成。交引鋪低價購買交引，然後再轉手倒賣給茶鹽
商人，或在政府為穩定引價收購交引時，轉賣給政府。買賣之間利潤豐厚，
因此交引買賣十分興盛，南宋都城臨安的交引鋪多達一百多家，明州（浙
江寧波）有六所，稅收達一萬零九百餘貫，在當地商稅收入中所占比重最
大。

三、高利貸的活躍

在宋代，人們的生產、生活與貨幣的關係越來越密切，對貨幣的需求
量增加，因而高利貸資本得以快速發展。

宋代商人往往將一部分資本投入借貸經營，如南宋紹興年間的商人裴
老，既經營各種商業，又開設質庫牟利。地主在收取地租的同時，也進行
高利貸經營。北宋中期，韓琦指出，鄉村上三等主戶中許多都開設質庫，
放貸給佃戶。放債取利之風在官僚和軍隊將領中也十分盛行。北宋開國功
臣石守信之子石保吉，「好治生射利」❹，有人借了他的債，因還不起利息，
只得以女兒為質。軍隊將領則多在士兵中放債，北宋初，定州禁軍大多饑
寒貧困，原因就在於將校放債營利，習以成風。南宋一些將領甚至假冒百
姓名義，私放軍債，危害軍政。高利貸的厚利還吸引了出家的僧侶，許多
寺院都經營高利貸，他們開設的質庫通常被稱為「長生庫」，在南宋鄱陽等
地，寺院放債現象非常普遍。

宋代還有大量專門的高利貸者，稱為「庫戶」或「錢民」，他們以放債
取利為生，其中不乏資本雄厚者，北宋青龍鎮的陳旺，靠經營高利貸發家，
積累資本後勾結官府，連家中的奴僕也十分凶悍刁蠻。可以肯定，多數高

❹ 《宋史》卷二五〇〈石保吉傳〉。

利貸從業者不具備雄厚的實力，他們屬於中、小型放債者，著名詩人賀鑄晚年退居吳下，就靠放貸謀生。

除了民間放債，宋朝政府也從事高利貸經營。王安石變法期間實行的青苗法和市易法，本質上就是政府貸款行為。青苗法是一種農業信用。每年夏秋兩熟之前，普通民眾青黃不接，由各州縣地方政府，兩次發放現錢或實物給農民，等到收穫之後，分別隨同夏秋兩稅還款，利率為40%。市易法則是在城市中對商販的貸款，屬於抵押信用，辦法是商人以田宅或金帛為抵押，如無抵押就要有三個保人，向政府的市易務請求貸款，利率為20%，過期不輸息，每月罰錢2%，稱為保貸法。

宋代的高利貸資本，一方面由於其高昂的利息，對小生產者必然會有衝擊和破壞作用；而另一方面，也應該看到，宋代許多小農、小手工業者在一定程度上，是通過借貸來實現其再生產。北宋哲宗時，浙西一帶春夏之際，幾乎家家「舉債出息以事田作」❺。開封的花燈生產者也是靠借貸來購買生產資料進行生產。因此，高利貸資本對社會再生產也有其積極意義。

本章重點

1. 宋朝的財政制度。
2. 宋朝的貨幣與金融制度。

複習與思考

1. 簡析宋朝政府發生財政危機的原因。
2. 簡述宋代貨幣制度在中國歷史上的地位。

---

❺ 蘇軾，《東坡全集》卷五七〈奏浙西災傷第一狀〉。

第八章
繁榮的城鎮與城市化進程

　　隨著社會經濟的高速發展和市場的日趨活躍，宋代城鎮出現了明顯的變化。首先，由於消費性經濟更加市場化，使城市工商業得到前所未有的發展；其次，坊市制度徹底崩潰，城市規劃布局突破了前代的傳統模式，由封閉走向全面開放；再次，大眾娛樂登上文化舞臺，動搖了「高雅」文化一統江山的局面，使城市文化更加豐富多彩；最後，廣袤的鄉間市鎮蓬勃興起，標誌著古代城市化進程加快，為後世城鎮的發展奠定了堅實的基礎。這些現象引起了當代學者的關注，以致有人認為，宋代中國發生了一場「城市革命」。

第一節　城市與行政中心

　　與前代一樣，宋代各級行政中心的形成及行政層級高低的確定，大體上是以當地的人口數量、經濟發展水平及其地域環境、交通條件等作為衡量標準，由此限定了城市的規模及其所具有的政治、經濟、文化等方面的功能。因此，縣級以上的行政中心成為認識和了解宋代城市的重要窗口。

一、城市等級的劃分

　　宋代城市是在行政區劃及其中心地的基礎上建立的。在《元豐九域志》中，北宋從京城到地方的行政建制為二十三路、四京府、十次府、二百四十二州、三十七軍、四監、一千一百三十五縣。而在《方輿勝覽》中，南宋有路十七、府州一百九十七、縣七百一十四。據此，除北宋京府和南宋

行在所的特殊地位外，宋代地方基本上是路、府州和縣三級政區❶，而城市又以各級行政區的官署衙門為核心，形成一個個實體，在文獻中被稱之為「州治」、「縣治」或「附郭」。更為重要的是，依據府州、縣的行政層級所建成府城、州城和縣城，在全國各地自上而下地形成了相應的城市等級。

在以行政治所形成的宋代城市中，縣一級的城市相對穩定，而府和路的情況比較複雜，其實際地位的差異直接影響著城市的等級。

府是唐代開始將其作為州級行政建制的，地位較高，如唐開元元年（713年）升首都雍州為「京兆府」，以後又陸續將陪都或皇帝駐蹕過的地方升為府。入宋以後，府有「京府」和「次府」的差別，首都、陪都稱為京府，始終保持著崇高的地位。北宋有「四京府」，即東京開封府（治開封、祥符二縣，在今河南開封）、西京河南府（治河南縣，在今河南洛陽）、南京應天府（治宋城縣，在今河南商丘）、北京大名府（治元城縣，在今河北大名）❷。其中，東京的政治地位最重要，且經濟水平及文化繁榮的程度都居全國首位，故地位最為崇高。1127 年，「靖康之難」後，在南京應天府匆匆成立的南宋趙構政權顛沛流離，直到紹興八年（1138 年）才正式定都臨安（治杭州，今浙江杭州），為表示不忘北方淪陷的汴京，稱臨安為「行在所」，臨安府遂成為南宋時期全國最高等級的城市。

隨著社會的發展，宋代各地升州為府的情況逐漸增多，稱為「次府」，其實際地位在京府之下，但又在普通的州之上，如成都府（四川成都）、太原府（山西太原）、真定府（河北正定）等等。

宋代路的情況最為複雜。第一，路的設置多有變化，以至於路的數量

---

❶ 學術界對宋代行政區劃層級的認識存在很大差異。參見鄒逸麟編著，《中國歷史地理概述》（上海教育出版社，2005），頁 188；周振鶴，《中國歷代行政區劃的變遷》（商務印書館，1998），頁 52。

❷ 王存等撰，《元豐九域志》卷一〈四京〉。四京建制年代不一，東京和西京在宋開國就存在，真宗大中祥符七年（1014 年）建南京，仁宗慶曆二年（1042 年）建北京。

並不固定，北宋就有十五路、十八路、二十三路、二十四路、二十六路之差別。不過，宋神宗元豐年間（1078～1085 年）的二十三路是宋代最有代表性的路制。南宋時期，疆域大大縮小，各路時有分合，名稱略有變化。嘉定元年（1208 年）時，全國共有十七路。

第二，各路所轄的區域及權限所及的範圍包含有若干府州和縣，明顯具有高於府州的行政職能。然而，各路監司所轄的地區和範圍卻不一致，因而官衙所在地並不完全相同，或位於同路的府州治所，或分處於不同路的府州治所。因此，在理解路與城市的關係，特別是在統計城市數量時，基本上可以忽略路級治所。

需要注意的是，路在宋代行政管理體制中具有舉足輕重的地位，凡是分布有路級監司治所，尤其是轉運司衙門所在地，一定是×府治或×州治，都是路級轄區內經濟發展水平較高的重要城市。如北宋兩浙轉運使司衙門設在杭州城，「舊在雙門北」，「今遷豐豫門南」❸。南宋建康府（江蘇南京）有江南路轉運司衙❹，高宗紹興三年（1133 年）時曾經改轉運司衙為建康府府署。這些都說明杭州、建康府等城市地位的重要程度。

此外，兩宋路級政區的地理分布呈南方密而北方疏的格局，北宋二十三路，北方有八路，南方有十五路，這是南方人口增長、社會經濟發展的表現，也是南北方城市發展的重要標誌。

根據路、府州、縣行政中心的層級差別，大體上可以了解宋代路以下各地方府州、縣級城市的數量和基本發展狀況。通常而言，行政中心的級差大致相當於城市發展水平的高低，數量基本上與當時的城市數量相近，分布密度大致代表宋代中國城市分布的狀況。不過，也有些情況是較為特殊的。⑴雖然府（京府不在其列）與州同級，但其地位及重要性遠遠高於

---

❸ 吳自牧，《夢粱錄》卷一〇〈運司衙〉。

❹ 建康府即北宋昇州、江寧府，建炎以後改名建康府。江南路轉運使司有時分為江南東路、江南西路轉運使司，有時合二為一。參周應合，《景定建康志》卷二六〈官守志三〉。

州；(2)州、縣也分等級，即州有雄、望、緊、上、中、中下、下七等之別，縣也有赤、次赤、畿、次畿、望、緊、上、中、下、下下十等之差。這些差別取決於州縣人口與賦稅的多寡、政治軍事地位的重要程度以及交通狀況的優劣，其等級也會隨前述條件的變化而變動。無論如何，這種級差是了解宋代城市發展水平的參考依據；(3)府或州的治所通常設在某縣治，即「附郭縣」，這樣，就會出現不同行政層級的衙署同處於一個城市的情況。如北宋河中府「治河東縣」；京兆府「治長安、萬年二縣」等等❺，使得城市的數量往往低於實際的府州縣數；(4)宋代軍或監這樣的建制，要作具體分析，據其內涵來確定它們是否屬於城市的範疇。

二、城市規劃布局

行政中心與城市之間的關係決定著城市等級的高低，也限定了城市的規模和布局。

首先，行政層級的高低限定了城市規模。通常而言，行政級別高的城市，其城牆的周長較長，城市規模明顯更大。宋代城池建設以首都和陪都最為重要，都有兩重或三重城牆，由外而裡依次稱為外郭城（又稱大城、郭城、羅城、京城或外城）、皇城（南宋叫大內）和宮城（又叫子城、內城、大內、皇城）。在北宋四京中，地位重要的往往建城牆三重，如東京和西京；次為兩重，如南京和北京。一座城市的範圍大致也由外城牆的周長來確定，北宋首都東京由裡向外依次為宮城，周五里；舊城，周二十里；新城，周五十里。西京宮城，周九里；皇城，周十八里；京城，周五十二里。南京宮城，周二里；京城，周十五里。北京宮城，周三里；京城，周四十八里❻。

作為地方城市，城郭有的分子城、郭城兩重，有的則只有一道城牆；大部分城市的外城城牆的周長未超過四京。北宋蘇州是一個發達的城市，「大城周四十里，小城周十里」❼，城池規模可以與都城媲美；南宋的歙

❺ 王存等撰，《元豐九域志》卷三。

❻ 《宋史》卷八五〈地理志〉。

州（安徽徽州）大城七里多，小城一里多❽；明州（浙江寧波）羅城周十八里，子城周長約三里❾；剡縣（又名嵊縣，浙江嵊縣）沒有子城，其城郭僅十二里❿。這些均為宋代較為普通的城市，可代表當時地方城池建築的狀況。

其次，受前朝都城以皇宮建築為核心、中軸對稱以及棋盤式街區布局模式影響，宋代城市布局也體現出以官署為核心、力求中軸對稱的風格。

兩宋都城都以皇宮為全城的核心，坐落在北宋開封城中央而略偏西北

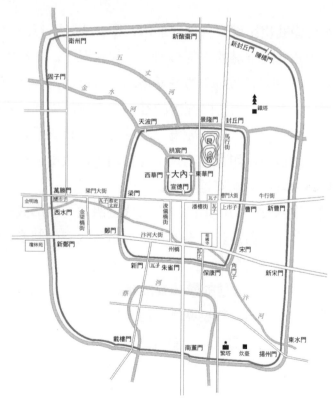

北京汴京（開封）結構圖

❼　朱長文，《吳郡圖經續記》卷上。

❽　羅願，《新安志》卷一〈治所〉。

❾　羅濬，《寶慶四明志》卷三〈郡志三・敘郡下・城郭〉。

❿　高似孫，《剡錄》卷一〈剡城縣・城境圖・城〉。

的「大內」，即宮殿區所在。由宮城南門、宣德門一直向南，直至外城南門南薰門的御街，就是全城的南北向主幹道。南宋臨安的宮城雖然坐落在城南，但以之為核心的「御街」，自宮城的北門、和寧門向北延伸約四公里，也是全城南北向主幹道。此外，城市街道以宮城為核心向外延伸，再與外城的東西南北城門相通，於是呈現出東西南北向縱橫交錯的特點。儘管宋代都城因社會經濟的發展、坊市制度的崩潰等原因，全城的布局不如唐都長安城那樣整齊劃一，形似棋盤，但城池方矩和街道筆直有序依然是其追求的目標之一。

都城的布局模式也影響到各地的城市，即各級地方行政中心城市大多以官署衙門為中心展開全城的規劃布局。一般情況下，各級官署衙門就是當地城市的中心，《咸淳臨安志》的各縣境圖中較真實地反映出當時縣級城市的情況。而且，官署衙門正門面對的往往是全城的縱向或橫向的主街，在那些比較發達的城市內，以官衙為中心的街道縱橫交錯，如南宋蘇州、歙州等；在不發達城市，如剡縣，其城僅有四門，故街道可能就是以十字街為主幹，更小的城市可能僅是一字街而已。

再次，通過縱橫交錯的街道劃分，宋代各級城市也形成一個個區域，謂之「廂坊」。這種布局與逐步完善的宋代城市行政管理制度——廂坊制相表裡，共同推動著城市的發展。

坊，是漢唐以來城市管理的最基層組織，由先秦的「里」制演變而來。作為城邑百姓居住的地方，曾設專職管理人員「坊正」（以前叫「里正」），負責坊門啟閉等事務。坊的布局主要有正方形和長方形兩種，其中有十字街或一字街。這些街道將坊分割成四區或二區，而各區之中又有小巷，叫做「曲」，再次分割那些有限的空間。坊的四面有牆，坊牆的四周各開一門或對邊僅開二門與外界相通，坊門啟閉有嚴格的時間限制，因而坊基本上是一個封閉式空間。

與坊相對應的是「市」，即人們從事商業活動的場所。唐代都城長安有東、西兩市，其管理十分嚴格。它們各占兩坊之地，四面有牆，沿牆有街；

市內被井字形街分割成九個區域，中心區即市署和平準署，專門負責管理市內大小事務。市也有嚴格的時間限制，唐代規定，日午時擊鼓二百下，開啟市門；日落前七刻擊鉦三百下，關閉市門。

這種具有嚴格限制的封閉式結構成為漢唐城市布局的基本模式，稱為「坊市制度」。隨著社會經濟的發展，唐代中後期，坊市制度開始走向衰落。經五代入宋，坊牆和市牆逐漸毀圮；一些大中城市出現了違反政府規定時間的交換活動——「夜市」；許多市民無視以往大街的限制，侵占街區，自建廬舍，「侵街」現象越演越烈；大街兩側臨街開設店鋪的現象更為普遍。這都說明城市的發展突破了唐代「坊市制度」的時空侷限，逐步形成為開放式的新型街區。

宋代城市布局依舊以「坊」為基礎，但已經發生了本質的變化，這對中國古代後期城市布局產生了深遠影響。宋代市民的住宅區仍然以「××坊」為名，但它不再是唐代那種方矩有序的封閉式空間。坊內的小街巷與坊外的大街相連通，形成為一個嶄新的開放式街區。在更多場合，「坊」是指低於「廂」的一級基層組織。到了南宋，坊同時又有街巷的意思，現存文獻中屢屢出現「坊巷」合一的記載，如臨安有「天井坊，即天井巷」、「吳山坊，即吳山井巷」❶ 等等。

另一方面，宋代還出現了「廂」這一新的建制。廂在唐末五代時與駐軍劃分防區有關，作為軍事長官的廂使掌管城郭煙火、盜賊等事務❷。隨著社會的發展，這種帶有軍事性質的「廂」逐漸民政化，其官吏也漸由文臣擔任。至宋代，廂成為城市布局和管理的重要組成部分。「廂」是「坊」之上的一級行政單位，它將全城劃分成若干片區，各廂之下又有若干坊。從現有的資料來看，並非每座城市都有「廂」的建制，往往是規模較大的都市設「廂」，如兩宋都城、南宋建康等地，而許多州縣級城市還沒有「廂」，如歙州等。在城市布局中，宋代的「××廂」多是依據其在城區的方位來

---

❶　吳自牧，《夢粱錄》卷七〈禁城九廂坊巷〉。

❷　《玉海》卷一三九〈兵制‧宋朝四廂軍〉。

命名的，如北宋開封的「舊城左軍第一廂」、「新城城東廂」、「京西第二廂」❸
等等。

　　最後，城市發展到一定程度，官府又盡可能地延續了前朝都城內道路
有等級差別和美化城市的傳統，在條件允許的情況下注重城市交通的等級
規範和綠化作用。北宋徽宗時期，開封城內的御街寬「二百餘步」，兩側有
「御廊」，一度「許市人買賣於其間」❹。自政和（1111～1117 年）以來，
官府著力整頓市容，首先禁止在御廊內進行商品交易活動；其次，恢復了
前朝御道為君主專行道路的規矩，再度規範了君主和普通人車馬的行走線
路。官府在御廊處豎立有黑漆杈子作為標識；又在御街的中間區豎立兩排
朱漆杈子，用磚石甃砌成兩條「御溝」，以它們為界限，形成一條具有君臣
等級差別，其內「不得人馬行往」的「中心御道」❺，普通人則需在朱漆
杈子標識之外行走。

　　宣和初年，開封官府「大興園圃」，這應當是一次規模較大的美化城區
的活動❻。據文獻記載，在「御溝」的河渠內「盡植蓮荷」，其兩岸又栽種
桃、李、梨、杏等果木，並有各種花草相雜其間。春夏時節放眼望去，花
紅草綠，「望之如繡」❼。地處江南的臨安山水秀美、花紅柳綠，後經能工
巧匠的修飾後更是美不勝收。西湖經唐、北宋的治理後已有「淡妝濃抹總
相宜」的美稱。南宋又在其周邊栽種植物，興建各式建築，如孝宗時期在
西湖東面興建園圃，清波門外有「聚景園」，其間塔、橋、苑、亭等錯落有
致，紅梅綻放，蒼松婆娑，「每盛夏，芙蕖彌望」，「遊人艤舫遶堤外」❽，
形成令人賞心悅目的景色。自然與人工奠定了杭州延續至今的「人間天堂」

---

❸　周寶珠，《宋代東京研究》（河南大學出版社，1992），頁 70–72。

❹　孟元老撰，鄧之誠注，《東京夢華錄注》卷二〈御街〉。

❺　孟元老撰，鄧之誠注，《東京夢華錄注》卷二〈御街〉。

❻　洪邁，《夷堅志·補》卷一九〈劉幻接花〉。

❼　孟元老撰，鄧之誠注，《東京夢華錄注》卷二〈御街〉。

❽　潛說友，《咸淳臨安志》卷一三〈苑圃·聚景園〉。

的地位。

三、城市管理體制

　　城市是一個綜合性強、聚集度高、事務繁雜的實體，因而宋代城市管理主要依靠各級政府部門和官員，而政務的具體執行則依靠專門的機構和那些地位不高的基層小吏。

　　京城是宋王朝的統治中心所在，中央機構在此行使全國最高的政治職能。但作為一座城市，都城的行政事務就由「府」直接管轄。在北宋都城開封，設權知開封府事（又稱知開封府、知府等）一人，作為開封的最高行政長官，總領開封府境的民事、訴訟、戶口、賦役、道釋、治安、大禮等事務。不過，城內的治安、市場等由專門的行政部門掌管，如神宗熙寧年間設置的市易務，是主管京城市場交換和稅收的機構。

　　在地方城市，行政長官如知州、知府、縣令等都是總領一方民事的官員，而處理具體事務主要依靠其僚屬。然而，宋朝各地方行政長官所掌職事是針對所轄州、縣城鄉百姓，並非僅限於城市。對城市百姓事務的具體管理是隨著「廂坊制」的建立逐步完善起來。

　　以東京開封府為例，其主城區（即新城內）的事務由開封府管轄，新城外治安、煙火等事務則由赤縣縣尉主管。隨著人口增長和經濟的發展，真宗大中祥符元年（1008 年），朝廷在新城外設八廂，特置專門的、由開封府所轄的廂吏掌其事，取代了赤縣縣尉管理開封新城外居民事務的權力❶❾。這樣，新城外八廂事務就納入了城區管轄的範圍，這是宋代以廂制為核心的城市管理制度開始確立的標誌。哲宗元祐元年（1086 年）又在新城內左右各置兩廂❷⓿。由此，城內外諸廂一體化，基本完成了軍政管理向民政管理的轉化。具體說來，生活在廂、坊中的城市居民的生活瑣事，由「廂」、「坊」基層官吏──「左右廂勾當公事」、「廂界都所由」和「坊正」

---

❶❾ 李燾，《續資治通鑑長編》卷七○，大中祥符元年十二月庚戌。

❷⓿ 李燾，《續資治通鑑長編》卷三八一，元祐元年六月甲寅。

等人負責。

京城設置的「左右廂勾當公事」亦稱「廂使」，他們有斷決杖六十以下的刑責以及拖欠公私債務、婚姻、刑事和民事等訴訟的權力。由於廂使直接面對的是居住在王朝心臟的芸芸眾生，故他們又是關乎國家安定重中之重的親民官，因此朝廷對這些官員的選拔十分審慎。神宗時期，應開封府尹的請求，朝廷同意由四人分治開封府新、舊城左、右廂事務。這四個官員不僅是「京朝官」，而且要求他們都必須有「曾歷通判、知縣」的閱歷❹，以保證政府對城市社會基層組織最有效的控制，因而廂官制度的完善也是城市管理逐步健全的重要表現。

在廂官之下，有廂吏若干，有事無權。五百戶以上設「所由」四人，五百戶以下為三人，其中一人為「都所由」，是「所由」的負責人，地位比較重要，專門負責廂界內巡警煙火、盜竊等事務。而「所由」的具體職事主要是捉拿盜賊，或在京城失火的情況下，負責封鎖火區，捉拿放火人，防止有人趁火打劫。

在宋朝，廂吏之下仍然有坊正，但其地位已遠不如唐代。在唐代，坊是封閉之地，而坊正掌管坊門的鑰匙，督察奸宄，有免課役等特權❷，表明其有一定的權力和地位。至宋代，坊正仍然是選拔具有一定資產、精明能幹的市民充當，但其面對的是城市最基層的民眾——「坊郭戶」，其職事主要是代官府向坊內居民催督稅錢，成為一種職役。由於追繳稅賦存在風險，一旦坊郭戶有所拖欠，他們就要用自家的錢財賠納。這樣，市民不再重視坊正這種下層小吏的榮耀頭銜，而是紛紛析戶避役，以免擔當這一職務。宋代坊正地位卑微至此，其對城市管理所起的作用可想而知。但對官府而言，坊正依然是其收取城市居民稅錢的主要力量。

由於城內人口密集，排放污水、處理垃圾、下水道的疏通治理和火災防範與救助等事務較鄉村更為繁雜，故官府設有專門機構。如北宋就設置

❹ 李燾，《續資治通鑑長編》卷二一一，熙寧三年五月庚戌。

❷ 杜佑，《通典》卷三〈食貨三·鄉黨〉。

有街道司，轄街道指揮使五百兵士，主管修治京師道路，河埽司專管河堤的維護和治理❷。在開封城中，每坊巷三百步就設置一個軍巡鋪，有鋪兵三至五人，專門負責夜間巡邏、撲救火災等事宜。為了防止火災，還設有專門的望火樓，樓中屯駐軍士百餘人。一旦出現火情，負責人必須立刻派騎兵通報廂主，同時組織士兵帶上水桶、梯子等救火用具奔赴火場，及時救險。

在南宋，臨安城設有防隅巡警；在瞭望樓上，有士兵守望，一旦遇到火警，會用專門的旗幟指明災患所在方位；到了夜晚，則以燈為號。在一些距水源較遠的地方，官府專門設置有「防虞水池」，臨安城內外就有二十二個，「以便民之利」❷。可見，宋代城市已經形成一套行之有效的防火預警和救助措施。因此，有人認為宋代出現了中國最早的消防隊。

除此之外，官府還專門雇人疏通渠道、清掃並運送垃圾，還要對他們的工作進行嚴格監督，如雇人清除河渠淤泥，一般要另挖一個坑用作堆放污泥之用，其工作完成後，一定要等官府差人檢驗屬實，才能將泥坑覆蓋。通過這樣的管理，廣大市民擁有了一個潔淨美好的環境。

第二節　以都城為代表的城市經濟與文化

宋代的城市管理逐步完善，以開封、臨安為代表的城市匯聚了那一時代城市的各種優勢要素，其人口、經濟、文化可以說處於當時世界的最前列，是發展水平最高的城市。

一、兩宋都城是當時世界人口最多、最密集的城市

在中國古代，城市人口的數量和密集程度是體現城市規模和經濟發展

---

❷　《宋史》卷一六五〈職官五・街道司〉；龔延明，《宋代官制辭典》第十編，頁521。

❷　吳自牧，《夢粱錄》卷一一〈池塘〉。

水平的重要標誌。

　　關於北宋都城開封的人口，文獻記載的大多是概約數字，用以表示北宋都城人口眾多、城市繁榮。宋太宗曾經說過，開封有甲兵數十萬之眾，「居人百萬」❷⑤，這是宋初京城人口數量的籠統說法。宋神宗時期，有人說開封是「天下輻輳，人物之眾，車甲之饒，不知幾百萬數」，且「以數百萬之眾而仰給於東南千里之外」❷⑥；還有人說「國家太平日久，生齒增息，京師至三百萬家」❷⑦；至金朝攻破東京並向開封府尹索要人戶數時，李若水等人誇大其詞地說京城有七百萬戶之多❷⑧。這些大致代表了北宋中後期人們對東京人口的看法，顯然都不是準確數字，且各種說法差距過大。有學者對這一問題進行深入研究後認為，東京開封府最盛時期約為十三‧七萬戶，一百五十萬人❷⑨。

　　關於南宋臨安城的人口數量，文獻記載不同，學者的研究結果差異更大❸⓪。但可以肯定，南宋都城「人烟稠密，城內外不下數十萬戶，百十萬

---

❷⑤　李燾，《續資治通鑑長編》卷三二，淳化二年六月己酉。

❷⑥　《宋會要輯稿》食貨六一之九七。

❷⑦　劉攽，《彭城集》卷三二〈開封府南司判官題名記〉。

❷⑧　徐夢莘，《三朝北盟會編》卷八五、卷九七。

❷⑨　周寶珠，《宋代東京研究》，頁324。

❸⓪　《乾道臨安志》記載，臨安城內有八廂，除去宮城外，係七廂六十八坊，有261,692戶，552,670口。（周淙，《乾道臨安志》卷二〈戶口〉）而《咸淳臨安志》記載，除宮城廂外，臨安有十二廂九十坊，計391,259戶，1,240,760口。（潛說友，《咸淳臨安志》卷一九〈廂界〉、卷五八〈戶口〉）有學者據其統計，除去鄉村人口，乾道年間臨安城內外有九‧二萬餘戶，四十六萬餘人；咸淳年間臨安城內外有十七‧四萬餘戶，七十六萬餘人，其中城內有十二‧四萬餘戶，六十餘萬人。（林正秋，〈南宋臨安人口〉，載政協杭州市委員會辦公室編《南宋京城杭州》，頁68–69，1984年）還有學者認為，臨安城內外一百二十至一百三十萬人，城內八十至九十萬人，城外四十至五十萬人。（吳松弟，《中國人口史》第三卷，頁583）甚至有學者估計，臨安城內外有二百五十萬人，其中城內一百萬，郊區一百五十萬人。（趙岡，〈南宋臨安人口〉，載《中國歷史地理論叢》

口」❸❶。而且由於「戶口繁夥，民居屋宇高森，接棟連檐，寸尺無空」，導致城區內「巷陌壅塞，街道狹小，不堪其行」❸❷，都能說明其城市人口的密度超越了以往，城市的發展速度極快。

二、兩宋都城是當時世界上經濟最繁盛的城市之一

㈠商業活動的繁盛

「坊市制度」崩潰後，臨街開設店鋪已成為宋代城市的普遍現象，城市商業活動不再侷限在方矩有度的「市」內。無論是北宋的汴京城，還是南宋的臨安城，大街小巷遍布各色店鋪，林林總總、接棟連檐。像汴京「東華門外市井最盛」；在宣德樓至州橋一帶，金銀鋪、漆器店、珠寶店、藥店、果子行、花果鋪席和大小酒店、飲食店等鱗次櫛比，交相雜錯。皇城東南角的東角樓一帶「最是鋪席要鬧」，金銀彩帛交易的場所多是「屋宇雄壯，門面廣闊，望之森然」❸❸，最為豪華；那些不見記錄的小店鋪則是數不勝數。北宋著名的畫家張擇端的《清明上河圖》形象生動地表現了北宋都城汴河兩岸店鋪綿延、人頭攢動的商業活動情景。

南宋臨安城延續了北宋都城的經濟繁盛，僅《夢粱錄》中記錄的各色名店有一百二十多家，全城到處都有茶坊、酒肆、麵店、果子、彩帛、絨線、香燭、油醬、食米等店鋪，「自大街及諸坊巷，大小鋪席，連門俱是，即無虛空之屋」❸❹，幾乎各大街小巷都是商鋪林立。較之北宋都城更有特色的是，南宋臨安城內同類商品的經營有了更多相對集中的區域，或一處或數處，稱之為「團」、「行」或「市」。北宋開封已經有紗行、果子行、薑行、肉行等。南宋臨安有花團、青果團、柑子團、鯗團（水產團體）；梳行、

第 31 輯，1994 年第 2 輯）

❸❶ 吳自牧，《夢粱錄》卷一六〈米鋪〉。

❸❷ 吳自牧，《夢粱錄》卷一〇〈防隅巡警〉。

❸❸ 孟元老撰，鄧之誠注，《東京夢華錄注》卷二〈東角樓街巷〉。

❸❹ 吳自牧，《夢粱錄》卷一三〈鋪席〉。

銷金行（熔金行團）、冠子行、魚行、薑行、豬行、菜行、布行；米市、藥市、珠子市、肉市、花市等等。雖然「團」、「行」名稱的出現最初與方便官府差役有直接關係，但事實上，這種以行業而聚集的商業模式早已存在，它是商品經濟發展的結果。毫無疑問，這種集中商品、技藝和集中銷售的方式大大方便了商旅和市民，在都城經濟活動中發揮了重要的作用。南宋臨安城因「是行都之處，萬物所聚，諸行百市，自和寧門杈子外至觀橋下，無一家不買賣者，行分最多」❸，從而表明「行」越多，商品交換就越活躍。

兩宋都城商品交易不僅空間範圍大大拓展，而且，交換的時間也大幅度延長。唐代是「夜市」處於萌芽並逐漸成長的時期，是突破「坊市制度」的新生事物。在宋代，夜市已非常普遍，並直接影響市民生活。北宋開封有州橋夜市，每天直至夜裡三更才結束，至五更時，各店鋪又重新開張，開始第二天的交易。由於都城內各色人群的夜生活極其豐富，常常「夜深方歸」，因而在三更時分仍「有提瓶賣茶者」。在隆冬時節，「雖大風雪陰雨，亦有夜市」❸。南宋雖然偏安一隅，但臨安城延續北宋故都遺風，也是「買賣晝夜不絕，夜交三四鼓，遊人始稀；五鼓鐘鳴，賣早市者又開店矣。」❸由此可見，兩宋都城的每一天除了短暫時間外，都可以從事商業活動，幾乎可以說是不夜之城！

由於都城是宋代人口最多最集中的城市，也是全國最大的經濟中心，更是中國與世界交往最重要的場所。所以，都城一方面匯聚了當時最為豐富多樣和最大量的各式商品，從生產資料到生活必需品，從奢侈品到普通商品，從舶來品到國內自產商品，無所不有。另一方面，各種商品在這裡匯集、交流、中轉，不僅銷往國內各地，且可以遠銷至國外市場。因此，宋代都城各種商品及其商業資本的流通量之大，已大大超越當時世界的任

---

❸ 吳自牧，《夢粱錄》卷一三〈團行〉。

❸ 孟元老撰，鄧之誠注，《東京夢華錄注》卷三〈馬行街鋪席〉。

❸ 吳自牧，《夢粱錄》卷一三〈夜市〉。

何一座城市。

以北宋開封的大相國寺為例，該寺每月有五個開放日，「萬姓交易」[38]，「伎巧百工列肆，罔有不集。四方珍異之物，悉萃其間。」[39] 這一記載表明，數以萬計來自不同區域之人到此從事商業活動；同時該寺集中了各式各樣的珍稀異物，可以滿足各種人的不同需求。它之所以能夠形成如此巨大的市場規模，一個重要原因就是，「四方趨京師以貨物求售、轉售他物者，必由於此」[40]。由此可見，相國寺內的市場交換所發揮的經濟功能頗似現代的萬國博覽會、交易會。

資本雄厚是宋代都城商業繁榮的另一重要表現。在各色商品交易中，交換價值高、數額大的當屬金銀、彩帛之類。在開封，金銀彩帛鋪席「每一交易，動即千萬，駭人聞見。」[41] 南宋臨安作為都城二百餘年，故「商賈買賣者十倍於昔，往來輻輳，非他郡比也」，城內的「珠子市」，「如遇買賣，動以萬數」[42]。儘管這類商業活動確實體現出經濟繁盛的一面，但因其多屬於奢侈品交易，能夠經營這類商品的都是擁有巨額資產的大商人，而能夠享受這類商品的群體畢竟是那些為數不多的權貴和富有階層。因而這樣的商業活動是有一定侷限的。

更能說明商品經濟發展水平的莫過於普通民眾（既有官貴，也有平民）參與的交換。在農村，主要是依據農產品商品化以及農民捲入市場的程度；在城市，則要重點關注城市居民與商品市場聯繫的密度。在兩宋都城，廣大市民的日常生活用品皆來自市場，雖然是油、鹽、柴、米、魚、肉、布帛之類，但它們與都城百萬之眾的生活密切相關，不僅涉及面廣，交易量大，而且其交換價值的總額也因積零為整、積少成多而不可估量。文獻記

[38] 孟元老撰，鄧之誠注，《東京夢華錄注》卷三〈相國寺內萬姓交易〉。

[39] 王得臣，《麈史》卷下〈諧謔〉。

[40] 王栐，《燕翼詒謀錄》卷二。

[41] 孟元老撰，鄧之誠注，《東京夢華錄注》卷二〈東角樓街巷〉。

[42] 吳自牧，《夢粱錄》，卷一三〈兩赤縣市鎮〉、〈鋪席〉。

載清晰地表明，都城居民食用的各種物品每日都會源源不斷地湧入城內，像開封的鮮魚主要從新鄭門、西水門和萬勝門進入城市銷售，每日「有數千擔入門」；民間所宰生豬，南薰門是唯一進入京城的入口，「每日至晚，每群萬數」，屠宰作坊和人擔車販的豬羊數量「動即百數」，分布於大街小巷的肉鋪每天賣出的豬肉各有十餘邊；車拉船載騾馬馱的麥麵等糧食每日五更起就由城外運入城中，「至天明不絕。」❸臨安城內外百姓每日的大米消費，「不下一二千餘石」；售賣各類水鮮的鮝鋪「不下一二百餘家」❹。由於生活必需品的需求量巨大，城內商鋪與各種物產的產地相聯繫，在商品流入臨安城時形成相對固定的通道，故有「東門菜，西門水，南門柴，北門米」❺的諺語。

兩宋都城同時也是中外經濟交流的中心，在中外貿易方面，一是貢賜貿易非常活躍，二是呈現出海路貿易興盛的特點。在北宋時期，高麗、日本、交阯（越南北部）、占城（越南中部）、三佛齊（蘇門答臘）、闍婆（爪哇）、注輦（印度泰米爾納德邦）、蒲端（菲律賓西部）、渤泥（婆羅州南部）、蒲甘（緬甸）、真臘（柬埔寨）、大食（阿拉伯）、拂菻（古羅馬，宋代指塞爾柱土耳其統治下的小亞細亞一帶）、印度以及中亞等國，都派使臣、商人以及宗教人士至宋。外國使節不僅代表國家向宋朝貢奉本國特產，而且還以個人的身分攜帶私物到東京貨賣或贈與他人。外國人帶入東京的物品主要有香藥、犀象、珠寶、金銀器、絲織物以及其他的高級手工藝品，當宋朝廷以「估價酬值」的方式回賜其錢物後，他們有的通過交換在東京購買大量商品，有的將大批賜品帶回本國，由此在京城出現貢賜貿易的盛況。

南宋臨安的地理環境和經濟發展本來就具有較強的優勢，成為都城以後，不僅延續了北宋都城貢賜貿易繁榮的局面，而且有更多中外商人在此

---

❸ 孟元老撰，鄧之誠注，《東京夢華錄注》卷四〈魚行〉、卷二〈朱雀門外街巷〉、卷三〈天曉諸人入市〉。

❹ 吳自牧，《夢粱錄》卷一六〈鮝鋪〉。

❺ 周必大，《文忠集》卷一八二〈臨安四門所出〉。

從事商貿活動，尤其是海商。早在北宋，杭州就是兩浙路最早的海外貿易中心，為管理對外貿易事務，朝廷專門設有市舶司。南宋以後，泉州、廣州、明州等國際性港口的貿易日益興盛，杭州在兩浙地區貿易中心的位置也逐漸為明州所取代。但作為一個對外貿易的重要港口，臨安依然發揮著不可忽視的重要作用，其市舶務原來在保安門外，淳祐八年（1248 年）於浙江清水閘河岸新建，稱為「行在市舶務」 ❻。《咸淳臨安志》進一步記載說，臨安市舶「又有新務，在梅家橋之北，以受舶綱」業務。杭州市舶務的設立主要是針對「海商之自外舶至京者」，專門「受其券而考驗之」 ❼。可以肯定，南宋臨安海外貿易的發達極大地促進了城市經濟的繁榮。

宋代是一個商品經濟迅速發展的時代，捲入並參與交換的人群除了專職大商小販外，還有皇室成員、官吏、軍士、僧侶等各色群體和官府衙門，呈現出「全民經商」的趨勢。在開封宮城內「諸司人自賣飲食珍奇之物，市井之間未有也」。宮城的東門東華門外「市井最盛」，因「禁中買賣在此」 ❽。在相國寺那種萬眾交易的場合下，「諸寺師姑」的各式手工繡作擺滿走廊；官吏和軍士則大多是憑藉權力和綱船運輸等便利謀取商業利潤。到了南宋，仍然保持了這種「全民經商」的強勁勢頭。

㈡都城手工業經濟的發展

兩宋都城的手工業主要包括官府和私營手工業，其中官府作坊仍然居於主導地位，但私營手工業也有所發展。

官營手工業主要集中在兵器製造、織染、印刷、釀酒、陶瓷業等，大致由少府監、將作監、軍器監以及後苑造作所等管轄。其產品基本上不進入市場，主要是為滿足皇室及官府的需要，它們的生產規模、組織分工和技術水平都優於私營手工業。如少府監所屬綾錦院有「錦綺機四百餘」張，可見其生產規模之大 ❾。學者研究的結果表明，北宋都城官營手工業中僅

---

❻ 施諤，《淳祐臨安志》卷七〈倉場庫務〉。

❼ 潛說友，《咸淳臨安志》卷九〈市舶務〉。

❽ 孟元老撰，鄧之誠注，《東京夢華錄注》卷一〈大內〉。

是以「作」命名的行業就達數百種，分工十分細密，這是當時手工業發展的重要表現❺⓿。南宋臨安是中國的絲織業中心之一，官府生產的綾、錦、繡等皆屬同類產品中最為精良的，專供皇室使用；印刷業的規模和質量在全國也是首屈一指。

　　兩宋都城的官營手工業雖然十分發達，但其產品及其服務對象主要是皇室、官府和軍隊等政府部門，與都城市民的經濟生活並無廣泛聯繫。隨著雇傭勞作形式的發展，官府手工業向民間攤派工役的同時，也採用了計直付酬的方式，如東京繡作「每遇造作皆委之閭巷市井婦人之手，或付之尼寺，而使取直焉」❺❶。這種相對按勞取酬的辦法調動了手工業者的勞動積極性，較之純粹無償的勞役，無疑是宋代社會進步的重要表現。同時，在一定程度上也緩解了百姓與官府的矛盾，有利於社會穩定。

　　私營手工業雖然是商品生產，但生產者主要以個體經營為主，間或有規模不等的作坊式生產。與官營手工業生產活動最大的差異在於，私營手工業屬於小商品生產或服務性勞動，其服務對象是都城中不同階層的廣大市民。他們辛勤勞作，豐富和方便了廣大市民的生活。開封城「楊樓以北穿馬行街，東西兩巷謂之大小貨行，皆工作伎巧所居」❺❷。清晨，雜貨工匠如木竹匠人、雜作人夫都會匯聚到橋市街巷的入口處，「候人請喚」❺❸。顯然，他們的活動更多地帶有服務性質。

　　就現存資料來看，宋代都城私營商品生產似乎主要都集中文化用品、市民生活品等領域。北宋末年，開封墨工有張孜、陳昱、關珪、關璜、郭遇明等，他們「精於樣制」，故成為「皆有聲稱」的名家❺❹。大相國寺中貨

❹❾　李燾，《續資治通鑑長編》卷四三，咸平元年九月丁丑。

❺⓿　周寶珠，《宋代東京研究》，第五章，頁 191–231。

❺❶　《宋會要輯稿》職官二九之八。

❺❷　孟元老撰，鄧之誠注，《東京夢華錄注》卷二〈酒樓〉。

❺❸　孟元老撰，鄧之誠注，《東京夢華錄注》卷四〈修整雜貨及齋僧請道〉。

❺❹　何薳，《春渚紀聞》卷八〈都下墨工〉。

賣的「動用什物」，如「蒲合、簟席、屏幃、洗漱、鞍轡、弓劍、時果、脯臘」之類以及「諸寺師姑賣繡作、領抹、花朵、珠翠、頭面、生色銷金花樣幞頭、帽子、特髻、冠子、縧線之類」**⑤⑤**，應當多是小手工業者的產品。南宋臨安的私營手工業較北宋有了更明顯的行業集中和行業分工，如有「碾玉作、鑽卷作、篦刀作、腰帶行、金銀打鈒作、裏貼作、鋪翠作、褾褙作、裝鑾作、油作、木作、磚瓦作、泥水作、石作、竹作、漆作、釘鉸作、箍桶作、裁縫作、修香澆燭作、打紙作、冥器等作分；又有異名『行』者，如買賣七寶者謂之骨董行，鑽珠子者名曰散兒行，作靴鞋者名雙線行、開浴堂者名香水行」**⑤⑥**等等。有的行業製作技術為世人稱道，如「官巷花作，所聚奇異飛鸞走鳳，七寶珠翠，首飾花朵，冠梳及錦繡羅帛，銷金衣裙，描畫領抹，極其工巧，前所罕有者悉皆有之」**⑤⑦**。這樣的製作技藝，與後面提到宋人服飾有奢靡之傾向是相適應的。正因為出現了巨大的社會需求，才會有相關的手工業生產；有了相應的手工業生產，又必然會推動民眾的消費需求。

㈢**城市消費的市場化、大眾化和舒適化**

隨著商品經濟向縱深發展，城市居民的消費呈現出市場化、大眾化、舒適化的趨向，步入一個可以稱之為「享受生活」的時代。以飲食為例，市民食物品種多樣，名目繁多，從山珍海味到時令果蔬，從高檔盛宴到各色小吃，幾乎無所不有。都城中的飲食店多不勝數，張擇端《清明上河圖》中描繪出來的酒樓、茶坊、食店綿延數里。據文獻記載，開封城內有豪華大酒樓，即「正店」七十二處，其餘無名小酒店「不可遍數」。而且，凡是酒樓都有豪華裝修，其門面「皆縛彩樓歡門」，「向晚燈燭熒煌，上下相照」以吸引顧客。其中尤以因礬的買賣興旺發達而建起的「白礬樓」為著名，它高有三層，其間「五樓相向，各有飛橋欄檻，明暗相通」，並有「珠簾繡

---

⑤⑤ 孟元老撰，鄧之誠注，《東京夢華錄注》卷三〈相國寺內萬姓交易〉。

⑤⑥ 吳自牧《夢粱錄》卷一三〈團行〉。

⑤⑦ 吳自牧，《夢粱錄》卷一三〈團行〉。

《清明上河圖》（局部）

額，燈燭晃耀」的裝飾，成為北宋都城具有地標性的街景❺❽。

　　宋朝都城不僅美味品種多樣，就餐環境優美，且針對不同的消費者採取相應的營銷策略。在開封的正店中，接待不同賓客，有數十上百的各式廳館及小閣子。飲食器皿非常考究，「凡酒店中，不問何人，止兩人對坐飲酒，亦須用注碗一副，盤盞兩副，果菜楪各五片，水菜碗三五只」；即便是一人獨飲，「亦用銀盂之類」。為食客服務的伙計各有分工，顧客進入食店，就有人「稱呼座次」，隨後又有人提供「箸紙」，悉心詢問消費者有何具體要求。顧客可根據自己的喜好「百端呼索」，各有不同。另有「行菜」（即

---

❺❽　孟元老撰，鄧之誠注，《東京夢華錄注》卷二〈酒樓〉。

跑堂）站立在一側，根據顧客的需求隨時傳報，及時上菜，他們常常是「左手杈三碗，右臂自手至肩，馱疊約二十碗」，服務周到，不敢有絲毫懈怠和差錯❺。

在普通食店內，也有類似跑堂的「大伯」；有為酒客換湯斟酒的女子——「焌糟」；有為食客使喚跑腿的——「閑漢」；還有賣唱、為客斟酒、兜售小食品的叫「廝波」；還有一些不呼自來的歌女等等❻。這種飲食考究的風氣也影響到街頭那些車推擔挑售賣食品的小販，他們都自覺適應市場需求，「裝鮮淨盤合器皿」，其「車擔動使，奇巧可愛」，「食味和羹，不敢草略」❻。這種習俗還為南宋臨安所仿效，目的即是為了「以耀人耳目」❻。如「大酒店用銀器」，「三盞後換菜，有三十般，支分不少」。即便是二人「買五十二錢酒」，也要用兩隻銀盞，仍要上數道菜❻。可以說，臨安城飲食精細、碗盞精緻和鋪排有度的風氣一直延續至今。

為了方便城市居民，都城中還有由官府或有錢人家開設的專門承辦各種宴會的機構——「四司六局」，即廚司、帳設司、茶酒司、臺盤司和果子局、蜜煎局、菜蔬局、油燭局、香藥局、排辦局❻。凡民間有吉凶禮席，從配菜及其上菜程序、杯盤擺設、環境布置、人員服務等都不必費心費力，人們只需交納一定的現錢，委託四司六局，便「立可辦集，皆能如儀」❻。凡此種種，使都城居民的飲食就餐格外方便和舒適。

服飾方面，兩宋都城出現了追求新異、奢華的趨向。在北宋，開封的「士農工商，諸行百戶，衣裝各有本色，不敢越外」❻，衣帽冠帶各有規

---

❺ 孟元老撰，鄧之誠注，《東京夢華錄注》卷四〈食店〉。

❻ 孟元老撰，鄧之誠注，《東京夢華錄注》卷二〈飲食果子〉。

❻ 孟元老撰，鄧之誠注，《東京夢華錄注》卷五〈民俗〉。

❻ 吳自牧，《夢粱錄》卷一八〈民俗〉。

❻ 耐得翁，《西湖老人繁勝錄·瓦市》。

❻ 耐得翁，《都城紀勝·四司六局》。

❻ 吳自牧，《夢粱錄》卷一九〈四司六局筵會假賃〉。

❻ 孟元老撰，鄧之誠注，《東京夢華錄注》卷五〈民俗〉。

格。南宋臨安城雖然也繼承了北宋時對各色人士衣巾裝著「皆有差等」的規定，但隨著社會的發展，其衣冠服飾規矩不斷被打破，尤其是婦女和青年群體。早在北宋，民間已經有銷金為衣飾、追求奢華的傾向。至南宋，這種社會風氣越演越烈，時人曰「豪貴之家固習於此，而下至齊民稍稍有力者，無不競以銷金為飾。……今都人以銷金為業者不下數十家，貨賣充塞，相望於道」❻️。針對這種情況，統治集團高度重視，屢下禁令而不能禁止。南宋淳祐年間（1241～1252 年），臨安城中的年輕人已經出現「不體舊規，裹奇巾異服」的群體，他們「三五為群，鬥美誇麗」❻️，既引起人們的關注，當然也引起一些人的不滿。

婦女服飾的變化也不斷翻新花樣，以冠為例，以前婦女之冠「以漆紗為之」，其上的裝飾由金銀珠翠、彩色花飾等製成，並無定制。北宋仁宗以後，「宮中以白角改造冠並梳，冠之長至三尺，有等肩者；梳至一尺，議者以為妖」❻️。顯然，這種樣式新穎的「內樣冠」倍受爭議，而且因其尺寸超常，致使婦女「登車檐皆側首而入」，多有不便，但它們仍然成為當時的時尚女裝，「人爭效之」❼️。隨奢靡之風盛行，婦女「冠不特白角，又易以魚魦；梳不特白角，又易以象牙、玳瑁矣」❼️，其奢侈傾向是不言而喻的。

由於都城流動人口較多，所以客店、塌房等房屋租賃和經營十分活躍，如開封城大保康門瓦子往東去，「沿城皆客店」。之所以如此，是因為「南方官員、商賈、兵級皆於此安泊」❼️。在臨安，又有「慈元殿及富豪內侍諸司等人家於水次起造塌房數十所，為屋數千間。專以假賃與市郭間鋪席宅舍、及客旅寄藏貨物並動具等物」❼️。房屋的租賃和經營無疑大大方便

---

❻️ 袁說友，《東塘集》卷一〇〈禁戢銷金箚子〉。

❻️ 吳自牧，《夢粱錄》卷一八〈民俗〉。

❻️ 王栐，《燕翼詒謀錄》卷四。

❼️ 周煇撰，劉永翔校注，《清波雜志校注》卷八〈垂肩冠〉。

❼️ 王栐，《燕翼詒謀錄》卷四。

❼️ 孟元老撰，鄧之誠注，《東京夢華錄注》卷三〈大內前州橋東街巷〉。

❼️ 吳自牧，《夢粱錄》卷一九〈塌房〉。

了過往的商旅、客官等流動群體。

就出行消費而言，古人多依靠車、船、馬、轎等為代步工具，在開封城中，凡遇紅白喜事遊玩等活動，那些檐子、車子、船等交通工具的租賃皆自有所在，且「皆有定價」。居民平日「出街市幹事，稍似路遠倦行，逐坊巷橋市，自有假賃鞍馬者，不過百錢❼❹。有人看到京師「塗之人相逢，無非驢也」❼❺，說明開封賃驢業的發達。北宋末年，一些風景秀美的池苑內為方便士庶觀光，又興起租賃「大小船子」的業務，「其價有差」❼❻。

不唯衣食住行的消費如此，都城居民追求精神愉悅和享樂的消費也是經由市場而實現。比如，鮮花消費在京城已是一種時尚，北宋開封的東華門外、州橋頭街北以及大相國寺都有花卉市場。南宋臨安因地處南方具有良好的自然條件，氣候、環境更加適宜花卉栽培生長，因而可以提供數量更多、品種更豐富的花卉，滿足廣大市民的需求。臨安花卉的買賣較北宋更興盛，並出現了相對集中而固定的市場，稱之為花市、花團。養寵物也是都城生活的重要組成部分之一，已經有專門的服務人員，如養馬有專人切草或供草料，養犬則有人專供餇糠，養貓則有人專供魚鰍，養魚則有人專供小蝦等等。

最有代表性的精神文化消費就是勾欄、瓦肆（又叫瓦子、瓦舍）中的大眾性的娛樂消費。在北宋汴京城裡，勾欄、瓦子蓬勃發展，各項表演伎藝形式多樣，內容豐富。南宋時期，勾欄瓦舍的表演形式傳至臨安，且發展很快，城內瓦子有十七家，城外有二十家之多，諸般伎藝更是名目繁多，舉不勝舉❼❼。（相關內容請見頁 252–255）

---

❼❹　孟元老撰，鄧之誠注，《東京夢華錄注》卷四〈雜賃〉。

❼❺　王得臣，《麈史》卷下〈雜志〉。

❼❻　孟元老撰，鄧之誠注，《東京夢華錄注》卷七〈池苑內縱人關撲遊戲〉。

❼❼　吳自牧，《夢粱錄》卷一九〈瓦舍〉、卷二〇〈百戲伎藝〉；耐得翁，《西湖老人繁勝錄・瓦市》。

三、豐富多彩的城市文化

由於文化的概念過於寬泛，故我們將「文化」侷限在其表現形式、內容及風格方面，分為貴族、士大夫及市民文化。另一方面，文化以不同的社會群體為基礎，因其各自的政治經濟背景、生活方式、社會地位、受教育程度等都千差萬別，因而在思想觀念、審美、價值取向和喜好等方面都呈現出較大差異。

貴族文化的主要載體是最高統治者以及皇親國戚、王公貴族，其衣食住行和言行舉止都有「權力至上」的特點。這種文化賴以生存的社會群體處於全社會中絕對優勢的地位，優越的生活環境使其可以養尊處優地享受生活；受良好的教育賦予他們豐富的知識，使其較具有認知社會和統領社會的能力；而且，他們是統治階級，擁有政治、經濟等各方面的巨大權力。因此，宋代的貴族文化常常呈現出一種氣勢宏大、高雅華麗、色彩斑斕、規範嚴謹、居高臨下甚至是霸氣橫溢的文化氣質。比如兩宋都城中巍峨壯麗的座座宮殿無疑是都城之中最輝煌、最宏偉的建築；北宋開封的金明池、瓊林苑和南宋臨安的御圃、聚景園等皇家園林，規模大、建築精美、風景秀麗，成為都城中最引人注目的景觀。這些是宋代貴族文化的重要標誌之一。在人文領域，帝王的繪畫、書法等作品，如北宋亡國之君宋徽宗趙佶的「瘦金體」和他的《芙蓉錦雞圖》等，常常被視為兩宋時期最具影響力的代表作之一。不過，這種文化雖然與政治和特權相伴而生，但其地位不像「統治權力」那樣總是可以高高在上。隨著社會的發展、

《芙蓉錦雞圖》

等級制觀念的逐步削弱，宋代貴族文化會與其他類型的文化相互融合，形成為各具特色而相得益彰的文化格局。

士大夫文化，有賴於知識分子群體——「士人階層」的形成，它大致形成於春秋戰國時期。因社會劇烈變革，諸侯爭霸需要人才，故為「士人」提供了展示自己才能、實現個人價值的廣闊舞臺。士人舉辦教育，著書立說，各種思想流派紛紛建立，在中國歷史上創造了一個空前絕後的「百家爭鳴」、「百花齊放」的文化高度發展的時代。此後，「士人」遂成為一種不可忽視的社會力量。但是，「士人」是一個較為複雜的群體。作為個體，其生活境遇各有差異，但受過良好的教育這一點是共同的。他們在知識的土壤裡汲取養分，尤其是中國古代傳統的儒家文化，有人也秉承老莊思想，後又融合禪學，以心靈去感悟世界，生成一種充分享受和領悟自然之美的情懷，或表現出飄逸和灑脫，或表現出寧靜與淡泊。有的則具有翱翔天際般的自由思維方式，表現出「天生我才必有用」的傲世和狂放不羈；有的則更多地秉承法家的冷峻、墨家的嚴謹、儒家的醇厚，大多參與時政，以哲人的理性、心智去探求和思考宇宙、社會和人生，充滿了對國家和人民的歷史使命感和對社會的憂患意識，「路漫漫其脩遠兮，吾將上下而求索」的精神使得他們的文化風格要麼是一種「鯤鵬展翅九萬里」、氣壯山河、震天撼地，展現出他們具有遠大抱負的豪放之氣；要麼是一種對現實思考後的凝重和敦實。由於士人階層將人格的完善和自我價值的實現作為其畢生的追求，所以其士大夫文化的風格常常因人而異，表現出極為強烈的個性。

「市民文化風格」源自城市中的市井小民。這些生活在城市之中的小人物，他們或許沒有驚天動地的複雜人生，一輩子兢兢業業地從事著他們的小商小販、小手工等服務於他人的種種行業。早在城市形成之初，他們就零星地存在於都市，但直到春秋戰國時期「商人階層」的形成，市民階層的構成才完善起來。然而，在相當長的歷史時期內，特權階層之外的城市居民地位卑下，因而市民文化在古代都市中並沒有形成氣候，更談不上文化風格。

　　入宋以後，由於農業、手工業和商業的迅速發展，使得城市經濟生活變得日益豐富起來，城市居民生活的商業化成分加重，市民的地位因而得到前所未有的提高。宋代以前，城市的消費對市場的需求有限，龐大的官僚集團往往依靠國家的實物俸祿就可以生存。而宋人對市場的渴望超越了此前任何一個時代，特別是上層社會群體，在衣、食、住、行等各個方面，對從事工、商、販、服務、娛樂等職業的市井小民的依賴程度大大增強，使得市井小民的地位逐漸提高。在這種社會背景下，一種不同於貴族和士人文化的、迎合市井小民價值取向的文化蓬勃興起，其中不乏由市井小民自行創作並享樂的。這種文化通俗易懂，有些甚至是庸俗的，但卻為廣大城市居民所喜愛。

　　兩宋都城中供大眾娛樂的勾欄、瓦舍及其形式多樣的娛樂活動，成為市民文化最突出的表現。在北宋開封，大眾的娛樂場所叫做瓦子、中瓦、里瓦、勾欄、××棚之稱，有桑家瓦子、中瓦、里瓦以及大小勾欄五十餘座。其中中瓦子的蓮花棚、牡丹棚，里瓦子的夜叉棚、象棚最大，可容納數千人觀看，這些場所規模不一，表演時間長。在南宋臨安，初因駐軍多為西北軍士，留戀東京瓦子的熱鬧，隨建立瓦舍，「招集伎樂，以為軍卒暇日娛戲之地」。到後來，成為貴家子弟、郎君等人的「蕩遊」之地，並有南瓦子、大瓦子、中瓦子、下瓦子、東瓦子、菜市瓦子、新門瓦子、薦橋門瓦子、赤山瓦子、北郭瓦子、舊瓦子等十七處 ❼❽。後又增至二十三處，其中北瓦子最盛，內有勾欄十三座。還有一些演技不太高的藝人「不入勾欄，只在耍鬧寬闊之處做場者」，謂之「打野呵」 ❼❾。如此眾多的娛樂場所，為市井小民享受城市生活提供了廣闊的舞臺。

　　由於瓦肆中向大眾展演的內容有小唱、嘌唱、般雜劇、傀儡、講史、小說、影戲、散樂、諸宮調、商謎、雜班、弄蟲蟻、合聲、說諢話、叫果子等等，多貼近尋常百姓生活，輕鬆愉悅，為人們喜聞樂見，所以瓦肆能

❼❽　吳自牧，《夢粱錄》卷一九〈瓦舍〉。

❼❾　周密，《武林舊事》卷六〈瓦子勾欄〉。

匯聚眾多的市民，他們「不以風雨寒暑，諸棚看人，日日如是」**❽**。瓦子

勾欄、瓦舍內的表演

小唱：宋代一種歌唱藝術。從已有的大型歌舞大曲中，選取其慢曲、引、近、曲破等歌唱部分，進行清唱，唱時用板打著拍子，充分運用強弱的變化來加強抒情的效果。所以，在「小唱」中所選用的，已是藝術性相當高的傳統形式歌曲。

清唱：不化妝扮演的演唱形式。有的演員輪流獨唱戲曲的精彩片段，有的集體坐唱整齣戲。伴奏樂隊的規模視演出場合而定。

嘌唱：宋代一種歌唱藝術。根據已有的小型歌曲，如令曲小詞，在演唱中同時進行音樂上的變奏加工而成的歌唱方法並由此產生一種新的歌曲形式。

商謎：宋代以猜謎語為特徵的說話伎藝。宋灌圃耐得翁《都城紀勝·瓦舍眾伎》載：「商謎，舊用鼓板吹《賀聖朝》，聚人猜詩謎、字謎、戾謎、社謎，本是隱語。」

雜班：古代戲曲名詞，即「雜扮」，又名「紐元子」、「技和」。宋灌圃耐得翁《都城紀勝·井市》載：「雜扮，或名雜旺，又名紐元子，又名技和，乃雜劇之散段。在京師時，村人罕得入城，遂撰此端，多是借裝為山東、河北村人以資笑。」宋金雜劇演出時分豔段、正雜劇、雜扮三個段落。

合聲：周代禮樂活動中的一種排練形式，相對於合舞、合樂而言。鄭康成解釋為「各等其曲折使應節奏」，即在音樂的排練活動中使曲調進行、節拍、速度整齊一致。

---

❽ 孟元老撰，鄧之誠注，《東京夢華錄注》卷五〈京瓦伎藝〉。

女藝人

在給人們以視覺、聽覺、心情愉悅等多重享受的同時，其中「多有貨藥、賣卦、喝故衣、探搏、飲食、剃剪、紙畫、令曲之類」的服務項目，以致人們「終日居此，不覺抵暮」❽❶。

　勾欄、瓦舍之內，不僅表演形式多樣，內容豐富，而且各種伎藝都有了名角。北宋開封小唱有李師師、徐婆惜、封宜奴、孫三四等；嘌唱有張七七、王京奴、左小四、安娘、毛團等；般雜劇的杖頭傀儡有任小三、懸絲傀儡有張金線和李外寧、藥發傀儡有張臻妙、溫奴哥、真箇強等等。至南宋臨安，除保留北宋汴京瓦肆中的娛樂內容外，其百戲伎藝更加豐富，有打筋斗、踢拳、踏蹺、上索、打交輥、脫索、索上擔水、索上走裝鬼神、舞判官、斫刀蠻牌、過刀門、過圈子，以及稱之為雜手藝的踢瓶、弄碗、踢磬、踢缸、踢鐘、弄花錢、花鼓槌、踢筆墨、壁上睡、虛空掛香爐、弄花球兒、拶築球、弄斗、打硬、教蟲蟻、弄熊、藏人、燒火、藏劍、吃針、射弩端、親背、攢壺瓶等，且各有名角❽❷。宋代豐富的瓦肆伎藝開啟了後

❽❶　孟元老撰，鄧之誠注，《東京夢華錄注》卷二〈東角樓街巷〉。

❽❷　吳自牧，《夢粱錄》卷二〇〈百戲伎藝〉。

代曲藝之濫觴。

由於瓦肆中的伎藝從表現形式到具體內容都十分貼近尋常百姓的思想和情感，顯現出熱鬧、繁雜、輕鬆、娛樂和親近世人的特點，其表演者和觀眾也大多是身分卑微、社會地位不高的普通人，因此，瓦肆伎藝充分體現了兩宋市民文化的興起和繁榮。當時儘管有人認為瓦舍是「士庶放蕩不羈之所，亦為子弟流連破壞之門」，但是，從瓦子數量的增加、表演內容的推陳出新、參與者的大眾化，特別是那幅以表現市井小民的千姿百態而聞名的《清明上河圖》的問世，都反映出宋代市民文化以其蓬勃的生命力向貴族文化和士大夫文化提出了挑戰。長期以來，貴族文化與士大夫文化時或表現出引領時代的特徵，但宋代市民文化的逐漸興盛改變了這種文化格局。雖然市民文化的表現形式與內容會隨著朝代和時尚的不同而有所變化，但在宋代以後，市民文化一直是可以同貴族文化、士大夫文化鼎足而立的力量。

第三節　宋代的城市化進程

關於城市化問題，學術界有諸多解釋。但非農業經濟和「人口集中到城市或城市地區的過程」[83]，應當是古今中外城市化的根本點。隨著城市數量的增加、城區面積的擴展以及城市人口的不斷增長，城市化進程就會加速發展。市鎮的勃興、發展以及舊城區的變化就是宋代城市化最重要的標誌。

一、宋代市鎮的勃興與城市化

近代以來的市鎮大體上就是在宋朝形成並發展起來的。宋代以前，市和鎮有其自身的內涵和特點，其形成和發展也各有特殊的路徑。宋代，特別是在南宋以後，隨商品經濟的深入發展，市或鎮的數量大幅度增加，有

---

[83]　《簡明不列顛百科全書》，第 2 冊，頁 272。

的興起於交通要衝，有的興起於人口繁密的鄉村聚落，有的興起於某一產業等等。儘管它們的發展速度有快慢之差，其分布密度在不同的區域也不盡一致，但它們都具有因市場而興盛的共同特點。更重要的是，市鎮以市場為核心的未來走向，使得市和鎮的經濟活動日趨活躍。正因為如此，兩宋及其以後的文獻常常是市鎮或鎮市聯稱。可見，市鎮入宋以後開始躋身於城市的行列。

市，作為人們的交換場所早已出現，傳說中的神農時代就已經有「日中為市，致天下之民，聚天下之貨，交易而退，各得其所」[84]的經濟活動。直至唐代中期以前，市，大多指城中由官府管理的、有時空限制的交換場所。唐朝曾明確規定：「諸非州縣之所不得置市。其市，當以午時擊鼓二百下而眾大會；日入前七刻擊鉦三百下散。其州縣領務少處，不欲設鉦鼓，聽之」[85]。長安城中的東市、西市就是這類市場的典型。

然而，大約自東晉以來（甚至更早）就有另外一種市悄然興起，至唐中後期及入宋以後，特別是南宋，這類市場的數量越來越多，被稱為「草市」、「集市」、「墟市」、「亥市」、「墟」、「步」、「市」等。它們或散布在廣袤鄉村，或在交通孔道，以農副產品諸如布、楮、絲、箕、帛、豬、雞等物的集散貿易為主，交換十分細碎。在這類市場中參與交換的人除了人們熟知的商販以外，更有大量的鄉民，雖然大都還沒有發展到鎮一般的規模和經濟水平，但它們作為一個個小型的鄉村經濟中心地，在以農業為本的古代中國，充分表明宋代商品經濟發展到了較前代更高的水平。

鎮，最初與軍事有關，常泛指軍事轄區；軍事長官也會泛稱他為某地「鎮將」等。大約在北魏以後，鎮或鎮將漸有固定的含義，即特指邊地的某個軍鎮和統領某地的軍職。歷北齊、北周和隋唐，鎮依然是邊疆的戍衛之地；鎮將成為常設軍職，但統領區逐漸縮小，其地位日趨衰落。也就是說，宋代以前的鎮大體上是軍鎮，官員也主要是軍事長官，與市場等經濟

---

[84]　《周易注疏》卷一二〈繫辭下疏〉。

[85]　《唐會要》卷八六〈市〉。

因素的聯繫不甚密切。

入宋以後，隨社會經濟的發展，延續了數百年的軍鎮發生了巨大變化。鎮的軍事意義弱化，經濟職能日漸凸顯，且逐漸朝一級準行政建制的方向發展。宋朝規定，「民聚不成縣而有稅課者則為鎮，或以官監之」❽❻。無論邊陲還是內地，「諸鎮置於管下人煙繁盛處，設監官，管火禁或兼酒稅之事」❽❼。這些規定足以說明，宋代鎮的設置大多是以經濟發展為基本指標，是具有一定人口規模、有官員管理、可以為國家提供稅收的地方。

據《元豐九域志》、《宋會要輯稿》以及現存宋代的方志等文獻資料統計，北宋鎮的數量在宋神宗元豐年間達一千八百八十餘處，而稱之為市的地方卻並不多。若將其與南宋方志所記相同地區的鎮進行比較就會發現，南宋時期鎮的數量較北宋明顯減少，可知其發展趨於穩定；相反，南宋時期，市的數量明顯增加，處於發展活躍的階段❽❽。這說明，南宋以來，市鎮的發展更加遵循市場經濟發展的規律，其形成和生存的前提也不再依靠官府的行政命令。隨著市鎮的興起並穩定發展，中小型城市數量呈現出增長的態勢，這是宋代城市化的重要標誌。

由於多數市鎮興起的地方原本不屬於城市，但卻人煙蕃阜、交換活躍、交通便利，或是手工業發展具有特色，使市鎮居民經歷了由農而商或由農而工的變化。因此，市鎮規模實際上從很大程度上反映出宋代城鎮人口數量的變動。現存的文獻資料表明，宋代和前朝一樣，都會依據各地不同的人口、經濟、地理和政治等因素，將縣劃分為赤、次赤、畿、次畿、望、緊、上、中、下、下下十等❽❾。為適應社會發展、保證國家稅收，朝廷也

---

❽❻ 高承，《事物紀原》卷七〈鎮〉。

❽❼ 《宋史》卷一六七〈職官志〉。

❽❽ 將《元豐九域志》卷五～六中所記的杭州、越州、湖州、明州、常州、臺州、江寧府、歙州歙縣的市鎮與南宋方志《咸淳臨安志》卷一九～二○、《嘉泰會稽志》卷一二～一三、《寶慶四明志》卷一三～二一、《嘉泰吳興志》卷一○、《咸淳毗陵志》卷三、《嘉定赤城志》卷二和卷七、《景定建康志》卷一六、《新安志》卷三等市鎮作比較後所得的結論。

不斷調整劃分縣等的基本條件。北宋政和五年（1115年）就規定，一千五百戶以上為最末等的下縣❾⓿。據此，不到一千五百戶就完全符合「民聚不成縣」的標準，可以被視為設鎮的人口上限。南宋紹興年間，徽州歙縣新館為商旅聚會之地，有地方官員提議設鎮以收稅，但官府卻以「本處不滿百家」為由，不同意設鎮❾❶。這一記載可作為設鎮人口的下限。

　　事實上，宋代有的鎮的人口數量及建築規模早已經超過了下縣。南宋荊湖南路潭州的橋口鎮有人戶二千餘，鎮江府丹徒縣江口鎮有人戶一千六百餘，太平州當塗縣采石鎮居民「不啻數千家」等等❾❷。這些鎮的人口規模完全可以與當時許多縣城，甚至部分小的州城相匹敵。由此可見，宋代並未完全遵循「民聚不成縣則為鎮」的設鎮原則。通常而言，宋代鎮的人戶數量遠遠高於市，鄉村市的人口大多為數十、數百不等，如饒州餘幹縣古步墟有人戶「數百家」，淮西無為軍廬江縣金牛鎮市「有居民二百餘家」❾❸。可以肯定的是，這些市鎮人口以從事工商業為主，並形成一定規模，這也是宋代城市化的標誌之一。

二、市鎮經濟的發展與城市化

　　宋代市鎮蓬勃興起、數量增加，並已聚集一定規模的人口。然而，只有市鎮經濟具有以市場為核心的特點，市鎮才能被納入城市的行列，這是宋代城市化最重要的標誌。

　　首先，宋代市鎮的形成和發展多與商人的聚集和商業的活躍密切相關。南宋嚴州淳安縣（浙江淳安西北）有雲程墟市，因其是通往杭、越、衢、

❽❾　王存等撰，《元豐九域志》卷一。

❾⓿　《宋會要輯稿》方域七之二八～二九。

❾❶　《宋會要輯稿》方域一二之一九。

❾❷　《宋會要輯稿》職官四八之一四〇；徐夢莘，《三朝北盟會編》卷二三九；俞希魯編撰，《至順鎮江志》卷三〈戶口〉。

❾❸　洪邁，《夷堅志‧三志壬》卷九〈古步王屠〉；《宋會要輯稿》職官四八之一三七。

建州等地的水陸要衝，因而成為富者商者聚集之地，形成「凡舟車日夜之所奔走」❾❹的繁忙景象。沿海市鎮海陸交通便利，商業更加繁盛，市鎮數量也隨之迅速增加。北宋密州高密縣板橋鎮「正居大海之濱」，是「人煙市井交易繁夥，商賈所聚」之地❾❺，「廣南、福建、淮浙商旅乘海船販到香藥諸雜稅物，乃至京東、河北、河東等路商客搬運見錢（銅錢）、絲綿、綾絹，往來交易，買賣極為繁盛」❾❻。因此朝廷將密州市舶司設在板橋鎮，後來又將該鎮升為膠西縣。南宋慶元府（浙江寧波）奉化縣有鮚埼鎮、袁村市，「皆瀕大海，商舶往來，聚而成市，十餘年來日益繁盛，邑人比之臨安，謂『小江下』」❾❼等等。因此，從某種程度上說，宋代市鎮大多因商業而興盛。

其次，商業、手工業和服務業已經成為市鎮經濟的主要部門，而其中以商業最為重要，即市鎮經濟主要是商品運銷城市、鄉村、海外的中轉貿易。不過，若從其商品種類、商品流量、商品的流通範圍、商品成交額以及交換者雙方的社會地位等方面看，市和鎮的商品交換水平是有差別的。

通常而言，鎮所流通的商品價值高，如香藥、見錢（銅錢）、絲綿、綾絹以及各種珍寶異器等，再加上諸如糧食等大批生活必需品的流通，其成交量和流通量都遠遠大於鄉村市。因此，鎮級市場的交換水平較市要高得多，以致有些鎮的商稅收入不僅超過縣治，而且超過部分州治、府治。沿海濱江以及發達地區的市鎮尤其如此。長江岸邊的池口鎮（安徽貴池境內），其雁汊（又作鴈翅）稅務專徵過往商稅，紹興初年歲額為十八萬餘貫❾❽，至乾道年間增至二十六萬貫❾❾。江南地區的湖州烏墩鎮和新市鎮（皆在今

---

❾❹ 方逢辰，《蛟峰文集》卷五〈芳潤堂記〉。

❾❺ 李燾，《續資治通鑑長編》卷三四一，元豐六年十一月戊午。

❾❻ 李燾，《續資治通鑑長編》卷四〇九，元祐三年三月乙丑。

❾❼ 羅濬，《寶慶四明志》卷一四〈奉化縣志卷一・敍縣・官僚・鮚埼寨巡檢〉。

❾❽ 《宋會要輯稿》食貨一八之五。

❾❾ 陸游，《入蜀記》卷二。

浙江湖州境内），每年商稅收入之多，「縣道所不及也」⑩。而鄉村市的交換以農副產品諸如布、楮、絲、箕、帛、豬、雞等物的集散貿易為主，市中從事商業活動的多為小商小販和村民，入市交易之人流動性大，交換量小，進而限制了市的發展。

市鎮手工業大體上可分為兩類，一是直接為市鎮及其周邊消費者服務的。從業者多依照消費者的要求製作產品，其製成品直接交付消費者而不進入市場。如市鎮中的銀匠、鐵工之類，這類手工業活動的特點是不定期而且是沒有固定場所的，業者通過出行服務來滿足市鎮及其周邊居民的日常需求。二是如陶瓷、造紙、圖書印刷、絲織等以商品生產為目的。後者逐漸成為一些市鎮經濟的重要支柱，進而形成獨特的手工業市鎮。南宋建康府（江蘇南京）白土市「俗織紗為業」⑩，就是一個初興的絲織業市鎮。北宋的景德鎮則是聞名天下的瓷業中心，南宋後在其周圍又興起相關行業的市鎮，如湖田市就是其中的一個「燒造陶器處」⑩。南宋建陽麻沙鎮（福建建陽縣境內）書坊刊刻圖書多，印刷業發達，遂成為頗具特色的手工業市鎮⑩。這些手工業市鎮的興起，除了社會發展、市場需求等因素外，大都具有既是經濟發達區又是原料產地的重要條件。更重要的是，這些市鎮的生產者大都是由原來的農民轉化成為專門的手工業者，這對古代中國社會發展的意義是非常深遠的。

市鎮的服務業主要有邸店、飲食、醫藥及其他各種行業，與具有政治中心職能的大中型城市比較，大中型城市的服務對象極其廣泛，有達官貴人、士人、商旅及各色人群，其中官員占了相當大的比重；但市鎮作為區域經濟中心，其服務業的對象主要是過往商旅、市鎮居民和附近鄉村的農民，因而更具有服務平民大眾的色彩。

---

⑩ 薛季宣，《浪語集》卷一八〈湖州與鎮江守黃侍郎書·又書〉。

⑩ 方回，《桐江續集》卷一四〈夜宿白土市〉。

⑩ 洪邁，《夷堅志·補》卷一七〈湖田陳曾二〉。

⑩ 熊禾，《勿軒集》卷四〈麻沙鎮畫錦橋〉。

再次，之所以稱宋代市鎮是準行政設置，其重要的原因之一是市鎮的行政管理職能還不夠完善。在經濟發達的地區，鎮既設有監鎮官，同時也設監稅官。多數情況下，監鎮官都是集行政、稅收和治安管理於一身的，常稱為「監××鎮稅兼煙火公事」、「監××鎮酒稅」、「監××鎮」、「××監鎮」等等。官府對鄉村市的管理則主要集中在稅收方面，如洪州（江西南昌）武寧縣巾口市曾經派官監酒稅❿❹，慶元府鄞縣下莊、林村、黃姑林、小溪等市都設酒務監官❿❺等等。這些事實表明，儘管宋代的鎮有了一定規模的人口和較為發達的經濟，但市鎮官員的設置和配備始終未能達到縣、州、府級行政管理那樣的規範程度。

最後，宋代市鎮建設逐漸改變原有缺少規劃的狀態，但在一些經濟較為發達地區的市鎮中，開始出現街區、坊巷等與州縣治所同樣的布局規劃。海鹽縣（浙江海鹽）澉水鎮，因海鹽而興盛，鎮中有「阜民坊，在鎮前街西；張家術（弄），在鎮市北；張搭術，在鎮市南；義井巷，在鎮市南；塘門術，在鎮市南；廣福坊，在鎮前街東；馬官人術，在鎮市南；海鹽術，在鎮市北」❿❻等等。這種聚落形態的變化和街區布局的形成表明，宋代市鎮逐漸從鄉村聚落向小型城鎮過渡。

三、宋代舊城區的變化與城市化

由於人口增長和商業活躍，導致了城市空間的嚴重不足，使原先以城牆為界限和範圍的古代城市觀念受到社會現實的嚴重挑戰；城市居民及其商業經營越來越多地跨過城牆，散布於城外，逐漸形成城市郊區，這些事實意味著宋代城市區域和面積不斷擴大，這也是宋代城市化的重要表現之一。

宋代舊城結構出現變化，其中一個引人注目的現象為「侵街」，即侵街

---

❿❹ 《宋會要輯稿》食貨一七之四〇。

❿❺ 羅濬，《寶慶四明志》卷四、卷一二、卷一三。

❿❻ 常棠，《海鹽澉水志》卷四〈坊巷門〉。

占道，它同「夜市」一樣，大體出現在唐代中後期，至宋代則更加突出。這是經濟活躍、人口增長、城市發展的必然結果。它不僅直觀地凸現出「坊市制度」的崩潰，使得宋代城市出現了居民住宅區與商業街區合二為一的新的街區布局。更重要的是，「侵街」的發展直逼古代牢固的城池，使城市居民的活動呈現出衝破城牆限制的趨勢。在宋代，由於「侵街」直接影響到城市管理與社會治安狀況等等，因而朝廷屢發禁令加以禁止，或令交納租錢，或直接拆除，但這些措施卻始終未能有效地遏止「侵街」現象的發生。

就實際情況而言，北宋「侵街」主要集中在都城等大城市，到南宋則成為眾多地方城市的普遍現象，城市居民不僅占用街道橋樑，甚至連河道也成為侵占的對象。明州（浙江寧波）經濟發展迅速，城內居民侵街占道現象嚴重，以致於遇到火災卻難以救助[107]。在湖州（浙江湖州），州城的子城城壕也已經被「民居浮簷所蔽」[108]。溫州城內「市里充滿，至於橋水堤岸而為屋」[109]等等。事實上，侵街現象屢禁不止的一個重要原因就是宋代城市人口的迅速增長和城市經濟的需求。這意味著原先由城牆限定的城區空間已經難以適應城市社會的發展，於是人們為了求得相應的生存空間，就只能越過城市高牆，在城牆以外的地方居住下來，隨著城市周邊人口不斷增加，經濟也迅速發展起來，從而進一步促成了附郭草市的出現和發展。

與舊城內的「侵街」互為表裡的，是一些草市在舊城的周邊逐漸興起，成為舊城的拓展部分。草市大致可分為兩類，一種在城郭附近，另一種則分布在鄉村。唐朝、五代以來，草市主要分布在城市周邊，成為城郭與鄉村的接合部。至宋代，仍然存在大量鄉村草市，但附郭草市越來越多，遍布南北。北宋真宗大中祥符元年（1008年），因開封城外人口增長迅速，「都門之外，居民頗多」，故「置京新城外八廂」[110]，從而使城區的實際範

[107] 羅濬，《寶慶四明志》卷三〈坊巷〉。

[108] 談鑰，《嘉泰吳興志》卷二〈城池‧湖州〉。

[109] 葉適，《水心集》卷一〇〈東嘉開河記〉。

圍隨八廂的設置而較舊城明顯拓展。

在宋朝，其他地區的城市也存在諸多類似的情況。如京兆府（陝西西安）東西門外有草市❶，汾州（山西臨汾）有草市❷，而「建康府南門之外有草市，謂之『城南廂』。」❸宿州城（安徽宿州）也是因人口增長，羅城狹小使得「人戶安堵」，以致「居民多在城外」草市中居住和生活❹。更為重要的是，草市所占空間又呈現出逐漸擴大的趨勢，如鄂州（湖北武昌）的南市綿延數里，「雖錢塘、建康不能過。」❺從建康府城南門外地區被稱為「廂」的情況來看，附郭草市已經從城鄉之間的過渡帶逐漸成為城市的組成部分。

事實證明，這類因人口增長和經濟活躍而興起的附郭草市，逐步削弱了城牆作為城鄉界限的作用，加速了宋代城市進一步開放的步履。

附郭草市不僅在空間上是舊城延展部分，更重要的是，草市居民的活動成為城市經濟向城外擴張的象徵。從文獻記載來看，除了過往商旅之外，在附郭草市中活動有相當的部分是城中居民，他們「逐利去來」❻，往返於城市和草市之間。這進一步說明，草市的經濟活動與市場有著密切聯繫。鄂州地理環境和交通條件十分優越，所以其南草市發展尤其繁盛，南宋詩人范成大親眼所見的情景是，「沿江數萬家，廛閈甚盛，列肆如櫛，酒壚樓欄尤壯麗，外郡未見其比。蓋川、廣、荊、襄、淮、浙貿遷之會，貨物之至者無不售，且不問多少，一日可盡，其盛壯如此」❼。規模如此巨大的商貿活動，既說明草市經濟的繁榮，更表現出草市為鄂州舊城注入了持續

❿ 李燾，《續資治通鑑長編》卷七〇，大中祥符元年十二月庚戌。

⓫ 張禮撰，史念海、曹爾琴校注，《游城南記校注》〈曆興道務本二坊〉。

⓬ 李燾，《續資治通鑑長編》卷一，建隆元年十月乙酉。

⓭ 真德秀，《西山文集》卷六〈奏乞為江寧縣城南廂居民代輸和買狀〉。

⓮ 蘇軾，《東坡全集》卷六二〈乞罷宿州修城狀〉。

⓯ 陸游，《入蜀記》卷三。

⓰ 李燾，《續資治通鑑長編》卷二五一，熙寧七年三月庚申。

⓱ 范成大，《吳船錄》卷下。

發展的新鮮血液。

　　宋代的城市化不僅改變了城鄉空間、城鄉人口的比例，而且改變著人們的生活、思維方式，對中國古代社會的發展有著重要的意義。

本章重點

1. 宋代的城市化發展。
2. 宋代蓬勃的市民社會及城市文化。

複習與思考

1. 解析宋代市井文化繁榮的背景。
2. 試論宋代的城鄉關係。

第九章
宋代的社會結構

　　兩宋是中國古代社會結構發生重大變化的一個歷史階段。這一時期，社會等級界限逐漸弱化，不同階層的升降變化也日趨頻繁。特權階層的主體——品官不再世襲，使得這一集團的人員變換不定，同時與庶民之間的界限也逐步模糊起來。加之賤人數量減少，地位上升，整個社會呈現出一種等級界限鬆動、貧富更替加劇的態勢。

第一節　特權階層

一、皇　帝

　　皇帝處於社會最高層，不僅是全國最高的統治者，也是享有最大特權的集團。他們擁有至高無上的權力，過著養尊處優的物質生活。終宋一代，先後共出現了十八位皇帝，他們與自己的皇子、公主、妃嬪、親戚以及宮女、內侍等組成了全國最龐大、最有威權的家族。

　　政治上，皇帝具有無邊的權力，幾乎不受任何限制，其他階層則完全服從皇帝。宋朝法典《宋刑統》中幾乎找不到一條限制皇帝權力的法律條文，相反卻有許多保護皇帝的規定，例如「謀反」、「謀大逆」、「謀叛」、「大不敬」等屬於「十惡」，要處以極刑。

　　經濟上，宋朝皇帝擁有自己的莊園，名為御莊或奉宸莊。宋理宗在位時，曾用御莊米一萬石修築城池，又將華亭奉宸莊的收入來資助軍餉，可見御莊規模相當大。另外，在建州（福建建甌）北苑還有皇帝的「御茶園」，

　　總共有四十六所，廣袤三十餘里，專門製作龍鳳茶等，以供宮廷享用。在財政體制上，皇室有自己的私藏財富，即「封樁」、「內藏」等庫務，這些都是皇室的私人財產，但其中相當一部分來源於國家財政收入。另外，因為政治上的無限特權，國家的山川河流、寶藏財富，皇帝都可以用各種名義占為己有，或賜予他人。除了這些，皇室還有其他的財源。蔡京為了討好徽宗，大肆收取茶利，每年向皇帝進貢一百萬緡。後來各地爭相向徽宗進獻奇侈之物。直到金軍大舉南侵之際，徽宗才勉強將這些財物交付國家財政部門。

　　此外，各地還會將本地的土特產上貢給皇帝，其數目也相當可觀。宋朝土貢的種類和數量，各代略有變換。《宋會要輯稿》記錄了神宗即位時，下令免除的一些貢物，部分內容如下：

(1)西京櫻桃八百顆，紫櫻桃三十斤，內園司十六斤，笋兩次，共九百條，紫薑一百斤。

(2)鄆州阿膠一斤。

(3)大名府鵝梨一千顆，棠梨兩千顆。

(4)成德軍栗子一十五石。

(5)太原府葡萄三次，共一百三十羅，榛子仁二十袋，林檎錢五十袋。

(6)澤州人參一十八簡。

(7)永興軍新笋一百斤。

(8)虢州麝香五臍。

(9)淮南等路發運司海鹽一千二百斤。

(10)揚州新茶一銀合，藏薑五十罐。

(11)楚州糟藏淮白魚三百斤。

(12)蘄州烏蛇一十條。

(13)鼎州柑子一萬顆。

(14)處州白沙糖七百斤。

(15)宣州花木瓜三百枚。

……

這些只是土貢的一小部分，不難想見宋朝皇室物資供應之盛，其宮廷生活自然甚為奢侈。紹興年間，宋高宗到大將張俊家做客，張俊大肆準備。除了大批的珍果佳肴，張俊還送給高宗大量的寶器、玉器、書畫等等，單單是犒勞隨行的官員、禁衛，就用了三萬貫錢、兩萬個炊餅、三千斤熟豬肉、兩千瓶酒等等。宋光宗時，一次為了給宋高宗吳后祝壽，就花費了兩萬兩金、五萬兩銀、一十萬貫錢、兩萬匹絹、五十道度牒。這些事實表明，以皇帝為首的宋朝皇親國戚享有至高無上的尊崇地位。

然而，隨著時代的發展，宋代社會出現了相對寬鬆的政治、思想環境。皇權在很大程度上受到來自社會各階層的制約，尤其是廣大士大夫，他們敢於抵制皇帝的不當旨令，抨擊皇帝的言行，並在許多情況下取得成功，從而逐漸形成了與皇帝共天下的士大夫政治。

二、官　戶

官戶，指品官之家，就是一切有品級的職事官、散官等等。「官戶」在唐朝是賤民的組成部分，宋朝則成為官員之家的稱謂。宋朝官員的入仕渠道很多，因為出身不同，官戶範圍也有所不同。《宋史》記載：「進納、軍功、捕盜、宰執給使、減年補授，轉至升朝官，即為官戶。」❶宋神宗元豐年間（1078～1085 年），官戶指的是正八品以上的文官和武官。宋哲宗時期，政府規定，宗室、陣亡之家授官等幾類官員，自文官從八品宣教郎和武官從義郎，也就是朝官以下的官員，都要交納免役錢，從而限制了一些途徑入仕者成為官戶。宋徽宗時，無軍功的捕盜之人必須升官至正七品武翼大夫以上才算是官戶。南宋時期，沿用了北宋的相關規定，並作了一些補充。總體說來，宋朝對於官戶的界定，有著十分複雜的規定。

因為入仕途徑不同，官員在官場上的地位高下、升遷快慢等都存在差別。科舉入仕，特別是進士出身，宋時被認為是最光彩的仕途。武人可以

---

❶　《宋史》卷一七八〈食貨志〉。

憑軍功、武藝、陣亡補授等途徑入仕。宋時還有所謂的「進納出身」，俗稱「買官」，凡富人向官府捐獻糧食、物料、錢財等，都可以按照規定入仕。北宋時期，「有出身」是指進士、明經等科舉出身，通過其他途徑入仕的官員稱為「無出身者」。到南宋，「有出身」的含義變窄，僅指進士出身者。

隨著官僚機構的膨脹，入仕途徑增多，蔭補氾濫等原因，宋朝官員數量不斷增加。宋真宗景德三年（1006 年），官戶約為一萬戶，約占總戶數的 1.3‰，宋英宗治平二年（1065 年）約為二‧四萬，約占 1.9‰，宋光宗紹熙元年（1190 年）約為三‧四萬，約占 2.8‰。大致說來，宋朝的官戶約占總戶數的 1‰ 到 2‰，某些時候甚至達到 3‰ 左右。作為統治階級中地位最高的階層，官戶擁有以下幾方面的特權。

1.俸祿：宋朝官員的俸祿名目繁多，大體上可以分為請受和添給兩類。前者又稱請給、本俸，包括料錢和衣糧。後者是本俸之外的補貼，有職錢、祿粟、廚食錢、添支錢、茶湯錢、職田、公使錢等等，按照地位高下、職務不同，隨時而定、隨分而給。宋朝政府本著優待士大夫的精神，官員的各種收入相當豐厚。如正一品宰相的俸祿，每月有料錢三百貫，每年春冬有綾四十匹，絹六十匹，冬綿一百兩，春羅一匹，每月祿粟一百石，傔人衣糧七十人，每月薪柴一千二百束，炭一百秤，每年鹽七石。當然，品級不同，其俸祿高低差距也很大。如武官最高等節度使的料錢為四百貫，最低等內侍只有三百文（〇‧三貫），相差了一千三百三十三倍之多。

2.蔭補：中高級官員享有蔭補權，其子弟、親戚、門客等可以不經過科舉考試，直接入仕為官。通常情況下，達到一定級別的官員享有郊祀大禮蔭補、聖節蔭補（皇帝生日蔭補）、遺表蔭補、致仕蔭補、皇帝即位蔭補等等，官員子弟可以依據其父祖輩官位的高低得到相應的官職。另外，皇帝還會出於某些特殊情況而授予官員、宗室等臨時性的恩蔭特權，尤其是高級官員，他們得到皇帝特殊恩典的機會相當多，因而，他們的親屬入官人數遠遠超過普通官員。除此之外，官員如因公殉職、武官戰死沙場，其子孫均可以蔭補入仕，成為官僚。雖然宋朝中高級官員享有蔭補特權，但

由於非科舉出身官員的仕途受到諸多限制，因而即便是高官子弟，也不太可能世代為官。在這種情況下，宋朝官戶往往處於流動狀態，仕宦之家的子弟經常落魄敗家，而那些考中科舉的士子等又很快成為新的官戶，這與魏晉南北朝以來的門閥士族制度形成了鮮明的對照。

3.減免各種稅役：兩稅是鄉村中最重要、最基本的賦稅，雖然法令明文規定官戶不得豁免，但在實際生活中，經常會出現法外免稅的現象。宋仁宗時期，王蒙正仗著是劉太后的親戚，多占嘉州的田地，並請下詔免除這些田地的賦稅。宋高宗賜大將李顯忠田六十三頃，宋孝宗又賜田七十頃，兩次賜田各「免納十料租稅」❷，一共五年。尤其是到南宋後期，減免某些朝廷權貴田產兩稅的情況十分常見。如史彌遠等免除的兩稅就有正麥522石餘，折變糯米1,932石餘，而當地夏稅正麥一共有2,404石，秋稅折變糯米有9,548石左右，可見免稅額所占比例之大。

助役錢是在宋神宗時全面推向全國的，開始規定官戶等特殊戶籍繳納的助役錢比其他鄉村戶減半。宋哲宗時，在司馬光的建議下，朝廷規定官戶第三等以上役錢照舊輸納。南宋孝宗時，朝廷取消了官戶的這項特權。科配是沒有固定時間、種類和數量的臨時攤派。宋神宗時，官戶因為出身的不同，有免科配的特權。另外，官戶在和買、和糴夫役、職役、兵役等方面也有或多或少的特權。在司法方面，官戶按照不同品級享有議、請、減、贖等法外優待。

宋朝給予官戶特權的同時，也對官戶作出了種種限制。按照政府規定，侍從官、待制以上的官員，不得廣置產業，與民爭利，但是並未明確規定具體的田產數量。事實上，這條禁令未能起到明顯的限制作用，官戶們置地買田的情況十分常見。沿襲前朝的制度，宋朝政府規定本地人不得任本地官，同時規定官員不得在任職州縣從事私置田宅、邸店、質庫以及興販營運等。禁止承買和租佃官田，禁止放債取息；宋朝場務、河渡、坑冶、酒坊等，允許私人經營，但是禁止官戶經營。這些措施的實施，其目的是

❷ 《宋會要輯稿》食貨六一之四九、七〇之六五。

要維護國家的長治久安及社會的穩定，但在宋朝的現實生活中，上述禁約對官戶未必有真正的約束作用。

三、吏　戶

吏是一個十分獨特的群體，他們廣泛分布在中央和地方各級官府之中，負責各種具體的事務。吏既不同於政府官員，也不同於平民百姓，而是介於官和民之間的「紐帶」。他們受制於官，同時又是官對民實施統治的助手和直接參與者，因而也是統治集團不可缺少的組成部分。

作為各級官府的具體辦事人員，吏大多來自社會底層，主要是市井平民、農民、地主等，其中也不乏低級官僚子弟，他們無能力考中科舉而入仕為官，又無法靠父輩的恩澤蔭補為官，只得屈而為吏。

入職為吏的途徑主要有三種：(1)承襲，指胥吏因為年邁或去世，由其子孫繼承；(2)保引，指官吏擔保、引薦親屬充任吏職；(3)投充，這是一種面向社會各階層的選任方式。無論是中央的官府，還是地方州縣，通過投名自薦的方式，經過官府考察，合格者可以入役為吏。中央百司的胥吏經審核注籍後，雖然獲得「吏」的身分，但只能擔任私名之類的實習性吏職，隨時面臨被除名的危險。他們必須再參加一次考試，待合格之後，才能升任正式吏員。

宋初，在吏部之外設置流外銓，專門負責在京百司胥吏的考試、附奏等事務。元豐改制後，由刑部負責胥吏的名籍以及增減、出職等事務。另外，各部門的長官也要參加胥吏的選任工作。

宋朝的官和吏有嚴格的身分差別，與官相比，胥吏的社會地位十分卑下。胥吏可以通過出職而成為官，但其要求十分嚴格。由於官員經常輪換任職地，新任官員不熟悉當地情況，因而必須依靠當地官府的胥吏。官員的依賴程度越高，胥吏在國家和地方政治生活中所發揮的作用就越重要。雖然在地位上卑賤如奴僕，但是胥吏往往能代官理政，越權行事，逐漸成為官府中的實權人物，很多地區出現了「吏強官弱，官不足以制吏」的局

面，甚至有人把官府曹司形容為「公人世界」。

　　當然，胥吏的地位低下，是與政府官員相比較。與廣大的平民相比，胥吏決不是低賤者，而往往是比官員更直接的統治者，他們能夠利用手中的權力謀取私利。很多胥吏都參與田地兼併活動，偽造田契是胥吏經常使用的方法。南宋時，隅官黃宗智欺負阿宋一房孤寡，企圖偽造契約而占有阿宋的田產❸。不止對民田，胥吏還對官田進行請佃、承買，甚至強占。為了逃稅，狡詐的胥吏會使出各種手段。如南宋時期，兼併隱寄之家與鄉村的保正、鄉司等胥吏聯手作弊，隱匿家產，從而有千畝之田的家庭，每年只須交二、三頃田地的賦稅。一些不法胥吏經常欺壓平民，勒索百姓。南宋時，有個農民拖欠租稅，被胥吏們捆綁起來，不給飯吃，最後這個農民被這些胥吏折磨致死，他們反而誣告死者的妻子是兇手。這些形勢之家，包括吏戶，許多都私置牢獄，動不動就關押貧弱無辜之人，任意用刑拷問，經常造成慘劇，而被害的人家大多不敢上告。朝廷屢次下令禁止私刑，但卻禁而不止。

四、僧道戶

　　佛教傳入之後便迅速紮根於中國土壤，中國古代的統治階級大力扶植佛教勢力，給予寺院、僧人許多政治、經濟等方面的特權，宋朝的統治者亦不例外。入宋以來，佛教思想早已深入人心，社會各階層人士信仰佛教者比比皆是，上自皇室、公卿官僚，下至普通平民百姓，信仰佛教蔚然成風。隨著社會經濟的發展，來自各階層的施捨也大量增加，有了雄厚的經濟實力，興建寺廟之風頗為盛行。就北宋各路僧尼人數而言，以福建、兩浙最多，茲引《宋會要輯稿》的記載，宋真宗天禧五年（1021 年）各路僧尼人數如下：

---

❸　《名公書判清明集》卷九。

路　名	東　京	京　東	京　西	河　北	河　東	淮　南	合　計
僧尼數	22,941	18,159	18,219	39,037	16,832	15,859	
路　名	兩　浙	荊　湖	福　建	川　陝	廣　南	江　南	362,322
僧尼數	2,220❹	22,539	71,080	56,221	24,899	54,316	

　　由於宋代佛教發展的情況不同，不僅造成僧尼人數有很大差異，且各
地寺院的數量也存在很大的差別。宋人吳潛曾經說：「寺觀所在不同，湖南
不如江西，江西不如兩浙，兩浙不如閩中。」❺福建路的寺院數量獨占鰲頭，
居全國之冠。北宋時期，福州寺廟數量多達一千六百二十五所，到南宋時
期尚有一千二百八十所，建州（福建建甌）寺院達九百六十四所之多。總
體而言，宋代僧尼、寺院分布極不均衡，各地寺廟數量多寡懸殊很大。具
體言之，經濟文化發達的地區寺廟、僧尼往往更為集中，交通便利的通都
大邑和人口稠密的地區也是寺院集中之處。宋朝道教的影響不及佛教，但
道觀和道士的數量亦十分可觀。

　　寺觀一般擁有或多或少的田產，以維持寺觀正常的活動。這些田產的
來源主要有：施捨。以皇帝為首的皇室成員施捨田產入寺的事例很多，幾
乎每代皇帝都有布施田地的記錄。另外，大小官員、商人等社會各個階層
的人都會施捨田產給寺院。普通百姓施捨田產給寺院的現象更是屢見不鮮，
甚至可以說比較普遍。如一個叫德洇的和尚，不僅自己剃髮為僧，而且全
家人都隨他一起出家。其家產全部捐給寺院，還向弟弟化緣得到五百貫錢，
用於購買田產，以贍養僧尼。雖然宋朝政府只允許寺院租佃荒田，但是實
際上，寺院租佃官田、學田等熟田的現象比較普遍。寺院開墾荒山、租佃
田地的目的是為了滿足僧人的生活需要，維持寺院的正常運轉。另外寺院
獲得田產的另一種途徑是利用手中雄厚的資金購置田地、山林，作大宗常

❹　兩浙路的這一數字顯然不符合實際情況，《宋會要輯稿》道釋一之一三記載，
　　天禧五年（1021 年）全國僧尼總數為 458,854 名，與上表總數出入甚大。參見
　　游彪，《宋代寺院經濟史稿》（河北大學出版社，2003），頁 211。

❺　吳潛，《許國公奏議》卷二〈奏論計畝官會一貫有九害〉。

住物，從而成為屬於寺廟、僧人的私有財產。除了經營土地之外，不少寺觀還經營手工業、商業和高利貸。

作為一個特殊群體，僧道戶與世俗世界的其他人戶不同。在宋朝的戶口登記中，是以寺觀為單位，列入主戶戶數登記的，而僧道個人則列入主戶人數登記。按照宋朝的相關規定，凡是擁有土地的主戶都必須納稅，絕大多數寺觀是占有土地的，作為土地稅的徵收對象，宋代將寺院、道觀單列出來。兩宋的僧道戶同世俗土地所有者一樣，必須向國家交納二稅，即土地稅。除此之外，還要承擔官府的和糴、和買以及科配等苛捐雜稅。但另一方面，宋廷特准寺觀免稅的記錄也很多。如宋仁宗時，「免華州雲靈臺觀田稅」❻。除了免除田稅，還可以蠲免科敷、科買等。

總的說來，僧道戶作為國家的編戶齊民，也是宋代社會的一個特殊階層。在宗教以及精神領域，僧道有著不可替代的特權。在現實生活中，寺觀的影響也不容小覷。太祖、太宗及真宗皇帝十分尊崇道教，道士蘇澄隱、張守真等人都成為皇帝的座上賓。徽宗時期大受寵信的林靈素，其勢力可以與諸王分庭抗衡，甚至見了太子也不迴避。這些雖然只是個別現象，但也從某種程度反映出僧尼、道士在宋代社會的特殊地位。

五、幹　人

幹人，又稱勾當人、幹僕、幹當人等等，他們大多是屬於地主階級集團。宋朝官戶和民戶中的富豪往往豢養幹人以經營田莊、收取地租、放高利貸、納稅、管理倉庫、從事商業和海外貿易、辦理刑事訴訟等等。官戶輸納賦稅，多半由幹人負責。按照法律規定，若品官之家輸納之物限滿而沒有上繳，就要追究幹人的責任。這說明宋朝官戶使用幹人的普遍性。關於幹人的記載很多，如太宗時，官員安守忠施捨給廣慈禪院兩處莊田，「到日請院主大師於勾當人張崇吉手中逐件分明點檢收管。」❼

❻ 李燾，《續資治通鑑長編》卷一七七，至和元年十一月壬戌。

❼ 陸耀遹，《金石續編》卷一三〈廣慈禪院莊地碑〉。

　　幹人作為僕人，他們與主人存在著明確的身分差別，尊卑之分甚嚴。按照規定，幹人無權告發主人的某些犯罪行為。在士大夫心目中，幹人地位十分卑微，如宋朝的官員黃震把牙儈、舡梢、妓樂、岐路、幹人、僮僕等都歸類為雜人。

　　雖然身為奴僕，幹人的身分和地位卻因為主人的地位而存在著極大差異。北宋末年，寵臣朱勔家的親戚、勾當人等一百五十多人都被授予了官職。南宋權相秦檜的幹人氣勢更加囂張，秦家的幹人李氏和姓陳的人家打官司，李氏仗著自己是秦府家奴，把責任都推給陳氏一家，結果使得陳翁死在獄中。在某種情況下，幹人能左右主人的經濟活動，侵占主人的某些利益。

　　作為官戶和富豪家中的高級奴僕，幹人在普通百姓面前充當著剝削者幫兇的角色。在某些地區，幹人在收取地租的時候要向農民勒索固定的折扣。在吳興地區，習慣上每租一斗是一百十二合，田主取一百一十，而幹僕得二。劉黻的詩：「豪家征斂縱獰隸，單巾大帕如蠻兵。索錢沽酒不滿欲，大者羅織小者驚。穀有揚簸實亦簸，巨斛凸概謀其贏。」❽反映了幹人收租時對農民的粗暴。另外，幹人會幫主人放高利貸、代理訴訟，借助主人勢力在地方上擁有獨特的地位。

　　作為被雇傭者，主家支付佣金的方式多種多樣。有些坊郭戶按月支付給幹人「俸給」。有的幹人依靠分成地租，或租佃官田、民田，轉租給農民為生。有的幹人手下還有幹人，稱為「踏床兒」。

第二節　非特權階層

　　與其他朝代一樣，宋朝普通民眾人數最多，構成了整個社會的基礎。這個階層最大的特點就是有身分而無特權。有身分，是相對賤民而言；無特權，則是相對於特權階層而言的。通常而言，平民階層相對穩定，一方

---

❽　劉黻，《蒙川遺稿》卷二〈田家吟〉。

面，他們不能輕易進入特權階層，除非通過科舉考試等途徑上升為官戶。一些大商人、大地主雖有萬貫家財，但是在法律上沒有任何特權。另一方面，政府也不允許平民輕易降為賤民。因為在國家賦稅體系中，特權階層和賤民階層都不負擔國家賦稅或是負擔很少，為了獲得穩定的賦稅收入，國家必須保證一定的平民數量。

一、主　戶

主戶，又稱稅戶、編戶，主要包括鄉村有田產或是城市有房產，為國家納稅服役的家庭。鄉村主戶按家產的多少，分為五等，一般第一、二、三等稱鄉村上戶，第四、五等稱鄉村下戶。各地劃分戶等的標準不盡相同，大致說來，一、二等戶是家產雄厚的地主，三等戶比較複雜，有地主，也有自耕農和富裕農民。四、五等戶是無地少地的貧苦農民。宋代主戶在總戶數中的比例，大體保持在 60% 左右。

北宋主客戶比例

年　　度	總戶數	主　戶	客　戶	主戶比例
太宗 980～989	6,108,635	3,560,797	2,547,838	58.3
天聖元年 1023	9,898,121	6,144,983	3,753,138	62.1
景祐元年 1034	10,296,565	6,067,583	4,228,982	58.9
慶曆五年 1045	10,682,947	6,862,889	3,820,058	64.2
皇祐五年 1053	10,792,705	6,937,380	3,855,325	64.3
嘉祐六年 1061	11,091,112	7,209,581	3,881,531	65.0
熙寧五年 1072	15,091,560	10,498,869	4,592,691	69.6
元豐六年 1083	17,211,713	11,379,174	5,832,539	66.1
元祐六年 1091	18,655,093	12,427,111	6,227,982	66.6
元符二年 1099	19,715,555	13,276,441	6,439,114	67.3

（根據梁方仲，《中國歷代戶口、土地、田賦統計》甲表 33 略作修改。）

主戶是國家賦役的主要承擔者，政府按照戶等高低攤派各種稅役。一般說來，一個家庭的戶等越高，負擔的賦役也越重。按照規定，鄉村上戶須服職役，即擔任州縣衙門公吏或鄉村基層政權頭目。宋朝有不少鄉村上

戶因輪充職役而傾家蕩產的記錄，如北宋蘇州的大財主曹氏，雖然擁有四百貫稅錢的田產，其子弟都因為差充衙前役而受到徒刑的處罰❾。

主戶與官戶、吏戶相比，其社會地位自然是比較低的，但主戶的身分並不是絕對不變的。提高自身社會地位的重要方式，就是子弟們讀書應舉，由科舉入仕，上升為官戶。此外，宋朝的進納制度，即鄉村上戶通過向國家捐獻錢糧之類，也可入仕。宋真宗時，有個叫盧澄的人，是陳留縣的大富豪，因為向朝廷入粟，而得曹州助教一官。他善於經營，巴結權貴，在地方上橫行霸道。

二、客　戶

客戶，與主戶相對應，指的是城市沒有房產和鄉村沒有田產的人戶。鄉村客戶的基本成分是佃農，他們一般沒有自己的土地，靠租佃鄉村上戶、官戶的田地、耕牛而生活。佃農形態多樣，別名甚多，如浮客、分田客、小客、佃客、佃人、火客、田客、奴佃等等。

作為國家的編戶齊民，客戶承擔著國家的各種賦役。宋朝鄉村各種苛捐雜稅，主要以財產稅為主，人丁稅為輔。宋朝規定男子二十歲或是二十一歲到五十歲為丁，要繳納身丁錢。在實際生活中，主戶和客戶繳納的丁稅數額存在很大差別。仁宗皇祐年間（1049～1053 年），福建路泉州、興化軍的丁米原來是七斗五升，後來朝廷下令減免丁米，主戶可以減二斗五升，客戶減四斗五升。漳州原來繳納八斗八升八合，主戶可以減免三斗八升八合，客戶減免五斗八升八合。這三州軍主戶的丁米減至五斗，客戶減至三斗。

食鹽的攤派也是鄉村客戶的重要負擔之一。宋朝實行榷鹽制度，也就是由官府統一向老百姓出賣食鹽。仁宗時，陳州（河南淮陽）客戶一斤食鹽一百文錢，但是經過小麥和錢幣的反覆折變，最後每斤食鹽要三百五十文❿。這些官鹽實際上成為攤派於鄉村和坊郭客戶的一種賦稅。另外，鄉

---

❾　李燾，《續資治通鑑長編》卷二三七，熙寧五年八月辛丑。

村客戶必須要承擔夫役、職役和鄉兵、保甲役等。

宋朝政府分攤這些賦役時，按照國家的相關規定，大體上是本著鄉村上戶從重，鄉村下戶和客戶從輕的原則。然而，在現實生活中，處於弱勢的鄉村下戶和客戶不可能得到輕徭薄賦的優待，官戶和鄉村上戶通過各種手段將賦役轉嫁給鄉村下戶和客戶，使他們成為賦役的主要承擔者。例如詭名挾戶、虛立戶名、假報戶籍，以便降低戶等，冒充下戶，逃避上戶應該承擔的某些稅役。

客戶的身分並非終身不可變更的，在很多情況下，客戶可以通過自己的努力，買田置業，發家致富，一旦擁有田產，他們就會變成主戶或是其他戶籍。洪邁的《夷堅志》記載，臺州仙居人鄭四客，原是林通判家佃戶。後來稍有積蓄，開始販賣紗帛、海貨。至南宋孝宗淳熙二年（1175 年），鄭四客已經成為有僕役的商人，其身分顯然與客戶存在本質區別，完全不可同日而語。

三、商　人

隨著商業的繁榮，宋代商人的隊伍有所壯大，尤其在繁華的城鎮，聚集了較多數量的商人。由於城市商人由官府編入「行」的同行組織，所以又稱為「行戶」或「行人」。在商人中間，貧富差距十分明顯，各類商人的生活狀況和社會地位也有著差別。

大商人處於商人群體的上層。按照宋朝的習慣，大商人和大地主被稱為兼併之家，屬於統治階級的一部分。但是在實際生活中，他們往往是富者，而非貴者，其政治、社會地位根本不能與官員等集團相提並論。雖然宋代商人的地位比前代有所提高，但是在中國傳統的「重農抑商」思想的影響下，商人仍會受到某些歧視。南宋初年，一些宗室成員從事商業活動，仍被視為趙家的恥辱。

宋代商人的同業組織稱為「行」，各商行一般由大商人把持，他們可以

❿　張田輯錄，《包拯集》卷七〈請免陳州添折見錢〉。

從中漁利。宋神宗時，開封府的茶市由十來戶大茶商控制。若是其他商人運茶葉來開封販賣，必須首先宴請這些大商人，由他們來定價。宋代的大商人擁有巨額財富，饒州的張霖以販賣景德鎮瓷器而成為富豪。他的二女兒出嫁，陪送的嫁妝就有二千緡之多。可是商業活動也存在著風險，破產的商人比比皆是，連大商人都難逃厄運。因此許多富商都會購買土地，收取地租，兼具大地主的身分。

宋代有一些出身商人的達官貴人。馬季良本是個茶商，後來娶了宋真宗劉后哥哥劉美的女兒而成為顯貴。蘇州的大商人朱勔結交童貫、蔡京，從而得以授官，成為徽宗的寵臣。儘管如此，商人參加科舉，入朝做官，特別是高官顯貴之人，畢竟只是少數。宋朝法律對於商人仍有所歧視。事實上，商人入仕最重要、最便捷的途徑，是向政府進納財物，買到諸如助教、太廟齋郎、將仕郎之類的官職，進而逐漸改變其身分和地位。總的看來，宋代的商人，即使是大商人，並未形成獨立的政治勢力。

宋朝的中等商人在數量上多於大商人，但其資產在商業總資產中所占的比例未必多於大商人。中等商人的財產不多，其地位自然比不上大商人，入仕的機會也比大商人少。小商販在商人中所占的比例最大，遍布城鄉各地。他們本小利微，很難有機會發家致富，轉變成為大中商人，除了個別人而外，大部分小商人的生活都比較困窘。作為宋代城市中各種商業的商人組織「行」，一些小商販都沒有資格參加。

四、奴　婢

中國自秦漢以來，在社會生活中一直存在著奴婢。奴婢實際上是奴隸制度的殘餘，隨著社會的發展，奴隸制逐漸向雇傭制發展，而宋朝是一個較重要和較快的演變階段。

因為家境貧寒、債務等原因，許多人賣身為奴，以求溫飽。宋朝常常使用「人力」和「女使」這兩個詞。女使一般用於私人家內勞動，包括繡工、廚娘、乳母之類。女使被雇傭之後，往往在事實上成為主人的姬妾。

人力是被雇男性僕役的專稱，作為私家男性僕役，其服役的範圍比女使更為廣泛。

與前朝的奴婢不同，宋朝的奴婢與主人是雇傭與契約關係。雙方通過牙人作媒介，訂立契約，雇主支付所謂的「身子錢」。另外，法律還規定雇傭奴婢是有年限的。宋真宗天禧年間規定：「自今人家傭賃，當明設要契及五年。」⑪南宋時規定，雇人為奴婢的年限為十年。在雇傭期間，奴婢的人身自由很大程度上受制於主人。但是雇傭期結束後，主僕名分也相應中止，世襲的奴婢不復存在，表明宋朝奴婢社會地位得到很大提高，這是一種歷史的進步。

同時，宋朝法律還規定，禁止官吏利用職權強雇民為奴，也嚴禁債主強索負債之家的男女為奴，更禁止強掠良人為奴僕，嚴禁主人私自懲罰或是虐殺奴僕。奴僕不再與主人家的資財同等處理，這與唐律「奴婢賤人，律比畜產」的條文存在本質上的差別。宋朝法律一直禁止掠賣奴婢，然而，與其他國家法禁一樣，多是一紙空文，社會上仍有大量掠賣奴隸的記錄。北宋時，江、湖州地區的不法之人誘騙當地百姓，然後販賣到嶺外為奴婢，例如周湛任提點廣南東路刑獄時，把兩千六百多名奴婢送回原籍。

在民間契約奴僕大量存在的同時，宋朝的官府中，也存在著一定數量的奴婢。宋真宗時規定，逃入遼境的軍士，其妻子要沒入官府為婢。這種罪犯奴婢一直存在，他們往往被刺字，在身上留下永久的恥辱記號。這些官府奴婢有的還會刺配到軍營，有些用於官營手工業生產等等。總體而言，宋代奴婢的數量較前代已經大為減少，尤其是官府的奴婢數量大減。奴婢的身分和地位也有了較大的提高。

本章重點

宋代的士、農、工、商等階層。

---

⑪　馬端臨，《文獻通考》卷一一〈戶口考〉。

複習與思考

1. 試論宋朝的社會流動。
2. 宋代社會契約論。

第十章
宋人的社會生活及習俗

　　宋人的社會生活及其習俗表面上反映的是兩宋時期人們的精神生活層面，然而，推動宋人生活變化的動力卻是人們物質生活的變遷。隨著兩宋社會的演進，宋人在衣、食、住、行、婚喪嫁娶、宗教信仰等方面雖然有很多是繼承了宋朝以前的傳統，但也呈現出諸多不同於前代的特點。而正是這些平淡的日常生活構成了兩宋時期豐富的社會內涵，也形象而直觀地展示出宋人真實的生活狀態。

第一節　婚喪嫁娶

一、婚　嫁

　　在人類歷史上，隨著時代的變遷，婚姻觀念、婚嫁習俗等都有著與之相應的形態。經過唐宋變革以後，宋人的婚嫁呈現出許多與前代不同的特色。

㈠婚姻觀念

　　1.門當戶對：這種觀念對中國古代婚姻形態無疑有著巨大而深遠的影響，也成為古人婚嫁最為傳統的價值趨向。「人各有耦，色類須同」❶，意思是人在擇偶之時必須考慮自身的條件，即什麼類型的家庭只能與其相匹配的家庭通婚。宋初，《宋刑統》便繼承了唐律良賤不婚的條文。可知門當戶對觀念在宋代社會依然存在，直到南宋後期，仍舊如此，以至於當時官員蔡杭在審理案件時，對當時士人娶官妓為妻的事實大加批判。然而，隨

---

❶　長孫無忌，《唐律疏義》卷一四〈戶婚〉。

著社會現實的變化，門第思想呈現出逐漸淡化的趨勢，因而宋代婚嫁觀念有了很大變化。「婚姻不問閥閱」❷，已經成為不少家庭恪守和遵從的信條。在當時的現實生活中，嫁娶不重門戶的現象並不少見。

2. 求財：隨著社會經濟的發展，宋人締結婚姻關係時更加注重雙方家庭的財產。確如司馬光所言，當時人們受世俗影響，嫁娶之時，先問對方嫁妝、聘禮之多寡。這種嫁女娶婦只求資財的現象極為普遍，不僅在百姓中間流行，為了錢財，民間還有不少男子違背自古以來的傳統，不惜到女方家做贅婿。川陝富商多招贅婿，富人死後，由於贅婿能「分其財產」，很多人都選擇出贅為婿。而且，在官僚士大夫中也相當普遍。慶曆中，召試館閣清貴之職的凌景陽與酒店富戶孫氏女聯姻❸，遭到歐陽修的抨擊。這些官僚將娶富人為妻當做謀財的捷徑，甚至到了不擇手段的程度。真宗時期，已故宰相薛居正之子惟吉的遺孀柴氏攜帶大量資產再嫁，當朝宰相向敏中和張齊賢為了娶到柴氏而展開激烈的爭奪，直到驚動了皇帝，最後通過司法才得以解決。

這種嫁娶求資財的現象，就連趙宋皇室也不例外。宋初以來，朝廷對宗室女下嫁有一定的規定，要求「尋訪衣冠士族」，且「非工商雜類及曾犯罪惡之家」❹，看來很重視書香門第。然而，為了多得聘財，很多宗室之家根本不顧朝廷的規定，將宗室女嫁於豪族大姓，有些甚至與社會地位低下、出身卑賤，卻富有資財的工商「雜類」通婚，京師富豪家族大桶張家就娶了三十餘名縣主。

3. 求官：以求官為目的的婚嫁，本質上是政治地位和經濟利益相結合的一種婚嫁心態。對於不同的社會集團而言，他們之所以熱衷於與世宦之家聯姻，除了考慮經濟因素外，更多的恐怕是追求對社會、政治等方面的影響力。如趙宋宗室之女乃是金枝玉葉，屬於皇帝或遠或近的直系親屬。

---

❷ 鄭樵，《通志》卷二五〈氏族略〉。

❸ 歐陽修，《歐陽全集·奏議集》卷一〈論凌景陽三人不宜與館職奏狀〉。

❹ 《宋會要輯稿》職官二〇之四。

雖然宋代從開國以後嚴格控制宗室，以防止他們危及皇權，就連男性宗室亦很難掌握實際權力，更何況是女流之輩，但是很多富人寧願行賄也要找一個宗室女為媳婦，無非是想為兒孫輩謀得一官半職。因為宗室女出嫁之時，其夫婿及其親屬便可通過蔭補獲得相應級別的官職。

在中國古代官本位的社會條件下，官位最為炙手可熱，它能夠帶來多種多樣的實際利益。在宋代，重文輕武是傳統國策，文官，尤其是進士出身者，更是受到整個社會的關注。許多貧寒子弟金榜題名後，便可平步青雲，官職逐漸高升。受到這種社會風氣的影響，宋人便以子為進士而女嫁士大夫為榮耀。於是榜下捉婿逐漸成為宋代社會一個極有趣的社會現象，考生馮京自鄉舉、禮部以至廷試皆考取第一，宰相富弼立即招他為女婿。《邵氏聞見錄》記錄了一件趣事，歐陽修原配夫人胥氏死後，參知政事薛奎將其第四女嫁與歐陽修，在此之前，薛奎的第三女嫁給了歐陽修同榜的進士王拱辰，後王拱辰妻子病逝，又娶了歐陽修夫人的妹妹，歐陽修戲謔道：「舊女婿為新女婿，大姨夫作小姨夫。」

與女子求官相對，不少未婚男子堅持獲得功名以後再娶妻，這樣就帶來了許多社會問題。孫復考進士一直未中，一直到四十歲未娶妻，後來，宰相李迪將其弟弟之女嫁於他，若非如此，孫復可能會終身單身。同樣，若女子非進士不嫁，或者對男性的要求過高，必然也會對家庭和社會產生巨大影響。程顥的女兒賢淑莊重，趣向高潔，素來為人稱道，但她擇配目標較高，訪求很長時間，一直未找到合適夫婿，於是終身未嫁。

4.重人品：南宋大儒朱熹在《家禮》中引用司馬光的話說，「凡議婚姻，當先察其婿與婦之性行及家法何如。」可知宋人在考慮婚嫁時非常重視雙方的人品，而人品優劣與家庭教育有著直接關係，因而對方「家法」亦成為重點考察的事項。其中尤其強調婦女的品性，因為這直接關係到家庭的興衰。雖然宋儒的這些見解未必正確，但卻是與其時代相適應的。

㈡**婚姻儀禮**

1.「納采」：通常情況下，宋代男子十五歲、女子十三歲以上就可以考

慮婚嫁❺。大體說來,「父母之命,媒妁之言」乃是宋代談婚論嫁的主要形式,在男女雙方父母都有初步意向後,女方以「草貼子」通知男家,中國古代盛行陰陽之說,因而在婚嫁之際男方家庭通常會拿女方貼子去占卜,或是求籤,依據相生相剋理論決定是否有意。男方家如同意,便會回帖子。在此期間,雙方若一方不同意,均可以各種藉口回絕該門親事。

宋代婚嫁的第二步是交換「定貼」,又稱為「細貼」,多數情況下,由男方派子弟、親屬或由媒人為使者將「定貼」交到女方家。貼子內容相當具體,可以說是男方家庭地位、狀況、財產的清單,還要介紹當事人的情況。北宋時期,都城汴京還有「繳檐紅」的習俗,在媒婆的撮合下,男女雙方家庭有了初步了解後,男方以八朵花或八枚絹製的裝飾品放入一個酒瓶,女方家收到「酒瓶」後,「女家以淡水二瓶、活魚三五箇、筯一雙,悉送在元酒瓶內,謂之『回魚筯』。」❻以示喜慶、祝賀之意,似乎也有如魚得水、成雙成對的寓意。接到男方的「定貼」後,女方也回貼,同時開列陪嫁物品細目,如房奩、首飾、金銀、珠翠、寶器、屋業等。男女雙方家庭交換「定貼」以後,婚嫁關係就基本成立。為了防止出現意外或變故,宋代民間有時還會通過公證機構——書鋪❼書寫「定貼」,雙方家庭派人簽字畫押。如雙方接受「定貼」以後有一方反悔,不僅要受到道德的譴責,還要負法律責任。按照宋代法律規定,若有毀婚約者要受杖刑或徒刑。

第三步是「相媳婦」,或叫「相親」。男女雙方交換定貼以後,由男方家出面準備禮物,選定適當的日子直接到女方家拜訪,或是在其他地方,「男家擇日備酒禮詣女家,或借園圃,或湖舫內,兩親相見,謂之『相親』。男以酒四盃,女則添備雙盃,此禮取男強女弱之意。如新人中意,即以金釵插於冠髻中,名曰『插釵』。若不如意,則送綵緞二匹,謂之『壓驚』,

---

❺　朱熹,《家禮》卷三。

❻　孟元老撰,鄧之誠注,《東京夢華錄注》卷五〈娶婦〉。

❼　關於書鋪,可參見戴建國,〈宋代的公證機構——書鋪〉,《中國史研究》1988 年第 4 期,收入氏著《宋代法制初探》(黑龍江人民出版社,2000 年版)。

則姻事不諧矣。」❽看來南宋時期通常是當事人雙方見面,大體上都城的「相親」是如此。從而表明,宋代都市年輕人擇偶相對還是較為自由,雖然要聽「父母之命,媒妁之言」,但最後還得「新人中意」,才能將婚事確定下來。而北宋時期,婚姻當事人參與自己終身大事的程度比南宋要低得多,「若相媳婦,即男家親人或婆往女家,看中,即以釵子插冠中,謂之『插釵子』。」❾即由男方家派人去「相媳婦」,但多非本人,而是「親人或婆」,在這種情況下,男方當事人對婚事很難有發言權,只能聽命於父母和尊長。然而,無論採取哪種形式,女方當事人都處於被動狀態,選擇權幾乎完全控制在男方,女方幾乎無權決定任何事情,當然也就談不上婚姻自由了。然而,女方若未被相中,也可以通過法律途徑狀告男方。

宋人將以上三階段稱之為「納采」,納采之後,婚事基本上就確定下來。需要說明的是,上述事實大致都是城市商談婚嫁的情形,在廣大的鄉村地區,還是存在細節上的差異。從朱熹的《家禮》來看,鄉村地區商討婚嫁過程中,幾乎每個步驟都要到「祠堂」去加以說明❿。宋人婚嫁之所以要告知「祠堂」,是因為婚嫁已非個人或單個家庭之事,而是整個家族的大事,表面上是要得到列祖列宗對婚嫁的認可,祈求祖先神靈庇佑。而實際上則反映族權越益廣泛地滲透到了社會的各個層面,可以肯定族權對個體自由的控制加強了,而代表家族的家長、尊長等由此而擁有了更大的發言權,甚至是決定權。

2.「納幣」:宋人將婚嫁的第二階段稱為「納幣」,「納采」僅僅是口頭或文字的約定,並未付諸實施。「納幣」是實質性的進展。首先需要下定禮,「插釵」結束以後,通常由媒人穿針引線,商定禮品的多寡,男方家依據家境狀況送給女方家一份禮物,女方接受男方定禮當天,也要回贈禮品一份。而且,女方大體上只能收取男方家定禮的一半,另一半同女方家的回

---

❽ 吳自牧,《夢粱錄》卷二〇〈嫁娶〉。

❾ 孟元老撰,鄧之誠注,《東京夢華錄注》卷五〈娶婦〉。

❿ 朱熹,《家禮》卷三〈昏禮〉。

贈禮品一起送回男方家，南宋稱之為「回魚節」。富人、官戶家回贈給男家的「回魚節」多用金銀製作，其價值無疑遠遠超過普通市民所得到的真正意義的「回魚節」。

「納幣」的第二步是下聘禮。交換「定禮」以後，遇到歲時節日時都會派人互送禮物，這段時間內，雙方家庭商談聘禮的相關事宜。送聘禮之前，要選擇黃道吉日，聘禮的多寡並無固定數目，往往是根據家庭經濟狀況而定。女方也要準備嫁妝，不少窮苦人家父母無力為女兒購置嫁妝，只能靠男方家送來物品充數，謂之「兜裏」 **⑪**。此後，女方因為需要舉辦出嫁儀式，所需錢物通常由男方支付，宋代稱為「下財禮」。

3.「親迎」：宋代嫁娶的最後程序稱為「親迎」，即迎娶新人。「親迎」的前一天，女方要派人到男家整理新人的臥房，「世俗謂之鋪房。」 **⑫** 按照朱熹的禮法，鋪房應該只是布置褥子、氈子、帳子、帷幔等日常應用之物。但宋代的現實卻是女方將鋪房作為炫耀嫁妝、財富的手段。新房收拾停當以後，通常禁止他人出入，女方甚至為此專門派從嫁女使等看守新房。

新婚當日，男家派出迎親隊伍在鼓樂的伴奏下前往女家，女家設宴款待。而新人戀戀不捨，要裝出不願離開父母家的樣子，於是「作樂催妝」，就是奏樂催促新人盡快化妝。而且，負責司茶司酒之人還會「互念詩詞」，敦促新人出閣登車。迎親隊伍回到男方家門口時，婚禮進入又一個高潮。宋代婚禮盛行「攔門」之風，這是婚禮不可缺少的環節，也是宋代婚嫁活動的重要習俗。新人乘坐的轎子被男方親屬和其他人堵在門口，要新人給「市利」、「花紅」。新人下轎的同時，進行「撒穀豆」的儀式，「新婦下車子，有陰陽人執斗，內盛穀豆錢果草節等，呪祝，望門而撒，小兒輩爭拾之，謂之『撒穀豆』。」 **⑬** 傳說這一習俗源於漢代，是為了躲避「三煞」之神（青羊、烏雞、青牛），若不「撒穀豆」，會禍及尊長並無子嗣。

---

⑪ 吳自牧，《夢粱錄》卷二〇〈嫁娶〉。

⑫ 朱熹，《家禮》卷三〈昏禮〉。

⑬ 孟元老撰，鄧之誠注，《東京夢華錄注》卷五〈娶婦〉。

　　新人下車後，地上要鋪上布條或席子，新人的腳不能著地，由一人捧著鏡子倒行，另兩人攙扶新人，先要跨過馬鞍❶。進入男家正門時，新郎在距離新娘一丈左右的地方迎接，並以一錦牽引新娘，稱為「通心錦」。婚後三日，用「通心錦」做成兩件褲，夫婦各穿一件，意味著夫妻永遠和諧。此後，新人到屋中歇息，當中懸帳，稱為「坐虛帳」。「或徑迎入房室內，坐於床上，謂之『坐床富貴』。」❶安頓好新婦後，男方家大宴賓客，負責送新婦的女方家人等草草飲食後便離開男家，號稱「走送」。北宋時期，新郎有「高坐」的民俗。按照孟元老的說法，「眾客就筵三盃之後，婿具公裳花勝簇面，於中堂升一榻，上置椅子，謂之『高坐』，先媒氏請，次姨氏或妗氏請，各斟一盃飲之，次丈母請，方下坐。」❶不僅普通百姓家舉行「高坐」儀式，且士大夫家庭也循此風俗，可見「上高坐」乃是北宋時期婚禮中最為隆重的程序之一，參加婚禮的賓客亦將這一儀式視為「盛禮」。新郎高高在上，需女方家派人請才下得坐來，大體說來，這是一種顯示男權意識的民俗現象。至南宋以後，這種習俗逐漸被拋棄了。

　　之後是參拜儀式。宋代婚禮過程中主要有三種參拜儀式，一是拜家廟。北宋時期，新郎從「高坐」上下來後，「婿於床前請新婦出，二家各出彩緞，綰一同心，謂之『牽巾』。男掛於笏，女搭於手，男倒行出，面皆相向，至家廟前參拜畢，女復倒行，扶入房講拜。」❶即首先參拜家廟，向列祖列宗的神靈叩拜。二是拜公婆。三是新人交拜。

　　參拜儀式結束後，新人回到新房。此後各種民俗活動大體上都在新房中進行，「男女各爭先後對拜畢，就床，女向左，男向右坐，婦女以金錢綵果

---

❶　高承，《事物紀原》卷九記載，「《酉陽雜俎》曰：今士大夫家婚禮，新婦乘馬鞍，悉北朝之餘風也。今娶婦家，新人入門跨馬鞍，此蓋其始也。」新媳婦入男家跨馬鞍的習俗乃是受北方民族的影響所致。

❶　吳自牧，《夢粱錄》卷二〇〈嫁娶〉。

❶　孟元老撰，鄧之誠注，《東京夢華錄注》卷五〈娶婦〉。

❶　孟元老撰，鄧之誠注，《東京夢華錄注》卷五〈娶婦〉。

散擲，謂之『撒帳』。男左女右，留少頭髮，二家出疋段、釵子、木梳、頭鬚之類，謂之『合髻』。然後用兩盞，以綵結連之，互飲一盞，謂之『交盃酒』。飲訖擲盞并花冠子於床下，盞一仰一合，俗云『大吉』，則眾喜賀。」[18]所謂「撒帳」，這是宋代婚禮必不可少的內容。傳說始於漢武帝，他在與李夫人飲酒之時，讓宮女從遠處撒五色同心花果，「得多，得子多也。」[19]可知「撒帳」民俗的目的之一是祝願新人多生子嗣。另一重要目的是祝新人百年好合，此外「撒帳」還有祝福新人家人和子孫的意義。「合髻」又稱結髮，就是剪下新郎、新娘的少許頭髮，同男女兩家各自出的疋段、釵子、木梳等物件放到一起，合梳為髻，成為結髮夫妻，並表示夫妻白頭偕老。結髮之後新婚夫妻喝交杯酒，然後將酒杯子拐到床底下，婚禮至此基本結束。

　　總體說來，宋代的婚嫁民俗還是豐富多彩的。宋代士大夫們也非常關注婚禮儀式，司馬光的《司馬氏家儀》和朱熹的《家禮》都有專門的婚儀內容。相對而言，宋代婚姻儀式省略了不少繁文縟節，同時也增加了一些新的內容。然而，並非所有的婚嫁都能嚴格按照禮儀的規定進行，只能量力而行，尤其是對那些貧苦人家而言，家人的基本生活都很難以保障，婚嫁禮儀自然也就不能講究了。

　　還需要指出的是，上述婚嫁習俗主要在漢人聚居區或漢化程度很深的少數民族中實行，而在許多少數民族地區，婚嫁程序非常簡單，甚至連「父母之命，媒妁之言」都不需要。如在廣南西路邕州的峒人，「婿來就親，女家于所居五里之外，結草屋百餘間與居，謂之入寮。」[20]夫婦在此共同生活半年以後，新媳婦才能回到夫君家。再如南方的傜人，每年十月初一，在舉辦祭祀「都貝大王」儀式之後，尚未婚配的青年分男女一起跳舞，男女相中對方之後，男子便可背走所愛的女子，夫妻由此而定。婚嫁之俗相當簡便，根本沒有前面所敘述的那一套繁複的禮儀。

---

[18]　孟元老撰，鄧之誠注，《東京夢華錄注》卷五〈娶婦〉。

[19]　《戊辰雜抄》，《說郛》卷三一。

[20]　周去非，《嶺外代答》卷一〇〈入寮〉。

二、喪葬禮俗

　　自古以來，喪禮就是中國最為重要的禮節之一。宋代社會亦極其重視喪葬禮儀，宋人司馬光著有《書儀》一書共十卷，其中六卷是喪儀，足見喪葬禮儀所占比重之大。中國古代的倫理道德體系中，「孝道」乃是人倫之根本行為規範之一，「孝莫大於安親」❷①，這也是宋代士大夫的一種普遍看法，「安親」包括的範圍很廣，在中國古代，絕大多數人都將死亡視為人生旅程的一種轉換，常用的一種說法是從陽世到了陰間。因而親人，尤其是長輩，無論是在世，還是去世，都應該竭盡全力盡孝。

　　大體說來，宋代喪禮可以分為喪和葬兩大部分。「喪」之最初階段稱為「初終」，是指彌留之際，要將人遷入正房，使房屋內外安靜，以俟病人氣絕。按照朱熹的說法，宋代招魂是人剛嚥氣時，由專門的人或親屬拿著死者穿過的衣服爬到房頂上，或是在死者居住的房屋南面，揮舞死者的衣服，大喊三次：「某人復。」❷②而婦女則呼出生時的「號」，然後用舞過的衣服覆蓋死者屍體，這大概就是借屍還魂之意。接著是「立喪主」等儀式。通常是以喪者的長子為主喪之人。同時決定一個「護喪」之人，可以是家長，也可以是能幹而又知曉禮法的子孫，喪禮的大小環節都由他來組織。

　　其次是易服報喪。死者的內外有服親屬及在喪禮中服務的人員都要去冠易服，通常情況下，死者的妻、子、兒媳、妾等去冠和上衣，披頭散髮，男子則脫得更多，且要赤腳，婦女不赤腳等等。報喪一般由「護喪」者在「喪主」的授意下進行，通知遠近的親戚、朋友、同事等，這些人得報後陸續前來弔喪。再接下來先在屋裡布置帷幔，由專人為死者沐浴更衣，梳理清潔。此後為「飯含」儀式，這一程序通常由喪主完成，就是用小勺子舀洗淨的米灌入死者嘴角，同時放入一枚錢，以此祝願死者黃泉路上衣食無憂。同時還要設靈座、魂帛、銘旌。在遺體之南設靈座，前置香爐、香

❷①　程頤，《河南程氏文集》卷五〈為家君上神宗皇帝論薄葬書〉。

❷②　朱熹，《家禮》卷四〈喪禮〉。

合，擺放酒、果等祭品。以白色的絹做成「魂帛」，死者生前有畫像，便可懸掛於靈座上，頗為類似現代的遺像。

「小殮」是相當重要的喪禮程序。通常是在死者去世的第二天舉行，將死者生前穿過的衣服安放在遺體的周圍，用麻繩繫牢，然後大家一起將遺體抬到「小殮」床上。死者的親屬等睹物思人，十分悲痛，自然又要進行祭奠。接下來便是「大殮」，通常是在「小殮」的次日早晨，先準備好入殮的「衣衾」，把棺材放在堂屋正中偏西的位置，然後將死者從小殮床上移到棺材裡面，開始「大殮」儀式。「大殮」儀式有幾個要點：一是死者的子孫等一起將屍體抬入棺中，這是家屬與死者之間親情的表現；二是要用衣物填滿棺材的縫隙，但不要將金玉等貴重物品裝入棺材，以免盜賊發現而挖掘墳墓；三是死者的親人憑弔，與死者遺體作最後道別；四是蓋上棺材蓋，並以釘子釘牢；五是派兩名婦女看守靈座。

葬禮是喪葬禮儀的後期過程。宋朝政府以法令形式對喪葬時間作了相應的規定，幾乎所有死者都要求在三個月內下葬。葬禮之中，「卜宅兆、葬日」乃是最為重要的環節，也是宋代民間最受重視的民俗之一，實際上就是選擇基地和下葬的時日，這些在宋代都是由「葬師」來完成。「葬師」逐漸變成為一種職業，這些人專門為他人看風水，他們主要依據基地、宅地的地勢及方位、周邊環境來決定基地的具體位置。隨著印刷技術的進步，宋代還出現了非常專業的書籍——「葬書」。宋代風水之術大行其道，從一個重要側面反映出當時人們對美好生活的追求與嚮往，至少是人們希望通過殯葬這種形式來求得實實在在的利益，雖然這些願望僅僅是鏡花水月，但卻能使人得到莫大的心理安慰。

在選定基地後就開始挖基穴，宋代大體上有兩種辦法。一種是垂直下挖，然後直接將棺材納入其中；另一種是從墳墓側面挖出一條巷道，然後挖墓室，最後將棺材推入基穴。在下葬之前，還要準備好「碑誌」、「明器」等物件。「誌」要較為詳細地敘述死者的生平、家族等內容。刻寫誌文的石頭的高度存在差別，一品官一丈八尺，按照官品遞減二尺，如二品就是一

丈六尺。另外在墳墓前立一塊高二尺的碑，上大寫死者姓名。所謂「明器」，就是隨葬物品，宋代通常是用木料雕刻成日常生活用品，或是人物形象，按照官品的高低在墓室中放入數量不等的木雕隨葬物品，使死者能在陰間享受到同人間一樣的生活。

宋代通常是在下葬的前一天舉行「啟殯」儀式，必須選擇吉時。在此之前，死者的五服親集中到棺材前痛哭致哀。主持者連呼三聲「謹以吉辰啟殯」，大概是因為要進來不少陌生男性，因而在場的婦女全部退出，男性親屬則無須迴避，之後眾人便將棺材從屋內抬到靈堂。

次日出殯。出殯之前，先將下葬所用之物依照順序排列，先陳列「方相」，次為誌石，次為椁，「次明器，次下帳，次上服」❷❸等等，然後是裝屍體的棺材。送葬的親屬、賓客依次排在棺材後面。

在宋代，多數死者實行傳統的土葬，其喪葬禮儀如前所述。同時也盛行火葬❷❹，大體說來，宋朝是中國歷史上火葬最為興盛的時代。火葬之流行固然有其深刻的社會背景，這種喪葬形式嚴格說來要比土葬更為文明，也是宋代社會進步的表現，至少它表明越來越多的宋人理解並逐漸接受了這種喪葬習俗。還有所謂「塔葬」，多數情況下，宋代的高僧都採用這種下葬方式。民間亦受到佛教的影響，逐漸採用塔葬，但與僧人的塔葬存在一些區別。因此，葬俗的多元化是宋代喪葬禮儀的重要特點。

需要特別指出的是，不同民族存在迥然異趣的喪葬習俗，尤其是宋朝周邊的各個少數民族，其喪葬民俗更是非常獨特，往往能夠體現出其民族特有的性格，也從很大程度上反映了這些少數民族與宋人不同的生產、生活方式。如在飲食禮儀方面，儒家學說對喪葬期間及其之後的飲食作了相當嚴格的規定，從初喪、大殮到下葬以及下葬以後，不同服屬的人在每個

---

❷❸ 司馬光，《書儀》卷八〈喪儀〉。

❷❹ 關於宋代火葬之情況，可參見朱瑞熙等著，《遼宋西夏金社會生活史》（中國社會科學出版社，1998），第十一章；徐吉軍等著，《中國風俗通史·宋代卷》（上海文藝出版社，2001），第八章。

階段都有著完全不同的飲食要求，儘管宋人未必完全按照這些禮儀認真執行，但這些習俗畢竟是長期以來人們約定俗成的慣例，通常還是具有道德約束力。而在廣西欽州（廣西壯族自治區靈山縣）、海南黎族聚居區，親人去世之後，卻是另外一種飲食習慣，「欽人親死，不食魚肉，而食螃蟹、車螯、蚝螺之屬，謂之齋素，以其無血也。海南黎人親死，不食粥飯，唯飲酒，食生牛肉，以為至孝在是。」❷❺可見欽州人在親人去世後是吃「無血」的動物。海南黎族則是吃生牛肉、喝酒，並以為這是對親人「至孝」的最佳表現，這大概與黎族人的生產、生活方式有著極為密切的關係。此外，黎族人似乎並無看風水的習慣，下葬之時用扔雞蛋的方式來決定基地位置。

再如女真人在親人去世後，還要用刀刃割開額頭，女真人稱之為「送血淚」，其血腥殘酷令人難以理解。更不可思議的是，地位身分高貴之人死後，還要將其生前寵幸的奴婢、鍾愛的馬匹活活燒死以殉葬，稱之為「燒飯」。對於女真族的這些喪葬民俗，宋人無論如何是不能接受的，但女真人長期以來就已經形成了這種喪葬禮儀，在他們看來，這些都是天經地義，也是女真民族特有的傳統習慣，並無不可理喻之處。

不僅不同民族之間有著頗具民族特色的喪葬禮俗，即便是在宋朝境內，不同的區域亦存在差別甚大的喪葬民俗。宋代有些地方極度恐懼傷寒疾病，患傷寒而死的人的屍體絕對不能停在家中，必須立即抬到荒郊野外，這無疑是極為衛生的處理方式。而在邕州（廣西南寧），親人死後，「邕州溪峒，則男女群浴於川，號泣而歸。」❷❻宋代其他地區似乎並無這種奇特的風俗，男男女女在河裡群浴，宋人大致會將這種行為視為傷風敗俗的舉動，但對溪峒人而言，這卻是一種表達無限悲痛的方式。

在宋代，喪葬民俗又體現出了「禮」與「俗」之間的矛盾，同時也展示了二者之間的相互協調與包容。一般情況下，中國古代的「禮」似乎更

---

❷❺　周去非，《嶺外代答》卷六〈齋素〉。

❷❻　周去非，《嶺外代答》卷六〈食檳榔〉。

多地體現統治階級的意志，所謂「禮不下庶人」，就說明「庶人」以下是不具備講「禮」資格的。隨著時間的推移，統治階層的「禮」逐漸下移，並為普通百姓接受，進而成為約束整個社會的某種規範。而「俗」則是更多地表現為普通百姓的言行習慣，是民間長期以來為大多數人所共同遵守的約定。自古以來，「禮」與「俗」就存在矛盾，宋朝也不例外，尤其在喪葬民俗中，表現得更加明顯，宋朝統治階級頒布了「喪葬令」，這是具有法律效力的條令，同時也試圖將各種「禮」推廣到民間，要求普通百姓依「禮」行事。然而，民間未必理會朝廷的這些「禮」，依然我行我素。

總之，宋代喪葬民俗中「禮」與「俗」的矛盾相當突出，宋朝廷多是依據儒家的倫理道德來規範世人的言行，從一定程度上約束宋人違「禮」之舉。但現實生活中，「俗」的力量非常強大，且有根深蒂固的存在基礎。二者同時並存於宋代社會，在相互協調的過程中各自發揮其相應的功能，這也是宋代喪葬禮儀的特色所在。

第二節　宋人的衣食住行

一、服　飾

在中國古代，衣物不僅僅是遮身蔽體、防暑防寒的工具，也是生產、生活需要的結果，同時還是社會角色和等級身分的標誌。因此，服飾制度便成為古代禮制的重要組成部分。就宋代而言，統治者格外重視「禮」範疇內的服飾，朝廷對皇帝、后妃、皇室成員、外戚、各級官員、命婦、宦官等特殊人士在不同場合的穿著作出了具體規定。即便都是官，官品不同，服飾亦不一致，「宋因唐制，三品以上服紫，五品以上服朱，七品以上服綠，九品以上服青。」❷❼紫、朱、綠、青只是衣服的顏色，但卻是官位高低的標誌，官員不能隨意選擇，只能根據規定穿著。

---

❷❼　《宋史》卷一五三〈輿服志〉。

　　宋廷對普通百姓的服飾也同樣作了原則性的規定。首先是衣物的顏色。太平興國七年（982 年）以前，普通百姓衣著白色的服裝，之後皇帝接受翰林學士李昉的建議，允許「庶人」穿黑色的衣服。其次是衣服的裝飾。自宋太宗以後，逐步推行政策，禁止用貴重的金、真珠等裝飾衣物。

　　宋代服飾禮制的主要目的是為了防範百姓穿著的「僭越」行為，維護上下尊卑的等級秩序，進而鞏固趙宋王朝的統治。事實上，宋朝政府對民間服飾相當重視，不同時期實行過不同的服飾政策。然而，普通人的服飾問題並不是依靠行政命令就可以解決的，禁令往往是在不得已的情況下才會採用。而且，老百姓的穿著習慣與其生產、生活息息相關，政府想用法令強行加以改變是難以奏效的。

㈠男子服飾

　　宋代男子服飾從頭到腳大體上有頭飾、衣衫、鞋履、腰配等四大類。

　　1.頭飾：宋朝初年基本上繼承唐代的制度，官員通行五、三、二梁冠三等。至宋神宗元豐二年（1079 年）以後，冠分為六種七等，從七梁到二梁，六梁以下均各為一等，唯有七梁分為兩等。另外，製作冠的布料存在很大差別，七梁冠用最好的錦綬。

　　除了冠以外，宋代更為盛行戴帽之風。帽無貴賤之分，這是帽與冠最本質的區別。因而帽是大眾化的頭飾，冠是特權階層獨有的；帽的形制不是固定的，而是隨著時尚的變化而變化。民間流行圓頂圓檐的翠紗帽。至北宋末，逐漸演變為四方形的帽子。可知宋代帽子的形制隨著時間的推移而幾經變遷。此外，讀書人似乎有意或無意之間充當了引領時尚的群體，這是宋代文人特殊地位的反映。

　　宋人普遍戴的另一種頭飾是幞頭。沈括對幞頭作了這樣的描述，「幞頭，一謂之『四腳』，乃四帶也。二帶繫腦後垂之，二帶反

頭戴幞頭的宋太宗像

繫頭上，令曲折附頂，故亦謂之『折上巾』。」❷幞頭有四條帶子，形制多種多樣，大多是以藤或鐵絲為襯子，且被納入了官方的禮儀服飾，得到了統治者的認同，將其作為「國朝之制」之一，凸顯了幞頭在宋代社會生活中的位置。隨著時代的變化，幞頭的外觀、質地不斷改進，以適應社會各階層人的實際需要。

宋代民間非常流行的頭飾還有頭巾。在很多士大夫看來，頭巾乃是社會下層的頭飾，宋代著名畫家米芾曾說，宋朝初年的士子「猶不敢習庶人頭巾」，亦可知士庶之間頭飾存在差異。隨著時代的變化，頭巾以其方便逐漸得到士大夫的認同，至南宋時期，頭巾成為男性較為普遍的頭飾。頭巾與紫衫相配，成為南宋時期男性的重要服飾。

2.衣衫：古代人將上身穿著稱為衣，下身稱為裳。就宋代來說，首先，宋代衣服種類繁多、衣料質地差別甚大。宋朝初年，人們衣服基本上繼承唐代以來的傳統，「有官者服皂袍，無官者白袍，庶人布袍」。袍是外衣的一種，為長大衣。無論貴賤，均可穿著，但庶民階層只能穿布袍。

其次，宋朝不同時期，人們有著相應的穿著習俗。南宋時期，流行穿著背子，這大體是從北宋後期流行起來的。關於背子，宋人有不少不同的說法，這大概與背子的流行有密切關係。正因為這種服裝形制、質地有較多變化，有長袖、短袖、無袖之別，因而引得很多士大夫去探究背子的源流、變遷等情況。

其次，兩宋不同階層人的著裝是相互影響的，這從一定程度上淡化了穿著的等級色彩。仁宗之前，官員一般只是公服、重戴，不披毛涼衫。而在神宗以後，就連士兵也披毛衫、重戴，與官員基本沒有差別。貉袖本來是養馬人常穿的短而厚的襯子，便於在馬背上穿著，且易於駕馭馬匹。後來，因為貉袖穿、脫方便，且便於行動，尤其可以使兩隻手活動自如，所以男女老少天氣寒冷之時都在衣服上套穿貉袖。

最後，宋代服裝存在十分明顯的地域差別。如北方人穿窄袖的衣物，

---

❷　沈括，《夢溪筆談》卷一。

顯然是為了防寒保暖；南方人則是衣袖內外都寬大。

3.特殊服飾：宋代男性在特殊的日子，如婚姻、喪葬、冠禮等等，穿戴均與平時著裝不同，存在諸多相應的禮節。例如，冠禮是宋代男性的成人儀式，南宋時期，朝廷根據大儒朱熹的建議，頒布了一套著裝禮儀。

㈡**婦女服飾**

1.頭飾：宋太宗時期，為了維護上下尊卑的等級秩序，政府頒布法令，禁止婦女假髮、高冠、高髻，儘管如此，並未起到相應的作用。無論是城市，還是鄉村，婦女高冠、大髻、長梳的現象非常普遍。至仁宗時期，由於宮廷婦女的示範效應，民間紛紛仿效，甚至冠長三尺，梳長過一尺。針對如此高的冠和長梳，仁宗皇祐元年（1049年）下達詔令規定，冠高四寸以下、冠的寬度在一尺以下、冠梳長四寸以下。但至南宋時期，婦女依舊是高髻、大梳。

頭戴花冠的宋代宮女

宋代格外盛行花冠，敦煌莫高窟第九十八窟中就有宋朝初年頭戴花冠的婦女形象。花冠有多種形制，如蓮花冠❷❾、杏花冠❸❶等等。花冠所用的花大致不是鮮花，而是以絹帛等絲織品或其他材料製作的專門用於裝飾的花。婦女新婚之時，花冠也是不可或缺的飾物，在新婚夫婦掩帳之前，要將花冠扔到床底下，以求吉祥。

宋代婦女另一種非常盛行的頭飾是蓋頭。通常婦女外出時，要戴蓋頭，遮住面額，蓋頭既是頭巾，亦為披巾。蓋頭能遮風蔽日，也可部分或全部地覆蓋面容，可謂一舉多得。北宋時期，蓋頭就已經相當普遍，多用於室外，室內通常不戴。另外一種蓋頭是新

❷❾ 吳處厚，《青箱雜記》卷七。

婚之時使用的，這是具有特定含義的蓋頭，與婦女平時在室外戴的蓋頭存在差別。總體說來，蓋頭是大戶人家婦女使用的頭飾，而對平民婦女而言，蓋頭顯然極不實用，因而宋代多數婦女使用各式各樣的頭巾作頭飾，如宋代南方多以白紵為頭巾。

2.上衣：宋代婦女的上衣主要包括襦、襖襦、背子、半臂、背心等。襦是一種短上衣，有長袖、短袖之分。襖襦是宋代普通婦女常穿著的衣服，腰身和袖口都較為寬鬆，顏色多樣。如前所述，宋時男女都穿背子，室內、室外均可穿著。南宋孝宗淳熙年間（1174～1189 年），朝廷頒布了一套服飾禮儀，其中，「婦人則假髻、大衣、長裙。女子在室者冠子、背子。眾妾則假紒、背子。」❸ 這是婦女在祭祀、冠婚等正式場合穿著的衣服，可知於婦女而言，背子也是很常見的服飾。此外，按照規定，已婚婦女、未婚女子的服飾是有差別的，這也是宋代婦女服飾的重要特徵之一。

3.裙子：宋代婦女服飾中占有重要位置的是裙子。婦女在正式場合都穿長裙，按照朱熹制定的禮儀規範，婦女參加祭祀等活動時要穿長裙，以示莊重。長裙盛行於唐代，宋代繼承了這一衣著傳統。就連后妃也是如此，可見長裙是「常服」中必備的衣物。通常而言，宋代婦女的裙子都穿在衣服之內，但也有一些地區婦女的裙子似乎是作外套穿的。如宋時海南島黎族婦女衣裙都是以吉貝製作的，婦女不穿褲襦，只穿裙子。

二、食　俗

宋代飲食業取得了巨大成就，人們的食物越來越豐富，烹調方式也會越發高明。隨著時代的推移，各個不同的歷史時期存在獨特的飲食習俗，宋代也不例外。另外，飲食的好壞、精粗程度通常體現著人們的地位和身分，食不厭精，絕大多數情況下，都是有權有勢者的特權，對於普通百姓而言，能填飽肚子已經是萬幸了。還需要注意的是，宋代民間在某些日子

---

❸　周密，《武林舊事》卷六。

❸　《宋史》卷一五三〈輿服志〉。

有著特殊的飲食習慣等等。這些共同構成了宋代豐富多彩的飲食文化。

㈠日常飲食

1.主食：在宋代，人們的主食基本上是五穀雜糧，所謂五穀，是指稻、黍、稷、麥、豆。通常而言，北方人以黍、麥為主，南方人則以稻米為主。宋人似乎有一種基本認識，五穀之中，稻米最為貴重，從飲食的角度看，稻米無疑也是人們最為常見的食物。

稻米的製作方法多種多樣，但一般是蒸、煮而食。宋代飯食種類甚為豐富，有麥飯、粟飯、米飯、黍飯等等，從這些名稱來看，飯食的製作原料很多不是單一的稻米，而是攙和了其他種類的糧食。從現代營養學的角度看，這種多種糧食混在一起製作的飯食應該更能有效地維持人體的機能，對人的健康是有益的。

麥飯在宋代是民間較為普及的食物，南宋詩人楊萬里與朋友一起登天柱山，「下得山來飢更渴，也無麥飯也無茶。」❸宋高宗趙構從相州（河南安陽）渡過黃河後，生火做飯，所食者即為麥飯，此事一直為宋朝士大夫津津樂道。此外也有作白米飯，就是單用稻米，不加其他糧食。宋代南方很多地區流行這種飯食。老百姓習慣吃白米飯，厭惡吃麥飯，這大概與南北飲食習慣有相當密切的關係。

宋代麵食的做法非常豐富。除了傳統的蒸、煮以外，還可以採用燒、烤等方式。而且，麵食品種繁多，據吳自牧記載，南宋都城杭州飯店具備的麵食譜有豬羊庵生麵、絲雞麵、三鮮麵、魚桐皮麵、鹽煎麵、筍潑肉麵、炒雞麵、大熬麵。宋代民間非常流行的麵食有蒸餅，但為了避宋仁宗趙禎的名諱，改為炊餅。蒸餅似乎為蒸籠蒸熟的一種麵食，更類似於麵餅，圓形，似較薄。另一種是饅頭，但與現代的饅頭存在很大差異，宋代饅頭通常是夾餡兒的。《東京夢華錄》和《夢粱錄》中均有記載當時有名的饅頭店鋪的名稱，如萬家饅頭❸、朱家饅頭鋪❸等等，實際上都是包子鋪。宋代

---

❸ 楊萬里，《誠齋集》卷三八。

❸ 孟元老撰，鄧之誠注，《東京夢華錄注》卷三〈大內西右掖門外街巷〉。

鄉村大體也是如此。

宋代也有包子的記載。南宋都城杭州就有包子酒店，主要以賣包子為主，可見包子也是非常流行的麵食。更多的場合，宋人將包子稱為「包兒」，羅大經的《鶴林玉露》中則有這樣一個故事：有人在京師買了一個女子為妾，這女子自稱是太師蔡京家做包子的。有一天，這個人讓女子做包子，女子卻說自己不會，此人不悅，責備她說：「你以前說是做包子的，怎麼可能不會呢？」那女子卻說：「妾乃包子廚子縷蔥絲者也。」這條材料雖然諷刺蔡京奢侈之極，但卻也說明了當時包子製作技術的水準極高。

北宋時期，南北之間的飲食習慣似乎還存在相當的差距，北宋都城開封就有專門供南方人就餐的飯店，在相國寺北小甜水巷，「南食甚盛。」❸
可知南食集中的街區在北宋都城還是很有名的。到南宋以後，隨著北方移民的大量南遷，人口流動越加頻繁，使南北飲食的交流更加深入，因而南北飲食差距逐漸縮小。南宋「飲食混淆」的情況非常嚴重，飲食風俗的南北差異已經不是那麼明顯了。當然，這些大體上只是反映宋代城市的實際狀況，而在廣大農村，尤其是在較為偏遠的地區，由於受到北方人的飲食影響較少，因而南北之間飲食習慣依然存在相當大的差別。

2.副食：宋代副食大體可以分為幾類。一是肉食類。宋代肉食以豬、羊、牛❸、家禽為主。以豬肉為例，在北宋都城開封，南薰門是專門供被屠宰的豬進入城區的大門，汴京每天被宰殺的生豬多達一萬餘頭，如果每頭豬以得肉六十斤計算，大體上可以達到六十萬斤左右。張擇端的名畫《清明上河圖》中還畫了一群豬，可知豬肉應該在宋代肉食品種中占有非常重要的位置。在廣大的鄉村，豬肉也是重要的副食。羊肉也是較為普遍的食物。不僅民間喜歡吃羊肉，皇室也喜愛。北宋時候，皇宮御廚只用羊肉，

---

❸ 吳自牧，《夢粱錄》卷一三〈鋪席〉。

❸ 孟元老撰，鄧之誠注，《東京夢華錄注》卷三〈寺東門街巷〉。

❸ 鹽卓悟，〈宋代牛肉食考〉，《中國——社會與文化》第16號。該氏認為，牛肉是宋代輔助性的肉食，或是特別的飲食材料。

原則上不用豬肉。陝西馮翊縣出產的羊肉被稱為「膏嫩第一」。只是由於羊肉價格較豬肉為貴，因而普通百姓很難吃得起羊肉。

除了馴養的動物、家禽等人工養殖的動物肉以外，還包括野生的動物。南宋都城杭州市民喜歡食田雞，青蛙是益蟲，宋人早已認識到這一點，因而禁止捕捉，但杭州人特別嗜好田雞肉，商人為了牟利並逃避懲罰，只好將田雞裝入冬瓜腹中，送到食蛙者家中。而廣西地區的人喜歡吃蟒蛇肉。又如宋代江西的一些地區盛行吃穿山甲肉，且將它作為商品出售，穿山甲無疑屬於野生動物。

總的說來，宋代肉食還是相當豐富的。但由於全國各地風俗習慣、地理環境、氣候條件的差異，肉食也存在相當突出的地域性特徵。如在漢陽、武昌等地，百姓將魚從江河中打撈上來後，晾曬成魚乾，除了自己食用而外，還出賣到饒州（江西波陽）、信州（江西上饒）等地。

二是蔬菜類。宋代蔬菜種類繁多，據《夢粱錄》記載，杭州市民日常生活所吃的蔬菜包括苔心野菜、大白頭、芥菜、生菜、萵苣、蔥、韭、大蒜、黃瓜、葫蘆、冬瓜等等。種類繁多，且與現代的蔬菜名稱極為近似，有些甚至完全同名，但其中有一部分我們很難完全加以認識，或許是現代依然存在，不過是稱謂出現了變化。

三是水果類。宋代水果品種極多，就是同一類型的水果，也存在不同的品種，如荔枝，在《淳熙三山志》所羅列的就達到二十八種之多，其中以江家綠質量最為上乘。各地幾乎都有自己的特產水果，如北京大名府壓沙寺的梨，就是遠近聞名的優良品種，梨枝實際上生長在棗樹之上，味「甘而美」，其原因是利用嫁接技術，經過幾次反覆嫁接。這種梨品質極佳，故壓沙寺梨園有「御園」之稱。於此也可以看出宋代栽植技術已經達到了相當高的水平，否則培育不出如此美味之梨。

四是飲品類。在宋代，湯是最為常見的飲品之一。宋代的湯大體上可以分為幾類，一是待客所用的湯。通常而言，客人來時喝茶，離開之時則喝湯，上到官府，下到普通百姓，這種習慣已經成為一種禮節。二是飯食

時飲用的湯。宋代通常將這類湯稱之為羹，兼作菜肴，如攛肉羹、骨頭羹、蹄子清羹、魚辣羹、雞羹等等，這些羹既可作湯飲用，也可作為菜肴食用。三是類似現代飲料的湯。宋代稱之為「涼水」。《武林舊事》記載了以下各種名稱，甘豆湯、椰子酒、鹿梨湯、豆兒水、鹵梅水、薑蜜水、木瓜汁、茶水、沉香水、荔枝膏水、苦水、金橘團、雪泡縮脾飲、梅花酒、五苓大順散、紫蘇飲、香薷飲 ❸。顯而易見，這些不是單純的水，而是添加了其他各種不同的原料製作而成的，而且是在街面上出售，這與現代的飲料頗為相似。在宋代飲品之中，最為大宗的是茶和酒兩類。宋代飲茶風氣之盛，無論身分、地位如何，茶皆為不可或缺的飲品。

五為其他類。宋代副食之中最為常見的是各種糕點，宋人稱之為「從食」，南宋都城臨安就有很多這樣的店鋪。這類食物的花色品種繁多，極大地豐富了廣大市民的物質生活。

㈡節日食俗

宋代的節日食俗頗具特色。不同的節日，民間食俗存在很大的差別。以下以幾個節日的飲食習俗來加以說明。

1.元旦：每年農曆正月初一為元旦，是新的一年的第一天，民間通常稱為「新年」，也被稱為正旦、元日、旦日等等。這是宋朝最為隆重的幾個節日之一，上自皇帝，下到普通百姓，無不熱烈慶祝。新年的飲食相當講究，這些飲食習慣是民間長期以來形成的。元旦京城人要吃素餅，此外還有「年餺飥」，實際上就是類似長壽麵的食物。第二種食俗是喝中草藥製成的屠蘇酒，屠蘇酒的製作、飲用都有著較為嚴格的規定，藥滓的處理也很講究。據說飲過此酒後，能夠保證一家人全年不得瘟疫，顯然存在誇大藥效之嫌疑。通常情況下，年節屠蘇酒是按照年齡從小到大依次而飲，大體上能反映古人愛護幼小的傳統。第三種飲食習俗是飲桃湯、蒼朮水等。傳說桃為五行之精，能壓制邪氣，制服百鬼，因而古代有飲桃湯、喝柏葉酒的傳統，宋代亦如此。

---

❸ 周密，《武林舊事》卷六〈涼水〉。

2.上元日：宋代開封元宵節的食品相當特別。京城市民吃䭔（一種蒸餅）之風非常流行，且持續的時間相當長，街頭巷尾到處都可聽見賣䭔的鼓聲，盛䭔的竹製架子，上面裝飾燈球、燈籠等元宵節特有的物品。而且，賣䭔者在有節奏地敲鼓的同時，還會將竹架子團團轉，很是引人注目。宋代元宵節「節食」還有「圓子」等，似乎與現代的湯圓很相近，不過是用綠豆湯煮圓子而已。農曆正月初七「人日」和正月十五「燈夕」，還會製作稱作「探官䭔」的麵點，而且市場上有專門出賣「探官幣」的商販，看來已經形成為一種頗具規模的產業，「探官幣」上的文字除了赤裸裸的「官」字之外，還會刻寫名人警句，以表達吉祥如意之意。這種習俗源於唐代，是官僚社會中人們格外重視官品的反映❸❽。宋代京城元宵節食物還有「宵夜果子」、「下酒果子」，品種繁多，此不一一列舉。元宵節水果是必不可少的，商人們亦投其所好，預先準備好全國各地的「珍果」，至元宵節出售。

3.端午：孟元老羅列了「端午節物」，「百索、艾花、銀樣鼓兒、花花巧畫扇、香糖、果子、粽子、白團」❸❾等等。前四種東西是裝飾品，後四種是食物，這些都是端午必備之物。香糖又稱「稀餳」、「稀糖」，是人們寒食節時製作的一種食品，「自寒食時，曬棗糕及藏稀餳，至端午日食之，云治口瘡，並以稀餳食粽子。」❹❶可知香糖就是糖稀，寒食節就要儲藏，到端午節時配粽子食用。果子似乎也是端午節的特殊食品，「端午果子」包括多種，其中最具代表性的百頭草，就是將菖蒲、生薑、杏、梅、李、紫蘇等切成細絲，加入食鹽後晾乾，或用糖蜜浸漬，製成甜味的「釀梅」。很顯然，「百頭草」具有益壽延年的寓意，同時也含有吉祥之意。宋代端午粽子品

---

❸❽ 陳元靚，《歲時廣記》卷九，「人日，京都貴家造麵䭔，以肉或素餡，其實厚皮饅頭、餀餡也，名曰探官䭔。又立春日作此，名探春䭔。餡中置幣籤或削木書官品，人自探取，以卜異時官品高下。街市前期賣探官幣，言多鄙俚，或選取古今名人警策句，可以占前程者，然亦但舉其吉祥之詞耳。燈夕亦然。」

❸❾ 孟元老撰，鄧之誠注，《東京夢華錄注》卷八〈端午〉。

❹❶ 陳元靚，《歲時廣記》卷二一〈藏餳糖〉。

種繁多，形制不一。做粽子的原料益加豐富，以栗子、胡桃等食物加入粽子，這也是宋代烹飪技術進步的重要表現之一。白團又稱為「水團」。「水團」是頗為類似湯圓的食物，是用較具黏性的高粱米做成湯圓，這大概是北方地區的水團。在宋代，水團和粽子是端午不可或缺的節日食物。宋代端午另一種有代表性的「節物」是酒。應該說，酒是宋代社會最為流行的飲品之一。在端午節人們會飲用菖蒲酒，即將菖蒲切成絲放入酒中，有些地方則喝艾酒。

4.寒食節、清明節：寒食節在冬至節後一百零五天，宋人又稱為「百五節」、「禁煙節」或「一百五日」、「一月節」❹。宋代寒食時間為三天，且為全國性的節日，只不過隆重程度不一樣而已。據史料記載，宋代河東地區（相當於現在的山西省）最為盛行。清明節在寒食節的第三天，這一天最重要的是煮新茶，且為寒食「禁煙」後開始生火，因而有「乞火」之俗，蘇軾《望江南》詞中有「且將新火試新茶」❷一句，其所表現的就是這種情況。

以上簡單介紹了幾個重要節日的飲食習俗，可見不同的節日有著迥然異趣的節日食俗，而且存在相當程度的地域差別，不同的地區製作節日食物的原料並不完全一樣，加之風俗習慣的差異，因而各地的節日食物具有濃厚的地方特色。節日食俗似乎僅僅是一種象徵性和外在的表現形式，事實上，食俗背後所反映的更多的是豐富多彩的社會和文化等諸多方面的內涵。

---

❹ 這一風俗起源很早，相傳晉國公子重耳取得政權以後，有大恩於重耳的介子推不願為官，隱居山林。為找到介子推，重耳下令放火燒山，結果卻將介子推燒死。為了紀念介子推，規定在介子推被燒死的月份不許生火做飯。最早在山西地區實行「寒食」，時間為一個月。但由於這一地區非常寒冷，長時間冷食不利於身體健康，漢魏時期都曾經出現過禁止寒食或縮短寒食時間的規定。

❷ 《全宋詞》（中華書局，1992 年版），頁 295。

三、住宅建築

居住環境是人類文明進步的重要表現。在中國古代，房屋建築基本上是由政治、經濟和環境三個因素決定的。宋朝政府對不同利益集團的住房建築作了具體的規定。首先是稱謂的差別。宋代皇帝居住的地方稱為殿，皇宮稱為大內；中央和地方行政機關所在地則仍然稱為衙，如縣衙、州衙、府衙等等。宋代私人住所則是如此稱謂，「執政、親王曰府，餘官曰宅，庶民曰家。」❸從宋代官方建築和民居的各種稱謂中不難發現，宋代建築物大體上都有其特定含義，其中自然是以庶民之「家」最為普遍，府、宅畢竟只是少數人才有權擁有的。這種較為分明的稱謂體系既是等級觀念的反映，也是人與人之間社會地位和身分的象徵。其次是建築式樣。官方建築是一種式樣，六品以上官員的宅子可以做「烏頭門」（宋亦稱欞星門，有三種不同的規格，雙扇雙腰構成，參《營造法式》卷 6），而普通百姓之家，無論貧富，均不得擁有藻井（宋又稱「斗八藻井」，指天花板上的彩色裝飾，多為方格形）等設施。再次，還有其他相關規定。宋真宗大中祥符元年（1008年），皇帝頒布詔令，禁止將住房裝飾得花花綠綠。還規定普通百姓不得蓋門樓。雖然宋朝政府頒布實施了這些規定，但現實生活中，建築房屋時違反國家政策的現象屢見不鮮。

在中國古代，房屋建築的選址至關重要，與喪葬擇地一樣，「卜居」亦關乎家族的興衰、家人甚至是後代子孫的命運，因而格外受到重視。因此，宋人在建房之前，通常會邀請陰陽師占卜，查驗風水。蘇軾在黃州建有東坡雪堂便是依據風水理論而定的。又如歐陽修在滁州任職，「自號醉翁，作亭琅邪山，以醉翁名之。」醉翁亭於兩宋時期聲名顯赫，自不待言，其建築在琅邪山上顯然有其特別的意義。歐陽修離職後並未回故鄉安度晚年，而是「卜居」潁州。著名畫家范寬、南宋大儒朱熹都對占居之說深信不疑。

於宋人而言，房屋建築是人生的重大事項之一，因而建築之前還要選

---

❸ 《宋史》卷一五四〈輿服志〉。

擇黃道吉日，這已經成為當時重要的習俗。宋代民間盛行擇日建房，從事
這種行業之人遍布城鄉，或稱巫者，或稱術者等等，人數相當多。宋仁宗
時期，江西洪州就有巫師「一千九百餘戶」❹。除選擇黃道吉日外，宋人
絕大多數還要考慮住宅的位置和環境，姑且不論風水之說的迷信成分，房
屋建築之所以要衡量山水，其重要原因是生活的方便與否。地勢低窪，容
易為水災所害，若過於高仰，則用水等都不便。

宋人住宅建築坐北朝南，開間寬闊，大門朝南，其餘三面為窗，窗戶
開在北、東、西三個方向。這樣的房屋結構大體可以保證冬暖夏涼，從而
使人們的家居生活更舒適一些。從住房的位置來看，地勢的高低走向、房
屋的方位及朝向也同樣重要，這不僅是人們生活的需要，同時也是民間約
定俗成的民俗習慣之重要環節。宋代房屋的朝向相當講究，住宅都是西北
高，東北低。

房屋主體建成以後，有所謂上樑的儀式。宋代士大夫留下的上樑文最
多，不少成為膾炙人口的佳作。既有書院、寺廟、道觀等公共建築，也有
縣衙、府衙等官僚機構的建築，還有私人住宅建築等等。上樑之後就是覆
蓋瓦或草茅。瓦房較草房更能經得起風雨的侵蝕，也更結實耐用，但所用
原料造價較高。因此，無論城鄉，大致只有相對富裕的人戶才能蓋建瓦房。
唐代著名詩人杜甫留下了膾炙人口的《茅屋為秋風所破歌》：「八月秋高風
怒號，卷我屋上三重茅。」❺可見茅屋抵禦風雨的能力相當差。事實上，宋
代屋頂覆蓋茅草是較為普遍的現象。茅舍雖然造價低廉，但存在巨大隱患，
最為嚴重的就是容易導致火災，茅草房一旦起火，火勢蔓延極快，對人民
的生命財產造成的威脅更大，因而很多地方官大力提倡百姓修建瓦房。總
體而言，宋代是中國古代建築史上的重要階段，尤其是民間住宅，由茅草
屋逐漸轉變成瓦屋，這是民用住宅建築發展的趨勢，也是兩宋時期社會經
濟繁榮的縮影。

---

❹ 李燾，《續資治通鑑長編》卷一○一，天聖元年十一月戊戌。

❺ 杜甫，《九家集注杜詩》卷一○。

　　人們居住環境的變遷從很大程度上反映出社會文明的進步，宋代瓦房逐漸取代茅草房，也使當時的居住民俗出現了顯著變化。當然，這一過程非常漫長，很多宋人依舊居住在茅草屋中。宋代鄉村絕大多數的民居依然是茅草屋。相反，在城市，尤其是大中型城市，由於人口密度極高，居民住房鱗次櫛比，為了安全，因而建築多用瓦覆蓋。

　　由於自然環境、氣候等因素的影響，宋代各地住房多因地制宜，就地取材，因而住宅的地域性特色相當濃烈。在與北方少數民族接壤的地區，漢人和少數民族雜居相處，房屋結構簡單實用。如北宋麟州（陝西神木北）的官府機構、寺廟等以瓦覆蓋，而民居則是用土，外形類似棚子。而在城市之外，多是「穹廬窟室」，大概就是窯洞之類的建築。南方很多地方盛產竹子，因而以竹為材料的建築很多，住宅當然也不例外。在荊襄地區，竹樓似乎是較為普遍的民用住宅，即便是較為富裕的人戶也建竹樓居住。由於竹子容易栽植，且生長速度極快，因而取材方便，房屋造價自然很低。黃岡地區（湖北黃岡）竹工已經成為一種專門的職業匠人，幾乎家家住房都是以竹蓋建的。其實，南方氣候悶熱潮濕，竹樓透氣性較好，因而室內相對乾燥涼爽，更適於居住。

　　宋代居住民俗呈現出其時代風貌的一些特徵。其一，官衙建築通常豪華，遠遠超過普通民宅。這種現象無疑是官本位社會的表現，官衙的雄壯氣勢自然成為權力和地位的外在表徵。其二，鄉村民居依然以茅草房為主，大中型城市則是以瓦屋為主，因而居民住房的城鄉差異甚大。其三，有權有勢者的住宅較普通民居闊綽、氣派，如范成大的「石湖」宅第占地面積寬，宅中有很多亭臺樓閣。其四，瓦房以其自身的優勢逐漸增多，這也是中國古代社會住宅建築發展的趨勢，宋代正處於從茅草房到瓦房的重要過渡階段，因而民居亦頗具特色。其五，居住民俗的多元化是宋代住宅建築的重要特點。無論是房屋結構，還是建築材料，不同區域存在明顯的差異。其六，無論是官衙還是私人住宅，迷信因素始終貫穿於住房建築過程之中，尤其是形形色色的「相地」、「相時」術。

四、出　行

㈠**出行習俗**

　　儘管宋代社會經濟高度發達，但農業依然占據主導地位，自給自足成為當時普通百姓最為普遍的生活狀態，因而除非嚴重的自然災害，宋人大體上可以不離開鄉里便可滿足基本的生存需求。加之中國自古以來就有安土重遷的傳統，絕大多數宋人不會離鄉背井，外出謀生。然而，無論出於何種目的，離家出行卻是每個人都無法避免的，無非是距離遠近、次數多寡的區別而已。不僅男性，就連受到諸多限制的女性也同樣如此，司馬光閑居洛陽時，「上元節夫人欲出看燈。公曰，家中點燈，何必出看。夫人曰：兼欲看游人。公曰：某是鬼耶？」❹ 由此可見，宋人離家出行是司空見慣的現象。

　　在宋代，身分不同的社會群體出行目的、過程等存在很大差異。通常說來，士大夫階層及其家屬、士兵、商人、僧人、道士等離家出行的機會要多一些，而普通農民、手工業者忙於生計，外出的時間相對少一些。以僧人為例，一般情況下，僧人剃度之後，便可自由行走，遊方各地寺廟，或參見高僧，究悟佛理。如「蜀僧普首座，自號性空庵主，參見死心禪師。居華亭最久，雅好吹鐵笛，放曠自樂，凡聖莫測，亦善為偈句開導人。」❹ 很顯然，普首座是「蜀僧」，即四川地區的和尚，當他千里迢迢來到江南地區後，在華亭（上海松江）居住的時間最長，姑且不管他是如何歷經艱辛來到了江南，這一路雲遊，距離之遠，不難想見。就現存的宋代佛教史料來看，宋代遊方僧人幾乎可以說是隨處可見。

　　對於所有出行之人而言，路途上生命、財產安全最為重要，而事實上卻是很難預料和控制的。大體說來，宋人出行之難主要包括兩個層面，一是自然條件的制約，如險山惡水、毒蛇猛獸等等。二是人為因素的影響，

---

❹　呂本中，《軒渠錄》，《說郭》卷三四。

❹　釋曉瑩，《羅湖野錄》卷一。

如強盜劫匪、旅途生病等等。在這種情況下，出行之人的安全很難有保障。因此，絕大多數外出之人都要選擇適當的方式祭祀神靈，尤其是那些即將踏上長途行程的士大夫、商人等，希望得到超自然力量的庇佑。為了達成這樣的目的，人們往往會在出行前祭祀神靈，以求平安，宋代將這種在出行前祭祀神靈的習俗稱為「祖道」。

在宋人心目中，萬物有靈，整個世間似乎都由神靈主宰，無論陸地、天空，還是江河、湖泊、海洋，都相應地存在分管的神。因此，宋人外出之前及途中祭神的現象極為普遍。宋朝的陸路行神有梓潼君等。梓潼君是蜀道行神，傳說唐玄宗、唐僖宗逃往四川時曾經得到其護佑。而蜀道之難，世人皆知。因此，在過蜀道時，無論如何都要求得梓潼君神靈的庇佑。更重要的是，道教還將梓潼君視為文昌司祿帝君，奉為主宰功名、祿位之神，因而文人士大夫也將其供在家中，於是祭祀梓潼君的廟宇得以逐漸普及開來。

在宋代，水上行神主要是龍王神、天妃（媽祖）等。傳說天妃原本是莆田湄州人林願的第六女，少能言人禍福，能乘席渡海，被稱為龍女，後升化為仙。北宋宣和年間，路允迪奉命出使高麗，中途遭遇大風，八艘船中有七艘沉沒，唯有路允迪舟上因為有「湄州神女」保佑而完好無損。於是，路允迪出使回來後，便上報朝廷，朝廷賜廟額為「順濟」，正式列入國家祀典。慶元二年（1196 年），泉州首建天妃宮，即媽祖廟。於是天妃信仰在民間迅速盛行起來，無論是官員奉命出使海外，還是商人出洋經商，或是漁民出海捕魚，在船啟動之前，總會到天妃廟祭祀，祈求吉祥。

宋人出行之時似乎並無整齊劃一的神靈崇拜，而是根據個人的好惡或是極具功利性的動機來選擇祭祀對象。陸游乘船到達鎮江後，「以一豨壺酒，謁英靈助順王祠，所謂下元水府也。祠屬金山寺，寺常以二僧守之，無他祝史，然牓云：『賽祭豬頭，例歸本廟。』觀者無不笑。」❹姑且不管寺廟僧人坐收祭祀所用豬頭之可笑情節，陸游等人拜祭的「下元水府」是五代時

---

❹ 陸游，《入蜀記》卷一。

期地方割據勢力賜給金山龍王的封號，據說即便洪水氾濫，也不能淹沒此山。陸游一行基本上沿著水路前往夔州（重慶奉節）上任，此時他們雖然已經在路途之中，但畢竟仍在長江中下游，真正的急流險灘尚未出現，陸游等人之祭祀「下元水府」無疑有著祈求「水府」神保佑此行平安的寓意。

除了祭祀神靈，宋人出行前還會選擇吉日。《馬可波羅行紀》記載，南宋都城臨安人出行之前，「有一人欲旅行時，則往詢星者，告以生辰，卜其是否有利出行，星者若答以不宜，則罷其行，待至適宜之日。」❹可知占卜是否適宜出門已經成為民間常見的現象。

㈡交通設施的管理

自秦漢以來，每個朝代都很重視道路的修建。北宋陸路交通以汴京為中心，修建了抵達各縣各州的「官道」。為了給行人創造一個良好的交通環境，官府往往命令各地在道路旁種植樹木。大中祥符年間（1008～1016 年），朝廷曾下詔河北緣邊官道兩側種植榆、柳等，各地官員大體上也大力加以倡導，投入人力、物力在道路兩旁植樹。陶弼在廣西陽朔為官時，發動民眾在境內長達數百里的官道旁種下了大量的樹，附近州縣紛紛效仿，從而改善了當地的道路交通條件。然而，即便如此，官道有時還是很難承受大自然的巨大衝擊，如雨水的沖洗、風沙的侵襲，這對當時道路的不良影響非常大。

宋政府非常重視官道的建設和修繕，其中最重要的措施之一就是將泥土路改建為石板路或石子路。慶元府慈溪縣驛路於寶祐六年至開慶元年（1258～1259 年）兩年之間，由地方官府主持，用石板鋪路十五里。地方官也會修整一些險阻的山路，使其暢通無阻。如歸州（湖北秭歸）、峽州（湖北宜昌）間的陸路，原來是「極天下之艱險」，范成大擔任四川安撫使兼知成都府期間，指示兩州地方官以鹽米招募村夫鑿石治梯級，使商旅得以通行。除了地方官外，民間人士也紛紛出資出力治路。吉州（江西吉安）人鄒仲翔，樂善好施，曾捐資修築道路七十里。與此同時，宋朝政府和民間

❹　馬可波羅著，馮承鈞譯，《馬可波羅行紀》卷二。

逐漸新開闢出偏遠地區和崇山峻嶺之間的道路，方便往來行人、車馬，進
而改善了宋代的陸路交通條件。

㈢交通路線及工具

1.陸路交通路線

北宋陸上交通路線以東京開封為中心，南宋以首都臨安為中心。東京
開封位於中原，陸路交通四通八達。據文獻記載，當時從汴京出發的主要
路線包括：西路從開封向西，經洛陽到長安，再向西可到秦州（甘肅天水），
西南可到四川；北路從開封渡河，經滑（河南滑縣）、澶（河南濮陽）等州
可達大名府（河北大名），在此往東北可到河間府（河北河間），進而到遼
的南京（北京），往北可到真定府（河北正定），西北可到太原府（山西太
原）；東路經過曹（山東菏澤）、齊（山東濟南）等州可到山東半島，經過
南京和徐州等地到海州（江蘇連雲港）；南路可遠至安化（湖南安化）、新
化（湖南新化）、邵州（湖南邵陽）、桂林、廣州等地。南宋陸路交通以臨
安為中心，因為地理位置的原因，臨安的陸路交通似乎比水路交通顯得慢
些，但仍十分重要。從臨安出發，可經過睦州（浙江淳安）、處州（浙江麗
水）、溫州等地到達建州、福州、泉州和嶺南等地。

2.陸路交通工具

宋代在陸路行駛的主要有車、轎、馬、驢等，其中車是最常見的交通
工具。北宋京城貴族出行的時候還有一種習俗叫「水路」，即貴族出行事，
有數十人在前灑水。東京貴族宅眷坐的車子稱為獨牛廂車，《東京夢華錄》
中提到「有宅眷坐車子，與平頭車大抵相似，但棕作蓋，及前後有構欄門，
垂簾。」宋代的貨車有一種叫做太平車，是種載物重量極大的四輪大車，在
《清明上河圖》中就能看到這種車的具體形象，駕車的車夫手持鞭子把轅，
在驟馬旁邊步行。宋代的轎俗稱「肩輿」、「檐子」，民間還稱為「擔子」、
「籃輿」等。有種暖轎，四周垂帷，坐在轎子中間比較暖和。還有一種用
竹編製的轎子叫「竹輿」，其使用者不僅是官僚，還有普通百姓。此外，宋
代舉子乘馬之風非常盛行，後來，開封的妓女們也騎馬出行。和騎馬相比，

騎騾、驢出行的人則身分地位一般要低些。

3. 水上交通路線

宋代水上交通可以分為江河路和海路。前者主要是指長江、黃河、淮河、大運河等大江大河為主幹，以各水系支流通往各地，分別以開封和臨安為中心。以開封為中心的主要有汴河、黃河、惠民河、廣濟河四條。汴河是開封通往江淮和東南地區的運河，地位最為重要。廣濟河通往山東地區，惠民河通往潁昌府（河南許昌）。南宋時期，以臨安為中心，沿著江南運河經過秀州（浙江嘉興）、平江（江蘇蘇州）等地到達長江幹流，經建康（江蘇南京）、江州（江西九江）等地往上可到達成都，而經平江府、常州、揚州到楚州（安徽淮安）後，沿著大運河往北，則能到達金的中都大興府（北京），此外，臨安沿著浙西運河和錢塘江都能到達周圍地區。

宋代海上交通極為發達，尤其是伴隨著海外貿易的發展，海路的重要性就更加突出了。據文獻記載，當時的海路可分幾個區域，長江口外海道的主要目的地是山東的萊州（山東掖縣）和登州（山東蓬萊）等地，也可南下入南海；錢塘江外海道主要以臨安府和明州（浙江寧波）為中心；閩江口外海道則以福州和泉州為中心；珠江口外海道以廣州為中心。這些航道不僅可以抵達沿海的各地，還可以前往海外各國。在海外航線方面，宋代主要有對日本、高麗的東洋航線和東南亞、阿拉伯以及非洲東岸的西洋航線。

4. 水上交通工具

水上唯一的交通工具是船隻，而船又有海船、江河船和湖船之分。海船中的遠洋船是一種載重量極大的海船，北宋神宗時期，明州製造出「神舟」，或稱為「萬斛船」，其規模之大，在當時世界上是獨一無二的。近海的船有三板船，又稱作「舢板」，是內河或沿海地區最為普遍使用的船隻，主要用來打魚或載客。

江河船有貨船、客船、家船、販米船和漁船等等。宋代江河中運行的客船頗具特色，除了遍設客艙之外，在船的兩舷設甲板作走廊。客艙兩舷

還有許多面積比較大的窗子，使客艙內的通風和採光都很充分，此外，在遇到風雨時，還能用木板將大窗子關起來。家船一般指私人擁有的船隻。湖船主要行駛於湖泊，如北宋京城的金明池中就有數百艘之多，是統治者用來玩樂的，大多來自江南。除了皇家的湖船外，湖上還有許多供遊人使用的船，其中有頭船、樓船、大舫，這些是比較大的船，遊船服務十分周到，船中所須物品一一具備，朝出晚歸，價格便宜，頗受遊人的歡迎。

第三節　宋代的民間信仰

一、佛教信仰

　　宋人之宗教信仰包括多種，其中以佛教最為流行，也最具影響力。就宋朝政府而言，佛教是可以善加利用的一種精神工具。除了宋真宗和宋徽宗時代出現過短暫崇奉道教、抑制佛教的政策而外，宋代統治者幾乎都是採取兩手並重的策略，既嚴厲抑制佛教勢力的過度膨脹，同時也將佛教視為「有神政治」的意識形態而加以適當扶植。

　　在中國古代社會，佛教思想對普通人影響最大的莫過於「業報輪迴」說，即所謂因果報應。翻開洪邁的《夷堅志》，隨處可以發現這樣的資料。在宋人看來，似乎萬物都有可能遭到報應，儘管報應的方式、程度等各有不同，但善有善報，惡有惡報，最終會有報則是不變的法則。因此，佛教對人和社會之影響越益深遠。由於佛教更加廣泛深入地滲透到社會生活的各個領域，無論是高高在上的皇帝，還是擁有巨大特權的官僚士大夫，下至普通百姓，不信佛教之人越來越少，即便是那些猛烈抨擊佛教的士大夫，也與佛教有著千絲萬縷的聯繫。在宋代，無論城市還是鄉村，信奉佛教者大有人在，全國大約有 90% 左右的家庭信奉佛教❺⓿，所佔比例之高，可見一斑。這種說法雖有誇大之嫌，但卻表明宋代佛教信仰具備深厚的群眾基

❺⓿　周孚，《蠹齋鉛刀編》卷二三〈焦山普濟禪院僧堂記〉。

礎。

正是基於對佛教「業報輪迴」的認識，宋人通常以實際行動實踐佛教教義，為了求得善報，信徒們有著各種各樣的信奉行為。

1.寫經和念經：寫經通常是手抄佛教經文，可以親自動手，也可請人或雇人代為抄寫。在宋人看來，寫經能夠得到福佑，就連皇帝也不例外，宋哲宗於元豐八年（1085 年）「手寫佛經三卷」為宋神宗「祈福」❺。官僚士大夫也同樣如此，儘管抄寫佛經的目的不盡完全一致，但抄經之風相當盛行。大文豪蘇軾「居黃州時，手抄《金剛經》，筆力遒勁」，至南宋紹興初年，經過收藏家之手終於將蘇軾所抄的《金剛經》合成全本。孝子查道「奉養以孝」，當他母親生病之際，「刲臂血寫佛經」❻，以祈禱母親身體康復。可見抄寫佛經乃信佛之人表達虔誠之心的一種重要方式，在兩宋社會依然較為常見。

在宋代，誦念經文已經成為較為普遍的現象，也成為不少人日常生活的重要組成部分。徐熙載的母親程氏，雖年過七十，雞鳴而起，炷香持誦，「不以寒暑易節」。在不少宋人看來，念經不僅可以消災避禍，還能夠治癒疾病。此外，宋人還認為，人生前念經在死後還能出現各種意想不到的吉祥或福瑞。大凡對那些不能理解的跡象或徵候，都可以歸入佛教的報應。對於信奉佛教的人來說，念經可以說是不可或缺的功課。

2.放生與戒殺：佛教教義主張以慈悲為本，因而嚴禁殺生。這是佛教最重要的戒律，殺生乃最為罪孽深重的行為，因而殺業也會招致最嚴厲的報應。正因為存在這樣的信條，宋代民間盛行戒殺之風氣。與戒殺相應的是放生，在佛教看來，放生與戒殺同樣重要，實際上也是為了保護生靈之生命。在宋代，各地似乎都設有放生池，宋真宗曾下詔令，修建各地廢棄的放生池，同時，原來沒有放生池的地方要在合適的地方興建，並且放生池周圍禁止捕獵、採樵。不但官方設有放生池，佛教寺院也設有數量眾多

❺　彭百川，《太平治跡統類》卷一八。

❻　《宋史》卷二九六〈查道傳〉。

的放生池，規模相當大。放生池既是放生祈福之所，也是人們從事佛教活動、休閒娛樂的場所，具有多種功能。

3.施佛飯僧：佛家倡導出世，即斷絕塵世的一切誘惑，摒棄所有物質與精神的欲望。宋代民間施捨佛與佛門子弟可謂不遺餘力，大凡佛教所需之物，都能得到來自社會的捐施。南宋都城臨安天竺寺舉辦的光明會，「浙江諸富家捨錢作會，燒大燭數條如柱，大小燭一二千條，香紙不計數目。米麵、椀楪、匙筯、扇子、蒲鞋、篠帚、掃帚、燈心、油盞之類俱備，齋僧數日，滿散出山。」❸宋人施捨寺廟、僧人乃是行善祈福的重要表現方式，於宋人的日常生活中占有重要位置。

4.齋會：大體說來，齋會可以分為兩類，一類是寺廟舉辦的，場所通常在寺廟，其目的之一是為了弘揚佛法。一般而言，在各種傳統節日之際，宋代各寺廟都要舉行多種形式的齋會。在北宋都城開封，重陽節時開寶、仁王寺舉辦的獅子會最為吸引遊客。二是民間舉行的齋會，通常要邀請僧人參加，並進行各種佛事活動。大凡慶祝活動，抑或祭祀、喪事等等，多要舉行齋會。根據孟元老記載，市民「生辰忌日」之際，如果想要「設齋」，可以到較為固定的地方去，「道士、僧人羅立會聚，候人請喚，謂之『羅齋』」❹。所謂「羅齋」，就是邀請僧人或道士去作法事。顯然，按齋會內容分有生辰齋、忌日齋等，可知宋代民間以各種名目舉辦齋會應該是相當普遍的現象，甚而至於已經成為僧人、道士的一種職業。

5.追薦與喪葬：在中國古代，人們普遍認為，人死以後靈魂不滅。自從佛教傳入以後，將人的前世、今世、來世聯繫起來，形成一個完整而嚴密的轉化鏈條，環環相扣。隨著這種思想的滲透，逐漸與中國傳統的靈魂不滅說結合起來。因此，人死以後，需要超渡亡靈，這樣死亡之人就可以在陰間獲得榮華富貴，抑或轉世「往好處托生。」❺一般說來，宋代追薦儀

❸　西湖老人，《西湖老人繁勝錄》。

❹　孟元老撰，鄧之誠注，《東京夢華錄注》卷四〈修整雜貨及齋僧請道〉。

❺　《名公書判清明集》卷一三〈叔証告侄女身分不明〉。

式有官方主辦的，主要是為戰死或為國捐軀者舉行法事，或是為地位崇高之人的亡靈等等，如宋哲宗時期熙河路（甘肅臨洮）每年都要為陣亡的宋軍將士舉行追薦活動。另外，天子宗廟每年也舉行追薦活動，不僅京城有規模很大的祭祀儀式，而且要求各地方也要組織類似的齋薦，所需資金由國家支出。另外一種追薦則是民間自發性質的，其中較為常見的就是忌日追薦。按照宋朝政府的規定，官員家庭忌日可以休假一天。除了忌日追薦而外，宋人在喪葬過程中大多依據佛教教義、教規的規定作各種法事。對於僧人而言，出席各種法事活動似乎變成了一種商業行為。僧人、尼姑通過這些作法可以獲得相應的報酬，而且，身價越高的僧人被邀請的機會就越多，那些得到民眾信任或是精於法術的僧人也同樣如此。

6.供奉佛神：在宋代，無論是佛教信徒，還是民間人士，供奉佛神者比比皆是。佛教神名目繁多，如佛、觀世音、菩薩、羅漢等等。宋人信仰的佛神五花八門，但其供奉方式不外乎兩類，一是在家設神主，稍微富裕一些的人家還會專門設置安放佛神的佛堂。二是到佛教寺廟去拜佛神。宋人筆記小說中多有向佛神祈求生子以繼香火者，也有婦女難產而向佛神祈求。總之，宋人之信奉佛神，有著相當明顯的功利目的，當他們遭遇苦難或不幸之時，只能祈求各種神靈的庇佑。另一方面，為了躲避某些災難，人們也會預先祈禱神靈的幫助。

總而言之，宋代的佛教信仰幾乎滲透到了社會的各個層面，對宋人有著巨大的影響力。宋朝民間對佛教的接受程度非常高，除了僧人的影響而外，更重要的是佛教本身的世俗化、民間化，伴隨著這一進程的深入，宋人對佛教有了更為深刻的認識，進而付諸實踐。另一方面，人們面對世界的種種現實情況，總是需要尋找某種精神寄託，佛教誘人的說教無疑適應了人們追求理想未來的種種美好願望和憧憬，因而越益得到人們的廣泛認同，這也是宋代佛教深入人心的根本原因。

二、道教信仰

道教是中國土生土長的宗教，自從佛法傳入中國後，儒、道、佛三家之間的派系論爭不絕於史書。就整個中國古代社會來說，雖然道教之影響遠遠不及儒教、佛教。然而，道教自成體系的學說依然占有極為重要的地位。

在宋朝，除了宋真宗和宋徽宗在位時期有過短暫時間格外崇奉道教以外，以皇帝為首的朝廷大體上採取兩手政策，一方面，逐漸加強對道教的有效控制和管理，消除道教勢力對朝廷的潛在威脅；另一方面，從宋朝開國以後，歷代君主又適當地利用道教來為專制政權服務，充分發揮其神權的作用，進而從精神上束縛甚至消弭百姓的反抗意志。宋代道教在前代的基礎上有所發展，其影響力在民間逐步擴大。因此，道教在民俗信仰中也同樣具有非同尋常的意義，與人們的日常生活息息相關。

1.供奉道家神像：在信奉道教之人看來，謹慎侍奉道家神像會帶來好運，或是可以逢凶化吉，或是能出現意想不到的結果。玄武係掌管北方天庭之神，乃是道教極為重要的神，道觀通常都設有供奉其神靈的真武殿。宋真宗崇奉道教，為避諱而將玄武改為真武，加號「真武將軍曰真武靈應真君」❺❻，成為官方認可的正神。相傳真武君出生於陰曆三月初三日，每年這一天，各道觀都要舉行紀念儀式。南宋時期，陳淳描述的民間真武形象居然是披頭散髮之人，「畫真武作一人，散髮握劍，足踏龜蛇。」❺❼正因為真武在道教中享有崇高的地位，因而宋代民間才供奉其像。

事實上，宋代民間供奉的道教神靈多種多樣，並不是單一的。其中供奉呂洞賓神像者不乏其人，甚至包括少不更事的孩童。除了呂洞賓外，也有供奉何仙姑神像的。在信奉道教之人心目中，供奉道教神靈或神像是能夠得到回報的。毫無疑問，這是吸收了佛教之因果報應學說，並將其與道

❺❻ 李燾，《續資治通鑑長編》卷九二，天禧二年六月己未。

❺❼ 陳淳，《北溪字義》卷下。

教教義結合起來，形成道教式的報應。

2.治病與驅鬼：在中國古代，由於人們對某些疾病的認識水平極為有限，加之古人對多數疾病的病因完全不了解，於是惡鬼邪神便成為導致人類生病的最重要原因。宋代不少道士精於醫術，尤其在某些疾病方面有著過人之處，但他們所使用的藥物及其配製方法往往被蒙上一層神祕的色彩。曾有典籍記載，南城毛道人者，背井離鄉三十年，掌握了治療「傳尸癆瘵」的方法。而且，其煉製藥物的手法頗類似於道教傳統，是以丹藥的形式出現的，這大概是為了契合其道士出身的背景。應該說，宋代巫醫是一種職業，而道士則是其中重要的組成部分，民間也有學習道教法術替人驅鬼治病的。

3.齋醮儀式：雖然宋代信仰道教的人數遠遠不及信奉佛教的多，道教勢力絕大多數時候不如佛教強大，但大體說來，佛教、道教兩種不同的宗教並存於民間。因此，宋代民間道教儀式也相當流行。宋代社會盛行各種類型的「醮」，又稱為「齋醮」，既有佛法的，也有道教的，實際上就是舉辦齋會、法事。通常而言，官方主辦的齋醮是僧人和道士混在一起❸，以各自的方式念經作法。而民間則通常是分開的，也有混合的。就齋醮場所來看，既有各道觀主辦的，「七月十五日，道家謂之中元節，各有齋醮等會」❸，也有在民間舉辦的齋醮。

4.丹藥與長生：宋代煉丹術相當發達，從事這個行業者多為世俗之人，通常被稱為方士或術士。宋徽宗曾邀請「異人」煉製丹砂以求長生，北宋一代名臣寇準年輕時曾經延請方士為其煉製丹藥，普通人家同樣存在不少類似的現象。更有甚者，一些富人為了獲得長生之靈丹妙藥而傾家蕩產，

---

❸ 宋真宗在位時期，崇奉道教，因而齋醮儀式有時只用道教。《續資治通鑑長編》卷一〇〇天聖元年二月庚申條記載，「初，自祥符天書既降，始建天慶、天祺、天貺、先天、降聖節，及真宗誕節，本命三元用道家法，內外為齋醮，京城之內，一夕數處。」可知這些節日幾乎都用道家之法進行齋醮。

❸ 周密，《武林舊事》卷三。

貴溪（江西貴溪）人桂縝對洪邁談過，其叔祖就因雇人煉丹而家產耗盡。除民間方士等而外，道士從事這一行當者更為常見。既然宋朝社會盛行煉丹之風，自然是因為存在社會需求，至少需要有相當的市場空間，即有很多人服食丹藥，否則煉丹術是難以維持下去的。如張懿為宋哲宗元祐六年（1091 年）進士，宋高宗趙構在位時期官至中書侍郎❻⓿，他壯年時期每天都要服用丹砂，以至於到晚年仍然胃口奇好，居然將侍奉他的姪子家吃虧空了，這大概與張懿本人身體強壯有關。

嚴格說來，煉丹術從某種程度上對中國古代科技的發展起到了積極的推動作用，尤其在化學、醫學等方面。因此，丹藥對某些疾病應該還是有治療作用的。然而，道教煉丹術也有其弊端，由於道家的最終目的是追求長生，他們往往會用非常手段或是奇特的物質等來研製新的丹藥，而且他們多是通過自己的想法去製作。限於當時的科技水平，所有這些都不可能得到科學的驗證，因而煉製出來的藥品具有相當的危險性，服用之後會對人體產生危害。宋人也似乎認識到了這樣的事實，很多人因誤服丹藥而導致身體出現各種不適症狀，或是嚴重損害身體機能，甚至於危及性命，葉夢得就曾經親眼見到兩個士大夫服用丹藥而送命。

5.符水與咒術：符水、咒術是道教最重要的外在表現形式之一，早期道教即以此為病人治療疾病，進而贏得民眾的支持。在宋代，無論是道教本身還是民間，通常都相信符咒的神奇功效。在道教教義中，道士或其他人依據道教所畫的符能夠克制邪氣、惡鬼等等，而正是這些人們想像出來的因素影響抑或決定著人的生老病死。除了普通百姓之外，不少官僚也學習道教的符咒法術。陳桷「天資好道」，仕途上為秦檜排擠，遂無意為官，於是在句容（江蘇句容）之大茅峰買田築廬，傳說在呂洞賓的指導下學習符水技術。實際上，符水、咒術對疾病是不太可能起到治療作用的，於病人而言，無非是心理慰藉而已。

---

❻⓿　《宋史》卷三六三〈張懿傳〉。

三、自然神崇拜

宋代民間信仰紛繁複雜，各路神仙似乎都有其相應的地位，很多百姓對這些神靈敬畏有加，「事神」已然成為普通人生活不可或缺的重要組成部分，自然神無疑也是民間信仰的對象。

一類是天體，包括天神、日神、月神、星神等等。其中天神最為尊貴，宋人通常將天神稱為「昊天上帝」、「天皇大帝」等等。依據宋代禮法之規定，每年要舉行四次祭天儀式，春天祈求五穀豐登，夏天乞雨，秋天祭於明堂，冬至的郊祀大禮一般三年舉行一次。宋代民間對天神敬畏有加，有掛天燈、點天香的習俗，通常情況下，每天清晨，很多百姓就要舉行這樣的活動。官僚士大夫階層中也同樣存在燒天香的現象。仁宗時的朝廷重臣趙抃（1008～1084 年），每天夜裡都要燒天香，捧著香爐將自己白天的所作所為告知天帝，且這樣的習慣是從小養成的，可見堅持的時間已經相當長了。更有甚者，就連皇帝都有燒天香的。宋哲宗每天清晨上朝之前，要在尼姑、女冠的引導之下燒香拜佛，拜道家的神靈，同時燒天香拜天，從禮拜的次數來看，佛、道神才兩拜，而天神要四拜，從而表明天神的地位在皇帝心目中遠遠高於佛道之神。可見，在宋人看來，天神無所不在，法力無邊，無疑是最為尊貴的神靈。更為重要的是，「天」與民間的皇帝及其所統治的臣民有著直接關係，冥冥之中主宰著天界和人世，因而人們對天無比尊崇、無限虔誠。

第二類是自然現象人格化的神靈，如風雨雷電、日月星辰等神。在「天人感應」、「天人合一」思想指導下，這些神靈都是天的使者，一旦觸怒某位神靈，人間便會出現乾旱、雨潦、雷電傷害人、月晦暗等等不正常的天象。面對如此惡劣的自然災害，百姓只能祈求相關的神靈。在宋代，掌管風的神被稱為風伯、風師，宋初以來，各地統一祭祀風師，縣級以上行政單位都要建立風師壇，即祭祀風師的場所。

雷師與風師幾乎屬於同類神靈，在政府加以祭祀的諸神中地位並不算

高。然而，在普通人心目中，雷神為懲惡揚善的神靈，因而其在民間的地位相當特殊，凡是作了壞事或是不道德的人，均有可能被雷神劈死，宋人筆記小說中多有此類記載。宋人認為，雷神是匡扶正義的神，那些不忠不孝、不仁不義之人最終會遭到雷神的懲罰。但實際上，這無非是人們善良而美好的願望而已。

除了風神、雨神、雷神以外，還有月神、星神。以星神為例，宋朝在都城南郊設壇祭祀壽星等七種星宿，無非是繼承前代以來的傳統而已。有趣的是，宋人崇拜星神有著濃厚的功利性，例如宋代存在祈禱北斗星求子的現象。更為重要的是，宋代的壽星逐漸與人的誕辰結合起來，成為民間祝賀生日的重要形式，這就賦予了壽星特別的意蘊，從而為壽星的民間化、普及化奠定了基礎，使其演變成一種常見的民俗。

風雨之外，還有很多自然災害威脅到人民的生命財產安全，因而相應地會舉行祭祀或祈禱儀式，如沿海地區的風災、北方地區的雪災等等。

第三類是無生物崇拜，包括山川神、土地神、水神、石神、海神等等。從祭祀的角度來看，這些神大致可以分為兩個層級，一是國家派代表進行祭祀的神，宋代的五嶽神就是其中典型的代表，按照宋朝政府的規定，立春日祭東嶽泰山，立夏日祭南嶽衡山，立秋日祭西嶽華山，立冬日祭北嶽恆山，土王日祭中嶽嵩山❻。至宋真宗祭祀汾陰後，更加封五嶽以帝號，東嶽為天齊仁聖帝，南嶽為司天昭聖帝，西嶽為金天順聖帝，北嶽為安天元聖帝，中嶽為中天崇聖帝❻。此後，五嶽的地位更加鞏固且更為神聖。另一方面，地方官作為中央派出的代表，也要祭祀轄區內的各路神靈，而且，皇帝頒布大赦令之時，州級行政官員也同樣要祭祀轄區內的名山大川，以顯示皇恩浩蕩等等。

二是較為純粹的民間行為，多是老百姓自發組織的朝拜與祭祀活動。自從宋真宗封禪泰山以後，人為地抬高了泰山神的地位，因而很多人從四

---

❻ 《宋史》卷一〇二〈禮志〉。

❻ 《宋史》卷一〇二〈禮志〉。

面八方前往朝拜。與此同時，各地亦陸續模仿泰山東嶽廟，在當地建立類似的廟宇。至北宋中葉，很多州縣都有了東嶽廟。南宋時期，全國各地幾乎都有了東嶽廟。

按照宋朝禮制的規定，凡是有功於百姓的各種神靈均可納入官方認可的祭祀範疇。宋真宗大中祥符七年（1014 年），封焦山神為「明應公」；南宋紹興二十一年（1151 年），朝廷加封巫山神女為「妙用真人」。諸如此類的事例在宋朝歷史上司空見慣，很多原本鮮為人知的山神、水神等都被加封，進而納入朝廷祀典。

總而言之，宋代的無生物崇拜非常盛行，大凡世間土地、河流、山川、大海、龍神等等，都被賦予了神性，對這些神的祭祀與崇奉成為宋人生活不可或缺的重要組成部分。

第四類是生物崇拜。大體說來，生物崇拜包括動物和植物神。在宋人看來，動物是有靈性的，因而可以幻化成為各種神靈，要麼給人帶來災難，要麼給人帶來幸福，這是宋代動物崇拜的前提條件之一。洪邁在《夷堅志》記錄了諸多這類故事，舉凡動物，如虎、狼、鹿、豹、猴等等，都可能變成精靈來到人世間。宋人有一種看法認為，北方多狐狸精，南方則盛行木石之怪。宋真宗時期，邠州（陝西彬縣）狐仙作祟，凡是到此擔任行政長官的朝廷官員都要先去拜廟，然後才能治理政事，足見「狐仙」在當地威力之大。而南方的五通神「大抵與北方狐魅相似」，所謂五通神，各地有不同的稱謂，但基本上是由動物幻化而來。在宋人心目中，這些精怪從很大程度上掌握著民間休咎。

其次是植物神。在中國古人看來，各種植物似乎都是神異之物，樹有樹神，穀有穀神，草有草神，花有花神等等，不一而足。「潤州鶴林寺有杜鵑花，……或見女子紅裳豔妝游於花下，俗傳花神也。」❻❸雖然只是傳說，但卻有人在杜鵑花下看見了豔妝的美女，因而被稱為花神。又如，「舊傳蜀州州治有所謂紅梅仙者」，可知當地早已將州衙內的紅梅視為神仙了。另一

❻❸ 《錦繡萬花谷・前集》卷四。

方面，宋人對植物的認識水平有限，他們完全不理解植物變異的事實。紹興二十一年（1151 年）四月，池州（安徽貴池）建德縣定林寺桑樹生李，栗樹生桃，甘美異常。鄱陽石門人張二公的僕人家中竹籬上長出牡丹一枝。顯然，兩者可能為植物變異所致，而民眾只能將這些植物視為「神」的造化。

四、靈魂崇拜及其他

人類對靈魂的崇拜起源於萬物有靈的觀念。限於認識水平，人們無法解釋萬物的生老病死，更無法對諸多自然現象作出理性的判斷。誠然，人們試圖努力解開這些謎底，因而提出了各種各樣的見解。

在宋代，掌管生死的神似乎不止一位，而是多神一起控制生殺大權。通常情況下，宋人相信，佛教神閻王（梵文譯音，意為地獄的統治者）總管生死，因而成為當時人們最為崇拜的對象之一。宋人洪邁在《夷堅志》中著錄了許多關於「幽冥之王」的故事，在他的描述裡，閻王殿裡不僅有人世間的各色人等，還有各種動物，看來宋人心目中的閻王幾乎是無所不管。閻王及其手下判官掌握有生死簿，他們依據此簿判生死。凡是在人間不作善事之人，閻王會派小鬼將該死之人抓到地獄，然後宣判其死刑，並在閻羅殿裡忍受無邊痛苦。這些故事充斥著大量佛教信仰的因素，這無疑是佛教思想深入民間的一種表現。

先秦以來，中國就已經有了這樣的說法，「魂氣歸於天，形魄歸於地」❽，魂歸於天，成為所謂遊魂，屍體則要葬入地下。在宋人看來，魂飄忽不定，來去無蹤。此外，也有很多地方的人都認為，人死後要魂歸故里，儘管這是美麗動人的傳說，但當時人們對此卻是深信不疑。這種民俗傳統影響極為深遠，直至今日，魂歸故里依然是漂泊在外，尤其是移居海外的中國人較為共同的心願。既然人死後陰魂不散，於是便衍生出來很多有關靈魂的民俗活動。在宋人心目中，祖先的靈魂可「陰相」在世子孫平安富貴，保佑家族繁衍壯大等等，幾乎無所不能。因此，祭祀祖先神靈就成為宋人日

---

❽　《禮記・郊特牲》。

常生活中極其莊嚴而神聖的內容，受到社會各階層人的高度重視。上自天
下一人的皇帝，下到庶民百姓，幾乎沒有不祭祖先的。

　　然而，由於各方面的原因，如經濟基礎、信仰、身分、地位等存在差
異，因而祭拜儀式、隆重程度、使用物品等方面都不可能完全一致。以士
大夫家庭的家祭為例。首先，士大夫家庭的家祭不是整齊劃一的，而是各
不相同。其原因是各地風俗習慣存在巨大差別，同時士大夫的「家法」由
來已久，而其後世子孫多奉行並恪守祖宗以來的祭祀方式和傳統，雖然這
些並不完全符合朝廷的禮儀規範，但為了順應「人情」，只能「禮」與「俗」
二者並重。

　　其次，宋代士大夫們十分重視祭祀祖先的禮節，他們不斷探索，並依
據流傳下來的有關祭祀的書籍和宋代社會的實際情況制定出更為適合宋人
的規範禮儀。如北宋著名政治家韓琦就著有《祭儀》一卷，「最為得中」，
得到廣泛的認同，具有極高聲響，因而頗受歡迎，有不少人在實踐中加以
應用。

　　其三，宋代社會所表現出來的現實卻是諸多層面的差異性，如有人在
早晨祭祖，而有人卻在晚上，從而表明宋代拜祭祖先靈魂具有多元化特徵。

　　靈魂崇拜的直接後果是各種鬼神之氾濫，宋人甚至有這樣的說法：普
天之下到處都有鬼，所有空間滿滿充塞的都是鬼，完全沒有了縫隙。基於
這種認識，宋代描寫鬼的文字可謂多如牛毛，以洪邁的《夷堅志》為例，
書中大部分故事與鬼神有關。在宋人看來，大凡人之不幸都與鬼神相關。
即便是官方記錄，也少不了鬼神的蹤影。

五、民間巫術

　　嚴格說來，巫術是一種最為古老的信仰之一，也是人類希望借助超自
然的神祕力量來達成某種目的的手段。在古人心目中，人類與未知世界之
間有許多溝通的管道，可謂五花八門，無奇不有。尤其是面對令人既恐懼
而又神往的鬼神世界，人們自然格外重視。因此，巫術便成為人與神祕世

界進行交流的重要媒介。為了求得鬼神的庇佑，宋人不遺餘力地敬奉鬼神，這也是宋代民間信仰最具特色之處。

事實上，在中國古代，人們普遍認為，人與鬼神之間是完全可以溝通的，而且有著多種渠道，其中最為常見的就是夢幻。人們普遍認為，擅長巫術的人能與鬼神相通，這些巫者幾乎專門與鬼神打交道，要麼捉拿鬼，要麼侍奉鬼，可以說是與鬼為伍，他們憑藉鬼的魔力愚弄百姓，並從中牟取利益。《夷堅志》曾有這樣一個故事：錢塘有一個叫四娘的女巫，她能驅使一個名叫五郎的鬼，抗金名將韓世忠在其兄長韓世良的勸導之下，將此巫召入府中，但鬼五郎卻被門神擋住，不能隨女巫一起來到韓家。這個故事表明，鬼是聽巫師使喚的，他們可以憑藉法力控制鬼，使其為人服務。同時也說明，即便是很有權勢地位的宋人也對通鬼的巫師青睞有加，千方百計將其召入門下。普通人自然不可能做到這些，但相信巫師則是相同的。

因此，在宋代，從事巫術似乎已經成為一種職業，很多巫者都是家族成員之間世代傳承，江西洪州（江西南昌）有巫師一千九百多戶，值得注意的是，官方既然是以「戶」來標明該戶人家的身分，無疑是將其作為特殊的戶籍加以處理的，顯然具有「專業戶」的性質，這與中國古代其他職業的傳承方式大致是吻合的，多數為家族世襲。宋代巫師之家有著獨特的傳承傳統。當然，也有很多巫師是通過其他途徑傳授的，如在洪州，巫師們通常把小孩留在身邊，隨著小孩年齡的增長，逐漸傳授其巫術。另外，巫術師徒相傳的事實也不在少數，更有一些自學成才的巫師，在他們出道之時，總會杜撰出很多得到世外高人或是其他神仙指點之類的故事，以取得人們的信任。雖然朝廷採取了不少措施限制巫師的行為，如宋仁宗天聖年間，曾對江南東西路、福建等路的「邪神」、「妖法」等巫術加以禁止，但巫術仍然非常盛行。

在宋代，巫術的表現形式多種多樣，不僅巫師們有著各種不同的稱謂，而且巫師們祭祀的神靈、舉辦的儀式等也存在極大差異。大略而言之，宋代巫術有以下幾類。

《大儺圖》 「儺」即為祭神驅鬼疫。宋代民間流行驅除疫癘的風俗，畫中人物有的戴面具，有的手持法器、有的擊鼓，手舞足蹈。

一是驅鬼巫術，這是巫師利用各種法事驅趕危害人類的惡鬼、瘟疫、災難等的一種手段或儀式。福州永福縣出現過一種古怪的疾病，人們無法認識並加以治療，於是便謠傳是猴精作祟。雖然每天祭祀，依然不得安寧，只好請來巫覡作法，但仍是毫無成效，最後還是由佛教長老宗演「誦梵語大悲咒」超渡了猴王。巫覡們用鑼鼓、號角等工具在寺廟前驅趕危害居民的獼猴精，可知巫覡的重要作用之一就是驅逐惡鬼凶神。儘管掌握巫術的巫師完全不可能做到這些，但普通百姓為了求得心理安慰，對巫術卻是深信不疑的。

二是放蠱巫術。這是用某種毒物害人的巫術，具有極為濃烈的神祕性和極大的危害性。巫蠱種類繁多，據洪邁記載，宋代福建路常見的蠱毒有四種：蛇蠱、金蠶蠱、蜈蚣蠱、蝦蟆蠱，這些被列舉出來的動物大體都是有毒的，只要加以提煉，可能害人，甚至致人死命。在現實生活中，宋朝的確有不少人研製毒藥，巫師們祕密地利用人們根本不了解的某些藥物，而自己則可能掌握解毒的辦法，進而增強了蠱毒的神祕性。

　　三是招魂巫術。這種巫術通常應用於生病或死亡等諸多場合，宋代從事這一行業之人似乎並不在少數，招魂者有巫師、僧人、道士之類。如利州（四川廣元）某知縣在自己的女兒墜崖死後，利用佛教寺廟的僧人進行招魂的事情❻。再如宋代陳子輝之女突然不省人事，陳子輝便請來一道士為其招魂。由此可見，招魂巫術是與宋人生活聯繫較為緊密的一種巫術。除此之外，還有辟邪巫術、占卜術、符咒術、預測術等等。

本章重點

1.宋人的食衣住行等日常生活。
2.宋人的生命禮俗與信仰。

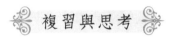

複習與思考

1.論宋代的「禮」與「俗」。
2.試析宋人信仰多元化對宋代社會的影響。

---

❻　《夷堅志‧補》卷二一〈利路知縣女〉。

第十一章
教育與科舉

　　兩宋時期，先後有三次大規模興學之舉：慶曆、熙寧和崇寧興學❶。崇寧興學是徽宗時期在蔡京等人主持下進行的，一是擴建太學，使太學教育得到前所未有的改善和擴充，當時有人讚譽:「太學養士，最盛於崇（寧）、（大）觀間。」❷二是興建地方州縣學，形成了遍布全國州縣的學校網絡；三是在實行三舍升級制度的基礎上，取代科舉，由學校升補取士。與前兩次興學高潮相比，改革力度更大。在三次興學浪潮的推動下，宋代教育事業得到了空前的發展。

第一節　官　學

一、中央官學

　　宋代官學分為中央和地方兩級，中央官學按其性質來分，大致可分為以下四類。

㈠國子學和太學

1.國子學

　　國子學又稱國子監，是宋代最高的學府。太祖建隆三年（962 年）在後周天福普利禪院的基礎上建成，國子生人數無定員，後來以二百人為額，招收七品以上官員子弟入學，因而學生享受優厚的物質待遇。但這些官員

---

❶　關於慶曆、熙寧興學，參見第三章。

❷　李心傳，《建炎以來朝野雜記》甲集卷一三〈太學養士數〉。

子弟多是掛名學籍，不務正業，真正在國子監學習的人並不多。因此，國子學地位雖高，卻徒具虛名。太學建成之後，國子監成為管理全國學校的機構，負責訓導學生、薦送學生應舉、修建校舍、建閣藏書、刻印書籍等事務，其所刻書稱為「監本」，刻印精美，居全國之冠。元豐三年（1080 年），國子監內分立廚庫、學、知雜等三案，分管太學錢糧、文武學生升補考選、監學雜務事務。

2. 太　學

宋代太學初創於慶曆四年（1044 年），是中央官學的主體。慶曆新政推行過程中，宋廷應國子監王拱辰、田況等人的要求，以錫慶院為太學，借鑑胡瑗的湖州教法，邀請石介、孫復等大儒講學。大體而言，太學學生分為兩類，一為八品以下官員子弟，二為庶人之俊秀者。太學教學內容以儒經為主，但也有幾次調整。熙寧時，統習王安石的《三經新義》；徽宗時，蔡京當政，將黃老之學列為太學教材；南宋時期，仍習「五經」。孝宗時，曾經將騎射、鬥力等作為考試內容，這是為應付外患而推行的措施。宋代太學的發展大體上可分為三個階段。

⑴發展期——熙豐變法時期：太學建築規模擴大，已經具備容納二千四百人就讀的能力；三舍升試法創建後，使太學具有一套嚴密的成績評定和獎懲制度；王安石改革太學教學課程與內容，明經以試大義為主，諸科仍試帖經、墨義，注重教學內容的實用性。

⑵鼎盛期——徽宗時代：崇寧元年（1102 年），在蔡京的建議下，建立外學。由著名建築家李誡負責在京城南門外營建房屋建學，稱為辟雍。太學專設內舍、上舍，由辟雍招收外舍生。學生皆先入外學，經試補入內舍、上舍，之後方能入太學。辟雍的建成使太學辦學規模擴大，上舍生已達二百人，內舍六百人，外舍三千人。其次，罷科舉，專以學校取士，使太學成為士人及第的唯一途徑，太學教育盛極一時。

⑶停滯期——南渡以後：宋室南渡後，太學一度停辦，附於國子監，至紹興十二年（1142 年），才以臨安府學為太學，招收生員。但朝廷的內

憂外患直接影響了太學的發展，加之宣和三年（1121年）恢復科舉考試後，太學已不是唯一的求仕之途，世人對太學的興趣大為下降，因而南宋太學並沒有北宋那樣大的影響力。

㈡**專科性質的學校**

1. 武　學

武學是專門培養軍事人材的專科學校。始建於仁宗慶曆三年（1043年）五月，但不久即行廢止，其後時廢時興。神宗熙寧五年（1072年）六月於武成王廟設武學，選文武官員知兵者為教授，教以諸家兵法及歷代用兵成敗之道，生員以百人為限，凡未參班的使臣、恩蔭子弟及「草澤人」（平民），只要應試合格，即可入學。三年之後經考試合格，按其出身經歷給予相應的職位。崇寧三年（1104年），仿照太學實行三舍法，立考選升貢法，其武藝絕倫且具有文采者，用文士上舍法。同時，令地方諸州開始興置武學，宣和二年（1120年）罷。南宋紹興十六年（1146年），重建武學。宋代對武學的重視，很大程度上是因為邊患頻繁，朝廷迫切需要高素質的軍事人才。通過興辦武學，宋朝政府積累了培養軍事人才的經驗。但畢竟宋朝為重文的時代，因而武學發展受到了很大限制。

2. 律　學

律學是古代培養法律人材的專門學校。北宋初年，即於國子監置律學博士，教授法律。熙寧六年（1073年），始置律學，以朝集院為校舍，賜錢以養生徒，置律學教授四人，專任教職，學生以命官或舉人為之。舉人入學須命官兩人保薦，並須先聽講，而後試補。考試合格後，才能成為正式生員，分習斷案和律令。每月各以所習公試一次、私試三次。凡朝廷新頒法令，即由刑部頒發，令學生研習。學成後從政，應試不及格者，罰以重金。兩宋設置律學，體現了政府培養實用法律人才的現實需要。

3. 醫　學

宋代醫學初隸太常寺，分設三科，即方脈科、鍼科（針灸）、瘍科。每科置博士一人，教學內容為《素問》、《難經》、《脈經》、《巢氏病源》、《千

金翼方》、《傷寒論》等經典著作。徽宗時改歸國子監，後又改隸太醫局，設博士、學正、學錄各四人，分科教學。選試並依太學三舍法，上舍四十人，內舍六十人，外舍二百人，總計三百人。學習期間，學生還輪流到太學、律學、武學和各軍營治病，進行醫學實習，並以此作為年度考核的依據。畢業考試合格，按等授職。金兵侵宋，醫學曾一度停辦，至南宋高宗紹興年間才恢復。

4.算　學

宋徽宗崇寧三年（1104 年）建，初隸太常寺。學生定額為二百一十人，入學者有命官和庶人兩種。大觀四年（1110 年）三月歸太史局管轄。學習內容以《九章算術》、《周髀算經》為主，兼習海島、孫子、五曹、張丘建、夏侯陽算法等，還要學習《易經》或《書經》等。仿太學之制，實行三舍升補法，按等級授官。南宋高宗紹興初年，命太史局試補算學生。算學生畢業後多在官營作坊服務，因而貴族子弟多不願入學就讀，入學者多為庶民子弟。

5.書　學

大觀四年設立，歸翰林院書藝局主管，學生入學資格及生員數量均無明確規定。主要學習篆、隸、楷三體，並須明曉《說文》、《字說》、《爾雅》、《方言》等書，兼習《論語》、《孟子》等，以通儒家大義。書法的評價標準有三種：「以方圓肥瘦適中、鋒藏畫勁，氣清韻古，老而不俗為上；方而有圓筆，圓而有方意，瘦而不枯，肥而不濁，各得一體者為中；方而不能圓，肥而不能瘦，模仿古人筆畫不得其意，而均齊可觀為下。」❸實行三舍法，上舍生按照不同等級授予官職。

6.畫　學

宋徽宗崇寧三年（1104 年）置，歸翰林院畫圖局管轄，為北宋獨創的專科學校。學生分士流、雜流，以繪佛道、人物、山水、鳥獸、花竹、屋木為業，兼習《說文》、《爾雅》、《方言》、《釋名》等。實行三舍考選升補

---

❸　《宋史》卷一五七〈選舉志〉。

之法。考試時以不模仿前人，情態自然，筆韻高簡為上等。考題往往選取古人著作中具有詩情畫意的詞句讓學生描畫。宣和間，畫學興盛，徽宗曾親自出題取士，考試藝能。

㈢貴胄子弟學校

1.宗學：宗學是為趙宋宗室子孫設立的學校，宋初建立，但廢置無常。當時，凡宗室均可以在自己的住所設立小學。趙氏子孫八到十四歲入學，每日記誦二十字，實為家庭教育性質。元豐六年（1083 年）設立宗學，但不久便廢，至元祐六年（1091 年）重建。徽宗崇寧元年（1102 年），諸王宮皆設置大、小二學，增置教授二員，立考選法，宗室子弟十歲以上入小學，二十歲以上入大學，宗學初具規模。紹興十四年（1144 年）南宋於臨安重建宗學，屬宗正寺，宗室疏遠者也允許入學就讀。南宋末年停辦。

2.內小學：理宗時期專為貴胄子弟中的兒童設立的，專選十歲以下資質優異的宗室子弟入學，設有教授、直講等教職。

3.國立小學：元祐六年（1091 年），朝廷下令在諸宮院建立小學，是政府設立並管轄的一所普通小學。初建立時生員較少，設兩齋進行教授。徽宗時生員額近千人，分為十齋。規定學生八至十二歲入學，教授誦經與習字兩科，實施三舍升補法。

㈣特殊性質的學校

廣文館是臨時性的教育機關，凡四方赴京應試的士子及落第舉人均可入館聽讀。紹聖二年（1095 年）廢罷，生員入國子監。四門學是仁宗慶曆三年（1043 年）為士子預備科舉而設，凡八品以下官員及庶人子弟皆可入學。

二、州縣學

唐末五代以來，戰亂頻繁，州縣學絕大數已經廢棄。宋代對地方州縣學十分重視，地方官學的普及程度、學校規模、教學狀況，都超過了前代。

景德三年（1006 年），宋真宗下詔令全國各州修繕孔廟，並在廟中設立講堂，挑選一些儒雅之士擔任教師。乾興元年（1022 年），宋政府應孫

奭之請，賜田十頃於兗州建學，是為北宋官方正式建立州學的開始。仁宗慶曆四年（1044 年），范仲淹推行新政，詔令諸路州、軍建立學校，規定凡立學者可賜學田，於是「學校之設遍天下」❹，全國掀起了一次大規模的興學高潮。在興學熱潮中，也有地方官貪功好虛名，盲目增建校舍，濫招學生，甚至以興學為名聚斂民財。同時，這次興辦學校也未形成一套比較完備的制度。

神宗熙寧四年（1071 年），地方官學進一步發展。政府規定，諸州各賜田十頃，以充學糧，中書在每路選舉有「經術行誼」之人管理教育事宜，各路置教授擔任教官。這樣，北宋的地方官學在行政領導、教學力量和辦學經費等方面都得到了基本保障。至元豐年間，全國已有十八路五十三個府、州、軍、監委派了學官、教授。元祐更化，罷除諸多革新派學官，規定以進士出身、經明行修之人充學官，使學官、教授的資格有了更明確的規定。

徽宗崇寧元年（1102 年），蔡京為相，合併規模較小的州縣學，同時令監司、守令等地方行政長官加強對州縣學的管理。崇寧三年（1104 年）選拔人才由學校升貢，州學生可通過「三舍法」升入中央太學，從而將中央官學與地方官學聯繫起來，大大調動士子進入地方學校的積極性。

南宋初，仍注重地方官學的發展，高宗紹興二十一年（1151 年）曾下詔以寺廟的田產興學、助學。但自孝宗以後，由於教學人才缺乏和經費困難等原因，地方州縣學日趨衰落。

第二節　私人教育

宋統治者不僅積極興辦官學，重視官學，而且對私學和新興的書院也採取積極扶持的態度。各類學校並行發展，相互補充，使中國古代學校制度和私人教育都發展到一個新的高度。就全國範圍來看，官學教育多集中

---

❹　《宋史》卷一五七〈選舉志〉。

於州縣治所，不便偏遠地區居民子弟入學，這便為私學教育提供了生存發展的空間。宋代私學教育的發展大致可以劃分為三個階段。

第一階段是北宋開國至真宗時期。雖然國家經濟日漸復甦，政局逐漸穩定，但仍無暇顧及興學，州縣學尚未建立，一批有識之士已經在鄉黨間興辦私學，教授生徒，如王昭素等，都是宋初創辦私學的先行者。第二階段是北宋三次興學期間。如石介、孫復等，舉進士不中，退居泰山，興辦私學。宋學先驅周敦頤、程顥、程頤、張載、邵雍等從學於私學，學成後又從事私人授徒教學。第三階段是南宋時期。宋朝偏安一隅，官學名實不符，引起許多學者不滿，他們紛紛歸田隱居，致力於私人教學，私學教育又進入了一個新的高潮。

宋代私學主要有師授和家傳兩種形式。師授按其內容又可分為兩大類：一類是教授識字和日用基本的小學或蒙學，主要有鄉學、村學，或由宗族設立的義學，或富有人家的家塾。另一類是為年齡較長、程度較高的青年學子設立的研究學問或準備科舉的經館和精舍等。

一、師授私學

㈠蒙　學

宋代的蒙學（小學）❺有常年開課的私塾、義學、家塾等，也有季節性的村塾、冬學等。私塾是塾師在自己家中設學教授，規模較小，學生從十幾人到幾十人不等。教師以學生所繳的少量現金或財物作為辦學費用，塾師生活往往相當艱難，時常無下鍋之米，但這些教書先生卻熱愛教育事業，為提高宋人的文化素養作出了積極貢獻。

義學或義塾是宗族或地方士紳等出錢聘請教師，在家鄉開辦學校，教育本族及鄉里子弟，如范仲淹曾於蘇州太平山建立范氏義學。大多數義塾

---

❺　「小學」實際上已經包含了幼兒教育和現代的中等教育的一部分，中國古代的蒙養教育一般是七、八歲至十五、六歲兒童的教育階段。參見《中國教育通史》（山東教育出版社，1987年版），第三卷，頁43。

都置有田產，塾師的生活比較有保障。

家塾是官宦世家或富裕之家聘請老師教育其家族子弟的私學。如陸九淵、呂祖謙等人，都設有家塾教育家族子弟。義學、家塾都是常年開課。宋代鄉村還普遍設置有季節性的村塾、冬學，十月以後，農事已畢，是農家子弟學習的絕好時間，其教學內容以《百家姓》❻、《雜字》❼為主。

宋代蒙學教學形式多樣，學習內容以識字、習文為主，同時也進行倫理道德和行為規範教育。由於蒙學設置相當普遍，城鎮鄉村處處都能聽到朗朗讀書聲，這對培養兒童道德素質和增長知識有著難以估量的重要貢獻。

㈡經館、精舍

宋代的經館、精舍尤為發達，多為經師、名儒進行講學活動的場所，其中聲望較高的有胡瑗、二程、朱熹、陸九淵等人。胡瑗曾在蘇州、湖州地區興辦私學，積累了豐富的教學經驗，創立了「蘇湖教法」❽，培養了大批學生。宋代理學名士程顥、程頤兄弟自神宗時期在家中講學，很多人不遠千里紛至從學，旦夕不絕於館，在當時頗有影響。朱熹是南宋時期理學思想的集大成者和著名的教育家，除了在書院教學外，他還設立寒泉、武夷、竹林精舍等進行私學教授，培養了大批門生弟子。陸九淵中進士後，在家候職的三年中，將家中東廂房闢為講學之所，稱為「槐堂書屋」，潛心講學，教授弟子。淳熙十四年（1187年）在貴溪應天山以廢棄寺廟故址建立精舍，名曰「象山精舍」，居山講學五年，從學者尤多，盛極一時。

二、家傳私學

宋代私學除了師授以外，還有家傳之學。這種私學既包括家長為子弟

---

❻ 《百家姓》是以姓氏為四言的韻語，「趙錢孫李，周吳鄭王……」簡短易誦。

❼ 《雜字》主要記載日常生活常用的文字。

❽ 胡瑗教育思想的核心是「明體達用」，其在湖州州學創立了經義和治事二齋，前者教授經術，後者教習民政、軍事、水利、算術等學科。其後，胡瑗在湖州創設的學規、教法等被太學所採用。

啟蒙，傳授基本知識，也包括較為高深的家學傳授。

家長親自教授子弟大致有兩種情況，一是家庭貧寒，無力為孩子交納學費，只好自己教子。歐陽修家貧，四歲喪父，便是由母親以荻畫地，教其文字。二是長輩愛子，望其成龍而親自教授，如蘇軾自幼由父親蘇洵、母親程氏教授。理學家朱熹從十一歲到十四歲時，也是受業於家中，由其父朱松親自課讀講授。除了父母親自傳授外，也有不少是由兄長傳授知識的，陸九淵兄弟六人，除老二陸九敘經營藥鋪外，其餘五人都讀書講學，著書立說，兄弟之間也是自相師友。一些世家大儒之家家學淵源深厚，往往代代相傳，南宋大學問家呂祖謙便是受傳於家門之學。除儒學之外，文學、藝術、醫學和其他科學也存在著這種家學傳授而世代相承的情況。

總體而言，宋代私學超過了前代，對宋代學術文化的發展起了極為重要的作用，宋學思想從奠基到集大成，差不多都是以私學為基地進行研究和傳播的。宋代私學教育培養了大批學者，諸多名師巨儒與私學教育都有不解之緣。因此，私學教育極大地推進了宋代社會的發展和進步，同時對提高全民文化素質也有著莫大的積極意義。

第三節　書院教育

書院始於盛唐，是中國古代特有的一種教育機構。宋統一全國後，戰亂漸平，民生安定，士子紛紛要求就學讀書，但經歷唐末五代戰亂，官學多遭廢壞，書院就是在這種歷史條件下發展起來的。北宋書院多為民辦學館，建於山林僻幽之所，後經朝廷賜額、賜田、獎書等，逐漸變為半民半官性質的地方教育機構。書院聘請學者講學，學生分齋習讀，書院並供給住宿、飲食，採用積分制考核學生優劣。從某種意義上說，宋代的書院大都是著名學者講學聚居之地，有名的書院往往具有相當高的教育水平。

北宋仁宗後，官學盛行，書院教育呈現出衰落趨勢。南宋時期，由於朝廷大力提倡理學家講學活動，書院又進入復興階段。北宋大部分著名書

白鹿洞書院

院得以恢復和重建，浙江、福建、安徽等地新建了大量書院，甚至連偏遠地區，如黎州（四川漢源縣），也建制了玉淵書院。同時，書院制度進一步完善，朱熹親手擬定的《白鹿洞書院揭示》成為書院教育規範化的重要標誌。理宗以後，隨著程朱學派被官方正統化，各地官員紛紛仿效理學家建立書院，書院教育進入其鼎盛時期。

兩宋時期出現了許多有名的書院，白鹿洞、應天、嶽麓、嵩陽❾，世稱「北宋四大書院」。南宋比較有名的四大書院是嶽麓、白鹿洞、麗澤、象山，除此之外，石鼓、茅山、華林、雷塘等書院也是比較著名的書院。

1.白鹿洞書院：白鹿洞書院位於江西星子縣北廬山五老峰下（江西九江）。唐代李渤及其兄李涉曾在此隱居苦讀，養一白鹿跟隨自娛，白鹿十分馴服，還能幫主人傳遞信件和物品。李渤被稱為白鹿先生，其居住地也被稱為白鹿洞，書院因此而得名。南唐昇元年間（937～943 年）於此建學館，置田產，供各方來學者，稱「白鹿國庠」。開寶九年（976 年）於此建書院。

❾ 宋初著名的書院究竟是哪幾所，歷來說法不一。按朱熹《衡州石鼓書院記》的說法，有石鼓、嶽麓、白鹿洞三所，呂祖謙的《鹿洞書院記》以白鹿洞、嶽麓、應天府、嵩陽為天下四大書院。王應麟的《玉海》也從呂說。而馬端臨《文獻通考》以白鹿洞、石鼓、應天府、嶽麓為天下四大著名書院。此從呂祖謙之說。

太平興國二年（977 年），賜國子監印本九經，供士子學習。真宗咸平五年（1002 年），重加修繕，並塑孔子及十大弟子像。孫琛在白鹿洞故址建學館十餘間，稱為白鹿洞書堂，後毀於兵火停辦。南宋淳熙六年（1179 年），朱熹知南康軍，重建書院，並親定《白鹿洞書院揭示》，白鹿洞書院達到極盛。從唐末到宋初，在白鹿洞任教和就學的名人相當多，書院具有極大的影響力，培養了不少優秀人才。

2.應天書院：應天書院在河南商丘縣西北隅，原為名儒戚同文舊居。真宗大中祥符二年（1009 年）應天府曹誠在此建學舍一百五十間，聚書一千五百餘卷，並將此學舍捐贈給政府，朝廷賜額「睢陽學舍」，由戚同文的孫子戚舜賓主持。仁宗景祐二年（1035 年），書院改為應天府官學，給田十頃。著名的學者韋不伐、范仲淹、石曼卿、王洙等先後主持書院教席，四方學者輻輳其門，為國家培養了大批人才，在當時產生了很大影響。欽宗靖康元年（1126 年），毀於戰火。

3.嶽麓書院：嶽麓書院在湖南善化縣（長沙市）西嶽麓山下。唐末五代，僧人智睿曾在此辦學。宋開寶九年（976 年），潭州太守朱洞建講堂五間、書齋五十二間。咸平二年（999 年），知州李允則又加擴充，學生達六十餘人，賜予國子監印本九經等書。大中祥符八年（1015 年），真宗召見山長周式，並賜「嶽麓書院」匾額。南宋後，多次重修與擴建，張栻、陳傅良等曾撰《嶽麓書院記》。光宗紹熙五年（1194

嶽麓書院

年），朱熹知潭州（湖南長沙），再次重建，並親自到書院講學。書院得到官方的諸多支持，具有半官方的性質。嶽麓書院在傳播儒家思想、砥礪社會風氣方面起到了極為重要的作用，南宋末年，元兵攻取潭州之時，書院師生誓死守城，死節者甚眾，贏得了社會的廣泛讚譽。

4.嵩陽書院：嵩陽書院在河南鄭州登封嵩山南麓，五代後周時建。太

宗至道二年（996 年）賜「太室書院」匾額，並賜國子監印本九經等書。景祐二年（1035 年）重修，改名「嵩陽書院」，賜學田一頃。初建之時，影響頗大，程顥、程頤曾先後講學於此，南宋時期漸漸無聞。

5.石鼓書院：在湖南衡陽縣北二里石鼓山下，舊為尋真觀。唐憲宗時李寬曾讀書於此。宋太宗至道三年（997 年）李士真曾向郡守申請，在李寬秀才居住舊址，創建書院。景祐二年（1035 年），賜「石鼓書院」匾額。南宋理宗賜學田三百五十畝。

綜觀兩宋書院教育，在教學、管理等各方面都頗具特色。第一，書院教育經費來源多樣化。既有官府資助，也在民間籌集，學田收入是其中比較重要的經濟來源之一。以白鹿洞書院為例，南宋先後三次增置學田，書院總共擁有學田一千八百七十畝。紹熙五年（1194 年），官府一次撥給嶽麓書院學田五十頃，書院學生日給米一升四合、錢六十文。而浙東一代的富庶地區，常有富人或巨商贊助書院，東陽（浙江金華）郭氏累代出資創辦書院，撥良田數百畝用於養士，其子孫後代先後設立了石洞書院、西園書院和南湖書院。這些私人捐款的書院內部設施十分完善，辦學條件也很優越。

第二，書院實行山長負責制，管理體制日趨完備。宋代書院的最高負責人稱為山長、洞主或洞長，他們既是主要教學者，又是最高管理者，往往都由著名學者來擔任。南宋時期，隨著辦學規模的擴大和內部設施的完善，書院教學管理人員也相應增加，有講書、堂錄、堂賓、直學、講賓、司計、掌書、掌祠等協助管理，其名目達十餘種之多。書院教職人員人數的增加和分工管理制度的形成，標誌著書院管理水平的提高，也是書院教學更加規範化、制度化的體現。

第三，書院實行開放式的教學和研究。求學者不受地域、學派的限制，都能前來聽講、求教。例如白鹿洞書院曾撥出一筆專款，用來接待四方來求學的人，並有專人負責招待。教學人員也不限於書院自身，而是廣泛邀請學界名流。

講會是書院首創的重大教學研究活動，與現代社會的學術研討會極為相似。首開講會先河的是朱熹，淳熙八年（1181 年），朱熹邀請陸九淵到白鹿洞書院講學，陸九淵演講的題目是《論語》中的「君子喻於義，小人喻於利」。講會完畢，朱熹大為折服，遂將陸所講內容刻石於院門，從而為不同學術流派的兼容並蓄樹立了典範。鵝湖書院曾同時邀請朱熹和陸九淵來講學，二人觀點對立，辯論相當激烈，史稱「鵝湖之會」。在書院講會期間，除了學者之間的辯論，學生也可以質疑問難。通過開辦講會，既提高了書院的學術地位和社會影響力，又促進不同思想的活躍和交流，推動了學術的繁榮，對兩宋時期文化的發展和傳播起到了積極的作用。這種靈活開放的教學方式，為後來的教育工作者所借鑑。

第四，書院教學注重啟發引導，提倡切磋討論，講究身心涵養。在書院中，除參加學術活動和教師必要的講授外，主要是學生獨立思考，因而書院十分重視提高學生自主學習的能力。同時，書院還要求學生提出疑問，慎思博文。朱熹制定的《白鹿洞書院揭示》要學生做到「博學之，審問之，謹思之，明辨之，篤行之。」因此，書院管理側重於啟發學生的上進心和自覺性，少有禁戒懲治的規章，教學組織形式靈活多樣，而少有衙門氣，對中國古代教育產生了十分深遠的影響。

總之，宋代書院擴大了中國古代學校教育的範圍，開闢了新的學風，成為推動教育和學術發展的重要動力。書院在辦學和管理領域也創造了許多行之有效的經驗，成為中國古代社會中後期一種重要的教育組織形式。

第四節　科舉考試

隋唐以來，科舉考試制度成為中國古代社會選拔各級官吏和各類人才的重要途徑，宋代科舉考試制度在沿襲唐制的基礎之上，得到了進一步的完善和發展。宋代科舉考試主要有貢舉、武舉、童子舉、制舉、詞科等，其中影響最大的是貢舉制度。

一、貢　舉

貢舉是指士子通過地方考試後貢之於朝廷之意。宋初，貢舉每年舉行一次，仁宗時改為二年，到神宗時改為三年，以後相沿不改，成為定制。

㈠應試資格

宋初對舉子參加科舉考試並無過多的限制。仁宗慶曆新政時期規定，國子監生徒聽學滿五百日，諸州縣學生徒入學聽習三百日，且取得解人資格超過一百天，才能參加禮部考試。新政失敗後，這一規定被廢止。徽宗時期規定，只有取得太學資格的生員才能參加科舉，這項政策宣和三年（1121年）罷除，此後對舉人的學歷再無要求。有關應試資格，舉子在服喪期間、曾受過杖刑以上處罰者，以及僧人、道士、吏人，不得參加科舉考試；但宋王朝放寬了對工商業者應舉的限制。「工商雜類」中有奇才異行者，可以應舉，皇祐元年（1049年）連中三元（解試、省試、殿試均第一）的馮京便是商人之子。從總體上來看，宋代科舉對應試者的資格限制呈現逐漸放寬的趨勢，國家取士的範圍逐漸擴大，這有利於選拔優秀人才，維護趙宋王朝的統治。

㈡考試程序

宋初承唐舊制，分為解試、省試兩級，太祖開寶六年（973年）實行殿試制度，於是宋代科舉考試制度開始固定為三級。

1. 解試：宋朝地方考試舉人，將合格者貢給朝廷，又稱「鄉貢」。宋代解試包括由州府行政長官主持的地方試、國子監試（太學試）、諸路轉運司的漕試等，每三年一次，通常在秋季舉行。解試之前，由各縣對本地士子的資格等進行審查，保送至州，知州等加以複核。之後參加由州組織的考試，擇優錄取。若舉人考試合格，即由州、轉運司或太學按解額解送禮部。

2. 省試：由尚書省禮部主持的全國舉子考試，又稱禮部試。禮部負責查驗解試合格名單，審核考生資格，組織考試。合格舉人，由貢院放榜，正式奏明朝廷。

3.殿試：又稱御試、親試、廷試，是科舉考試中最高一級考試，舉人經過省試，須再參加殿試，才算是真正登科。政府安排專門的官員負責出題、監考、閱卷等考試事宜。考試結束後，由皇帝主持唱名儀式，合格者按成績高低授本科及第、出身、同出身，前三名稱為狀元、榜眼、探花。

㈢**考試科目及內容**

1.進士科：宋初承唐及五代之制，考試詩、賦、論各一首，策五道，帖《論語》十帖，對《春秋》、《禮記》墨義十條。帖經是考察所習之經，如同填空題。墨義是考察學生對經書的背誦和默寫能力。仁宗慶曆四年（1044 年）三月改革科舉，罷帖經、墨義，試經史、時務策論等，慶曆新政失敗後也隨之被罷除。神宗熙寧四年（1071 年）王安石變法，頒布貢舉新制，罷詩賦、墨義、帖經。

2.諸科：除進士科外，還設有經、傳、禮、史、法等諸多科目，統稱為「諸科」。在考察內容方面各有側重，或側重對儒經的默誦、理解，或者注重對禮法、專史和律令的掌握。其考察內容請見下表。

諸科內容

科　目	考試內容	帖經、墨義
九經科	《周易》、《尚書》、《毛詩》、《禮記》、《周禮》、《儀禮》、《春秋左傳》、《公羊傳》、《穀梁傳》	1.帖書一百二十帖 2.墨義六十條
五經科	《周易》、《尚書》、《毛詩》、《禮記》、《春秋》	1.帖書八十帖 2.墨義五十條
三禮科	《周禮》、《禮記》、《儀禮》	墨義九十條
三傳科	《春秋左傳》、《公羊傳》、《穀梁傳》	墨義一百一十條
學究科	《周易》、《尚書》、《毛詩》中的一經或兩經及《論語》、《孝經》等	墨義《毛詩》五十條，《論語》十條，《周易》、《尚書》各二十五條，《爾雅》、《孝經》共十條
開元禮、通禮科	《開元禮》或《開寶通禮》	墨義三百條

三史科	《史記》、《漢書》、《後漢書》	墨義三百條
明法科	考試內容為律、令、斷案及《論語》、《孝經》等	律令四十條，墨義五十條

3.明經新科：仁宗嘉祐二年（1057 年）設明經新科，是為革除科舉弊病而特設的科目，考試大經、中經、小經❿各一。其中考察《論語》、《孝經》墨義、大義各十道，分八場，以六通為合格，另測試時務策三道，大體相當於考察時事政治，以文詞典雅者為通。其出身與進士同。與唐朝明經科相比，北宋明經科的考試重點由帖經、墨義變為大義，更加注重舉子對儒家經典的理解和發揮。

熙豐變法之際，王安石改革貢舉，罷明經、諸科，以進士一科取士。徽宗崇寧三年（1104 年）取消科舉，由學校三舍升遷法取士。從哲宗元祐年間至南宋時期，進士科分為經義進士和詩賦進士兩種名目，實質上與進士科沒有任何區別。鑑於唐代科舉的帖經、墨義完全是考死記硬背，而詩賦考試又與治國安邦沒有太多直接聯繫，於是朝廷廢除帖經、墨義、詩賦等傳統科目，改試經義，論述儒經某一內容的小論文，既考察考生對儒家經典的掌握理解，又考察考生的文筆水平。

進士科是宋代科舉設置最早的科目，也是歷朝科舉中最主要的科目。諸科在宋朝科舉中的地位比進士要低，故宋代有「焚香禮進士，撤幕待經生」的詩句。在諸科之中，錄取的數量以學究為多，而其待遇以九經為最高。

二、武　舉

武舉又稱武選，是宋代選拔軍事人才的主要途徑，也是宋代科舉制度的重要組成部分。唐代已有武舉，有軍謀越眾、軍謀宏達、材任將帥等科，以武藝高下取人。宋代武舉正式確立始於仁宗天聖八年（1030 年），但因

---

❿ 大經是指《禮記》、《左傳》；中經是指《毛詩》、《周禮》、《儀禮》；小經是指《周易》、《尚書》、《穀梁傳》、《公羊傳》。

武舉所設科目流於形式，缺乏軍事上的實用價值，所選拔的人才良莠不齊，皇祐元年（1049 年）廢罷武舉。英宗治平元年（1064 年）再置，沿至南宋末年。然而，由於兩宋統治者歷來重用進士出身的文官，士人有能力應進士舉者，便不屑於應武舉，因而宋朝武舉並未選拔出多少將帥之才，這在一定程度上對宋代軍事產生了不利的影響。

宋代武舉選拔範圍較為廣泛，三班使臣、諸色選人、不曾犯贓及私罪情輕者、文武官子弟中未觸犯法令者，均可以應舉。熙寧年間規定：武舉每三年一次，與進士等科同時發解，先考《孫子》、《吳子》兩種兵書及兵機對策，再校試弓馬武藝，合格者赴殿試。殿試考騎射和對策，以弓馬騎射成績決定等級高下，以對策成績決定錄取與否。對策的內容以邊防、時務為主，多問與兵法、軍事戰爭有關的內容。

三、童子舉

童子舉是宋代專門為智力超常兒童設置的考試科目，又稱應試神童。北宋規定凡十五歲以下兒童，學業有成，能通經作詩賦者，即可由所在州府解送京師。國子監審驗後，送中書複試，合格者即由皇帝殿前親試之。殿試優秀者，也可以拜官。如北宋名臣晏殊便是名噪一時的神童，通過童子科入仕。淳熙元年（1174 年），有個叫林幼玉的女童求試中書省，經書皆通，特詔封為孺人，此為宋代科舉中的一件奇事。

宋代童子科舉應試內容，起初並無具體規定，一般是視童子背誦經書以決中否。真宗時，詔試考生詩賦。南宋時期，考試仍重背誦，範圍有所擴大，或誦經史子集，或誦兵書、習步射等等，難度有所增加。

早期童子舉雖然考試內容較為簡單，卻選拔出了一些優秀的少年學子，其中不少日後成為國家的棟樑之材，也有的成為一代宗師。童子舉沒有固定試期和錄取限額，但真正的神童數量畢竟有限，因而兩宋由此舉而通達者屈指可數，北宋自仁宗至徽宗賜出身者僅二十人而已，南宋也寥寥無幾。度宗咸淳二年（1266 年）廢。

四、制舉與詞科

制舉、詞科是宋代選拔特殊人才的科目，往往下詔求薦，有察舉制的特徵，錄取人數少，其考試內容、方法與進士、諸科大為不同。

(一)制 舉

制舉又稱特科、大科、賢良科，其科目設置、舉行時間、錄取名額都是不固定的。宋代的制科由皇帝親自主持，不需要經過貢舉那樣複雜的程序。宋朝初年，沿用後周之制，設賢良方正能直言極諫、經學優深可為師法、詳閑吏理達於教化三科。後來科目逐漸增加，制科允許在職官員及平民百姓，經所在官府推薦應試，如蘇轍便是已考中進士，此後復舉制科。考試內容為禮部考論三道，共三千字以上，文采和義理俱優者中選，然後由皇帝主持策試，考試對策一道，不試詩賦。成績分為五等，一、二等從不授予，第三等為最高，待遇相當於進士第一名。

由於一般讀書人都力求通過貢舉這一正途踏上進身之階，因而應制舉考試之人較少，制舉也在宋代興廢三次之多。大中祥符元年（1008 年），因臣僚上疏制舉不合時宜，遂令詔罷之，這是宋代第一次罷制舉。宋仁宗天聖七年（1029 年），詔令復設制舉，所設科目有賢良方正能直言極諫、博通墳典明於教化、才識兼茂明於體用、詳明吏理可使從政、識洞韜略運籌帷幄、軍謀宏遠材任邊寄等六科，後增加到九科，嚴格限制了應試對象的資格。熙寧七年（1074 年）第二次罷制舉。元祐二年（1087 年）四月，又正式恢復制舉，但僅設賢良方正能直言極諫一科。哲宗親政後復又廢罷，至北宋末年未再恢復。南宋高宗紹興二年（1132 年）正式恢復賢良方正能直言極諫科，以求取能直言敢諫之士，但是進士科早已壟斷仕途，應舉者很少，合格者寥寥。

宋代設制舉是為了選拔知識淵博而不擅長詩賦章句，或不屑於應詩賦考試的士人。其策論考題不但要求應試者有良好的文學素養，而且須靈活運用經典故事分析歷史或現實問題，以便為統治者提供借鑑。嘉祐六年

（1061 年）蘇轍應賢良方正能直言極諫科時，在策論中直言不諱地指責當朝皇帝宋仁宗奢侈腐化、安於享樂，導致民生貧困，國力衰弱。士人在御試策中公開批評皇帝，堪稱英雄壯舉。在錄取蘇轍的問題上，主考官們意見不一，最後宋仁宗親自裁決，錄取了敢於直言的蘇轍。因此，在宋政府的倡導下，參加制舉考試的士人敢於直抒己見，借古喻今，針砭時弊，寫下了不少優秀的策論文章。由於制舉考試難度大，要求高，兩宋錄取總額僅四十人，但是被錄取者多獲重用，不少人成為宋朝有影響的政治家，如蘇軾、蘇轍兄弟等。

㈡詞　科

　　詞科是宏詞科、博學宏詞科、詞學兼茂科的通稱，也是選取為朝廷起草詔誥文書人才而設置的考試科目。北宋前期，進士科重詩賦，士人多擅長章句文辭。王安石變法時期，進士科罷詩賦，重視經義。文人習章句者減少，而宋政府日常所用的詔、誥、表、銘、賦、頌、赦、檄文、誡諭等公文都沿用四六文舊體。為保證起草此類文告者後繼有人，哲宗紹聖元年（1094 年），設立宏詞科。每年進士考試結束後，允許進士登科人或罷任官員到禮部報名應試，其考試規則與進士科相仿。

　　詞科考試內容主要是朝廷日常所用行文，文體注重四六對偶、聲韻和諧及典故堆砌，多在形式、技巧上下功夫，內容平淡而辭藻華麗。詞科的地位稍遜於制舉。綜觀兩宋時期的詞科，總共錄取的人數大約一百一十名，其影響遠不及進士科。

五、其他科目

㈠恩　科

　　宋代恩科的設置，一是賜給功臣子弟或聖賢後裔科舉出身，旨在表彰先賢或功勳卓著的名臣宿舊。如宋太宗賜孔子後裔鄉貢進士孔世基同本科出身，宋真宗曾賜孔子四十六世孫孔聖祐奉禮郎，近屬授官及賜出身者六人。此類情況在北宋前期較多，仁宗朝以後便不多見。

二是實行特奏名制度，一些屢試不第、年資較深的老邁舉人免解、省試而直接參加殿試，賜予科名或一官半職。宋初每次科考都有大批舉子落第，其中有屢試不第而老死科場者，甚至有人因考不中科舉而投奔敵國。宋代的筆記小說中有許多反映類似內容的資料，有落第進士夫妻投河者❶，舉子徐履因功名之重經常犯心疼之病❷。為了籠絡這些讀書人，宋政府對多次參加省試、殿試落第者予以特殊錄用，稱「特奏名」。錄取的條件主要考慮應舉次數和舉子年齡。宋初規定，只要應舉十五次以上，即准予參加特奏名，無年齡限制。真宗時期，既要求舉數，又要求年齡在五十歲以上。宋神宗時期，在某次特奏名殿試中，一個七旬老舉子無法答題，便在試卷上寫了「臣老矣，不能為文也，伏願陛下萬歲、萬歲、萬萬歲」一段話，竟也因此獲得官職。另一首詩曰：「讀盡詩書五六擔，老來方得一青衫。佳人問我年多少，五十年前二十三」❸。不難看出，特奏名所錄舉子多為白髮老邁之人，通常是象徵性地授予一任官職，且多為一些試銜散官或長史、助教之類低級而無職事的官銜。這種方式將讀書人畢生束縛在書本和考場，不使他們絕望而萌生異志，目的是為了維護宋王朝的穩定。

㈡八行取士法和十科取士

宋徽宗大觀元年（1107 年），蔡京當政，實行過以孝、悌、睦、姻、任、恤、忠、和等八種德行取士的「八行科」，完全取消文化知識的考核，依據被推薦者在德行方面的表現進行選士。十科取士法則始於哲宗朝宣仁太后垂簾聽政期間，目的是為了選拔具有特殊才幹和長處的人才。

六、嚴格考試制度的措施

宋朝統治者十分重視科舉，從政權建立之初，在沿襲前代科舉考試制度的基礎上，採取了種種措施，嚴格考試制度，逐漸形成一套嚴密完備的

---

❶ 江休復，《醴泉筆錄》卷下。
❷ 張瑞義，《貴耳集》卷下。
❸ 陶宗儀，《說郛》卷三八。

防弊措施。

㈠廢止門生稱謂及公薦制

唐代以來，每次科考前，朝廷的達官顯宦都可保薦一些有文才的考生，於是舉子們爭相將自己的作品呈送給他們，以求得保舉，稱之為公薦。由於科舉考試的主考官是對外公開的，因而考生也可以將作品送給考官，稱為公卷。於是造成了相當嚴重的請託現象。達官貴人可以替親友故舊向考官說情，甚至決定錄用名單，因而舉子被迫奔走於考官和顯宦門下，以求其推薦。中舉者無不視考官為恩師，而考官則視舉子為弟子，由此結成門生座主關係，助長了科舉的徇私舞弊和官場的

宋代考生作弊用的小抄衣
為防杜此弊，考生進入貢
院入試前，需接受嚴密的
搜身。

拉幫結派，加劇統治階級內部的矛盾和紛爭。宋太祖即位後不久，廢止權臣向考官推薦考生的特權，並詔令考生今後不得再呼考官為恩門、師門及自稱門生，所有考中者都是天子門生。至宋仁宗時，更廢除了公卷制度。

㈡鎖院制度

宋朝在「知貢舉」（主考官）、「權知貢舉」（副考官）等考官人選確定之後，便立即將他們鎖於貢院之中，斷絕他們與外界的聯繫，避免出現漏題、舞弊等現象。

㈢「封彌」制度

封彌始於宋太宗淳化三年（992年）的殿試，後逐漸推廣到省試、解試。考生考試結束後，由專人將試卷上的姓名、籍貫等用紙封糊起來，再交給考官評判，直到最後公布成績時，才能拆封公布姓名，否則便視為作弊。這一方法是要解決考官看到親友子弟的考卷而徇私判卷的弊端，也成為後代封彌試卷制度的起源。

㈣謄錄制度

實行封彌制度之後，又出現了考生在試卷上作暗號、標記等作弊行為，

而且，考官也可通過筆跡辨認出與自己有關係的考生，提高其成績。於是宋真宗景德二年（1005 年），政府採取了謄錄制度，即朝廷聘請一批抄書手將考生試卷重新謄寫一遍，再交給考官，其用意便是杜絕封彌措施的紕漏。

(五)別　試

別試又稱別頭試，貢舉考試方式之一，是針對考官親屬特設考場考試的制度。在禮部試、解試過程中，凡是考官親屬和有關官員的子弟、親戚、門客，應試時必須迴避，另派考官設場屋考試，以防出現徇私舞弊的現象。同時，對朝廷權貴的子弟還要再複試一次，以防高官權貴利用權勢將無能子弟成績拔高。別頭試始於唐，但僅限於禮部，未形成定制。北宋雍熙二年（985 年），始命禮部試考官親戚試於別處。景祐四年（1037 年），在北宋各路州軍推行別頭試。從此，地方各級考試大多設別頭試或別試院。

通過不斷調整，宋朝科舉制度逐漸完善，使統治者進一步加強了對科舉考試的監管和國家權力部門的防弊能力，限制了權貴子弟徇私舞弊、朝中權臣把持科場的特權。這樣，基本上保障了考試的公平合理，庶族與平民子弟通過科舉跨入仕途的人數日益增多，從而擴大了科舉考試的影響力和覆蓋面。統治集團內部也逐步形成了一個龐大的科舉官僚群體，這為宋代社會和文化教育等事業的發展注入了勃勃生機。

本章重點

1. 宋代的教育制度與書院發展。
2. 宋代科舉制度的成熟。

複習與思考

1. 論科舉與宋朝社會的關係及其影響。
2. 評述宋代的「私學」。

第十二章
文化的昌盛

在中國歷史上，宋代以其文化的繁榮昌盛而著稱於世，所謂「盛唐隆宋」，在很大程度上指的是唐宋時期文化方面所取得的成就。如果說唐朝是一個時代的結束的話，那麼宋代則是一個新時代的開端，其在中國歷史上的影響十分深遠。應該說，宋代文化既繼承了前代文化的優秀遺產，又開啟了後代文化的新篇章，達到了中國古代社會的最高峰。

第一節　宋代文化繁榮探源

宋代文化的繁榮有著多方面的原因，時代的變遷為宋代文化的發展注入了活力，經濟的繁榮為文化的繁榮奠定了基礎，前代文化遺產的繼承和中西文化的交流為宋代文化的發展提供了養分，統治者的立國之策則成為宋代文化全面繁榮的保障。

一、時代變遷與文化昌盛

唐宋之際，中國歷史經歷了一次巨大變革，唐末五代以來戰亂的打擊，至宋代，魏晉以來的世族門閥最終退出歷史舞臺，庶族地主地位上升。這種政治結構的轉變使文化開始擺脫世家大族的壟斷，逐步普及到更廣闊的社會人群，從而為文化的發展提供了肥沃而深厚的土壤，注入了新的活力。經濟方面，隨著均田制的瓦解，土地私有制占據了主導地位，同時，由於商品貨幣經濟的發展，經濟因素在社會各領域的影響力逐漸增強，這為私有經濟的發展也提供了較大的空間和自由。正是因為社會政治和經濟結構

的變遷，使得這一時期的社會心理和價值觀發生了巨大而深刻的變化，人們的個體自由意識大大加強，從而直接推動了宋代文化的發展。

二、經濟繁榮與文化發展

宋代的農業、手工業、商業相比前代都有了長足的進步，這為文化的繁榮提供了雄厚的物質基礎。宋朝建立以後，採取輕徭薄賦、招徠流亡、獎勵生產等政策，帶來了生產發展、社會穩定、百姓安居樂業的良好局面，一掃唐末五代頹敗之風。近代學者梁啟超曾經說：「無論甚麼時代，沒有幾分的經濟的獨立，就無從講起教育。孔子若是要鑿井而飲，耕田而食，哪裡還有工夫去敦詩說禮。到了後世，教育的中心在重要的書院，書院裡的發達，又是靠地方上擔負的能力。地方上越富庶，教育越振興，人物自然也越多。江蘇、浙江兩省在南宋以後，變成中國文化中心，與兩省的經濟史，總有關係。」❶此論深刻揭示了經濟發展與文化繁榮的內在聯繫。

隨著宋朝商品經濟的繁榮，進一步加劇了貧富分化，刺激了人們對於財富的追求，從而引起人們的社會觀念發生變化，「義利並行」甚至「重利輕義」取代了「重義輕利」觀。傳統的「重農抑商」的觀念發生動搖，商業得到了社會的普遍重視，與農業一起被視為立國之本，商人的社會地位顯著提高。在利益的驅使下，社會各界包括士人、官員等都參與經商活動，人們的思想、心理等都發生了變化，使文化的發展出現了新的突破口。

三、文化與宋朝的國策

㈠「興文教，抑武事」國策的確定

鑑於唐末五代武人亂政的教訓，宋王朝採取了「重文」政策，施行以文制武的方針，竭力提升讀書人的地位，將文臣的政治權力置於武臣之上。終宋三百年，「興文教，抑武事」❷成為一項基本國策。在這種情況下，社

---

❶ 梁啟超，《飲冰室文集》卷三九。

❷ 李燾，《續資治通鑑長編》卷一八，太平興國二年正月丙寅。

會上廣泛興起重學興文的風氣，為文化的繁榮提供了有利的環境。「藝祖皇帝用天下之士人，以易武臣之任事者，故本朝以儒立國，而儒道之振，獨優於前代。」❸宋人陳亮的這番議論，反映出以文易武是宋代文化昌盛的原因之一。

㈡寬鬆的文化政策

文化的勃興必以思想自由為條件，這是適用於東西方社會的普遍原則。中國從秦始皇建立中央集權體制開始，就存在文化專制主義。秦朝焚書坑儒，漢代罷黜百家、獨尊儒術，以及其後的「三武一宗」毀法滅佛，無不是文化專制主義的體現。然而，宋朝建立以後，統治者確立了儒、釋、道三家並行的政策，對於思想、學術、文學、藝術領域的各個流派，多採取寬鬆的態度，這有利於各種學術之間相互交流，相互促進。

宋政府對文化的寬容政策還表現在對待士人的態度上。宋朝建立伊始，太祖定下「不得殺士大夫及上書言事人」的家法，以後的歷代皇帝也都秉承這一祖制，採取重用與寬待讀書人的政策，堅持「與士大夫治天下」的理念。雖也有士人入獄的情況，但從不輕易殺戮。明末清初的王夫之說：「自太祖勒不殺士大夫之誓以詔子孫，終宋之世，文臣無歐刀之辟。」❹因此，宋代可以說是中國歷史上讀書人的黃金時期。

這種寬鬆的環境對宋代文化的發展起到了至關重要的作用，它有助於知識分子施展才智，充分表達自己的意見，進而百花齊放，百家爭鳴。正因為士大夫有了創作和言論的自由，其主動性、創造性都得到了充分發揮。文化的繁榮雖然根基於整個社會，但最終仍要靠文人表現出來，如果政府對讀書人百般防範、壓抑甚至迫害，文人終日要為自身安危擔憂，當然不可能投身於文化事業了，文化的發展也就無從談起。

㈢科舉制

宋朝建立以後，十分重視科舉取士之制。科舉制首創於隋唐，然而，

---

❸　《宋史》卷四三六〈陳亮傳〉。

❹　王夫之，《宋論》卷一。

當時門第等級觀念還有很大影響，新老世族把持著取士大權，科場成績並不是唯一標準，很多有才華的平民並不能憑藉科舉得到任用。宋代徹底打破了門第等級對科舉制的影響，基本上取消了對舉子出身的限制，士農工商皆可參加科舉考試。在宋朝，科舉及第者大多為平民子弟，據《宋史》本傳及明朱希召《宋歷科狀元錄》，北宋仁宗朝共十三榜進士，狀元有十二人出身平民。南宋理宗寶祐四年《登科錄》記載，曾祖、祖父、父三代仕履完整的有五百七十名進士，依其出身統計，三代皆不仕者為三百零七人，占總數的 53.8%，父親一代有官者（含宗室）為一百二十九人，只占 22.6%，其中低級官僚又占了大部分❺。這種局面的直接結果就是使普通的平民階層可以通過科舉改變自身及家族的命運，也間接地擴大了文化普及的範圍，這是宋代燦爛文化的肥沃土壤。

科舉考試的內容也發生了變化。唐代科舉考試的內容主要是詩賦和經義，而宋代改為經義、詩賦、策論並重。這一轉變改變了知識分子求學的方向，單純的背誦或吟詩作賦已經不能在科場中勝出，迫使士子必須具備獨特的見解，能夠獨立思考。這種變化有利於學術文化的發展，也使宋代文化獨具魅力。

四、教育的普及與文化

宋太祖即位後，就在京師設立國子監，作為國家教育領導機關。宋政府大規模興學是從「慶曆新政」開始的。仁宗慶曆年間，中央正式建立太學，政府撥給土地、房錢等作為教育經費，改良教學內容和方法。地方學校也大規模興起，各府、州、軍、縣陸續建學，各類學校遍布天下，從而形成了以中央國子學、太學為中心，包括諸多專科學校和地方州縣學的教育網絡，「雖荒服郡縣必有學」❻。宋代官學在數量、科目設置、管理等各

---

❺　以上統計據魯堯賢〈宋代文化的繁榮及其原因〉，《安慶師範學院學報》1994 年第 2 期。

❻　呂祖謙，《宋文鑑》卷八二〈南安軍學記〉。

方面都遠遠超過了前代。

　　同時，宋政府對民間辦學採取了比較寬鬆的政策，使得私學也較前代有了顯著的發展。宋初雖然無暇顧及學校建設，但仍然通過賜田等方式對私學予以支持，使之成為官學的有益補充。特別值得一提的是宋代的書院，作為教育機構中重要的一環，培養了許多人才。由於書院實行自由講學，講求相互辯論，因而一些名儒往往在書院對各種學術問題展開討論，這對宋代學術的發展有著難以估量的積極作用。書院對學生入學不作限制，一些貧困學生甚至可以寄讀，這有利於教育的普及。從中央到地方對教育的重視，使得宋朝各類學校眾多，管理規範，既培養了大批人才，也促進了宋代文化的繁榮。

五、前代文化遺產的影響

　　文化的發展有其延續性，考察一個時代的文化，不能割裂它與前代文化的傳承關係。宋代文化的全面繁榮並非無源之水，而是前代文化的發展和積澱。宋詞起源於唐，中經五代的發展，至宋達到鼎盛；史學方面，在前代紀傳、編年體的基礎上，開創出紀事本末體、綱目體等新的史書體裁，司馬光的《資治通鑑》也是在「遍閱舊史，旁采小說」的基礎上完成的。總之，在宋文化的各個方面，都凝聚了前代文化遺產的豐富內涵。

　　宋代官方和私人都十分重視文化典籍的收集和整理，這為文化的傳承打下了良好的基礎。宋朝建立之初，藏書非常有限，其後通過在民間搜集，書籍數目逐漸增多。太宗、真宗時期，命朝臣編輯了四大部類書，收錄了大量古籍，保存下來大量寶貴的史料。到徽宗時編撰《祕書總目》（原名《崇文總目》）時，藏書總卷數達到 55,923 卷。然而，經過靖康之難，這些藏書「蕩然靡遺」。此後，經過南宋政府的精心搜求，藏書量才有所恢復。至寧宗時達到 59,429 卷。除了官方藏書外，民間書院和私人手中也藏有大量的書籍。這些藏書直接關係到知識的積累和傳播，因而收藏大量前代書籍對宋代文化的繁榮無疑有著極大促進作用。

六、中外文化交流的作用

　　開放的對外政策也是宋朝文化全面繁榮的原因之一，宋代對外來文化採取兼容並蓄、廣泛吸收的態度，使外來文化很容易融入中國本土文化，進而豐富了宋代文化的內涵。如宋朝與高麗的交往，兩國在很多領域都相互交流。高麗的繪畫技藝得到了宋人的肯定，宋代著名繪畫評論家郭若虛說：「高麗國敦尚文雅，漸染華風，至於伎巧之精，他國罕比，固有丹青之妙。」❼宋徽宗非常推崇高麗畫家李寧，要求中國畫家向他學習。宋朝在與東南亞、阿拉伯、非洲等國家交往的過程中吸收了許多這些國家優秀的文化成果，阿拉伯的代數、幾何、三角、曆算等數學成就，都廣為中國數學家採用。宋代科技高峰的出現，與引進這些國家先進成果有一定關係。由此可見，吸收消化外來優秀文化成果給宋代文化注入了新的活力，為宋代文化的昌盛創造了有利條件。

第二節　宋代的詩

　　宋代詩歌出於唐詩之後，完美的唐詩既是宋詩的典範，同時也給宋人的創作帶來了巨大壓力。因此，宋詩一方面借鑑模仿唐詩，同時又不停地創新求變，清代吳之振在《宋詩鈔初集》序中說：「宋人之詩，變化於唐，而出其所自得，皮毛落盡，精神獨存。」❽揭示了宋詩與唐詩間的傳承關係。總的說來，宋詩雖然不及唐詩之盛大，但卻別開生面，另啟門戶，成就一代特色，在中國文學史上有著相當高的地位。

---

❼　郭若虛，《圖畫見聞志》卷六〈近事・高麗國〉。

❽　吳之振，《宋詩鈔初集》。

一、北宋詩歌

㈠北宋初期

宋初詩壇影響巨大的主要有三個派別，即「白體」、「晚唐體」和「西昆體」。「白體」是模仿唐代詩人白居易的一種詩風。這一詩派的代表人物主要是五代入宋的一些官員，如李昉、徐鉉、王禹偁等。「白體」詩風親切平易，句意平實。但宋初詩人大多只學到了白居易詩的皮毛，語言近乎口語，缺乏提煉，並未達到白詩的深度。其中成就較大的是王禹偁。他自幼喜愛白居易的詩，但當其仕途遭受挫折之後，又轉而學習杜甫面對現實、探求哲理的意境，創作出《對雪》、《感流亡》等佳作。王禹偁的詩簡雅古淡，平易流暢，開啟了宋詩的先河。其對杜詩藝術境界的借鑑，超越了淺俗平易的其他詩人，在宋初白體詩中獨樹一幟。

「晚唐體」指的是模仿中晚唐詩人賈島、姚合的詩風，重視詩句的錘煉，語言也較典雅。這些詩人多為隱逸山林的處士和僧人，但他們沒有經歷過晚唐詩人的那種時代危機，因此多在一些小意境的畫面中展現情感，苦心雕琢，往往有佳句而無佳篇，詩境狹窄。宋初，「晚唐體」詩人的代表人物有潘閬、魏野、林逋及被稱為「九僧」的希晝、保暹、文兆、行肇、簡長、惟鳳、惠崇、宇昭、懷古等九位僧人。其中最為著名的是林逋。他早年浪跡於江淮之間，後隱居孤山二十年，終身不仕不娶，只以梅花、仙鶴為伴，有「梅妻鶴子」之譽。他的詩多是吟詠湖山勝景和抒寫隱居不仕、孤芳自賞的心情。如《秋日西湖閑泛》：「水氣并山影，蒼茫已作秋。林深喜見寺，岸靜惜移舟。疏葦先寒折，殘虹帶夕收。吾廬在何處？歸興起漁謳。」無論是詩的意境，還是遣詞造句，都達到了很高水平。

在宋初詩壇，西昆體聲名最著，其詩人多是當時的名公大臣。真宗景德二年（1005年），楊億、劉筠、錢惟演等人奉命編修《冊府元龜》期間，他們相互酬唱，後來楊億將十七人唱和的詩作編成《西昆酬唱集》，「西昆體」由此而得名。西昆體基本上也仿效晚唐詩，推崇李商隱，字句華麗，

講求典故，對仗工整。由於這些詩人多是官僚，社會地位較高，因此西昆體的影響相對較大，進而形成為一個詩歌創作流派。但西昆詩人只立足於模仿李商隱詩的藝術形式，缺乏李詩蘊涵的真摯而深沉的情感，徒得其華麗外表而缺少內在氣韻，加之詩歌題材範圍狹窄，多涉及宮廷、戀情、詠物等主題，時代氣息淡薄，故雖然風行一時，但卻很快衰落。

（二）風格的確立

宋詩真正確立自己的風格，是在一代文壇領袖歐陽修及梅堯臣、蘇舜欽等人登上文壇之後。就詩的風格而言，歐、梅、蘇三人變西昆體的雕琢典麗為貼近生活的自然平易，但他們所追求的並非宋初「白體」的平淡淺顯，而是「當自組麗中來，落其華芬」❾，於平淡之中寓深刻，此後宋代詩人所追求的基本都是這樣的美學境界。題材方面，歐陽修等詩人更加重視反映現實生活，具有非常強烈的時代感、使命感。三人還有一個共同點就是將散文的創作手法融入詩歌創作，使詩歌散文化、議論化，如歐詩中的《再和明妃曲》、梅詩《潁水發公渡觀飲牛人》、蘇詩《和菱溪石歌》，都是這類詩歌的佳作。

歐、梅、蘇雖然在改革詩風的見解本質上是一致的，但具體的詩風卻各不相同。其中，梅堯臣詩歌創作較早，他的詩閒肆平淡、意新語工，較好的作品有《田家語》、《汝墳貧女》和一些寫景詩如《東溪》等。蘇詩的特點是語言暢達、豪邁奔放，然而不免有粗糙生硬之處。其內容上較為突出的，是愛國殺敵的英雄主題，代表作是《中秋夜吳江亭上對月懷前宰張子野及寄君謨蔡大》。歐陽修的詩清麗靈巧，《戲答元珍》是其代表作。歐陽修還撰寫了中國文學批評史上第一本詩話體文學批評專著——《六一詩話》。他的《水谷夜行寄子美聖俞》以詩的形式對蘇、梅二人的詩作出評價，開啟後代以詩論詩風氣之先河。

（三）顛　峰

歐、梅、蘇之後，王安石、蘇軾、黃庭堅等人將宋詩推上了全盛期。

---

❾　葛立方，《韻語陽秋》卷一。

三人的創作自成一體，當時稱為「王荊公體」、「東坡體」、「山谷體」。

王安石作為十一世紀的政治改革家，他的詩帶有更多的現實色彩，議論尖銳，鋒芒直露，同時也表達了詩人憂國憂民的感情和希望勵精圖治的政治理想，《河北民》、《兼并》、《白溝行》等作品都體現了這種風格。其《河北民》寫道：「河北民，生近二邊長苦辛。家家養子學耕織，輸與官家事夷狄。今年大旱千里赤，州縣仍催給河役。老小相攜來就南，南人豐年自無食。悲愁白日天地昏，路旁過者無顏色。汝生不及貞觀中，斗粟數錢無兵戎。」這首詩反映了宋王朝為向遼輸納銀絹而給人民帶來的沉重負擔，刻畫出百姓背井離鄉的苦難與艱辛，表露王安石對太平盛世的嚮往。

王安石善於以政治家的眼光對歷史上的人和事提出新的看法，寫出不少優秀的詠史詩，其代表作《明妃曲》在當時引起很大反響。

> 明妃初出漢宮時，淚濕春風鬢腳垂。
> 低佪顧影無顏色，尚得君王不自持。
> 歸來卻怪丹青手，入眼平生未（一作「幾」）曾有？
> 意態由來畫不成，當時枉殺毛延壽。
> 一去心知更不歸，可憐著盡漢宮衣。
> 寄聲欲問塞南事，只有年年鴻雁飛。
> 家人萬里傳消息，好在氈城莫相憶。
> 君不見，咫尺長門閉阿嬌，人生失意無南北。

詩中王安石一反傳統的見解，把王昭君的悲劇歸咎於君王的昏庸，語言犀利，不留餘地，具有很強的震撼力。

王詩擅長詩句的組織和語言的運用，其詩以工巧、才學、議論見長。他講究煉字煉句，意境新穎，如《泊船瓜洲》的「春風又綠江南岸，明月何時照我還」兩句，其中「綠」字無疑有畫龍點睛之妙。又如《書湖陰先生壁》：「茅簷長掃靜無苔，花木成畦手自栽。一水護田將綠繞，兩山排闥

送青來」,「護田」、「排闥」皆出自《漢書》,用典而使人渾然不覺。對仗工整,寫景層次井然,描繪了一幅清幽雅致、極富靈性的淡墨山水。

王安石退出政治舞臺後,心情日趨平靜,詩風也隨之含蓄深沉,創作了大量寫景抒情小詩。如《北山》:「北山輸綠漲橫陂,直塹回塘灩灩時。細數落花因坐久,緩尋芳草得歸遲。」既有唐人之風,深含禪意,又有自己瘦硬精嚴的特色,被稱之為「半山體」,其晚年的詩歌精警新穎,雅麗精絕,深為後人所推崇。

宋代詩歌的領軍人物當屬蘇軾,他的詩歌代表了宋詩的最高成就。蘇詩風格多變,博大精深,技巧嫻熟,開拓了宋詩的新意境,賦予宋詩以新的生命力。蘇詩數量眾多,今存二千七百首,內容廣博深厚,宛若一部北宋社會生活的百科全書。在詩歌的題材、體裁、主旨、修辭等方面都有巨大的創新性,於唐詩之外,為詩的發展開拓出一條新的道路,最終完成了北宋詩文革新運動,他也因此成為宋詩的代表人物。

蘇軾仕宦生涯十分坎坷,儒家積極入世和佛老消極避世兩種相互矛盾的思想並存於他的人生觀。其創作數量最多且成就最大的是抒發個人情感、歌詠自然景觀的作品。他在《和子由澠池懷舊》中寫道:「人生到處知何似?應似飛鴻踏雪泥。泥上偶然留指爪,鴻飛那復計東西。老僧已死成新塔,壞壁無由見舊題。往日崎嶇還記否?路長人困蹇驢嘶。」感慨人生如雪泥鴻爪,世事如白雲蒼狗,茫茫前途,不知所措。蘇軾善於對人的生命進行思考,在平凡的景色和日常生活中發現深刻的哲理,並以精妙的語言表達出睿智的思考,把詩意昇華到更高的境界。《題西林壁》寫道:「橫看成嶺側成峰,遠近高低各不同。不識廬山真面目,只緣身在此山中。」將哲理蘊含於具體的感受之中,以深長的意味賦予了詩歌靈思妙理。

黃庭堅是蘇軾的學生,亦是北宋著名詩人。他注重詩歌的藝術手段,講究作詩的法則,注重詩歌的技巧,用心探究詩的格律、語言、用典、謀篇。即便是普通的詩作者,掌握了他的方法,也可以作出較好的作品,因此他的追隨者很多。黃庭堅是江西人,後人便把這一學派稱為江西詩派。

江西詩派對後代的影響深遠，直至晚清宋詩派、同光體的詩人還在學習他們的技法。

黃庭堅作詩講究用典，「無一字無來處」，也是他所追求的境界，但這並不意味著對前人作品的簡單拼湊，而是在前人創作的基礎上，將詩句和典故推陳出新。黃庭堅詩才甚高，創作出了很多佳句，如《雨中登岳陽樓望君山》：「投荒萬死鬢毛斑，生入瞿塘灩澦關。未到江南先一笑，岳陽樓上對君山。」然而，這種重在模仿的詩風缺乏創造力，金人王若虛評價黃詩「有奇而無妙」❿，可謂一語中的。後來江西詩派的詩人受此影響，沒有取得較高的成就，也沒有出現傑出的大詩人。

二、南宋詩歌

㈠南宋初期

北宋滅亡之後，國破家亡的苦難現實刺激著南宋民眾的心靈。與之相應，南宋詩壇也表現出強烈的愛國之情和英雄主義，賦予宋代詩歌以新的內涵。被稱為「中興四大家」的陸游、楊萬里、范成大、尤袤等人成為南宋的第一代詩人，其中又以陸游、楊萬里、范成大的影響較大。

陸游一生勤奮創作，自謂「六十年間萬首詩」，其《劍南詩稿》八十五卷，收詩九千四百餘首，是宋代詩作較多的詩人。陸游詩歌的內容極為豐富，已到了「一草一木，一魚一鳥，無不裁剪入詩」的地步。他一生都希望能夠收復舊地，抗戰復國的主題貫穿他的創作歷程。他的詩充滿豪氣，悲壯雄放，把愛國的英雄氣概表現得淋漓盡致，如《夜讀兵書》中的「平生萬里心，執戈王前驅。戰死士所有，恥復守妻孥。」他在晚年所作的《十一月四日風雨大作》中寫道：「僵臥孤村不自哀，尚思為國戍輪臺。夜闌臥聽風吹雨，鐵馬冰河入夢來。」臨死之際，他仍不忘收復故國，寫下千古絕唱《示兒》：「死去元知萬事空，但悲不見九州同。王師北定中原日，家祭無忘告乃翁。」

---

❿　王若虛，《滹南詩話》卷二。

陸游還寫了很多繪景抒情的詩歌，《游山西村》：「莫笑農家臘酒渾，豐年留客足雞豚。山重水複疑無路，柳暗花明又一村。蕭鼓追隨春社近，衣冠簡樸古風存。從今若許閒乘月，拄杖無時夜叩門。」清新俊逸，饒有韻致，如同一幅鄉村畫卷展現於眼前。

陸游的詩歌成就很高，在思想性、藝術性兩方面都達到了極高的境界。在宋代社會重文輕武的背景下，陸游以其慷慨激昂的詩歌，異軍突起，格外引人注目。梁啟超作《讀陸放翁集》：「詩界千年靡靡風，兵魂銷盡國魂空。集中什九從軍樂，亙古男兒一放翁！」這是對陸游詩歌卓爾不群的中肯評價。

范成大的詩大致可分為兩個階段，前期面對金人的威脅，詩多愛國熱情；致仕以後，悠游田園，詩多農家苦樂。

范成大的使金紀行詩具有很高的價值。孝宗乾道六年（1170 年），范成大奉命使金，途中寫了七十二首七言絕句，描寫北方的山川文物，抒發故國淪亡之悲，其中一首《州橋》寫道：「州橋南北是天街，父老年年等駕回。忍淚失聲詢使者，幾時真有六軍來？」作品反映出中原人民的悲慘生活和他們真摯的民族感情，譴責南宋統治者的昏庸誤國，集中表現了他的愛國情感。

范成大最具開創性的是田園詩，他一反前代將田園詩寫成隱逸詩的傳統手法，以寫實的筆法，真實地描述農家的日常生活、風俗習慣、勞動場面。詩句充滿泥土和汗水的氣息，擴展了田園詩的意蘊，堪稱古代田園詩的集大成者。其代表作是六十首組詩《四時田園雜興》，每十二首為一組，分別描寫了春日、晚春、夏日、秋日、冬日的田園生活，既有美麗的自然風光，也有豐富的民俗人情。

楊萬里是個勤奮的詩人，一生作詩過萬首，編過詩集九部，其創作經歷了從模仿到獨創的過程，到五十歲左右才步入高峰期。他的詩注重個性，倡導用自己的感官感受自然，然後用生動的語言寫成詩歌，幽默風趣，靈動活潑，人稱「誠齋體」。最能體現其詩風的是一些描繪自然、抒述人生的

詩歌。他以口語化的詩句表達，通俗中顯出深厚的功力。如《小池》:「泉眼無聲惜細流，樹蔭照水愛晴柔。小荷才露尖尖角，早有蜻蜓立上頭。」真切地描寫出自然景物相惜相愛、相互依偎的微妙情態，也表現了詩人怡然自得的心境。再如《曉出淨慈寺送林子方》:「畢竟西湖六月中，風光不與四時同。接天蓮葉無窮碧，映日荷花別樣紅。」幽默靈活的筆調和淺近通俗的語言，使日常平凡的景物中充滿了機智活潑和明快風趣。

㈡南宋後期

南宋後期，宋詩逐漸走向沒落，無論是稍早的四靈詩派，還是晚於他們的江湖詩派，大多取法晚唐詩人，專工五律，眼界較低，意境狹窄。

「四靈」指的是永嘉的四位詩人——徐璣（字靈淵）、徐照（字靈暉）、翁卷（字靈舒）、趙師秀（字靈秀），他們都活動在十二世紀末十三世紀初，因為他們的名號中都帶有一個「靈」字，故被稱為「四靈」詩派。他們創作的詩歌，內容比較單薄，多為題詠景物、唱酬贈答，只有少數詩歌描寫民生疾苦或時事。因此《四庫提要》指出:「四靈之詩，雖鏤心鉥腎，刻意雕琢，而取徑太狹，不免破碎尖酸之病。」「四靈」的才氣學力都不如中興四大家，成就不高。但因備受當時著名學者葉適的推重而名噪一時，也直接影響到稍晚的江湖詩派。

江湖詩派的詩人大多是布衣，也有一些下層官僚，他們並非一個嚴格的團體，也沒有一個公認的領袖，甚至很多人互相並無來往，只是一個十分鬆散的作家群體。由於他們的身分、創作取向基本一致，當時臨安的書商陳起便將他們的詩合刻在一起印刷發行，題名為《江湖集》，江湖詩派遂由此得名。其中較為著名的有趙汝燧、劉克莊、戴復古等人，他們的眼界比「四靈」開闊，詩風更加靈活，同時也包含著王朝末期的悲涼。江湖詩人最擅長的題材是寫景抒情，字句精麗，長於白描，葉紹翁的《游園不值》:「應憐屐齒印蒼苔，小扣柴扉久不開。春色滿園關不住，一枝紅杏出牆來。」形象有趣地描繪了充滿生機的春色。

南宋王朝的衰落和滅亡是一段極為慘痛的歷史，詩壇也充斥著悲愴頹

敗的氣氛，但其中也不乏悲壯激昂的詩歌，為成就卓著的宋詩留下了最後
的輝煌。文天祥早年的詩歌比較平庸，艱辛的歲月和苦難的命運使他的創
作出現了昇華，他用詩歌記錄了自己的人生遭遇和心路歷程。他的詩集名
為《指南錄》，取自他的詩句「臣心一片磁針石，不指南方誓不休」，表明
他力圖恢復宋室而不屈不撓的意志。著名的《過零丁洋》中「人生自古誰
無死，留取丹心照汗青」一句，表現出詩人強烈的愛國之情和崇高的人格
魅力，成為中國詩史中的優秀篇章。

　　宋元之際，大批遺民詩人發出了興亡之際的感歎，他們或寫沉痛的故
國之思，或寫悲憤的民族之情，或抒發自己堅貞不屈的意志，或表現失卻
故國的悵恨情思。如鄭思肖的「寧可枝頭抱香死，何曾吹落北風中」，林景
熙的「何人一紙防秋疏，卻與山窗障北風」等。時代的巨變，使得許多文
人無法再沉浸於恬淡閒適的人生情趣，也無暇再追蹤古人的風格，雕琢字
面而悠然吟唱。以自然樸素的語言抒寫內心「哀」「憤」情感，成為宋元之
際遺民詩的主要特點。

第三節　宋代的詞

　　詞全稱為曲子詞或詞典，簡稱詞，原是配合音樂歌唱而創作的歌詞，
後來逐漸與音樂分離，成為一種獨立的文體。早期的詞多從五、七言詩脫
胎而來，句子長短不齊，所以也叫做長短句或詩餘。詞興起於唐末，經過
晚唐五代的發展，至宋達到全盛時期，呈現出空前繁榮、多姿多彩的面貌，
在中國文學史上占有重要地位，與漢賦、唐詩、元曲並稱為中國文化的瑰
寶。

一、北宋前期

　　宋詞的發展一般可分為北宋前期、北宋後期和南宋三個階段。北宋前
期的詞風大體沿襲晚唐五代婉約豔麗的風格，詞人受前代「花間派」的影

響，創作內容多為樽前花下，風格「香而弱」，形式多為小令。直到真宗、仁宗時期，才出現了晏殊、柳永、歐陽修等詞壇名家，詞的風格逐漸向縱深拓展，詞體進一步詩化，柳永的慢詞更是體制上的一大開創。

柳永年輕時到京城應試，經常出入教坊青樓，以擅長填詞聞名。多次科考失敗後，他下定決心，「忍把浮名，換了淺斟低唱」，從此浪跡於汴京、蘇州、杭州等地。柳永經常流連於歌場酒肆，與民間藝人、歌伎、下層市民關係密切，非常了解普通民眾的生活，因而他的詞呈現出一種濃烈的世俗情感。同時，柳永又是一個文化修養很高的文人，在謀篇、修辭、造句等方面有很高的造詣，使他的詞表現出俗中帶雅的趣味。《望海潮》、《鶴沖天》、《木蘭花》、《透碧霄》、《雨霖鈴》等都是傳誦千古的名篇。《雨霖鈴》描寫詞人離開汴京時與戀人難捨難分之情，上闋渲染秋日離別的悲涼氛圍，「寒蟬淒切，對長亭晚，驟雨初歇。都門帳飲無緒，留戀處、蘭舟催發。執手相看淚眼，竟無語凝噎。念去去、千里煙波，暮靄沉沉楚天闊。」下闋寫離別後的孤寂心情，「多情自古傷離別，更哪堪、冷落清秋節。今宵酒醒何處？楊柳岸、曉風殘月。此去經年，應是良辰，好景虛設。便縱有千種風情，更與何人說？」離別時的傷感、難堪與離別後的淒涼、孤苦交織在一起，不論是由景生情，還是化情為景，都能達到水乳交融、無跡可尋的妙境。柳永的詞雅俗共賞，在當時廣受歡迎，每作新詞，天下人爭相歌詠，以致「凡有井水飲處，即能歌柳詞」❶。

長期的飄泊生活，使柳永對旅途生活感觸頗多，他也因此寫下了大量羈旅行役詞。這些詞往往將途中景色與厭倦流浪、思鄉之情相連，如《八聲甘州》，上闋描寫秋天的蕭瑟景象，「對瀟瀟暮雨灑江天，一番洗清秋。漸霜風淒緊，關河冷落，殘照當樓。是處紅衰翠減，苒苒物華休。唯有長江水，無語東流。」下闋觸景生情，描寫鄉思的凝重，「不忍登高臨遠，望故鄉渺邈，歸思難收。嘆年來蹤跡，何事苦淹留？想佳人、妝樓凝望，誤幾回、天際識歸舟。爭知我、倚闌干處，正恁凝愁。」情景交融，曲盡其妙，

---

❶ 葉夢得，《避暑錄話》卷下。

一代文豪蘇軾也對這首詞大加推崇，稱其「不減唐人高處」❷。

柳永詞的最大貢獻在於創作了大量適合歌唱的慢詞，改變了小令一統天下的局面，豐富了詞的內涵，提高了詞的表現力。他著有《樂章集》，在詞的題材、體制、語言等各個方面都提出了自己獨到而深刻的見解。宋詞的八百八十多個詞調中，柳永首創的就有一百多個。然而，柳永及其以前的詞人，大多抒發傷春、悲秋、歡飲、離別、相思的情感，意境狹窄。他們的作品柔美婉轉，被稱為「婉約派」，這一流派影響很大，後來的周邦彥、李清照都屬於這一派別。

蘇軾是北宋詞壇獨樹一幟的大家。他的詞一改晚唐五代詞的綺豔之風，其題材、主旨、表現手法都逐步向詩、散文看齊，取材範圍更加寬廣，創作也更加多樣化，自成一家，後人評價他的詞「如詩、如文，如天地奇觀。」❸

蘇軾的詞包含豪邁奔放、委婉清麗、灑脫狂狷等多種風格，而被後人廣為稱道的還是他的豪放詞。這種詞突破了傳統詞取材於「花間」、「樽前」的壁壘，使詞走向廣闊的社會，山川景物、記遊詠物、感舊懷古都成為詞的重要題材。其代表作《念奴嬌·赤壁懷古》：「大江東去，浪淘盡、千古風流人物。故壘西邊，人道是、三國周郎赤壁。亂石崩雲，驚濤裂岸，卷起千堆雪。江山如畫，一時多少豪傑。　遙想公瑾當年，小喬初嫁了，雄姿英發。羽扇綸巾，談笑間、檣櫓灰飛煙滅。故國神遊，多情應笑我、早生華髮。人生如夢，一尊還酹江月。」讀之使人如身臨其境，蕩氣迴腸。蘇軾的詞大筆揮灑，豪氣干雲，是宋代「豪放派」的代表人物。蘇詞不僅在當時文壇具有很大影響，且開啟了後代詞不同流派的發展。

二、北宋後期

北宋後期的代表詞人有秦觀、賀鑄、周邦彥等。周邦彥與柳永相似，是一個風流浪漫的詞人，其作品大多是慢詞，以豔情詠物和離愁別緒為主，

---

❷　趙令畤，《侯鯖錄》卷七。

❸　劉辰翁，《須溪集》卷六〈辛稼軒詞序〉。

善於鋪敘，語言精緻。周邦彥重視詞的音韻聲調與樂曲配合，講究格律，注重通過周密的布置使詞的結構更富於變化，言情體物更為精巧、縝密、典雅，是北宋詞之集大成者。他的名作《蘭陵王‧柳》：「柳陰直，煙裡絲絲弄碧。隋堤上、曾見幾番，拂水飄綿送行色。登臨望故國。誰識、京華倦客？長亭路、年去歲來，應折柔條過千尺。　閒尋舊蹤迹，又酒趁哀絃，燈照離席，梨花榆火催寒食。愁一箭風快，半篙波暖，回頭迢遞便數驛，望人在天北。　悽惻。恨堆積。漸別浦縈回，津堠岑寂，斜陽冉冉春無極。念月榭攜手，露橋聞笛，沉思前事，似夢裡、淚暗滴。」詠柳、離別、征途依次展開，前後照應，曲折縝密，構思精巧，為一代之絕唱。周邦彥集各家之長，章法更多變化，代表了婉約詞走向典雅工巧的趨勢，在很大程度上影響了南宋詞壇，後人讚他「千古詞宗，自屬美成」。

三、南宋時期

靖康之難給宋代社會帶來了翻天覆地的變化，文學創作也隨之受到很大影響。尖銳的民族矛盾使得南宋的詞充滿了強烈的愛國情懷，詞人多傾訴國破家亡的悲痛、收復故地的豪情和以身許國的英雄主義。這一時期出現了陸游、辛棄疾為代表的詞壇巨匠。

辛棄疾確立並發展了蘇軾所開創的「豪放」一派，將詞藝術推向輝煌的高峰。其作品代表了宋代豪放派詞的最高成就，與蘇軾並稱「蘇辛」。辛棄疾是文武兼備的官員，下筆自有一種英雄氣概，他的詞充分表現出他「金戈鐵馬，氣吞萬里如虎」（《永遇樂‧京口北固亭懷古》）的豪邁情懷，不論是豪勇還是悲壯，激勵還是怨憤，都顯示出南宋初仁人志士的愛國之情。他在《破陣子‧為陳同甫賦壯詞以寄之》中寫道，「醉裡挑燈看劍，夢回吹角連營。八百里分麾下炙，五十弦翻塞外聲，沙場秋點兵。　馬作的盧飛快，弓如霹靂弦驚。了卻君王天下事，贏得生前身後名，可憐白髮生！」豪邁雄渾，感人至深。辛棄疾還有很多以評議時政、陳述恢復大業為中心內容的詞，強化了詞的現實批判功能，對南宋後期詞人將詞作為反映社會現

實的手段有著直接的影響。

另外，宋代以詩為詞的傾向在辛詞中得到了充分的體現，辛棄疾不僅將詩的主題、手法運用於詞的創作，還將散文、駢文、民間口語等語言形式引入詞壇，以文為詞，這種手法既增強了詞的藝術表現力，也空前擴大和豐富了詞的語彙，賦予古代語言以新的活力。

李清照是中國古代最偉大的女詞人，她的創作以靖康之難為界，形成風格截然不同的兩個時期。北宋滅亡之前，李清照生活幸福，詞中充滿愉悅的氣氛，以《醉花陰》為例：「薄霧濃雲愁永晝，瑞腦消金獸。佳節又重陽，玉枕紗廚，半夜涼初透。東籬把酒黃昏後，有暗香盈袖。莫道不銷魂，簾捲西風，人比黃花瘦。」靖康以後，國破家亡，她過著「漂零遂與流人伍」的生活，飽嘗了人世間的種種辛酸，詞中充滿濃重的感傷情調。如《聲聲慢》，開篇連用「尋尋覓覓，冷冷清清，淒淒慘慘戚戚」七個疊字，描寫她的孤寂無依的處境，下闋觸景生情，「滿地黃花堆積，憔悴損，如今有誰堪摘？守著窗兒，獨自怎生得黑？梧桐更兼細雨，到黃昏，點點滴滴。這次第，怎一個愁字了得。」充滿淒婉的情調。

李清照的詞生動流暢，善於運用白描和鋪敘手法，渾然一體。前代婉約詞人多從男性角度去揣摩女性心理，缺乏真情實感，而李清照則以女性特有的眼光塑造了前所未有個性鮮明的女性形象，增強了詞的情感深度。她的詞獨具風貌，被後人稱為「易安體」。

南宋後期，國力日衰，詞作中也少了前輩的豪情，更多的是偏安王朝的哀婉淒清，唯有文天祥的詞雄壯激昂，唱出了民族的尊嚴和正氣。另外，姜夔也是這一時期比較有影響的詞

李清照像

人。

姜夔在詞的題材內容上沒有多大的創新，仍沿襲周邦彥的創作道路，多寫自己的身世和情場的失意，倒是在創作手法上進行了新的嘗試。自從柳永變雅為俗以來，詞壇一直是雅俗並存，到姜夔則徹底變俗為雅，下字運意，都力求醇雅。他的詞精於雕琢文字，不用俗語俗字，格律嚴整，這正迎合了南宋後期貴族雅士們棄俗尚雅的審美情趣。在他之後，詞的發展走向了雅緻化，姜夔詞被奉為雅詞的典範，在辛棄疾外別立一宗，自成一派，對南宋末年詞壇產生了很大的影響。

第四節　宋代的散文

宋代散文是沿著唐代散文的道路發展的，但無論內容、形式，還是語言、風格，都比唐代散文有新的境界。唐代的古文運動，實際上是經過北宋詩文革新之後方才完成，進而確立了唐宋八大家的古文傳統。

一、北宋時期

宋初散文承晚唐五代餘風，卑弱浮豔有餘，剛健明快不足，一味追求文字的精巧華美。這種文風引起有識之士的不滿，首先鮮明地提出改革主張的是柳開。他推崇古文，指出古文之價值不在於辭澀言苦，讓人難以讀懂，而是要以文載道，用散文服務於現實，不能無病呻吟。柳開是宋代倡導古文運動的第一人，但他太過偏重理論方面的傳道，而忽視了創作本身，他的文章仍然艱澀難懂。

柳開革新古文的主張得到了王禹偁、穆修、石介與尹洙等人的支持，但真正創作實踐古文的是王禹偁。他主張「遠師六經，近師吏部（韓愈）」，追求以通俗順暢的語言說明道理。在文與道的關係上，王禹偁不像柳開那樣偏激，主張既要傳道，同時又要融入個人感情，文道合一。這樣，文章就能擺脫晦澀的風格，明白易懂。王禹偁的代表作《黃州新建小竹樓記》

開宋代古文之先河，是膾炙人口的名篇。

宋代古文風格直到歐陽修時才徹底改變，他也因此成為北宋古文運動的領軍人物。歐陽修在古文理論上有了重大發展。他認為，文與道應該並重，文章固然要傳道，但不能因道而廢文，強調「言之無文，行之不遠」的重要性，為北宋詩文革新確立了正確的指導思想。

歐陽修的散文內容充實，語言簡而有法，結構嚴謹有序。他創作了大量優秀的作品，如《豐樂亭記》、《醉翁亭記》、《有美堂記》等。歐陽修的這些文章具有典範性的意義，「（歐陽）修文一出，天下士皆向慕為之，唯恐不及，一時文章大變」❹。在他的引導下，宋代散文與唐代韓愈、柳宗元倡導的古文運動接軌，找到了正確的發展方向，進入了散文創作的新階段。歐陽修身居要職，德高望重，具有很大的影響力。因此，在他周圍團結了一批有才華的文人，朋輩有梅堯臣、蘇舜欽等，門下有蘇軾、王安石、曾鞏等，從而形成為強大的聲勢，徹底扭轉了當時的文風，將宋代散文推到了更高的層次。

王安石是北宋著名的政治家，也是當時文壇的領袖人物。歐陽修曾寫詩稱讚王安石「翰林風月三千首，吏部文章二百年，老去自憐心尚在，後來誰與子爭先？」把他與李白、韓愈相提並論，稱許其後無來者，對他期望和評價甚高。王安石的古文強調應用，他早年模仿孟子與韓愈，其後兼取韓非的峭厲、荀子的富贍和揚雄的簡古，形成了自己雄健峭刻、「瘦硬通神」❺的風格。他的文章大多為政治性、實用性很強的政論文，代表作有《上仁宗皇帝言事書》、《答司馬諫議書》、《讀孟嘗君傳》等。其中《上仁宗皇帝言事書》，洋洋萬言，沉著頓挫，被梁啟超譽為「秦漢以後第一大文」。《答司馬諫議書》，說理清楚，態度明確，行文簡練有力地駁斥了司馬光對新法的攻擊，堪稱政論文的典範之作。

蘇洵、蘇軾、蘇轍父子三人在北宋文壇頗有影響力，並稱「三蘇」。蘇

❹ 歐陽修，《歐陽文忠公文集》附錄卷四〈神宗舊史・本傳〉。

❺ 劉熙載，《藝概》卷一。

洵的文章質樸，奇峭雄俊，長於煉字，精深有味，宋代散文家中，他的文章與韓愈最神似。其策論文章尤為卓著，具有先秦文筆風格。著名的有《六國論》、《管仲論》、《辨奸論》、《木假山記》等。以《六國論》為題，蘇洵父子三個各寫過一篇文章，蘇軾和蘇轍的文章基本上是就史論史，感歎古人的成敗功過。蘇洵的文章則借古論今，鋒芒直指北宋朝廷，批評當時朝廷向遼朝和西夏輸幣納絹、乞求苟安的政策，顯示其超乎常人的境界。

蘇軾是古文運動的集大成者，他強調文以載道的作用，認為文章應該言之有物，同時寫作手法要流暢自然。他的散文縱橫捭闔，行雲流水，敘事、寫景、抒情、議論無不通脫自然，渾然一體，達到了異常自由又極其工整的境界，在他筆下，散文的藝術性、實用性達到了空前的高度。由於蘇軾知識淵博，對學問的理解也超出了同時代的其他人，所以他的文章常流露出一股縱橫的豪氣，時人稱為「奇氣」。他曾評價自己的散文：「吾文如萬斛泉源，不擇地而出，在平地滔滔汩汩，雖一日千里無難。及其與山石曲折，隨物賦形，而不可知也。所可知者，常行於所當行，常止於不可不止，如是而已矣，其他雖吾亦不能知也。」這充分表明了蘇軾的文學天賦。

蘇軾一生創作了大量優秀的作品，他的古文大多是史論、政論文，比較著名的有《思治論》、《續朋黨論》、《教戰守策》等，說理透徹，旁徵博引，邏輯謹嚴，氣勢恢宏。他還創作了很多遊記，文章行雲流水，意境開闊，充滿詩情畫意，《石鐘山記》、《記承天寺夜遊》就是其中的佳作，後者全文僅八十餘字，卻把夜遊的時、地、人、景、事交代得清清楚楚，展現出一個詩畫人生的審美境界。此外，他的前後《赤壁賦》則把文賦這一新的體裁推到了新的高度，使其既無漢賦的刻板凝重，也脫離了六朝賦的駢儷。《宋史‧蘇軾傳》評價他的文章說，「雖嬉笑怒罵之辭，皆可書而誦之，其體渾涵光芒，雄視百代，有文章以來，蓋亦鮮矣。」

蘇軾的古文在當時產生了很大影響，使他成為繼歐陽修之後的又一文壇領袖。他的門人很多，黃庭堅、張耒、晁補之、秦觀並稱「蘇門四學士」。南宋時，蘇軾的文章幾乎成為科舉考試的範文，當時稱「蘇文熟，吃羊肉；

蘇文生，吃菜羹。」陸游總結說：「建炎以來，尚蘇氏文章，學者翕然從之。」**⓰**

　　蘇轍性格淡泊沉靜，不求名利，為官清正，直言敢諫，因此屢遭貶謫。蘇轍的文名雖不如其兄，但創作水平相去並不甚遠。他所作的策論文目光犀利，論述精深，具有很強的預見性，如《進策》、《六國論》等。而他的記敘體散文則具有很強的文學性，平正高雅，給人以從容鎮定的印象，《武昌九曲亭記》、《黃州快哉亭記》等都是傳誦千古的名篇。

　　曾鞏的古文深受歐陽修和王安石的影響，其記敘文秀麗俊雅，自然純樸；議論文論述周密，布局嚴謹。曾鞏長於說理，語言淺近，能夠在記敘中作出理性的分析，層層道來，紆徐而不煩，簡奧而不晦，頗顯老到純熟的功力。曾鞏強調「道」，所以他的抒情文較少，而議論文、記敘文較多，如《宜黃縣縣學記》、《醒心亭記》等，都是他的代表作。曾鞏獨特的文學成就使他自成一家，在宋代散文史上占據一席之地，其文頗受朱熹等理學家的推重，地位被列在王安石之上，其影響也相當深遠。

二、南宋時期

　　南宋散文繼承了北宋古文運動的傳統，但其藝術成就沒有達到北宋散文的高度，也沒有產生可以和前代學者並稱的文學大家，儘管如此，南宋散文具有自己鮮明的時代特點。隨著民族矛盾的日益激烈，維護民族尊嚴成為朝野內外的共識，這使得南宋散文不可避免地帶有一種北宋散文所沒有的悲壯色彩，表達亡國之痛和懷念故國之情成為一大主題，戰鬥性十分強烈，氣勢磅礡，懷有深深的愛國之情，展現震撼人心的力量。

　　從趙構登基開始，南宋散文就顯現出它的戰鬥鋒芒。建炎元年（1127年），宗澤上《乞毋割地與金人疏》，反對割地求和，盡顯忠義之氣。名將岳飛的《五嶽祠盟記》，慷慨激昂，氣壯山河，顯示出強烈的愛國精神。紹興八年（1138年），胡銓上《戊午上高宗封事》，將批判的矛頭直指權相秦檜，稱「義不與檜等共戴天」，否則寧願「赴東海而死」，也不能「處小朝

⓰　陸游，《老學庵筆記》卷八。

廷求活」。態度堅決，言辭尖銳，在當時社會產生了極大的反響，金人也「以千金求其書」，讀後為之失色，感歎「南朝有人」❶。

　　其後比較有特色的散文是辛棄疾和陳亮的作品。辛棄疾的代表作《美芹十論》和《九議》詳盡地分析了宋金雙方的形勢，提出進取的對策，立意高遠，氣勢雄偉，語言凝煉，展示出辛棄疾的才學。陳亮的文章則力圖激揚民族正氣，振奮民族精神，他的《上孝宗皇帝第一書》、《上孝宗皇帝第二書》、《上孝宗皇帝第三書》及《戊申再上孝宗皇帝書》、《中興論》等論文，氣魄雄渾，鋒芒畢露，頗具感染力。

　　除了這類政論文，南宋還出現了一些抽象而深刻的說理散文。早期的張栻、朱熹、呂祖謙被稱為東南三賢，他們都寫過不少語言質樸的文章。稍晚一些各個哲學派別，如朱熹為代表的理學、陸九淵的心學、陳亮和葉適的「浙學」等，互不妥協，為此而寫作了許多爭辯說理的文章，推動了議論文的發展。

　　南宋散文的成就在一些遊記和筆記小說中也有體現。呂祖謙的《遊赤松山記》、朱熹的《百丈山記》、陸游的《入蜀記》、范成大的《吳船錄》都是比較優秀的遊記作品。《入蜀記》和《吳船錄》描繪長江沿岸的美景，記敘所到之處的風俗人情、歷史古跡，文筆優美，引人入勝。筆記小說方面則有陸游的《老學庵筆記》，洪邁的《容齋隨筆》等。南宋將亡時期的筆記小說，更是帶有一種強烈的懷舊氣息和悲愴情懷，如吳自牧的《夢粱錄》、周密的《武林舊事》等。

　　南宋後期，由於長期偏安一隅，散文中已經不復那種傲視群雄的氣勢，隨著宋王朝的滅亡，古文創作也逐漸衰落。前代有些文學史家對南宋的散文抱有偏見，加以「質木無文」之譏，其實是不公允的。事實上，由於處在特定的歷史時期，南宋散文少有靡靡之音，絕大多數文章內容充實，具有強烈的民族意識，洋溢著愛國主義精神，值得後人尊重。

---

❶　羅大經，《鶴林玉露》甲編卷六〈斬檜書〉。

第五節　宋代的史學

一、修史機構

唐代以前，私人修史的活動比較普遍。唐朝加強了對史書修撰的控制，貞觀三年（629 年），唐太宗李世民設史館於禁中，選任史官，由宰相監修，確立了官修史書的制度。宋承唐制，又有所發展，逐步建立起一套完善的修史制度和機構，分工較細、複雜重疊，起居注、時政記、日曆、實錄、國史、會要皆由專人負責。

㈠起居院

起居院是編修起居注之處。宋初雖設起居院，門下省、中書省也有起居郎、起居舍人之職，但只是寄祿官，並不負責修撰起居注，而是另外派遣其他官吏領其事。太宗淳化五年（994 年），徙起居院於禁中，起居院才正式負責修注工作。元豐官制改革之後，起居郎、起居舍人方開始實任其職。儘管職位不高，但由於接近皇帝，得以預聞朝廷大政，因此選任時多以制科、進士高第與館職之有才望者充當。正因如此，記注官一直被視為清望而榮耀的職務，是館職升遷的臺階，「選三館之士當升擢者，乃命修起居注。」 ❶⑧

宋代所修起居注除記錄皇帝言行外，還包括朝廷命令、制度更改、獎懲群臣、封拜除授、四時氣候、州縣廢置，以及祭祀、燕享、臨幸、引見之事，日月、星辰、風雲、氣候之兆，郡縣祥瑞之符，里閭孝悌之行，戶口增減之數等內容，史料價值極高。然而，宋朝編修的起居注至今多已散佚，現存有周必大《起居注稿》一卷，宋末周密所輯《德壽宮起居注》（一稱《乾淳起居注》）十二條。

宋代修注規定十分嚴格，各省、臺、寺、監及各地機構都要及時向起

---

⑱　歐陽修，《歐陽文忠公集‧奏議集》卷一二〈論史館日曆狀〉。

居院供報文字，以供起居院使用，否則要受到相應處罰。修注官如出現差
誤，也要受到降級的處分，真宗大中祥符七年（1014 年），同修起居注張
複、崔遵度等人就因此被貶官❶。這些規定客觀上確保了起居注的準確性
和真實性，起居注也因此而成為修史必須參考的資料。

㈡日曆所

宋朝通常由宰相提舉編修日曆，根據時政記、起居注及諸司報狀等按
日月編撰，集為一書。編修日曆所需的時政記始於唐代，由宰相監修。五
代以後，中書省、樞密院都有時政記。宋代時政記自太宗以後基本沒有中
斷，不過最初並不以時政記為名，只題「送史館事件」，正式題為時政記是
在真宗景德元年（1004 年）以後。因其史料豐富，又力求詳備，因而宋代
編修的日曆卷帙浩繁，如孝宗淳熙十六年（1189 年）修成的《至尊壽皇聖
帝日曆》，多達二千卷。但至今多已散佚，現存僅有宋人王明清所輯的《熙
豐日曆》八條。

㈢實錄院與國史院

實錄是宋代官修的當代編年體史書，國史是官修紀傳體史書，但參與
修書的人員往往是相同的。實錄院整理加工日曆等有關史料，編成編年體
的某朝或幾朝實錄；國史院再根據實錄等加工成紀傳體的國史。宋初的修
史機構是史館，仁宗天聖年間，又在門下省置編修院，由宰相或執政負責
編修國史和實錄。元豐官制改革後，每修前朝國史、實錄，則分設國史、
實錄院，以宰相提舉，以學識淵博的文官專門修史。南宋以後，修實錄則
置實錄院，修國史則置國史院，直到寧宗時才又並設國史院、實錄院。

宋朝共修實錄二十部，多已散佚，僅存錢若水監修的《太宗實錄》殘
本二十卷、《名臣碑傳琬琰集》中實錄附傳二十七篇。共修國史七部，現只
有少數傳記、志序及片段文字保存在類書及文集中。

㈣會要所

會要所與實錄院、國史館一樣，都是祕書省下設的修史機構，只是編

---

❶　《宋會要輯稿》職官二之一二。

修官及所修書的性質不同而已。會要也由宰相或執政提舉監修，初由崇文院三館官員修撰，北宋末始於祕書省設會要所，南宋因之。會要具有檔案彙編的性質，是官員處理政務的依據，因而編修時非常重視資料的搜集整理，除日曆、實錄、國史之外，還要調集各種詔令，將各種資料分類編集成書，以供參考。宋朝先後編撰會要十餘種，多已散佚，現存《宋會要輯稿》是清人徐松從《永樂大典》中輯出的一部殘書，但仍具有很高的史料價值。

㈤玉牒所

玉牒所主修皇室宗牒，其制也始於唐朝。玉牒以編年體敘述帝系及各帝在位年數，記政令賞罰、封域戶口、年歲豐歉等。同時，作為趙宋宗室之族譜，玉牒內容包括宗子命名的詔書與訓令、皇室子孫的名字與官銜、宗室子女的成就與婚姻關係、宗室子弟的行輩順序及各系、各支之間的關係等等。今存者有劉克莊所修寧宗朝《玉牒初草》二卷，收入《後村先生大全集》及《藕香零拾》中。

二、重要史學著作

㈠《五代史記》

太祖開寶年間，宰相薛居正奉命監修五代史，成書一百五十卷，後人稱為《舊五代史》。仁宗時，歐陽修不滿薛史「繁猥失實」，以私人之力重修五代史，大約在嘉祐年間成書，後人稱為《新五代史》，是「二十四史」中唯一被列入正史的私撰紀傳體史學著作。

為了適應趙宋王朝重振綱常的政治需要，歐陽修在修史過程中將綱常名教置於核心地位，在《新五代史》中加以嚴格貫徹。要求臣子無條件忠君，「其食人之祿者，必死人之事」[20]。因此，在編修五代史的過程中，「褒貶義例，仰師《春秋》」。效仿《春秋》筆法，敘事、褒貶用字皆有特定的含意。如在戰爭的敘述中，以大加小稱「伐」，加有罪稱「討」，天子親往稱「征」；背此而附彼稱「叛」，自下謀上稱「反」；以身歸稱「降」，以地

[20] 歐陽修，《新五代史》卷三二〈死節傳論〉。

歸稱「附」。同時，以綱常倫理的道德標準褒貶人物，對「死節」、「死事」
做了嚴格的區分。在人物的稱謂上更為嚴格，如朱溫開始並不稱帝，而是
直呼其名，賜名後稱全忠，封王後稱王，僭位後始稱帝，力求做到「義不
失實」。由於歐陽修修史的目的在於「以治法而正亂君」，他認為五代亂世
的制度不足為後世法，所以不立職官、食貨、選舉、兵、刑諸志，只有《司
天考》、《職方考》二目。

　　清代學者趙翼對歐史評價頗高，稱「歐史不唯文筆潔淨，直追《史記》，
而以《春秋》書法寓褒貶於紀傳之中，則雖《史記》亦不及也。」❷¹唯《新
五代史》雖然文筆簡潔，寓褒貶於其中，對史實卻不甚經意，清代史家章
學誠評論說：「歐公文筆足以自雄，而史識史學均非所長。」❷² 後來司馬光
編撰《資治通鑑》時多採薛史。從史料角度來看，新舊二史可以互相補充，
不可偏廢。然而，由於《新五代史》更符合封建統治者的需要，南宋以後，
歐史獨享盛名。金代規定官學只用歐史，削去薛史。《舊五代史》逐漸湮沒，
至明代散佚，現在的《舊五代史》是清代四庫館臣從《永樂大典》中輯出
的，已有殘缺。

㈡《資治通鑑》

　　《資治通鑑》是一部編年體通史。作者司馬光鑑於舊史書的紛繁蕪雜，
讀之不便，遂有「刪取其要，為編年一書」的打算。修史工作從英宗治平
元年（1064 年）開始，至神宗元豐七年（1084 年）完成，全書二百九十四
卷，記述了上起戰國時代周威烈王二十三年（前 403 年），下迄五代後周世
宗顯德六年（959 年），共一千三百六十二年的歷史。

　　為了編撰《資治通鑑》，司馬光及其助手參閱了大量史料，「遍閱舊史，
旁采小說，簡牘盈積，浩如烟海。」❷³ 宋人高似孫《緯略》稱《資治通鑑》
引援史料二百二十餘家，《文獻通考》卷一九三稱「其用雜史諸書凡二百二

---

❷¹　趙翼，《廿二史箚記》卷二一〈歐史書法謹嚴〉。

❷²　章學誠，《章氏遺書》外編卷一〈信摭〉。

❷³　司馬光，《司馬文正公傳家集》卷一七〈進「資治通鑑」表〉。

十二家。」《四庫提要》卷四七稱，「《通鑑》採用之書，正史之外，雜史至三百二十二種。」近人陳光崇經過反覆核對得出的結論是三百五十九種❷❹，這些書籍多半早已散佚，賴《通鑑》徵引，經過司馬光嚴格考訂，才得以保存部分內容。

《通鑑》成書以後，對史書編纂產生了重大影響，模仿《通鑑》、改編《通鑑》在以後各代蔚然成風，對《通鑑》的研究，也成為一種專門學問。梁啟超說：「司馬溫公《通鑑》，亦天地一大文也。其結構之宏偉，其取材之豐贍，後世有欲著通史者，勢不能不據為藍本，而至今卒未有能逾之者焉。」《通鑑》稱得上是一部空前的編年體巨著。

㈢《通志》

《通志》是鄭樵私人所撰的一部史書。《通志》是一部紀傳體通史。上起三皇，下迄隋唐，共二百卷。其中本紀十八卷，世家三卷，載記八卷，列傳一百一十五卷，譜四卷，略五十二卷。大體仿照《史記》體例，將「書」改稱「略」，「表」改稱「譜」，別創「載記」，專記割據時期諸國史事。《通志》中的本紀、世家、列傳、載記多因舊史，其精華在於論述典章制度的二十略，類似正史的書、志。《通志‧二十略》自卷二五至卷七六，共五十二卷，除其中的禮、職官、選舉、刑法、食貨，多是節錄《通典》文字外，其他十五略皆是鄭樵多年搜集研究的獨創，涉及社會、制度、學術、文化等眾多領域，將史志記載的內容和研究領域擴展到前所未有的新高度。

㈣《續資治通鑑長編》

李燾用了將近四十年的時間才編成這一編年體史書，專記北宋一代歷史。他採用司馬光修《通鑑》時所用的長編體裁，遵循「寧失於繁，無失於略」的原則，稟承其將眾說「咸會於一」的修書宗旨。他用正文表述自己的見解，用注文列出不同記載並加以考訂，從而保存大量散佚的宋代史料。《長編》原書已佚，現行本係四庫館臣從《永樂大典》中輯出，共五百二十卷。

---

❷❹　陳光崇，〈通鑑引用書目的再檢核〉，《河北師範學院學報》1987 年第 2 期。

㈤《三朝北盟會編》

徐夢莘的《三朝北盟會編》記載了自徽宗政和七年（1117 年）七月宋金海上之盟，至紹興三十二年（1162 年）海陵王完顏亮伐宋被殺，即徽宗、欽宗、高宗三朝四十六年間有關宋金和戰的歷史。全書分三帙，二百五十卷，廣泛收集當時流傳的大量官方和私人有關宋金關係的言論和記述，所引書一百零二種，雜考私書八十四種，金國諸錄十種，共一百九十六種之多，而文集之類尚不計算在內，並按年、月、日順序將這些資料加以編次。由於徐夢莘編撰過程中參考了大量典籍，且編入的史料皆照錄原文，不加評判，從而保存了原著的本來面目，具有很高的史料價值。

㈥《建炎以來繫年要錄》

李心傳撰《建炎以來繫年要錄》二百卷，編年體史書，專記宋高宗一朝三十六年史事，材料豐富，敍事翔實，係宋代史學名著之一。《四庫提要》稱其書「宏博而有典要」，「文雖繁而不病其冗，論雖歧而不病其雜。在宋人諸野史中，最足以資考證。」

三、地方志

地方志歷史悠久，源遠流長，在中國文化史上占有重要地位。至宋代，方志也有了新的發展。宋朝非常重視編修地方志，設有專門機構主管全國地方志工作，並沿襲唐代州郡三年一造圖經的制度，規定「凡土地所產、風俗所尚，具古今興廢之因，州為之籍，遇閏歲造圖以進」❷❺。根據張國淦《中國古方志考》統計，宋代所修的地方志中，明確有著錄者六百餘種，大部分都已散佚，現存僅三十餘種，范成大《吳郡志》、周應合等《景定建康志》、羅願《新安志》等，都是其中的精品。樂史《太平寰宇記》、王存《元豐九域志》、王象之《輿地紀勝》等則屬於全國性總志。

宋代方志搜集資料極為豐富，大都廣徵博引、考訂詳密，成為百科全書式的區域史料。另外，前代方志多詳於當地山川地理，略於人文。而宋

---

❷❺　《宋史》卷一六三〈職官志〉。

代地方志在內容上有了明顯的變化,「由地理擴充到人文、歷史方面,人物和藝文志在宋代的地方志中占有重要的地位。」❷在編纂體例上,宋代地方志也有很大突破,有的在舊圖經的基礎上分類列門,也有的仿正史體例,設紀、圖、表、志、傳的完整體例。因此,一些學者認為真正意義上的地方志實自宋開始。

四、金石學

宋代學者在史學領域中開闢出一個專門的學科——金石學。「金」主要指商周以來的青銅器,在古代銅器銘文中往往稱為「吉金」。「石」主要指秦漢以後的石刻,古代石刻中有時稱之為「樂石」、「嘉石」、「貞石」。對金石的研究在中國早已出現,西漢司馬遷就將石刻資料收入史書,在《史記·秦始皇本紀》中錄石刻六篇。梁元帝蕭繹集《碑英》一百卷,《四庫提要》稱之「為金石文字之祖。」漢唐以來對金石文字的關注以及對古禮、古文字的研究成果,為金石學的建立奠定了基礎。然而,隋唐以前並沒有出現這方面研究的專著,至宋代方湧現一批具有開創性意義的金石著作。歐陽修《集古錄》一千卷和《跋尾》十一卷,是對後代金石學產生了重大影響的著作,繼之而起的有呂大臨的《考古圖》、王黼的《宣和博古圖》、趙明誠《金石錄》、鄭樵《通志·金石略》、洪遵《泉志》及洪适《隸釋》、《隸續》等。這些著作保存了一批古器圖形和金石刻辭,並進行了初步研究,拓寬了文獻資料的範圍,也確立了較為系統的收集、整理、鑑別、考訂金石資料的方法,成為近代考古學的先驅。

第六節　宋代哲學

兩宋是中國傳統儒學的復興時期,出現了學術思想的又一次繁榮,產

---

❷　朱士嘉,〈中國方志的起源、特徵及其史料價值〉,《史學史資料》1979 年第 2期。

生了一種新的哲學形態——宋學。元代以後，宋學被統治階級奉為官方哲學，成為六、七百年間（元、明、清時期）占主導地位的哲學思潮，極大地影響了中國社會經濟、政治及文化思想的發展。除理學以外，兩宋時期還有荊公學派、溫公學派、蜀學派、事功學派等諸多流派，諸派之間相互辯難，使得宋學異彩紛呈，成為繼先秦哲學以後的又一高峰。

一、宋　學

北宋是宋學的初創期，「宋初三先生」胡瑗、孫復、石介被視為宋學之先驅。他們開了宋代學術之先河，解經不重訓詁，強調義理，重視「性與天道」的研究，倡導「明體達用」和「尊王」之學，為宋學思想體系的形成指明了某些方向性路徑，也揭開了後來宋學借助儒家經典創立自身理論體系的序幕。但是，由於處在開創期，他們的思想還沒有形成完整的體系，也無系統的理論，故不能稱為宋學真正的開創者。

宋學真正的開山祖師及思想體系的奠基人是周敦頤和張載。周敦頤晚年在廬山蓮花峰下建濂溪學堂講學，世稱濂溪先生，其學被稱為「濂學」。他遺留下來的著作雖然不多，僅有《太極圖說》、《通書》等數種，但這些著作中所提出的哲學命題和範疇，對宋明哲學的發展產生了重要的影響。他將佛、道思想與儒家《易》、《中庸》等經典著作的理論結合起來，構建出思辨的哲學邏輯結構，為宋代學者出入佛、道開闢了新路，也為建立宋學體系確立了一種新模式。在《太極圖說》和《通書》中，周敦頤精練而完整地構造了一個融自然、社會、人生為一體的宇宙生成模式和人類發展的全過程，並從本體論的高度對人性和道德倫理進行了論述，富有理性思辨特點，為宋明理學的形成奠定了理論基礎，被後代學者奉為經典。他所使用的哲學命題，如無極、太極、陰陽、五行、動靜、性命、禮樂、誠、順化、理、氣等，都為後世理學家反復引用和發揮，其中，太極、理、氣、性、命等，成為宋明理學的基本範疇。

張載也是宋學的主要奠基人之一，他所開創的學派因地處關中而被稱

為「關學」，是宋學開創階段的一個重要派別。張載思想的基本框架是，一方面他把物質實體「氣」作為宇宙的本體，建立了「氣」的唯物主義宇宙觀；另一方面，他又把「心」作為萬物的本原，最終在「心」的基礎上統一了他的哲學思想，走向了唯心主義，並由此建立了他的理學體系。他將人世間的倫理觀念歸於「氣」的屬性「天性」（理），通過天、地、人三位一體的結構，溝通了儒家的本體論與道德論、認識論，從而奠定了宋學的理論基礎。

張載與其他宋學家的不同之處在於，他並未將「理」作為宇宙唯一的主宰，也沒有把「天理」、「天性」作為與「氣」並存的精神本體，而是使「氣」的屬性——「天性」帶有倫理性質，使其具備了宋學思想中「理」的某些特徵，起到了與其他理學家思想中「理」同樣的作用。通過這種方式，回答了「性與天道」這一宋學的中心問題。此外，張載提出了「立天理」、「滅人欲」的說法，為宋學的發展作出了重大貢獻，他所提出的「天地之性」、「氣質之性」等命題，後被二程繼承和發展。

不可否認，張載的思想存在諸多難以自圓其說之處，這反映了理學開創時期的不成熟性，但無疑是宋學發展過程中一個不可缺少的環節，是儒學由宗教化向哲學化、人格化向抽象化過渡的必經階段。明清二代，張載的著作一直被統治者視為理學經典著作，作為開科取士的必讀書目，先後編入御纂的《性理大全》和《性理精義》。

程顥、程頤長期於洛陽居住講學，其學派被稱為「洛學」。「洛學」的主要特色在於天理論，認為「理」是宇宙萬物的本原，是社會倫理道德規範和等級制度的總和，是萬事萬物所依據的根本準則。這種將「天理」作為宇宙本體和理學體系中的最高範疇的認識，在宋明理學中具有開創性意義。二程兄弟以「理」為核心構建起理一元論的新學說，進而成功地完成了宋學體系。

從天理論出發，二程提出「性即理也」的命題，使人性論不僅僅限於倫理學的善惡範疇，而提高到本體論的高度。二程認為，「理」是天地萬物、

人事社會總的根源，性是理的體現，從道理上講，它應該是善的，其所以為惡，是由於為外物所蔽，這就是「人欲」。據此，二程提出了他們「滅私欲」、「明天理」的道德說，將人性論轉到道德修養論，主張「克己復禮」，以去除「人欲」，回歸「天理」。要達成這一目的，格物致知是必不可少的手段，所謂「物」，並不是指真實的客觀存在，而是「理」（即儒家倫理道德規範）。所謂「格物」，其目的並非認識客觀事物，而是要在人的內心裡恢復「天理」，使人們認識到萬事萬物都是天理使然，從而使自己的思想和行動適合「天理」的要求。可見，二程的認識論與其本體論、人性論是緊密聯繫的一個整體，這種理論將人類社會置於天理的支配之下，要求人們服從天理，安於天命，進而成為束縛人言行思想的枷鎖，是一種十分消極的哲學。

朱熹由於他出生於福建，又長期於福建講學，故後人稱其學派為「閩學」。朱熹思想體系的核心是天理論，這是朱熹哲學思想的最高範疇，理不僅是宇宙之本體、天地萬物的根源，還是社會道德規範的源泉，所有倫理準則和禮儀，都是理或天理的體現。他通過理氣先後、理氣動靜、理一分殊等邏輯環節，論證了理的絕對至上性和必然性，從而建立了龐大的理一元論的哲學體系。

在此基礎上，朱熹提出了他的人性論，其基本觀念是「心統性情」說，認為性與情是心的兩個方面，性為心之體，情為心之用，而心是統攝性情的總體。此外，朱熹繼承張載和二程的人性思想，區分了天命之性和氣質之性，認為天命之性專指理而言，是純粹至善的，而氣質之性是理與氣相雜構成的，因而存在善與惡的兩重性。

在朱熹的哲學體系中，道德倫理思想占據著重要地位，其主要內容是「理欲」、「義利」之辨。他將「天理」與「人欲」作為一對道德倫理範疇，與本體論、政治論聯繫起來，提出了「明天理，滅人欲」的總綱領，從而系統地發揮並修正了二程「滅私欲」、「明天理」思想。朱熹認為，對待義利應該堅持「重義輕利」的道德觀。在認識論方面，朱熹提出「格物窮理」

朱熹像

說，吸收了二程學說的部分內容，又有所發展，具有較多的辯證法思想。

朱熹是宋學之集大成者，其思想體系更為嚴密、豐富，宋明理學發展至朱熹，才最終確立了獨特的學術規模與體系，奠定了確然不拔的基礎，影響了爾後六、七百年學術思想的走向。朱熹在中國理學發展史上的地位和影響，是首屈一指的。

呂祖謙是南宋著名理學家，和朱熹、張栻齊名，時稱「東南三賢」，由於其為婺州（浙江金華）人，因此他所創立的學派被稱為「婺學」，又叫「呂學」，後人為與同出婺州的陳亮永康學派相區別，又稱之為「金華學派」。呂祖謙的哲學思想兼取二程、朱熹、陸九淵之長，又受陳亮、葉適事功學派的影響，具有折衷主義的色彩。在本體論方面，他繼承二程的哲學思想，將「理」或「天理」作為他哲學的最高範疇，但同時又強調「心」的作用，企圖調和理學和心學兩派的分歧，以縮小或消除客觀唯心主義和主觀唯心主義之間的矛盾。因此，在他的哲學思想中，既有以「理」為本的客觀唯心主義，也有以「心」為本的主觀唯心主義。

與此同時，受葉適永嘉學派的影響，在呂祖謙的哲學思想中，又多少含有一些唯物論的因素，表明呂祖謙之學不主一說、調和折衷的色彩。在認識論方面，呂祖謙既倡導朱熹以「窮理」為本的「格物致知」說，又認同陸九淵提出的以「明心」為主的「直指本心」說，又汲取永嘉、永康學派某些唯物主義認識論的因素，強調對客觀事物「精察」，致使其認識論「雜博」而矛盾。在人性論方面，呂祖謙繼承了孟子的性善論，又吸取張載、二程「氣質之性」的觀點，以說明惡從何來，在本質上與張、程、朱大同小異。受陳亮事功學派的影響，呂祖謙提倡治經史以致用，主張「學者須當為有用之學」[27]，這是呂祖謙與那些空談道德性命的理學家相區別之處。

---

[27] 呂祖謙，《左氏傳說》卷五。

二、心　學

　　張栻是南宋著名理學家，以他為代表的湖湘學派，在南宋理學中占有重要地位。在本體論方面，張栻明顯繼承了二程的理本體論，認為理是宇宙萬物的根源，但同時也強調，「心」是萬事萬物的主宰。這就構成了與程、朱觀點的不同之處，程、朱論「心」的地位和作用，只限於性與情，並最終受制於理，張栻則把「心」的主宰性放大為「貫萬事、統萬理」，以至主宰萬物，從而呈現出「心學」的思想傾向。

　　義利之辨一直是宋代學者重視的問題，張栻將明義利之辨視為治學的首要目的，這是他對宋代學術思想的繼承和發展。張栻認為，義、利之間的矛盾實質上是天理、人欲之間的對立，援天理於義，援人欲於利，這是張栻理學思想的一大特色。通過這種方法，引申出其「存天理，去人欲」的道德論，論證了儒家倫理綱常的必然合理性，達到了鞏固等級秩序的目的。在人性論方面，張栻則繼承和發揮了二程「天命之性」和「氣質之性」的性二重論。張栻在南宋思想家中是比較有特色的學者，他以「理」為萬物之本，又強調「心」的主宰作用，可以看作是「理學」演變成「心學」的發端人物。

　　陸九淵曾在貴溪象山居住講學，自號象山居士，世稱象山先生。他構建了與程朱思想不同的主觀唯心主義學說，是宋明理學中「心學」一派的開創者。在陸九淵的思想體系中，「心」是最高、最具普遍意義的哲學範疇，他說「宇宙便是吾心，吾心即是宇宙」❷❽，將宇宙和心等同起來，奠定了其主觀唯心主義的理論基礎。他提出了「心即理也」的著名命題，將「心」提升到本體地位，取代「理」成為自然界、人類社會的最高原則和主宰。

　　從這一本體論出發，人們要認識的對象就不是客觀事物，而是「本心」，只要反省內求，萬物之理便能不解自明，從而提出了一套「切己自反、反

---

❷❽　陸九淵，《陸九淵集》卷二二〈雜說〉。

省内求」的理論體系。與此相應，在道德修養方面，陸九淵提出了「存心去欲」的道德說教，只要修養本心，格除物欲，便能達到本心的清明。陸九淵與朱熹二人，一為主觀唯心主義，一為客觀唯心主義，雖然在思想體系內存在諸多分歧，但在本質上屬於宋學範圍內不同學派之間的爭論，作為南宋理學的主要一翼，陸九淵的心學與程朱理學共同掀開中國哲學發展史上的一個新篇章。

三、荊公學派

王安石曾被封為荊國公，人稱王荊公，其學派也因此得名「荊公新學」。王安石的宇宙觀是唯物主義的，他認為宇宙萬物由金、木、水、火、土五種元素構成，「五行」是由「太極」，也就是「道」產生的，「太極」或「道」是世界萬物的本原。所謂「太極」、「道」，並不是指精神實體，其本體是物質性的「元氣」，即細微而看不見的顆粒「樸」。從這種唯物主義觀念出發，王安石提出了「天地與人，了不相關」的天道論，認為天是物質之自然，沒有意志、情感，它是按照自身的規律運行變化的，不以人的意志為轉移，與社會人事無關。人不能被動地遵循天道，而要積極發揮主觀能動性，去改造世界，以「成萬物」。

在認識論方面，王安石強調人的形體是一切精神活動的物質基礎，人天生就具有認識能力，客觀世界是可知的，一切自然規律都可以被認識。人性論方面，王安石的觀點較為接近孔子「性相近，習相遠」的命題，提出了「性本情用」的理論。所謂「性」，指人的自然屬性，而「情」則是人的感情與欲望的表現，是「性」在某種條件下的外在反映。「性」無善惡之分，只有「性」產生「情」以後，善惡才能分辨出來，也就是說人之善惡，取決於後天的習染與修養。

在王安石的思想中，閃耀著樸素辯證法的光彩。他認為宇宙中的萬事萬物都處於運動變化過程中，這是由於其內部矛盾作用的結果，一切事物之間及事物內部都存在矛盾，事物就在普遍的矛盾中相互聯繫、發展。萬

事萬物都有其對立面，失去一方，另一方也就不復存在了。根據這種樸素辯證法的觀點，王安石提出了他的政治觀、歷史觀，他批判了歷史退化論的觀點，指出歷史是不斷前進、發展的，有著人類無法扭轉的客觀必然性，必須要不斷變革舊制，以適應和推動歷史的發展。「荊公新學」在當時產生了很大影響，在相當一段時期之內在學術界處於主導地位，王安石思想中的唯物主義與辯證法，對中國理論思維的發展作出了巨大貢獻，其哲學思想是中國哲學發展史上的重要環節。

四、事功學派

陳亮為婺州永康（浙江永康）人，「浙學」中永康學派的創始人。陳亮的宇宙觀與程朱理學不同，針對程朱理學的唯心主義觀點，他提出了「盈宇宙者無非物，日用之間無非事」❷❾，「舍天地則無以為道」❸⓪的重大命題，把天地宇宙的一切看成物，人類的一切活動都是事，事物是宇宙間唯一的客觀存在，強調道貫通於事物之中，不能離開事物單獨存在，批判了理學家所謂離開具本事物而存在的道。

陳亮的哲學思想中，務實是最突出的特徵，他批判程朱學派空談性命之說的流弊，力主務實，言論、學說、意見等不能脫離實際，而要解決具體問題，不能空談一陣便束之高閣。他以「實事實功」的功利主義思想，與朱熹就義理與功利、王霸之分、動機與效果等論題展開激烈的論戰，這就是歷史上著名的「王霸義利之辯」。陳亮的務實哲學給當時的思想界帶來生機，使實學在中國哲學發展的進程中占有一席之地，為實學的發展作出了重大貢獻，作為理學批判者的先驅，陳亮對後世產生了深遠的影響。

葉適為浙江永嘉（浙江溫州）人，人稱水心先生。葉適與陳亮齊名，以他為代表的永嘉學派，是與朱熹理學、陸九淵心學鼎足而立的重要學派。葉適提出了「物之所在，道則在焉」的唯物主義自然觀，指出「物」是天

---

❷❾　陳亮，《陳亮集》卷一〇〈經書發題・書經〉。

❸⓪　陳亮，《陳亮集》卷二〇〈又乙巳春書之一〉。

地間最根本的存在，肯定了物質的第一性。道寓於物中，不能離開物而存在，不懂得道就不能概括物，不了解物就不能獲得道。道雖然廣大，能總結一切理，貫通一切事，最後還是要歸之於「物」，這樣才不致「散流」。

　　以此為基礎，葉適形成了自己的認識論，他批判了理學家「格物窮理」的認識論，認為認識的對象和目的應該是客觀事物，認識來源於客觀事物，離開客觀事物就不會有人的認識，不能以主觀意識代替客觀事物，認識是否達到極至，需要以客觀事物來檢驗。與陳亮一樣，葉適也注意事功，他認為，義理與功利是相聯繫的、統一的，義理不能離開功利，義理只能在功利之中，如果沒有功利，所謂道義就是一句無用的空話。葉適這種功利主義的道德觀，對當時流行的理學禁欲主義道德觀是一個有力的批判，在中國倫理學史上占有重要地位。

第七節　宋代藝術

一、繪　畫

　　宋代非常重視文化藝術的發展。宋太宗雍熙元年（984 年），於開封設「翰林圖畫院」，羅致天下著名畫家。「翰林圖畫院」的畫家及其創作，在兩宋繪畫史上占據著主流地位。徽宗時期，「翰林圖畫院」達到鼎盛，畫院和畫家的地位都大大提高。「諸待詔每立班，則畫院為首，書院次之，如琴院、棋、玉、百工皆在下。」宋室南渡以後，畫院依然保存，基本以宣和畫院南渡畫家為骨幹，盛況不減北宋。南宋院體畫特色更加突出，出現了新的水墨山水和潑墨人物畫，為繪畫注入了新的生機，為後代畫家所借鑑。

　　宋朝政府在統一過程中就十分注意搜集名畫，此後又經常搜求民間藏畫。徽宗時，輯成《宣和睿覽集》，著錄了上自吳國曹不（一作弗）興，下迄宋初黃居寀，凡一千五百件作品，堪稱歷代書畫之精品。徽宗時期又纂成《宣和畫譜》，著錄宋廷所收前代名畫六千三百九十三軸，其中宋人作品

畫學入學考試

宋徽宗為了培養繪畫人才，於崇寧三年（1104 年）在都城設立畫學，分為六科，制定入學考試條規，可以說，這是世界上最早的繪畫專科學校。其取士考試，試題通常是一句古詩，如「野水無人渡，孤舟盡日橫」、「竹鎖橋邊賣酒家」、「蝴蝶夢中家萬里」等等，讓應試者構思作畫，以構思奇巧、技法高超、深得詩意者為上。如「蝴蝶夢中家萬里」一題，入選者以蘇武牧羊的故事為題材，畫蘇武牧羊於北海，席地假寐，兩隻蝴蝶飛舞其上，以示萬里之意，意境相當高遠。畫學學生不僅要接受各種專業培訓，還要學習《論語》、《孟子》、《說文》、《爾雅》等經典，以提高其綜合文化素質。

三千三百餘件，占了總數的一半多，尤以人物、山水、花鳥為盛。

宋代的繪畫以歷史時期可劃分為四個階段：立國後的百年為第一階段，大體上沿襲五代繪畫傳統；神宗、哲宗兩朝為第二階段，具有宋代特色的繪畫風格在這一時期形成；從徽宗到高宗時期為第三階段，是宮廷畫院最繁榮的時期；南宋孝宗以後為第四階段，宋畫風格繼續發揚光大。以繪畫題材分類，宋畫主要分為人物畫、山水畫、花鳥畫三大門類。

㈠人物畫

人物畫按其題材可分為「道釋」、「人物」、「寫真」三類。「道釋」是有關宗教故事的人物畫；「人物」是以歷史或現實生活為主要題材的人物畫；「寫真」即人物肖像畫。兩宋時期，道釋畫在人物畫中仍居首位，不過，人物畫的取材範圍已從仕女、聖賢擴展到田家、山樵、市井風俗，取材空前廣泛，反映了宋代社會生活的豐富內涵。

北宋人物畫的傑出代表，當推北宋中葉院外畫家李公麟（1049～1106

年），他是標誌著北宋人物畫向精緻文雅演變的重要人物。在學習前人的基礎上，經過長時間探索，李公麟博採眾長，自成一家。他十分重視生活與自然，在作品中能夠恰到好處地表現不同階層人物的特點，既能率略，也能精工，深得唐代吳道子的精詣，體現晉宋人物的俊逸瀟灑。他的人物畫盡去豪放雄強而追求細膩微妙的格調，進一步豐富完善了洗盡鉛華的人物「白描」畫法，高度簡潔、效果明快，成為一代宗師。李公麟一生創作大量作品，但真跡多已不傳，存留下來的有《臨韋偃牧放圖》、《五馬圖》等。

從北宋末到南宋，有兩個門類的人物畫飛速進步，一是因城鄉經濟繁榮而出現的風俗畫，二是靖康之後描寫重大歷史事件和借古喻今的作品。反映城鄉生活的人物畫北宋前期已經出現，如燕文貴的《七夕夜市圖》、葉仁遇的《淮揚春市圖》等。然而，最具代表性的還是張擇端的《清明上河圖》。該圖以汴河沿岸為特定背景，再現了汴梁城內外的繁華景象和各色人物的日常生活，圖中包含達官貴人、各類商人、手工業者、船夫、車夫等各類人物七百多名，使人目不暇接，恍如身臨其境。整體畫面造型準確，筆墨流暢，著色淡雅，構圖統一多樣，繪畫技巧達到爐火純青的境地，將風俗畫提高到空前的水平，是中國繪畫藝術的瑰寶。南宋時期的風俗畫比北宋更為豐富多樣，城鄉經濟的繁榮，極大地激起畫家對世俗生活的興趣，其注意力轉向更平凡瑣細的生活小景和情味，比較優秀的作品有蘇漢臣的《秋庭嬰戲圖》、《貨郎圖》、閻次平的《四季牧牛圖》等。

兩宋之際，由於民族矛盾的激化，一些政治性較強的作品表現了現實主義主題。李唐的《晉文公重耳復國圖》和《采薇圖》頗為著名，前者大約創作於北宋危亡之際，描繪重耳從流亡到復國的過程，意在勸誡宋朝統治者學習重耳，臥薪嘗膽，恢復故土。《采薇圖》則描述了商朝遺民伯夷、叔齊不願投降周朝，逃到首陽山中，最後不食周粟而死的故事。作者通過畫作諷刺了南宋朝廷面對異族侵略屈膝投降的政策，歌頌了寧死不降的民族氣節，這在投降主義占上風的南宋初期是很有積極意義的。除去這種借古喻今的歷史故事畫外，還有描繪當時社會題材的作品。如蕭照的《中興

《中興四將圖》 左至右分別為岳飛（左二）、張俊（左四）、韓世忠（右四）、劉光世（右二），其餘為其侍從。

瑞應圖》，描繪高宗趙構從出生到即位的經歷，附會成神話故事，渲染趙構即位乃是天意。劉松年《中興四將圖》描繪劉錡、韓世忠、張俊、岳飛四位抗金名將，表達了人民對民族英雄的仰慕。

在白描畫法繼續發展的同時，南宋時期又興起一種水墨簡筆畫，使南宋人物畫有了新的突破，梁楷是其中傑出的畫家，其代表作《潑墨仙人圖》，徹底擺脫了線條的侷限，在一片酣暢淋漓的墨跡中輝映出仙人浪漫的風姿，使形象與筆墨融為一體，將傳神與寫意兩種不同的繪畫技巧巧妙地結合起來，展現了南宋畫壇的新風尚。

㈡山水畫

兩宋的山水畫可謂名家輩出，北宋時期，北方地區有關同、李成、范寬三大家，有「三家山水」之稱，江南地區則有以僧巨然為代表的江南山水畫派。南宋時期，被稱為「南宋四家」的李唐、劉松年、馬遠、夏圭，成為山水畫的傑出代表。

關同，長安人，他和他的老師——五代名畫家荊浩，可以說是宋代山水畫派的開創者。與其師相比，關同的畫風更加簡括脫略，卻又不失真實感，極富感染力，當時被稱為「關家山水」。《宣和畫譜》評價他的畫「筆愈簡而氣愈壯，景愈少而意愈長」，流傳至今的作品有《山溪待渡圖》、《關山行旅圖》。

李成（919～967？年），字咸熙，其山水畫師法荊浩，也學過關同，但

青出於藍而勝於藍，他的成就超過了荊浩、關同，發展了「平遠」畫法，善於表達更精微細膩的感受。他是宋代山水畫派中最著名的一家，《聖朝名畫評》將其畫作列入神品，宋元人稱讚他的畫「古今第一」。李成長於表現山川地勢與寒林平遠的豐富變化，《讀碑窠石圖》就是其中的典範。圖中描繪了古樹荒碑與抒發懷古幽情的旅人，近景土坡被畫得大而簡，中景的寒林成為構圖的主體，描繪得更加精細，強化了那種歷經滄桑而不屈不撓的生命力，遠景則消失於杳渺淡遠之中，從而創造了寒林平遠的意象。在用墨上，李成善於使用簡淡精微的墨法，成功表達了秋冬季節的煙林清曠、蕭瑟氣象，把畫面的精微細膩與人生感受結合起來，從而展現了一種新的畫風，有別於其他各家。李成的畫產生了廣泛的影響，後來的名畫家許道寧、郭熙、王詵等都是李派的繼承者。

范寬略晚於李成，他開始學習李成畫法，後來認識到畫山水要直接面對大自然，描繪人的內心世界，於是開始獨自摸索。他發展出「高遠」山水畫法，將荊浩開創的大山大水式山水畫得更加峰巒渾厚，氣勢雄強，使作品充滿震撼人心的力量。現存臺北故宮博物院的《谿山行旅圖》，被公認為范寬的真跡，畫中劈面而來的雄渾大山，直落千仞的飛瀑，山下空濛一片的叢林樓閣，集中表現了大自然的雄偉氣象，是山水畫全景式構圖的千古傑作。

北宋時期，還有一個表現南方山水特點的畫派，以僧巨然為代表。他們的山水畫多採江南景色，缺少北方山水畫的壯闊、雄峻，但草木豐茂多姿，充滿了勃勃生機，被宋人稱為「平淡天真」，「一片江南」。巨然是五代南唐著名畫家董源（一作元）的學生，他的畫多披麻、雨點皴，筆墨秀潤，善畫煙嵐氣象、山川高曠的景色。他的特點在於，山頂畫礬頭（小石塊），山間則奔流、卵石、松柏、蔓草之類，相映成趣，風格雄秀奇逸，晚年則「平淡趣高」。現存巨然的三件真品《層岩叢樹圖》軸、《蕭翼賺蘭亭圖》軸（均藏臺北故宮博物院）與《谿山蘭若圖》（美國克利夫蘭博物館藏）都是傳世的精品。

范寬《谿山行旅圖》　　　　巨然《谿山蘭若圖》

　　三家之後，北宋的山水畫沒有出現能夠超越前人的傑出畫家，郭熙、王詵等人代表了北宋中期山水畫的巨大成就。北宋末期，山水畫家開始向唐人或年代更加久遠的一些畫家學習，走上了「復古」之路，唐人的青山綠水重新得到重視並進一步發展。

　　南宋山水畫的主流是以水墨蒼勁的筆法來表現精奇而抒情的風貌，被稱為南宋四家的李唐、劉松年、馬遠、夏圭，是這種畫法的代表人物。李唐是兩宋畫風承轉的關鍵人物，開創出「水墨蒼勁」的新的山水畫風。這種畫風不再描繪全景構圖，而是縮小視野，剪裁景物，進行局部特寫，以剛性的線條和下筆猛烈的大斧劈皴為特徵。現存臺北故宮博物院的《清溪漁隱圖》是李唐的代表作。劉松年的畫風受李唐影響，但整體來講與李唐相去較遠。

　　真正繼承李唐衣缽並將其發揚光大的是馬遠和夏圭。馬遠出身繪畫世家，他發展了李唐剪裁精當、筆法挺勁的特點，取景徹底打破了傳統的全景式構圖，代之以用局部表現整體的藝術手法，在作品中常留下較多的空白給人以遐想的餘地，人稱「馬一角」。夏圭的繪畫風格與馬遠相近，取景十分簡當，同樣善於用局部來表現整體，人稱「夏半邊」。他們從兩方面完善了李唐一派的繪畫藝術，一是以焦墨疏皴表現淡遠而雄秀的景色，二是把大斧劈皴改進為拖泥帶水皴，相較於繪畫對象的形似，更注重「影似」。李唐、馬遠、夏圭代表了南宋山水畫的最高水平，此後南宋再也沒有出現能與他們相提並論的畫家，自然也就無法突破李派山水畫的技法。

㈢花鳥畫

　　兩宋時期，中國花鳥畫在唐、五代的基礎上有了巨大進步。五代宋初之際，黃筌、徐熙的出現，標誌著中國花鳥畫進入了成熟階段。他們分別代表了宋初花鳥畫的兩大流派，黃派畫風華貴，畫法工整，神采生動；徐派則畫風清逸，樸素自然，曠達不羈，時稱「黃家富貴，徐熙野逸。」❸

　　黃筌在五代時期的後蜀和宋代都是宮廷畫家，日常所見多是皇家園林

---

❸　郭若虛，《圖畫見聞志》卷一〈論黃徐體異〉。

黃筌《寫生珍禽圖》

的珍禽異獸、奇花怪石，他的畫也多以此為對象，反映的是皇室貴族的審
美趣味。黃筌長於寫生，畫法逼真，造型生動準確，筆法工整嚴麗，注重
用色，充分展示了「富貴」的特點。據記載，黃筌畫六鶴圖，傳神地描繪
了警露、啄苔、理毛、整羽、唳天、翹足等六種神態的仙鶴，以致真鶴誤
以為真，躋身六鶴的行列。黃筌的兒子黃居寀繼承了其父的畫風，成為此
後黃派畫法的領軍人物。黃派花鳥迎合了社會上層的審美情趣，因而在相
當長的一段時期內主導著北宋官方花鳥畫壇，成為畫院花鳥畫優劣取捨的
標準。

　　徐熙是一位江南處士，雖也出身大族，但由於生性放達不羈，不肯做
官。他的畫多是野生環境中自由自在的花鳥蟲木，不事雕琢，追求天然野
逸的情趣。然而，徐派花鳥的影響力遠遠不及黃派，其野逸的畫風也在畫
院受到黃派的排斥。徐熙的孫子徐崇嗣、徐崇勳繼承了其祖的畫風，但為
了在黃派統治的畫壇站穩腳跟，不得不改弦更張，模仿黃派畫風。

　　北宋中期，出現了以崔白、吳元瑜為代表的一批勇於創新的花鳥畫家，
畫風隨之發生變化，畫面更加輕鬆自由。崔白也是宮廷畫家，但性情疏懶，

不似唯命是從的御用畫家，反倒接近不受拘束的文人。他的畫與他的性格類似，如《寒雀圖》描繪隆冬季節情態各異的小雀在樹木上飛鳴跳躍，畫家無意於交代空間，畫面中環境描寫被完全忽略，鳥乘一株偃蹇虬曲的老樹，其興味似乎只在表現嚴酷而沉寂的季節中生活的躍動。畫面用色，其淡如無，用筆靈活鬆動，單純而富於變化，突破了黃派一味工整的畫風，使寫意與工筆達到和諧的統一。吳元瑜是崔白的學生，他繼承了其師的畫法，「能變世俗之氣，所謂院體者。而素為院體之人，亦因元瑜革去故態，稍稍放筆墨以出胸臆。」❸❷崔白和吳元瑜的出現結束了黃派畫法一統天下的局面，《宣和畫譜》稱：「祖宗以來，圖畫院之較藝者，必以黃筌父子筆法為程式，自（崔）白及吳元瑜出，其格遂變。」❸❸足見師徒二人影響之大。

與此同時，宋代開始興起了寫意花鳥畫。在當時的士大夫看來，詩、書、畫三者應該融會貫通，他們主張把詩歌、書法中抒寫不盡的情思通過畫面呈現出來，借物抒情、託物寓興成為畫家常用的手法，這種畫稱為寫意畫。寫意畫講求寄託，因生長特點而人格化的梅、蘭、竹、菊、松等成為寫意畫的主要題材。畫家將要表達的品行，如傲骨、脫俗、高風亮節等，寄託於所畫作品，以抒發胸臆，達到物我交融、物我合一的境界。在創作方法上，畫家不再拘泥於形似，簡化過於雕琢的畫法，強調寫意、寫神，意在筆先，神在法外。如蘇軾畫竹，不刻意於技法上的苦修，他畫的竹不分節，自下而上，一杆直頂。他自己解釋說，形似並不是衡量作品好壞的標準，他所追求的是畫面與內心諧和的境界。

徽宗趙佶是一位天才的繪畫名家，他強調描繪對象的真實性，觀察細緻，纖悉備致。他親自主持下的宣和畫院，格外講求「法度」與「形似」，如畫月季花，他要求表現出四時朝暮花蕊枝葉的不同姿態。在形似和法度俱備的基礎上，再追求意境與詩情。宣和畫院的花鳥畫深受其影響，筆法

---

❸❷　《宣和畫譜》卷一九〈吳元瑜〉。

❸❸　《宣和畫譜》卷一八〈崔白〉。

工整，形成細膩生動的風格，法度嚴謹且不乏詩情，被稱為「宣和體」。

南宋偏安東南一隅，花鳥畫卻經久不衰。李安忠父子、李迪父子、馬麟等，都是花鳥畫的名家，他們的畫生動而富有神韻，用筆嚴謹而無拘束，體現黃、徐二派日漸融合的畫風。寫意花鳥畫在南宋時期也有了新的發展，一些畫家開創了水墨寫意花鳥畫，如梁楷、法常和尚等，使中國的寫意花鳥畫進入了新的階段。另一些畫家則將人物畫中的白描手法應用於花鳥畫，創作出畫工精巧、清麗溫雅的白描花卉畫。總之，由精整趨於超逸，由絢爛歸於平淡，成為南宋花鳥畫演進的特點。

二、宋代書法

㈠宋代書風

宋代在中國書法史上是一個變革創新的時代。北宋建立之初，盛唐時期的典章制度、文化傳統仍然影響著整個社會，加之缺乏具有時代特色書道的社會背景和文化土壤，因此宋初書壇幾乎難有創新。直到仁宗朝，宋學蓬勃發展起來以後，這種局面才有所變化。宋學的特點之一就是解放思想，不迷信前人，並從不同的角度重新認識和探索前代的學術思想。這種學風也影響到當時書壇，為宋代書風創新、變革奠定了基礎。此後宋四家的出現，則標誌著宋代書風的確立。

唐代書風強調理性，重視結構，崇尚法度。宋代書法家逐漸突破了唐代的尚法書風，開創出了崇尚意趣的新書風。這種提倡以情為主的書道要求擺脫理性、法度的束縛，注重創作主體的個性，強調抒發個人意趣，主張從人的精神層面探討書法藝術的審美本質，追求書法的內在韻味。馮班在《鈍吟書要》中指出，「唐人尚法，用心意極精，宋人解散唐法，尚新意而本領在其間」。這種不同於唐人的風格被稱為尚意書風，基本上引領著宋代書法的走向，對後世產生了很大影響。然而，後世書壇大多是模仿宋代四大書法家，缺乏創新。因此，與其說這種崇尚意趣的書風代表兩宋書風，不如說它代表了宋代書法的最高成就。

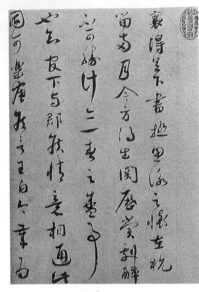

蔡襄手跡

❸❹ 盛時泰，《蒼潤軒碑跋》。

（二）宋四家

兩宋時期出現了眾多的書法名家，北宋的蘇軾、黃庭堅、米芾、蔡襄並稱宋代書法四大家，皆有獨特的藝術風格，後人評論說：「蘇醞藉，黃流麗，米峭拔，而蔡渾厚。」❸❹

蔡襄，字君謨，興化仙遊（福建仙遊）人。蔡襄兼擅各種書體，行書尤為突出。他的書法端莊大度，「端嚴而不刻，溫厚而不犯」，體現出一種雍容嫻靜之美，在宋四家中最為端謹而有法度。蔡襄曾認真摹習王羲之、王獻之父子的書法，又廣泛涉獵盛唐以來諸書法名家的作品，如虞世南、褚遂良、柳公權等，他們的書法唐代以後被奉於典範。其書道的結構字法皆出於王氏父子，從而為後人找回了失落已久的魏晉書法風韻。晉書簡遠高雅的格調和自然的情趣正與宋代尚意書風相合，蔡襄的書法也就成為宋代尚意書風的前奏，為宋代書風的確立開了先河。他的代表作《自書詩卷》，開始穩健端嚴，行中帶楷；漸次變為行書，流暢自如；最後更縱情揮灑，由行而草，起伏跌宕，恰如一灣小溪變成流瀉的飛瀑，個人情緒直接傾瀉在筆墨之中。

蘇軾「自幼好書，老而不倦」。他兼採眾家之長，尤善行、楷，他在書法創作上能摒絕古法限制，將詩、書、畫融為一體，把字形、筆法、章法和氣蘊、意趣結合起來，多用臥筆、偏鋒，筆形豐腴酣暢，筆勢豪爽勁骨，創造出一種骨厚肌豐、灑脫縱橫之美，真正達到了意境與形式的完美統一，在四家中首屈一指。傳世作品有《赤壁賦》、《洞庭春色賦》、《黃州寒食詩帖》等。《黃州寒食詩帖》是他被貶黃州之後的手寫詩稿，書勢隨詩情而起伏，一氣呵成中夾以參差錯落、大小短長之變，情隨筆運，堪稱抒情書法

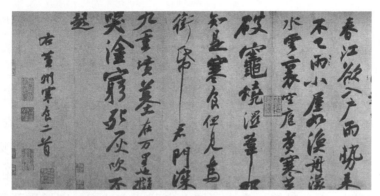

蘇軾《黃州寒食詩帖》

的典範之作。

黃庭堅初學周越，後又師法蘇舜元、顏真卿、懷素、張旭。他擅長行、草，書風奇拗，以險為勝，恣肆縱橫，風韻灑脫，與其詩風有異曲同工之妙。結構內緊外鬆，筆勢伸張，尤善點法，常變筆畫為點，借助墜石奔雷般的筆勢表現激越昂揚的神韻。代表作有《松風閣詩》、《諸上座帖》、《李白憶舊游詩卷》等。

米芾，字元章，世號「米顛」或「米狂」。他家中古帖甚多，故他多摹習歷代真跡，涉獵甚廣，終於博取眾家之長而自成一家。他的書法功力甚高，用筆勁健疾速、縱逸豪放，極具個性，其書一出，「雖蘇、黃相見，不無氣懾」。蘇軾曾稱讚他的書風如「風檣陣馬，沉著痛快，當與鍾、王並行」。黃庭堅也稱其書「如快劍斫陣，強弩射千里，所當穿徹」。代表作《多景樓詩帖》、《蜀素帖》、《虹縣詩》等。

宋四家以外也出現過一些書法名家，如徽宗趙佶、蔡京、蔡卞等，在四家之外發展出自成一體的書風。蔡京、蔡卞兄弟書法都達到了很高的水平，當時甚至有人認為他們的成就超過了蔡襄，但最終因為蔡京弄權誤國，兄弟二人為世人所輕。徽宗趙佶也是一位造詣深厚的書法名家，創造了「瘦金體」的獨到書風。其他如文彥博、王安石、司馬光等，雖不以書法聞名，但書法也都別具一格。南宋書法整體上不如北宋，甚至尚意書風也逐漸削

弱，流於技術化、專門化，雖然也出過一些書法名家，但卻沒能取得北宋那樣的成就。

(三)書學研究

宋代還出現了一些研究書法的專著。蘇軾對書法有過眾多精闢的論述，散見於他的詩和題跋，其核心內容是書法應該「自出新意」、「不踐古人」，以「天真爛漫」為高，而這些都要根源於自我人格的完善。黃庭堅的書論多集中在《山谷題跋》中，其中心是提倡用筆與「字外韻」。用筆的要旨在於「心能轉腕，手能轉筆，書字便如人意」。「字外韻」則是指要通過書風體現出不同凡俗的節操和德行。米芾著有《書史》和《海岳名言》。前者係後人所輯，考訂歷代書法作品，對研究鑑定宋以前真跡有重要參考價值。後者則是米芾平生臨摹的心得和總結。

朱文長的《墨池編》論書法源流，品評唐宋書法家的得失，提出「文以書重」的藝術主張，全書分字學、筆法、雜議、品藻、贊述、寶藏、碑刻、器用八門，論書著作有分類自此書始。宋徽宗時敕撰《宣和書譜》，上起漢魏，下迄北宋宣和年間，記錄書家一百九十八人，書法作品一千二百五十二件。分歷代諸帝王書、篆、隸、正、行、草、八分、制誥等八門，各門前均有敘論，帖前皆載書家傳記，是一部比較豐富的書法史資料。姜夔作《續書譜》，分總論、真書、真書用筆、草書、等書、用筆、用墨等十八篇，詳盡地論述了真、草書的筆墨技巧。此外，高宗趙構的《翰墨志》、陳槱的《負暄野錄》、陳思的《書小史》、《書苑菁華》，也都是論書名著。

三、工藝美術

(一)陶 瓷

兩宋是中國古代陶瓷藝術發展的黃金時期，製瓷工藝出現了飛躍性的突破，達到了令人驚歎的高度。官、汝、定、哥、鈞五大名窯代表了當時製瓷工藝的最高水平，各窯都有獨特的工藝和特點。此外，散布在各地的民窯也為製瓷工藝的發展作出了貢獻。宋瓷花紋多種多樣，包括花卉、動

物、人物、文字等，其中以纏枝、折枝花卉為多。
裝飾技法則無所不包，計有鏤空、繡花、印花、
刻花、錯花、劃花、釉裡紅、釉裡青、兩面彩等，
其中釉裡青是宋代獨創的製瓷工藝。宋代還開始
在瓷器白釉裡加上紅綠彩繪花卉等，也有青、黑
等色花卉、人物。在河北磁州窯出土的一個北宋
瓷枕就繪有趙匡胤陳橋兵變圖，將歷史事件繪製
於瓷器之上，為前代所未見。宋代對瓷釉的貢獻
尤為突出，除有白、清白、青、黑等大的區分外，
各色系之內又作詳細劃分，如青釉可分出十幾種
色調，體現出宋代瓷工的精湛技藝。

江西景德鎮窯產彩青釉觀
音菩薩坐像

　　宋代瓷器的造型也空前豐富起來。碗盤類是
最基本的飲食器皿，形狀相對穩定，其他容器卻
變化百出，如盒、枕、瓶、壺、爐等，令人目不暇接。除廣泛用於日常生
活外，瓷器還有其他多種用途，清代開封曾出土一支宋代瓷籥，類似竹子
的形狀，分九節，長一尺五寸四分，徑六分，質地晶瑩溫潤，聲音清越。
造型和用途的多樣性充分表明了宋代製瓷業的普及和工藝水平的提高。另
一方面，宋代瓷器釉色純淨，圖案清秀，崇尚靜穆無聲的自然之美，突出
純潔如玉的質感，散發著典雅寧靜的氣息，雖不沉雄，卻極幽遠，是具有
永恆魅力的優美典型，在中國陶瓷史上獨樹一幟。

㈡雕　塑

　　宋代雕塑藝術也取得了極高的成就。較之前代有兩個迥然不同的特點，
一是宗教雕塑的神聖性大為減弱，世俗化傾向大為增強，塑造對象從高不
可攀的佛變為具有「現世得福」意義的菩薩、羅漢和一些侍女、供養人等；
二是前代雕塑中那種雄渾闊大的氣勢消退殆盡，而代之以典雅秀美的風格。

　　石雕方面，河南鞏縣宋陵的石刻官員、各族貢使等人物及石獸、石禽
都栩栩如生，陵前石獅大小姿勢各不相同，雄壯生動。木雕方面，1966年

山西太原晉祠聖母殿塑像

在浙江瑞安仙岩寺南的慧光塔中，發現塗金木雕天王像、塗金木雕泗州大聖坐像等宋代珍品。宋代還用木根廢料雕成各種藝術品。泥塑方面，現在山西太原晉祠聖母殿的四十多尊塑像，是北宋塑像的代表作。大足石窟雖然主要是佛教題材，但處處洋溢著現實世界的生活情趣，成為反映宋代社會風俗最大的實物史料庫。玉雕方面，多製宮廷用品、仿古彝器，有的上面刻經、詞，多達百字，有的講究「巧色」，根據玉材形狀、色澤、紋理來設計雕琢。此外，還有牙雕、竹雕、燒造、鑲嵌等工藝，也都各具特色。宋代雕塑總的格調是婉約、抒情和個性化，趨於規整絢麗，而不類秦漢的拙重粗獷、隋唐的豪邁飄逸，具有鮮明的時代特徵。

(三)織繡

宋代織繡業在前代的基礎上也有很大進展，品種增多，質量提高。絲織業的中心從北方地區轉移到以江浙為代表的江南地區，從此，絲織業南盛北衰的格局再也沒有改變。四川蜀錦、定州緙絲、蘇州刺繡是宋代的三大工藝名品。

宋錦不再追求華麗的色彩，多用中性偏冷的顏色，既鮮明又協調，形成沉靜典雅的色調。圖形多以幾何紋為骨架，規則嚴整，其中又穿插一些寫生花鳥、龍鳳、三友、暗八仙等祥瑞圖案。紋樣纖小繁複，主要有八達暈、龜背紋、鎖子紋、萬字紋、流水紋、古錢紋等。總體來講，宋錦簡潔疏朗、秀麗典雅，具有很高的藝術價值。

緙絲是中國傳統絲織工藝之一，始於唐代，至宋代日益興盛。緙絲有所謂「通經斷緯」的說法，織造時只有經絲貫穿全幅，緯絲則視圖案需要，與經絲交織，織成圖案，反正如一。「承空視之，如雕鏤之象，故名『刻絲』。」㉟

暗八仙

　　「暗八仙」是由傳說中八仙所執器物組成的一組吉祥圖案，相傳漢鍾離拿扇、呂洞賓背劍、張果老拿魚鼓、曹國舅執拍板、鐵拐李帶葫蘆、韓湘子握簫管、藍采和提花籃、何仙姑執荷花。因圖中只見神仙手執的器物而不見仙人，故稱「暗八仙」。

　　現存遼寧博物館的「紫地鸞鵲穿花緙絲」是北宋緙絲的代表作。宋室南遷後，緙絲業中心也隨之轉移到蘇州、上海一帶，緙絲的功能也從實用轉向單純的欣賞，圖案多為唐宋名家書畫。現存上海博物館的《蓮塘乳鴨圖》就是南宋緙絲名家朱克柔的傳世珍品。

　　宋代刺繡已經從織染業分離出來，成為一種專門的工藝，政府有專門的文繡院，民間也出現專以刺繡為業的人，稱為「百姓繡戶」。宋代刺繡與繪畫、書法等藝術門類相結合，創造出許多巧奪天工的工藝品。圖案多為書法、人物、花鳥蟲魚、山水樓閣等景物，流傳後世的作品很多。明人董其昌家藏一幅宋繡，內容為陶淵明潦倒於東籬山水樹石間，「景物粲然」，旁繡蠅頭小楷十餘字，「亦遒勁不凡」❸❻，這是宋繡的佳品。

⒁音樂、舞蹈、戲曲

　　兩宋時期，隨著城鄉經濟的高度發展，音樂和舞蹈藝術十分興盛，新的戲曲形式——雜劇和南戲陸續出現，為元雜劇的興盛奠定了堅實的基礎，在中國古代戲劇史上具有重要意義。

　　唐代盛極一時的宮廷歌舞，至宋代已日趨衰落，民間音樂卻迅速發展，成為當時音樂文化的主流。以城市為例，市民的日常生活，尤其是節令、

❸❺　莊綽，《雞肋編》卷上。

❸❻　朱啟鈐，《絲繡筆記》卷上。

嫁娶等活動，都伴隨著各式各樣的音樂歌舞。此外還有眾多民間藝人活躍於茶坊酒肆、瓦舍勾欄等娛樂場所，以說唱為生。據文獻記載，當時市民音樂的品種十分豐富，有嘌唱、小唱、纏令、細樂、清樂等眾多名目，遠遠超過了唐代。市民音樂還滲透到了社會的上層，在一些皇室貴族的宴會中，經常邀請民間藝人表演，體現出市民音樂的巨大影響力。宋代市民音樂的興起和繁榮，是中國古代音樂文化一種質的飛躍，對元明清三代產生了深遠的影響。

宋代是中國舞蹈史上的轉折時期，很多方面呈現出新的特徵。首先是民間歌舞的空前盛況。在廣大農村、城鎮中，「村歌社舞」異常流行，其種類之多、流傳之廣、藝術水平之高，至少能與宮廷舞蹈分庭抗禮。許多專業歌舞藝人和農村優秀舞人樂伎組成班社，或開闢固定的場地，或遊走於城鎮之間，專門為百姓進行表演，促進了民間舞蹈藝術的發展。其次，宮廷隊舞進一步發展。唐代的表演性舞蹈多為獨舞或雙人舞，大多只能表現某種單一的情感，如《劍器》的雄健、《采蓮》的優雅等。宋代則發展出一種由數十人或上百人表演的大型集體「隊舞」，加入一定的故事情節，成為一種集舞蹈、歌唱、詩詞於一身的歌舞新形式，兼具禮儀、欣賞、娛樂等多種功能，在藝術性、思想性上都有所突破。再次，純舞和小型表演性歌舞衰落，舞蹈中加入了一些戲劇性因素，綜合化程度不斷加強。魏晉至隋唐以來「歌者不舞，舞者不歌」的常規被打破，舞者開口唱歌，唱詞、念白不再是浮泛的描景抒情和客觀的旁白解說，而是注入了許多第一人稱的自我表白成分；表演道具也被大量應用。宋代舞蹈藝術發生的變化在中國舞蹈史上起著承上啟下的作用，它具備了眾多戲劇元素，雖然仍是為展示舞蹈技藝，但這些轉變開了金元雜劇之先河，為中國獨特劇種——「戲曲」的產生和發展奠定了堅實的基礎。

宋代比較突出的戲曲形式有雜劇和南戲兩種。雜劇在宋代曾泛指各種表演伎藝，但它本身已經成為獨立的戲劇表演藝術。北宋時期已經非常盛行，雜劇演員活躍於宮廷、軍隊、民間瓦舍勾欄。宋人演出一部完整的雜

《賣眼藥》圖，此為戲劇演出的場景

劇，通常是兩段或三段，一是豔段，表演「尋常熟事」，作為開場；二是正雜劇，即雜劇的正文，通常為內容比較複雜的故事；三是散段，也稱「雜扮」，原本是獨立的表演形式，專門表現村夫村婦引人發笑的趣事，南宋時才被吸收入雜劇，以為結尾，與豔段一樣可以取捨。宋朝雜劇的特點在於以滑稽的手法，表達勸誡、諫諍的內容，具有強烈的諷刺性，這種風格在宮廷表演中尤為突出。由於雜劇中多夾雜諷刺時政的內容，因而演員遭受迫害的現象時有發生。據岳珂的《桯史》記載，紹興十五年（1145 年），正值秦檜權傾朝野之時，宋高宗召秦檜等大臣飲宴，席間令優伶表演雜劇，臺上伶人於劇中公然諷刺秦檜將迎還「二聖」、復國雪恥拋諸腦後的無恥行徑。秦檜大怒，將伶人下獄，致使有人於獄中死亡。

　　南戲，即戲文，是宋代興起於東南沿海一帶的戲曲藝術，最早出現在永嘉地區，形成於徽宗宣和年間至南宋光宗朝，總稱南曲戲文，為元、明時期南戲之鼻祖。作為一種戲曲，南戲揉合了民間歌舞小戲、宋雜劇、說唱等諸多藝術手法，是中國南方最早以歌舞表現故事的舞臺表演藝術。南戲最早的戲文是永嘉人所作的《趙貞女》、《王魁》，據目前研究的結果，已

知的南戲戲文有一百餘種，它與北方的雜劇並列，是中國戲曲的兩大流派，在戲曲史上占有重要地位。

第八節　宋代科技

兩宋是中國古代科技史上的黃金時期，中國古代四大發明中的三項都完成於此時，這為推動世界文明發展和歷史進程作出了重大貢獻。宋代科技取得的成就是多方面的，英國著名中國科技史專家李約瑟 (Joseph Needham) 說：「每當人們在中國的文獻中查找一種具體的科技史料時，往往會發現它的焦點在宋代，不管在應用科學方面或純粹科學方面都是如此。」可以說宋代在中國傳統科學技術的諸多領域都留下了新的記錄。

一、火藥、指南針、印刷術的運用和發展

㈠火藥與火器

唐代已經發明了火藥，兩宋時期，由於手工業生產技術的進步和戰爭的需要，火藥開始應用於軍事，火藥和火器製造成為軍事手工業的重要部門。古代火攻，起初多用油脂草艾之類，宋代火攻武器有了巨大發展，陸續出現了火箭、火毬、火蒺藜等武器。火藥的大量使用，推動了火藥研究和配方的改進，宋仁宗年間編成的《武經總要》第一次完整記載了三種火藥配方。北宋時期的火藥以紙等包裹，含硝量、含碳量都比較低，呈膏狀，且沒有引信，大體上只是一種縱火性、燃燒性兵器。南宋以後，增加了火藥中的硝、碳含量，火藥從膏狀變成固態，同時使用了引信和鐵質火藥罐，以達到易燃、易爆、放毒和製造煙幕的效果，從而使火藥由燃燒型轉變為爆炸型。

北宋時期的火器主要有弓、弩火藥箭等，北宋末年，在抗金戰爭中發明了「霹靂砲」、「震天雷」等殺傷力較大的火砲。南宋時火器技術又有了進一步發展，出現了噴氣式火箭和管形火器。多數學者認為，管形火器誕

生於宋代，然而據李約瑟等人的〈關於中國文化領域內火藥與火器史的新看法〉介紹❸❼，克萊頓・布雷特 (Dr. Clayton Bredt) 在巴黎的基邁博物館發現一張年代約為五代後漢乾祐三年（950 年）的敦煌佛教畫，畫上繪有一支長竹竿火槍，可以使用火藥，裝有金屬彈丸和碎瓷片。學者據此認為這是中國最早的管形火器，但這種說法還缺乏進一步的證據支持，仍有待研究。

文獻中關於管形火器的記載始於十二世紀，理宗開慶元年（1259 年），壽春府製造「突火槍」，「以鉅竹為筒，內安子窠，如燒放，焰絕然後子窠發出，如砲聲，遠聞百五十餘步。」❸❽ 這是全世界最早的管形火器。這一時期的管形火器是以鉅竹為筒，在很大程度上更類似於今天的砲，而不是槍，「子窠」則相當於近代的子彈、砲彈。由於竹製火器射程較近，且不耐用，大約在十三世紀末到十四世紀初，中國就發明了金屬製造的火銃和火砲。目前所見最早的管形火器是 1970 年在黑龍江阿城出土的銅銃，年代大約在 1288 年以前。南宋末期，火藥和火藥武器傳入阿拉伯和蒙古，後又由阿拉伯傳入歐洲，推動了歐洲歷史的發展。

㈡指南針的發明

中國是世界上最早發現磁鐵指極性的國家，早在戰國時期，人們就利用磁石指南的性質，製造司南來確定方向。但司南是由天然磁石加工而成，容易失去磁性，且體形較重，「磁杓」直接放在地盤上，轉動不靈敏，難以精確地指示方向。從司南進化到指南針，經過了一個漫長的過程。

目前所知關於指南針的明確記載始見於北宋中期。《武經總要》中記載了指南針的製作方法：將薄鐵片剪裁成長二寸、寬五分，首尾如魚形，用炭火燒紅，以尾「正對子位（即北方）」，放入水盆，水超過尾部數分時停止，「以密器收之」❸❾。這是一種利用地磁場的作用使鐵片磁化的方法。將

---

❸❼　《科學譯叢》1982 年第 2 期。

❸❽　《宋史》卷一九七〈兵志〉。

❸❾　《武經總要》前集卷一五。

鐵片燒紅，以尾「正對子位」可以使鐵片內部較活躍的磁疇沿地球磁場的方向排列，達到使鐵片磁化的目的。然後放入水盆，也就是常說的「淬火」，可以使磁疇的排列固定下來，獲得永久磁性。《夢溪筆談》中還記載了一種利用天然磁石加工鋼針，從而使鋼針獲得磁性的指南針加工方法，並記述了三種磁針裝置方法，即漂浮法、支承法和縷懸法。當時使用較多的是漂浮法和縷懸法。沈括還談到了磁偏角的作用，指出指南針並不是正對南方，而是稍稍偏東❹。由此可知，至遲到十一世紀，中國指南針製作技術日臻成熟，並廣泛應用於社會生活的各個方面，尤其是航海事業。

朱彧《萍洲可談》記載：「舟師識地理，夜則觀星，晝則觀日，陰晦觀指南針。」❹這是世界航海史上使用指南針的最早記載。南宋也有許多指南針應用於航海的記載，趙汝适《諸蕃志》談到「舟舶來往，唯以指南針為則，晝夜守視唯謹」❷。吳自牧《夢粱錄》也說「風雨晦冥時，唯憑針盤而行」，反映了指南針在航海中的重大作用。指南針的應用，推動了兩宋航海技術的巨大進步，也極大地促進了兩宋航海貿易的發展，是中國人民對世界文明的一大貢獻。

㈢雕版印刷與活字印刷的發明

雕版印刷術大約出現在七世紀初葉。至宋代，雕版印刷業進入鼎盛時期，以汴京、四川、福建、浙江地區最為發達，四川的成都、眉山是當時著名的雕版中心。兩宋時期刻書之多、內容之廣、規模之大、印刷之精，都是前所未有的。宋代刻印之書，分為官府、書坊、私人刻印三種類型，內容涉及儒佛道經典、各種文集、民間日用書籍等各個領域。太祖開寶四年（971 年）雕版印《大藏經》，計一千零七十六部，五千零四十八卷，歷時十二年才雕刻完工，雕版多達十三萬塊。紹興二年（1132 年）在湖州（浙江湖州）刊刻佛經五千四百卷，一年之內即告完工。兩宋時雕版印刷的技

---

❹　沈括，《夢溪筆談》卷二四。

❹　朱彧，《萍洲可談》卷二。

❷　趙汝适，《諸蕃志》卷下〈海南〉。

術水平已達到很高的程度，書籍「刊行大備，要自宋開始。其時，監中官刻與士大夫家塾付梓者，校讎鐫刻，講究日精。」❸從保存下來的宋版書籍看，大多刻工精良，刀法純熟，紙墨裝潢精美，其字體也成為後世仿照的書法藝術。正因如此，宋刻本備受後人珍視。

兩宋刻書業的繁榮，不僅使雕版印刷進入鼎盛時期，而且推動了中國古代印刷術的發展。仁宗慶曆年間，畢昇發明了活字印刷術，實現了印刷術的重大突破。其方法是用膠泥製成活字，一粒膠泥製一字，經過火燒變硬。準備好一塊鐵板，板上加鐵框，內放一層混合的松香、蠟、紙灰等，框裡排滿字後即放在火上加熱，松香、蠟、紙灰遇熱熔化，冷卻後一版泥字就粘在一起。一版印完，將鐵板放在火上加熱，即可取下泥活字，以備再用。為便於排版，印刷時常備兩塊鐵板，一版印刷，另一版排字準備，互相交替使用。一些常用字，如「之」、「也」等，往往各刻二十幾個，以便重複使用。畢昇的發明是世界上最早的活字印刷術，它減少了反覆雕版的時間，一套活字可以印刷多種書籍，既省時又省力，經濟方便，是中國古代文化對世界的偉大貢獻。

二、天文學

宋代是中國古代天文學發展的高峰。天文觀測和記錄方面。測量恆星位置是一項基礎性工作，既耗費時間，又要有相應的渾儀才能完成，因而每個王朝很少多次測量，即便是盛唐時期也只有過一次。宋代則不然，僅在大中祥符三年（1010年）至崇寧五年（1106年）之間，就進行了五次大規模的天文觀測，其結果的精度大大提高，顯示了宋代天文技術的發展。仁宗至和元年（1054年），有超新星爆發的第一次記載，現在金牛座蟹狀星雲就是這次爆發的遺跡，這次記錄為現代天文學研究提供了寶貴資料，引起了世界天文學家的高度重視。南宋紹熙元年（1190年），黃裳根據神宗元豐年間的第四次觀測結果繪成星圖，於淳祐七年（1247年）由王致遠

---

❸　《欽定天祿琳琅書目》卷四。

刻於石碑，這就是舉世聞名的「宋淳祐天文圖」。該圖高二百一十六公分，寬一百零八公分，上部星圖外圈直徑九十一‧五公分，刻星一千四百三十一顆，下部是碑文，是世界現存年代最早、存星最多的石刻天文圖，今保存於蘇州市博物館。它全面展現了宋代的天文學成就以及中國傳統天文體系的特徵，這既是天文觀測史上的重大事件，也是十分珍貴的科學遺產。

天文儀器製造方面，中國古代傳統的天文儀器，如漏壺、圭表、渾儀、渾象等，在宋代都有了新的發展，從而將古代天文儀器的研製推向了高峰。最傑出的創造當屬哲宗元祐三年（1088 年）由蘇頌、韓公廉等人製成的水運儀象臺，這是一件集渾儀、渾象和報時裝置於一身的大型天文儀器，是宋代大型綜合性天文儀器的代表。儀器分三層，高約十二公尺，寬約七公尺，相當於今天一座三層樓的規模，這是十一世紀世界上水平最高的天文儀器。底層是動力裝置和報時鐘，中層密室內旋轉著渾象，最上層是屋頂可以啟閉的觀測室，安放有銅渾儀。其中有齒輪系統和操縱器，以水為動力，能用多種方式反映及觀測天體的運行，是近世天文館假天象的雛形。除能演示、觀測天象外，它還能計時、報時，是世界上最早的天文鐘，其齒輪轉運和機械原理，可以說是歐洲中世紀天文鐘的先驅。蘇頌還為後人留下了《新儀象法要》一書，是現今研究古代天文學和天文儀器的重要著作。

曆法方面，兩宋時期，曆法的修訂十分頻繁，自宋太祖建隆四年（963 年）到南宋度宗咸淳六年（1270 年）止，共修訂曆法十七次。徽宗崇寧五年（1106 年）頒用了姚舜輔制的《紀元曆》，該曆所用的回歸年長、朔望月長的數據精密，太陽在黃道上的位置因採用新的計算方法而更加準確，一直沿用到南宋初期。寧宗慶元五年（1199 年），開始行用楊忠輔制訂的《統天曆》，以 365.2425 日為一回歸年，與現行公曆採用數據一致，比現行公曆要早三百八十多年。《統天曆》還在實際上廢除了計算繁瑣而無實用價值的上元積年，並提出回歸年的長短存在著長期變化，反映出宋代曆法的進步。

三、數　學

中國古代數學到了宋代又有了新的發展，在很多方面取得輝煌的成就，不僅代表了中國古代數學的最高成就，而且在世界數學發展史中也占有重要地位。

北宋數學家的代表是沈括、賈憲。沈括（1031～1095 年）巨著《夢溪筆談》中記載了隙積術（用一些形狀及大小均相同的離散物體堆積為一個規則臺體，應如何計算這些物體的數目）、會圓術（計算弓形的弦、矢和弧長之間的近似值）兩種影響深遠的重要數學結果，這兩種算法雖然在前代《九章算術》中都有所涉及，但真正得到完滿的解決卻自沈括始。前者更是成為中國堺積術研究的開端，對後代產生了極大的影響，十九世紀李善蘭恆等式和尖錐術等一系列優秀成果都是在此基礎上產生的。賈憲在方程解法上有卓越貢獻，他發展了「增乘開方法」，創立了開方做法本源，解決了一般的開高次方問題，推動了高次方程數值解法在中國的發展。他著有《算法斆古集》二卷和《黃帝九章算法細草》九卷，但都已失傳。

南宋時傑出的數學家有秦九韶、楊輝。秦九韶（1202～1261 年），字道古，生於四川，對天文、音律、算術、營造等事無不精究。理宗淳祐七年（1247 年），他完成了中國數學史上的巨著《數學九章》，全書分大衍、天時、田域、測望、賦役、錢穀、營建、軍旅、市易九類，每類用九個例題來闡明各種算法，每題都完整記述了答（答案）、術（解題方法、依據）和草（演算過程）。書中系統地總結和發展了高次方程數值解法和「大衍求一術」（一次聯立同餘式解法），這種方法達到了當時數學的最高水平。

楊輝（1238～1298 年），字謙光，錢塘人（浙江杭州）。他著有《詳解九章算法》十二卷、《日用算法》二卷、《楊輝算法》七卷，多是對古代數學著作的搜集和整理，收錄了許多現已失傳的各種數學著作中的算題和算法，為中國傳統數學保存了極為珍貴的資料。楊輝還十分重視數學的普及和教學工作，他的著作深入淺出、圖文並茂，很適合教學。

四、醫 學

中國古代醫藥學在宋代進入一個全面發展的階段。宋政府設置翰林醫官院，改進醫官制度；建立太醫局和「醫學」，發展醫學教育；設立校正醫書局，整理、刊印醫藥著作等等，推動了醫藥學的發展。宋朝編纂了許多醫藥學著作，對前人的經驗進行總結。太宗淳化三年（992 年），校訂印刷了《補注神農百草》、《神農本草》、《脈經》、《黃帝內經》、《素問》、《傷寒論》、《金匱要略》、《千金方》、《千金翼方》、《廣濟方》等醫學名著，在古代醫書的整理方面取得了突出的成就。宋政府還編輯了《太平聖惠方》、《太平惠民和濟局方》、《聖濟錄》等，刻印發行。《太平聖惠方》一百卷，集成方 16,834 個。《聖濟錄》二百卷，收集了診病、處方、審脈、用藥、針灸等各種醫方，是一部醫學百科全書。北宋初期至南宋初期，宋政府編輯了《開寶本草》、《嘉祐本草》、《政和本草》、《紹興本草》四部重要的國家藥典，對藥物學進行集中整理，使醫家有法可依，也促進了中國本草學的進步。

民間也有許多醫家著書立說，如四川成都醫生唐慎微在元祐年間（1086～1094 年）編修成《經史證類備急本草》三十一卷，收錄藥物一千七百多種，繪藥圖二百九十四幅，將藥物分為十三類，分別敘述其藥性、別名、辨析、主治、產地、採集等，並在其後附加單方三千餘條，將藥物與醫方結合起來，使本草學面貌一新。《證類本草》引用了大量前代文獻資料，全面繼承了前代本草的優點，又有所創新，將宋代本草整理研究推向了新的高峰。該書後來屢次被官府修訂再版，在明代李時珍《本草綱目》問世前的幾百年中，一直是中國本草學的範本。

宋代中醫分科較前代更加細密，唐代只有醫科、針灸科、按摩科、咒禁科四種，而宋代則分大方脈科、小方脈科、風科、眼科、產科、口齒咽喉科、瘡腫兼折瘍科、針灸科、金鏃書禁科等九科。兩宋時期，婦產科和兒科尤為發達，針灸術也有新的進展。婦產科方面，理宗嘉熙元年（1237

年），陳自明撰《婦人大全良方》，對宋以前的婦產科成就及自家經驗進行
了全面總結，是現存最早的婦產科專著，長期為後世醫家遵用。

兒科方面，宋代出現了很多著名兒科醫生和專著，在理論和臨床實踐
方面都取得了突出成就。錢乙撰《小兒藥證直（真）訣》，對兒童各種常見
疾病的病理特點和辨析治療進行了論述，是現存第一部內容豐富的兒科專
著，堪稱中醫兒科學的奠基之作。

針灸科方面，成就最高的當數王惟一。天聖四年（1026 年），他通過
對古代諸家針灸理論的深入研究，並結合臨床經驗，編撰針灸圖三卷，繪
製了人體正面、側面圖，標明了人體各個穴位的精確位置。此後，為了能
夠更加直觀的對其針灸學加以說明，他又設計、監製了人體模型兩具，稱
為「銅人」，並據此將其著作定名為《銅人腧穴針灸圖經》。兩具銅人均仿
成年男子而製，內置臟腑，外刻經絡穴位，每穴均與體內相通，內灌水或
水銀，刺入穴位，則液體流出，稍差則針不能入，以供醫生學習實踐之用。
這種先進的教具大大方便了針灸教學，對針灸學的發展起到了重大的促進
作用。

兩宋時期，法醫學也有了極大的發展，出現了《折獄龜鑑》、《棠陰比
事》等刑偵書籍，南宋時宋慈所著《洗冤集錄》的出現，則標誌了宋代法
醫學的重大發展。《洗冤集錄》共五卷，卷一為條令、總說，卷二專述驗屍，
卷三至卷五記載各種傷、死情況。其內容包括檢驗屍體、檢查現場、各種
死傷的鑑別、死亡原因的鑑定及自殺或謀殺的判別等，涉及到解剖、生理、
病理、藥理、毒理內科、外科、婦科、兒科、檢驗學等廣泛的醫學知識。
《洗冤集錄》集前代法醫學成果之大成，是中國乃至世界上第一部系統、
全面的法醫學著作，比歐洲法醫學奠基人義大利的 F·菲得里的《醫生的
報告》（*De Relationabus Medicorum*，1602 年）早了近三百五十年。該書曾
經被譯成朝鮮文、日文、英文、法文、德文、荷蘭文、俄文等多種文字，
在世界法醫學史上占據重要地位。

五、建築

兩宋時期的建築技術有了很大發展，許多建築一直保存到了今天，客觀地再現了當時高超的建築技術。以橋樑而言，北宋時期創造出虹橋，不用橋柱，而用木樑相接成拱，這是古代木橋構造的最高值，張擇端的《清明上河圖》上就有一座這類橋樑的逼真畫圖。仁宗時修泉州洛陽橋，又名萬安橋，長達三百六十丈，寬一丈五尺，計有橋孔四十七個。洛陽橋在建築技術上做出了許多創新和突破：首創筏形基礎，開現代橋樑工程中筏形基礎之先聲；應用尖劈形石橋墩，減輕水流的衝擊力；利用海潮漲落架設石樑，免去繁重的體力勞動；利用牡蠣的繁殖來聯結加固橋墩。泉州洛陽橋在中國乃至世界橋樑建築史上，堪稱一座里程碑式的建築，至今仍令人讚歎不已❹。洛陽橋建成以後，各地爭相效仿，南宋初年，泉州建成平安石橋，長五里，在 1905 年鄭州黃河大橋建成之前，這座橋一直是中國歷史上最長的橋樑。

宋代磚塔建築水平達到了新的高度，當時較為流行的是樓閣式，採用外壁、樓層、塔梯聯為一體的雙層套筒式結構，更加穩固。宋代樓閣式磚塔按其構造和造型大體上可以分為三種類型：第一種是外形與樓閣式木塔一致，塔身磚砌，外檐採用木結構，如蘇州報恩寺塔和杭州六和塔；第二種是全部採用磚造，如泉州開元寺雙塔；第三種是塔身用磚或石砌造。而後兩者外形都模仿樓閣式木塔，但在構造和外觀裝飾上作了一定的簡化，如河北定州開元寺塔和河南開封祐國寺塔。祐國寺塔建造於仁宗皇祐元年（1049 年），是中國現存最早的琉璃磚塔，俗稱「鐵塔」，歷經九百多年，其間雖遭到自然災害的侵襲和日軍的砲擊，仍較為完整保存下來，其結構之堅固，充分展示了宋代造塔技術的進步。

這一時期還出現了一些建築專著，其中成就最高的是李誠編成的《營造法式》。該書是一本建築設計規範手冊，徽宗崇寧二年（1103 年）刊印

---

❹　金秋鵬，〈蔡襄及其科學貢獻〉，《礦物岩石》1989 年第 3 期。

頒行。全書共三十六卷，三百五十七篇，其內容主要包括，一是「總釋」，對前代各種文獻中有關建築的史料加以彙編整理；二是「各作制度」，按不同工種分門別類，說明各種建築及其各個部分的技術規範及操作流程；三是「諸作功限」和「諸作料例」，詳細規定了各種構件、工種的勞動定額和材料限量；四是「諸作圖樣」，結合各作制度繪製圖樣一百九十三幅，為設計和施工提供形象資料。《營造法式》是中國古代最完善的一部建築技術專著，它系統總結了宋以前的建築技術和管理制度，是當時整個建築行業科技水平和藝術水平的反映，表明中國古代建築技術逐步走向標準化，使中國建築自宋至明清具有了基本的模式，對當時和後世建築技術的進步都作出了巨大貢獻。

本章重點

1. 宋代文化繁榮的背景。
2. 宋代文學、史學，哲學、藝術及科技發展。

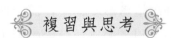

複習與思考

1. 試述宋代文化在中國歷史上的地位。
2. 請舉例說明宋代科技對中國文化的貢獻。

第十三章
宋朝與周邊民族

兩宋時期，周邊民族關係極其複雜，同北宋王朝並立的少數民族政權，北方有遼朝，後來取代遼的女真族建立金朝，西北方有党項族建立的西夏。在西南地區，還有吐蕃、大理等少數民族。南宋後期，蒙古部建立的元朝最終消滅夏、金、大理、南宋等原本鼎立的政權，統一全國。

第一節　宋遼關係

遼朝是契丹族人建立的政權，契丹與中原的聯繫已久。五代時期，耶律阿保機應李克用之約，率領部落三十萬與李氏會於雲州（山西大同），結為兄弟。907 年，阿保機派使者奉表稱臣，請求冊封。而後，耶律德光從石敬瑭手中得到了燕雲十六州，於是契丹與中原王朝時戰時和。尤其是宋朝建立以後，圍繞燕雲十六州，宋遼關係可謂一波三折。

一、北宋前期的宋遼關係

宋初，宋太祖雖採取先南後北的戰略，但對燕雲十六州的歸屬，宋與遼仍然是尖銳對立。趙匡胤出於軍事上的考慮，對契丹及其卵翼下的北漢雖然有過大規模的軍事行動，主要還是採取防禦政策。在此期間，宋遼雙方都試圖進行溝通。開寶八年（975 年）三月，遼朝密命涿州刺史耶律琮遣書修好。太平興國元年（976 年），宋太宗繼位，曾遣使者去遼朝報新皇帝登基之事。太平興國二年（977 年），宋朝安葬宋太祖時，遼也派使者前來弔喪。然而，這種關係非常脆弱，甚至一度中斷，宋遼間仍以戰爭為主，

尤其是宋太宗在位期間，宋遼之間的戰爭一度白熱化。

宋統一南方後，太平興國四年（979 年）又滅了北漢，宋太宗想乘著滅北漢的餘威一舉收復燕雲十六州，正式拉開宋遼長達二十餘年的大規模戰事的序幕。

太平興國四年五月，宋太宗欲出兵收復燕雲地區，但當時宋軍圍困太原數月，士兵疲憊不堪，糧餉將盡，許多大臣都不贊成立即與遼交戰。宋太宗卻不顧群臣反對，從太原出兵，先後攻克易州（河北易縣）和涿州（河北涿州）。宋軍連下兩城，宋太宗等人以為勝券在握，便下令直逼燕京（北京），但遭到遼朝守城將士的頑強抵抗。遼景宗得知宋軍圍攻燕京的消息後，立即派大將耶律休哥率領軍隊前來增援，宋遼雙方在高粱河發生激戰。戰役之初，宋軍告捷，遼軍傷亡慘重。但是，耶律休哥和大將耶律斜軫從兩翼掩殺宋軍，燕京守城將士也從城內殺出，在遼軍的內外合擊下，宋軍潰不成軍，各自逃散。宋太宗在戰鬥中受傷，狼狽而逃。

宋太宗第一次北伐失敗的原因，首先在於宋太宗在平定北漢後忘乎所以，犯下驕傲輕敵的錯誤，宋人洪邁就認為「太平興國，失於輕舉」❶。其二，宋軍進攻燕京前，在對北漢的戰爭中已經苦戰多時，消耗過大，來不及得到充分的補充和休整，便立即對遼作戰，戰鬥力明顯弱於遼朝。其三，宋軍在與遼軍的交戰中，遇到遼的頑強抵抗，既無攻城的器械，也還來不及部署兵力占據戰略要地，因而無法有效阻擊遼朝援軍的進攻，迎戰頗為倉促。其四，對遼朝而言，燕京地勢特殊，是進入中原的重要門戶。遼朝守城的將士了解這一城池對宋遼雙方都利害攸關，因而拼死守城。耶律休哥和耶律斜軫等名將傾全力援救，宋軍才在遼軍的內外合擊下大敗而歸。

高粱河之戰使宋初以來經過生聚教閱而日益精強的宋軍元氣大傷，此後，宋軍對遼作戰逐漸陷於被動。然而，宋太宗一直未放棄收復燕雲十六州的想法。太平興國七年（982 年），遼景宗去世，十二歲的遼聖宗即位，

---

❶　洪邁，《容齋隨筆》卷三〈燕非強國〉。

承天皇太后蕭綽攝政。宋朝大臣賀令圖等人以為，遼主少國疑，母后專權，政局不穩，是伐遼的天賜良機。而事實上，儘管遼朝是幼主登基，但蕭太后是位傑出的女政治家，在她統治期間，遼朝統治集團內君臣協和，政治清明。以宋太宗為首的朝廷多數人並不了解遼朝的真實狀況，同意伐遼。雍熙三年（986 年），命曹彬、米信、田重進、潘美和楊業等兵分三路北伐，東路以曹彬為主將，領兵十萬出雄州（河北雄縣），中路以田重進為主帥，由定州（河北定州）出飛狐關（河北淶源北），西路以潘美為主帥，楊業為副帥，出雁門關（山西代縣北），準備合圍燕京，史稱「雍熙北伐」。

北伐之初，宋軍取得了一些勝利。然而，三路將領各自為戰，缺乏相互配合。曹彬和米信所率領的東路軍攻下涿州後，因糧草斷絕而先退回雄州，田重進率領的中路軍和潘美、楊業的西路軍奪取了遼朝的一些城池。曹彬和米信見狀，邀功心切，倉促備好糧草北進，卻遭到蕭太后和耶律休哥的合擊。宋軍大敗，沿途丟盔棄甲，極為狼狽。曹彬在東路戰敗影響了整個戰局，宋太宗得知情況後，十分懊喪，慌忙調整部署，下令撤軍。命曹彬返回，田重進駐定州（河北定州），潘美和楊業則保護邊境雲（山西大同）、應（山西應縣）、朔（山西朔縣）、寰（山西朔縣東）四州百姓內遷，準備給遼朝留下幾座空城。

遼將耶律斜軫率軍緊追而來，宋軍無力抵抗。潘美所部敗至代州（山西代縣），楊業建議避開遼軍鋒銳，偏師出擊，保護百姓先退，但監軍王侁卻未採納楊業的正確意見，指責楊業畏敵不戰，逼迫楊業從代州出兵。楊業臨行前與潘美、王侁相約率伏兵在陳家谷接應，潘美表示同意。但當楊業在陳家谷被遼軍所困時，王侁、潘美驚慌不已，不顧與楊業的約定，領軍撤回代州。楊業父子率領殘部在陳家谷死戰，部下大多戰死，楊業身受十幾處創傷被俘，卻不顧威逼利誘，絕食三日而死。楊業戰死，邊境震驚。宋軍將士紛紛棄城南逃，遼軍深入宋境，大肆劫掠，宋朝軍民蒙受了慘重損失。

雍熙北伐是宋初以來最大規模的對遼戰事，但卻以慘敗告終。雍熙北

伐之所以失敗，宋太宗有著不可推卸的責任。第一，宋太宗自以為是，剛愎自用，偏聽偏信，誤以為遼主少國疑，有機可乘，事實上，遼朝在蕭太后攝政時期正是興盛之時。第二，宋太宗嚴厲防範武將，每次出征前都制定了兵法陣圖，讓將領們依計行事，卻完全不顧前線戰場的變化，嚴重束縛了將領們的主動性和靈活性。第三，宋太宗將北伐將士分為三路，但沒有統一指揮，三路將士各自為戰，缺乏互相協作，極容易被遼軍各個擊破。反觀遼軍，雖是防禦方，但面對宋軍壓境，置宋較為強大的中路軍不顧，對西路軍採取守勢，而集中兵力攻擊東路軍，原因是宋東路軍雖也是北伐主力，但是曹彬和米信缺乏協調，各自出兵，不統一指揮，易被擊敗。宋東路軍被打敗後，遼軍全力對付西路軍，陳家谷一戰大獲全勝，打擊了宋軍的信心。第四，遼將耶律休哥和耶律斜軫等人有勇有謀，指揮有方，保證了戰略目標的實現。加之遼軍以騎兵為主，行動迅速、靈活。因此，在宋軍優勢的情況下，結果卻是遼軍大勝，宋軍大敗。

雍熙北伐的慘敗對宋朝產生了巨大影響，使宋朝漸漸地從積極對外變成了消極抵抗和守內虛外，從而也使得整個兩宋時期的邊防形勢出現了非常微妙的變化。宋太宗晚年，遼朝氣勢逼人，一度擺出南下進攻的陣勢，還幫助李繼遷對抗宋朝，但宋太宗卻只命宋軍在邊境疏通河道，設軍寨、塘堰，企圖阻止遼朝騎兵；不許宋軍主動出擊，萬不得已，也只許出城退敵，同時禁止越界攻城掠地，奉行的是以守為主的政策，這種態度直接影響到以後的真、仁兩朝。

二、澶淵之盟

遼朝在景德元年（1004 年）發動大規模的軍事行動前與宋曾有幾次戰爭，雙方各有勝負和損失。咸平二年（999 年）九月，遼從河北攻宋，敗於保州（河北保定），損兵近二千餘人。後來，遼攻宋遂城（河北徐水）、定州（河北定州）、冀州（河北冀縣），均被宋軍所敗。但次年正月，遼軍在瀛州（河北河間）大敗宋軍，生擒宋大將康保裔和宋順，宋軍追至莫州

（河北任丘），兩軍交戰，宋軍取得一些勝利，這是瀛莫之戰。這次戰爭中，河北多個城池處於危機之中，宋真宗毫不猶豫地接受臣僚們親征的建議，親臨北京大名府（河北大名）戰場，並拒絕了大臣李宗諤等人在與遼決戰不成後就立即回京的建議，在莫州之戰結束後才回京。咸平四年（1001 年）六月，遼指使西夏攻克宋朝環（甘肅環縣）、慶（甘肅慶陽）等三州，分散宋的軍力。十月，遼進兵遂城。這次戰役由於天時不利於遼軍，遼軍損失較為慘重，宋軍取得了勝利，這是遂城之戰。此後遼不斷在邊境進行軍事騷擾，咸平六年（1003 年）四月，進攻望都（河北望都）。宋軍將領王繼忠陷入遼軍包圍，孤軍奮戰，而前來支援的王超和桑贊等人卻畏敵退兵，結果王繼忠被俘，宋軍大敗，但遼軍獲勝後很快就回師了。

　　從這三次戰役不難看出，儘管宋在邊境的兵力比遼朝要多，但戰爭的主動權卻常常掌握在遼軍手中，宋軍對遼的進攻基本上是被動防禦的。這三次戰役，宋軍的損失比遼軍大，這對宋真宗後來考慮和談不能不產生一些影響。

　　景德元年（1004 年）閏九月，遼聖宗和蕭太后率軍南下，攻破宋朝數州，但在發動軍事進攻的同時，遼亦派使者與宋議和。遼利用宋降將王繼忠將議和的密函由宋朝莫州守將石普轉交給宋真宗，真宗也讓石普把願意議和的手詔轉給王繼忠，但表示不能答應遼索取關南土地的要求❷，並拒絕了遼方要宋朝派遣使臣到遼營談判的要求。遼朝無疑不滿意宋朝的這種態度，於是，遼軍繼續南下，於十一月二十二日抵達澶州（河南濮陽）。

　　儘管遼軍沿途作戰有所損傷，但仍有二十萬之眾，而宋朝在澶州的守軍加上宋真宗能從京城調去增援的軍隊不足二十萬，而澶州地理位置特殊，遼軍若攻下澶州，甚至可以繞過澶州，很快便能到達東京（河南開封）城下。因此，當遼軍到達澶州的消息傳到京城，引起宋朝一片紛亂。參知政

----

　❷　顯德六年（959 年），後周世宗第二次伐遼，從遼朝手中奪得益津、瓦橋、淤口三關和易州，此外，還有燕雲十六州中的莫、瀛二州，此處所謂關南地區，指的是瓦橋關以南十州縣。

事王欽若勸宋真宗南逃金陵（江蘇南京），陳堯叟卻勸宋真宗避亂成都，宰相寇準、畢士安則力排眾議，建議真宗親征，抵抗遼軍的進攻。經過朝廷上下反覆激烈的爭論，宋真宗最終同意親征。

宋真宗一行到達澶州，守城的將士見到皇帝御駕來臨，士氣大振，打退了遼軍的一次進攻。而在前一天，遼軍先鋒大將蕭撻覽被宋軍所殺。宋軍的這兩次勝利打擊了遼軍的士氣，形勢對遼也越來越不利。當時，遼軍孤軍深入，糧餉難以為繼，後續又沒有援兵，犯了兵家大忌。此外，遼軍背後的城池多數仍掌握在宋軍手中，定州、保州等重要城鎮隨時可以出兵，切斷遼軍的退路和補給線，正面有宋真宗所率親征大軍，遼軍實際上處於背腹受敵的境況，因而遼方不得不遣使求和。而宋真宗對當時戰局的真實情況並不了解，急於求和。於是，宋遼雙方開始和議。

雙方和談的焦點是後周世宗時所占的關南領土的歸屬。和議開始後，宋、遼互派使者，遼的條件便是索要關南土地，但宋朝在領土問題上堅決不退讓。宋真宗堅持認為，可以用錢財來保住土地，但絕對不能把土地讓給對方。而在歲幣問題上，寇準曾嚴格要求前去和議的宋方使者曹利用，不能超過三十萬。經過雙方反覆協商，最後，雙方達成盟約，相互交換誓書：⑴宋朝每歲給予遼朝絹二十萬匹、銀十萬兩，但不差臣專往北朝，只令三司差人搬送至雄州交割；⑵沿邊州軍，各守疆界。兩地人戶，不得交侵。遼的誓書大致與宋朝的相同；⑶約定兩國結為兄弟之邦，遼朝皇帝稱宋朝皇帝為兄，宋朝皇帝稱呼遼朝蕭太后為叔母，史稱澶淵之盟。

澶淵之盟是一個不完全平等但又有積極意義的盟約，從盟約訂立的過程和內容來看，雙方都做出了一定的讓步。這種妥協的前提是宋遼雙方力量相對均衡，宋軍雖取得了一些勝利，但在軍事上又沒有絕對的取勝把握。同時，遼也不具備繼續南下並打敗宋軍的實力，在這種情況下，雙方都採取了相互妥協的立場。對宋朝而言，這一條約有某種不平等性質，宋朝每年要給遼朝輸送歲幣。除此之外，宋遼雙方是平等的，盟約的其他規定對雙方都是有效的約束。

澶淵之盟是有其積極意義的。首先，澶淵之盟以後，宋遼雙方基本上沒有再出現大規模的戰事，兩國保持了近一百二十年的和平相處，直到金朝崛起。這種局面對於經歷了數十年戰爭的兩國來說，都是極為珍貴的，宋遼雙方都需要一個安定的環境來發展國內經濟，治療戰爭留下的創傷，這是符合兩國人民的願望和利益的。其次，對於飽受戰亂之苦的兩國邊境地區來說，盟約簽訂後，邊境州縣得到安定，社會生產力有所恢復和發展，宋在邊境開放榷場，兩國進行貿易，有利於當地經濟的發展。而遼朝在邊境地區也採取相應的措施，安撫民眾，對兩國的經濟和文化交流有很好的作用。再次，澶淵之盟後，宋朝調整了北方邊境地區的政策，如派楊延朗、李允則等有才能的將領去鎮守，保境安民。為了表示與遼的友好，把沿邊地區的一些地名改了過來，如平戎改為保定、靜戎改為安肅、平虜改為肅寧等等，有利於邊界地區人民和平相處。

三、北宋中後期的宋遼關係

澶淵之盟後，宋遼間和平相處近四十年，至宋仁宗慶曆二年（1042 年），遼興宗乘宋朝忙於應付西夏戰事之際，遣使者蕭特末、劉六符來宋，再次求索關南地區，並聚集兵馬，以武力相威脅。當時，宋朝由於與西夏交戰，不敢與遼再興戰事。因此，在得到遼方文書後，派遣大臣富弼擔任使者，與遼商談此事。富弼使遼後，據理力爭，極力表示宋朝決不割地，遼興宗被說服，接受了增歲幣的條件，並派使者來宋商量增歲幣一事，最後雙方定下了宋朝每年給遼增加歲幣銀十萬兩、絹十萬匹，一直到遼朝快被金朝滅亡。

關於邊界問題，宋遼雙方在宋英宗時期還有過一次爭執。治平元年（1064 年）到治平二年（1065 年），遼朝認為，宋朝河東路方面不應該修築堡壘，同時對河北邊境地帶宋朝的城鎮情況也表示不滿，最後以宋朝的退讓而解決。但神宗即位後，雙方關於代州地界又發生爭議，遼朝認為蔚、應、朔三州的界限應該重新劃分。熙寧八年（1075 年），宋朝派大臣沈括

為使臣前去談判，沈括翻閱原來的檔案，據理力爭，得保地界照原樣劃分。

雖然宋朝和遼朝在邊界問題上時有爭執，但是澶淵之盟後，宋遼之間主要是和平相處，雙方在經濟和文化等各方面加強了交流。

首先，兩國互相派使者往來，增進了相互了解。盟約簽訂後，雙方便開始互派使者，每年都有賀正旦使、賀生辰使。同時，逢皇帝駕崩、新君登基，雙方都要遣派使者報信，對方也會回派使者。宋仁宗去世後，宋朝派遣使者到遼朝報喪，遼道宗握住宋朝使者的手大哭。若發生爭執，雙方更是同時派使者解決問題。如因代州邊界的爭執，宋朝派沈括為使者前去談判協商。兩朝的使者多由高官擔任，宋朝方面，包拯、歐陽修、沈括、蘇頌、蘇轍、蔡京、高俅等人都擔任過使遼使者。雙方派出使者的同時，都互相贈予禮物，據《契丹國志》記載，宋朝每次給遼朝皇帝或皇后生辰的禮物，除了精製的酒、食物、茶器、玉帶、銀器外，茶、酒、果物都有一定的定額，還有綾羅綢緞等等。遼朝皇帝賀宋朝皇帝生辰的禮物則有馬具、弓箭、皮革、酒、果子、牛、羊、鹿等等。這種贈送形式的往來有利於南北經濟交流。

第二，宋遼經濟交流的主要形式是榷場貿易，即雙方在邊界地區設置官辦的貿易場所，管理兩國貿易。早在宋朝建立初期，雙方在鎮、易、雄、霸、滄等州（河北地區）就設置了榷場，但後來由於兩國發生戰爭，這些榷場時開時閉。澶淵之盟後，榷場貿易恢復正常。宋朝在雄州、霸州、安肅軍、廣信軍等地，遼朝在涿州、振武軍和朔州等地（河北地區）都先後開設了榷場。遼朝輸到宋朝來的物品主要有羊、馬等，而宋朝則將絲帛、漆器、穀物輸入遼朝，雙方都滿足了物質上的需要。然而，雙方都有一些禁止輸出的物品，比如雙方對書籍和錢幣的輸出都有嚴格的禁令，因而從一定程度上限制了榷場的貿易功能。

第三，文化方面的交流主要表現在遊牧文化的遼朝吸收中原漢族文化。首先，兩國皇帝都有互相贈送畫像的習慣，遼興宗把自己畫的鵝和大雁贈送給宋仁宗，而宋仁宗則把自己作的飛白書法回贈給遼興宗。遼道宗登基

後，宋朝曾派使者將宋仁宗的畫像送到遼朝。宋皇祐年間（1049～1053 年），遼朝曾到宋朝尋找善下棋的人，宋仁宗下詔求天下棋藝高手，有個名叫李勘的棋藝高手被選上去會遼方棋手。其次，遼朝文學深受中原文化的影響，契丹貴族多以學詩為雅事。遼聖宗自幼就喜歡書翰，十歲便能作詩，還親自將白居易的《諷諫集》翻譯成契丹文，召群臣閱讀。遼道宗也擅長寫詩，而遼朝的一些后妃，如遼興宗的皇后蕭觀音和遼天祚帝的文妃，都善於寫詩。蘇軾的詩在遼朝影響很大，宋人張芸叟奉命出使遼朝，夜宿幽州（北京）客館，見有人將蘇軾的《老人行》寫在牆壁上，還聽說有個書店出版了蘇軾的數十首詩，編為《大蘇小集》。於是，張芸叟就寫詩在《老人行》後面：「誰題佳句到幽都，逢著胡兒問大蘇。」❸

　　第四，在生活習俗上，宋朝和遼朝也互相影響。如飲茶，遼朝位於北方，同南方相比，冬長而寒冷，本不產茶，遼朝的茶葉來自同宋朝的榷場貿易及貢納，但因茶葉的傳入，契丹出現了一套選茶、碾茶、烹茶、用茶

乃至茶具使用的程序，這表明遼人飲茶之風已經非常盛行。再如服飾，契丹人的服飾是髡髮左衽，後來契丹人，尤其是男人，多改穿漢服。遼聖宗時期（983～1031年），出使遼朝的宋朝大臣路振也看到契丹人的習俗皆穿漢服，唯有契丹、渤海婦女仍著胡服。而在宋朝，北方漢人服飾卻已經「胡化」。蘇轍出使遼朝時看到北方地區漢人衣服「左衽今已半」❹，可見，由於民族間的互相影響，雙方的生活方式都出現了很大變化。

遼代「進茶圖」　河北宣化下八里遼五號墓墓室壁畫，圖中顯示炭火煮水，沏茶端奉的景象。

　　總的來說，澶淵之盟後，宋朝和遼朝

---

❸　王闢之，《澠水燕談錄》卷七。

❹　蘇轍，《欒城集》卷一六〈燕山〉。

基本上保持了近一百二十年的和平局面，直到宣和二年（1120 年），宋朝派趙良嗣渡海使金，與金達成協議，共同滅遼。當女真根據協議攻克遼的西京大同府時，宋朝派童貫為統帥，兩次領兵攻遼的燕京，童貫以為遼必敗，但遭到遼軍迎頭痛擊，潰敗撤軍。而此時，金軍趁機向燕京進軍，占領燕京。宋朝對遼的最後作戰也以戰敗告終，不久，北宋也快被金滅亡了。

第二節　宋夏關係

西夏是党項人於十一至十三世紀建立的政權。党項是羌族的一支，隋文帝開皇四年（584 年），党項族千餘家歸順隋王朝，大首領拓跋寧叢率部落請求定居旭州（甘肅臨潭境），文帝任命其為大將軍。596 年，党項羌部曾一度進攻會州（四川茂汶羌族自治縣境），被隋朝軍隊打敗後，紛紛內附，遣子弟入朝謝罪，「自是朝貢不絕。」❺唐初，党項勢力範圍有所擴展，分為八個族姓部落，其中以拓跋氏最為強大。其後，為強大的吐蕃所逼，拓跋部三次向唐王朝請求內遷，由松州（四川松潘）地區遷至慶州（甘肅慶陽）地區，最後遷往平夏（陝西靖邊縣境）。拓跋部成為平夏部落中最為強大的一支，繼續保持其在党項羌族中的強勢地位。唐末，拓跋部首領拓跋思恭因鎮壓黃巢起事有功，被唐僖宗升為夏州節度使，復賜姓李，封夏國公。夏州地區也獲得了定難軍的稱號，統轄銀（陝西米脂西北）、夏（陝西橫山西）、綏（陝西綏德境）、宥（陝西靖邊西北）四州之地，拓跋李氏成為名副其實的地方藩鎮，平夏拓跋政權由此正式確立。

一、北宋前期宋夏之間的和戰

960 年，趙匡胤代周建宋，夏州節度使、西平王李彝興❻立即派族子奉表入賀，宋太祖為其加官晉爵。自此雙方貢使往來不斷，李彝興聞知宋

---

❺　《隋書》卷八三〈党項傳〉。

❻　原名李彝殷，避太祖父趙弘殷名諱，改殷為興。

朝缺少馬匹，以良馬三百匹入獻。太祖親自讓工匠為其特製一條玉帶，遣使贈送，彝興十分高興。宋太祖對西北少數民族實行羈縻政策，以當地民眾推舉的少數民族首領統領原來統轄的地區，並加以冊封，允許他們世襲，得到了當地人民的支持。因此北宋初年，夏州拓跋部與北宋王朝基本上保持友好往來關係。

太平興國七年（982年），李彝興之孫李繼捧因與其從父李克文在繼承人問題上產生矛盾，率族人入朝，表示願留京師，獻銀、夏、綏、宥四州八縣。太宗親自召見繼捧於崇德殿，賞賜金銀錢帛，並授繼捧為彰德軍節度使。繼捧入朝之時，族弟李繼遷與李繼沖兄弟均持反對意見，當宋朝派遣的使者經過銀州之時，李繼遷詐言乳母死，需葬於郊外，將所有兵器藏於喪車之中，逃至「善水草，便畜牧」的地斤澤（內蒙古杭錦旗東南），向族人出示其曾祖拓跋思忠李彝興畫像，「戎人皆拜泣」❼。從此以地斤澤為根據地，統一党項諸部，聯遼抗宋，開始了他恢復祖宗基業的漫長歷程。李繼遷先派人到麟州（陝西神木）貢獻駝、馬等物，要求宋太宗允許他留在銀夏，獨立門戶。宋太宗自然不會答應，派遣秦翰攜帶詔書前去招諭，李繼遷將秦翰留在帳中，秦翰妄圖尋找機會殺掉繼遷，終因沒有找到機會而作罷，這是李繼遷起兵後第一次正式對宋交涉。

李繼遷豎起反宋旗幟以後，軍事上明顯處於劣勢。雍熙元年（984年）九月，北宋派夏州知州尹憲和曹光實率兵偷襲，繼遷的母親和妻子成為俘虜，他自己僅以身免。雍熙三年（986年），宋將王侁大敗繼遷於濁輪川（陝西神木北）。此種情況下，繼遷開始轉變對策，一面向遼聖宗請求稱臣納貢，聯遼抗宋，契丹國以宗女義成公主嫁於繼遷；一面利用同豪族大姓通婚的方式，和野利氏等大族建立起反宋聯盟，聲勢進一步壯大。宋朝採取宰相趙普「以夷制夷」的方略，重新起用李繼捧，賜姓名為趙保忠，授其為定難軍節度使兼銀夏綏宥靜等州觀察處置押蕃落使，到邊境招撫繼遷。但繼捧卻暗通繼遷，名義上「奉表謝罪」，實際卻在邊境地區劫掠如故。北宋政

---

❼ 李燾，《續資治通鑑長編》卷二五，雍熙元年九月。

府識破其計，捕獲李繼捧，下令削去賜給李繼遷的名號。

此後，李繼遷採取向西發展的戰略。咸平五年（1002 年），西夏軍隊竭盡全力，經過九年爭奪，攻陷靈州（寧夏銀川），改名西平府，並以此為都城。第二年，李繼遷聲東擊西，一舉攻克西涼府（甘肅武威），志驕意滿，吐蕃大首領潘羅支乘其不備，發起突襲，繼遷中流矢，奔回西平府，後因傷重死去，宋夏之間的對峙局面隨之告一段落。

二、宋夏景德和約

李繼遷中流矢之後，自知生命垂危，便找來兒子德明和心腹安排後事。他要求德明不斷向宋王朝請求歸附，直到宋朝同意為止，其目的是希望在党項羽翼未豐、勢力尚弱期間，暫時稱臣講和，以曲求伸，保住十多年來南征北戰所得到的土地，以此為本錢東山再起。

景德元年（1004 年），德明繼位。宋夏雙方經過一年多的討價還價，於 1006 年簽訂景德和約，北宋政府授德明為定難軍節度使，封西平王，又遣使賜襲衣、錦帶、銀鞍勒馬、銀萬兩、絹萬匹、錢兩萬貫、茶兩萬斤。開放権場，允許雙方往來。

景德和約後，德明一直與北宋保持友好關係。到宋朝朝貢的西夏使節絡繹不絕，宋夏沿邊出現了安定祥和的局面，也是雙方關係最友好的時期。然而，表面上臣服於宋王朝的李德明，同時接受了遼的冊封。他利用宋遼之間的矛盾左右逢源，在夾縫中求發展，始終為党項的復興暗中進行準備。

三、元昊、諒祚時期宋夏的和戰

宋明道元年（1032 年），德明去世之後，其子元昊繼位。當他還是太子的時候，便對其父臣屬宋朝大為不滿，他反對德明委曲求全的臣宋政策，力圖取得與宋平等的地位，在政治、軍事和文化方面建立起一套完整的制度以後，國力漸漸增強。外交方面，他聯合遼，積極準備對宋用兵，經常派人到宋朝沿邊偵察防禦情況，探詢進兵路線。西夏使者名為去五臺山供

佛，實則「欲窺河東道路。」❽西夏還不時挑釁，製造和擴大事端，為發動
戰爭尋找藉口，曾經在宴請宋使的屋子設下機關，讓宋使聽出「其東屋後
若千百人鍛聲」❾，以示其兵甲精良。宋寶元元年（1038 年），元昊在興
慶府（原稱興州，今寧夏銀川）南郊高築祭壇，正式稱帝，國號大夏國。
宋仁宗下詔削奪賜給元昊的名號，並在軍事上進行相應部署。

西夏軍隊以騎兵為主，稱為「鐵鷂子」，但也有步兵，稱為「步跋子」。
夏軍善於利用地形，發揮不同兵種的特長來戰勝敵人。宋夏作戰地區大都
屬於溝壑地形，而西夏的「步跋子」卻能如履平地；「鐵鷂子」是騎兵重甲
部隊，移動迅速，且具有強大的衝擊力。西夏軍隊在進攻之時，先以「鐵
鷂子」衝擊宋軍，後以「步跋子」配合騎兵作戰，作戰能力極強，使得北
宋軍隊難以應付，因此在戰爭初期，北宋軍事上顯然處於劣勢。

宋寶元二年（1039 年），元昊聲稱將攻延州（陝西延安），為麻痺宋軍，
一面佯攻，一面示好，他派使者前來通和，宋知延州兼鄜延環慶路經略安
撫使范雍信以為真，當宋軍防守鬆懈下來後，元昊率大軍發起突襲，一舉
攻克延州北面要塞金明寨（陝西安塞南）。隨後乘勝南下，包圍了延州。范
雍慌忙調發駐守慶州的劉平和駐守保安軍的石元孫等合兵增援。劉平、石
元孫與鄜延都監黃德和等赴援延州，至三川口（陝西延安西北）時，便陷
入了元昊事先設的埋伏圈。由於黃德和臨陣脫逃，致使宋軍全線崩潰，主
帥劉平、石元孫等被俘。三川口之戰宋軍大敗，損失嚴重。

此後，宋仁宗派遣夏竦為陝西都部署兼經略安撫使，韓琦、范仲淹並
為副使，共同謀劃西北邊防。韓琦採取進攻策略，范仲淹則主張防禦。康
定二年（1041 年）在韓琦的進攻準備尚未就緒之時，元昊又向宋朝發動了
第二次大規模進攻，主攻方向選擇在易攻難守的涇原路渭州（甘肅平涼），
韓琦派遣任福前去應敵。元昊採取誘敵深入的戰略，將任福十萬宋兵引至
夏軍預先在好水川（寧夏隆德）設下的包圍圈。任福陣亡，將校士卒死者

❽ 《宋史》卷四八五〈夏國傳〉。

❾ 沈括，《夢溪筆談》卷二五。

萬餘人，這便是宋夏戰史上有名的好水川之戰。慶曆二年（1042 年），元昊於天都山點集兵馬十萬，向鎮戎軍（寧夏固原）合圍而來，仍然採取誘敵深入、聚而殲之的策略，將宋軍主力引至定川寨，截斷宋軍退路。宋將葛懷敏以下九千餘將士全軍覆沒。定川寨之戰後，元昊乘勝揮師南下，直抵渭州，劫掠居民而去。在一片勝利聲中，他還用詔書的形式誥諭關中百姓，内有「朕今親臨渭水，直據長安。」❿之語，得意之情躍然紙上。

元昊雖然連續取得三川口、好水川、定川寨等戰役的勝利，但戰爭也給西夏帶來了巨大的損失，國内階級矛盾進一步激化。北宋因陝西戰事也左支右絀，因而雙方希望盡快結束戰爭。慶曆四年（1044 年），雙方議和：元昊對宋稱臣，接受宋朝冊封；宋方每年給西夏銀七萬二千兩，絹十五萬三千匹，茶三萬斤；開放雙方邊境貿易等。遼乘機要挾，北宋又增加歲幣銀絹各十萬，先後合計五十萬兩、匹。夏宋「和議」後，元昊開始追求享受，對宋朝基本保持和平友好關係，除禮節性的往來之外，元昊還多次遣使就過界人戶及邊界問題與宋朝進行了交涉。

四、經濟與文化交流

党項族同中原王朝的貿易早在唐末五代之時便已出現，宋王朝建立後，夏州統治者為了同宋朝建立良好的政治經濟關係，主動向北宋提供戰馬。宋初，北宋同西夏主要是朝貢貿易，如向宋王朝進貢駱駝、馬匹之類。

除貿易之外，繼遷還鼓動党項商人進行青、白鹽走私活動。西夏的青、白池鹽是西夏重要的經濟命脈，其鹽大都輸入北宋境内以交換所需的糧食等生活用品。太宗時期為了控制李繼遷，採取鄭文寶的建議，從經濟上控制繼遷，禁止青、白鹽在漢族地區銷售。雖然禁絕青、白鹽貿易給西夏經濟上帶來了很大的困難，但北宋内部「關、隴民無鹽以食，境上騷擾」❶，也給宋朝人民的生活帶來了很大不便，實際上助長了李繼遷的聲勢。在外

❿　吳廣成，《西夏書事》卷一六。

❶　《宋史》卷二七七〈鄭文寶傳〉。

西夏元寶　錢面有漢文，
可見其受漢化影響。

憂內亂的情況下，北宋政府撤銷了青、白鹽的禁令。

此外，北宋與西夏之間也開始了権場、和市貿易，即在宋夏沿邊設立固定的貿易場所，進行大宗貿易活動。宋景德四年（1007 年），首先於保安軍（陝西志丹）置権場，天聖年間增置鎮戎軍権場和並代路和市，権場貿易雖然因為宋夏兩朝的戰爭而時斷時續，但卻是宋夏經濟貿易往來的重要途徑，對於促進人民之間的經濟文化交流起到了極為重要的作用。

西夏王朝極為傾慕宋朝的文化。宋朝的書籍大量流通到西夏，宋夏権場貿易中便有眾多漢文書籍傳入。西夏統治者大力推崇儒學，仿照宋朝政治制度建立起漢化的政治體制。如元昊除在西夏創建漢學外，還組織人力翻譯《孝經》等儒家著作，重視吸收宋地儒學名士。元昊子諒祚也曾經用朝貢的方式，以戰馬換取宋朝的儒學經典；同時，重用宋朝投奔過來的失意知識分子，這些人為西夏統治者出謀劃策，對西夏政權的鞏固和發展起到了重要的作用。

佛教是西夏盛行的主流宗教信仰，景德四年（1007 年），德明母罔氏下葬，要求到山西五臺山修供十寺，並派致奠使護送供物至五臺山。西夏統治者為了發展佛教，曾多次向北宋請購佛經。有時北宋也主動賜予，如1055 年 4 月，北宋賜夏國《大藏經》。西夏統治者組織人員，進行了大量的佛教翻譯工作，促進了西夏佛教的繁榮。出土的黑水城文獻中有大量西夏文佛教文獻，便是最好的證明。

五、北宋中後期的宋夏關係

宋神宗即位之後，勵精圖治，任用王安石進行變法，意圖改變宋朝積弱的現狀，實現富國強兵。一改真宗、仁宗以防禦戰略為主的局面，轉而

積極進取。西北邊境開始實施切斷西夏左膀右臂的戰略步驟，奪取西夏西廂橫山地區，遮斷西夏賴以生存的右臂。同時，占領熙湟鄯地區，阻絕西夏與吐蕃的聯合。派遣王韶等開闢熙河，由此便可以構成在西夏側面出擊、兩面夾擊的陣勢，對西夏進行更為有力的打擊。

諒祚帝死後，西夏國內惠宗秉常繼位，西夏遣使報哀，北宋政府態度冷淡。在此期間，秉常曾上誓表，請求以安遠、塞門兩寨交換綏州，宋朝開始答應「綏城易寨」，但後來改變了主意，戰爭的火種由此而生。熙寧三年（1070年）西夏發兵圍綏德城，慶州蕃部巡檢李宗諒率千餘人與戰，知慶州李復圭命李信領兵出援，大敗而歸。李復圭為了推卸責任，連夜出兵攻打西夏、欄浪和市和金湯城，在兩處殺掠無辜百姓，以功告捷。西夏傾國之師，號三十萬，圍大順、荔原、淮安等寨（甘肅華池一帶），騎兵直抵慶州（甘肅慶陽）城下，一度造成「陝右大震」的局面，北宋損失慘重。

為控制西夏西翼，宋朝派遣韓絳和种諤實施謀取橫山的計畫。韓絳命种諤為鄜延路鈐轄，節制四路將領，出無定河進築囉兀城（陝西米脂北）。西夏點集十二監司兵馬發起反攻，韓絳急命慶州出兵牽制，但是慶州士兵在吳達率領下發生兵變，未能達成出擊的目的，宋軍遂棄囉兀城，退守綏德。西夏雖取得囉兀城之役的勝利，但橫山沿邊數百里之地皆廢棄，人民流離失所。宋朝又絕歲賜、互市，國內財力匱乏。夏主秉常乃遣人至延州議和，同時再次提出以塞門、安遠兩寨換綏州。隨後經過兩國多次商議，原則上就邊界達成一致。宋朝恢復和市，自此到1081年十年間，宋夏兩國基本上保持著和平關係。

然而，素有大志的神宗仍然派遣王韶率兵馬經營熙河，從1071到1074三年之間，收復了熙、河、洮、岷等州，幅員兩千餘里，受撫吐蕃三十餘萬帳落，稱「熙河開邊」。在此基礎上建立了熙河路，在西夏右廂地區建立起一道進可攻退可守的戰略防線。

元豐四年（1081年），西夏國內發生政變，國主秉常被其母梁太后所囚。而宋神宗一直準備對西夏用兵，認為這是一個難得的機會，於是立即

發動了規模空前的進攻。熙河路經略使李憲為五路統帥，指揮作戰事宜。五路分別是王中正所領麟府路，种諤所領鄜延路，高遵裕所領環慶路，李憲所領秦鳳路、熙河路。這五路從西到東依次排開，共同謀取西夏統治中心——靈州。

涇原路劉昌祚受環慶經略使高遵裕的節制，他率領涇原兵北上，到磨臍隘（寧夏海原縣城東南）與三萬西夏兵狹路相逢。主帥劉昌祚帶頭衝殺，夏軍大敗，自是宋軍一路暢通，經鳴沙川直抵靈州城下。高遵裕所部環慶兵從環州（甘肅環縣）洪德寨、白馬川出發，攻占清遠軍（甘肅環縣西北），但是行動遲緩。當劉昌祚所領涇原軍到達靈州城下時，高遵裕又嫉妒劉昌祚獨攬頭功，派人命令劉昌祚所部先不要攻城，等到他所率領的環慶兵到達方能採取行動，貽誤了戰機。高遵裕所部環慶兵到達時，西夏已做好防禦準備，以致圍城十八天卻無法攻克。夏人決放黃河水，淹灌宋軍營壘，又抄絕宋軍糧道。士卒因凍溺飢餓而死者極多，高遵裕環慶兵損失殆盡。

种諤所統領鄜延兵出發後，沿無定河西進，最初連破石（陝西榆林西南）、夏（陝西橫山西）諸州，但後來糧草不繼，「三軍無食，皆號泣不行」❶❷，士卒逃亡者達三萬餘人，適逢天降大雪，死者又十之二三，其餘士卒不戰而全線潰退。麟府路主帥王中正是宦官，既不習戰事，又生性怯弱，行軍中恐西夏兵知其營柵之處，每夜三更輒令軍中滅火，後軍飯尚未熟，士卒食之多病，又禁軍中驢鳴，後軍糧告竭，士卒死者甚多，遂帶病退到保安軍順寧寨。李憲統領的熙河軍攻戰西夏重鎮西市新城後，遂攻克蘭州，小有戰果，隨後獲知其他各路失利的消息，便撤回熙河。五路進攻靈州的行動，終因五路將領關係不協、相互牽制而作罷。

元豐五年（1082年），神宗繼續推行經營橫山的策略，遣給事中徐禧、內侍押班李舜舉到陝西與沈括、种諤具體商議進築銀、夏、宥三州交界處的永樂城（陝西米脂西北）。城剛築就，西夏傾國之師來攻，號稱三十萬，彌天漫野，看不到邊際。徐禧拖延戰機遲遲不攻，西夏鐵騎渡過無定河，

---

❶❷ 李燾，《續資治通鑑長編》卷三二〇，元豐四年十一月癸卯。

宋軍一戰即潰。夏兵圍永樂城，宋軍將士晝夜血戰，「城中乏水已數日，鑿井不得泉，渴死者大半。」❸沈括派來的援兵及糧餉全被西夏大軍所阻隔，既而天降大雨，夏兵乘夜急攻，永樂城陷落。永樂城之戰後，宋朝元氣大傷，進入領土交涉時期。

元豐六年（1083 年），宋夏講和。夏秉常遣使上表宋朝，請求歸還被宋侵占的橫山疆土，以開邊拓地為己任的宋神宗沒有同意，雙方交涉很不愉快，西夏停止遣使賀正旦，並不斷出兵攻掠邊境。宋朝則停止歲賜，禁斷和市。

宋哲宗繼位時不滿十歲，其祖母宣仁高太后掌握實權，她廢除熙豐以來的新法。在對夏政策上，她一反神宗的做法，這就為歸還西夏領土帶來了轉機。元祐四年（1089 年），宣仁太后把葭蘆、米脂、浮圖、安疆（甘肅華池東）四寨還給西夏，達成以四寨交換戰俘的協議。但具體怎樣劃界，長期未達成一致協議，雙方關係若即若離，邊境戰爭狀態實際上並未停止。

元祐八年（1093 年），宣仁太后病死，哲宗親政，變法派重新登臺，再行開邊之策，力圖恢復神宗時期的內政與外交政策，停止劃分地界，斷絕歲賜，對西夏採取強硬政策。宋發動邊防四路大軍，以修繕城寨為名，暗中出兵葫蘆河川，於石門峽江口好水川北岸築平夏城（寧夏固原縣城西北），隨後諸路採取以進築城寨為主，淺攻擾耕和各路策應配合為輔，步步推進，以求占領宋夏邊境地區的戰略要地。與此同時，西夏軍隊發動進攻破壞諸路的堡寨進築活動。紹聖五年（1098 年），西夏梁太后親率四十萬大軍，寇平夏城，結果大敗，梁太后斄面而歸❹。隨後北宋環慶、鄜延等軍接連進攻，隨後進築西夏金湯、白豹等重要城寨。

西夏自失去橫山、天都山（寧夏海原東）等主要地利後，戰爭形勢發生了重要變化。西夏在戰爭中處於劣勢，夏崇宗乾順多次遣使遼朝，請求遼朝出面為西夏講和，宋哲宗乃許夏國通和，但兩國沿邊地區的衝突與爭

❸　《宋史》卷四八六〈夏國傳〉。

❹　少數民族戰敗後實行的一種代表恥辱的做法，另一解釋為梁太后臉部受傷。

戰並未因此而中止。

元符三年（1100 年），宋哲宗死，宋徽宗繼位，蔡京當政。崇寧三年（1104 年），蔡京得知西夏右廂卓羅監軍仁多保忠與國主乾順不和，下令熙河路經略使王厚進行招降。事發後，乾順罷仁多保忠兵權，但宋朝仍用金帛大肆招誘西夏蕃酋，並出兵攻占銀州及沿邊堡寨。西夏遂大入鎮戎軍，擄掠人口數萬，宋夏之間連戰三年。西夏國力逐漸不支。崇寧五年（1106 年），宋朝罷五路軍，與西夏講和。

政和五年（1115 年），好大喜功的宋徽宗任命童貫為陝西經略使，總領永興、鄜延、環慶、秦鳳、涇原、河西六路對西夏發起進攻，損失慘重。次年，童貫令諸路繼續出擊，大敗夏人而還。宣和元年（1119 年）六月，西夏正式遣使納款，徽宗下令六路罷兵。自此宋朝精力主要經營收復燕雲十六州，宋夏之間保持了一段相對和平的關係。

宣和六年（1124 年），西夏見遼朝大勢已去，宋金關係惡化，便向金朝稱藩歸附，派兵進攻宋朝麟（陝西神桃）、豐（陝西府谷西北）諸州，配合金人的南下行動。靖康元年（1126 年）三月，金朝攻宋，西夏乘汴京告急、宋西北各路兵馬前去勤王之際，發兵攻占天德、雲內（內蒙古）等地。不久，金人攻入汴京，宋室南遷，宋夏關係進入下一個歷史階段。

六、西夏與南宋的關係

南宋初年，宋朝一度把「聯夏制金」作為中興的重大方略，高宗趙構繼位第二年，便派遣官員持詔出使西夏，諭夏國王乾順約和。但西夏並不領情，談判態度極為傲慢，數月後勉強答應罷兵約和，但今非昔比的趙宋王朝對於西夏的無禮，採取了寬容的態度。建炎三年（1129 年），金帥婁宿接連攻取長安、鳳翔，陝右大震。此種情況下，乾順妄圖乘虛侵宋，北宋鄜延經略使王庶回檄西夏指出，金人欲搗興、靈，唇亡齒寒，西夏存在著滅頂之災，西夏意識到金朝的威脅，才沒有出兵鄜延。

同年五月，宋知樞密院事張浚宣撫川陝，謀北伐以復中原。張浚兩度

遣使西夏，希望合西夏之力，共同對抗金朝，但都為西夏所拒絕。建炎四年（1130 年），宋金決戰於富平，宋軍大敗，盡失關陝地利。本來就對恢復中原信心不大的高宗趙構心灰意冷，於紹興元年（1131 年）下詔，「夏本敵國，毋復班曆日」❶，實際上就等於宣布放棄「聯夏制金」的方略。

紹興二年（1132 年）初，金朝以陝西地賜劉豫，西夏乾順遣使求環、慶二州，但金人不允，由是夏人怨金，金夏關係惡化。宋高宗再度對聯絡西夏攻金產生了興趣，派遣吳玠通信夏國，但西夏方面缺乏誠意，雙方未能達成實質性協議。

紹興七年（1137 年），金朝廢掉劉豫偽齊政權，同南宋進行和談，1139 年春，歸還宋朝河南、陝西之地，這樣宋夏又成了近鄰。因陝西隸屬關係的變化，夏金之間又有了交往。這一時期，李世輔對夏金關係產生了重要影響，李世輔本為宋朝青澗（陝西青澗）蕃部屬戶，世代忠於宋朝。金人取延州，授其為官，徙知同州（陝西大荔），金元帥撒里曷來同州，世輔謀擒撒里曷歸宋，事發後遭到金兵追殺，被迫投靠西夏。西夏封其為延安招撫使，領兵二十萬攻取陝西。世輔到延安後，得知陝西已歸宋，縛綁西夏文官王樞歸順宋朝。吳玠犒以銀絹，讚揚其「忠義歸朝，唯君第一。」❶宋朝與西夏以王樞交換陝西被俘軍民，宋夏之間又一度出現了和好局面。紹興十年（1140 年），金朝撕毀和約，派兵復取陝西、河南，宋夏這段交往就此中斷。

南宋與西夏的初期交往，是處於金朝威逼下兩國為求生存的共同目的。紹興十一年（1141 年），宋金「紹興和議」成立，南北對峙局面正式形成，兩國以淮水至大散關為界，陝西遂為金占有。這樣就將和戰上百年之久的宋夏兩國隔離開來，此後五十多年間，宋夏關係幾乎斷絕。

十三世紀初，蒙古帝國從草原上崛起，開始了漫長的征戰，金、南宋、西夏的三角關係也發生了深刻的變化，斷絕已久的宋夏關係也恢復起來，

---

❶ 《宋史》卷四八六〈夏國傳〉。

❶ 《宋史》卷三六七〈李顯忠傳〉。

這時的宋夏關係是以聯合夾擊金朝為主線。西夏之所以主動約宋攻金，是由於蒙古對西夏的進攻引起了夏金關係惡化。

嘉定二年（1209 年），蒙古鐵騎再度攻入西夏，夏國主遣使至金，請求金國發兵解圍。金主衛紹王卻採取了隔岸觀火的態度，為了報復金朝背信棄義，西夏多次主動遣使到四川制置司，約南宋夾攻金朝。

嘉定七年（1214 年），西夏遣蕃僧減把波傳遞蠟書給南宋四川制置司，第一次主動約宋攻金。五年後（1219 年），西夏再次遣使入宋，請會師攻金，但南宋政府遲遲不肯出兵。次年，再次請求會師，雙方約定「夏兵野戰，宋師攻城。」南宋以四川宣撫使和西夏發動夏宋夾攻金朝的戰役，但由於配合不當，草草收場。此後西夏又有三次約宋攻金的行動，但都沒有結果。之所以出現這種結局，主要是雙方相互利用，缺乏合作的誠意。西夏想利用宋金世仇以實現報復目的，奪取隴西十二州，給金人構成威脅，從而打破其西遷長安的計畫。南宋則利用夏金矛盾，以攻為守，減輕金兵對自己的壓力，這便是南宋時期宋夏關係的實質。

第三節　宋金關係

金朝是由女真族建立的，女真人世代居住在今黑龍江下游、松花江、烏蘇里江流域和長白山地區。隋唐時被稱為黑水靺鞨，唐朝曾設置黑水都督府，後來由粟末靺鞨建立的渤海國統治了黑水靺鞨地區。契丹族興起後，滅了渤海國，女真族便歸於遼朝統治。其中有生女真和熟女真之分，居住在今遼陽以南，編入遼戶籍的女真族是熟女真，他們接近契丹、漢人地區，甚至與契丹人和漢人雜居，文化水平比較高，經濟發展也比較快。散居在各地，沒有編入遼朝戶籍，仍保持民族習俗和傳統的女真人被稱為生女真。遼朝對女真族的統治極為殘暴，每年都要求女真人進貢人參、名馬、牛羊、金珠等土產，尤其是遼朝貴族利用特權，要求女真人進貢獵鷹海東青。遼朝的橫徵暴斂激起了女真人的憤恨和反抗，生女真首領完顏阿骨打積極組

織反遼抗爭，於宋政和五年（1115 年）建立金朝。女真的崛起和金朝的建立，徹底改變了宋朝北部邊境形勢。

一、北宋末年的宋金關係

㈠海上之盟

女真崛起反遼後，宋朝企圖與金朝聯合攻遼，收回燕雲十六州。政和元年（1111 年），童貫使遼，遇到燕人馬植，他向童貫獻取燕之策，於是童貫將馬植帶回東京，受到宋徽宗召見。馬植向宋徽宗分析遼朝內外形勢，建議宋徽宗出兵收復燕雲十六州。馬植的建議正合宋徽宗心意，從而得到賞識，被賜予國姓後改名趙良嗣。於是徽宗不顧一些大臣的反對，派趙良嗣使金，商議夾擊遼朝之事。

政和八年（1118 年），趙良嗣出使金朝，向金朝詢問聯合攻遼一事，表示若金朝同意，宋朝則立即派國使來商談具體細節，金朝表示願意與宋朝結盟。經過雙方反復協商，宣和二年（1120 年），趙良嗣再次使金，與金朝訂立了聯合攻遼的和約。因趙良嗣等人使金時，都是由登州（山東蓬萊）渡海去金朝，這個盟約被稱為「海上之盟」。主要內容包括：宋金雙方夾攻遼朝，金朝取遼朝的中京大定府（內蒙古寧城西），宋朝取遼朝的燕京析津府（北京），雙方約好出兵的日期；滅遼之後，宋朝把過去每年給遼朝的歲幣轉給金朝；同時，雙方自盟約訂立時起，都不許與遼朝講和。

海上之盟後，徽宗得知遼朝已經知道宋金結盟的消息，擔心遼朝南下，竟有毀約之意，拖延著不出兵，加上當時宋朝國內爆發了方臘起事，徽宗只顧解決國內問題。金朝多次派使者催促宋朝出兵，並於宣和四年（1122年）初，出兵攻克遼中京大定府，遼天祚帝倉皇出逃。直到此時，宋徽宗才意識到，若再不出兵，燕京一帶便會歸於金朝所有，便急令童貫、种師道領兵北上。童貫驕傲自大，以為遼軍此時已不堪一擊，宋軍必勝，取燕京易如反掌，卻遇到了遼軍襲擊，大敗而歸。宣和四年（1122 年），金軍攻克遼西京大同府，宋朝第二次出兵燕京，但並沒有取得任何進展。童貫

深怕無功而返，會受到徽宗的責罰，便暗中求助金朝出兵，攻克了燕京。

由於宋朝軍隊的無能，而金朝軍隊連連取勝，即使沒有宋軍相助，金朝也會很順利地滅遼朝，金朝對歸還燕京給宋朝一事的態度便發生了變化，要求把燕京每年的賦稅交給金朝，宣和五年（1123 年）二月決定以一百萬貫代稅錢交給金朝，宋徽宗被迫答應。四月，金朝將燕京及其他六州土地交給宋朝。

㈡東京保衛戰

宋朝在海上之盟和取燕京過程中的軟弱無能為金人所輕視。宣和五年（1123 年）五月，宋朝招降投金的遼將張覺，並且招誘燕京外逃的人戶，遭到金朝的強烈反彈，女真指責宋朝破壞了雙方的協議，於是向宋朝下了問罪書，於宣和七年（1125 年）大舉攻宋。徽宗得知金軍南下的消息，大驚失色，欲圖逃跑。李綱、吳敏等大臣強烈要求徽宗將皇位傳給皇太子趙桓，以求更新政局，組織軍民抵抗金軍的進攻。宋徽宗無奈，於十二月將皇位傳給趙桓，即宋欽宗。

欽宗即位之初，朝廷上下對和與戰的爭議極大，而此時，金太宗已發兵兩路，西路以粘罕（完顏宗翰）統帥，由大同攻太原，東路以斡離不（完顏宗望）統帥，由平州（河北盧龍）攻燕山府，企圖兩軍會師東京開封。粘罕所部在太原受阻，而斡離不所領隊伍因宋將郭藥師降金，輕鬆奪下燕山府，於靖康元年（1126 年）正月渡過黃河，抵達東京城下。面對如此巨大的危機，宋欽宗竟也想棄城南逃，暫避風頭。但李綱主張堅決抵抗，認為都城決不能落入敵人之手，並表示自己願意負擔大任。於是，欽宗任命李綱全面負責東京防務。李綱積極組織民軍備戰，修樓櫓，設弩床，準備了充足的防守器械。同時，李綱還在東京的四面配備正規軍、輔助部隊和保甲民兵，組織了馬步軍進行軍事操練，準備作戰。此外，李綱還派人保護糧草，占據城外有利地形設防。

金軍不顧人馬疲憊，立即進攻開封外城西水門，李綱派了兩千名死士迎敵，他們在水中設置柵欄，阻擋金船前進，若金船靠近城下，便用長鉤

鉤住敵船，以密集的石塊投殺金軍，砸爛金船。石頭不夠用，李綱就命人將蔡京家堆砌假山的石頭運來，供守城之需。後來，金軍渡過城壕，用雲梯攻城，形勢十分危急。李綱除了命士兵以投石和射箭來阻殺敵人外，還派數百名士兵縋城而下，燒毀金軍的雲梯，與金軍短兵相接，斬殺敵人首領十餘人、士兵百餘人。李綱和守城的官員登上城樓親自督戰，宋朝將士士氣大振，奮勇作戰，殺死殺傷敵人數千。

金軍統帥斡離不本想乘宋朝君臣驚慌、各地勤王兵尚未趕到時攻下東京，但這個企圖卻在李綱領導的東京軍民的頑強抵抗下破滅。斡離不決定與宋朝和談，而宋欽宗抵抗的態度本來就不堅定，更是樂於和談。金軍向宋朝提出了苛刻的議和條件，宋朝一次給金朝黃金五百萬兩、白銀五百萬兩、牛馬萬隻、緞百萬匹；宋朝皇帝尊金朝皇帝為伯父；宋朝割讓太原、河間和中山三府給金朝；宋朝派親王到金營為人質等等。對於這些無理條款，李綱認為，黃金白銀等費用太多，國庫不能支撐，而太原、河間和中山三府是河北屏障，若割讓給金朝，則宋朝邊疆極為危險，建議派使者去與金人談判，拖延時間，等待各地勤王兵的到來。但是朝中大臣如李邦彥、白時中等人都主張答應金軍的條件，宋欽宗便不顧李綱反對，答應了這些款項，四處搜刮城中金銀，並派康王趙構和少宰張邦昌到金營為人質。

此時，宋朝各地的勤王兵相繼趕到，竟有二十萬之多，而金軍只有六萬人。勤王兵將領姚平仲主張夜襲金營，救回趙構，甚至活捉斡離不。宋欽宗想僥倖取勝，竟同意了姚平仲的主意。但姚平仲中了金軍埋伏，夜襲的宋軍大敗，姚平仲棄軍而逃。金軍立即派人來責問偷襲軍營之事，要求更換人質。宋欽宗和李邦彥等人把責任全推到李綱和姚平仲身上，於是將李綱解職，派使者攜帶割讓土地的國書前去謝罪，並以肅王樞和駙馬都尉曹晟代替康王構和張邦昌為人質。

宋欽宗和李邦彥等人的妥協投降舉動激起了東京軍民的強烈憤怒，靖康元年（1126 年）二月，太學生陳東率領百餘人上書，要求恢復李綱等人的職位，罷免李邦彥，得到東京數萬軍民的支持。宋欽宗無奈中恢復了李

綱職位。面對著東京軍民激昂的抗金情緒，加之宋朝勤王兵在數量上的優勢，又因為宋朝已經答應割地賠款，斡離不開始考慮退兵之事。因此，金軍於同年二月初十開始退兵。東京解圍，北宋暫時渡過了滅亡的危機。

八月，金太宗再次下詔南下，仍由粘罕和斡離不率西路和東路軍隊，從大同和保州進軍。金軍一路攻破太原府和真定府，消息傳到東京，宋欽宗又想割地求和，但金軍仍迅速向東京挺進。十一月二十五日，東路金軍到達東京城下。接著，西路金軍也抵達，與東路金軍會師。金軍開始攻城，宋欽宗派人到相州（河南安陽），命康王趙構為天下兵馬大元帥，要他立即組織人馬救援東京。同時，命令各地勤王兵快速趕來，但為時已晚，守城的宰臣孫傅等人聽信騙子郭京所謂用神兵守城的方法，使得金軍攻入東京城。

金軍登上城牆，卻遭到了東京軍民的頑強抵抗，他們殺死前來和談的金軍使者，自動以武器抗敵。但宋欽宗決意和談，並親自前往金營商議此事，最後於十二月初二獻上降表。粘罕和斡離不為了防止東京的軍民反抗，要求宋欽宗收繳東京城內外的武器，東京軍民請求宋欽宗延緩此事，宋欽宗不允許，還將帶頭反抗金軍的李寶等人斬首。

靖康二年（1127年）二月六日，金朝廢掉宋朝徽、欽二帝，北宋王朝正式滅亡。十一日，金朝立張邦昌為傀儡皇帝，管理宋朝舊地，三月七日，張邦昌的偽楚政權正式建立。四月一日，粘罕和斡離不帶徽、欽二帝和宋朝宗室、大臣、后妃共三千餘人以及大量的金銀、法器北還。宋徽宗的近屬中只有哲宗的廢后孟氏和康王趙構倖免於難。

二、宋金對峙局面的形成
㈠南宋初年的宋金戰事

金軍北撤後，張邦昌的傀儡政權遭到了東京軍民的反對，而偽楚政權中的舊宋臣僚也對張邦昌施加壓力，要求他退位。張邦昌無奈中請孟氏垂簾聽政，後來，孟氏下手書讓趙構即位。靖康二年五月一日，趙構正式即

位，重建宋朝，是為南宋。宋高宗即位後，殺張邦昌，但對金朝仍然奉行妥協政策，不敢抵抗金軍的南下。

建炎二年（1128 年）七月，金朝以趙構重建趙宋政權、破壞雙方協議為藉口，再次派兵南下，欲追擊宋高宗，徹底消滅宋朝。同時，派婁室率領部分金軍進攻陝西地區，以牽制四川、陝西的宋軍。

宋高宗雖然在李綱等人的支持下，表示願意抗擊金軍，但是卻企圖避難揚州，並派魏行可向金軍求和，但這些都未能阻止金軍繼續南下。建炎三年（1129 年）正月二十七日，金軍攻占徐州，立即奔襲揚州。宋高宗倉惶帶著親隨狼狽出逃，奔往鎮江，然後從鎮江逃到杭州。迫於朝野的巨大壓力，宋高宗將投降派黃潛善、汪伯彥罷相，任命王淵主管樞密院。但是王淵與黃、汪等人都主張逃跑，還與作惡多端的宦官康履平勾結，他們對此次揚州潰逃負有重大責任。

面對宋高宗的消極抗金和用人不當，將官苗傅和劉正彥利用軍民強烈的憤怒情緒，發動兵變，將王、康等人殺死，迫使宋高宗遜位給三歲的皇子，由孟太后垂簾聽政。但是苗、劉等人在兵變後，沒有很好組織人民抗金，目標只是針對向金妥協的宋高宗。孟太后一面穩住苗、劉等人，一面暗中下手書請在外的韓世忠、張浚等人趕來平叛。四月初，宋高宗復位。

苗、劉兵變後，宋高宗再派使者去向金求和，但金朝統治者決意要過江，對宋朝的求和不予理會。一路金軍於建炎三年（1129 年）十月追擊孟太后，但沒有追上，於建炎四年（1130 年）二月北歸。而另一路金軍在兀朮（完顏宗弼）的率領下直接追擊宋高宗，高宗由杭州再逃越州（浙江紹興），繼而至明州（浙江寧波），但金軍緊追不捨，宋高宗倉惶入海，逃奔溫州（浙江溫州）。金軍入海追擊近三百餘里，找不到宋高宗蹤影，後北還，卻被韓世忠所率宋軍重創。

三月初，韓世忠率領宋軍約八千人，招募船隻百餘艘，在鎮江截斷了金軍後路，雙方在長江展開水戰。韓世忠英勇迎敵，宋軍士氣大振，金軍慘敗。兀朮無奈中想向韓世忠求和，要求借道，表示願意放棄南下掠奪的

人口和財產，但是遭到了韓世忠的嚴詞拒絕。金軍被宋軍一直逼到黃天蕩（南京東北）中，宋軍堵住出口，金軍多次突圍都沒有成功，被困二十多天。後來，金軍採用一個奸細的建議，利用老鸛河故道，才逃出黃天蕩，但宋軍緊追而來。金軍不習水戰，無法突圍，下令懸賞幫助金人者。後福建人王某獻計，讓金船載土，上鋪木板，增加船的平穩性和速度。金軍依計，在四月二十五日，乘無風時，宋軍船隻行動不便，以火攻打敗宋軍，突圍北歸。黃天蕩之役對金兀朮的打擊十分沉重，史載，兀朮「自江南回，初至江北，每遇親識，必相持泣下，訴以過江艱危，幾不得免。」❼開始意識到攻宋的困難，逐步產生了與宋議和的想法。

此時，金軍在西北戰場也沒有取得軍事上的絕對勝利。雙方為了爭奪川陝地區，進行了幾次大的戰鬥。入夏，兀朮北撤，高宗卻仍然心有餘悸，擔心金軍再次過江，便命令張浚在陝西發動攻勢，以牽制金軍，使之不能南下。張浚在西北積極部署，命令諸路宋軍分道進兵關中。張浚積極抗金政策得到了廣大軍民的支持，他們奮勇抗金，收復了一些失地。建炎四年（1130 年），金太宗見西北戰場失利，忙命兀朮率兵前往增援，雙方在富平（陝西富平東北）展開激戰。戰鬥中，宋將劉錡率軍殺入金軍陣中，一度將兀朮圍住，金將韓常也被宋軍射中眼睛，金軍拼死才突圍而出。但由於宋軍缺乏配合，尤其是宋將趙哲在遭到金軍攻擊時，棄軍而逃，影響了整個戰局，使得宋軍最後潰敗。

富平之戰是宋朝首次集中兵力主動出擊金軍，打亂了金太宗南下的部署，迫使兀朮撤軍，解除了金朝對南宋的直接威脅。但是，宋軍最後的潰敗，使得陝西大部分地區落入金軍手中，川陝地區只能長期處於守勢，對宋朝後來的防禦極為不利。富平之戰後，張浚退兵至興州（陝西略陽），但金軍不斷進攻，張浚最後退到閬州（四川閬中），形勢極為險惡。尤其是緊靠大散關的和尚原（陝西寶雞附近）是從秦嶺進入漢中地區的重要通道，若和尚原落入金軍之手，金軍由陝入川，再滅南宋便十分容易。此時，宋

---

❼　《大金國志》卷六〈太宗文烈皇帝〉。

將吳玠也已整頓軍隊，籌備糧食，準備死守和尚原。

紹興元年（1131年）十月，兀朮親自率領軍隊進攻和尚原，吳玠指揮宋軍先後打敗兩支金軍。兀朮氣勢洶洶，對和尚原志在必得，派軍隊輪番強攻。吳玠占據有利地形，指揮軍士用強弓勁弩射殺金軍，並派軍隊切斷金軍的糧道，突襲金軍。兀朮連攻三天不能成功，只得退兵，這時，吳玠指揮軍士追擊，大敗金軍。兀朮身中兩箭，狼狽逃脫。

和尚原之戰後，宋金雙方在饒風關（陝西石泉西）再次發生戰鬥，宋軍戰敗，退至仙人關（甘肅徽縣南）。吳玠認為和尚原遠離四川，糧道不便，便放棄了和尚原，在仙人關附近修殺金坪，準備迎敵。兀朮於紹興四年（1134年）二月率領十萬大軍攻仙人關，吳玠以一萬宋軍迎敵，進行頑強抵抗。吳玠的弟弟吳璘聞訊後，立即趕來增援。吳璘率領軍隊轉戰七晝夜，才趕到仙人關與吳玠會合，共同抗金。吳氏兄弟率領的宋軍以弓弩射殺了大量金兵，然後組織反擊，大敗金軍。兀朮被迫撤兵退至鳳翔，吳玠乘機收復秦（甘肅天水）、鳳（甘肅鳳縣東）、隴（甘肅隴縣）等地。金軍企圖由川陝滅宋的計畫破滅。

與此同時，在中原戰場上，岳飛率軍收復襄陽，韓世忠、劉光世和張俊也先後率領軍隊打敗金軍和劉豫的偽齊軍隊。通過這些戰爭，金朝既不能一舉南下滅掉南宋，南宋也無力北上，收復北宋故土，宋金對峙局面初步形成。

㈡**紹興和議**

紹興五年（1135年，金天會十三年），金太宗病逝，金熙宗即位。由於南宋軍民抗金情緒高漲，而金軍在滅宋不能成功的情況下產生了厭戰情緒，再加上金朝統治集團內部矛盾重重，金熙宗便開始改變對宋政策。紹興七年（1137年）三月，金朝廢掉偽齊政權，將偽齊統治區劃給南宋，以換得南宋對金的臣服，同時派使者與南宋議和。紹興八年（1138年）三月，宋高宗命秦檜為相，全權負責與金議和。儘管宋高宗和秦檜的議和遭到了主戰派軍民的反對，但雙方仍於紹興九年（1139年）正月達成協議，即宋

對金稱臣，每年給金朝銀二十五萬兩、絹二十五萬匹，金朝則將河南、陝西歸還給宋朝，同時，送宋徽宗的棺木和高宗生母韋氏南歸。宋金雙方於同年三月在開封辦理了偽齊地區的交接手續。

　　然而，同年七月，金朝統治集團內部發生變故，反對將陝西和河南歸還給宋朝的兀朮集團掌權，在兀朮等人的建議下，金熙宗下詔書出兵南下，決定收回河南和陝西地區。金朝的這次南下，是在宋金已初步形成對峙局面的情況下發生的，以前金強宋弱，而此時雙方力量均衡，甚至是宋強金弱。因此，金朝的目的是想利用戰場的威逼和議和的誘餌來收回答應歸還給宋朝的土地，並非南下滅掉南宋。

　　與此相反，南宋統治者仍然沉浸在和議的喜悅之中，以高宗為首的朝廷當權者只是一味地指望議和，在河南和陝西等前線地區未作充分的防禦部署。因此，即使南宋此時軍事上稍微居於強勢，也不太可能有效施展出來。當宋高宗得知金兵撕毀和議南下，在議和無望的情況下，下詔書號令各路將士迎戰。戰事初期，金軍比較順利，僅一個月便奪回河南和陝西，但不久便遭到南宋軍民的頑強抵抗。

　　紹興十年（1140 年，金天眷三年）五月，宋朝派劉錡出任東京副留守，當劉錡到達順昌府（安徽阜陽）時，便得知金軍已經攻陷東京，正向順昌逼近，於是決定堅守順昌，阻擋金軍的南下。當金軍前鋒剛抵達順昌時，劉錡立即出兵夜襲，打擊其銳氣，然後，劉錡命將士用弓弩擊退從陳州（河南淮陽）趕來增援的金軍。兀朮於六月上旬率領軍隊抵達順昌，當時劉錡的守軍不過二萬，能出戰的則不足五千。劉錡利用金軍遠來、人馬疲乏又不習慣酷暑的弱點，集中兵力，重點突擊，金軍大亂，死傷無數，只得退兵。劉錡獲勝後，宋高宗等人卻沒有繼續向北挺進的意圖，便命令劉錡班師回鎮江府。

　　兀朮自順昌敗回東京，卻探知岳飛帶領為數不多的岳家軍駐紮在郾城（河南郾城），而與岳飛一起出兵的張俊和王德等人已經回撤，兀朮見岳飛孤軍深入，沒有後援，立即率領軍隊直撲郾城，欲一舉消滅岳家軍的指揮

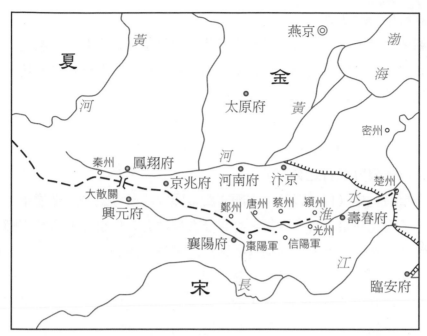

「紹興和議」後的宋、金分界圖

樞紐。兀朮用精銳騎兵鐵浮圖從正面進攻，左右以拐子馬輔助。岳飛派背
嵬軍和游奕軍迎戰，同時派步兵背著大刀，專砍金軍的馬腿，使得兀朮的
騎兵無用武之地。金軍大敗，一路潰退。但是兀朮並不甘心失敗，於數日
後再次進攻郾城，被岳家軍將領楊再興打敗，金軍只好撤退。郾城大戰後，
岳飛還想一舉收復失地，但是宋高宗卻令他班師，岳飛撤退後，收復的土
地又被金人占領。

　　與此同時，金軍在川陝戰場被胡世將、楊政、吳璘等人所阻。金軍經
過這一系列挫折，雖然達到了收回河南和陝西地區的基本目的，但卻被迫
撤軍議和。經過反復交涉，雙方於紹興十一年（1141 年）十一月達成和議，
史稱「紹興和議」：1.南宋向金朝稱臣；2.宋金以淮水中流至大散關為界；
3.宋朝每年向金朝獻銀二十五萬兩，絹二十五萬匹；4.雙方互相派遣使者
來往；5.燕京以南、淮河以北的人願意北歸，宋朝不能阻攔，但燕京以北
的人南逃，宋朝必須遣還。此外，金朝還答應將宋徽宗及其皇后的棺木以

及宋高宗生母韋氏等人送回。

紹興和議中，宋朝丟失了淮河以北的大片領土，同時，宋朝還以莫須有的罪名殺害了民族英雄岳飛。紹興和約簽訂後，宋金結束了長達十五、六年的戰爭局面，開始和平相處。

三、對峙中的宋金關係

㈠完顏亮南侵與采石之戰

金皇統九年（1149 年），完顏亮殺金熙宗，自立為帝。他繼承了金熙宗的各項漢化政策，實行改革，打擊女真舊勢力，但是完顏亮卻不顧當時宋金兩國已經形成對峙局面的實際情況，想統一南北，決定南侵。完顏亮為此預先做了各種準備。首先，建設開封，僅這項工程便耗費了巨大的人力、物力。其次，在全國範圍內徵兵，凡是二十歲以上、五十歲以下的男丁都編入軍籍。第三，建造戰船和兵器。第四，搜集天下馬匹，預收全國五年賦稅。

紹興三十一年（1161 年，金大定元年）九月，完顏亮正式發動南侵戰爭，兵分三路南下。西路金軍首先攻克大散關，企圖攻下四川，但遭到了吳璘的阻擋。中路軍以荊襄為主攻方向，但金軍被宋將張超打敗。完顏亮親自率領的主力軍則向兩淮出發。

由於宋朝負責淮西防務的王權不戰而逃，金軍在淮西渡河，如入無人之境。但由於完顏亮的南侵不得民心，金朝統治集團內部矛盾爆發，宗室完顏雍發動政變，自立為帝，為金世宗，並宣布完顏亮的多條罪狀。完顏亮已無後路可退，決定孤注一擲，準備從采石渡過長江。為了挽回頹勢，宋朝將一路逃跑的王權罷官，但新帥李顯忠尚未到任，形勢十分危急。前去督軍的虞允文毅然負擔起抗擊金軍的大任。虞允文召集王權舊部，組織軍隊，布置戰船，還號召當地民兵一起抗金。十一月，完顏亮向宋軍發起進攻，虞允文親臨前線指揮作戰，宋軍士氣大振，金軍大敗。虞允文還以宋軍潰敗來采石的部隊為疑兵，使得金軍以為宋軍的援兵到來，自己亂了

陣腳。宋軍從正面發起進攻，燒毀金軍戰船，使得完顏亮由采石渡江的計畫落空。采石之戰是虞允文率領南宋軍民打敗金軍、破滅完顏亮南侵企圖的戰役，這次戰役加速了完顏亮集團的瓦解，同時，由於虞允文的出色表現，使得後來虞允文在南宋朝廷及邊防中的地位更加重要。

完顏亮失敗後，退回和州（安徽和縣），接著逃到揚州，企圖從瓜洲（江蘇鎮江北）渡江，但是，金軍將士見南宋有準備，而金朝都城中又新立皇帝，軍心大變。十一月二十七日，金軍將領完顏元宜和唐括烏野等人發動兵變，殺死完顏亮，撤軍北歸。

㈡隆興和議

完顏亮被殺後，金世宗立即下令撤兵，並派使者到南宋議和。此時，面對極為有利的形勢，南宋君臣面臨著戰與和的抉擇。紹興三十二年（1162年）六月，宋高宗退位。宋孝宗即位後，任命張浚統一處理江淮的軍事，同時，恢復岳飛的官爵，為其平反昭雪，並起用主戰的胡銓，以示抗金之意。張浚擔心失去大好時機，極力主張北伐收復中原，他建議立即出兵，於是宋孝宗將此事交給張浚全權處理，協調北伐事宜。

隆興元年（1163年）四月，張浚在孝宗支持下北伐，而此時，金朝也準備再次南侵。五月，張浚正式出兵。宋將李顯忠取得了一些勝利，但另一將領邵宏淵卻消極北伐。李顯忠在邵宏淵的阻撓下，一路撤兵到符離（安徽宿州），被金軍打敗，北伐被迫結束。

符離之敗後，宋金再次議和。隆興二年（1164年，金大定四年）十一月，雙方達成協議，史稱「隆興和議」：⑴改金宋的君臣之國為叔侄之國；⑵減少宋朝的歲幣，銀、絹各減五萬為各二十萬兩、匹；⑶宋將海、泗、唐、鄧四州歸還給金朝，並割商、秦兩州給金朝；⑷雙方各自遣還被俘虜的人員，但自願逃往對方的人可以不遣還。

隆興和議雖然對宋金原有的關係做了一些調整，但對於宋朝來說，仍然是個不平等的條約。隆興和議後，宋孝宗極為不滿宋金間的不平等關係，想支持虞允文北伐，改變宋朝的屈辱地位，但因宋高宗的阻撓和虞允文後

來病死，宋孝宗的北伐事業只能作罷。淳熙十六年（1189年）二月，意志消沉的宋孝宗將皇位傳給宋光宗，自己做了太上皇。

㈢開禧北伐

紹熙五年（1194年），宋寧宗即位，在朝廷政治鬥爭中，寧宗韓皇后的叔叔韓侂冑逐漸掌握了朝政。韓侂冑以抗金為名，受到了當時一些主戰派人士的支持。嘉泰元年至二年（1201～1202年），金朝使者來宋，不願意按照規定的禮節進行文書交接，宋寧宗極為憤恨，對金朝產生不滿，逐漸支持韓侂冑的抗金主張。而宋朝派往金朝的使者鄧友龍回國後說，金朝由於應付崛起的蒙古，已經疲憊不堪。辛棄疾也主張北伐，認為金朝必定會滅亡。開禧元年（1205年），金朝使者見宋寧宗時，態度極為無禮，宋朝大臣朱質甚至上書要求斬殺金使，這件事情更加堅定了宋寧宗北伐的決心。

宋寧宗任命韓侂冑總攬軍政大權，於開禧二年（1206年）四月追封岳飛為鄂王，追論秦檜誤國之罪，削奪他的爵位，改其謚號為謬醜。此外，宋寧宗和韓侂冑還積極部署邊防，委派將領到邊境整頓軍備，同時對金朝邊界進行軍事騷擾，派大將畢再遇等人進攻泗州（江蘇盱眙）。在此期間，宋朝將領們取得了一些勝利，韓侂冑便請寧宗下詔書北伐，史稱「開禧北伐」。

五月宋朝出兵後，各路將領紛紛發兵，主動進攻，聲勢十分浩大。然而，面對南宋的進攻，金朝早有準備。而韓侂冑並無實際才能，任用了大批無軍事指揮能力的將領，甚至還任用了一些主和派，這對宋軍極為不利。宋軍出兵不久，就從宿州、壽州（安徽鳳臺）和蔡州（河南汝南）敗下陣來。只有宋將畢再遇所率領的部隊取得了一些勝利。

更嚴重的是，駐守四川的吳曦又投降金朝，對北伐產生了極為不利的影響。吳曦是抗金名將吳璘的孫子，開禧二年，宋朝任命吳曦為四川宣撫副使，允許他節制四川各地的財賦。開禧北伐之初，吳曦還兼任陝西、河東招撫使，他暗中打算趁北伐之時掌握大權，叛宋割據稱王。韓侂冑命吳

曦盡快出兵陝西，牽制金軍，以利於北伐，而吳曦卻陽奉陰違，暗中投靠金朝。開禧二年十二月，金朝封吳曦為蜀王，於次年正月正式稱王，還對金割地，吞併了宋朝在四川的軍隊。但是吳曦降金不得人心，最後被部下張林、將官李好義、楊巨源等所殺。

當吳曦叛亂時，南宋內部的主和派也活躍起來，他們遵從金朝的意思，以殺韓侂冑為條件，與金朝求和。開禧三年（1207 年）十一月，史彌遠以北伐造成人口死亡且耗費大量資金為理由攻擊韓侂冑，並與參知政事錢象祖、寧宗的楊皇后及皇子趙曮等人謀殺了韓侂冑。嘉定元年（1208 年）三月，史彌遠將韓侂冑首級送給金朝，與金議和，訂立嘉定和議：⑴金宋由叔侄之國改為伯侄之國；⑵宋金疆界仍以淮水和大散關為界；⑶宋每年向金輸納歲幣銀絹各三十萬兩、匹；⑷宋朝向金朝交犒軍銀三百萬兩；⑸雙方遣還被俘虜人員。

㈣宋蒙聯合攻金

當南宋進行開禧北伐時，漠北的蒙古已經崛起。嘉定三年（1210 年，金大安二年），蒙古開始攻金，金軍節節敗退。南宋趁機於嘉定七年（1214 年）七月決定不再向金納歲幣，嘉定十年（1217 年），金朝以南宋不再納歲幣為藉口，發兵攻襄陽，企圖侵占南宋領土，以轉移由於與蒙古作戰而導致的國內危機。但金軍在襄陽被宋軍擊敗，南宋政府下詔伐金。金宣宗也於嘉定十二年（1219 年，金興定三年）大舉南下，欲擴張領土和索要歲幣。但由於金朝日益衰落，在南侵的同時，北方還一直與蒙古作戰。金朝此次南侵遭到南宋頑強抗擊，最後以失敗告終。金的南侵耗費了大量物力、人力和財力，最終卻一無所得，而蒙古已大舉南下，於紹定五年（1232 年，金開興元年）在鈞州三峰山（河南禹縣）大敗金軍，此次戰役，金朝的精兵良將損失殆盡，金哀宗於年底逃往歸德（河南商丘）。

紹定五年年底，蒙古可汗窩闊臺派人來南宋商量聯合滅金之事。南宋派使者前往商討，雙方達成協議，約定滅金後，蒙古將河南歸還給南宋。紹定六年（1233 年）四月，宋將孟珙大敗金軍。十二月，宋、蒙兩軍合攻

蔡州。端平元年（1234 年）正月，蔡州城破之時，金哀宗自盡，金末帝被亂兵殺死，金朝滅亡，金朝后妃、宗室五百餘人被蒙古俘虜。而窩闊臺卻毀約，不將河南歸南宋，只以陳州、蔡州以南地區給南宋，南宋無可奈何，只得接受。

第四節　宋蒙關係

十二世紀後半期，蒙古部落逐漸強盛起來，其首領鐵木真在部落爭戰中脫穎而出。宋開禧二年（1206 年），鐵木真建蒙古汗國，統一草原諸部，標誌著一支新興、強大勢力的崛起。從此，在宋、金、夏三足鼎立的局面中，又出現了一股新的政治力量，正是後者逐漸結束了其他三個王朝的統治，建立元朝，統一全國。南宋與蒙古帝國的角逐，時間彌久，影響深遠。

一、假道攻金

蒙古汗國建立後，即將戰爭的鋒芒指向了蒙古草原以外的地域。在對國勢較弱的西夏進行打擊之後，蒙古王朝便對曾經壓迫蒙古草原諸部的金朝發起了試探性進攻。嘉定七年（1214 年），金主向蒙古請和，將都城遷到遠離蒙古的南京（河南開封），以避蒙古兵鋒。南宋人對金以北宋舊都開封作為都城表示極大憤慨，他們擔心金都南遷將給南宋造成諸多麻煩，同時也害怕新興蒙古將會給南宋帶來更大的威脅。為了拉攏宋朝，蒙古便派使者到南宋，希望宋朝「納地請兵」❶❽。1217 年，金對南宋發動「取償」戰爭，導致宋金關係徹底破裂。1220 年，宋寧宗派遣趙拱前往河北蒙古軍前議事，受到了當時蒙古駐漢地最高軍政首領木華黎的熱情款待。1221 年，宋使苟夢玉經過長途跋涉，到達西域之鐵門關，見到了蒙古最高統治者成吉思汗。這樣，宋蒙之間的聯盟終因金朝對南宋政策的失誤而得以實現了。

---

❶❽　「納地」是指蒙古滅金之後將北宋河南故地收歸宋朝，「請兵」即聯合攻金之意。

　　但宋蒙關係在這一時期發展並不順利。首先，蒙古遣使頻頻遭宋冷遇，主要是宋廷的有志之士已經意識到蒙古對南宋存在巨大的潛在威脅；其次，宋蒙雙方在山東❶的爭奪，是造成宋蒙關係冷淡的另一重要原因。自金朝都城南遷之後，蒙古勢力也隨之進入山東地區，招納當地民間武裝力量，南宋自然難以坐視不管。再次，宋蒙對四川❷地區的爭奪也是雙方衝突的原因之一。寶慶三年（1227 年），成吉思汗發動滅亡西夏的戰爭，同時，又遣一支蒙軍侵入南宋四川境內，與南宋軍民發生激戰，蒙古軍隊蹂躪關外五州。由於成吉思汗病逝，才退出蜀境❸。

　　宋蒙關係進一步激化的事件是蒙古「假道」攻金。成吉思汗病逝之時，便留有著名的假道攻金的遺言。金南遷之後，河北、山東及關陝之地喪失殆盡，只好集中兵力死守黃河、保潼關，蒙古軍隊難以突破這兩道防線。於是蒙古人便想避開金人的正面防線，迂迴陝西，繞出潼關，進入河南，出奇制勝，攻擊金都汴京。窩闊臺繼承汗位以後，蒙古軍隊對金戰爭連連失利。有降人李昌國向拖雷獻策假道，並最終成行。於是窩闊臺汗帶領中軍自白坡（河南孟縣西南）南渡黃河，從正面進攻，斡陳那顏率左路軍由濟南西下，而以拖雷帶領右路軍，自鳳翔過寶雞（陝西寶雞），渡渭水，假道於宋，迂迴南宋四川境，沿漢水而下，進入河南，從背後攻擊金人，達到出奇制勝的效果，三路大軍期以紹定五年（1232 年）會師南京開封，消滅金朝。

　　假道戰略確定以後，蒙古加緊了對南宋四川地區的滲透和侵擾。由於南宋軍隊沒有組織有效的抵抗，蒙古軍隊一直達到四川腹地。最終使得蒙古人假道成功，順利通過宋境，進入河南。此後，拖雷才得以在鈞州三峰山大敗金軍主力，對消滅金朝起到了至關重要的作用。蒙古假道，顯然加

---

❶　山東泛指淮河以北、太行山以東屬金統治區的中原地帶，包括近河北、河南、江蘇的部分地區，與南宋的兩淮地區接壤。

❷　含陝西南部、甘肅東南部、四川北部。

❸　由於寶慶三年干支紀年為「丁亥年」，故南宋方面把這次事件稱為「丁亥之變」。

速了金朝的滅亡，同時也是蒙古王朝對南宋的試探性進攻，蒙古已探知宋朝四川邊防和內地的情況，為後來蒙軍長驅入蜀創造了條件。

蒙軍在河南追擊金哀宗時，又遣使至襄陽與宋商議聯合滅金之事，強求南宋出兵助糧。紹定六年（1233 年）宋廷派史嵩之入河南攻金，並派孟珙、江海率領軍隊趕赴蔡州應援蒙古軍隊，並接濟蒙古軍隊糧草。南宋兵糧的增援，使得蒙軍士氣大振，蔡州城內金人得知南宋兵臨城下，驚恐萬分。最終在宋蒙兩軍的合力攻擊下潰敗。端平元年（1234 年），蔡州城破後，金哀宗上吊自殺，金朝滅亡。孟珙與塔察兒分哀宗遺骨，得金玉帶、金銀牌等，還軍襄陽。

自蒙古假道宋境攻金，宋金之間產生了嚴重的軍事衝突，宋蒙關係也降到了最低點。但時隔兩年，宋蒙雙方又攜手滅金。正是由於南宋在蔡州之役中有助於蒙古，使得蒙古在金滅亡之後，不便立即對宋發動進攻，雙方以蔡州、陳州為界，出現了暫時的寧靜局面。金滅亡之後，宋、蒙、金三角鼎立的局面，演變為宋蒙南北對峙，宋蒙關係開始進入全面對峙的時期。

二、端平入洛

理宗紹定六年（1233 年）十月，權相史彌遠死，理宗擢用一批孚人所望的名士，朝廷一時間頗有振作之氣，史稱「端平更化」。理宗親理朝政，一心想建功立業，但對蒙古的野心及南宋自身的國情缺乏清醒的認識，他想乘勝收復故宋失地，當時南宋一些邊將也有類似的圖謀，正好迎合了宋理宗的心理。這時，京湖制置司獻上北宋八陵之圖，宋理宗頓覺痛心疾首，因而詔令朝廷百官集議和戰攻守事宜。以兩淮的趙范、趙葵兄弟及全子才為首的一部分邊帥，力主收復三京（西京洛陽、東京開封、南京應天）及河南其他地方。他們採納了金朝降將谷用安的建議，力圖仿效金人守黃河、保潼關的策略。於是在舉朝大多數人反對的情況下，理宗決定出師中原。

端平元年（1234 年）五月，宋理宗授趙范節制沿邊軍馬，由全子才等

人率淮西兵萬餘人先北上，由廬州（安徽合肥）出發，渡過淮河。由於黃河氾濫，自壽春（安徽壽縣）至東京，一路上河水深齊腰，甚至及頸者，宋軍行進十分困難。蒙古得知消息後，在潼關、河南增派兵力，但並未出兵予以阻擋。全子才所率兵至東京（河南開封）之際，糧餉已缺。於是開始停軍籌辦糧草。趙葵以五日口糧給予監軍徐敏子等人，令其繼續前進，潛赴洛陽。戍守洛陽的蒙軍早已在城外設伏。等宋軍進入洛陽城內，蒙古軍隊四圍而來。宋軍糧草缺乏，士氣低落。八月初，宋軍全線潰敗，南宋的「恢復」壯舉遂成泡影。南宋君臣忽視了自身實力不足的客觀事實，在作戰過程中未對後勤保障予以足夠重視。端平入洛的失敗，不僅人力、物力和財力蒙受了巨大損失，同時也為蒙古出兵攻宋提供了口實。

端平二年（1235 年）春，窩闊臺遣皇子闊端和曲出出師攻宋，宋蒙戰爭全面爆發。闊端一軍進攻四川，由於宋朝利州駐紮御前諸軍都統制曹友聞遣軍死守入川的軍事要塞，蒙軍受挫，只好退兵。次年秋，蒙軍再度大舉攻入四川，宋蒙兩軍經過二十天激烈爭戰，宋將曹友聞全軍覆沒。蜀口防線瓦解，蒙軍遂長驅入蜀。後蒙軍乘勝前進，兵分三路，向成都進發。攻下成都之後，闊端蒙軍慘毀成都城，遂率大軍北返。留下蒙將塔海、汪世顯等四出攻掠，四川大部分為蒙軍所蹂躪，破壞十分嚴重。

與闊端攻蜀的同時，窩闊臺第三子曲出與口溫不花統領的大軍向宋京湖地區發動了進攻。京湖地區地理範圍包括南宋之京西南路和荊湖北路，這兩路的行政中心分別為襄陽（湖北襄樊）和江陵（湖北沙市），故又稱為「荊襄戰場」，約相當於現在湖北全省和湖南省的部分地區。

在荊襄戰場上，曲出大軍自河南沿唐（河南唐河）、鄧（河南鄧縣）一線進軍。唐、鄧二州原為金轄境，金亡後歸宋，但戍軍仍以金人所領的「北軍」❷充任，他們與南宋關係素不和諧，因而紛紛投降，蒙軍不費吹灰之力便渡黃河南下。端平三年（1236 年）二月，曲出再次南下，宋軍防禦不當，襄陽城被焚掠一空，襄陽失守，標誌著南宋京湖沿邊防線被突破。荊

---

❷ 降宋金軍為北軍，以與南（宋）軍相區別。

門（湖北荊門）、郢州（湖北長壽）諸城相繼失陷，蒙軍直逼長江北岸的江陵，威脅長江防線，宋朝急調駐黃州的孟珙馳援。孟珙令將士封鎖江面，焚毀蒙軍渡江船隻，蒙軍最終潰敗而去。同時，塔思率軍由京湖攻蘄州（湖北蘄春），孟珙赴援，解除蘄州之圍。後蒙軍攻至長江北岸，南宋政府調兵同蒙軍展開殊死戰鬥，遏制了蒙軍的猛烈攻勢。同年十月曲出去世，蒙古在京湖地區的軍事行動暫時停頓下來。

蒙古攻宋的另一戰場是兩淮戰場，兩淮最臨近南宋京畿，是拱衛南宋腹心的要害。端平三年十月，蒙古統帥「葉國大王」率蒙軍攻入淮西，包圍光州（河南光山），進攻廬州（安徽合肥），宋將嚴密設防，擊退了蒙軍的進攻。蒙軍對兩淮的大規模進攻，由於宋軍積極有效的抵抗和增援，蒙軍未能得手。

三、蒙軍攻勢與南宋整頓邊防

㈠四川戰場

闊端北返之後，留下部分軍隊繼續在四川攻掠，同時繼續對兩淮等地發動進攻。南宋政府派遣孟珙整頓四川邊防，孟珙在短時間內，發揮卓越的領導才能，向宋廷提出了「上流備禦宜為三層樊籬」的防禦方案，以夔州（重慶奉節）為中心構築長江上游防線，以常德府（湖南常德）和澧州（湖南澧縣）等地為第二道屏障，以辰州（湖南沅陵）、沅州（湖南芷江）、靖州（湖南靖縣）、桂陽軍（湖南桂陽）、郴州（湖南郴州）等地的弧形地帶作為第三道防線，從而有效鞏固江防，穩定了川東局勢。窩闊臺去世以後，汗位繼承問題遲遲不能解決，直至蒙哥汗即位。由於蒙古內部政局動盪，南宋獲得了較長的喘息時間，進而對戰場的防禦進行了相應調整。

四川是遭受蒙軍破壞最為嚴重的地區，如四川不保，將嚴重威脅南宋的安全。淳祐二年（1242 年），理宗派遣在兩淮抗蒙戰爭中有傑出貢獻的余玠整頓四川邊防。余玠到達四川後，採取了一系列政治、經濟和軍事措施，其中最重要的是創建了山城防禦體系。他利用四川天然的地理環境，

在主要江河沿岸及交通要道，選擇險峻的山隘築城結寨，星羅棋布，互為聲援，構成一套完整的戰略防禦體系。

釣魚城即是這一山城防禦體系的核心和最為堅固的堡壘，該城坐落在今四川省合川縣城東五公里的釣魚山上，其山突兀聳立，相對高度約三百公尺。山下嘉陵江、渠江、涪江三江匯流，南、北、西三面環水，地勢險要，水、陸運輸可通達四川各地。余玠將釣魚城分內、外城，外城築在懸崖峭壁之上，城牆係條石壘成。城內有田地和豐富水源，周圍山麓也有可耕田地。依恃天險，易守難攻，具備軍隊長期堅守的必要條件。寶祐二年（1254 年），合州守將王堅進一步修繕城池。四川邊地之民多避兵亂至此，釣魚城成為兵精食足的堅固堡壘。由於余玠等人對該地區防務的有效整合，因而連續抵禦了蒙古王朝在淳祐年間三次大規模進攻（1243、1244、1246 年），尤其是淳祐六年（1246 年），南宋在四川諸多要道設置的山城堡寨，使蒙軍的進攻遭到頑強阻擊。山城中擂石飛滾而下，蒙軍無法發揮其騎兵的優勢，因而在四川的攻勢遭到嚴重挫折。

余玠對四川的全面治理，使該地區抗蒙形勢大為好轉，於是余玠決定主動出擊，收復失地。淳祐十年（1250 年）冬，余玠率兵乘虛圍攻興元（陝西漢中），陝西各處蒙軍在得知興元被圍的消息，火速救援，打亂了余玠奪取興元的計畫，被迫撤圍。這是宋蒙全面戰爭以來，南宋組織的第一次對蒙古大規模的反擊戰，極大振奮了全體軍民的士氣，余玠也受到了理宗的嘉獎。

㈡兩淮戰場

從窩闊臺去世至蒙哥汗繼位，蒙古以新組建的水軍加緊對兩淮的進攻，南宋一方面加強安豐軍（安徽壽縣）、泗州（江蘇盱眙）等沿淮重鎮的城防工作，淳祐三年（1243 年），南宋在新建的泰州新城（江蘇泰州）安置了一百門大砲（拋石機）。同時對入淮各支流實施重點防禦，淳祐三、四年蒙古軍隊連續對南宋新建城防——壽春城展開進攻和破壞活動，但都未達到目的。淳祐九年（1249 年），蒙古軍四萬人馬攻淮南，但在宋軍的頑強抵

抗下，又遭失敗。同年，南宋派遣吳淵經制建康（江蘇南京）、和州（安徽和縣）、安慶府（安徽安慶）、安豐軍、蘄州（湖北蘄春）等淮西地區邊防，他集結丁壯，分立隊伍，屯守山寨。「無事則耕，有警則禦。」這些山寨防禦在以後的抗蒙戰爭中發揮了極為重要的作用。

㈢京湖戰場

嘉熙二年（1238年）十月，孟珙升任京湖制置使兼知岳州，理宗令其收復荊襄地區。宋軍的收復行動進展較為順利，張俊收復郢州（湖北長壽），賀順收復荊門軍（湖北荊門），曹文鏞收復信陽軍（河南信陽），劉全收復樊城（湖北襄樊），蔡（河南汝南）、息（河南羅山東北）兩城也降宋。一時間戰果頗豐。淳祐元年（1241年），理宗以孟珙經營京湖防務，他在江陵城外修復湖塘防禦工程，逐漸鞏固了京湖邊防。孟珙還派兵援助兩淮和四川，並不斷深入河南襲擊蒙古，給河南的蒙軍造成一定威脅。

淳祐元年（1241年），蒙古遣月里麻思使宋，南宋將蒙古使團扣押起來，月里麻思被囚於長沙飛虎寨長達三十六年，後中毒而死。但由於窩闊臺汗於同年十一月去世，蒙古對南宋的囚使事件並未作出強烈反應。淳祐七年（1247年）到九年（1249年）之間，南宋派遣王元善出使蒙古，想藉新立大汗之機，主動與蒙古和好，爭取停戰，蒙古人將王元善扣押七年之久，關閉了宋朝政府企圖談和的大門。

四、宋蒙最後的較量

㈠釣魚城之役

宋淳祐十一年（1251年），蒙哥登上大汗寶座，穩定了蒙古政局，繼續積極策劃滅宋戰爭。蒙哥為成吉思汗幼子拖雷的長子，曾與拔都等率兵遠征過歐、亞國家，以驍勇善戰著稱。1252年，蒙哥汗命其弟忽必烈率師平定大理，對南宋形成包圍夾擊之勢。

宋寶祐五年（1257年），蒙哥汗決定發動大規模的滅宋戰爭。在戰略部署上，蒙哥命忽必烈率軍攻鄂州（湖北武昌），塔察兒、李璮等攻兩淮，

牽制南宋兵力，以掩護對四川、京湖的進攻；又命兀良合臺自雲南出兵，經廣西北上；蒙哥則自率蒙軍主力攻四川。蒙哥以四川作為戰略主攻方向，意欲發揮蒙古騎兵長於陸地野戰而短於水戰的特點，以主力奪取四川，然後順江東下，與諸路會師，直搗宋都臨安。

宋寶祐六年（1258 年）秋，蒙哥率軍四萬，分三道入蜀，集中兵力攻釣魚城。次年二月，蒙哥親督諸軍戰於釣魚城下。釣魚城的山城防禦體系起到了至關重要的作用，蒙軍攻城連續失利。蒙哥汗率軍入蜀以來，所經沿途各山城寨堡，多因南宋守將投降而輕易得手，尚未碰上一場真正的硬仗。因此，至釣魚山後，蒙哥欲乘勝攻拔其城，雖久屯於堅城之下，亦不願棄之而去。儘管蒙軍的攻城器具十分精良，但釣魚城地勢險峻，宋軍在主將王堅及副將張玨的協力指揮下，擊退蒙軍一次又一次的進攻。蒙軍久屯合州（重慶合川）城下，又值酷暑季節，水土不服，導致暑熱、瘧疾等疾病流行，蒙哥汗也患上了痢疾病，且在一次攻城戰鬥中為砲石擊傷。七月去世，蒙軍無法繼續前進，被迫撤軍北返。

釣魚城之戰導致蒙哥汗發起的滅宋戰爭全面受阻，使南宋得以延續二十年之久。進攻四川的蒙軍被迫撤軍，護送蒙哥汗靈柩北還。使蒙軍的第三次西征行動停滯下來，緩解了蒙古勢力對歐、亞、非等國的威脅，使許多地區的文明免遭破壞。因此，釣魚城之戰的影響遠遠超越了中國範圍，在世界史上也占有重要的一頁。

㈡忽必烈滅宋

蒙哥汗命喪釣魚城後，忽必烈於宋景定元年（1260 年）繼汗位，是為元世祖，年號中統。忽必烈重用漢人將帥、謀臣，推行漢化政策，改革官制，確立中央集權。四月，其弟阿里不哥於和林（蒙古烏蘭巴托南）稱帝。忽必烈為討阿里不哥，派謀臣郝經出使南宋，主動與南宋息兵修好。此時的南宋政治腐敗，賈似道擅權，戰備鬆弛，坐失強兵固邊的大好時機，賈似道令將官將郝經扣留於真州（江蘇儀徵）十六年。咸淳十年（1274 年），忽必烈以郝經被拘押為由發動了大規模的攻宋戰爭。

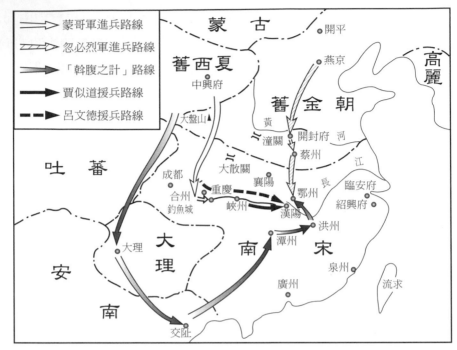

圖例：
- 蒙哥軍進兵路線
- 忽必烈軍進兵路線
- 「斡腹之計」路線
- 賈似道援兵路線
- 呂文德援兵路線

圖 24　鄂州、釣魚城之戰宋蒙雙方進兵路線圖

　　他在總結窩闊臺及蒙哥攻宋得失的基礎上，制定了先取襄樊、實施中間突破、沿漢入江、直取臨安的滅宋方略，即將進攻戰略的重點由四川轉向京湖，展開了攻滅南宋的戰爭。

　　宋咸淳四年（元至元五年，1268 年），忽必烈命都元帥阿朮、劉整率師攻襄樊。蒙軍採用史天澤等人的建議，採取築堡連城、長期圍困、水陸阻援等戰法，經五年圍困，襄陽、樊城外援已絕，僅靠水上浮橋互相聯繫。咸淳九年（1273 年），蒙古轉變戰略，水陸夾擊，截斷宋軍外援，先破樊城，於是襄陽城處於內無力自守、外無援兵的境地，在誘降和軍事壓力下，呂文煥投降元朝，大大增強了蒙古軍隊的力量。襄樊戰線被攻破，南宋朝廷上下大為震動，急忙調整部署，把戰略防禦重點退移至長江下游一線。

　　在進攻襄樊的同時，忽必烈命伯顏、阿朮率軍二十萬，以南宋降人為嚮導，自襄陽順漢水入長江，直取臨安。咸淳十年（元至元十一年，1274 年）

十二月，伯顏以聲東擊西之策，使元軍進占沙蕪口（湖北武漢漢陽東），屯駐江邊。避實擊虛，強渡長江成功。鄂州的失陷，標誌著宋蒙戰爭的重大轉折。

次年正月，伯顏命阿里海牙領兵四萬鎮守鄂州，自率十餘萬大軍，令降將呂文煥為先鋒，以戰撫兼施之策，沿江東進。因沿江諸郡多係呂氏舊部，元軍所至，皆紛紛歸降。宋遣賈似道率師十三萬，戰艦二千五百艘，於丁家洲（安徽銅陵北）至魯港（安徽蕪湖南）進行阻擊。因賈似道並不想與元軍開戰，希望採取非戰爭的方式促使元軍退兵，使得宋朝軍心動搖。因此，在丁家洲之戰中一潰千里，致使宋軍水陸兩軍主力損失殆盡。三月，元軍至建康（江蘇南京），鎮江府（江蘇鎮江）、饒州（江西波陽）、寧國府（安徽宣城）、廣德軍（安徽廣德）、溧陽（江蘇溧陽）、常州（江蘇常州）等地相繼歸降。此時阿里海牙進攻荊湖，使京西南路與荊湖北路之地完全脫離了南宋的控制，為伯顏進軍臨安解除了後顧之憂。

丁家洲戰敗的消息傳到臨安，南宋朝廷一片恐慌。賈似道等人上書請恭帝遷都海上。與此同時，南宋政府下詔各地起兵勤王，張世傑、文天祥等少數效忠者應詔而至。宋廷為挽救危局，張世傑自臨安發兵三路北進抗元，先後收復廣德、常州等地。德祐元年（1275 年）七月，宋將張世傑等率戰艦萬艘，以十舟為一舫，連以鐵索，碇於江中，橫列焦山江面，欲與元軍決戰，蒙古阿朮以水陸協同進擊，配以火攻，宋軍殊死抗戰，但被元軍沖散，宋軍多赴江而死，張世傑率部南走，宋軍損失慘重。長江防線徹底崩潰，臨安危在旦夕，這標誌著宋軍的反擊基本結束。

㈢南宋之亡

宋德祐元年（元至元十二年，1275 年），伯顏從鎮江兵分三路南攻臨安。三路大軍會師於臨安北郊皋亭山，完成了元軍右路包抄的戰略計畫。之後文天祥被羈於元營。元軍取臨安城後，伯顏取謝道清手詔，招降未附州縣。兩淮、湖南、江西戰場均落入蒙古的統治範圍，但此時福建、兩廣等地仍處殘宋的控制之下，成為元軍統一南宋的障礙。

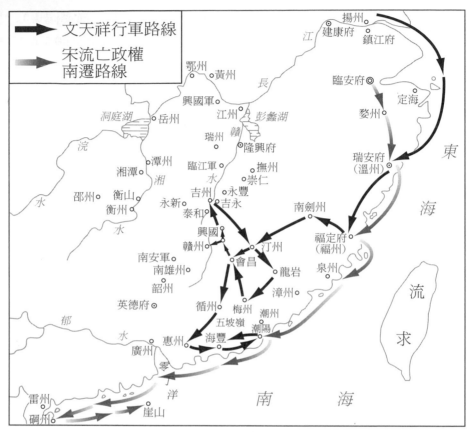

圖25　文天祥出兵及宋流亡政府南遷圖

　　在元軍進攻臨安之際，宋攝政太皇太后謝道清拒絕張世傑、文天祥背城一戰的建議，一面送益王趙昰、廣王趙昺南逃，一面遣使赴元營請降。德祐二年（元至元十三年，1276年）二月初五，宋恭帝趙㬎率百官於臨安降元。南宋朝廷正式降元以後，以賈餘慶、文天祥（至鎮江逃歸）等人並充祈請使，至元大都拜降。五月，陳宜中、張世傑、陸秀夫、文天祥等在福州擁立益王趙昰為帝，是為端宗，改元景炎。封廣王趙昺為衛王，陳宜中為左丞相兼樞密使、都督諸路軍馬，張世傑為樞密副使，陸秀夫為簽書樞密院事，重建朝廷。遣將向江西、兩浙南部進兵抗元。六月，元軍為追殲南宋殘部，命諸路將帥繼續南進，張世傑被迫擁趙昰、趙昺逃往海上。

文天祥率軍進攻江西，各地義軍紛起響應，後因勢孤力單而敗退廣東，旋於五坡嶺（廣東海豐北）被俘，不為元軍威逼利誘，監禁數年後，慷慨就義。文天祥領導的抗元戰爭，曾成為殘宋抗元的中堅與旗幟，但最終以失敗告終。

景炎三年（元至元十五年，1278 年），元朝行西川樞密院事不花平定四川，四川戰事結束。四月，宋端宗趙昰卒，張世傑、陸秀夫又擁立趙昺為帝，徙至崖山（廣東新會南）。六月，忽必烈為徹底消滅南宋勢力，命張弘範率水、步騎軍二萬由海道南下，都元帥李恆率步騎由陸路南下，會殲南宋殘部。次年正月，張弘範、李恆率軍會至崖山，首先控扼海口，斷宋軍糧道，將流亡政權死死困於海上。宋軍水師利用「舟城」戰術進行抵禦，二月初，蒙軍巧妙利用海潮，南北對進，並用遮障防矢石，瀕宋艦奮勇拼殺，全殲宋軍，陸秀夫攜帝昺投海而死，崖山決戰的失敗標誌著南宋流亡政權的最後滅亡。此後，元軍占領南宋全境，元朝統一了全國。

第五節　宋朝與西南少數民族

一、北宋與大理

七世紀前，在彝族和白族祖先生活的雲南洱海一帶，分布著六詔，最南邊的南詔逐漸強大起來。八世紀前期，南詔首領皮羅閣在唐玄宗的支持下統一六詔，被封為雲南王。十世紀初，南詔政權亡於內亂。此後三十餘年，南詔貴族在雲南相繼建立過三個地方王朝，最後，南詔時期就極有名望的段氏取得政權，創建了大理國。大理自後晉天福二年（937 年）段思平建國到南宋理宗寶祐二年（1254 年）被蒙古滅亡，在中國西南延續了三個多世紀之久。

宋太祖滅後蜀，大臣建議乘勝攻取大理。宋太祖取來地圖，手執玉斧，劃大渡河為界，類似的說法載於多種史籍。歷史上有無「玉斧劃界」之事，

史家各執己說，但宋朝軍隊在平蜀後的確沒有再繼續南下卻是事實。究其原因，首先，宋朝吸取了唐朝與南詔爭鬥的歷史教訓：皮羅閣在唐玄宗的支持下統一了六詔，還得到唐玄宗的冊封，但唐朝為了控制南詔，與南詔國發生多次戰爭。後來，唐朝也在桂林戍卒（防備南詔的軍隊）的起事（龐勛之變）中走向滅亡。宋朝開國之初，國力不及唐朝，宋太祖基於唐朝與南詔戰爭的經驗，並沒有對大理用兵。其次，從宋初的周邊形勢來看，宋朝制定的統一策略是先南後北，而宋朝滅蜀後，尚有南漢、南唐和吳越等政權沒有統一，尤其是北方的遼朝，更是宋朝的勁敵和心腹大患。這就迫使宋朝轉移戰略和防禦重心，因而難以對大理用兵。

宋朝在西南地區採取收縮政策，與大理的聯繫雖然未曾間斷，但並不緊密。大理於 965、968 年兩次遞牒到黎州（四川漢源北）境內，聲稱欲與宋通好，宋朝都沒有予以積極回應。太宗、真宗時期，大理又多次派使者來宋，要求冊封，但宋朝仍沒有答應。淳化五年（994 年），李順起事軍攻占了成都，聲勢十分浩大。起事被平後，一說李順被俘，一說是下落不明，有人傳說李順投奔了大理，宋朝政府非常擔心，便派辛怡顯出使大理。辛怡顯最後到了大理國都陽苴咩城，宋與大理自此有了接觸和交往。

北宋中期也出現過類似的事件。仁宗皇祐元年（1049 年）九月，儂智高反宋，於皇祐四年（1052 年）稱帝，此事引起宋廷大震，派狄青前去平定。皇祐五年，儂智高兵敗，由合江口入大理國，宋朝將領蕭注派人到大理去索取儂智高，後來，儂智高為大理所殺，將其首級給了宋朝。儂智高雖死，追隨他投奔大理的部下卻都投靠了大理，這使得宋朝頗為擔憂，下令在成都府路和廣南西路做好備戰準備，以防萬一，而大理也在邊境加強了防衛。宋朝和大理的關係立即緊張起來，雙方對峙一年多。後來，宋政府權衡再三，決定撤兵，大理見宋朝撤兵，也解除邊疆警戒，雙方避免了一場戰事。熙寧九年（1076 年）八月，大理國派使者奉表，帶刀劍、犀甲皮、鞍韂等貨物來宋，宋朝政府沿用舊例，只是以禮待之，仍不進行冊封，大理「自後不常來，亦不領於鴻臚。」❷❸ 從這些史實來看，儘管自開國至宋

神宗時期，宋朝與大理國間或有聯繫，但並不頻繁，也沒有實質性的政治上的朝貢和冊封關係。

宋朝與大理建立冊封關係從徽宗時開始。當時，朝廷上下盛行開邊之議，大理也主動向宋朝示好。政和七年（1117 年）二月，大理派李紫琮一行到達東京，獻貢馬三百八十匹，還有麝香、牛黃等物。宋朝正式冊封大理國主段和譽為「金紫光祿大夫、檢校司空、雲南節度使、上柱國、大理國王」。而參與此事的黃璘及其兒子都因此遷官。此後，宋朝內憂外患日益嚴重，「大理復不通於中國」，僅僅「間一至黎州互市」。

南宋時，紹興三年（1133 年），大理國派使者到廣西，請求入貢市馬。當時宋金戰爭不斷，高宗認為市馬利於軍需，但沒有答應進奉之事，並認為是以虛名勞民傷財。紹興六年（1136 年），大理再次派使者攜象、馬等物到廣西，請求入貢。高宗詔廣西經略安撫司護送行在，優禮答之。此時，宋朝與大理國的交往更是小心翼翼，如履薄冰。紹興二十六年（1156 年），唐稏任黎州知州，上書提醒高宗盡量減少與大理的直接接觸，避免發生事端。但在淳祐四年（1244 年），大理國將軍高禾在與蒙古人作戰時戰死，大理國主派使者來宋朝報喪，宋朝仍派了使者前去弔喪。

南宋君臣對大理的防備心理也很強。宋朝在廣南西路將當地少數民族編為蕃兵守邊。淳熙二年（1175 年）十一月，知靜江府張栻見朝廷在邕州戍兵不足，而鄰近的峒丁❷❹則有十餘萬，擔心發生變故，不好應付，他下令在轄區內嚴申保伍之法，同時建議朝廷精選官員安撫峒丁。他之所以如此，除了擔心峒丁發生變故外，還認為「欲制大理，當自邕管始」❷❺。言下之意是，加強邕州的軍事可以防範並牽制大理。在這種防範心理下，嘉熙四年（1240 年），大理請從黎州和雅州（四川雅安）入貢，遭到四川安撫使孟琪拒絕。宋朝鑑於唐朝與南詔發生戰爭的歷史經驗，在與西南少數

❷❸　《宋史》卷四八八〈大理國傳〉。

❷❹　宋廣南西路左、右江地區少數民族組成的武裝組織。

❷❺　《宋史》卷四八八〈大理國傳〉。

民族政權的交往中顯得格外謹慎。

儘管如此，宋和大理之間的經濟文化聯繫仍然密切。首先，宋朝在邊境與大理進行貿易，展開經濟交流。宋朝與大理進行貿易的主要場所是宋朝邊境的一些州軍，如雅州、黎州、嘉州（四川樂山）、邕州（廣西南寧）等地，都是雙方互市的重鎮。雙方貿易最重要的一項是市馬。大理國產良馬，而宋朝因為要與遼、西夏和金朝作戰，需要馬匹。北宋時期，馬匹之優良者有陝馬、川馬和廣馬三種，宋朝尚可以依賴陝馬和川馬。然而，南宋時期，陝馬來源斷絕，所依賴的多為川馬和廣馬，這兩種馬多產於大理，而要從四川取馬，道路險阻，難以供應，所以從廣南西路買馬成為重要的戰馬來源。宋朝與大理市馬的最早記錄可追溯到宋太宗淳化二年（991 年）以黎州為互市。後來，宋朝與大理鄰近的州軍相繼開市市馬，雖然時斷時續，但一直到南宋末年才停止。

宋朝與大理國市馬的數量，邊境各州軍根據需要而定。但價格曾有定額，最初，每匹馬用茶七馱、絹十匹，後來，宋徽宗時規定廣南西路的馬價分為八等，以不同的等級議價買馬。此外還規定，每招馬一百匹者，可得到鹽一、二百斤、綵一十匹，報酬極為豐厚。北宋時期，廣西邊境州軍買馬大多為供應本州軍各自的軍需，但南宋時，由於戰爭的需要，廣西買馬成為國家馬匹的重要來源，因而價格也發生了相應的變化，馬價一度大幅度增漲。後來，由市馬雙方互相商定價格，甚至遵從賣馬人的意願，或用彩帛，或用鹽鐵等物。

第二，除了馬匹外，宋朝與大理的互市還有其他產品。絲織品是宋朝和大理貿易的主要商品，中原的絲織品歷來為周邊少數民族所喜愛，大理也不例外。熙寧八年（1075 年），蔡延慶建議朝廷在川峽邊境開市時，就建議以錦綵茶絹互市。而宋朝和大理在貿易中也時常用絲織品折算，常有「准絹十匹」、「錦四百端」之類的計價方法。日用品則有鹽和茶。蔡延慶建議朝廷在川峽邊境展開貿易，朝廷便讓他以茶互市。紹興年間，趙彥博以細茶市馬。隆興時期，方滋在議論馬價時，建議用鹽互市。

　　第三，在宋朝和大理的經濟交往中，中繼貿易極為重要。西南地區，
除了大理外，其他許多少數民族居住區都產馬匹。但無論是馬匹的數量，
還是質量，都以大理為上乘。宋朝和大理的貿易通道，曾以黎州和邕州為
主，但這兩地路途遙遠，貿易成本極高。此外，宋朝並不和大理直接交界，
在宋朝與大理中間還有許多少數民族，這些地區不可避免地對宋朝和大理
的貿易產生影響。在這種情況下，宋朝和大理之間的少數民族就擔當起了
中繼貿易的中間人。

　　宋朝與大理之間的文化交流主要表現為大理吸收中原文化。雙方互市
時，大理時常購買大量漢文書籍，如乾道九年（1173 年），大理李觀音得
在橫山寨就購買了《文選五臣注》、《春秋後語》、《五藏論》、《集聖曆》等
書籍。除此而外，還有《切韻》、《玉篇》等各種韻書字書，這是因為大理
以漢字為官方文字。而大理派使者來宋時，也多次向宋朝求索經書，尤其
是用漢字抄寫的佛經，可見大理語言文字方面吸收了中原文化。在醫藥領
域，李觀音得購買了《五藏論》和《都大本草廣注》等藥書，同時還收購
了大批藥物。而大理使者來宋時也時常攜帶麝香、牛黃等藥物，崇寧二年
（1103 年），大理使者來宋時就向宋朝索取了藥書六十多種。史學方面，
由於大理國對史書的鑑戒功能認識水平較高，李觀音得還購買了《三史加
注》、《春秋後語》和《國語》等，表明中原的史書是他們爭相購買的物品。
同時，宋朝政府也賜予書籍，這些書往往刻版精良，受到大理國的高度重
視，嘉泰二年（1202 年），大理國派使者來宋，宋朝賜《大藏經》一千四
百六十五部，大理國使者回去後，將書放在五華樓❷中以示尊貴。

　　除此之外，大理和宋朝在文學上的交流也見於史書記載。歐陽修的《六
一詩話》中稱蘇軾贈給他的蠻布弓衣上織有梅堯臣的《春雪詩》，歐陽修說：
「此詩在《聖俞集》中未為絕唱，蓋其名重天下，一篇一咏，傳落夷狄，
而異域之人貴重之如此耳。」可見，大理人對中原文學仰慕之情。

　　總之，作為西南地區的少數民族政權，大理與宋朝同時享國近三百餘

❷　此樓為南詔時興建，為西南夷君長聚會之所。

年，兩國的交往雖然不能與宋朝同遼、金、西夏相比，但之間的聯繫直接或間接地影響了當地社會的發展。

二、宋朝與吐蕃的關係

吐蕃在唐朝時就與中原王朝往來密切，但在唐末，吐蕃衰弱，種族分散，大者數千家，小者百十家。吐蕃有生、熟戶❷[27]之分，這種情況在宋朝建立後仍未改變。宋朝立國後，党項族建立了西夏政權，吐蕃尤其是西北吐蕃各部，便成為宋夏爭奪的對象。宋朝因為與夏作戰，極注意與吐蕃的關係，而吐蕃為了自身的發展，也時有朝貢、內附之事，宋朝和吐蕃相互依存，雙方在政治、經濟、軍事和文化上互相影響。

宋初，吐蕃處於分散狀態，使得它在政治上必然會依附中原王朝，期望能得到宋王朝的封賜，尤其是西北吐蕃，經歷了唐末五代的動亂，更希望借助宋朝的支持，藉以抬高自身的地位及在當地的影響力。因此，吐蕃常常獻地內附，或來朝貢。大中祥符年間，吐蕃族曾先後兩次到北宋示友好之意，受到朝廷的熱情款待。此後，涼州地區的吐蕃曾形成聯盟，其首領潘羅支接受宋王朝冊封的官職；而河湟地區的李立遵、溫逋奇等，為了爭奪河湟地區的領導權，也曾向宋請命內附❷[28]。

宋朝為了在對夏戰爭中取得戰略上的優勢，通常以政治恩惠來籠絡西北吐蕃各部。宋朝根據吐蕃「尊大姓」、「重故主」的風俗，封賞主動歸附的部落首領。為了聯絡吐蕃諸族對付西夏進攻，宋朝不斷給吐蕃首領加官晉爵。咸平五年（1002 年），以蕃部首領潘羅支為朔方軍節度使、靈州西面都巡檢使，賜以鎧甲器幣。潘羅支死後，宋朝還追贈他為武威郡王，並授其弟相同官衘。吐蕃著名首領唃廝囉，宋朝則屢屢封他官爵，明道時期，即授唃廝囉寧遠大將軍、愛州團練使，景祐中，以唃廝囉為保順軍節度觀察留後，寶元元年（1038 年），又被封為保順軍節度使。唃廝囉死後，其

---

❷[27]　居深山僻遠、橫過寇略者謂之生戶，連接漢界、入州城者謂之熟戶。

❷[28]　李燾，《續資治通鑑長編》卷八六，大中祥符九年三月辛酉。

子董氈嗣其爵位，為保順軍節度使、檢校司空。神宗即位，加太保，進太傅。熙寧元年（1068 年），又封董氈的母親為安康郡太君，兒子藺逋比為錦州刺史。

更重要的是，宋朝還設置蕃官，賜給那些有功於宋朝的吐蕃人。大中祥符九年（1016 年），根據曹瑋的建議，三陽、定西、伏羌、靜戎、冶坊、三門、床穰等七寨熟戶都首領以下凡一百四十六人有功，乞賜賞官封爵。宋朝便令二人授都軍主，四十一人授軍主，五十七人授指揮使，其餘的也被補為蕃官。為了使蕃人能世代擁護宋的統治，宋朝甚至允許蕃官世襲。不僅如此，宋朝在處理吐蕃問題時也盡可能穩妥，早在建隆二年（961 年），泰州首領尚波于傷殺採造務卒，宋太祖立即派人前往處理，並下手書安慰，還賜尚波于錦袍銀帶，尚波于十分感悅，並於同年秋天獻伏羌地。淳化五年（994 年），溫仲舒知泰州，因為吐蕃奪伐木，便將泰州蕃戶遷徙到渭河以北，嚴厲處置此事，有人認為吐蕃居住渭河以南已久，忽然遷徙極為不便，宋朝政府為了平息事態，下詔更換大臣去處理此事。這些政策收到了一定的效果，吐蕃許多部落數次與宋朝聯合，共同抗擊西夏，唃廝囉便多次擊敗西夏軍隊。

宋朝與吐蕃的軍事關係很大程度上取決於宋夏之間的和戰。党項族崛起後，必然與吐蕃產生矛盾，而涼州、河湟地區既地處通往西域的交通要道，又宜農牧，自然成為雙方爭奪的目標。因此，這些地區的吐蕃為了維護自己的政治、經濟利益及生命財產安全，希望能得到宋朝的援助，聯合宋朝抗擊西夏。宋真宗咸平初，党項向西發展，侵擾涼州吐蕃部落。長期圍困靈州，涼州吐蕃多次建議宋朝共同出兵夾擊西夏。

宋朝在與遼、西夏對峙的情況下，深知吐蕃的向背在軍事方面有著很大影響，為了取得與遼、西夏抗衡的主動權，也需要吐蕃在軍事上給予支持。首先，宋朝奉行守內虛外的政策，加之邊境線過長，因而邊防兵力有限，於是宋朝就希望從沿邊吐蕃部落中募集人力，改變西北邊境兵力不足的狀況，同時也可以減輕龐大的軍費壓力。宋仁宗就恩威並施，採取各種

措施，想使沿邊蕃部「力耕死戰，世為邊用」❷❾，表明宋朝需要西北吐蕃的援助與配合來抵禦西夏。

其次，由於宋朝派駐邊境的軍隊不了解當地環境，而西北沿邊吐蕃各部落耐苦寒，熟悉山川道路等各種情況，又能解當地語言，因而成為宋朝尋求嚮導、前鋒與間諜的主要對象。宋夏之間的秦鳳、環慶、涇原等路是雙方戰事的主要區域，也是宋進攻西夏的前沿陣地。為了更有效地對付西夏，宋太宗時，曹瑋就提出尋找較為精銳的吐蕃部落為行軍嚮導及前鋒的主張，並為太宗採用。同樣，西夏對其所用吐蕃間諜，也厚其賞賜。因此，宋朝更要籠絡廣大的沿邊少數民族部落，使其不為西夏所用，這樣，蕃部不僅可以成為宋朝的屏障，減輕邊境壓力，還能成為抵禦西夏的幫手。

再次，由於宋朝缺少戰馬，西北的吐蕃部落成為戰馬的重要來源地之一。宋朝時，西北吐蕃以畜牧經濟為主，養馬業相當發達，這也是吐蕃部落向宋朝進貢的物品之一。河湟地區的吐蕃政權曾多次向宋朝進貢大量馬匹，同時，宋朝多次派遣使臣到河西招買良馬，這也表明，宋朝在馬匹方面對吐蕃的依賴性很強。熙河開邊後，宋政府便在熙河路設置買馬場，將馬匹貿易轉移到宋朝能夠控制的吐蕃地區，以防止馬匹落入敵國之手，保障宋軍將士之需。

宋朝與吐蕃的軍事關係，從一定程度上減輕了宋朝的邊患。吐蕃各部族能征慣戰，其軍事力量相當強大。宋朝加以利用，便可成為宋朝西北的重要屏障，抗擊或牽制西夏，無疑能在很大程度上加強宋朝的邊防力量。

吐蕃各部對中原文化存在很強的認同感和向心力。宋朝建立後，這種情況一直延續著，而宋朝也採取相應的措施加強與他們在文化方面的交流。第一，賜漢姓以表示恩寵。朝廷對吐蕃部落中內附或與西夏戰鬥中有戰功的人，不僅賞以金帛爵命，還賜予漢姓。熙寧四年（1071 年），俞龍珂率眾十二萬內附，北宋賜姓名包順，授為西頭供奉官。熙寧七年（1074 年），河州吐蕃首領木征率洮（甘肅臨潭）、河（甘肅臨夏）二州來降，宋朝命其

---

❷❾　賈昌朝，〈論邊事〉，《宋文鑑》卷四五。

名為趙思忠，拜榮州團練使，其弟董谷賜漢名繼忠，補六宅副使。朝廷以忠順之類的字詞命名歸順的吐蕃首領，也反映出宋朝強烈希望這些部落首領效忠的一種心理。

第二，設立蕃學，用中原傳統的儒家思想來教化少數民族，使其逐漸漢化。熙寧六年（1073 年）十二月，宋朝在熙河地區設置蕃學，讓吐蕃上層子弟入學。後來，又在岷州地區建立學校，還賜「國子監書」，同時，在河州也設置蕃學，教育吐蕃酋長子弟。

第三，利用佛教懷柔民眾。吐蕃人重佛法，普遍信仰佛教。宋朝針對這一習俗而採取了一系列措施。首先是重用吐蕃僧侶。僧侶在吐蕃的身分較為特殊，有著巨大而廣泛的社會影響力，宋朝自然會利用僧侶為其服務。乾興元年（1022 年）十一月，李立遵等遣使者內附，宋朝懷有戒心，就派吐蕃僧人及早先內附者與來使接觸，刺探虛實，一些吐蕃僧侶還因此受到宋朝的獎賞。其次是廣建寺廟。宋朝盡可能地滿足吐蕃修建寺院的要求，在吐蕃聚居的熙河地區，政府撥款建立了多處大規模的寺廟，其中比較有名的寺院有大威德禪院、廣德禪院、東湖禪院等等。其三是賜紫衣、師號。這是為了表彰僧侶的功德，也是對佛門的獎勵。大中祥符四年（1011 年）七月，西涼府六谷部落首領斯鐸督遣僧人藺氈單來貢，宋朝就賜他紫方袍。不言而喻，這是宋朝統治者針對吐蕃的一種政治手腕。

吐蕃民族以畜牧業為主，這種經濟結構單一，決定了他們的經濟生活對中原王朝的農業經濟等有很強的依賴性。首先是日常生活用品和奢侈品需求，絲綢和茶葉等歷來為吐蕃人所喜愛，但這些都必須從中原王朝輸入。寶元元年（1038 年），宋朝曾賜予吐蕃帛兩萬匹，以聯絡吐蕃夾擊元昊。宋朝將物質賜予作為籠絡吐蕃的手段，而吐蕃也願意為了自身的利益接受冊封。茶葉在吐蕃地區是較為珍貴的消費品，尤其是吐蕃人喜歡肉食，但「以其腥肉之食，非茶不消，青稞之熱，非茶不解」**❸⓪**。宋朝時，吐蕃對茶葉的需求到了「夷人不可一日無茶以生」**❸①**的地步。吐蕃人飲茶成為習

---

❸⓪　陳元龍，《格致鏡原》卷二一〈飲食類〉引《滴露漫錄》。

俗，茶葉的需求量也就大大增加。因此，吐蕃的首領們向宋朝獻馬、牛、羊和各種土產的時候，都希望得到絲綢和茶葉。

其次，西北吐蕃地區畜牧業發達的時候，吐蕃本部落內部的需求量有限，需要把過剩的牲畜賣出去，而遼、西夏和回鶻等地區也多為畜牧業經濟，不可能購買吐蕃的馬匹。因此，吐蕃的馬匹只能賣到宋朝。北宋時期，每年購買戰馬最多可以達到四、五萬匹，多來自涼州、河湟地區，熙河之役後，北宋的戰馬則幾乎全依賴熙河等地的吐蕃部落，這種雙方面的需要，使得吐蕃與宋朝的經濟往來日益密切。

再次，宋朝還特別注意對與吐蕃接壤地區的經營管理。吐蕃民族喜歡食鹽，西北地區有吐蕃部落經營鹽井，產量極高，後來熙河開邊後，宋朝大臣王韶重金贖買岷州（甘肅岷縣）地區的鹽井為宋所用。岷州地區還有金、銀、銅礦，宋朝派劉惟吉管理這些地區的銀銅礦，在當地設置鑄錢監。同時，宋朝還在秦州設有市易司或市易務，熙寧八年（1075 年）二月，宋朝下詔在秦州與永興軍、鳳翔府等地設立市易司，加強了宋政府對吐蕃經濟往來的監控和管理。另外，茶馬貿易機構的設立，提供了漢族和吐蕃民族交流的場所，增進了雙方的經濟交流，也滿足了雙方的物質需要。這種互市，對雙方的經濟發展都有一定程度的促進作用。

總之，對吐蕃而言，過剩的牲畜賣給宋朝，定能促進當地畜牧業的發展。當地的一些土特產如金、銀、玉、象牙、乳香、朱砂和鐵甲等等，也能通過這些機構進入中原，他們得到了中原王朝的生活用品，大大改善了生活條件。對於宋朝來說，川蜀地區的茶葉銷往吐蕃，促進了當地的茶葉生產，使此後川茶製作成為一道獨特的工藝。而絲綢的銷售必然會刺激宋朝絲織業的發展。此外，榷場和市易務的相繼設立，使得原本偏遠的西北沿邊地區在宋朝與吐蕃的經濟交流中發展出一些交易場所，也促進了邊疆地區的經濟發展，從而能進一步形成一些有商業性質的城鎮，對雙方都是極為有利的。

<hr>

㉛　《續文獻通考》卷二二〈征榷考〉。

本章重點

宋朝與周邊民族之間的關係。

複習與思考

1. 概括宋朝政府處理民族關係的基本原則。
2. 簡述兩宋對外關係與國內政局的相互影響。

第十四章
宋朝與世界各國的交往

　　在宋代，漢代張騫開通的陸上「絲綢之路」大多數時期都被西夏、吐蕃所阻隔，無復漢唐盛象。隨著經濟重心的南移，宋朝在東南沿海大力開拓海上貿易，發展與海外諸國的關係。因此，兩宋是中國古代海外貿易發展的高峰期，並對後代產生了深遠的影響，在世界航海史上占有重要地位。

第一節　海外貿易的興盛及原因

一、海外貿易的興盛

　　兩宋是中國古代海外貿易大發展的時期。首先，貿易港口數量較前代大大增多。唐代的主要貿易港有交州、廣州、泉州、揚州等四大港，而宋代港口則廣泛分布於北起京東路、南至海南島的廣大區域。這些港口之間的相互聯繫不斷加強，已不再是零星的點狀分布，而是大體分為廣南、福建、兩浙三個區域，各區域內港口大小並存、主次分明，形成多層次結構。宋代貿易港數量的增加和布局的改變，反映了宋代海外貿易的興盛和貿易制度的完善。

　　其次，貿易範圍有所擴大。唐代的海外貿易已達波斯灣沿岸，主要貿易區域在巴格達經印度、馬六甲至廣州航線以北地區。宋代的貿易範圍遠遠超過了唐代，開始向阿拉伯海西岸及更廣範圍航行，遠至紅海沿岸及非洲東海岸。據《嶺外代答》、《雲麓漫鈔》、《諸蕃志》等史書記載，兩宋時期，在東亞、東南亞、印度及孟加拉灣沿岸、紅海及非洲東海岸等地，與

中國有貿易往來的國家已多達六十餘個。因此，正是宋朝奠定了中國古代海上對外貿易的基本範圍，直至明代，中國對外貿易大體仍然在這些區域之內。

再次，貿易規模顯著擴大。兩宋時期，進出口商品的種類大大增加，進口商品主要是一些原材料，如香料、礦石、馬匹等；而出口商品大多數是製成品，如絲綢、瓷器、書畫等，這表明了中國在海外貿易中的主導地位。不但商品的種類繁多，而且貿易額也有所擴大，宋代一個海商一次販運的貨物常達十萬斤以上，價值數十萬貫。熙寧十年（1077 年），宋政府給注輦國（印度半島古國）的回賜就有錢八萬一千八百緡、銀五萬二千兩。紹興十六年（1146 年）三佛齊國（印尼古國）上貢，攜帶貨物三十餘種，其中乳香八萬一千六百八十斤、檀香一萬九千九百三十五斤、胡椒一萬零七百五十斤、象牙四千零六十五斤。兩宋時期進出口貨物種類的繁多和貿易額的擴大都表明宋代海外貿易的興盛。

二、海外貿易興盛的原因

宋代海外貿易興盛的原因是多方面的，社會經濟的繁榮和航海技術的進步為海外貿易的興盛奠定了堅實的基礎，宋王朝的對外政策則是海外貿易發展的政策保障。

㈠社會經濟的發展

宋代是中國古代經濟高度發達的時期，社會經濟在各個方面都有了顯著的進步。農業方面，宋王朝建立後，鼓勵墾荒，實行相對寬鬆的土地政策，土地私有制迅速發展，刺激了人們的生產積極性，生產效率大大提高，整個農業經濟比前代有了巨大進步。農業的發展帶動了手工業和商業的進步。手工業的發展表現為各行業的普遍進步，不僅工藝技術有所突破，而且組織形式也有創新，民營手工業得到空前發展。商業方面，各種農產品和手工業產品商品化的趨勢不斷加強，出現了世界歷史上最早的紙幣。傳統的坊市制度被打破，城鄉市場繁榮，商人地位顯著提高，商業在社會中

的作用已不可取代。宋代社會經濟在農業、手工業、商業的全面繁榮為海外貿易的發展奠定了堅實的基礎。

宋代海外貿易得以發展的另一個經濟因素是宋代經濟重心的南移。自東晉開始，北方戰亂不斷，南方則相對穩定，北方人口大量南遷，南方經濟迅速發展。至唐代中後期，南方已是國家財賦的重要來源地。兩宋時期，經濟重心的南移最終完成，南方經濟在國家經濟中具有至關重要的地位，宋人就曾指出，「國家根本，仰給東南」❶。經濟重心的南移對海外貿易的發展產生了諸多影響，南方地區為海外貿易提供了進出口商品的來源地和消費市場，接近貿易港口，交通便利，有利於降低成本，擴大利潤。因此，宋代經濟重心的南移是海外貿易興盛的一個重要的經濟因素。

㈡航海技術的進步

兩宋時期，造船技術和航海技術都取得了飛速進步。宋代的海船載重量大大提高，中等海船就可載重二百五十至三百噸，大型海船更可達到六百噸，遠遠超過波斯和阿拉伯商船。在海船製造技術上也有創新，水密艙技術普遍推廣，增強了船的抗沉性和橫向強度；海船多為尖底結構，吃水較深，抗禦風浪的能力較強；宋朝還發明了平衡舵和升降舵，便於操縱船隻；寧波發現的宋船還設有舭龍骨裝置，能夠減緩船舶左右搖擺，提高行船的平穩性。

航海技術最大的進步在於指南針的應用，它使得航海業產生了革命性的變化。兩宋以前，航海業完全靠天上的星宿和地表目標來確定方位，這在一定程度上限制了航海業的發展。指南針的使用則彌補了這一不足，海船在深海航行的過程中，「夜則觀星，晝則觀日，陰晦觀指南針」❷。從而擺脫了天氣和地表的限制，提高了遠洋航行的安全係數。

宋代造船技術和航海技術方面的改進，使當時的航海條件為之一新，遠洋航行能力大大提高，從而為海外貿易的展開提供了技術保障，促進了

---

❶ 《宋史》卷三三七〈范祖禹傳〉。

❷ 朱彧，《萍洲可談》卷二。

海外貿易的發展。

㈢**宋朝的對外政策**

　　由於經濟重心南移和陸上「絲綢之路」受阻，宋朝將對外貿易的注意力集中於海上，積極發展與海外諸國的關係，鼓勵對外貿易和文化交流，採取各種優惠政策招徠外國商人。宋朝政府力圖將海外貿易控制在政府手中，以最大限度地獲取市舶利益。「江海求利，以資國用」是兩宋時期的基本對外政策，也體現出宋朝政府對海外貿易既鼓勵又控制的意圖。

　　宋朝政府大力鼓勵民間商人和外商的貿易活動。民間商人只要按政府的規定，在指定地點領取公憑、回國時按規定接受抽解和博買、不往禁區貿易、不販賣禁物就是合法的貿易者，受到政府保護。外商尤其受到優待，沿海各港口設有專門的館舍接待外國使者和商人，如廣州懷遠驛、泉州的來遠驛、明州的樂賓館等。外國船舶到港，當地政府派遣官員前往迎接，送至驛館，舉行宴會歡迎他們的到來。歸國時，會照例進行歡送。外商的風俗、習慣也得到應有的尊重，宋朝政府在港口劃出地方供久居中國的外國人居住，稱為蕃坊，任命外國人為蕃長進行管理，這些蕃長都要身穿中國官服。外國商人權益受到地方不法官員的侵害時，允許他們向官府申訴。

　　在中國海面發生意外的外國船隻，政府會組織人員進行救護。如熙寧九年（1076 年），秀州華亭縣有二十名外國人因乘船遭風，漂泊海岸，神宗下詔秀州讓他們居住在官舍，供給飲食，等待本國使臣的到來。哲宗元符二年（1099 年）規定，如果外國商船遇海難漂至沿海州界，地方官府要負責維修，登記船上貨物，等待其親屬前來認領，並立防守、盜縱、詐冒斷罪法保護外商的財產。此外，宋朝政府還修繕港口，為來往船隻提供安全保障，如廣州州城臨海，來往的各國船隻常受颶風侵襲，真宗大中祥符年間，知廣州邵曄鑿內壕通舟，從而免除了颶風的危害。

三、管理機構

　　唐玄宗開元年間，於廣州設立市舶使，但只是作為中央臨時派遣到港

口協助地方官管理對外事務的使職，不是專門機構。宋朝建國後，建立了完善的市舶機構和系統的市舶管理制度。宋朝先後在廣州、杭州、明州、泉州、密州、秀州、溫州、江陰軍、澉浦等九處設置過市舶機構，分屬廣南、福建、兩浙、密州四個市舶司。市舶機構設有市舶使、市舶判及管庫、雜事等官吏。市舶司「掌蕃貨海舶征榷貿易之事，以來遠人，通遠物」❸。具體執掌有：接待貢使與招徠蕃商；檢查入港蕃舶；抽解與博買舶貨；送納與出售抽博貨物；管理舶貨販易；管制華商沿海貿易；執行海禁與緝防私販；監督與管理蕃坊等❹。宋代市舶司已經是一個專門管理海外貿易的機構，具有系統的管理職能，它的設置表明宋代海外貿易已成為一項獨立的國家產業，是社會經濟發展的一個有機的組成部分。

第二節　東亞諸國

一、高　麗

在宋朝北部邊境，先後有遼、金兩個強大的少數民族政權，宋與高麗關係也隨著南北關係的冷暖而變化。宋王朝既希望結交高麗來牽制遼、金，同時又擔心高麗被遼、金利用，刺探宋朝情報，因此兩國交往時斷時通。太祖建隆三年（962年），兩國首次通使，建立了外交關係。太宗淳化五年（994年），契丹進攻高麗，高麗向宋朝求救，宋朝剛剛經歷了雍熙北伐的失敗，不願再動干戈，拒絕了高麗的請求，此後高麗受制於契丹，兩國政治關係中斷。真宗大中祥符七年（1014年），高麗大破遼朝，宋朝希望聯合高麗以牽制遼國，高麗也想依靠宋朝為後援，於是兩國再度通使建交。仁宗天聖八年（1030年），高麗迫於契丹的壓力，再次向契丹朝貢，中斷

❸　《宋史》卷一六七〈職官志〉。

❹　石文濟，〈宋代市舶司的職權〉，載《宋史研究集》第七輯，中華叢書編審委員會，1974年。

了與宋朝的聯繫。此後，直到熙寧四年（1071 年），神宗有志於北伐，兩國才再次恢復外交關係。宋室南渡後，朝廷對高麗始終懷有戒心，擔心結交高麗會得罪金朝。孝宗隆興二年（1164 年），南宋決定與高麗斷交，此後兩國「使命遂絕」❺。儘管兩國政治交往時斷時續，但經濟、文化交流卻相當頻繁。

㈠經濟交流

宋與高麗之間的貿易主要有兩種形式，一是兩國政府間的所謂「貢」、「賜」貿易。每次雙方互派使節，都會攜帶大量貨物，互相饋贈，發展官方貿易。北宋時期，宋朝向高麗派出使節二十四次，高麗向宋朝派遣使節六十三次；南宋時期，由於金朝的壓力，兩國關係日趨冷淡，宋朝僅向高麗派使五次，高麗向宋朝遣使八次。高麗官方向宋朝輸出的物品種類繁多，有供皇室成員穿戴的絲繡品和飾物，如御衣、金腰帶等，價格昂貴的金、銀、銅器，數量龐大的絲織品，製作精良的兵器、馬具及高麗特產人參、貂皮、松子等。宋朝回賜物品的價值則遠遠大於高麗朝貢物品的價值，其中以絲織品為大宗。神宗元豐元年（1078 年），安燾奉命出使高麗，攜帶的禮品在一百種以上，其中包括王室貴族穿戴的服飾，金銀器二千兩，雜色川錦一百匹，花紗五百匹，白絹二千匹等。元豐二年（1079 年）以後規定，每次向高麗回賜以浙絹一萬匹作為定數。其次是瓷器和名貴藥材，樂器、書籍、金銀器、茶、酒等民用、工藝和文化生活用品數量也很可觀。

二是兩國的民間貿易。神宗以前，宋朝政府對兩國貿易限制較嚴，神宗元豐八年（1085 年）取消赴高麗通商禁令，兩國之間的民間貿易才得以正常發展。自宋真宗大中祥符五年（1012 年）至帝昺祥興元年（1278 年）的二百六十七年中，前往高麗貿易的宋商達一百三十次，四千九百四十八人❻。高麗政府對宋商十分重視，在京城開京（開城）建立專門接待宋商的客館，如清州館、忠州館、利賓館等，許多宋商就此定居高麗，甚至擔

---

❺　《宋史》卷四八七〈高麗傳〉。

❻　楊渭生，《宋麗關係史研究》（杭州大學出版社，1997 年 2 月版），頁 28。

任高麗官職。南宋以後，宋與高麗關係日趨冷淡，紹興七年（1137 年）後，宋朝停止向高麗派遣使節，前往高麗從事貿易活動的商人往往獲准代理政府的外交事務，因而宋朝商人對維持雙方官方關係起到了特殊的媒介作用。

㈡文化交流

宋與高麗之間的文化交流也非常頻繁，在書籍、文學、醫學、宗教、藝術等領域互通有無。書籍交流是兩國文化交流的重要內容。宋朝先後將一些佛教經書、諸子百家著作、史書、醫書及陰陽地理書籍贈送給高麗。哲宗、徽宗時，將原本禁止帶出國境的《太平御覽》、《文苑英華》等書送給高麗，並允許高麗使者自行在中國購買書籍，《冊府元龜》就是在這時由高麗使者購買傳入高麗的。許多在中國早已散佚的書籍，高麗卻保存完好，因此宋朝也向高麗要求贈書。神宗元豐三年（1080 年），宋醫官馬世安到高麗，回國時帶回了中國已經失傳的《東觀漢記》。哲宗元祐六年（1091 年），宋向高麗提出百篇在中國已失傳的書目，要求高麗贈送，高麗送來《黃帝針經》、京氏《周易占》等書，後又進奉足本《說苑》，補足宋本所缺。宋麗兩國的書籍交流，促進了兩國之間的文化進步，也為保存一些珍稀典籍作出了積極貢獻。

宋朝建國前後，高麗國內的漢文學興盛起來。李白、杜甫、韓愈、柳宗元、王安石、蘇軾等人的作品先後傳入高麗，引起很大反響，司馬光的散文甚至被列為臣僚閱讀的範本。高麗文人還選編、注解一些中國文人的文集供本國人學習，如崔惟清作《李翰林集注》，尹誦選《集古詞》、《唐宋樂章》等。高麗國內的鄭知常、崔承老、朴寅亮等都是海內知名的漢學名家，朴寅亮、金覲後來出使宋朝，與宋朝文士交遊，寫下的詩文被宋人刊成《小華集》行世。北宋派往高麗的使者也都是一時名士，如張洎、宋球、吳栻、徐兢等。徐兢於徽宗宣和五年（1123 年）出使高麗，與高麗文人尹彥北、金富軾兄弟等廣為結交，回國後寫成《宣和奉使高麗圖經》，成為後世研究高麗史的重要典籍。

兩宋時期，中國傳統醫學達到了很高水平，為高麗朝廷所重視，高麗

政府經常向中國遣使請醫求藥。元豐元年（1078年），高麗文宗身患風痺，
向宋朝求醫。第二年，宋朝派出閤門通事舍人王舜封、翰林醫官邢慥等八
十八人的龐大醫療團出使高麗，並贈送名貴藥材一百多品。重和元年（1118
年），又派醫官楊宗立、杜舜舉等人前往高麗傳授醫學，歷時兩年。同時，
精通醫術的宋朝進士慎修及其子慎安之到高麗任職，培養了大批醫生，促
進了當地醫藥事業的發展，高麗此後才建立了醫藥、醫官制度。

　　高麗民間篤信佛教，政府曾多次派遣使節向宋請佛經、高僧，並派僧
侶入宋學習佛法。高麗曾三次請求宋朝賜予《大藏經》，均得到准許。高麗
政府還以高價委託宋商徐戩在杭州雕印《夾注華嚴經》，於哲宗元祐二年
（1087年）成書，送往高麗。高麗曾派僧人諦觀、圓應、義天、坦然、繼
常、穎流等先後赴宋學習佛法，歸國時都帶走大批中國書籍。其中義天對
宋麗兩國佛教的交流貢獻尤大。義天是高麗王王徽的第四子，神宗元豐八
年（1085年），義天搭乘福州人林寧的商船來到中國，他在中國拜見高僧
五十餘人，學習佛法。歸國以後，在京城創建國清寺，傳播天台宗教義。

　　此外，宋麗兩國在藝術領域的交流也十分活躍。音樂方面，高麗多次
向宋「請樂工」，一去「數年乃還」❼。徽宗時期，宋朝將大晟樂贈送給高
麗，並派樂工前往高麗教授。太宗至道年間（995～997年），高麗音樂也
傳入宋朝。神宗元豐四年（1081年），高麗派遣使臣崔思齊等到汴京，使
團中就有十多位伶官，次年，他們在汴京宣德樓前的燈市上作了精彩表演。
書法方面，宋初流行歐陽詢的楷書，也是高麗人最愛摹習的一種書體。重
和元年，高麗重修安和寺，徽宗應高麗之邀，題寫了匾額及殿名。繪畫方
面，宋畫為高麗畫家所研習、摹仿，高麗曾派遣畫家入宋學習。高麗繪畫
也達到了很高水平，宋徽宗十分推崇高麗著名畫家李寧，要宋朝畫家向他
學習。雕塑方面，應高麗的要求，宋朝政府曾派遣工匠前往高麗傳授技藝，
對高麗雕塑的發展產生了相當大的影響。高麗浮石寺的木雕釋迦如來和寂
照寺的鐵鑄釋迦如來，都明顯帶有宋朝雕塑的風格。

---

❼　徐兢，《宣和奉使高麗圖經》卷四〇〈樂律〉。

二、日　本

北宋時期，日本在藤原氏統治之下，採取閉關鎖國政策，嚴禁本國人私自出海，因而日本船隻很少入宋，兩國也始終沒有正式建立外交關係。儘管如此，仍然有不少宋朝商船從明州（浙江寧波）出發，到達日本的博多，日本則遵循前代慣例，允許中國船隻上岸交易。同時設置交易唐物使管理與中國的貿易，宋朝商人出示公憑、人員和貨物清單後，被安置於鴻臚館。當時宋朝輸入日本的商品有錦綾、香藥、書籍、文具等，從日本帶回的商品有硫磺、木材及一些工藝品如摺扇、屏風、刀劍等。

南宋孝宗乾道三年（1167 年），平清盛奪取日本政權，改變了消極鎖國的方針，採取鼓勵宋日貿易的政策。為了吸引宋商，平清盛策劃開闢瀨戶，修建淪田泊，供宋船停泊。宋朝開往日本的商船更加頻繁，不僅到達博多港，還到達了越前的敦賀港。來華的日本商船也大量增加，僅明州一處每年就達到四、五十隻，除明州外，宋朝政府又對日開放杭州、溫州、泉州等港口。孝宗乾道九年（1173 年），日本正式轉託宋朝明州商船隊首領將平清盛的復牒和禮品帶到中國，兩國開始有了官方交往，逐漸加強了中日之間的友好關係。

由於日本長期奉行閉關鎖國政策，僅允許少數日本僧侶到中國巡禮、求法，因此，在兩國的交流過程中，僧侶扮演了重要的角色。在所有入宋的日僧中，影響最大的當屬奝然。奝然出身貴族世家藤原氏，幼年入東大寺為僧，學習三論宗和真言宗。太平興國八年（983 年），奝然搭宋商陳仁爽、徐仁滿的商船來到中國，並得到太宗的接見。四年之間，奝然走遍了汴京的大小寺院，並在雍熙元年（984 年）獲准到五臺山朝拜普賢菩薩的聖跡。奝然對中日兩國的文化交流作出了巨大貢獻。書籍方面，奝然將開寶版《大藏經》一部和新譯經二百八十六卷帶回日本，收藏在京都法成寺，使該寺成為全日本佛教經典的研究中心；他也給宋朝帶來了在中國已經散佚的《孝經鄭氏注》一卷和《越王孝經新義》第十五卷，又獻上記載日本

國情的《王年代紀》和《職員令》，成為中國最早收藏的日本文獻。藝術方面，奝然請宋朝著名雕工張榮為他雕刻了一尊旃檀釋迦牟尼像，歸國後收藏於京都清涼寺。現藏清涼寺的十六羅漢畫像也是奝然帶回日本的。

除奝然以外，入宋的其他日本僧人也都對兩國的文化交流作出了貢獻。在書籍的交流方面，比奝然稍晚來到中國的日本僧人寂照、成尋都將大批佛經帶回日本。神宗熙寧六年（1073 年），居住在太平興國寺的成尋獲得批准，將顯聖寺印經院刊刻的新譯經二百七十八卷，連同《景德傳燈錄》三十三卷、《景祐天竺字源》七冊等，共計四百一十三卷冊的書籍寄回日本。日本僧人也帶來一些在中國久已失傳的書籍，寂照來中國時攜帶著《大乘止觀》、《方等三昧行法》兩部中國佚失的佛經，杭州天竺寺僧人遵式曾借來刻印。天台宗始祖智者大師的一些著作，也於此時回到中國。

宗教方面，南宋時期，經過幾代日本僧人的不懈努力，佛教禪宗東渡日本，成為日本佛教史上的重大事件。榮西是日本禪宗的開山鼻祖，孝宗乾道五年（1169 年），榮西第一次來到明州，參拜天台山和阿育王山，將天台宗的新章疏帶回日本。淳熙十四年（1187 年），榮西再一次來到明州，向天台山萬年寺的僧人懷敞學禪，回國後修建聖福寺、壽福寺、建仁寺，將臨濟禪宗廣泛傳揚，在日本興起一股學禪的風氣。榮西之後，他的弟子道元、法孫圓爾辨圓先後來到中國學習禪宗，並在回國之後教徒講學。經過幾代僧人的傳揚，禪宗終於在日本紮根，與日本的本土文化結合，對日本社會產生了深遠影響。

建築方面，天竺式和唐式建築都於此時由日本僧人傳入日本。天竺式由日僧重源引入，他為了重修日本東大寺，先後兩次入宋考察寺院建築樣式，歸國後，仿宋朝天竺式建築重修了東大寺。唐式又稱禪宗式，由榮西引入。榮西在宋期間，參加過明州天童山千佛閣等禪寺的修建工作，回到日本後，依照宋禪寺的建造式樣興修建長寺、禪興寺，至無學祖元修建圓覺寺之後，在日本正式確立了純粹的宋朝式禪寺風格。

藝術方面，宋代的書法、繪畫作品得到日本人很高的評價，日本畫也

有不少輸入中國。北宋汴京相國寺有賣日本扇者，價格昂貴，宋人評價扇面的畫「意思深遠，筆勢精妙，中國之善畫者，或不能也。」❽日本也湧現出不少書法名家，史稱奝然「善隸書」，寂照「識文字，繕寫甚妙」❾。中國的製瓷工藝也傳入日本，曾跟隨道元遊歷中國的陶工加藤四郎、左衛門景正，利用在中國學習的技藝，在山田郡瀨戶建窯製瓷，獲得了「瀨戶燒」的美名。

醫學方面，中國的醫藥學通過日本僧人傳入日本。榮西在中國時曾潛心學習醫術，歸國時將茶種帶回日本，又著成《吃茶養生記》二卷，提倡種茶、喝茶。後來喝茶自禪僧中普及到民間，逐漸成就了日本的茶文化。宋醫郎元房留居日本三十餘年，對日本醫學的發展起到了促進作用。宋代的醫學著作《太平聖惠方》、《和劑局方》及著名法醫學家宋慈所著《洗冤集錄》也相繼傳入日本，其中《洗冤集錄》一直沿用到十九世紀。

兩宋時期，中日兩國關係中經濟交往比重並不大，占據重要地位的是兩國間的文化交流，而日本僧人在其中又起到了至關重要的媒介作用，為促進兩國文化的發展作出了突出的貢獻。

第三節　東南亞與南亞

一、越南（交阯）

交阯原本處在中原王朝的統治之下，唐末五代，中原地區戰亂頻仍，交阯趁機走上獨立發展的道路。太祖開寶元年（968 年），丁部領統一越南北部，建立大瞿越國（即丁朝）。二年後（970 年）自稱皇帝，並定年號太平。開寶七年（974 年），丁璉向宋朝遣使納貢，請求冊封，太祖封他為交阯郡王。其後，越南丁朝、黎朝、李朝都接受過宋朝的冊封，與宋朝保持

---

❽　《宋朝事實類苑》卷六〇〈風俗雜志・日本扇〉。

❾　《宋史》卷四九一〈日本傳〉。

著朝貢關係。宋朝先以交阯稱呼越南，孝宗淳熙元年（1174 年）改稱安南。

　　雖然宋與交阯建立了朝貢關係，但並非一直相安無事。宋朝一直尋找機會，希望能夠重新將交阯置於自己的控制之下，交阯也不時派兵侵擾宋朝。太平興國五年（980 年），丁璉部將黎桓篡奪交阯王位，引起內亂。太宗聞訊，派水陸大軍數路並發，想藉機收復交阯，但最終為交阯所敗，只好承認交阯獨立，封黎桓為交阯郡王。真宗景德二年（1005 年），黎桓病死，數年後，大中祥符三年（1010 年），李公蘊篡奪王位，建立李朝，宋朝無力出兵，又封李公蘊為交阯郡王。神宗熙寧八年（1075 年），李朝以十萬大軍進犯兩廣，宋朝派郭逵、燕達抗敵，二人率軍一直打到越南境內，越南戰敗投降，但宋朝擔心後方的遼、西夏趁機興兵，不敢孤軍深入，於是撤軍回國，結束戰爭，此後雙方大體上保持了和平的局面。

　　越南獨立後，典章制度大多效仿宋朝。李朝統治時期，仿照宋制，將全國分為二十四路，由文官任知府進行管理。採用科舉制度選拔人才，以詩、賦、經義為考試科目。在越南獨立後的很長一段時間內，漢字仍然是越南唯一使用的文字，直至十三、十四世紀，越南創造了自己的文字「字喃」。字喃與漢字一樣也是方塊字，或者直接借用漢字，或者按照漢字中形聲、假借、會意等方法創造新字，實際上是漢字漢音和越音越義的結合。字喃主要用於公文和通俗文學，著書立說、科舉應試仍用漢文。

　　兩國在科技、藝術領域的交流十分頻繁。中國的醫藥學在越南流傳甚廣，李朝太祖尤其信服中醫藥學，神宗、高宗患病後都是服用中國湯藥才得以康復。宋代瓷器大量銷往越南，廣安、北寧、清化等地都有北宋景德鎮窯和磁州窯的瓷器出土。中國的製瓷工藝於十三世紀傳入越南，越南初期製造的乳白、綠色和棕色等單色瓷器，都有明顯的宋瓷風格。宋代的紡織、建築工藝也都於此時傳入越南，給越南的社會生活帶來很大影響。

二、天　竺

　　天竺又稱身毒、婆羅門，在今天的印度北部，與中國有著歷史悠久的

友好往來。兩宋時期，宗教交流在兩國關係中占有突出地位。兩國僧人的往來，促進了兩國佛教文化的交流與融合，對保存佛教文化，推動兩國文化的共同發展，具有積極的意義。宋朝僧人多次前往天竺學習佛法，最早的求法僧是道圓和尚，他在印度居住了六年，於太祖乾德三年（965 年）回國，並帶回了印度的使者。乾德四年（966 年），僧行勤等一百五十七人奉命前往印度，這是宋代規模最大的一次求法活動，歷經十年，於太平興國元年（976 年）歸國。隨行的僧侶繼業記錄了這次出使的路線，並將從印度帶回的梵文貝葉經和佛舍利進獻給宋太宗。仁宗時期，僧人懷問三度赴印，在中印摩揭陀國的菩提伽耶先後為真宗及皇后、仁宗建造了三座佛塔。寶元二年（1039 年）回國後，懷問又向仁宗進獻佛舍利、貝葉梵經、念珠、西天碑十九本，被封為顯教大師。

這些求法僧人在往返過程中還帶回沿途一些國家的友好書表，為官方交往充當中介。太宗太平興國七年（982 年），僧光遠從印度回國，就帶回印度國王的表文，由僧施護翻譯。施護還向中國介紹了由中國前往印度的海、陸通道，大大方便中國人在兩國間的往來。僧法遇在宋朝政府的支持下前往印度，與沿途所經的三佛齊國王、古羅（馬來西亞吉打）國王、柯蘭（印度奎隆）國王、西天（印度古查拉特）王子都有國書相通，進而密切了中國與這些國家的關係。

隨著印度佛經的傳入，宋朝翻譯佛經的活動興盛起來，太平興國年間，宋朝專門設置了譯經院，此後不斷有天竺僧人前來中國翻譯佛經，如法天、天息災就曾在譯經院翻譯佛經。有的天竺僧人還在中國建築寺院，太宗時入宋的天竺僧人羅護那，在泉州城南買空地建造了寶林院。又有「天竺講僧」幫助泉州開元寺建造了一座七層八角石塔，稱為東塔，一直存留至今。

兩宋時期，中國與東南亞、南亞大部分國家都有著廣泛的交往，與現在地處越南、印尼、菲律賓、馬來西亞、新加坡、汶萊、緬甸、泰國、柬埔寨、印度半島境內的許多古國都建立了友好關係，相互間的經濟、文化交流非常頻繁，增進了亞洲國家間的互相了解與友好往來，促進了亞洲文

明的共同繁榮。

第四節　阿拉伯世界與非洲

一、大　食

唐代以後，中國稱阿拉伯帝國為大食。大食並不是一個國家的名字，而是眾多國家的總稱，據周去非《嶺外代答》記載：「大食者，諸國之總名也。有國千餘，所知名者特數國耳。」❿地理範圍包括阿拉伯半島、兩河流域、伊朗、阿富汗、中亞、敘利亞、埃及、北非、紅海西岸、亞丁灣南岸，以及索馬里南部的廣大伊斯蘭教徒居住區。

由於唐末五代以來中國內亂頻仍等原因，中國與大食關係幾乎陷入停頓，宋朝建立後，雙方又重新開始交往。太祖乾德四年（966 年），僧人行勤遊歷西域，向巴格達的阿拔斯王朝遞交了宋朝國書。開寶元年（968 年），大食遣使來到中國，此後兩國的商船、使節來往不絕。據《宋史》記載，自太祖開寶元年到高宗紹興元年（1131 年）的一百六十餘年間，大食向宋朝派遣貢使達三十餘次。

來到中國的大食人以商人為主，他們大多從海路而來，主要集中於東南沿海地區，廣州的大食人數量尤其眾多。宋朝政府對大食商人採取了較為寬鬆的政策，為他們劃定特定的居住區，允許他們選舉蕃長管理其內部事務。有的蕃長權力很大，如阿曼富商辛押陀羅，掌管廣州蕃長司公事，在廣州居住數十年，家財數百萬緡，曾經進納銀錢修廣州城。另一方面，宋政府尊重大食人的宗教信仰和風俗習慣，他們有自己的禮拜寺和墓地，許多人在中國成家，世代居住在中國，所謂「土生蕃客」、「五世蕃客」，指的就是這些世代僑居在中國的外國人。他們的子女也在中國接受教育，神宗熙寧年間，知廣州程師孟在廣州大興學校，大食商人爭相將子女送去入

❿　周去非，《嶺外代答》卷四〈大食諸國〉。

學。徽宗大觀、政和年間，廣州、泉州的大食等地商人還請求在兩地建立蕃學，以供子女讀書。

宋朝與阿拉伯國家之間的民間貿易相當繁盛。大食輸入中國的商品品種廣泛，包括珍珠、象牙、香料、藥材等，其中以香料、藥材為主，中國使用的香料大部分都來自阿拉伯各國商人，僅神宗熙寧十年（1077 年），廣州收購的阿拉伯乳香就達三十四萬餘斤。宋朝政府鼓勵商人出海經商，據阿拉伯地理學家伊德里斯的《雲遊者的娛樂》記載，中國商船經常至亞丁與幼發拉底河口進行貿易。宋人趙汝适的《諸蕃志》也記載，中國商船經常自泉州航行到阿拉伯諸國。中國運到阿拉伯的商品有絲織品、瓷器、金銀、藥材等，其中絲織品與瓷器是中國輸出的主要商品。

宋朝與阿拉伯在其他領域的交流也十分頻繁。醫藥學方面，大量阿拉伯藥物傳入宋朝，為當時醫學界所採用，推動了中國古代藥物學的發展。阿拉伯藥物還被用於飲食中，宋朝皇室貴族舉辦宴會時，經常將藥物加入食品中，以達到延年益壽的目的。阿拉伯名醫阿維森納發明的丸衣法也於此時傳入，在宋朝廣為推廣，經過改良成為蠟丸。中國醫學也對阿拉伯國家產生了很大影響。中國的脈學、理療等方法為阿拉伯醫學所採用；伊本‧西那所著的《醫典》中有很多醫術都是從中國學到的；中國的藥材也大量輸入阿拉伯國家，其中牛黃就是經阿拉伯傳入歐洲的。

兩宋時期，中國的造船和航海技術處於世界領先水平，阿拉伯本身也是航海大國，兩國在航海、造船領域進行了積極的交流，指南針於十二世紀末、十三世紀初傳入阿拉伯，又經阿拉伯傳入歐洲。中國的火藥於此時經印度傳入阿拉伯，阿拉伯人把製造火藥的主要原料——火硝稱為「中國雪」，說明它的原產地在中國。火藥後來又由阿拉伯人傳入歐洲，對整個歐洲社會產生了巨大而深遠的影響，推動了世界歷史的發展進程。中國的製瓷技術在整個封建時代都領先於世界，十一世紀傳入阿拉伯，後又經阿拉伯傳入義大利的威尼斯，歐洲才開始生產瓷器。

隨著阿拉伯商人的到來，阿拉伯的建築藝術也傳入了中國，許多地方

都有清真寺，如泉州的伊斯蘭教清淨寺等。清淨寺是中國現存的一座較為完整的阿拉伯古建築群，是中國古代建築藝術精華與阿拉伯建築風格融合的產物，也是中阿古代建築藝術交流的縮影。

二、非洲諸國

埃及在宋代被稱為勿斯里，法蒂瑪王朝（綠衣大食）統治埃及期間，中埃兩國關係進一步加強。埃及是中國商品在地中海地區的交易中心，中國的絲綢、瓷器、金銀等物源源不斷地輸入埃及，然後轉運到地中海沿岸國家。趙汝适的《諸蕃志》中有關於埃及貿易港口亞歷山大港的專門記載，把它稱之為「遏根陀國」。二十世紀，在埃及福斯特（開羅古城）遺址發現了許多中國青瓷器，經過鑑定屬於兩宋時期的產品。

埃及商人也經常到中國貿易，他們帶到中國的商品以香料、藥材、象牙、珠玉為主。埃及商人大多集中在南方沿海港口，如廣州、泉州、杭州、揚州等。1965 年，在泉州東岳山西坡發現了一塊墓碑，用宋代常用的白石刻製，上書「蕃客墓」三個中文字，下有阿拉伯文「埃及」兩個小字，年代比泉州已經出土的宋元阿拉伯文石刻更加久遠，推斷墓主是十一、十二世紀來到中國的埃及人❶。揚州、杭州、泉州現在仍有許多宋代建造的清真寺，其中一些就是當年的埃及僑民捐資構建的。這些埃及商人漂洋過海來到宋朝，與各階層人士廣泛接觸，加強了中埃之間的經濟文化交流。

中埃兩國的科技、文化交流也十分活躍。中國的火藥、指南針等在南宋末期傳入埃及，印刷術又經埃及傳到歐洲，推動了世界文明的進步。兩宋時期，大量移居尼羅河的突厥武士又將中國的皮影戲傳入埃及，極受埃及人民的喜愛。目前所知埃及最早的皮影戲，是十三世紀一個叫穆罕默德·伊本·臺尼埃爾的醫生創作的，至今還有殘本流傳，內容是有關婚姻、媒妁題材的諷刺詩文，文字以詼諧、譏嘲見長。

兩宋時期，中國與非洲國家有廣泛的接觸，除埃及外，還有今屬摩洛

❶ 《海交史研究》（泉州）1978 年創刊號，頁 22–26。

哥、索馬里、坦桑尼亞的一些古國，宋代史書中對這些地區的物產、風土
人情及與中國的交往都有記載。在這些地區的考古工作中，也發現了宋朝
的錢幣、瓷器等物。1955 年，在坦桑尼亞的一次考古調查中，發現四十六
處古代遺址都有宋代瓷器，周圍地區還發現了宋代的錢幣，這些都是中國
與非洲國家交往的重要證據。

本章重點

1. 宋朝海外貿易興盛的情形及原因。
2. 宋朝與世界各國之間的關係。

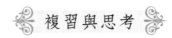

複習與思考

1. 評宋朝在當時世界的地位。
2. 試述宋代「海上絲綢之路」的變遷。

附　錄

大事年表

西元	中國紀元	大　事
960	太祖建隆元年	正月，太祖陳橋驛兵變，推翻後周稱帝，建立宋朝 後周李筠和李重進先後反宋
961	二年	太祖接受趙普的建議，罷石守信等大將的兵權，史稱「杯酒釋兵權」
962	三年	三月，泉州內亂，衙將陳洪進推張漢思為帥 十月，湖南內亂，大將張文表起兵爭權
963	四年 乾德元年	二月，以討張文表為名出兵，慕容延釗、李處耘領兵平荊湖 十一月，改元乾德 始置轉運使（977 年各路皆置） 頒《宋刑統》
964	二年	正月，趙普為相，范質、王溥、魏仁浦罷相 二月，遼敗宋將李繼勳於石州（山西離石） 始榷茶
965	三年	正月，蜀後主孟昶降 三月，宋將王全斌等縱兵擄掠，引發後蜀舊將全師雄兵變
966	四年	正月，全師雄兵敗 河決澶州（河南濮陽附近），發士卒、丁夫數萬人治之
967	五年	正月，因後蜀民控告王全斌等人不法事，分別降官 二月，遼南京留守高勳侵擾益津關（河北霸縣）
968	六年 開寶元年	九月，遣李繼勳等攻北漢，至太原城下，因遼軍來援而退 十一月，改元開寶
969	二年	二月，太祖統兵圍北漢太原。遼耶律屋質、耶律斜軫援北漢 閏五月，宋退兵

970	三年	九月，命潘美統兵伐南漢 十一月，遼兵攻定州（河北定州），宋命田欽祚破遼軍於滿城、遂城（河北徐水西）
971	四年	正月，潘美軍克英、雄二州（廣東英德、南雄）
972	五年	七月，改革江淮漕運，鼓勵商人運米入京 九月，禁私藏天文、圖讖、太乙、雷公、六壬遁甲等
973	六年	三月，太祖親覆試舉人 六月，薛居正、呂餘慶與趙普知印押班奏事，以分趙普相權
974	七年	三月，宋遣使者至遼，遼派涿州刺史耶律昌術來議和 九月，太祖命曹彬等人攻江南，十一月於采石磯（安徽當塗西北）以浮樑渡江
975	八年	正月，曹彬等進攻金陵 十一月，金陵城破，後主李煜降
976	九年 太宗 太平興國元年	八月，派党進與潘美分五道伐北漢，師入太原 九月，敗北漢兵於太原城下 十月，太祖崩，晉王趙光義即帝位，是為太宗 十二月，改元太平興國
977	二年	正月，太宗大增進士及諸科錄取人數，共取五百名 九月，整頓錢幣，以七十七錢為百
978	三年	四月，平海節度使陳洪進上所管漳、泉二州（福建漳州、泉州） 五月，吳越王錢俶上表獻所管十三州，封錢俶為淮海國王
979	四年	六月，太宗移兵攻遼，遼耶律休哥來援，破宋兵於高梁河
980	五年	二月，定上四等戶役法，下五等戶免役 十一月，遼耶律休哥攻宋於瓦橋關（河北雄縣西南），宋軍大敗
981	六年	太宗以諸州大獄，長吏不能親決，逾年而獄未具，乃制定限期決獄之制
982	七年	三月，太宗弟廷美獲罪，安置房州（湖北房縣），盧多遜、沈倫等人亦被牽連 夏州定難軍留後李繼捧朝宋，獻銀、夏、綏、宥四州
983	八年	始分三司為鹽鐵、度支、戶部，各置使 九月，在京師置水陸路發運使

984	九年 雍熙元年	九月，宋兵襲李繼遷，獲其母妻，賜其族兄繼捧名趙保忠，授定難軍節度使 十一月，改元雍熙
985	二年	二月，李繼遷兵敗，後襲據銀州（陝西米脂西北） 六月，銀、麟（陝西神木北）、夏（陝西橫山西北）三州蕃部百二十五族內附
986	三年	二月，太宗大舉攻遼，遼蕭太后與聖宗南下應援，宋軍應付不及，五月至岐溝關大敗 十二月，遼兵陷邢州（河北邢臺）、深州（河北深縣）
987	四年	四月，太宗欲大發兵攻遼，遣使往河南、北諸州募丁壯為義軍，宰相李昉等諫，乃止
988	端拱元年	九月，遼聖宗率軍攻涿州，城破，宋軍大敗 十一月，都部署李繼隆擊潰契丹師，追擊至曹河（河北徐水南）
989	二年	正月，契丹諸軍趨易州（河北易縣），宋自滿城出師來援，為遼軍擊退，易州遂破 七月，耶律休哥深入宋境，為宋將尹繼倫襲敗，李繼隆等復追擊，大破之
990	淳化元年	五月，鑄「淳化元寶」錢，太宗親書其文，作真、行、草三體，自後每改元必更鑄年號錢
991	二年	七月，李繼遷奉表歸宋，授銀州觀察使，賜以國姓，名曰保吉 十月，李繼捧降於遼，遼封為西平王
992	三年	三月，太宗複試合格進士，始用糊名考校之法 十月，設磨勘院，掌考核官員事
993	四年	二月，蜀青城縣（灌縣西）民王小波起兵，後戰死，李順為首領 五月，置三司使
994	五年	正月，李順破成都，稱大蜀王，年號應運，五月被俘 三月，宋軍破夏州，擒李繼捧，李繼遷遠走，毀夏州故城
995	至道元年	契丹招討使韓德威南侵，折御卿率親騎大敗其眾
996	二年	五月，李繼遷圍攻靈州（寧夏靈武西南），太宗命李繼隆等救援，王超等屢勝，而諸將脫期，繼遷終得脫走
997	三年	三月，太宗死，太子恆即位，是為真宗

		十二月，李繼遷請降，復為定難軍節度使 宋分轄境為十五路
998	真宗咸平元年	十一月，河西軍左廂副使、歸德將軍折逋游龍缽朝宋
999	二年	九月，李繼遷攻麟（陝西神木北）、府（陝西府谷）等州，為宋軍所敗 十月，契丹兵攻遂城，被楊延昭擊退
1000	三年	正月，益州戍兵擁王均為主，號大蜀，年號化順，雷有終率兵鎮壓 十月，王均戰敗自殺 瀛莫之戰
1001	四年	三月，分川、陝為益（四川成都）、利（陝西漢中）、梓（四川三臺）、夔（重慶奉節）四路，後遂稱為四川
1002	五年	三月，李繼遷大集蕃部攻陷靈州，以為西平府 契丹派北府宰相蕭繼遠等率師南下
1003	六年	四月，遼攻定州，王繼忠被俘降遼 五月，李繼遷攻取西涼府（甘肅武威），受傷，旋死，子德明嗣位
1004	景德元年	閏九月，遼蕭太后、聖宗大舉攻宋 十二月，宋遼議和，史稱「澶淵之盟」
1005	二年	宋遼先後置権場，自本年起互賀君主生辰及元旦
1006	三年	十月，宋封德明為西平王，簽「景德和約」
1007	四年	十一月，真宗聽信王欽若，造作天書，準備舉行封禪等事，號為「大功業」
1008	大中祥符元年	十月，自京師東封泰山，禪社首山
1009	二年	正月，丁謂負責修昭應宮，供奉天書等物 十月，命天下建天慶觀
1010	三年	閏二月，河北轉運使李士衡進言河北預付帛錢，後推其法於天下
1011	四年	七月，詔除兩浙、福建、荊湖、廣南諸州身丁錢 十月，浚四渠於汴水下流，以防潰溢
1012	五年	五月，遣使至福建取耐旱之占城稻種，給江、淮、兩浙三路種植
1013	六年	七月，晏州（四川興文）夷人反，轉運使寇瑊招安近界夷族

		八月，王欽若等上《新編修君臣事跡》，真宗親制序，賜名《冊府元龜》
1014	七年	正月，真宗至亳州（安徽亳縣），謁太清宮聖祖殿，升應天府（河南商丘南）為南京
1015	八年	二月，西蕃唃廝囉在宗哥城（青海西寧東南）建立政權，貢馬於宋
1016	九年	九月，唃廝囉攻擾秦州（甘肅天水），被曹瑋所敗 京畿、京東、西、河北、江淮飛蝗障日
1017	天禧元年	令京東、西、河北、陝西、淮南、江浙災傷州軍出榷務酒槽濟貧民
1018	二年	二月，以昇州（江蘇南京）為江寧府，置軍曰建康 命壽春郡王趙禎為節度使，封昇王 四月，詔災傷地分，除免去年夏秋稅及所借糧種
1019	三年	六月，從江淮發運使賈宗請，改漕運，水注新河，漕船無阻，公私稱便
1020	四年	正月，改諸路提點刑獄為勸農使、副使，兼提點刑獄公事 趙德明始城懷遠鎮，號興州（寧夏銀川）
1021	五年	六月，國子監請以御制《至聖文宣王贊》及近臣所撰《十哲》、《七十二賢贊》鏤版，詔可
1022	乾興元年	二月，真宗死，太子禎嗣，是為仁宗，劉太后處置軍國大事
1023	仁宗天聖元年	正月，改茶法，許商人向園戶買茶，至官場納稅 十一月，從益州轉運使薛田請，始置益州交子務
1024	二年	二月，禁私造交子，限在川蜀流通，為中國歷史上政府發行紙幣之始
1025	三年	六月，環（甘肅環縣）、原（甘肅鎮原）州屬羌叛，環慶都監趙士隆等戰死 遣范雍安撫陝西
1026	四年	六月，京師大雨，積水數尺，汴水大漲 八月，從范仲淹議，築泰州捍海堰禦海潮
1027	五年	規定南方諸路除川、陝外，客戶（佃戶）可離開土地，取消由地主發給憑由之法
1028	六年	四月，減免三司歲所科上供物 江寧府、揚、真（江蘇儀徵）、潤（鎮江）州長江水溢

1029	七年	閏二月，置賢良方正能直言極諫、博通墳典明於教化等六科 八月，詔罷天下職田
1030	八年	八月，遼都統蕭孝穆破東京，擒大延琳 十月，改鹽法，聽商人於京城納錢或金銀，至解池受鹽
1031	九年	六月，遼聖宗死，太子宗真即位，是為興宗，改元景福，皇太后攝政 遼封趙德明子元昊為夏國公
1032	十年 明道元年	七月，始置諫院 十一月，改元明道 趙德明死，子元昊立，宋封其為西平王，遼封其為夏國王
1033	二年	七月，右司諫范仲淹請遣使安撫江淮、京東災區，未報 十二月，淮南存鹽至一千五百萬石 改元景祐
1034	景祐元年	元昊攻掠宋境，俘環慶路都監齊宗矩，八月改年號開運為廣運
1035	二年	八月，初命朝臣為江浙荊湖福建廣南等路提點銀銅坑冶鑄錢公事 元昊併沙州（甘肅敦煌）曹氏
1036	三年	三月，改茶法，凡商賈入錢於京師者，給南方茶 元昊令野利仁榮等創制西夏文字，改元大慶
1037	四年	正月，以天禧三年以來三司經費不足，數假貸內藏庫錢，詔申飭三司不得復假貸
1038	五年 寶元元年	十月，朋黨之論興，詔戒朋黨 元昊稱大夏皇帝，改元天授禮法延祚，遣使奉表於宋 十一月，改元寶元
1039	二年	正月，元昊願受冊即皇帝位 閏十二月，鄜州判官种世衡在延州築青澗城
1040	三年 康定元年	正月，三川口之戰 二月，改元康定
1041	二年 慶曆元年	二月，好水川之戰 八月，西夏軍陷豐州（今內蒙古河套東南部） 十一月，改元慶曆
1042	二年	九月，增歲幣絹十萬匹、銀十萬兩與遼議和

		閏九月，定川寨之戰
1043	三年	正月，西夏遣使賀從勗請和 九月，范仲淹向仁宗皇帝上書言十事
1044	四年	十月，宋夏和議成，宋冊元昊為夏國王，歲「賜」銀絹茶，置榷場與夏互市 十二月，畢昇發明活字印刷術
1045	五年	正月，范仲淹以「朋黨」罷參政 二月，詔罷范仲淹所建磨勘保任之法
1046	六年	正月，夏國遣楊守素持表及地圖來獻臥尚龐、吳移、已布等城寨九處
1047	七年	十一月，貝州（河北清河西北）軍卒王則（彌勒教徒）於冬至日據城稱東平郡王，國號安陽，年號得勝（一作德勝）
1048	八年	正月，以文彥博為河北宣撫使，明鎬為副，破貝州，王則被俘殺 十月，范祥變解鹽法，實行鈔鹽制度，使商人入錢，於產地領鹽，聽其銷售
1049	皇祐元年	六月，遼軍分三路進攻西夏 九月，廣源州「蠻」儂智高起兵，稱南天國，年號景瑞，擾邕州（廣西南寧）
1050	二年	三月，遼遣西南招討使蕭蒲奴攻夏 九月，夏人攻遼邊境，為遼軍所敗
1051	三年	正月，分淮南路為兩路，揚州（江蘇揚州）為東路，廬州（安徽合肥）為西路
1052	四年	五月，儂智高破邕州，稱大南國仁惠皇帝，年號啟曆 七月，東進圍廣州
1053	五年	正月，狄青夜度昆侖關（廣西賓陽西南），大破儂智高，收復邕州，智高走大理 四月，李參為陝西轉運使，始行青苗錢
1054	六年 至和元年	三月，改元至和 四月，鑄「至和元寶」錢
1055	二年	三月，封孔子四十七世孫孔宗願為衍聖公 四月，罷諸路里正衙前
1056	三年 嘉祐元年	六月，汴京大雨，壞房屋數萬間 九月，改元嘉祐

1057	二年	正月，翰林學士歐陽修知貢舉，禁抑險怪奇澀之文 八月，建廣惠倉
1058	三年	十月，度支判官王安石上萬言書，主張變法
1059	四年	二月，廢榷茶，行通商法 八月，遣官赴各路「均田」，旋即中輟
1060	五年	七月，詔分京西為南北二路，以陳（河南淮陽）、許（河南許昌）等九州隸北路，鄧（河南鄧縣）、襄（湖北襄樊）等九州隸南路
1061	六年	三月，詔良家子弟為人誘隸軍籍者，若百日內父母訴官，還之 四月，包拯為三司使，特置場和市，民得無擾
1062	七年	二月，改江西鹽法，時鹽質劣價高，私販眾多，乃減鹽價，令漕船運鹽 從薛向言，汰陝西廂禁軍
1063	八年	三月，仁宗死，四月，嗣子曙即位，是為英宗 五月，富弼授樞密使、禮部尚書、同平章事
1064	英宗治平元年	西夏兵屢擾秦鳳、涇原路 籍陝西百姓為義勇，凡十五萬餘人，止刺手背
1065	二年	六月，宋廷議英宗生父濮安懿王稱謂，大起爭論，史稱「濮議」
1066	三年	四月，命司馬光編歷代君臣事跡 九月，西夏兵攻大順（甘肅華池東北）、桑遠（華池）等城，環慶經略安撫使蔡挺率趙明、張玉等擊敗之
1067	四年	正月，英宗死，子頊即位，是為神宗 十月，知青澗城种諤招降夏將嵬名山，復綏州（陝西綏德）
1068	神宗熙寧元年	四月，神宗召見王安石 王韶上《平戎策》，建議招撫西北各族部落，進迫西夏
1069	二年	二月，以富弼為宰相，王安石為參政，設制置三司條例司 七月，於淮、浙、江、湖六路，頒行均輸法 九月，行青苗法
1070	三年	二月，河北安撫使韓琦請罷青苗法 十二月，立保甲法 在開封府試行免（募）役法，二年後推行全國
1071	四年	二月，罷詩賦及明經諸科，以經義、論、策試進士

		十月，立太學生三舍法
1072	五年	三月，行市易法，市易務收購滯銷貨物，官府所需貨物，均由市易務供應 五月，行保馬法 八月，頒方田均稅法
1073	六年	三月，置經義局，王安石提舉修《詩》、《書》、《周禮》三經義 九月，王韶熙河開邊
1074	七年	四月，監安上門鄭俠獻所繪「流民圖」，王安石罷相 七月，呂惠卿接替王安石推行新法 九月，開封、河北、京東、京西置三十七將，河東、秦鳳、永興置四十二將
1075	八年	三月，遼蕭禧至宋爭地界 四月，王安石反對退讓，派沈括赴遼談判 十一月，交阯攻宋，陷欽（廣西靈山）、廉（廣西合浦）二州
1076	九年	正月，吐蕃董氈等反宋，宋命宦官李憲赴秦鳳、熙河主持軍事 交阯陷邕州，宋命郭逵南下，並詔占城、真臘出兵，郭逵敗交阯於富良江，交阯請和
1077	十年	黃河大決於澶州曹村，北流斷絕，河道南移
1078	元豐元年	閏正月，詔常平錢穀輸錢，民願輸穀或巾帛者亦可 五月，塞曹村決河，新堤成，河還北流
1079	二年	汴河口閉塞，引洛水入汴，自四月興工，至七月完成 十二月，御史中丞李定等稱蘇軾詩句「譏切時政」，逮蘇軾下御史臺獄，旋貶為黃州團練副使，本州安置
1080	三年	六月，令中書省詳定官制 九月，定百官寄祿格，正官名
1081	四年	二月，於東南各路置十三將 七月，神宗決策攻西夏，命西北五路兵會攻靈州
1082	五年	四月，改官制 九月，夏軍攻陷宋新建的永樂城（陝西米脂西北）
1083	六年	二月，西夏兵數十萬攻蘭州 十月，夏國主秉常遣使上表，請復修好

1084	七年	十二月，司馬光等修《資治通鑑》成，凡二百九十四卷
1085	八年	三月，神宗死，子煦嗣位，是為哲宗，太皇太后高氏臨朝聽政 七月，以呂公著為尚書左丞，廢除保甲、方田、保馬等法
1086	哲宗元祐元年	三月，罷免役法 七月，司馬光奏請立十科取士法，官員各舉所知
1087	二年	八月，臣僚形成以程頤為首的洛黨，以蘇軾為首的蜀黨，以劉摯為首的朔黨
1088	三年	蘇軾言天下不便差役法 四月，令諸路州縣條陳役法利害
1089	四年	四月，立經義、詩賦兩科，罷明法科 十一月，蘇軾知杭州，疏浚西湖，築長堤，杭人稱蘇公堤
1091	六年	八月，蘇軾為翰林學士承旨，旋又以詩文被誣詆，罷知潁州
1092	七年	十月，西夏兵攻宋環州，宋將折可適等迫其歸師 呂大臨《考古圖》成書
1093	八年	哲宗親政 四月，西夏來宋謝罪，願以蘭州易塞門、安遠（甘肅秦安西）二寨，宋卻其請 澶州河潰，南氾德清（河南清豐西北），北流因淤斷絕
1094	九年 紹聖元年	四月，改元紹聖 以李清臣為中書侍郎，鄧伯溫為尚書右丞，二人倡議「紹述」 五月，立宏詞科，許進士登科者乞試，試進士以差役、雇役利弊為題
1095	二年	九月，命府界諸路常平，依元豐七年條制
1096	三年	西夏兵侵宋鄜延，陷金明寨
1097	四年	二月，再貶謫元祐大臣呂大防、劉摯、蘇轍、梁燾、范純仁等多人，降文彥博等官 知渭州章楶在葫蘆河川築城，名平夏城、靈平寨
1098	五年 元符元年	蔡京等治「同文館獄」畢，言劉摯等有司馬昭之心，乞正典刑以及其子孫 六月，改元元符 十月，西夏再攻平夏城，章楶破之

1099	二年	七月，吐蕃邈川首領瞎征與諸首領衝突，宋洮西安撫使王瞻因之取邈川、青唐 冬，西夏與宋達成元符和議
1100	三年	正月，哲宗死，弟端王佶即位，是為徽宗 三月，王瞻在鄯州縱兵擄掠，羌人反抗，西夏助羌，青唐失守，王瞻被貶 十一月，改元建中靖國
1101	徽宗 建中靖國元年	九月，宋命諸路轉運使、提舉司及諸州、軍有遺利可以講求及冗員浮費當裁減者，詳議以聞 十一月，改元崇寧
1102	崇寧元年	七月，置市舶司於杭、明州 九月，開列文彥博、呂公著、司馬光、呂大防等執政官及蘇軾、秦觀等百餘人姓名，稱奸黨，刻石
1103	二年	二月，禁商人與園戶私易荊湖、江、淮、兩浙、福建七路茶 四月，令銷毀三蘇、黃庭堅、秦觀、范祖禹等人著作
1104	三年	六月，重定黨籍，共三百九人，以司馬光為首，由蔡京書寫，刻石廟堂，即「元祐黨人碑」 王厚收復鄯、廓州（青海化隆西） 西夏軍陷平夏城
1105	四年	三月，造「九鼎」，置「大晟樂」成，建寶成宮，祀黃帝等 設應奉局於蘇州，命朱勔領「花石綱」
1106	五年	正月，毀元祐黨人碑 二月，遼要求宋將元符和議以後收復之地還夏，宋夏通好 七月，改元大觀
1107	大觀元年	四月，蔡京利用「妖人」張懷素謀反獄，陷害呂惠卿子，貶謫惠卿
1108	二年	正月，蔡京進為太師，童貫加節度使 三月，分批除韓維等一百四十三人「黨籍」
1109	三年	江、淮、荊、浙、福建大旱，自六月至十月不雨 十二月，蔡京罷相
1110	四年	正月，中丞吳執上書言八行貢士之弊 二月，詔察方田法之弊
1111	政和元年	八月，張商英頗革蔡京弊政，為左相何執中排擠，罷相

		九月，鄭居中、童貫使遼，燕人馬植見貫，獻取燕之策
1112	二年	九月，改定官名，罷文武勛官，以太尉為武階之首
1113	三年	四月，作保和殿成
1114	四年	正月，置道階以敘道士 七月，完顏阿骨打誓師反遼，首戰克寧江州（吉林扶餘東石城子）；繼而大破遼都統蕭嗣先於鴨子河（松花江一段）
1115	五年	正月，阿骨打稱帝，國號大金，年號收國，都會寧（黑龍江阿城南），是為金太祖 二月，以童貫領六路邊事
1116	六年	正月，渤海人高永昌據遼東京（遼寧遼陽）反遼，國號大元，建元隆基，金軍破遼陽，殺高永昌 四月，徽宗用道士林靈素言，在上清宮大會道士
1117	七年	林靈素言「清華帝君」夜降宣和殿事，徽宗自稱教主道君皇帝 七月，令登州（山東登州）以市馬為名泛海至遼東
1118	八年 重和元年	遣馬政等從海道赴金，金使者從馬政等至登州，宋金開始通好 十月，置道官、道職，諸州設道學博士 十一月，改元重和
1119	二年 宣和元年	正月，徽宗從林靈素言，改稱佛為大覺金仙，和尚為德士 二月，改元宣和 金遼議和
1120	二年	二月，命趙良嗣赴金，議夾攻遼，為「海上之盟」
1121	三年	二月，宋江在海州（江蘇連雲港西南）被張叔夜襲敗而降 四月，方臘在青溪幫源洞被俘
1122	四年	正月，金軍陷遼中京（內蒙古寧城西大明城），天祚帝走西京 五月，宋攻遼之師在白溝失利
1123	五年	二月，宋金議定交燕雲條件，宋與金歲幣四十萬外，年輸燕京代稅錢一百萬貫 八月，郭藥師大敗蕭幹
1124	六年	遣童貫至太原，任宣撫使，貫遣馬擴與金議山後土地事 重申禁止蘇、黃文章，違令不燒者以「大不恭」論
1125	七年	十月，金下詔攻宋，以完顏杲領都元帥，粘罕等自大同攻

		太原，斡離不等自平州攻燕山 十二月，徽宗下詔禪位於太子桓，是為欽宗
1126	欽宗靖康元年	正月，李綱領導宋軍保衛開封，金軍退兵 欽宗進行議和活動，增歲幣、割地，命康王構與張邦昌為人質 九月，金兵進攻，破開封，欽宗投降
1127	二年 高宗建炎元年	三月，金立張邦昌為帝，國號楚 四月，金粘罕俘徽、欽二帝及宗室等北去 五月，康王構在南京（河南商丘南）即位，是為高宗，改元建炎
1128	二年	正月，金兵陷鄭州 三月，金軍陷中山府 七月，宗澤憂憤而死 八月，金封宋二帝趙佶為昏德公，趙桓為重昏侯
1129	三年	二月，高宗渡江南逃杭州，金兵入揚州 三月，苗傅、劉正彥殺都統制王淵，迫高宗退位，立皇子尃，改元明受，請隆祐太后孟氏聽政 四月，高宗復位 十一月，兀朮破廬州，進破和州，建康降金 十二月，金陷杭州，高宗逃往溫、臺沿海
1130	四年	正月，金破明州、定海（浙江鎮海） 二月，金屠潭州，焚明、杭州、平江府，陷東京 鍾相稱楚王，年號天載，分富豪財物予貧民，稱「均平」 三月，韓世忠在黃天蕩阻擊兀朮達四十八日，史稱「黃天蕩之戰」 九月，金立劉豫為大齊皇帝，都於北京大名府（河北大名） 富平之戰
1131	紹興元年	二月，金占宋熙、河諸州 三月，以張俊為江淮路招討使、岳飛為副使平李成亂軍 吳玠敗金兵於和尚原（陝西寶雞南）
1132	二年	正月，韓世忠鎮壓建州范汝為起事 四月，岳飛大破曹成 八月，秦檜罷相
1133	三年	金先後破金州（陝西安康）、饒風關（陝西石泉西） 九月，劉豫及金約交阯等擾宋 任命岳飛為荊、湖、江西制置使

1134	四年	正月，宋將關師古叛降偽齊 二月，吳玠敗金兵於仙人關（甘肅徽縣南） 五月，岳飛收復郢、唐和襄陽 九月，偽齊劉豫勾結金兵侵宋 十月，韓世忠破金兵於大儀（江蘇揚州西北）、承州（江蘇高郵）
1135	五年	二月，高宗回臨安府行宮 四月，徽宗卒於五國城 六月，岳飛鎮壓楊太，攻占洞庭水寨
1136	六年	八月，岳飛收復蔡州（河南汝南） 九月，岳飛敗劉豫軍於唐州（河南唐河）
1137	七年	八月，酈瓊叛降劉豫 十一月，金廢劉豫為蜀王
1138	八年	正月，高宗定都臨安（浙江杭州） 三月，秦檜復為相，專主與金和議
1139	九年	三月，宋以王倫為東京留守與金交割地界 吳玠逝於仙人關
1140	十年	五月，金背盟，遣兀术復取河南、陝西地 閏六月，岳飛大敗金兵於郾城（河南郾城）
1141	十一年	四月，高宗罷韓世忠、張俊及岳飛兵權 十一月，宋金和議，規定南宋向金稱臣，史稱「紹興和議」 十二月，岳飛被害於大理寺獄
1142	十二年	二月，宋遣使曹勳進誓表於金 三月，金遣使帶冊文至宋，封高宗為帝，國號宋，世服臣職 五月，宋金互市榷場
1143	十三年	正月，以臨安府學改建為太學 六月，金遣洪皓等南歸
1144	十四年	四月，宋遣使賀金主生辰，自是歲以為常 六月，江、浙、福建大水
1145	十五年	正月，命僧、道納免丁錢 戶部侍郎王鈇施行經界法，以均賦賦稅，行差役
1146	十六年	正月，增太學生額，外舍生定以千名為限 三月，令有司重建武學

1147	十七年	三月，金兀朮與蒙古議和
1148	十八年	三月，宋禁人北渡
1149	十九年	八月，宋改役法，女戶無子及得解舉人、太學生單丁，並免身役，特旨及因恩免解人聽募人充役，官司不得追正身
1150	二十年	三月，禁私史謗朝政 四月，墾田於兩淮
1151	二十一年	二月，遣使入金請歸宗族，金主不允 閏四月，高宗親試南省舉人
1152	二十二年	四月，襄陽大水，地方官修復環城石堤 十月，平定虔州（江西贛州）亂軍
1153	二十三年	二月，處決虔州亂軍黃明等八人於市 六月，禁南方民間殺人祭鬼
1154	二十四年	三月，策試進士，以張孝祥為狀元
1155	二十五年	六月，避岳飛諱，改岳州為純州 十月，秦檜病死
1156	二十六年	三月，高宗下詔禁議邊事 四月，宋定武舉名額，以百員為限
1157	二十七年	二月，下詔以經義、詩賦取士 四月，以王彥為金（陝西安康）、房（湖北房縣）、開（四川開縣）、達（四川達縣）州安撫使
1158	二十八年	正月，金謀南侵 十二月，宋備金南侵，在興元府、洋州諸縣選練義士
1159	二十九年	二月，下詔禁與金海路通商
1160	三十年	二月，高宗下詔立趙瑗為皇太子，更名瑋，進封建王 八月，金簽兵中原，重兵屯於宿、泗 十二月，發行會子，初行於兩浙，後流通於諸州
1161	三十一年	五月，金主完顏亮遣使來宋，索取淮、漢地 九月，完顏亮率軍大舉南侵 十一月，虞允文敗金兵於采石 十二月，宋軍收復泗州、和州、楚州、汝州
1162	三十二年	六月，高宗為太上皇，太子趙眘即位，是為孝宗 七月，孝宗下詔為岳飛平反，追復原官，以禮改葬
1163	孝宗隆興元年	三月，金向宋索地及歲幣 四月，孝宗決定出師北伐，收復虹縣（安徽泗縣）及靈璧

		（安徽靈璧）二城 五月，宋軍敗於符離
1164	二年	十二月，宋金和議成，宋稱侄，金稱叔，歲貢改為歲幣， 銀、絹各減五萬，疆界如紹興和議所劃，史稱「隆興和議」
1165	乾道元年	正月，宋遣通問使帶國書至金，定雙方書寫格式
1166	二年	六月，罷兩浙路提舉市舶司
1167	三年	正月，整頓會子 閏七月，修訂福建鹽法
1168	四年	正月，籍荊南義勇民兵 二月，改福建路錢法 五月，初行社倉法
1169	五年	二月，命楚州（江蘇淮安）兵馬鈐轄羊滋專司海防，以維 持治安
1170	六年	二月，下詔均役、限田 五月，遣使求陵寢地，未果
1171	七年	二月，孝宗立恭王趙惇為太子 三月，金以品官禮儀葬欽宗
1172	八年	四月，整頓諸路義倉 七月，罷廬州屯田
1173	九年	二月，青羌奴兒結掠擾宋邊 十二月，詔改廣西鹽法
1174	淳熙元年	正月，交阯入貢，下詔賜國名安南，以南平王李天祚為安 南國王
1175	二年	四月，茶戶賴文政起事，多次打敗官軍 八月，修改廣西鹽法
1176	三年	四月，禁秋苗加耗過三分
1177	四年	二月，禁預徵夏稅 十二月，改四川茶鹽酒法
1178	五年	二月，禁州縣預借租稅 九月，詔諡岳飛為武穆
1179	六年	正月，郴州宜章縣（湖南宜章）農民在陳峒領導下起事， 反對官府用「和糴」名義無償勒索農民糧食 六月，廣西李接起事
1180	七年	正月，孝宗下令收京西民間銅錢，以鐵錢及會子償給

		江、浙、淮西、湖北旱
1181	八年	十二月，行朱熹社倉法於諸路
1182	九年	八月，淮東、浙西蝗災，議定諸州捕蝗賞罰標準 九月，修復真州陳公塘
1183	十年	正月，孝宗下令恢復廣南東、西路鹽客鈔法 孝宗從臣僚言，下令禁道學
1184	十一年	六月，修治陂塘溉田 七月，修改刺配法
1185	十二年	正月，禁廣西私販交阯鹽 四月，整頓廣西身丁錢
1186	十三年	十一月，王淮等奏上仁宗、英宗玉牒，神、哲、徽、欽四朝國史列傳及皇朝會要 十二月，改汀州鹽法
1187	十四年	十月，高宗卒，孝宗服喪
1188	十五年	二月，下詔禁淮東開墾鹽場地
1189	十六年	正月，改廣西鹽法，行官賣 二月，孝宗稱太上皇，太子惇即位，是為光宗 十一月，改元紹熙
1190	光宗紹熙元年	三月，金主詔修曲阜孔子廟學
1191	二年	八月，寬兩浙榷鐵之禁
1192	三年	三月，定雜藝得官不得蔭子 七月，瀘州（四川瀘州）騎射營卒張信以軍帥張孝芳訓兵頻繁且多役使，遂率眾作亂
1193	四年	三月，以趙汝愚同知樞密院事 十二月，以朱熹為湖南安撫使、知潭州
1194	五年	六月，孝宗崩，卒年六十八 七月，光宗以疾內禪為太上皇，嘉王趙擴即皇帝位，是為寧宗
1195	寧宗慶元元年	二月，罷右丞相趙汝愚，韓侂胄掌朝政 四月，太學生楊宏中等六人因趙汝愚被罷集體上書，均送五百里外編管，時號為「六君子」
1196	二年	八月，禁用偽學之黨 十一月，宜州（廣西宜山）「蠻」攻擾，旋被宋平定
1197	三年	六月，廣東提舉茶鹽徐安國遣人捕私鹽販，引發大溪島民

		起事 十二月，慶元黨禁
1198	四年	正月，以兩浙、江、淮、荊、湘、四川多流民，乃令有關機構行寬免慎卹之事 五月，嚴禁偽學
1199	五年	八月，立沿邊諸州武舉取士法 十二月，稍弛偽學之禁
1200	六年	三月，提舉南京鴻慶宮朱熹卒
1201	嘉泰元年	四月，龍州（四川江油北）民結蕃部擾邊，宋令官軍征討
1202	二年	二月，弛偽學、偽黨禁
1203	三年	正月，龍州蕃部擾邊，掠大崖鋪，又陷濁水寨，俘執知寨范浩，屠其家
1204	四年	正月，韓侂冑定議北伐 十二月，創設國用司，總管內外財賦 改元開禧
1205	開禧元年	六月，寧宗詔內外諸軍制定行軍計畫，並令諸路安撫司教閱禁軍 七月，以韓侂冑為平章軍國事
1206	二年	五月，寧宗下詔伐金 十月，金分兵九道南下伐宋 十二月，四川吳曦降金 鐵木真為蒙古大汗，尊號為成吉思汗，是為元太祖
1207	三年	四月，以方信儒為國信所參議官，入金營 八月，金要求五事始許和
1208	嘉定元年	三月，嘉定和議
1209	二年	三月，蒙古攻入西夏，夏主納女請和
1210	三年	四月，峒族民眾起事被鎮壓 八月，蒙古襲擊金地
1211	四年	二月，蒙古主率軍破金軍，取大水濼、豐利等縣 四月，金請和於蒙古，未果 八月，蒙古大舉伐金
1212	五年	十二月，蒙古軍攻克金東京（遼寧遼陽）
1213	六年	七月，蒙古兵攻克宣德府（河北宣化），隨後進攻德興府（河北涿鹿）

		十二月，蒙古軍分道掠金河東、河北、山東
1214	七年	正月，四川制置使安丙遣何九齡等諸將與金人戰於秦州（甘肅天水），敗還 七月，罷輸金歲幣
1215	八年	五月，蒙古軍攻克金中都（今北京） 七月，金遣使向蒙古求和，未果
1216	九年	十一月，蒙古取潼關
1217	十年	四月，金主以王世安為淮南招撫使，遂有侵宋之謀 六月，寧宗下詔伐金，宋金連年交兵
1218	十一年	二月，金將完顏賽不擁步騎圍棗陽軍（湖北棗陽），孟宗政與扈再興合兵迎敵
1219	十二年	二月，金兵破興元府，權府事趙希嵒棄城逃走。 七月，金弩子手登棗陽城，為宋軍擊敗。
1220	十三年	正月，宋將扈再興攻鄧州（河南鄧縣），許國攻唐州（河南唐河）等地，均敗北 八月，宋派使者與夏相約攻金
1221	十四年	二月，金將布薩安貞率軍攻宋黃州（湖北黃岡）及漢陽（湖北武漢） 三月，布薩安貞又攻取宋蘄州，後為扈再興敗於天長鎮
1222	十五年	二月，金主遣左監軍訛可行元帥府事，節制三路兵馬南侵 四月，金訛可、時全率軍自潁（安徽阜陽）、壽（安徽鳳臺）渡淮河，破盧州（安徽合肥）焦思忠兵
1223	十六年	正月，蒙古木華黎圍鳳翔
1224	十七年	閏八月，寧宗死，養子貴誠即位，賜名昀，是為理宗 十一月，改元寶慶
1225	理宗寶慶元年	二月，楚州李全因不滿許國的壓制而發生軍亂，以徐晞稷為淮東制置使撫李全之眾，楚州城轉危為安
1226	二年	正月，成吉思汗親率軍攻夏，得黑水（內蒙古額濟納旗）等城 七月，成吉思汗取夏西涼府（甘肅武威）
1227	三年	五月，李全在青州突圍，降於蒙古 六月，夏國主降蒙古 七月，成吉思汗死
1228	紹定元年	正月，禁江淮私稅米船等

1229	二年	八月，蒙古立窩闊臺為大汗，是為元太宗
1230	三年	正月，金以完顏彝率忠孝軍為前鋒，以四百騎破蒙古八千人，解慶陽（甘肅慶陽）之圍
1231	四年	六月，蒙古遣使約宋攻金 九月，臨安大火，宋帝詔火後寬恤災民
1232	五年	正月，蒙古大敗金兵於鈞州（河南禹縣） 十二月，蒙古遣王楫至宋議夾攻金人，約以事成，歸河南地於宋
1233	六年	四月，蒙古俘金后妃等至和林（蒙古人民共和國哈爾和林） 七月，孟珙敗金兵於馬蹬山 十一月，改元端平
1234	端平元年	正月，蒙古與宋圍蔡州，金哀宗自縊，金滅亡 八月，端平入洛失敗
1235	二年	正月，宋以寧淮軍統制程芾為使，通好蒙古
1236	三年	三月，襄陽城降於蒙古 蒙古大舉南攻 十二月，改元嘉熙
1237	嘉熙元年	蒙古相繼破宋光州（河南潢川）、黃州（湖北黃岡）、蘷州
1238	二年	二月，蒙古遣使王楫入見，議宋歲輸幣、銀絹各二十萬，史嵩之力主和議 九月，蒙古察罕率兵圍盧州
1239	三年	三月，孟珙與蒙古三次交戰，均敗蒙古軍 十二月，孟珙復蘷州
1240	四年	二月，蒙古軍擾宋萬州（四川萬縣），宋軍不敵 十月，改元淳祐
1241	淳祐元年	十一月，蒙古達海部汪世顯率軍入四川，進圍成都 十二月，蒙古遣月里麻思來宋議和
1242	二年	七月，蒙古張柔率軍自五河口渡淮，攻揚、滁、和、巢 十月，蒙古軍攻通州（江蘇南通），守臣杜霆以舟載私帑渡江逃走
1243	三年	三月，蒙古軍攻破資州（四川資中）
1244	四年	五月，宋軍擾金山東膠、密
1245	五年	二月，呂文德擊敗蒙古兵於五河，並收復五河城（安徽五

		河）
		五月，造輕捷戰船固江防
1246	六年	七月，貴由即大汗位，是為定宗
1247	七年	三月，蒙古張柔攻泗州（江蘇洪澤湖西北）
1248	八年	三月，蒙古大汗貴由卒，年四十三
1249	九年	三月，蒙古於是年春，擾宋淮南
1250	十年	二月，宋嚴禁私運銅錢及偽造會子
1251	十一年	六月，蒙哥即蒙古大汗位，是為憲宗 十一月，宋地疾疫流行
1252	十二年	二月，蒙古兵復攻隨、郢、安、復等州 十月，蒙古將汪德臣率兵掠成都，進攻嘉定（四川樂山）
1253	寶祐元年	正月，蒙古兵屯於漢江，侵擾萬州（四川萬縣） 十二月，蒙古進攻大理城
1254	二年	二月，蒙古擾合州，守臣王堅、曹世雄等擊敗蒙古
1255	三年	二月，蒙古以許衡興學於京兆府（陝西西安），於是郡縣皆興辦學
1256	四年	五月，宋與羅鬼國相約共禦蒙古 七月，蒙古軍擾敘州（四川宜賓），知敘州史俊調舟師與蒙古戰，擊退蒙古軍
1257	五年	正月，蒙古軍攻襄樊，襄陽守將高達力戰於白河，蒙軍退 閏四月，蒙古兵擾宋劍門
1258	六年	二月，蒙古大舉攻宋，西川州縣降於蒙古 秋，釣魚城之役
1259	開慶元年	正月，閬（四川閬中）、蓬（四川儀隴南）、廣安（四川廣安）等地相繼降蒙古 十一月，賈似道遣宋京向蒙古請和
1260	景定元年	正月，蒙古張傑、閻旺造浮橋欲渡江，為宋將夏貴所擊破 三月，忽必烈繼蒙古大汗位
1261	二年	六月，潼川安撫副使劉整以瀘州（四川西昌）十五郡降蒙古
1262	三年	正月，呂文德收復瀘州，因功晉升為開府儀同三司
1263	四年	春，蒙古都元帥汪良臣攻重慶，宋將朱祀孫率軍出擊，宋軍敗績

		三月，賈似道請改公田法
1264	五年	十月，理宗崩，皇太子禥即位，是為度宗
1265	度宗咸淳元年	二月，元帥按東與宋軍戰於釣魚山（四川合川東），大敗宋軍 四月，加賈似道太師，封魏國公
1266	二年	正月，蒙古立制國用使司，以阿合馬為使
1267	三年	八月，蒙古都元帥阿朮軍與宋軍戰於襄樊，宋軍大敗
1268	四年	十一月，宋兵自襄陽來攻蒙古沿山諸寨，阿朮分兵禦之，斬獲甚眾
1269	五年	七月，宋沿江制置副使夏貴率兵船三千襲阿朮軍於新城，為元軍所敗
1270	六年	二月，宋襄陽出步兵萬餘人、兵船百餘艘來攻萬山堡，為千戶脫脫所敗 十二月，蒙古兵築城於萬山
1271	七年	七月，宋有功將士分別給予進秩推恩
1272	八年	四月，知合州、利路安撫張玨創築宜勝山城
1273	九年	二月，阿里海牙由樊城攻打襄陽，砲轟襄陽城樓，將領紛紛出城投降，襄樊陷落
1274	十年	七月，度宗卒，恭帝即位，謝太后臨朝聽政
1275	恭帝德祐元年	正月，蒙古兵入黃、蘄等州，所過州縣降於蒙古 二月，賈似道以宋京為都督府計議官入蒙古大軍
1276	二年 端宗景炎元年	元軍進逼臨安，恭帝投降，二王（益王趙昰、廣王趙昺）出逃，元軍統帥伯顏窮追不捨，二王逃至福州 五月，趙昰登基為宋端宗，改元景炎
1277	二年	夏，文天祥率軍由梅州出兵，進攻江西，在雩都（江西于都）獲得大捷後，又以重兵進攻贛州，以偏師進攻吉州（治今江西吉安），陸續收復了許多州縣
1278	三年 趙昺祥興元年	三月，宋端宗移駐碙州（廣東碙洲島），宋廣西宣諭使曾淵子堅守雷州，元軍招降無效，大舉進攻。曾淵子奔碙州，雷州為元軍所得 四月，端宗卒，趙昺即位，徙至崖山，改元祥興
1279	二年	二月，崖山海戰，宋軍兵敗，陸秀夫負帝昺跳海死，南宋滅亡

帝系表

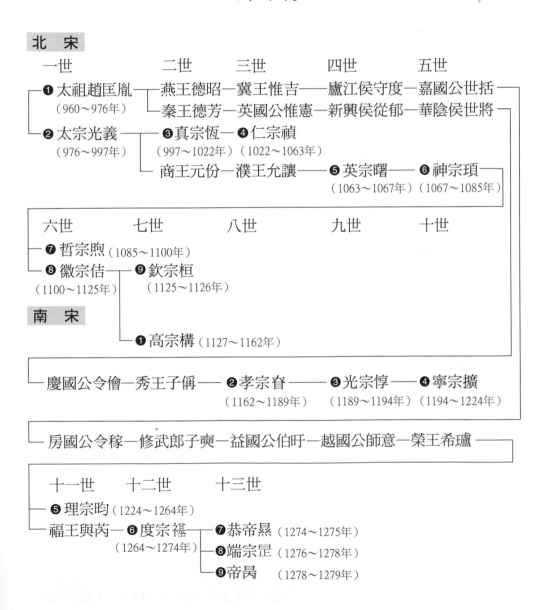

北　宋

| 一世 | 二世 | 三世 | 四世 | 五世 |

❶太祖趙匡胤　—　燕王德昭—冀王惟吉——盧江侯守度—嘉國公世括—
（960～976年）　　　秦王德芳—英國公惟憲—新興侯從郁—華陰侯世將—

❷太宗光義　——　❸真宗恆—❹仁宗禎
（976～997年）　　（997～1022年）（1022～1063年）

　　　　　　　商王元份—濮王允讓——❺英宗曙——❻神宗頊—
　　　　　　　　　　　　　　　　　（1063～1067年）（1067～1085年）

| 六世 | 七世 | 八世 | 九世 | 十世 |

❼哲宗煦（1085～1100年）
❽徽宗佶—❾欽宗桓
（1100～1125年）（1125～1126年）

南　宋

❶高宗構（1127～1162年）

慶國公令儕—秀王子偁——❷孝宗眘———❸光宗惇——❹寧宗擴
　　　　　　　　　　　（1162～1189年）（1189～1194年）（1194～1224年）

房國公令稼—修武郎子奭—益國公伯旴—越國公師意—榮王希瓐—

| 十一世 | 十二世 | 十三世 |

❺理宗昀（1224～1264年）
福王與芮—❻度宗禥—❼恭帝㬎（1274～1275年）
　　　　（1264～1274年）❽端宗昰（1276～1278年）
　　　　　　　　　　　❾帝昺　（1278～1279年）

參考書目

專 書

《中華文明史・遼宋夏金》，河北教育出版社，1994 年。

《中國歷史大辭典》，上海辭書出版社，1984 年。

Robert P. Hymes, *Statesmen and Gentlemen*. Fu-chou, Chiang-hsi, in *Northern and Southern Sung*, Cambridge University Press, 1986.

小島毅，《宋学の形成と展開》，創文社，1999 年。

毛禮銳、沈灌群主編，《中國教育通史》，山東教育出版社，1985–1989 年。

王介南，《中外文化交流史》，書海出版社，2004 年。

王天順，《西夏戰史》，寧夏人民出版社，1993 年。

王曾瑜，《宋朝兵制初探》，中華書局，1983 年。

王曾瑜，《宋朝階級結構》，河北教育出版社，1996 年。

王雲海，《宋代司法制度》，河南大學出版社，1992 年。

王儀，《趙宋與王氏高麗及日本的關係》，（臺灣）中華書局，1980 年。

包偉民，《宋代地方財政史研究》，上海古籍出版社，2001 年。

包弼德著，劉寧譯，《斯文：唐宋思想的轉型》，江蘇人民出版社，2001 年。

田浩著，楊立華等譯，《宋代思想史論》，社會科學文獻出版社，2003 年。

白壽彝主編，《中國通史》第七卷「中古時代・五代遼宋夏金時期」，上海人民出版社，1989–1999 年。

白鋼主編，《中國政治制度通史》，人民出版社，1996 年。

白鋼全書主編、朱瑞熙分卷主編，《中國政治制度通史》第六卷「宋代」，人民出版社，1996 年。

石訓、姚瀛艇、劉象彬等，《中國宋代哲學》，河南人民出版社，1992 年。

伊永文，《宋代市民生活》，中國社會出版社，1999 年。

伊沛霞著，胡志宏譯，《內闈：宋代的婚姻和婦女生活》，江蘇人民出版社，2004 年。

伊原弘，《中国中世都市紀行：宋代の都市と都市生活》，中央公論社，1988 年。

任繼愈，《中國哲學史》第三冊「隋唐五代宋元明部分」，人民出版社，1964 年。

寺地遵，《南宋初期政治史研究》，溪水社，1988 年。

朱勇，《中國法制史》，法律出版社，1999 年。

朱瑞熙，《宋代社會研究》，中州書畫社，1983 年。

朱瑞熙等，《遼宋西夏金社會生活史》，中國社會科學社，1998 年。

朱葵菊，《中國傳統哲學》，中國和平出版社，1991 年。

牟鍾鑒、張踐，《中國宗教通史》，社會科學文獻出版社，2000 年。

何忠禮、徐吉軍，《南宋史稿》，杭州大學出版社，1999 年。

何冠環，《北宋武將研究》，（香港）中華書局，2003 年。

佐竹靖彥、斯波義信、梅原郁、植松正、近藤一成，《宋元時代史の基本問題》，
　　汲古書院，1996 年。

余又蓀，《宋元中日關係史》，臺灣商務印書館，1964 年。

余英時，《朱熹的歷史世界》（上、下），生活・讀書・新知三聯書店，2004 年。

吳天墀，《西夏史稿》（增訂本），四川人民出版社，1983 年。

吳松弟，《北方移民與南宋社會變遷》，文津出版社，1993 年。

宋代官箴研讀會編，《宋代社會與法律：「名公書判清明集」討論》，東大圖書公
　　司，2001 年。

李弘祺，《宋代官學教育與科舉》，聯經出版事業公司，1994 年。

李桂芝，《遼金簡史》，福建人民出版社，1996 年。

李清和，《中國古代民族》，中共中央黨校出版社，1991 年。

沈松勤，《北宋文人與黨爭》，人民出版社，1998 年。

汪玢玲，《中國婚姻史》，上海人民出版社，2001 年。

汪聖鐸，《兩宋財政史》（上、下冊），中華書局，1995 年。

周密，《宋代刑法史》，法律出版社，2002 年。

周寶珠，《宋代東京研究》，河南大學出版社，1992 年。

周寶珠、陳振主編，《簡明宋史》，人民出版社，1985 年。

屈超立，《宋代地方政府民事審判職能研究》，巴蜀書社，2003 年。

林天蔚，《宋代香藥貿易史稿》，中國學社，1960 年。

邵獻書，《南詔和大理國》，吉林教育出版社，1990 年。

侯外廬，《中國思想通史》，人民出版社，1956–1960 年。

侯外廬，《宋明理學史》（上、下），人民出版社，1987 年。

姚瀛艇主編，《宋代文化史》，河南大學出版社，1992 年。

柳立言編，《宋元時代的法律思想和社會》，國立編譯館，2001 年。

胡昭曦，《宋蒙關係史》，四川大學出版社，1992 年。

苗書梅，《宋代官員選任和管理制度》，河南大學出版社，1996 年。

唐代劍，《宋代道教管理制度研究》，線裝書局，2003 年。

孫祚民，《中國古代民族關係問題探究》，河南大學出版社，1992 年。

徐揚傑，《宋明家族制度史論》，中華書局，1995 年。

桑原騭藏著，吳攸譯，《中國阿剌伯海上交通史》，臺灣商務印書館，1963 年。

張文，《宋朝社會救濟研究》，西南師大出版社，2001 年。

張希清等，《宋朝典制》，吉林文史出版社，1997 年。

張邦煒，《宋代皇親與政治》，四川人民出版社，1993 年。

張邦煒，《宋代婚姻家族史論》，人民出版社，2003 年。

張其凡，《宋代史》，澳亞週刊出版有限公司，2004 年。

張家駒，《兩宋經濟重心的南移》，湖北人民出版社，1957 年。

張晉藩，《中國法制通史‧宋》，法律出版社，1999 年。

張博泉，《金史簡編》，遼寧人民出版社，1984 年。

張維華，《中國古代對外關係史》，高等教育出版社，1993 年。

張複華，《北宋中期以後之官制改革》，文史哲出版社，1991 年。

曹家齊，《宋代交通管理制度研究》，河南大學出版社，2002 年。

梁太濟，《兩宋階級關係的若干問題》，河北大學出版社，1998 年。

梁庚堯，《南宋的農村經濟》，聯經出版事業公司，1984 年。

梅原郁，《宋代官僚制度研究》，同朋舍，1985 年。

梅原郁編，《中國近世の都市と文化》，京都大学人文科学研究所，1984 年。

畢達克，陳得芝，《吐蕃與宋蒙的關係》，西藏人民出版社，1985 年。

郭東旭，《宋代法制研究》，河北大學出版社，2000 年。

陳佳華，《宋遼金時期民族史》，四川民族出版社，1996 年。

陳振，《宋史》，上海人民出版社，2003 年。

陳高華、徐吉軍，《中國風俗通史‧宋代卷》，上海文藝出版社，2001 年。

陳高華等，《宋元時期的海外貿易》，天津人民出版社，1981 年。

陳植鍔，《北宋文化史述論》，中國社會科學出版社，1992 年。

陶晉生，《宋遼關係史研究》，聯經出版事業公司，1984 年。

傅宗文，《宋代草市鎮研究》，福建人民出版社，1989 年。

傅海波等，《劍橋中國遼西夏金元史，907～1368 年》，中國社會科學出版社，1998
　　年。

彭信威，《中國貨幣史》，上海人民出版社，1958 年。

斯波義信著，方健、何忠禮譯，《宋代江南經濟史研究》，江蘇人民出版社，2001
　　年。

斯波義信著，莊景輝譯，《宋代商業史研究》，稻禾出版社，1997 年。

曾瑞龍，《經略幽燕：宋遼戰爭軍事災難的戰略分析 979–987》，香港中文大學出
　　版社，2003 年。

游彪，《宋代寺院經濟史稿》，河北大學出版社，2003 年。

游彪，《宋代蔭補制度研究》，中國社會科學出版社，2001 年。

程民生，《宋代地域文化》，河南大學出版社，1997 年。

程民生，《宋代地域經濟》，河南大學出版社，1992 年。

馮契，《中國哲學通史簡編》，上海三聯書店，1991 年。

黃純豔，《宋代海外貿易》，社會科學文獻出版社，2003 年。

黃敏枝，《宋代佛教社會經濟史論集》，臺灣學生書局，1989 年。

黃寬重，《南宋地方武力：地方軍與民間自衛武力的探討》，東大圖書公司，2002
　　年。

楊渭生，《兩宋文化史研究》，杭州大學出版社，1998 年。

楊憲邦，《中國哲學通史》第三卷，中國人民大學出版社，1990 年。

楊樹森，《遼史簡編》，遼寧人民出版社，1984 年。

楊樹藩，《宋代中央政治制度》，臺灣商務印書館，1977 年。

葛劍雄主編、吳松弟著，《中國人口史》第三卷「遼宋金元時期」，復旦大學出
　　版社，2000 年。

虞雲國，《宋代臺諫制度研究》，上海社會科學院出版社，2001 年。

詹石窗，《南宋金元的道教》，上海古籍出版社，1989 年。

賈二強，《唐宋民間信仰》，福建人民出版社，2002 年。

賈玉英，《宋代監察制度》，河南大學出版社，1996 年。

賈志揚，《宋代科舉》，東大圖書公司，1995 年。

賈志揚著，趙冬梅譯，《天潢貴冑：宋代宗室史》，江蘇人民出版社，2005 年。

漆俠，《王安石變法》，上海人民出版社，1979 年。

漆俠，《宋代經濟史》（上、下冊），上海人民出版社，1987、1988 年。

漆俠，《宋學的發展和演變》，河北人民出版社，2002 年。

臺灣三軍大學，《中國歷代戰爭史》，軍事譯文出版社，1983 年。

趙德馨主編，《中國經濟通史》㈤，湖南人民出版社，2003 年。

劉子健著，趙冬梅譯，《中國轉向內在：兩宋之際的文化內向》，江蘇人民出版
　　社，2002 年。

劉伯驥，《宋代政教史》，（臺灣）中華書局，1971 年。

劉建麗，《宋代西北吐蕃研究》，甘肅文化出版社，1998 年。

劉慶等，《中國宋遼金西夏軍事史》，人民出版社，1996 年。

蔡美彪等，《中國通史》第五冊「宋代」，人民出版社，1979 年。

鄭學檬，《中國古代經濟重心南移和唐宋江南經濟研究》，嶽麓書社，2003 年。

鄧小南，《宋代文官選任制度諸層面》，河北教育出版社，1993 年。

鄧廣銘，《北宋政治改革家王安石》，人民出版社，1997 年。

鄧廣銘，《鄧廣銘治史叢稿》，北京大學出版社，1997 年。

鄧廣銘等，《中國歷史大辭典·宋史》，上海辭書出版社，1984 年。

鄧廣銘、漆俠，《兩宋政治經濟問題》，知識出版社，1988 年。

戴仁柱 (Richard L. Davis)，劉曉譯，《十三世紀中國政治與文化危機》，中國廣播
　　電視出版社，2003 年。

戴建國，《宋代法制初探》，黑龍江人民出版社，2000 年。

戴裔煊，《宋代鈔鹽制度研究》，商務印書館，1957 年。

薛梅卿、趙曉耕，《兩宋法制通論》，法律出版社，2002 年。

謝和耐，《蒙元入侵前夜的中國日常生活》，江蘇人民出版社，1998 年。

韓茂莉，《宋代農業地理》，山西古籍出版社，1993 年。

韓森著，包偉民譯，《變遷之神：南宋時期的民間信仰》，浙江人民出版社，1999
　　年。

魏天安，《宋代行會制度史》，東方出版社，1997 年。

羅家祥，《朋黨之爭與北宋政治》，華中師範大學出版社，2002 年。

蘇基朗，《唐宋法制史研究》，香港中文大學出版社，1996 年。

龔延明，《宋代官制辭典》，中華書局，1997 年。

龔書鐸，《中國社會通史》，山西教育出版社，1996 年。

論　文

王立新、竇向軍，〈論宋遼夏鼎立與宋夏和戰的關係〉，《甘肅高師學報》，2003 年第 3 期。

王瑞平，〈試論北宋中期的社會改革及其歷史啟示〉，《商丘師範學院學報》，2000 年第 3 期。

吳秋紅，〈論宋以例破法的原因〉，《黃岡師範學院學報》，2004 年第 5 期。

呂卓民，〈論宋夏在陝北的爭奪〉，《西北大學學報》，1989 年第 4 期。

李丕祺，〈宋朝法制與專制制度〉，《西北第二民族學院學報》，1999 年第 1 期。

李立泉，〈王安石變法新論〉，《雲夢學刊》，2001 年第 4 期。

李存山，〈慶曆新政與熙寧變法：兼論二程洛學與「革新政令」的關係〉，《中州學刊》，2004 年第 1 期。

李俊，〈「宋刑統」的變化及法史料價值探析〉，《吉林大學社會科學學報》，1998 年第 5 期。

李敏昌，〈論宋代法律制度的特點〉，《三峽大學學報》，2001 年第 2 期。

李華，〈論宋代司法官員的證據觀念及實踐〉，《南都學壇》，2003 年第 1 期。

孟天運，〈王安石變法中的失誤原因探析〉，《吉林大學社會科學學報》，2001 年第 2 期。

屈超立，〈宋代民事案件的上訴程序考述〉，《現代法學》，2003 年第 2 期。

林瑞翰，〈北宋之邊防〉，《宋史研究集》第 13 輯，國立編譯館，1983 年版。

姜國柱，〈王安石的軍事思想〉，《南昌大學學報》，2004 年第 1 期。

姚兆余，〈宋代文化的生成背景及其特點〉，《甘肅社會科學》，2001 年第 1 期。

姚兆余，〈簡評宋代文化的歷史地位〉，《理論學刊》，2001 年第 2 期。

姚廣宣，〈宋代國家藏書事業的發展〉，《河北大學學報》，2001 年第 2 期。

徐紅，〈宋代商品經濟的繁榮與文化發展的關係〉，《船山學刊》，2002 年第 1 期。

時芳美，〈略論宋代的教育改革及其影響〉，《河南大學學報》，1996 年第 5 期。

祝尚書，〈宋代諸科制度考論〉，《西南師範大學學報》，2004 年第 1 期。

郝佩韋，〈宋代刑法特點論略〉，《長春師範學院學報》，2002 年第 6 期。

馬力，〈宋哲宗親政時對西夏的開邊和元符新疆界的確立〉，《宋史研究論文集》，河南大學出版社，1993 年版。

馬和平，〈王安石變法新探〉，《哈爾濱學院學報》，2003 年第 3 期。

張德英，〈宋代法律在民間的傳播〉，《濟南大學學報》，2003 年第 6 期。

曹松林，〈宋仁宗時期對夏戰爭的歷史教訓〉，《宋遼金史論叢》，中華書局，1991 年版。

曹松林，〈熙寧初年的對夏戰爭述評〉，《中日宋史研討會中方論文選編》，河北大學出版社，1991 年版。

曹家齊，〈宋代文化政策寬明原因新探〉，《河北學刊》，2001 年第 5 期。

郭爭鳴、郭學信，〈試論宋代文化的歷史地位〉，《聊城師範學院學報》，2001 年第 5 期。

陳志剛，〈南宋初年的黨爭及其影響〉，《淮北煤炭師範學院學報》，2003 年第 1 期。

陳紹方，〈略論宋代立法特點〉，《暨南學報》，1998 年第 4 期。

楊昆，〈宋代文化繁榮探源〉，《遼寧大學學報》，2002 年第 1 期。

楊峰，〈南宋初年宋金「和」「戰」初探〉，《貴州文史叢刊》，2003 年第 4 期。

楊鑫輝、郭斯萍，〈王安石教育改革思想評述〉，《撫州師專學報》，1995 年第 4 期。

雷家宏，〈從民間爭訟看宋代社會〉，《貴州師範大學學報》，2001 年第 3 期。

趙民樂，〈宋科舉科目考〉（上）、（下），《江蘇教育學院學報》，1996 年第 4 期、1997 年第 2 期。

趙旭，〈論北宋法律制度中「例」的發展〉，《北方論叢》，2004 年第 1 期。

趙曉耕，〈兩宋法律思想的變革及其特點〉，《河北省政法管理幹部學院學報》，2003 年第 2 期。

趙燕玲，〈餘靖與「慶曆新政」：兼談「慶曆新政」的歷史意義〉，《韶關大學學報》，2000 年第 6 期。

趙繼顏，〈北宋仁宗時宋夏陝西之戰〉，《齊魯學刊》，1980 年第 4 期。

劉安泰，〈宋代科舉與文官政治〉，《東方論壇》，1998 年第 2 期。

劉玲娣，〈宋代書院及宋代學術文化的發展〉，《湖北師範學院學報》，2002 年第

2 期。

鄭穎慧，〈宋代法官受理訴訟制度探討〉，《南都學壇》，2003 年第 6 期。

魯堯賢，〈宋代文化的繁榮及其原因〉，《安慶師範學院學報》，1994 年第 2 期。

賴作卿，〈中國歷史上農業金融的一次突破：論王安石變法中的「青苗法」〉，《贛
　　南師範學院學報》，1996 年第 1 期。

薛德樞，〈宋代科學制度改革與文化繁榮〉，《克山師專學報》，1999 年第 2 期。

顧宏義、王守琴，〈兩宋州縣學官及其任用考核制度〉，《洛陽師範學院學報》，
　　2001 年第 4 期。

全新 歷史 巨獻

中國斷代史叢書

穿梭古今　遨遊歷史

集合當前頂尖陣容，給您最精采、最詳實的中國歷史

◆ **先秦史** 朱鳳瀚

◆ **秦漢史** 王子今

◆ **魏晉南北朝史** 張鶴泉

◆ **隋唐五代史** 王小甫

◆ **宋　史** 游　彪

◆ **遼金元史** 張　帆

◆ **明　史** 王天有、高壽仙

◆ **清　史** 郭成康

◆ **中國近代史** 李喜所、李來容

秦漢史——帝國的成立

王子今／著

　　秦漢時代「大一統」政治體制基本形成，「皇帝」從此成為中國的主人，秦始皇、楚漢相爭、漢武帝、王莽代漢的史事，在此輪番上演。在作者精心的串聯下，拼湊出秦漢時代的嶄新面貌。您知道為什麼認真的秦始皇底下會出現暴政？為什麼東漢神童特別多？本書將與您一同體驗歷史。

隋唐五代史——世界帝國‧開明開放　　　　王小甫／著

　　隋唐王朝，是中國歷史上最璀璨的時代。文治武功鼎盛，「天可汗」的威儀傲視天下。經濟繁榮發達，社會活潑開放，繁華熱鬧的長安展現世界帝國首都的氣勢。這是唐太宗的帝國、李白的世界，出現中國歷史上空前絕後的女皇帝，氣勢恢弘的時代精神、富麗堂皇的藝術風格，為這「世界帝國」下了最佳註腳！

明史——一個多重性格的時代　　　　王天有、高壽仙／著

　　明代在政治上專制皇權進入前所未有的高峰，經濟上工商業的繁榮也帶動了社會、文化的活躍，但也使新的問題油然而生，成為明朝不得不面對的新挑戰。想知道朱元璋如何一統天下、鄭和為什麼七下西洋，瞧一瞧皇帝身邊最勾心鬥角的宮廷世界、群臣士大夫的力挽狂瀾，見識明代富庶、奢靡的生活情趣，那你千萬不可錯過！

中國近代史——告別帝制　　　　李喜所、李來容／著

　　鴉片戰爭以來，中國面臨了三千年未有的大變局。一方面是內外交逼，國將不國；另一方面是一代代的中國人投身救國救民的行列。清政府在變局中被動地回應外來的刺激，終於導致了自身的滅亡，宣告持續了兩千多年的皇帝制度從此在中國壽終正寢。儘管新的共和國風雨飄搖，但告別帝制，走向共和，已然是世界潮流，無法逆轉。

文明叢書 15

華盛頓在中國——製作「國父」

潘光哲／著

「國父」是怎麼來的？是選舉、眾望所歸，還是後人封的？是誰決定讓何人可以登上「國父」之位？美國國父華盛頓的故事，在中國流傳，被譽為「異國堯舜」，因此中國也創造了一位「國父」——孫中山，「中國華盛頓」。

文明叢書 16

生津解渴——中國茶葉的全球化

陳慈玉／著

大家知道嗎？原來喝茶習慣是源於中國的，待茶葉行銷全球後，各地逐漸衍生出各式各樣的飲茶文化，尤其以英國的紅茶文化為代表，使得喝茶成為了一種生活風尚，飄溢著布爾喬亞氣息，並伴隨茶葉貿易的發展，整個世界局勢為之牽動。「茶」與人民生活型態、世界歷史的發展如此相互牽連，讓我們品茗好茶的同時，也一同進入這「茶」的歷史吧！

文明叢書 17

林布蘭特與聖經
——荷蘭黃金時代藝術與宗教的對話

花亦芬／著

在十七世紀宗教改革的激烈浪潮中，林布蘭特將他的生命歷程與藝術想望幻化成一幅又一幅的畫作，如果您仔細傾聽，甚至可以聽到它們低語呢喃的聲音，就讓我們隨著林布蘭特的步伐，一起聆聽藝術與宗教的對話吧！